# 승리 이후

G. 존 아이켄베리 지음
강승훈 옮김

한울
아카데미

이 도서의 국립중앙도서관 출판시도서목록(CIP)은 e-CIP홈페이지(http://www.nl.go.kr/ecip)
에서 이용하실 수 있습니다. (CIP제어번호: 2008000404)

# After Victory

## INSTITUTIONS, STRATEGIC RESTRAINT, AND THE REBUILDING OF ORDER AFTER MAJOR WARS

*G. John Ikenberry*

PRINCETON UNIVERSITY PRESS

PRINCETON AND OXFORD

리디아와 잭슨, 그리고 테사의 영전에 이 책을 바친다

황야를 가로지르고 있는 장면을 상상해보라. 발에 한 개의 돌이 채였고, 그때 '왜 여기에 돌이 있는가?'라는 의문을 품게 되었다. 나는 아마도 중대한 의문이 아니라고 생각해 '돌은 이전부터 여기에 있었다'라고 생각할지도 모르고, '이 질문의 어리석음을 보여주기는 여간 까다롭지 않다'라고 답했을지도 모른다. 하지만 내가 발견한 것이 돌이 아니라 시계였다면, 과연 어떨까.

— 윌리엄 팔레이, 『자연신학』(1802년)

# 서문

"주요한 전쟁에서 승리를 거둔 국가는 수중에 획득한 새로운 힘(power)을 어떻게 사용하는가?" 이것이 이 책의 중심 테마이다. 이에 대한 필자의 대답은 다음과 같다. "이러한 상황에 처한 국가는 언제나 그래왔듯이 새로운 힘을 획득한 후 그것을 계속 지속시키는 것을 목표로 하고 있었다. 그러한 목표를 위해서 승전국(勝戰國)은 보통의 상식과는 반대로 자국의 힘에 제약을 가하고 그러한 힘을 타국이 쉽게 받아들이게 하는 방법을 모색하는 데 노력해왔다." 승전국은 자국의 바람직한 전후기(戰後期)의 입장을 '고정화(lock in)'하고 약소국과 추종국의 동의를 얻기 위해 필요한 '전략적인 억제'를 자국이 소유한 힘에 가하려고 노력해왔다. 그 때문에 승전국은 전후기에 여러 가지 제도를 발족시키고 활용해왔던 것이다. 승전국의 이러한 사고와 행동은 지금까지 주요한 전후구축(戰後構築, postwar settlement)에서 공통된 것이었다. 승전국의 이러한 노력은 시대가 지남에 따라 더욱 강화되었는데, 전후기에 주도적인 입장에 선 국가는 약소·추종국들을 예측 가능하고 바람직한 정책노선으로 유도하기 위해 제도를 만들고 각국의 행동을 제약하려고 했다. 한편 승전국은 스스로 그 제도에 될 수 있는 한 구속되지 않은 채 행동하는 것이 이상적이라고 생각해왔다. 이것은 승전국으로서 당연한 사고형식이다. 하지만 주도국은 약소국이 제도적인 관여정책에 동의하도록 유도하는, 즉 약소국을 전후질서 내에 구속시키는 과정에서 동의의 대가로 무엇인가를 제공하지 않으면 안 되는데, 그 무엇인가는 주도국이 힘을 행사하는 경우에 그 힘을 확실하고 제도화된 형태로 억제하는 조치를 구상하는 것이었다. 주요한 전쟁 후에는 어떠한 형태의 질서가 형성되는가? 그 대답은 승전국이 어디까지 제도적으로 힘을 억제할 수 있는가, 또는 그러한 관여정책을 장기적으로 이행할 수 있는가에 의해 결정되는 것이다.

1815년의 비스카운트 캐슬레이(Viscount Castlereagh) 영국 외상과 1919년의 우드로 윌슨(Woodrow Wilson) 미국 대통령 그리고 1945년의 해리 트루먼(Harry Truman) 미국 대통령은 각각 승전국으로서 새롭게 획득한 힘을 행사해 국가 간의 상호관계를 규제했다. 동시에 자국의 행동에 제약을 가함으로써 전후구축의 기초를 세우려고 노력했다. 미국의 당국자들은 1989년 이후 다시 이와 같은 입장에 서게 되었다. 하지만 각각의 시기에 주도국은 자신들이 바라는 질서에 다른 국가들을 편입시키기 위해 단순히 '힘'을 행사한 것만은 아니었다. 주도국은 자국의 힘을 행사하는 데 대한 제약을 받아들임으로써 상대국의 양보를 구했던 것이다. 주도국의 질서구축력은 자국의 힘을 제도적으로 억제하는 능력을 어느 정도 소유하고 있는가에 크게 의존하고 있었다. 각 시대의 주도국이 소유하고 있었던 이러한 능력은 서로 상이했고, 상이한 정도에 따라 주요한 전쟁 후에 구축된 국제질서의 형태에 크게 영향을 주었다.

필자가 전후 분기점(postwar juncture)과 전후구축에 관심을 가지게 된 것은 1980년대 말이었는데, 당시는 미국의 패권이 어떠한 성질의 것이었는가 또는 어떠한 의의를 지니고 있었는가에 관한 열띤 논쟁이 행해지고 있었다. 그중에서 필자의 관심을 끈 것은 패권의 쇠퇴에 관한 것이 아니었다. 필자의 관심은 첫째, "패권질서는 어떠한 과정을 통해 형성되는가?", 둘째, "더욱 일반적인 의미에서 정치질서는 어떻게 형성되는가?"라는 문제였다.

냉전이 종결되면서 관심을 품고 있었던 문제는 이전보다 훨씬 긴급한 과제가 되었다. 냉전종결로 필자의 첫째 문제, 즉 '패권질서의 형성'에 관한 문제의 중요성이 두 가지 점에서 강조되었기 때문이다. 한 가지는 "냉전종결로 미국은 중요한 전후 분기점, 즉 1919년이나 1945년과 아주 비슷한 분기점에 도달한 것은 아닌가?"라는 문제가 학자나 지식인들 사이에서 논쟁의 대상이 되기 시작했다. 그러한 논쟁의 과정에서 처음부터 중심이 되었던 문제는 "안정되고 바람직한 전후질서를 창출하기 위해서 우리는 과거의 전후구축 프로그램에서 무엇을 배울 수 있는가?"와 같은 것이었다. 그 중요성이 강조된 두 번째 요인은 냉전종결로 몇 가지 문제에 관한 논쟁이 점철화된 것이었는데, 이 시점이 되면서 "민주주의 공업국가들 간의 결속과 협력에 외부적인 위협은 불가결한 요소인가?"라는 문제에 결론을 내릴 수 있게 되었기 때문이다. 냉전시대에는 민주주의 공업국가들 간의 결속과 협력에 관한 설명이 과도하게 강조되었다. 신현실주의와 자유주의 양 진영에서 설득력 있는 해석이 제시되었지만 어느 '변수'가 가장 영향을 끼치는가에 관해 상세하게 확정할 수는 없었다. 하지만 냉전이 종결됨으로써 두 가지의 이론적 입장이 수렴되는 방향으로 향하는 것을 일반적으로 기대할 수 있게 되었고, 각각의 학파가 주장하는 이론에 대해 더욱 면밀한 판단을 내릴 수 있는 가능성이 생겨났다.

1991년 가을, 필자는 워싱턴 D. C.로 옮겨 1년간 국무성 정책기획국에서 근무하게 되었다. 이 시기에 워싱턴에 주재하여 근무했던 경험은 대단히 흥미로운 것이었다. 같은 해 8월, 소련의 미하일 고르바초프(Mikhail Gorbachev) 대통령이 러시아 남부에서 휴가를 보내고 있는 동안 수도 모스크바에서 쿠데타가 발생했는데, 이 정치적 드라마의 장면들이 텔레비전을 통해 세계 각지에 전해졌다. 당시 거침없는 기세로 떠오르던 개혁 정치가 보리스 옐친(Boris Yeltsin)은 러시아 최고회의 빌딩 앞의 전차 위에 마치 수호신처럼 서서 주먹을 높이 치켜들고 철저한 항전의 의지를 피력했다. 결국 군대가 출동했고 민주주의 세력은 정부를 탈환했다. 사태는 평정을 되찾았지만 시대에 뒤떨어진 소련 제국은 순식간에 해체되었고, 이렇게 냉전의 막은 내려졌다.

미 국무성 사무실에서 이러한 정치적 드라마를 응시하고 있던 필자는 많은 것을 배웠다. 미국의 외교 담당자들은 "옐친이 통솔하는 러시아 문민정부가 과연 순조롭게 성장할 수 있을까?"라고 끊임없이 되물었다. 1991년에서 1992년에 걸쳐 러시아는 가혹한 겨울을 맞이하게 되었는데, 그 때문에 식량부족으로 인한 폭동이 일어나고 국민의 불만이 폭발하지는 않을까 하는 불안감에 휩싸여 있었다. 이러한 예측불허의 사태가 발생하게 되면 탄생 직후 필사적으로 살아남으려는 민주주의가 질식사할지도 모른다는 불안감이 만연했고, 이로 인해 1992년 1월 미 국무성에서는 각국의 외상들이 모인 회의가 열렸다. 그렇게 많은 국가의 외상들이 국무성에 집결한 예는 지금까지 없었다. 그 회의에서는 식료품, 의약품, 에너지, 주택 등의 러시아 지원에 관한 협의가 이루어졌다.

눈앞의 위기는 넘겼지만 미 외교 담당자들은 내심 러시아의 행방에 불안감을 느끼고 있었다. "냉전은 끝났다. 하지만 그 이후에는 무엇이 도래하는가?" 지금까지의 장기간 동안 국제관계를 지배하고 있었던 것은 봉쇄정책(containment)이었고, 소련권과 서구세계의 전략적인 대립이었다. 냉전에 대한 승리의 분위기에는 어딘가 새로운 불안감이 섞여 있었던 것이다. "냉전종결 이후 미 외교정책의 기본전략은 무엇인가?" 또는 "미 외교정책의 목적은 무엇인가?"라는 불안감이 감돌고 있었다. 이 시기에 관계자들이 크게 걱정하고 있었던 문제 가운데 하나는 "냉전에서 승리한 직후의 민주주의 공업국가들, 이를테면 '자유세계'의 결속을 장래에 어떻게 유지할 수 있을까?"라는 것이었다. 왜냐하면 그때까지 국가들 간의 협력을 지탱하고 촉진해온 외부적인 위협이 소멸했기 때문이다. "앞으로 선진 공업국가들을 하나로 모을 수 있는 것은 무엇인가?" 정책기획국의 동료 한 사람은 끊임없이 다음과 같이 자문하고 있었다. "앞으로 시스템을 통합시킬 수 있는 '접착제(glue)'로서 도대체 무엇을 사용하면 좋을까?" 이것이야말로 당시의 가장 큰 문제였고, 지금까지도 포스트 냉전기의 국제질서를 둘러싼 논쟁 가운데 가장 중요한 문제로 논의되고 있다.

이러한 물음을 바꿔 말하면 다음과 같이 될 것이다. "민주주의 공업국가들 간의 질서의 원천은 무엇인가?" 이 책에서는 "이 질문에 대한 대답은 각국이 질서의 근본적인 문제로서 모색해야만 하는 '전후 상황'에서야말로 존재한다"라고 주장하고 있다. 질서는 그야말로 이러한 상황 속에서 형성되기 때문이다. 필자는 현실주의파와 자유주의파 쌍방의 입장에 의거하면서 이러한 물음에 대한 대답을 제시하려고 했다. 현실주의파 학자들은 "누가 힘을 지니고 있는가?", "힘은 어떻게 행사되는가?", "거대한 힘의 집중에 대해 타국은 어떻게 반응하는가?"와 같이 문제를 힘에 집중시키고 있다. 물론 이와 같은 문제들 모두가 핵심을 파고드는 물음임은 틀림없다. 필자는 이러한 일련의 문제들을 다음과 같이 바꿔 말했다. "힘은 어떠한 과정에서 질서로 변화하는가?" 하지만 현실주의파 학자들 또는 적어도 현대의 신현실주의파 학자들은 자신들 스스로 제기하는 문제들에 대해 전혀 또는 거의 해답을 제시하고 있지 못하며, 가장 중요한 문제에 관해서조차 대답하지 못하고 있다. 어떤 유형의 국가들—성숙하고 자유로운 민주주의국가들—은 제도를 전개할 수 있는 능력, 개방성, 국가로의 접근용이성을 갖추고 있는데, 이러한 특징으로 인해 이 국가들은 역사적인 전후 전환점에서 집중하는 힘에 대한 의심과 저항이라는 두 가지 문제를 극복할 수 있는 것이다. 과거 몇 세기 동안 많은 국가들이 전후질서구축이라는 동일한 문제에 직면해왔다. 하지만 이러한 문제의 '해결책'은 시대에 따라 달랐다. 오늘날 적어도 서구 민주주의국들 간에서의 '해결책'은 국내의 질서문제에 대한 '해결책'과 유사하다.

신현실주의파는 "강대국이 국제제도 안에서 자국을 봉쇄하고 스스로에게 제약을 가하는 것에 동의하는 이유는 무엇인가?"라는 물음에 만족할 만한 답을 제시하지 못하고 있다. 1990년대에 독일은 유럽 최강의 경제국가로 등장했는데, 이 통일된 독일 신국가가 구속적인 유럽 금융제도 속에 스스로의 손과 발을 묶는 것에 동의한 이유는 과연 무엇인가? 이 책에서는 이러한 역사적인 물음을 다음과 같이 취급해왔다. "제2차 세계대전 후 미국은 세계사상 유례없는 강대한 국가가 되었다. 그러한 미국이 세세한 항목을 가진 국제제도 네트워크를 구축하고 타국과 차별 없이 자신을 그 속에 위치시키는 것에 동의한 이유는 무엇인가?" 전반적으로 신현실주의파는 이러한 제도의 존재를 그렇게 중시하고 있지 않다. 그 때문에 이러한 물음에 명확한 대답을 제시하지 못하는 것이다. 이 책이 제시하는 대답과 주장은 다음과 같다. "이들 승전국은 신현실주의파가 인식하고 있는 것보다 훨씬 세련된 게임을 행하고 있다. 하지만 이 상황에서 제도의 역할을 이해하기 위해서는 자유주의파가 제시하는 합리적이고 계약적인 제도이론을 극복할 필요가 있다." 이러한 식으로 이해한다면 우리는, 민주주의 공업국가들이 극히 비대칭적인 힘 관계 속에서도 안정적이고 정통적인 질서의 창출을 가능하게 하고 있다는 것을 알 수 있다.

선진 공업국가들 간에는 여러 학자들이 생각하고 있는 것보다 훨씬 많은 양의 '접착제'가 존재하고 있는 것이다. 필자는 이 책에서 '왜 그러한가?', '어떠한 상황이 전개되고 있는가?'를 해명하려고 했다.

# 감사의 글

이 책에서의 많은 결점들은 친구와 동료들의 우호적인 원조가 없었더라면 훨씬 중대한 문제가 되었을지도 모른다. 지금으로부터 10년 전에 이 책의 테마에 관한 최초의 논고를 집필했지만, 이 책은 당시의 논고와 비교해 크게 달라졌다. 이는 그때부터 지금에 이르기까지 필자가 얻게 된 지적 조우의 풍요로움 덕분이다.

조 반즈, 로버트 길핀, 피터 카첸스타인, 앤드루 모라프칙, 니콜라스 오너프, 잭 신더는 최종원고 직전의 원고를 검토해 귀중한 조언을 해주었고, 데이비드 레이크와 마이클 마스탄두노는 여러 단계에서 초고를 읽고 명쾌하게 비평해주었다. 이 두 사람에게는 특히 감사를 드리고 싶다. 톰 칼라기와 주디스 골드스타인, 조셉 그리에코, 찰스 카프찬, 존 홀, 조셉 레프골드, 다니엘 린제이, 찰스 립슨, 마이클 오한론, 존 로어, 던컨 스나이달, 롭 스프링클은 필자가 사전에 준비한 각 장의 원고와 많은 논문을 읽고 유익한 조언을 해주었다. 또한 다니엘 듀드니는 필자와의 공저와 펜실베이니아 대학에서 열린 연구 세미나인 "서구세계의 논리(The Logic of the West)"에서 공동강사를 맡고 있었을 때 필자의 사고에 자극을 주었으며, 토머스 시스크와 피터 펑크를 비롯한 유능한 연구조교들이 조력해주었다.

이 책은 또한 몇몇 기관에게서 원조를 얻음으로써 출판에 크게 도움이 되었다. 필자가 1998년부터 1년간 연구원으로 지냈던 워싱턴 D.C.의 '우드로 윌슨 국제연구자센터'는 연구비를 지원해주었고 원고의 퇴고에 필요한 쾌적한 환경을 제공해주었다. 펜실베이니아 대학 부설 '대학 리서치 연구소'와 '크리스토퍼 H. 브라운 국제정치학 세미나'의 자금원조, 그리고 '국제관계 평의회'와 '국제문제 펠로십 히타치 재단'이 1997년부터 1998년까지 보내주었던 지원에도 감사를 덧붙인다.

필자는 1997년 봄, 객원 연구원으로서 브루킹스 연구소에 재직하고 있었다. 필자를 초청해준 리처드 하스 소장과 연구소에 감사를 드린다. 프린스턴 대학 출판부의 말콤 리치필드와 처크 마이어즈는 필자의 연구와 출판계획에 관심을 보여주었으며, 원고가 완성되기까지 여러 가지 원조를 아끼지 않았다. 그리고 마가렛 케이스는 편집자로서의 훌륭한 수완을 보여주었다.

이 책의 출판에 아내인 리디아와 두 아이들에게 큰 빚을 졌다. 단행본으로 출판하기 위한 원고작성이 본격화된 것이 1995년, 테사가 태어났던 해였고, 원고가 완성된 것이 1999년이었다. 원고를 탈고한 지 일주일도 지나지 않아서 잭슨이 태어났고, 테사가 세상을 떠났다. 인생의 행로가 가져다주는 기쁨과 고통을 겪으면서 이 책 집필의 고뇌와 즐거움은 하나로 엮어졌다. 이러한 의미에서 아내 리디아에게 최고의 감사를 드리고 싶다. 그녀의 아낌없는 지원과 적절한 조언이 없었다면 이 책의 출판은 불가능했을 것이다.

# 차례

# 질서의 문제

매우 드문 일이지만 역사적 분기점이라는 것이 도래한다. 이때 국가는 "주권국가로 구성된 세계에서 어떠한 방식으로 질서를 창출하고 그것을 어떻게 유지해야 하는가?"라는 국제관계에서의 근본적인 문제에 직면하게 된다. 이러한 역사적 분기점은 국제 시스템 내에서 발생하는 분쟁이나 변화라는 극적인 순간에 찾아온다. 구체적으로 말하자면 구체제가 전쟁으로 인해 파괴되어 새롭게 등장한 강국이 기본적인 조직 형성의 규칙과 각종 계약을 재편하려고 시도할 때이다. 냉전체제는 1989년을 경계로 막을 내리기 시작했다. 현대의 많은 전문가들은 냉전의 종결이야말로 가장 최근에 발생한 중대한 역사적 분기점의 예로 간주하고 있다. 양극적인 세계질서가 극적으로 와해되었던 것이다. 이에 따라 1940년대 이후 전혀 의문시되지 않았던 이러한 문제, 즉 "많은 국가들이 어떠한 방식으로 국제질서를 구축하고 그것을 어떻게 지속시키는가?"라는 문제가 최근 들어 주목을 끌고 있다.

국제질서구축의 결정적인 순간은 언제 도래하는가? 그것은 주요한 전쟁이 종결되고 승전국이 전후 세계의 재건에 착수할 때이다. 1648년, 1713년, 1815년, 1919년, 그리고 1945년이라는 특정한 시기가 바로 그 결정적이고 중대한 전환점으로서, 이러한 역사적 분기점에서 새롭게 등장한 강국은 세계정치를 형성하기 위한 절호의 기회를 부여받게 된다. 전후의 혼란 속에서 강국의 지도자들은 국제관계의 새로운 원칙과 규칙을 제시했고, 이를 통해 국제질서를 새롭게 구축할 수 있는 천재일우의 유리한 입장에 서게 되었다.[1]

이 책은 중대한 역사적 분기점에서의 질서구축에 관해 세 가지 근본적인 질문을 던지고 있다. 첫째는, "국제질서의 기본적 구축이 마치 '선착순'과 같은 상황에 처한 결정적인 순간에 국가는 어떠한 근본적 논리로 선택하는가?"이다. 바꿔 말하면, "이러한 결정적인 순간에 공통되는 전략적 상황이란 무엇인가?"이며, "전후질서를 재건하는 데 주도국 앞에 제시된 선택사항에는 무엇이 존재하는가?"라는 물음이 될 것이다. 둘째는, "질서문제에 대한 특정한 '해결책'은 수많은 중요한 전후구축을 경험해온 이후 변화하고 발전했는가?"이다. 구체적으로 말하자면 다음과 같은 물음이 된다. "제도적 질서구축 전략은 1815년의 전후구축을 시점으로, 이후 강국들이 이러한 전략에 의존하기까지 변화·발전해왔으며, 1945년에는 가장 논리 정연한 형태로 전후구축이 이루어졌다. 이것을 어떻게 설명할 수 있는가?" 셋째는, "냉전종결로 극적인 '힘의 이전'이 발생했다. 1945년의 전후구축 결과 탄생한 선진 공업국가들 간의 질서는 이를 극복해왔고, 그 이후 오랫동안 이를 유지해왔는데 그 이유는 무엇인가?"이다.

역사적 분기점에는 몇 가지 특징이 있다. 주도국이 국제질서를 형성하기 위한 기회를 창출하면서 그로 인해 '힘의 분포'가 갑자기 부상되어 강대국과 약소국 사이에 새로운 '힘의 비대칭(power asymmetries)'이 생겨나는 것이다. 이 새로운 '힘의 불균형(power disparities)'은 구질서가 파괴되는 순간에 밝혀지게 된다. 그 결과, 질서의 새로운 원칙과 규칙의 확립을 둘러싸고 모든 국가들이 자국의 주장을 관철하기 위해 서로 대결할 수 있는 기회와 인센티브가 발생한다. 주요한 전후 분기점은 천재일우의 전략적 순간이기도 한 것이다. 이러한 순간을 맞이할 때 주도국 또는 패권국은 자신이 새롭게 획득한 힘을 어떻게 행사해야 하는지에 대한 선택에 직면하게 되는데, 이 선택이야말로 전후기 국제질서의 성격을 결정적으로 형성시키는 요소이다.

승전국은 일종의 힘의 자산 — 마치 '굴러들어온 호박'으로 불릴 만한 자산 — 을 획득하면서 전후기의 새로운 강국이 된다. 몇 가지의 사례에서 볼 수 있듯이, 승전국은 물리적인 힘으로 다른 모든 요소를 압도해 새로운 패권국으로 등장하기도 한다. 그렇다면 신패권국은 스스로 획득한 새롭고 풍부한 힘을 과연 어떻게 행사하는가? 신패권국이 취할 수 있는 선택은 크게 다음 세 가지로 나눠 생각할 수 있다. 첫째 선택은 '지배하는 것'이다. 신패권국은 세력권 내에서 물리적인 힘을 동원해 타국을 움직이게 하고 이익분배를 둘러싼 끊임없는 분쟁에서 우위를 점한다. 둘째 선택은 '포기하는 것'이다. 신패권국은 세력권 내 전후기의 분쟁에서 손을 떼고 본국으로 철수한다. 셋째 선택은 '변화시키는 것'이다. 이는 신패권국이 전후기에 세력권에서 획득한 유리한 입장을 영속적인 질서로 변화시키는 것을 의미한다. 그 질서는 타국이 절대적으로 수용할 수 있는 것이어야 한다. 신패권국은 이러한 목적을 달성하기 위해 약소국과 패전국의 불안, 즉 신패권국이 '지배하는 것'과 '포기하는 것'이라는 선택을 취할 수도 있다는 불안을 제거하지 않으면 안 된다.

역사를 되돌아보면, 지금까지의 중대한 전후 분기점에서 셋째 선택을 취할 수 있는 인센티브는 모든 주도국에 존재했다. 하지만 주도국이 어떠한 수단을 사용해 어느 범위까지 행동할 수 있었는가는 시대에 따라 상이했다.

이 책에서는 세 가지의 주요한 주장을 전개하고 있다. 첫째는, "시대의 변천과 더불어 힘을 억제하는 국가의 능력과 메커니즘은 변화해왔다. 그 결과 주요한 전쟁 이후에 출현한 질서의 성격 역시 변화해왔다"라는 주장이다. 이를테면 '전략적 억제'를 실행하는 승전국의 능력은 과거 몇 세기를 걸쳐 진보해왔다는 것이다. 이는 주도국이 국제질서를 창출하고 질서를 유지해왔던 방법 역시 변화했다는 것을 의미한다. 가장 오래된 전후기에는 '힘의 억제' 전략의 결과로 '국가의 힘의 분리와 분산'이 이루어졌고 시대가 지남에 따라 '힘의 균형'을 초래했다. 현대에 이르러 전후의 국가들은 국가 간 힘의 불안정과 불균형이라는 문제에 대해 제도전략을 이용해 대처하게 되었다. 각 전후기의 제도전략은 그 효과에서 상이한 점을 보였지만, 어떠한 전후전략도 제도에 참여하는 국가들을 결속시켰으며, 국가의 힘이 언제 어떠한 형식으로 행사될 수 있는지를 명확하게 규정하고 있었다.

이러한 주제에 관해서는 역사적인 패턴을 제시할 수 있다. 국가의 힘에 관해 자의적이고 무차별적인 행사를 억제하고 승전국에 바람직한 영속적인 전후질서를 고정화시키는 메커니즘으로서의 제도전략에 의존하게 된 것은 1815년의 전후구축이 최초의 예였다. 그 후 1919년과 1945년에 행해진 전후구축을 통해 제도전략에 의존하는 정도가 더욱 심화되었다. 나폴레옹 전쟁 이후 영국이 제시한 전후질서구축의 구상, 그리고 두 번의 세계대전 이후 미국이 제시한 전후질서구축의 구상 속에는 강대국의 행동을 제약하고 전후기 강대국 간의 관계를 제도화하려는, 종래에는 볼 수 없었던 대담한 제안들이 포함되어 있었다. 이러한 전후제도는 단지 기능적인 문제를 해결하고 협력을 촉진하기 위한 목적만은 아니었다. 그 제도들은 주도국이 자국에 바람직한 전후관계로 타국을 '고정화'시키고 한편으로는 자국의 '힘의 행사'에 일정한 억제조치를 강구하기 위한 제도였다. 이 두 가지로 인해 전후제도는 '지배'나 '포기'라는 추종국들이 느끼는 불안을 완화시키는 정치적 관리 메커니즘으로서의 역할을 수행했다.

둘째는, 정치적 관리 메커니즘으로 제도를 활용하려는 주도국의 인센티브와 능력은 두 가지 '변수' — 전후기 '힘의 불균형'의 정도와 전후구축의 당사자인 국가의 유형 — 에 의해 형성된다는 주장이다. 전후기 '힘의 불균형'이 극단적일수록 승전국이 자국에 바람직한 질서를 '고정화'시킬 가능성은 커진다. 승전국은 자국의 힘을 억제한다는 약속을 한 이상 제도의 발족과 가맹에 관한 합의를 각 국가들에게 얻어내야 하며 단기적인 이익을 버리고 장기적인 이익의 획득을 추구하게 된다. 이러한 행동을 통해 승전국은 더욱 많은 이익을 얻을 수 있는 입장에 설 수 있다. 동시에 '힘의 불균형'이 클수록 승전국에 의한 '지배'와 '포기'라는 위험을 감소시킬 수 있는 제도적 합의의 확립을 희망하는 약소국과 추종국의 인센티브는 증가한다. 한편 민주주의국가들이 구속적인 제도에 참여할 가능성은 비민주주의국가들에 비해 훨씬 크다. 그 때문에 민주주의 세계에서 추종국들은 전후구축을 신뢰할 수 있다. 바꿔 말하면, 제도를 고정화시키기 위한 '점착성(粘着性, stickiness)'은 비민주주의국가들보다 민주주의국가들 사이에서 더욱 높다. 이러한 이유로 제도적 전후구축은 '힘의 비대칭'이 주는 인상을 희석시키는 효과가 있다는 점에서 즉시 효력을 발생시키는 메커니즘이 된다.

셋째는, 제도이론을 통한 해석이 1945년 이후의 질서 내에서 민주주의 공업국가들 간의 안정적인 관계를 설명하는 데 공헌하고 있다는 주장이다. 이 질서는 냉전의 종결과 극단적인 '힘의 비대칭'이라는 두 가지 사태를 경험했음에도 현재까지 비교적 흔들림 없이 안정을 유지하고 있다. 1945년의 국제관계 환경은 1815년이나 1919년과 비교해 제도적인 전후구축을 모색하려는 주도국에 매우 좋은 기회를 부여했다. 또한 전후구축이 확립된 이후 가맹국들의 민주주의적인 성격으로 인해 다국 간 제도의 설립과 다국 간 약속이행력(commitment)이 한층 발전했으며, 국가 간의 결합력 역시 심화되었다. 그 결과 새로운 전후 분기점의 시대가 도래했을 때 다른 질서가 제도적 질서로 대체되는 것이 현저하게 곤란해졌다.

실제로 이 제도이론을 적용한다면 1945년 이후의 질서가 냉전종결 후에도 여전히 유지되고 있다는 사실을 설명할 수 있다. 소련은 거의 어떠한 저항도 보이지 않은 채 자멸했고, 통일 이후 강국화된 독일이 북대서양조약기구(NATO)에 가입하는 것마저 묵인했다. 그것은 "소련이 왜 그러한 행동을 취한 것일까?"라는 의문에 대한 설명에도 유효하다. 소련의 지도부는 서구의 정치질서가 갖추고 있는 제도적 측면 덕분에 "소련이 개혁과 통합을 진행하는 동안 서구진영 국가들이 소련을 궁지로 몰 가능성은 적다"라고 판단했던 것이다. 서구진영 국가들의 제도적 구조는 '힘의 불균형'을 감소시키려는 변화와 통일 독일의 발흥이 안전보장에 미치는 영향을 완화시켰다. 그 때문에 소련은 국제연합(UN)을 통한 결정에 신속한 조치를 할 수 있는 인센티브를 획득했다. 만일 이러한 제도적 구조가 부재했다면 서구진영에 이만큼 유리한 조건하에서 소련이 결단을 내리기는 힘들었을 것이다. 제도이론은, "양극체제가 붕괴됨에 따라 서구의 주요한 제도(예를 들면, NATO)는 그 역할을 상실했다. 그럼에도 그 제도들이 여전히 건재하고 있는 이유는 무엇인가?"를 설명하는 데 도움이 된다. 제도들이 유지되는 이유는 그 제도들이 쌍무적인 약속이행을 실현하고, 설득력 있고 안심할 수 있는 시스템의 일부가 되어 있기 때문이다. 실제로 이러한 논리구조는 냉전 이전부터 존재하고 있었다. 적어도 부분적으로는 냉전과는 무관한 것이다.

여기에는 "전후질서는 스스로 변화하는 성격을 지니고 있다"라는 전제가 존재한다. 이 전제의 배후에는 "'힘의 비대칭'은 국제관계에 중대한 영향을 끼치지만 민주주의는 관계국을 '고정화'시키는 이러한 제도를 이용해 '힘의 비대칭'이 주는 영향을 완화시키는 질서를 창출하고 있다. 이 질서는 어떠한 과정에서 형성되는 것인가?"라는 또 다른 문제제기가 숨어 있다. 제도가 이와 같은 역할을 수행할 수 있는 능력을 지니고 있으면 새롭게 탄생하는 정치질서의 입헌적(constitutional) 성격은 더욱 강화될 수 있다. 기본적으로 입헌적 정치질서는 정치에서 '승패'라는 인상을 희석시키는 효과가 있다. 집단이나 국가가 어느 특정한 순간에 우위의 상황에 서게 되었을 때, 예를 들면 선거에서 승리를 한다든지 경제적인 거래로 일방적인 이익을 올리는 경우, 질서는 집단 또는 국가가 계속해서 취할 것이라고 생각되는 행동에 제도를 통한 제약을 가할 수 있다. 바꿔 말하면 입헌적 질서는 '힘에 대한 대가(returns to power)'에 제약을 부가할 수 있는 것이다. 이것은 게임에서 일시적으로 우위에 서게 된 행위주체(actors)가 계속해서 위압적인 태도로 행동하지 못하게 하는 것과 같다. 따라서 패전국은 "자신의 손실은 한정적이고 일시적인 것이므로 자국의 손실을 감수하는 것이 모든 것을 위험에 빠뜨리거나 승전국에 영속적인 이익을 부여하는 것은 아니다"라고 인식하게 된다.

그렇다면 "정치적 질서의 입헌적 성격은 국내적·국제적 모두의 경우에서 변화할 수 있다"라고 주장하는 것도 가능하다. 질서 내에 갖추어져 있는 제도가 '힘에 대한 대가'에 부가할 수 있는 제약의 정도에 따라 질서의 입헌적 성격 전체가 변화하기 때문이다. 역사적으로는 국제질서가 '힘에 대한 대가'에 제약을 부가했던 사례는 매우 적다. 세력균형 또는 패권국가의 위압적인 지배만을 기반으로 형성된 질서에는 어떠한 입헌적 성격도 찾아볼 수 없다. 하지만 "만일 제도가 민주주의국가에서 형성되었다는 조건하에서 이 책에서 가설로 제시한 억제적 역할을 수행할 수 있다면 일정한 상황하에서는 국제질서 역시 실제로 입헌적 성격을 발휘할 수도 있다"라고 주장할 수 있다.

이 주장은 상당한 이론적 중요성을 지니고 있다. 주지하는 바와 같이 국내정치와 국제정치는 전혀 상이한 질서에서 출발하고 있다. 국내정치는 법의 지배와 국민의 합의를 기초로 형성된 제도에 의해 운영된다. 이에 비해 국제정치는 국가적 힘의 행사에 의해 운영된다. 국내정치가 제도와 규칙이라는 틀을 통해 '원만함'을 유지하는 데 반해, 국제정치는 '권력정치(power politics)'라는 거칠고 냉정한 세계에서의 응수라고 인식되고 있다. "국내정치와 국제정치라는 두 영역은 근본적으로 서로 다른 구조를 지니고 있다. 전자는 계층제도(hierarchy)의 원리를 기반으로 하는 것에 반해, 후자는 무질서(anarchy)를 기반으로 하고 있다"라는 것이 지배적인 관점이다.[2] 이에 대해 필자는 "국내정치와 국제정치 모두 다양하고 상이한 형태를 취할 수 있다"라고 말하는 편이 오히려 정확한 인식이라고 생각한다. 극단적으로 가혹하고 위압적인 국내정치를 행하고 있는 국가가 있는가 하면, 합의와 제도를 기반으로 명확한 형태로 국제정치가 실현되고 있는 지역 역시 존재하기 때문이다. 이와 같이 국내정치와 국제정치를 구분하는 이분법은 절대적인 것이라고 말할 수 없다.[3]

전쟁이나 정치적 격변의 결과로 신흥 유력국가나 유력국가 그룹이 탄생할 때, 즉 질서의 기본적 성격이 아직 확정되지 않은 국제환경 속에서 현저한 '힘의 비대칭'이 존재할 때, 주도국은 전후질서에 관해 '지배하는 것', '포기하는 것', '제도화하는 것' 중에서 어느 한 가지를 선택하지 않으면 안 된다. 이때 주도국 또는 주도국 그룹에는 제도적 전후구축의 방향으로 나아갈 수 있는 인센티브와 기회가 주어진다. 즉, 자신의 힘을 포함해 각국의 힘을 제한하고 억제하기 위해 모든 관계국들을 구속시킬 수 있는 질서 창출의 가능성이 발생하는데, 이러한 과정을 통해 입헌적 성격이 전후질서에 부여되는 것이다.

이후 이 장에서는 지금까지 설명하지 않은 전후질서의 수수께끼와 이 책에서 제시하고 있는 가설과 제도에 관한 주장, 그리고 "국가는 어떻게 질서를 창출하고 유지하는 것인가?"라는 주제에 관한 더욱 폭넓은 논의와 이론적 주장을 검토할 것이다.

## 질서의 수수께끼

국제관계에서 질서의 형성은 극적인 시기에 사소한 사건을 동반하며 실현되는 경향이 있는 것처럼 보인다. '대전(great wars)' 이후의 시기가 그 전형이라고 할 수 있는데, 이러한 시스템의 전환은 길핀 (Robert Gilpin)이 주장하는 '시스템 내 변화(systemic change)'*이기도

---

* 길핀이 말하는 '시스템 내 변화'란 국제 시스템 내의 통치 변화를 가리킨다. 즉, 시스템 자체의 변화가 아닌 시스템 내부의 변화를 일컫는데, 이것은 국제적인 힘의 분배와 위신의 위계질서, 그리고 시스템의 규칙과 권리의 변화를 동반하며,

하다. 즉, 지배의 규칙과 제도를 신흥 유력국가나 패권국의 이해관계에 적합하도록 재구축하는 것을 의미한다.[4] 국가 간 관계에서 전쟁이나 붕괴, 부흥이 중요한 위치를 점하고 있다는 사실은 곧 이러한 사정이 국제적 변화의 중심적인 문제임을 보여준다. 즉, 카첸스타인(Peter Katzenstein)이 논하고 있는 것처럼, 역사는 '불규칙한 빅뱅의 연속'이 다.[5] 세계정치는 국가 간 관계의 재편과정에서 매우 드물게 일어나는 '불연속(discontinuity)'으로 큰 변화가 초래되는 것이다.

국제관계에서 가장 중대한 질서재편의 순간은 주요 전쟁의 종결 이후에 도래한다. 이러한 전쟁의 전후구축 결과 생겨난 각 질서들의 성격은 지금까지 수백 년간을 걸쳐 변화해왔다. 그리고 전후구축은 급속하게 그 규모가 확대되어 세계적인 규모에 달했다. 1648년의 베스트팔렌 강화조약은 주로 유럽 대륙의 전후구축에 지나지 않았고, 1713년의 위트레흐트 조약은 유럽 국가제도의 형성에 영국이 최초로 관여하는 계기가 되었다. 1815년의 비엔나 강화조약은 이전과는 달리 규모가 확대되어 다수의 식민지와 비유럽세계가 전후구축 교섭에 참가했다. 21세기에 들어서면서 전후구축은 세계적인 규모가 되었고, 강화조약은 그 규모와 내용 면에서 크게 확장되었으며, 안전보장을 비롯해 영토, 경제, 각 실무에 이르기까지 폭넓은 분야의 문제를 다루게 되었다. 동시에 강화조약은 종래의 전후구축에서는 볼 수 없었을 정도로 급속하게 패전국의 내정에 간섭하게 되었다. 구체적으로는 패전국 내의 지배구

---

특정한 국제 시스템을 통치하는 지배국이나 제국의 흥망성쇠 과정이 반영된 개념이다. 본질적으로는 쇠퇴하는 지배국에서 새롭게 대두하는 지배국으로의 체제변화를 지시하는 개념으로 쓰인다(Robert Gilpin, *War and Change in World Politics*, Cambridge: Cambridge University Press, 1981 참조). __ 옮긴이 주

조나 행정에까지 깊이 관여하게 되었는데, 이러한 경향이 정점에 달한 것은 1945년의 독일과 일본 양국의 점령과 부흥에 이르러서였다.[6]

무엇보다도 중요한 것은, 1815년, 1919년, 1945년 각각의 전후구축을 봤을 때 주도국이 시대와 더불어 급속하게 주요 강대국의 전후 안전보장 관계를 제도화하려고 세심한 노력을 기울였다는 것이다. 주도국은 단지 세력균형 전략이나 힘의 우위에만 의존하지는 않았다. 주도국은 힘의 행사를 억제하고, 현 시점에서는 약소국이지만 장래에 대항국이 될 수 있는 모든 국가들을 안심시키면서 다양한 종류의 구속적인 제도를 설립함으로써 자국의 약속을 이행하려고 노력했다. 승전국의 전략은 적국이 될 수 있는 가능성을 잠재적으로 지니고 있는 국가들과 상호위협이 되는 국가들을 동맹관계에 편입시키고, 그 밖의 제도에도 가맹시킴으로써 각국의 행동을 봉쇄하는 것이었다. 저비스(Robert Jervis)는 비엔나 전후구축에서의 이러한 논리를 다음과 같이 지적하고 있다. "국익이라는 개념이 확대된 결과, 정치가들은 '자국에 위협을 주는 국가를 가장 효과적으로 봉쇄하는 방법은 그 국가와 밀접한 관계를 유지하는 것이다'라고 믿게 되었다."[7]

1919년과 1945년의 두 전후구축에서는 이전의 전후구축과 비교해 제도이용을 한층 더 중시했다. 승전국은 이러한 방법으로 잠재적인 적국의 발을 묶으면서 동시에 그 적국이 느끼고 있는 불안을 해소시켰다. 단순한 세력균형형 질서를 대체하는 선택지로서 각국을 결속시키기 위해 제도를 이용하는 이러한 수법이 등장한 것은 1815년이었다. 두 번에 걸친 세계대전 이후 이러한 제도이용은 1815년보다도 훨씬 광범위한 형태로 재등장했다. 하지만 어떠한 경위에서 왜 그렇게 되었는가는 완전히 해명되어 있지 않기 때문에 이 문제를 역사적·이론적으로 해명하는 것은 중요하다.[8]

1945년 이후 미국은 새로운 다국 간 제도를 종래에는 없던 대규모적 형태로 활용하면서 전후질서를 구축하는 전략을 전개했다. 제2차 세계 대전이 끝나면서 이전 질서는 붕괴했고, 피폐해진 유럽의 열강들 대신에 미국이 세계정치를 지배하려는 태세를 갖추었다. 세계를 지휘하는 입장에 서게 된 미국은 1944년부터 1951년 사이에 브레턴우즈(Bretton Woods) 체제와 국제연합, NATO, 미일안보조약, 그리고 그 밖의 아시아 국가들과 동맹관계를 잇달아 창설했다. 전후제도는 지역, 세계, 경제, 안전보장, 다국 간, 양국 간과 같은 다양한 형태로 등장하게 되었다.

　인류는 수많은 큰 전쟁을 경험해왔고, 그 전쟁과 함께 새롭게 등장한 강국이 전후질서를 구축하는 몇 번의 '시기'가 도래했다. 그렇지만 1945년 이전에는 주요한 전쟁이 종결한 후 하나의 국가가 세계를 지배하는 입장에 서게 된 적은 한 번도 없었다. 제2차 세계대전 후의 미국과 같이 하나의 대국이 철저한 제도화를 통한 전후질서구축에 임했던 적은 없었던 것이다. 미국이 패권을 쥔 시기와 영국이 패권을 쥐었던 시기는 매우 대조적이다. 19세기의 영국 역시 제도를 이용하기는 했지만 20세기의 미국만큼 광범위한 제도를 이용하지는 않았다.[9]

　제2차 세계대전 후의 미국은 자국의 패권이 정점에 달했을 때 왜 스스로의 힘을 '제도화하는 것'에 동의한 것일까? 미국이 스스로는 될 수 있는 한 자유롭게 행동하면서 타국을 제도 속에 가둬두려고 시도했던 것은 틀림없다. 하지만 전후제도의 존재는 필연적으로 미국 스스로 자국의 패권 행사에 제동을 거는 것이었다. 미국이 이러한 제도적인 구속에 동의한 이유는 무엇인가? 더불어 약소국과 추종국이 강대한 패권국과의 결합을 회피하지 않고 오히려 결합을 강화하는 데 동의한 이유는 무엇인가? 이 문제 역시 앞으로 해명해야 할 문제 중의 하나인데, 왜냐하면 그렇게 행동하는 것은 스스로 지배를 당할 수 있는 위험을 무릅쓴 것이기 때문이다. 약소국이 "패권국의 힘은 결국 쇠퇴할 것이다"라고 믿는다면, "가능하면 패권국에 속박되지 않는 편이 상책이고 더욱 유리한 거래를 위한 시기까지 기다리자"라고 판단해도 이상하지 않을 터이다.

1945년에 구축된 질서는 매우 장기간에 걸쳐 유지되고 있다. 이것 또한 수수께끼 가운데 하나이다. 포스트 냉전기에서 매우 놀라운 사실 가운데 하나는 미국과 다른 선진 공업국가들의 관계가 놀라울 만큼 안정성을 유지하고 있다는 것이다. 소련의 붕괴와 양극체제의 종언이라는 사실에도 불구하고 미국과 유럽, 그리고 일본의 관계는 상대적으로 열려 있고 쌍방향적이다. 정통성을 잃지 않으면서 제도화되어 있는 것이다. 다수의 전문가들이 "냉전의 종결로 서구진영 국가들의 관계에서 다국 간 제도의 와해와 지역블록의 대두, 일본과 독일의 전략적 균형으로의 회귀 같은 큰 변화가 일어나지 않을까?"라고 예측했지만 그 예측은 빗나갔다.

냉전종결은 민주주의 공업국가들을 결속시키는 원천이었던 소련의 위협을 제거했을 뿐만 아니라 동시에 힘의 일극집중을 초래했다. 현재 미국은 경제와 군사 면에서 가장 강력한 경쟁국가와도 큰 격차를 보이고 있으며, 그 격차는 과거 3세기 동안 출현했던 모든 주도국과 경쟁국 간의 관계에서 볼 수 있었던 격차보다 훨씬 크다. 이처럼 미국의 힘의 집중에도 불구하고 타국이 미국을 상대로 세력균형을 도모한다든지, 그 패권에 대항하기 위한 연합을 조직하는 움직임을 적극적으로 추진하는 증거는 거의 찾아볼 수 없다. 왜 이러한 움직임은 일어나지 않는가? 이것 또한 현대의 수수께끼 가운데 하나이다. 최근 10년간 국제관계에서 '힘의 분포'에 뚜렷한 전환이 이루어졌음에도 왜 민주주의 공업국가들 간의 질서는 여전히 안정되어 있으며 전혀 흔들림이 없는가?

## 질서를 둘러싼 논쟁

"국제질서를 창출하는 원천은 무엇인가?"라는 문제를 둘러싸고 논쟁이 전개되고 있다. 이 논쟁은 주로 힘의 중요성을 강조하는 사람들과 제도와 사고의 중요성을 강조하는 사람들 사이에서 행해지고 있다.[10] 하지만 필자는 이러한 논쟁이 잘못된 이분법을 기초로 행해지고 있다고 생각한다. 각국이 질서를 형성하고 유지하려고 할 때 각국이 직면하는 기본적인 딜레마를 확정하는 것은 각국의 힘과 그 힘들 사이의 불균형이라는 두 가지 요소이다. 하지만 이 딜레마에 대한 각국의 '해결책'은 상이하다. 이러한 점에서 우리는 추가적인 작업을 통해 이를 이론적으로 해명하지 않으면 안 된다. 즉, 전후질서가 어떠한 성격을 지니고 있고 그것이 과연 안정적인지는, 각국이 구속적인 약속 이행을 확립함으로써 스스로의 힘을 억제할 수 있는 능력 ─ 이 능력은 국가가 지니고 있는 정치적 성격과 국제질서의 원천에 관한 강력한 전략적 사고, 이 두 가지 요소에서 비롯된다 ─ 을 지니고 있는지의 여부와 관계하는 것이다. 하지만 유력한 제도이론 역시 제도가 정치적 관리 메커니즘으로서 명령적 역할을 수행하고 있는 과정을 제대로 파악하지 못하고 있다.

현실주의파는 지금까지 전통적으로 "질서는 국가 간에 어떻게 창출되는가?"라는 근본적인 문제에 관해 가장 명쾌한 해답을 제시해왔다.[11] 현실주의파의 기본적인 주장은, "질서를 창출하고 유지하는 것은 국가의 힘이며, 국가의 힘의 배분에 변화가 생겨 그 변화가 지속되면 최종적으로 질서의 변화가 생긴다"라는 것이다. 이러한 사고를 기초로 현실주의파 이론이나 신현실주의파의 수정이론은 세계정치의 질서형성에 관해 두 가지의 명확한 이미지를 제시하고 있는데, 세력균형

(balance of power)과 패권(hegemony)이 바로 그것이다.

세력균형 이론은, "질서는 그 자체에서 나온 규칙과 제도를 포함해 무질서한 상황하에 있는 모든 국가 사이에서 발생하는, 대립하는 '힘의 집중'이나 위협에 균형을 만들고 조절하는 진행과정의 산물이다"라고 설명하고 있다.[12] 이러한 균형화는 국내와 국제 양면에서 정책실행을 통해 실현되는데, 한 가지는 국내적으로 힘을 결집시키는 것이며, 또 한 가지는 국제적으로 '힘의 집중'이 가져오는 위협에 대항하면서 세력 균형을 목적으로 하는 모든 국가 간에 잠정적인 동맹을 형성하는 것이다. 무질서한 상황하에서 동맹은 일시적인 편의수단으로 등장하지만 결국 소멸하고 만다. 국가는 자신의 자율체제를 고수하면서 많은 제약을 부가하는 제도에 대해 대항한다. 세력균형론을 중시하는 현실주의파 사이에서는 균형의 규칙이 얼마만큼 명확하고 자기의식적인가에 관해 의견이 갈리고 있다. "질서는 행위주체의 의도와는 관계없이 균형을 촉진시키는 압력의 결과로 생기는 산물이다"라는 의견이 있는가 하면, "질서는 행위주체가 경험을 통해 학습해 이론화된 균형과 조화에 관한 규칙을 반영한 산물이다"라는 의견도 있다.

신현실주의파는 "패권국은 다국 간 관계를 조직화할 수 있는 능력을 행사해 질서를 창출하고 유지한다"라고 주장한다.[13] 어느 국가가 '힘의 우위'를 지니게 되었을 때 그 국가는 타국에 대해 긍정적·부정적 인센티브를 제시하고 확립되어가고 있는 패권형 질서에 참가하도록 재촉할 수 있다. 길핀에 따르면, 국제질서라는 것은 어떠한 역사적 순간에서든지 시스템 내에 생긴 국가 간의 '힘의 분배'를 반영한 것이다. 시간이 경과함에 따라 이 '힘의 분배'에는 변화가 생기게 되고, 그 결과 시스템 내에서 대립이나 결렬이 발생해 결국 패권전쟁으로 이어진다. 최종적으로는 새로운 '힘의 분배'를 반영한 질서의 재편이 이루어지게 된다. 전후구축의 모든 조건과 신질서의 성격을 규정하는 것은 신흥 패권국 또는 패권국 그룹이며, 그러한 국가 또는 국가 그룹의 힘의 위치는 전쟁으로 인지된다는 것이 신현실주의파의 주장이다.

신현실주의파의 이론은 전후 분기점에서 나타나는 전략적 딜레마, 즉 비대칭적인 힘의 관계 속에서 형성되는 질서문제의 본질을 밝히는 데 매우 유익하다. 하지만 신현실주의파의 해석을 통해서 주권국에 의한 제도형 질서구축 전략이 시대의 변화와 함께 급속히 중요한 역할을 하게 되는 것과 몇 번의 큰 전쟁 후에 등장한 전후질서에 서로 유사성이 있다는 것을 완전히 설명할 수는 없다. 신현실주의에서는 "국제제도는 국가 간 관계를 조직하는 데 주요한 역할을 담당하고 있다"라는 것조차 인정하지 않는다.[14] 간단히 말하면, 신현실주의파의 입장은 "패권형 질서는 전후 우위국이 획득한 인센티브와 위협을 계속적으로 행사함으로써 확립되고 유지된다"라는 것이다. 이 입장에서 보면, 전후 우위국에 중요한 요인이 되는 것은 군사력으로 대표되는 실제적인 힘과 원료·시장·자본의 지배, 경제·기술 분야 국제경쟁에서의 우위성이다.[15] 이에 대해 이 책에서는 다음과 같이 주장하고 있다. 패권국—19세기의 영국과 양 세계대전 후의 미국—은 힘과 질서에 대해 일반적으로 생각하는 것 이상의 이해를 가지고 이에 기초해 행동했다는 흔적이 남아 있다. 양국 모두 그러한 행동을 취하기 위해서는 단순히 물리적 능력을 발휘하는 것만으로는 충분하지 않으며, 힘의 행사를 억제할 필요가 있다는 것에 대해 인식하고 있었던 것처럼 보인다.[16]

이와 같이 서구세계의 전후질서가 장기적으로 안정되어 있다는 사실은 세력균형과 패권을 축으로 하는 신현실주의파의 모든 이론에 도전하는 형태가 되었다. 소련의 위협이 소멸되었을 때 세력균형 이론은 "다수의 국제제도, 그중에서도 NATO로 대표되는 안전보장제도는 쇠퇴할 것이다. 그 결과 서구진영은 최종적으로 전략적 경쟁관계의 도식으로 회귀할 것이다"라고 예측했다.[17] 또한 신현실주의 이론은 "미국의 힘이 극단적인 우위에 서게 되면 그것이 계기가 되어 아시아와 유럽의 동맹국은 균형을 복원하려는 반응 또는 적어도 냉전시대에 특징적이었던 정치적·안전보장적 결합을 약화시키려는 움직임을 보일 것이다"라고 주장했다.[18] 몇몇 신현실주의 이론은 "미국의 패권재흥이라는 새로운 상황 속에서 유럽과 아시아는 왜 세력균형화를 위한 반응을 보이지 않는가?"라는 문제를 해결하려고 했다. 그중의 한 이론은 포스트 냉전기에서 미국의 대전략과 거기에 포함되어 있다고 보이는 물적 자원을 사용하는 능력에 주목하고 있다. 이 이론은 "미국은 이러한 구상과 능력으로 동맹국을 자기편으로 유인하고 안심시킨 결과 세력균형화와 저항이라는 움직임을 미리 봉쇄할 수 있다"라고 설명한다.[19] 신현실주의파가 제시하는 또 하나의 대답은 "현재 미국의 힘은 타국의 힘에 비해 매우 강대하므로 균형복원은 제대로 기능하지 않는다"라는 것이었다.[20]

이러한 주장들이 존재함에도, 신현실주의 이론의 기본적인 명제는 "포스트 냉전 시대가 도래하고 선진 공업국가들은 재차 무질서의 제 문제, 즉 경제경쟁과 안전보장 면에서의 딜레마, 제도붕괴, 동맹의 균형문제에 대해 대처하지 않으면 안 된다"라는 주장에 지나지 않는다. 냉전의 외부적 위협이 소멸된 이후 미국이 설령 지배적인 주체가 되었다 하더라도, 동맹국 간의 결속을 낳은 가장 중요한 원천이었던 소련의 존재는 이미 소멸되었다. 그렇지만 서구 공업국가 간의 포스트 냉전기 관계는 안정적이며 열려 있다. 실제로 몇 가지 영역에서 제도적 협력은 오히려 강화되었는데, 이러한 사실은 아직도 수수께끼로 남아 있으며 이는 신현실주의 이론으로는 설명될 수 없는 것이다.[21]

자유주의 이론 역시 의미 있는 것임에는 틀림없지만 주요한 전후의 질서구축 과정에서 이루어지는 정치적 움직임에 관한 이해가 부족하다.[22] 자유주의 이론은 특히 1945년 이후의 전후질서의 다양한 국면을 설명하는 데 매우 기대할 만한 실마리를 제공해준다. 하지만 전후질서의 특징과 그 안정성의 원천에 관해서는 충분히 설명하지 않고 있다.[23] 자유주의 이론은 국가 간의 '힘의 비대칭'과 그것이 국가 간의 협력에 미치는 제약에 관해서는 다른 이론들에 비해 관심이 적다. 그리고 주도국이 이전의 세력균형에 대한 다른 선택으로서 구속적 제도를 광범하게 이용했다는 사실과, 민주주의적이며 열려 있는 정치체제인 미국정치가 전후기의 '힘의 비대칭'이 지닌 영향을 경감시키기 위해 국제제도와 일체화했다는 사실을 놓치고 있다.

자유주의 이론에 따르면, 국제제도는 국가 간의 협력을 촉진하고 국가의 힘을 억제한다. 그 결과 국가가 국익을 규정하고 추구하는 행동양식에 변화가 생기게 된다.[24] 또한 자유주의 이론은 원칙적 합의 또는 국가 간 제도가 입헌적 계약의 역할을 하고 있는 점의 중요성에 대해 지적하고 강조해왔다. 영(Oran Young)은 이것을 "국가 간 장래의 상호관계를 지배할 것으로 기대되는 일련의 권리와 규칙"이라고 표현했다.[25] 하지만 자유주의 이론은 "안전보장 면에서 딜레마를 경감시키고 균형을 유지하려는 인센티브를 제지하기 위해 각국을 구속하는 전략으로서 제도를 어떻게 사용할 수 있을까?"라는 문제에 대해서는 다른 이론에 비해 충분한 주의를 기울이지 않았다. 자유주의 이론은 "제도가 어떻게 국가의 행동을 유인하고 또 어떻게 국가의 행동을 억제하는가?"라는 문제에 관해서는 해명하고 있지만, "주도국이 자신의 행동을 억제하고 '지배'와 '포기'에 대한 추종국의 불안을 불식시키기 위해 어떻게 국가 간 제도를 이용하는가?"라는 점에 대해서는 장기적인 시점에서의 이론을 전개하고 있지 않다.

이 책에서는 제도에 대해 다음과 같은 접근을 제안한다. 그것은 두 가지의 접근방법과 대비될 수 있다. 한 가지는 신자유주의 이론〔비점착성(unsticky) 이론〕이며, 다른 한 가지는 구성주의(Constructivism) 이론〔해체성(disembodied) 이론〕이다. 신자유주의 이론에 따르면, 제도는 행위주체 간의 합의 또는 계약으로 불안을 줄이고, 거래비용을 감소시키며, 집단행동에 따르는 제 문제를 해결하는 기능을 지니고 있다. 또한 제도는 정보와 수행 메커니즘, 그리고 그 밖의 수단으로 기능하고 그것으로 많은 국가들은 공동이익을 실현할 수 있다.26) 제도가 부재할 경우 국가는 어떻게 행동하는가? 국가는 무질서한 상황 속에서 다양한 공리적 기회주의의 인센티브를 활용하려고 하는데, 이러한 인센티브를 줄이는 전략으로 이용되는 것이 바로 제도이다.27) 이처럼 제도는 그것이 해결되어야 할 문제라는 관점에서 설명되고 있다. 하지만 결국 제도의 출발점은 이기적인 개인 또는 집단의 행동이라는 사고방식을 전제로 하고 있다.28)

구성주의 이론에 따르면, 제도란 막연하게 사회적으로 구성된 세계관일 뿐이며, 그 세계관으로 인해 개인이나 국가의 전략적 행동이 구속되는 동시에 형성된다고 해석한다. 이 이론에서는 "제도는 포괄적인 관계유형으로, 개인이나 집단의 이익과 행동을 규정하고 실현한다"라고 정의하고 있다. 즉, 제도는 해석과 행동에 필요한 규범적이고 인식적인 지도이며, 행위주체의 정체성과 사회적인 목적에 영향을 끼친다.29) 국가의 이익과 힘의 배후에 존재하는 것은 바로 국가로서의 정체성(identity)이다. 바꿔 말하면, 여기에 존재하는 것은 광범한 국제시스템에서 활동하는 구성체인 동시에 행위주체이기도 한 국가의 목적과 방침에 강한 영향력을 지니는 규범과 이념이다. 이러한 견해에 따르면, 어느 시대의 사례를 살펴보더라도 전후질서의 구축 과정에는 국제질서의 적절한 원칙과 목적은 무엇이어야 하는가에 관한 전후구축 당사자들의 지배적인 사고가 반영되어 있다. 즉, 이러한 지배적인 사고는 국가 자체의 기본적인 정체성을 형성하는 모든 원칙과 목적에서 생겨나는 것이다.[30]

여기에서 제3의 입장이 등장한다. 이 입장에서 제도란 구성요소인 동시에 억제요소이기도 하다. 제도는 공식적·비공식적인 면에서 조직, 규칙, 절차, 관행으로 성립된다. 이것들은 넓은 의미에서 정치질서 내에 '포함되어' 있으며, 행위주체가 행동하는 '배경'을 규정한다.[31] 이러한 기능을 지닌 제도적 구조는 정치 시스템 내에서 개인과 집단, 그리고 힘이 분배되는 과정에 영향을 주기 때문에 우위의 위치와 자산을 획득하는 개인과 집단이 생기는가 하면, 선택의 자유가 구속되는 개인과 집단 역시 생기게 마련이다. 이 접근방법은 정치질서 내에서 제도의 변화 양식, 또는 '힘의 분배' 양식에 주목하고 있으며, 합리주의 이론보다 더욱 '점착적인' 제도이론을 전개하고 있다. 하지만 구성주의 이론과는 달리 제도적 점착성은 행위주체와 공식적·비공식적 조직, 규칙, 절차, 관행 사이의 실무적인 상호작용으로 생겨나는 것이라고 규정되고 있다. 이 이론은 "행위주체와 제도 간의 일상적인 상호작용에서 '대리행위자와 구조'의 관계가 얼마만큼 중요한지에 대해 평가하기 위해서는 역사적인 순간과 연속성에 주목하지 않으면 안 된다"라고 주장한다.

신자유주의 제도이론이 가장 주시하고 있는 것은 제도가 국가에 어떻게 정보를 제공하며 상대를 속이려고 하는 인센티브를 어떻게 감소시키는가에 대한 문제이다.[32] 하지만 이 이론은 선진 공업국가들 간의 지배적인 질서에서 볼 수 있는 기본적인 특징을 간과하고 있다.

그 특징이란 "선진 공업국가들은 지금도 매우 깊고 넓은 관계를 유지하고 있으며, 이 이론이 걱정할 만할 종류의 기만이 발생할 일은 없다. 설령 그것이 발생한다 해도 이 관계구조에서 협력이나 제도는 매우 건전하기 때문에 실제로는 아무 문제가 되지 않는다"라는 것이다. 더욱이 이것은 '얼마만큼' 제도가 중요한가의 문제뿐만이 아니라 '언제' 제도가 중요하게 되는가의 문제이기도 하다. 신자유주의 제도이론은 "제도가 패권에 버금갈 만큼 중요성을 지니고 있다"라고 주장한다. 즉, 패권이 저하되었을 때 질서와 협력을 유지하는 것이 바로 제도라는 것이다. 하지만 실제로 제도는 패권을 쥐게 되는 초기의 단계, 즉 '승리 이후'에도 대등한 관계가 아닌 국가 간에 질서를 확립하고 협력을 확보한다는 점에서 결정적인 중요성을 갖는다.[33] 이 책에서 전개하고 있는 제도이론에서는 무질서와 균형, 전략적 대립을 극복 또는 경감시키는 과정에서 제도가 갖는 잠재적인 중요성을 설명하기 위해 과거의 경위에 크게 영향을 받는다는 '경로의존성(pass-dependency)'과 '제도에 대한 대가(returns to institutions)'의 점차적인 증가에 관한 가설을 제창하고 있다.

## 논쟁

이 책에서 필자의 주장은 이렇다. "질서구축의 근본문제는 국제관계에서 새롭게 생기는 '힘의 비대칭'에 어떻게 대응해야 하는가이다." 이것은 고전적인 정치질서의 문제이자 구체적으로는 강대국과 약소국 사이에서 안정되고 서로 받아들일 수 있는 관계 시스템을 어떻게 확립시키는가에 관한 문제이다. 베버(Max Weber)는 이 문제를 정치의 중심적인 딜레마로 제기했다. 즉, "아무 제약 없는 힘의 행사를 법의 틀에 근거한 권위로 전환한다"라는 문제이다. 전쟁은 승자와 패자를 만들어 내고, 강대국과 약소국 사이의 상이점을 증폭시키며, 오래된 규칙과 질서를 파괴한다. 이러한 상황에서는, 앞에서도 몇 번에 걸쳐 언급했던 것처럼, 지도적인 입장에 서 있는 국가 또는 패권국은 자신의 입장을 한층 더 강대하게 만들 수 있다. 또한 각 국가는 세력균형에 기초한 안전보장을 추구할 수 있게 된다. 바꿔 말하면, 각국은 예전보다 훨씬 제도화된 정치질서를 창출할 수 있게 되는 것이다. 1648년과 1713년, 1815년, 1919년, 그리고 1945년에는 이와 같이 서로 유사한 전략적 전후 상황이 존재했다. 하지만 각각의 상황에서 주도국이 취한 전략은 상이했다. 초기의 전후구축에서는 주요 국가의 힘을 분산시키고 세력 균형을 취하는 방법으로 문제해결을 도모했다.[34] 1815년, 1919년, 1945년의 전후구축은 시대가 지남에 따라 급속히 제도전략을 중용하게 되었고, 전략적 억제를 확립해 관계국 사이에 존재하는 '지배'와 '포기'에 대한 불안을 불식시키는 데 노력했다. 이 책의 초점은 일련의 전후전략에서 볼 수 있는 논리와 각각의 전략의 차이를 이해하는 것, 그리고 그러한 전략이 1945년의 전후질서에 가져다준 안정의 의미를 해명하는 데 있다.[35]

이 책에서 주장하는 것은 주도국이 스스로의 힘을 억제하고 약속이 행을 확립할 수 있는 능력의 변화에 따라 전후질서의 성격 역시 변화하고 있다는 것이다. 민주주의국가의 신장과 새로운 제도전략이 채용된 결과, 각 국가들은 그때마다 제기되는 질서문제에 새롭게 대응할 수 있게 되었다.

2장에서는 '종속변수', 즉 각 시기 전후 주도국의 질서구축 전략과 몇 가지 전후질서가 지니는 성격의 차이에 관한 문제를 제기하고 있다.

첫 번째로 초점을 맞추고 있는 문제는 전후기에 새로운 강국이 된 국가가 어떠한 선택을 하고 어떠한 정책을 취하는가이다. 즉, 주도국이 약속이행과 억제를 확립시키는 메커니즘으로서 제도를 어느 정도 이용했는가 그 정도의 차이에 주목했다.[36] 두 번째 초점은 전후질서의 실제적인 성격이다. 세력균형형·패권형·입헌형의 세 가지 질서형태로 분류해 그것들 사이에 존재하는 상이점을 발견하는 것이다. 이러한 질서형태는 국가의 힘의 분배가 어떻게 실시되고 어떻게 억제되는가에 따라 달라진다. 이 책의 목적이 이 세 가지 질서형태의 차이를 계통적으로 설명하는 것은 아니지만, 질서의 성격에 따른 차이가 곧 전후 주도국이 질서구축의 제도전략을 어느 정도 열심히 추진해왔고 얼마만큼 성공했는가 그 정도를 보여주는 증거에 지나지 않는다는 것을 제시하려고 했다.

3장에서는 질서구축에서 제도 기능의 논리와 거기에서 나타나는 차이에 관한 필자의 주장이 전개된다. 3장의 서두에서 "주도국은 주요한 전쟁의 종료 후 질서재건 과정에서 기본적인 '문제'에 직면하게 된다"라는 추론을 전개한다. 그 '문제'란 구질서의 붕괴와 새로운 '힘의 비대칭', 그리고 주도국의 기본선택을 가리킨다. 이처럼 문제를 단순화시킨 이유는 전략적인 환경과 선택에 관한 기본문제를 명확하게 하기 위해서이다. 질서구축 전략의 선택에서 왜 차이가 발생하는가를 설명할 수 있다면, 따라서 제도적 전략이 왜 급속히 도입되었는가를 설명할 수 있다면 이 문제를 둘러싼 수수께끼 역시 해명될 수 있기 때문이다.

시대가 경과함에 따라 전후구축은 제도질서라는 방향으로 진행되어 왔고, 입헌적인 특징이 조금씩 두드러지면서 현재에 이르렀다. 힘의 행사에 관해서는 적어도 어느 정도 합의된 국제적 규칙과 관행을 따르고 있다. 그 때문에 주도국이 자의적이고 무차별적인 형태로 힘을 행사하거나 또는 약소국에 대해 영속적인 우위를 획득하기 위해 '힘의 입장'을 이용하는 것은 제한을 받게 되었다. 이 전후제도 구축 모델은 매우 이상적인 형태로서, 주요 전쟁의 전후구축 과정에서 이러한 이상적인 논리와 완전히 부합되는 모델은 찾아볼 수 없지만 이 질서구축 논리는 1815년, 1919년, 1945년의 전후구축 과정 속에서 부분적으로 발견할 수 있다. 이 세 가지의 전후구축 중에서 이러한 논리가 가장 농후하게 드러나는 것은 민주주의 공업국가들 간에 이루어진 1945년의 전후구축이다. 4~6장에서는 지금까지 언급해왔던 근대의 주요한 전후구축 사례를 검증할 것이다. 1815년의 전후 분기점에서 영국은 주도국의 지위를 획득했지만, 구속적 제도의 확립은 관계국가들의 비민주주의적인 성격 때문에 한정적이었다. 포괄적인 안전보장 구상이 제창되었음에도 관계국들이 구속적인 약속이행을 실행할 수 없었던 것이 주된 원인이었다. 이러한 실패를 가장 명백하게 보여주는 것이 알렉산드르 1세(러시아 황제)가 행했던 매우 개인적이고 상식에서 벗어난 외교정책이다. 1815년의 전후구축에서 입헌형 질서의 흔적은 어느 정도 인정할 수 있지만 비민주주의국가가 구속적 제도를 창출할 수 있는 능력에는 한계가 있다는 것 역시 동시에 확인할 수 있다. 1919년이 되면서 전후기의 서구국가들 사이에서는 민주주의가 우세하게 되었고 그 때문에 제도적 합의의 기회가 생겨났다. 우드로 윌슨 미 대통령은 야심적인 제도 구상을 논리정연하게 제창했지만 유럽의 지도자들은 미국의 '지배'와 '포기'를 우려하고 있었다. 그 때문에 그들은 미국에게 안전보장상의 약속이행을 보증하도록 요청했고 제도를 둘러싼 교섭거래는 성립 직전까지 진행되었다. 하지만 교섭은 결국 실패로 끝났는데, 이 시기의 전후 상황은 이상적인 모델이 제시하는 전후 상황과는 매우 달랐기 때문이다. 그 원인으로서는 윌슨이 자신이 생각하는 법과 제도의 근원에 대해 집요하게 집착했다는 사실과 미국이 자국의 힘을 행사하는 방법에 서툴렀다는 것, 그리고 관계국들이 적합한 시기에 기회를 잡지 못했다는 것 등을 들 수 있다. 결국 동맹국들 사이에서 이해가 대립해 전후구축은 실패의 운명을 맞이하게 되었다.

1945년의 전후 분기점에서는 주도국과 추종국 모두 제도적 전후구축을 향해 나아갈 수 있는 매우 확실한 인센티브와 능력을 갖추고 있었다. 당시 미국은 1919년의 미국, 1815년의 영국보다 훨씬 행동하기 쉬운 '힘의 입장'을 획득하고 있었다. 당시 미국은 예전의 미국이나 영국과 비교해 다른 국가들과 제도적인 교섭거래를 행할 수 있는 훨씬 뛰어난 자질과 능력을 갖추고 있었다. 더욱이 '힘의 비대칭'이 두드러졌기 때문에 유럽 국가들은 약속이행과 힘의 억제를 가져다줄 수 있는 합의의 달성에 매우 적극적이었다. 관계국들 역시 모두 민주주의적인 성격을 지니고 있었다. 당초 이러한 진행과정에 저항을 표시한 국가도 있었지만 이 민주주의적 성격 덕분에 각 국가들은 제도설립을 위해 교섭하고 결국 합의를 달성했다. 이 합의는 이전의 전후구축에 비해 더욱 강한 신뢰와 높은 효과를 가져다주었으며 '힘의 비대칭'이 초래할 수 있는 중대한 영향을 완화시켜주었다. 미국 내 시스템의 성격 — 이는 투명성과 '의사표명의 기회(voice opportunities)'를 가져다주었다 — 과 구속적 제도의 폭넓은 이용은 '힘에 대한 대가'를 억제하고, 신질서하에 놓인 국가들이 가진 '지배'와 '포기'의 불안을 불식시키는 데 도움이 되었다. 새롭게 탄생한 질서는 다면적이고 상호적이며 합법적인 것으로서 종래의 질서와는 크게 달랐고, 동시에 고도로 제도화되어 있었다. 1945년 이후 미국을 중심으로 하는 질서는 전후에 발생한 거대한 '힘의 비대칭'이 초래하는 질서문제를 극복하기 위해 종래에는 찾아볼 수 없는 효과적인 방법을 발견했다.

냉전이 존재하고 있었기 때문에 민주주의 공업국가들 간의 협력이 강화되었던 것은 확실한 사실이다. 그 때문에 냉전기에서 "제도는 질서구축의 근원으로서 어느 정도의 중요성을 지니고 있는가?"라는 문제를 완전히 평가하기는 어렵다. 하지만 냉전이 끝난 지금의 포스트 냉전기에서 국가들 간의 관계양식은 이 문제의 이론적 해명에 중요성을 지니게 되었다. 7장에서는 "선진 공업국가들 간의 관계는 국가들 간에 협력을 촉진한 소련의 위협이 소멸되었음에도, 장기적으로 지속되고 있음을 명확하게 제시하고, 이것은 제도적 질서의 논리와 합치되고 있다"라고 지적한 후 현대 국제질서에 관한 선택이론이라는 점에서 문제를 제기하고 있다.

8장 '결론'에서는 미국의 외교정책 입안 담당자들에 대한 제언이 언급되고 있다. 미국은 세계에서 유일한 초강대국으로서 21세기의 문을 열었다. 이 절대적인 힘이 잘 유지되고 영속적이면서도 합법적인 국제질서를 구축할 수 있을지는 미국의 담당자들이 여러 가지 국제제도 속에서 힘을 어떻게 사용하고 운용해나가는가에 크게 좌우된다. 미국이 일방적이고 자기 마음대로 힘을 행사한다 해도 타 국가들이 그것을 억제하고 제재하는 모습은 거의 찾아볼 수 없다. 하지만 이 책의 각 장에서 제시되고 검증된 이론과 역사적 경험이 보여주는 바에 따르면 이러한 모습은 바르지 않다. 왜냐하면 역사적으로 볼 때 가장 장기적으로 유력한 형태를 지속시켰던 국가는 제도를 중시하고 그 제도 속에서 각 국가들과 관계를 구축했던 국가였기 때문이다.

**2장**

# 다양한 질서
## 세력균형형 · 패권형 · 입헌형

주지하다시피 국내정치와 국제정치에서 출발점이 되는 질서의 형태는
매우 상이하다. 국내정치가 공통의 정체성, 안정된 제도, 정통적인
권위를 기반으로 하는 영역인 데 반해, 국제정치는 어느 현실주의파
학자의 최근 설명을 빌린다면, "각 국가들이 서로를 앞지를 수 있는
기회를 호시탐탐 노리고 있으며, 그 때문에 거기에는 서로를 신뢰할
수 있는 이유를 거의 발견할 수 없는 잔혹한 영역"에 지나지 않는다.[1]
이 두 영역에 관해 연구자들은 다양한 정의를 내리고 있는데, 그중에서
도 가장 유력한 정의에 따르면, "두 영역의 구조는 근본적으로 상이하
며, 하나는 계층제도의 원칙에 기초하고 있고 또 다른 하나는 무질서의
원칙에 기초하고 있다."[2]

  하지만 두 정치영역은 정말 그렇게 상이한 것인가? 국내정치와 국제
정치는 모두 다양한 형태를 취할 수 있다. 예를 들면, 두려울 만큼

피도 눈물도 없는 위압적인 국내정치를 행하고 있는 국가도 있다. 반면 관계국가들의 합의된 의지에 근거한 제도화가 진행되고 있는 국제정치 역시 존재하는 것이 사실이다. 또한 19세기 중반의 미국과 같이 일견 안정되고 정통적인 정치체제를 지니고 있는 국가가 피비린내 나는 내전으로 돌입하는 경우도 있다. 서구와 북대서양 지역의 국가들은 20세기 후반부터 오늘날에 이르기까지 매우 안정되고 통합화된 정치질서를 창출해왔고, 일반적으로 말하면 이 지역에서 향후 무력분쟁이 발생하는 것은 생각할 수 없는 일이다. 이러한 예를 통해 본다면 다음과 같은 설명은 매우 유익할 것이다. 즉, "국내정치와 국제정치 어느 영역에서도 질서를 창출하고 유지하는 점에서 서로 비슷한 문제에 직면하게 되는데, 문제가 발생했을 때 그 대처방법이 서로 상이하거나 동시에 다소 유사한 점도 존재한다"는 것이다.

중요한 역사적 전후 분기점을 되돌아볼 때 전후기에 힘의 불안정화와 불균형화를 막기 위해 주도국이 각 분기점에서 채택한 전략은 서로 상이했다. 그 결과 시대에 따라 서로 다른 형태의 전후질서가 탄생했다. 1815년의 영국, 1919년과 1945년의 미국은 각각 전후질서를 구축하기 위해 노력했지만 그 노력에는 차이가 있었다. 즉, 주도국이 구속적 제도를 중심으로 하는 질서를 구축하려고 했다는 점에서 그 노력의 차이가 있었고, 그 결과 탄생된 질서에 분명한 상이점을 보였다. 이러한 관점에서 이 책의 역사적 사례연구의 중심적인 관심은 "주도국이 전후기 주요 국가 간 관계를 재편할 때 과연 어떠한 정책을 입안했고 어떻게 행동했는가?"에 있다. 즉, "주도국은 어떠한 수법으로 또 어느 정도까지 억제와 약속이행을 확실히 실시할 수 있는 제도적 전략을 채용했는가?", "이러한 제도적 전략을 수행하는 중에 제도구축의 기회를 가져오고 자국의 힘의 억제를 불러온 요인은 무엇인가?"를 실증적으로 분석하는 것이다.

"주도국이 어떠한 전략을 취했는가?"라는 질문에 대한 대답은 전후 상황 속에서 최종적으로 정착된 질서형태에서 유추할 수 있는데, 주도 국과 추종국이 구속적 제도를 중심으로 하는 제도구축에 의욕적이며 또 그러한 능력이 있는 경우에, 새롭게 생기는 질서는 입헌적 성격을 띠게 될 것이다. 따라서 전후질서의 성격은 하나의 '종속변수'가 된다. 이러한 사실에서 "입헌형 질서는 세력균형형과 패권형이라는 전통적 인 성격이 더욱 강한 질서들과 비교해 어떻게 다른가?", "입헌형 질서 가 다른 질서와 다른 것은 어떤 차원에서인가?"라는 또 다른 의문이 생기게 된다.

전후질서의 전략과 특징의 다양성을 종래보다 훨씬 적확하게 명시 하는 것이 이 장에서 추구하는 목적이다. 이 장에서는 첫째, 정치질서 의 주요한 형태, 즉 세력균형형·패권형·입헌형의 세 가지 형태를 비교· 검토할 것이다. 둘째, 국가들이 질서를 구축하고 힘의 행사와 억제의 수법을 구성하기 위해 사용했던 다양한 전략의 대강을 묘사할 것이다. 셋째, "전후질서의 정치적 안정을 가져오는 근원은 무엇인가?" 또는 "다양한 정치적 안정이 의미하는 것은 무엇인가?"를 논의해갈 것이다.


## 다양한 정치질서

질서의 문제야말로 국제관계에서 가장 중심적인 문제이다. 바꿔 말하면, "질서는 어떻게 창출되는가?", "어떻게 붕괴되는가?", 그리고 "어떻게 재생되는가?"라는 물음[3]이 그것이다. 국제관계에서 '질서'가 무엇을 의미하는지는 명확하지 않다. 따라서 '질서의 붕괴' 또는 '질서의 창출' 역시 애매하다.[4) 그렇기 때문에 먼저 "질서란 무엇인가?", "질서는 어떻게 변화하는가?", "질서는 어떻게 비교할 수 있는가?"라는 문제를 추급하지 않으면 안 된다.

불(Hedley Bull)은 질서에 관한 고전적 논의에서 세계질서와 국제질서를 구별하고 있다. "세계질서는 모든 국가의 국민들로 구성되어 있으며, 모든 국가의 국민들 간의 관계 총화를 의미한다. 이에 대해 국제질서는 국가들 간의 규칙과 확고한 기대로 성립되는 시스템이다"라는 것이 그의 주장이다. 그리고 국제질서를 "다수의 국가들로 구성된 사회 또는 공동체의 기본적이고 주요한 목표를 계속 유지하기 위한 행동패턴"이라고 정의하고 있다.[5) 이와 같은 구별은 두 개의 질서영역의 상이점을 규명하고 나아가 국제사회가 창설되고 그곳에 깊이 뿌리박힌 제도 구조와 국가 간 관계를 성립시켜온 제도와 관행을 밝혀낼 수 있다는 점에서 매우 유익하다. 하지만 이러한 이분법은 질서가 역사적으로 어떻게 변모되어갔는지 또는 논의의 초점인 질서의 규칙과 제도를 변용시키는 분기점의 본질은 무엇인지를 해명하기 위한 개념도구로서는 그다지 유용하지 않다.

이 책에서 사용되는 '정치질서'의 개념은 '국가 그룹을 통치하기 위해 필요한 결정'을 의미하고 있다. 이 결정에는 정치질서의 기본적 원칙과 규칙, 그리고 제도가 포함되며, 정치질서는 시스템의 기본적인 조직구성적 결정이 합의되어 제정될 때 비로소 확립된다. 반대로 이러한 결정의 정통성에 대한 이론(異論)이 제기되거나 전복 또는 혼란에 빠지게 될 때 질서는 붕괴한다. 그리고 결정이 재차 성립되면 질서 역시 부활한다. 이처럼 문제의 초점은 질서의 당사자인 국가 간의 핵심적인 관계를 규정하는 명확한 원칙이나 규칙, 그리고 제도에 있는 것이다. 이러한 사고에 기초한다면 질서란 국가 간 관계와 국가 간 상호작용에 대한 기대, 이 두 가지를 규정하는 국가 간 결정이 정착된 상태라는 개념으로 요약할 수 있다.

이러한 질서개념은 길핀이 '시스테믹(systemic)'이라고 이름붙인 질서와 변화의 개념과 유사하다. 이 표현은 '국제 시스템의 통치에 의한 변화'를 의미하는데, 통치에 의한 변화란 '힘의 국제적 분배, 위신의 계층제도, 시스템 내에 포함된 규칙과 권리 등에 생기는 변화'를 가리킨다.[6] '시스템 내'의 질서는 국제협력 또는 국제합의의 모든 국면에 관계하지는 않는다. 그것이 관계하는 것은 '시스템 내'의 국가 간 질서에 관한 기본적 원칙과 규칙뿐이다. 즉, '시스템 내'의 질서란 게임의 룰이다. 단지 통치가 세력균형이나 최강국의 지배로 실현되는 경우에도 이 질서개념에 관한 정의는 적합하다.

이와 같이 정의함으로써 다양한 형태의 국제질서가 생길 수 있게 된다. 정치질서를 안정시키는 위해 구성국가 간의 규범적 합의가 반드시 필요한 것은 아니다. 단지 질서의 기반으로서 국가 간의 교류와 위압, 세력균형의 운용이 존재하면 된다. 더욱이 안정된 질서를 확립시키기 위해 명확한 국가 간의 합의가 불가결한 것도 아니다. 질서가 기본적으로 자연발생하거나 또는 각각 독자적으로 행동하는 국가들의 부산물로 확립되는 경우도 있다. 실제로 신현실주의파는 "세력균형형 질서의 장점 중 하나는 이 질서가 구성국가 사이의 합의나 규범적인 의견일치 또는 공통의 특징을 거의 필요로 하지 않는다"라는 점을 적확하게 지적하고 있다. 국가 간의 특정이익이 일치하는 것을 기반으로 질서를 확립시킬 수도 있으며, 패권적인 위압을 기반으로 질서를 구축할 수도 있다.

# 세력균형형 질서와 패권형 질서

국가 간 정치질서의 가장 중요한 세 가지 형태는 세력균형·패권·
입헌주의이다. 국가 간 정치질서는 이를 기초로 삼아 창출된다. 이
세 가지 질서형태는 국가 간의 '힘의 분포'와 '힘의 행사'의 수법에서
서로 다른데, 즉 국제질서를 구성하는 힘과 권위의 기본적인 관계에서
상이하다. 또한 국가권력의 행사, 국가 간 결속과 협력의 근원, 명백한
억제라는 점에서뿐만 아니라 국제질서를 안정화시키는 기반적 조건에
서도 서로 다르다.

세력균형·패권·입헌주의를 기반으로 하는 각각의 질서는 모두 이념
형으로, 실제 역사적으로 등장했던 질서에는 이 세 가지 질서형태
중 어느 한 가지의 특징이 단적으로 제시되고 있다. 세력균형형과
패권형의 양 질서 — 이 두 가지 형태에 관해서는 신현실주의파의 국제관계
이론에서 이미 실증되고 있다 — 는 이미 널리 알려져 있으며 충분히 이론
화 작업이 이루어져 있다. 이에 비해 입헌형 질서 — 이 질서는 적어도
국가관계 속에서는 그 존재가 명백하게 나타나 있다 — 에 관해서는 향후
연구와 이론화가 필요하다. <표 2-1>은 이 세 가지 질서형태의 기본
적인 특징을 정리한 것이다.

세력균형형 질서는 '무질서'의 원칙을 중심으로 구성된다. 이 질서
에는 전체를 통합하는 정치적 권위가 존재하지 않는다. 월츠(Kenneth
Waltz)에 따르면, 이것이야말로 국제 시스템의 본질이다. 국제 시스템
의 '부품'은 기본적 성격이 유사한('구성단위와 같이') 몇몇의 국가들로
구성되며, '부품'은 그 기능의 상이점으로 인해 구별되는 것은 아니
다.[7] '무질서'의 상황에서 국가 간에는 고정적·공식적·계층적인 관계
가 존재하지 않는다. 여기에서 정치적 권위를 표시하는 결정적인 존재

<표 2-1> 국제질서의 형태

|  | 세력균형형 | 패권형 | 입헌형 |
|---|---|---|---|
| 조직구성의 원리 | 무질서 | 계층제도 | 법의 지배 |
| '힘의 집중'의 억제 | 균형복원을 위한 연합 | 없음 | 구속적 제도 |
| 안정의 원천 | 세력균형 | 힘의 우위 | '힘에 대한 대가'의 제한 |

는 바로 국가주권이며, 계층제도는 공식적으로 부정된다.

'무질서'의 세계에서는 국가가 균형을 도모하려는 인센티브가 존재한다.[8] 안전보장, 바꿔 말하면 국가의 생존은 국가의 기본적 목표가 되는데, 각 국가들은 자국의 안전보장을 확실한 것으로 해두려는 조건으로 타국과 비교해 자국의 힘의 상황이 어떠한지에 관해 매우 민감해진다. 단지 타국의 약속이행 또는 보증을 신뢰하고 그것을 최후의 보루로 삼을 수는 없다. 강대국이 등장하면 추종국은 약소국들에 의한 대항적 연합 속에서 자국의 안전을 추구하려고 한다. 이것 이외의 선택은 강대국의 지배를 감수하는 것밖에 없다. 월츠는 다음과 같이 주장하고 있다. "추종국은 선택의 자유가 있는 경우에 약소국 측으로 모여 집합하게 되는데, 그 이유는 추종국에 위협을 주는 것이 강대국 측이기 때문이다. 추종국이 약소국 측에 속해 있으면 더욱 높이 평가받게 되고 더욱 안전하기 때문인데, 물론 그러기 위해서는 추종국이 가맹하려는 연합이 적대 진영의 공격을 단념시킬 만한 방위능력 또는 억지력를 지니고 있어야 한다."[9] 동맹은 '힘의 집중'에 대항하기 위해서 잠정적인 국가연합이라는 형태를 취하게 되며, '힘의 분포'에 생기는 변화에 따라 국가연합 역시 변화하게 된다. 여기에서 질서의 기반은 균형을 추구하려는 국가행동인데, 이러한 국가행동이야말로 국가가

'무질서'의 시스템 속에서 자국의 안전보장을 추구하려고 할 때 필요한 당연한 결과이다.[10]

월츠는 '균형을 추구하는 것'과 '시류에 영합하는 것' 두 가지를 대조시키고 있다. 그는 "시류에 영합하는 것이 국내정치 시스템 속에서 대립하는 경쟁자가 채택하는 전형적인 전략"이라고 논하고 있다.[11] 예를 들면, 정당에서 우위의 위치를 점하기 위해 유력 지도자들이 서로 경쟁할 경우에, 어느 지도자의 성공을 저지하기 위해서 복수의 지도자들이 연합을 조직하게 된다. 이것은 '무질서' 속에서의 국가들의 행위와 같다. 하지만 최종적으로 지도자가 확정된 경우 패자는 '시류에 영합하는 것'을 선택하여 승리한 지도자를 지지하게 된다. 월츠 역시 "특정한 인물이 승자가 될 가능성이 농후해지는 순간, 승자 이외의 대다수의 경쟁 상대들은 승자가 힘을 획득하지 못하도록 끊임없이 연합을 조직하는 것이 아니라 오히려 도중에 승자 측으로의 '편승 (bandwagoning)'을 도모하게 된다"라고 지적하고 있다.[12] 패색이 짙은 후보자에게는 자신의 지지를 승리자에게 부여하려는 의지가 생긴다는 것이다. 월츠에 따르면, "지도자의 위치를 둘러싼 경쟁에서는 시류에 영합하는 것이 현명한 행동인데, 왜냐하면 이 경쟁에서는 패자조차 이익을 획득할 수 있고, 경쟁에서의 패배가 자신의 안전을 위험에 빠뜨리는 것을 의미하지는 않기 때문이다."[13] 월츠에게 이러한 대조적 설명은 결정적인 중요성을 갖는 동시에, 국내질서와 국제질서가 근본적으로 상이한 형태라는 신현실주의파 주장의 핵심이기도 하다. 이러한 주장에 따르면, "국내정치에서는 승리와 패배를 둘러싸고 '내기에 거는 비율(stakes)'이 국제정치에서의 비율과 비교해 매우 낮기 때문에 경쟁 이후에 등장하는 강력한 신지도자와 협력할 경우에는 오히려 이익을 획득할 수 있는 기회마저 존재한다"는 것이다.

이에 비해 국제정치에서 '시류에 영합하는 것'은 곧 '세계패권'의 출현을 허락한다는 것을 의미한다. 그 결과, 약소국들의 운명은 강국의 의지에 따라 좌우된다. '무질서'의 상황하에서는 강국의 지배에 저항하기 위해 다른 약소국과 손을 잡는 것이 유일하게 강국의 성장을 제어할 수 있는 유효한 방법이다. '무질서' 상태에서는 균형이라는 무한의 논리야말로 국제질서를 형성하는 원리이다.[14] 이와 다른 선택은 결코 타당한 선택이라고 말할 수 없는데, 왜냐하면 그러한 선택은 '내기에 거는 비율'이 너무 높아서 그대로 지탱하기 힘들기 때문이다.

패권형 질서 역시 국가 간의 '힘의 분포'를 기반으로 하고 있다. 하지만 패권형 질서는 다른 질서와는 크게 다른 논리로 기능하고 있는데, 즉 힘과 권위의 관계는 계층제도의 조직구성 원리에 의해 정의된다는 논리이다. 계층적인 국제질서에서는 그것을 구성하는 국가들이 지배하는 국가와 복종하는 국가 두 가지로 확실히 구분되어 있어, 그 질서에서의 지위에 따라 수직적으로 통합되고 정치적 권위는 중앙으로 집중한다. 하지만 각각의 구성단위(unit) 사이에서는 대규모적인 상호의존과 기능분화가 존재한다. 월츠에 따르면, 이 권위원칙은 주로 국내정치의 질서구조 속에서 볼 수 있는데, 왜냐하면 국내정치는 정치가 집중화되어 있고 계층적이기 때문이다. 이러한 상황에서는 "국내정치 시스템의 각 '부품'은 지배와 복종의 관계에 놓이게 되어 일부의 '부품'이 지휘하는 권한을 부여받는 반면에 다른 '부품'은 종속을 강요받는다."[15]

하지만 계층제도가 확립되어 유지되는 경우, 거기에는 몇 가지의 다른 형태가 존재한다. 계층적인 힘의 관계와 정치적 권위가 법의 지배와 합의에 기초한 공식적인 제도과정의 운용에 의해 확립되는 경우—그 대표적인 예는 지배자가 대의제 정치체제를 통해 선출되는 경우이다—에는 현실적으로 그 질서를 입헌형 정치질서로 보는 것이 적절하다. 이 경우 정치와 사법 양 제도의 기능이 계층적인 이유는 일정한 관청에 대해 관료가 통치를 행하는 데 필요한 권위를 부여하기 위해서이다. 이와는 대조적으로 힘의 위압적인 행사로 계층제도가 확립되어 유지되는 경우에 생기는 질서는 패권형 질서에서 볼 수 있는 계층제도의 성격이 더 강하다. 계층적 지배의 조건을 창출하는 것은 각 국가 간에 나타나는 대국능력(大國能力, power capacity)의 본질적인 불균형인 것이다.

국제관계에서 계층적 질서의 가장 극단적인 형태는 제국(帝國)이다. 이 형태에서 약소단위는 완전한 주권을 갖지 않는다. 단위의 통제는 완전하게 위압적인 지배를 통해 실시되는데, 지금까지의 제국운영 중에서 각각의 제국이 어느 정도까지 계층적인 지배와 관리를 행해왔는가에 따라 그 질서의 내용은 크게 상이했다.[16] 패권형 질서 역시 마찬가지로 계층적이지만 약소 또는 추종국은 패권형 질서 속에서 정식적인 주권국가로서 존재할 수 있으며, 다른 질서에 비해 지배의 정도와 메커니즘이 더 완만하며 비공식적이다. 하지만 결국 패권형 질서는 주도국의 '힘의 우위'로 인해 확립되고 유지된다. 그 힘이 쇠약해지거나 다른 국가로 이동할 때 질서는 구심력을 잃거나 붕괴된다.[17]

패권형 질서의 논리는 길핀의 '전쟁과 변화의 모델' 속에서 채용되고 있다. 이 모델에서 국제정치는 주도국이 세계에 압력을 가하는 질서의 연속으로서 묘사된다. 길핀의 주장은 다음과 같다. "모든 시스템의 진화는 시스템을 지배하고 국제상호관계의 양식을 확정하며 시스템의 규칙을 확립하는 강대국이 점점 더 강대해지는 것으로 특징지어진다."[18] 모든 국가 간의 '힘의 분포'가 안정된 형태로 확실하게 변화할 때 새로운 도전국이 등장하게 되어 최종적으로는 주도국과 패권전쟁을 치루게 된다. 그리고 이 패권전쟁의 결과로 새로운 패권국이 탄생하고 신패권국은 우위의 입장을 이용해 자국의 국익을 위한 바람직한 질서를 확립하려고 한다. 규칙과 권리는 패권국의 대국능력으로 확립되고 실시된다. 질서의 준수와 참가는 패권국이 군사적 힘, 금융자본, 시장에 대한 접근용이성, 기술 분야 등의 대국능력을 어느 정도 갖고 있는가에 따라 최종적으로 확보된다. 직접적인 위압은 시대를 불문하고 질서를 강제하기 위한 선택이지만, 그에 비해 간접적인 위압인 '당근과 채찍'의 수법 역시 패권형 지배를 유지하는 메커니즘의 하나이다. 길핀은 "이데올로기 또는 타 국가에 매력이 될 수 있는 지위 등 여러 부류의 '복합자산'은 패권형 질서를 오래 지속하기 위한 불가결한 요소"라고 주장했다.[19] 하지만 패권국의 권위와 패권형 질서의 '점착성'의 기반은 결국 주도국의 '힘의 우위'이며, 따라서 이 '힘의 우위'가 쇠퇴할 때 패권형 질서는 구심력을 잃게 된다.[20]

강력한 형태의 패권형 질서는 패권국의 약소국 또는 추종국에 대한 직접적이고 위압적인 지배를 중심으로 구축된다. 한편 약소국 또는 추종국에 호의적이고 그다지 위압적이지 않은 경우도 있을 수 있다. 호혜성과 합의성, 그리고 제도적 관계를 중시해 질서를 조직하는 경우인데, 이 질서는 여전히 '힘의 비대칭'이라는 관계에서 조직된다. 하지만 이 경우에는 지배가 지니는 가장 유해한 성격이 제거된다.[21] 패권국이 추종국에 대해 호의적인 태도를 취한 결과 '힘의 행사'가 현실적으로 억지되는 경우에 거기에서 생기는 질서는 입헌주의의 방향으로 기울기 시작한다. 이처럼 패권의 성격에 따라 약소국이나 추종국이 패권형 질서의 주도국에 대해 균형을 취하려는 경우와 반대로 그렇지 않은 경우로 나뉜다. 매우 위압적인 패권형 질서에서는 약소국 또는 추종국이 균형을 취한다는 것은 전혀 불가능하다. 지배 그 자체에서 세력균형 시스템으로 도주할 수는 없는 것이다. 한편 이보다 훨씬 호의적이고 합의를 중시하는 질서에서는 패권에 대한 억제가 작용한다. 그 때문에 균형기대치는 내려가고 균형을 추구하려는 인센티브는 저하된다. 온건한 패권이라는 환경 속에서 질서는 '약성(弱性)' 입헌주의라고 불리는 특징을 지니고 있다.

세력균형형과 패권형 질서는 국제적인 '힘의 분포'가 만들어내는 질서이다. 균형을 중시하는 질서는 지배적인 '힘의 분포'에 대해 예측 가능하고 정형적인 반응을 반영한다. 즉, 여기에서는 많은 국가들이 자국의 입장을 유지하고 타국에게 어떠한 억제도 받지 않는다. 동시에 패권국에 지배당하지 않아도 된다는 근본적인 국익이 존재하며, 그것이 이 질서의 추진력이 된다. '힘의 분포'에 변화가 생겼을 때는 패권국에 대한 대항적 국가연합에도 역시 변화가 발생한다. 패권형 질서는 '힘의 집중'에 의해 확립되고 유지되지만 약소국 또는 추종국에 대한 직접적인 위압과 관리의 정도는 경우에 따라 상이하다. 패권국이 추종국에게 어느 정도 이데올로기적인 매력과 위신을 가지고 있는지 또는 안정된 질서를 형성할 수 있는 능력을 지니고 있는지에 따라 그 영향력에는 차이가 생긴다. 세력균형형 질서가 집중된 힘의 억제 또는 균형복원을 기반으로 하는 것과는 달리, 패권형 질서는 본질적으로 어떠한 억제도 받지 않는 힘이 기초가 된다. 이 두 가지 질서는 입헌형 질서와는 대조적이라고 말할 수 있는데, 왜냐하면 입헌형 질서의 경우 힘의 억제는 세력균형형과 패권형 질서보다 훨씬 고정적이며 발달되어 있기 때문이다. 물론 이 두 질서 역시 비교적 견고한 제도적 틀을 갖추고 있다.

# 입헌형 질서

입헌형 질서는 합의에 의해 성립된 법적·정치적 제도를 중심으로 조직되는 정치질서이다. 이 제도는 권리를 부여하는 기능이 있는 반면, '힘의 행사'에 제한을 가할 수도 있는 기능을 지니고 있다. 입헌형 질서의 힘은 그 인과관계를 희석시킴으로써 '온건한' 힘으로 바뀌게 된다. 이 질서 내에서는 규칙과 권리를 특정화시키고, 패권국의 행동을 규제하는 제도적 참여와 결정과정을 창설함으로써 정치투쟁에서 비롯되는 '내기에 거는 비율'이 감소한다. 입헌형 질서는 실제로 성문화된 기본문서를 갖추는 것이 통상적이지만 헌장이나 헌장적인 문서의 존재가 이 질서의 의의를 명확하게 해주거나 보증해주지는 않는다. 오히려 합의를 기반으로 한 제도화된 규칙과 권리, 보호, 약속이행이 이 질서에서의 '힘의 행사'를 형성한다. 동시에 '힘의 행사'에 대한 한계도 규정한다.[22]

입헌형 질서는 국내정치, 특히 서구 민주주의국가들의 국내정치에서 가장 확연하게 볼 수 있다. 입헌형 질서를 따르면 국가관계를 용이하게 구축할 수 있다는 견해가 있지만, 현실적으로는 그렇게 간단하지 않고 몇 가지의 문제를 극복하지 않으면 안 된다. 왜냐하면 국가관계 속에서의 '힘의 억제'는 명확하지 않을 뿐더러 결코 절대적인 것이 아니며, 더욱이 확실히 보증되는 것도 아니기 때문이다. 크라즈너 (Stephen D. Krasner)는 다음과 같이 주장한다. "국제 시스템에서는, 더 강고하게 확립되어 있는 다른 시스템과 비교해 제도의 구속 정도가 온건하고 유동적이며 도전받기 쉬울 뿐만 아니라 변화하기도 쉽다. 강고하게 확립된 국내적 정치체제에 비하면 국제 수준에서는 사회화, 구조와 대리인 관계의 적극적인 보강, 또는 '경로의존성'과 같은 특정한 제도형태에 고정화시킬 수 있는 메커니즘이 허약하다."[23] 매우 복잡하고 통합적으로 조직되어 있는 국제적 질서에서조차 그 구조를 지탱하는 기본적인 조건은 여전히 '무질서'적인 것이다. 하지만 관계국에 대해 어떠한 구속적 억제장치가 제도로 성립되었을 경우, 그리고 국내적 정체가 국제적 약속이행의 고정화를 용인하는 경우에는 국제적인 정치질서가 입헌주의적인 조치로 기능할 수 있는 조건이 존재하게 된다.[24]

사르토리(Giovanni Sartori)는 다음과 같이 주장한다. "헌법은 제일 먼저 정치권력의 행사나 지배를 제한하고, 억제하며, 용인하기 위한 통치도구이다."[25] 하지만 입헌적인 국내 시스템일지라도 제한과 억제는 결코 절대적인 것이 아니다. 통치는 그 통치형태의 입헌적 통제가 얼마만큼 깊숙이 또는 어느 정도 폭넓게 뿌리박혀 있는가에 따라 크게 달라진다. 입헌주의가 차츰 성장해갔지만 그 성장이 매우 산발적이었던 예는 영국이 근대적 발전을 이루던 시대의 초기에서 발견할 수 있다. 이 시기에 입헌주의에 기초한 제한과 억제는 '계약', '증서', '합의', '기본법' 등 다양한 호칭의 문서 속에 포함되어 있었다. 미국 최초의 성문헌법은 버지니아, 메릴랜드, 펜실베이니아 3개 주의 헌법으로 1776년에 제정·발효되었다.[26] 일반적으로 말하면, 헌법적 문서에 의한 '힘의 억제'는 국내관계와 비교해 국가 간 관계에서는 불명확하다. 하지만 국가 간의 정치질서가 국가에 의한 '힘의 행사'를 적어도 일정 정도 형성하고 제한하는 제도적 억제를 구현시킨다면 우리는 다음과 같은 질문을 던져야 한다. "많은 국제질서 중에서 일부의 국제질서가 다른 국제질서보다 훨씬 강력한 입헌적 성격을 지니는 이유는 무엇인가?"[27]

## 입헌주의가 지니는 세 가지 요소

입헌형 정치질서는 본질적으로 세 가지의 특징을 지니고 있다. 첫째, 이 질서의 참가국은 질서에 대한 원칙과 규칙에 합의하고 이를 공유한다. 이 기본적인 합의에 근거해 참가국은 질서에 동의하고 참여한다. 이 정치질서 내의 '게임의 규칙'에 대해 지도자들은 회의를 열고, 거기에서 결정된 규칙은 안정적이고 비위압적인 질서의 운용에 공헌한다. 이와 같은 기본적인 수준의 합의는 입헌형 정치질서의 규칙과 제도가 일정한 원칙적 의미에서 정통성을 갖추게 된다는 것을 의미한다. 이 질서에 참여하는 국가는 '게임의 규칙'을 타당하고 올바른 것으로 인식하게 되며 이를 스스로 준수한다. 하지만 하나의 정치질서에 정통성이 존재한다고 해서 그 질서가 입헌적이라고 말할 수는 없다. 왜냐하면 세력균형형 질서는 정통성을 지니게 될 가능성이 존재하지만 결코 입헌적이지는 않기 때문이다.

둘째, 규칙과 제도가 확립된 결과, 그 규칙과 제도는 '힘의 행사'에 대해 권위와 구속력을 갖는 제어력으로 기능한다. 헌법은 정치에 대한 법적 억제의 한 형태인 동시에 원칙을 명확하게 하는 선언이기도 하다. 거기에는 권리와 옹호되어야 하는 사실, 그리고 기본적 규칙이 명기된다.[28] 힘의 억제는 힘의 분할이나 '확인과 균형(check and balance)' 같은 제도적 장치와 절차를 통해 확보된다. 즉, 힘을 가진 자는 제도화된 정치과정 속에서 힘을 행사해야 한다.

입헌형 정치질서는 정치체제 속의 기본적 정치제도가 충분한 자율성을 확보한 질서이다. 그 자율성으로 인해 이 질서는 확고한 기반을 갖는 사회세력의 활동을 육성하는 동시에 억제할 수 있다. 헌팅턴 (Samuel Huntington)이 주장하는 것처럼 이러한 질서 속에서는 "개별 그룹의 힘이 정치제도를 통해 행사된다. 어느 사회세력은 다수의 사회

세력으로 구성된 공동체에 대한 지배를 가능케 하기 위해서 스스로의 힘을 조정하고 완화하며 재분배해 타 세력과 상호 의사소통을 한다."[29] 역사적으로 보면 입헌형 정치질서가 최초로 출현한 지역은 지중해 지역이다. 문벌을 기반으로 한 사회가 붕괴하고 그 이전의 사회와 비교해 다양하고 불평등한 집단구성이 등장하게 됨으로써 정치공동체가 파괴될 위험에 처해졌기 때문이었다. 급속히 등장한 이러한 다양성과 불평등성에 대한 해결책으로 고안된 것이 바로 정치제도이다. 정치제도가 등장하게 됨으로써 다수의 그룹들을 집결시킬 수 있는 공적 수단과 분쟁을 해결하기 위한 메커니즘, 그리고 부(富)를 정치적 힘으로 전환시킬 수 있는 방법을 규제하는 통치구조가 생겨나게 되었다.[30] 입헌형 정치질서는 고도의 자율성을 획득한 정치제도, 즉 특정한 사회세력이나 계급이익을 단순히 반영할 뿐만 아니라 사회 내부의 불평등으로 인한 정치적 영향을 억제하고 약화시키는 제도를 갖추고 있는 정치제도이다.

셋째, 입헌형 질서에서는 이들 규칙이나 제도가 더 광범위한 정치시스템 속에서 견고하게 보호되고 쉽게 변경되지 않도록 되어 있다. 입헌체제를 둘러싸고 분쟁이 일어나는 경우는 매우 드문데, 설령 그러한 분쟁이 발생한다 해도 일단 분쟁이 해결되면 그 이후에는 그러한 법적·제도적인 매개변수의 범위 안에서 정치가 실시되는 것을 기대할 수 있다. 바꿔 말하면, 입헌체제와 그 변경에 관한 논의에는 정치적인 '경로의존성' 개념이 존재한다. 입헌형 정치의 논리를 한층 진전시킨 애커먼(Bruce Ackerman)은 입헌주의적 발전에 관한 '이원적' 이론을 제창하고 "미국정치의 발전과정에서 볼 수 있는 입법행위에는 '고도'의 것과 '보통'의 것이 존재하며 그 양자 사이에는 근본적인 차이가 있다"라고 지적했다. 우리가 정책과 정부 의사결정이라는 두 가지의 언어를 사용할 때 그 대부분은 '보통'의 입법행위를 의미한다. 이 입법행위는 명확하게 정의된 입법적 한도의 범위 내에서 실시되는데, 이에 대해 선거에서 선출된 지도자가 어떠한 기본적 틀을 변경하고자 할 때 그 지도자는 '입헌적 정치' 안에서 행동하지 않으면 안 된다. 즉, "'고도'의 입법행위라는 목적을 위해서는 이원론적인 헌법이 정하고 있는 특별한 법적 제약을 갖는 장해와 다투지 않으면 안 된다"는 것이다. 국가가 규정한 고도의 법률을 변경하기 위해서는 '인민'의 동원이 불가결하기 때문이다. 이것은 헌법규정에 정해져 있는 과정인 동시에, 헌법을 기본적으로 변경하기 위해서는 충분한 '민주주의적 정통성'을 창출하지 않으면 안 된다는 필요성에서 비롯된다. 그 때문에 헌법의 내용에 저촉하는 정치행동은 매우 드문 경우에만 일어난다. 만일 그러한 사태가 발생하는 경우에는, 예를 들면 미국의 역사에서 볼 수 있는 것처럼, 정치의 기본적인 문제를 둘러싼 국민적인 투쟁과 정치적인 동원이 발생한다. 이러한 상황에서는 최종적으로 헌법수정의 단계까지 발전할 수도 있다.[31]

## '승리'의 인상을 희석시킨다

실제로 입헌적 합의는 국제관계에서 '승리'의 인상을 희석시킨다. 더 직접적으로 표현하자면, 입헌적 합의는 '힘에 대한 대가'를 낮은 차원에서 억제하는 데 도움이 된다. 이것 역시 헌법이 국내질서의 범위에서 주는 공헌의 하나인데, 헌법은 질서 속에서 불평등할 정도로 이익을 획득하는 행위주체가 그 이익을 사용해 행할 수 있는 행동에 제한을 가한다. 그 결과, 불평등한 이익을 획득할 가능성을 줄일 수 있다. 쉐보르스키(Adam Przeworski)는 "'힘에 대한 대가'가 급증할 경우 이를 제도적으로 완화시키지 않는 한 패자는 패배 직후에 새롭게 전쟁을 시작할 수 있다. 만일 그대로 내버려 둔다면 시간이 지남에 따라 승리할 수 있는 가능성이 더욱 줄어들기 때문이다"라고 주장한다.[32] 이처럼 헌법은 힘을 가진 자가 승리 직후에 획득한 이익을 이용해 행동하는 것을 제어한다. 그 결과 패자는 "자신의 손실이 한정적이며 일시적이다"라는 인식을 갖게 된다. 따라서 어느 정도의 손실은 감수하더라도 그것이 결코 모든 것을 위험에 처하게 하거나 승자에게 영원한 이익을 허용하는 것은 아니라고 생각하게 된다.

힘에 대한 입헌적 제약의 역할은 성숙한 서구 입헌민주주의국가들에서 가장 명확하게 찾을 수 있다. 어떤 정당이나 정치가가 선거에서 승리해 정권을 잡을 경우 거기에서 행사할 수 있는 힘에는 엄격하게 규정된 기본적인 제약이 존재한다. 예를 들면, 새롭게 선출된 지도자가 자신의 경쟁상대를 탄압하고 벌하기 위해 군부를 이용하는 것은 허락되지 않는다. 또한 정부가 지니고 있는 징세권이나 사법권한을 사용해 야당을 방해하거나 해체하는 것 역시 허용되지 않는다. 때문에 여당이나 야당 쌍방은 시스템 내에서 공존하면서 규칙에 따라 행동할 수 있다.[33]

어떤 국가에서 헌법적인 규칙과 제도의 명확한 기능을 찾아볼 수 있는가? 그것은 사회적 또는 민족적으로 뚜렷하게 대립되는 몇 개의 집단으로 구성되고, 거의 모든 서구 국가들에서 전형적으로 존재하는 본래적인 사회적 동질성이나 횡단적 단층을 지니지 않는 국가에서만 발견될 뿐이다. 이러한 사실을 명확하게 제시한 것이 네덜란드의 정치질서에 관한 레이프하트(Arend Lijphart)의 연구인데, 그는 이 연구에서 "다른 그룹과 거리를 두고 고립되어 독자적인 색깔을 갖는 인구 그룹이 형성되는 것은 종교와 계급의 양면에서 깊은 균열을 지닌 국가에서이다. 그럼에도 그러한 몇 개의 인구 그룹은 '안정적이고 효과적이며 정통성이 있는 의회제 민주주의'를 실현할 수 있는 정치제도를 운용하고 있다"라는 사실을 제시하고 있다.[34] 분열되고 고립된 이러한 집단이 내전으로 돌입하거나 분리의 위협 없이 어떻게 자신들의 이익을 지키고 증진시키는가? 레이프하트의 주장에 따르면, 이들 집단이 네덜란드 국민으로서의 정체성을 어느 정도 공유하고 있다는 사실이 여기에 작용하고 있다고 한다. 하지만 중요한 것은 네덜란드에서는 '협조정치'가 탄생해 제도화되어 있다는 사실이다. 이 '협조정치'는 "국제적 수준에서의 정치와 닮아 있다"라고 레이프하트는 설명한다. 일종의 국가연합적인 정치구조가 형성되어 있는 것이다. 항구적인 제도적 틀이 존재하기 때문에 어떠한 집단도 영원한 패자가 되지는 않는다는 사실을 잘 알고 있다. 즉, 의사결정과 자원분배 이 두 가지의 비례배분 규칙이 '협조정치'에서는 결정적으로 중요하다. 모든 집단은 적어도 다소의 승리를 얻을 수 있다는 것이 보증된다. 이 비례배분 규칙과 더불어 중요한 것이 네덜란드 정부의 각료회의 구조이다. 레이프하트는 "모든 주요 정당이 항구적으로 내각에 머물 수 있는 것은 아니며, 동시에 야당이라고 해서 의사결정 과정에서 제외되는 것도 아니다. 즉, 집권당과 야당 사이에 명확한 경계선은 존재하지 않는다"라고 지적하고 있다.[35] 입헌형 통치구조에 의해 각 집단 간에 일체화되고 공적인 제도 메커니즘이 탄생한다. 이 메커니즘으로 모든 집단은 이 과정 속에서 이해관계를 지닌다. 하나의 집단만이 모든 이익을 획득하고 그것을 영속화시키는 것은 불가능하다. 반대로 어떠한 집단도 모든 것을 잃고 계속 손해를 보는 일 역시 없다.

네덜란드 이외의 민족적·종교적 분열국가에서는 왜 무력충돌이 발생하는가? 이것을 설명하려고 할 때 유익한 것이 바로 이 국가들에게 결여된 입헌형 구조이다. 이러한 국가에서 승리하는 것은 절대적 승리를 의미하며, 반대로 패배하는 것은 절대적 패배를 의미한다. 또한 하나의 민족이나 종교집단이 국가체제를 지배하는 데 성공하면 다른 집단은 결국 지배하에 놓이게 되고 무력에 의한 파멸을 피할 수 없게 된다. 이러한 정치투쟁에서의 이해관계는 '전부 아니면 전무(All or Nothing)'이다. 즉, 투쟁에서 패배한다는 것은 자신의 목숨이 위험해지는 것을 의미한다. 그 때문에 정치투쟁에서 패배한 집단은 다시 결사적으로 투쟁에 임하는 인센티브를 갖는다. 하지만 만약 다른 집단이 힘의 일부를 갖는 것을 인정한다면 어떻게 되는가? 패배한 모든 집단에 "패배는 한정적이고 단기적인 영향밖에 미치지 않는다"라는 보증이 부여된다면 과연 어떻게 될 것인가? 만약 그렇게 된다면 모든 집단은 합의를 달성할 수 있고 무력투쟁을 행하지 않아도 된다.

피어론(James D. Fearon)은 민족적·종교적 무력분쟁에 의한 분열사회에서의 이러한 문제를 '약속이행 문제'라고 표현한다.[36] 제국주의적인 힘에 의해 통일되어 있었던 구유고슬라비아와 같은 사회에서는 민족적·종교적으로 분열된 다수파와 소수파가 서로 대치하게 된다. 소수파는 새로운 국가에 참가해 그 사회에서 자신이 얻을 수 있는 '이익'의 배당에 응하거나 아니면 분리전쟁을 개시하지 않으면 안 된다. 소수파는 내전으로 돌입하는 것보다 합의에 의한 일정한 이익의 분배를 선택하는 방향으로 기울 것이다. 하지만 그러한 선택은 다수파가 새로운 국가에서 합의된 이익분배를 실제로 수행하는 경우에 한한다. 다수파가·이러한 온건한 요구에 대해 약속이행을 확실히 할 것이라는 보장은 없는데, 왜냐하면 다수파는 새로운 국가가 탄생할 때 경찰과 군대를 지배함으로써 그 힘을 더욱 강화시킬 것이기 때문이다. 즉, 국가가 형성될 때 다수파의 힘을 효과적으로 억제할 수 있는 방법이 사라지는 것이다. 이렇게 되면 "자신의 정치적 지위나 경제적 또는 신체적인 안전에 대해서조차 확실한 보증은 없어진다."[37] 즉, 포스트 제국주의 국가에서 살아가는 것보다 분리전쟁을 개시하는 편이 훨씬 바람직한 선택이 되는 것이다. 이 모델에서 볼 수 있는 민족문제로 발생하는 전쟁은 다수파가 어떠한 정치적 거래를 행할 수 있는 능력이 없기 때문에 소수파가 시작하는 일종의 '예방전쟁'이라고 말할 수 있다.

입헌형 제도는 이러한 문제를 완화시키는 데 도움이 된다. 이 제도의 효과를 인정한다면 집단이나 국가가 승리 직후 거대한 힘을 획득하게 되었을 때 자국의 우위적인 입장에 기초한 '힘에 대한 대가'를 삭감하고 제한하게 된다. '힘에 대한 대가'를 삭감한다는 점에서, 입헌형 질서는 힘을 지닌 자가 자기 마음대로 그 힘을 행사하고 행동하는 것을 억제하는 동시에 그 '힘의 우위'를 비영속적인 것으로 만든다.

### 명백한 입헌적 억제

입헌적 권위의 원천을 둘러싸고 많은 이론연구가들은 상당한 의견 차이를 보인다. 즉, 입헌적 권위는 수단에 지나지 않는다는 입장과 입헌적 권위가 갖는 목표와 가치를 중시하는 입장으로 견해가 나뉜다. 입헌형 질서가 질서의 변경을 곤란하게 하는 정치적 틀을 형성하는 것은 틀림없다. 하지만 왜 질서의 변경이 곤란하게 되는가? 어떤 그룹의 이론연구가들은 "입헌적 권위의 원천은 법률과 사법 양면에서의 특정한 메커니즘으로, 그것들이 기능함으로써 권리를 옹호하고 힘에 대한 제약이 생성된다"라고 강조한다. 그들의 견해에 따르면, "헌법은 정치에 대한 법적 억제의 한 형태이며 권리, 보호, 기본적 규칙을 개별적으로 명확하게 표명하는 정치선언이다." 이 이론에서 헌법은 정치질서의 가장 중요한 원칙과 규칙에 관한 일종의 '원전(原典)'에 지나지 않는다. 이것에 기초해 정치질서는 제대로 적용되고, 해석되며, 확대될 수 있는 가능성이 생긴다. 이 그룹의 학자들 일부는 "유럽연합(EU)이 입헌형 질서로 이행되고 있다"라고 주장한다. 그들이 강조하고 있는 것은 사법 분야에서 유럽의 원칙과 관행이 확대되고 있는 점이다. 즉, 이 원칙과 관행이 확대된다면 '헌법적 헌장과 헌법적 제 원칙에 따라 규정된 특정한 국가 간 정부구조'에 의해 유럽이 통합되고 발전해 간다는 것이다.[38] 다른 그룹의 학자들은 입헌형 질서의 제도적 구축을 강조한다. 이 학자들의 견해에 따르면, 입헌형 질서에서는 이 질서가 명확하게 규정하는 다수의 제도적 장치와 절차를 통해 '힘의 억제'가 발생한다. 제도적 균형, 분리, 감독, 법적 조사에 관한 모든 이론은 아리스토텔레스에서 로크와 몽테스키외에 이르기까지 오랜 지적 계보를 축적하고 있다. 이 이론에 따르면, 헌법은 제도의 설계를 통해 제약을 창출시킨다. 또 다른 그룹에 속하는 학자들은 "입헌적 권위는 어떤 정치체제 내부에서 정치질서에 관해 그 이전보다도 훨씬 폭넓은 합의가 공유되고 있다는 사실의 반영"이라고 주장한다(따라서 그 합의에 의존하고 있다는 말이 된다). 헌법이 안정적으로 기능하기 위해서는 기본적인 원칙과 규칙에 관한 합의가 필요하다. '힘의 억제'를 창출시키는 것은 공통된 가치와 정치목표가 대외적으로 제시하는 권위에 지나지 않는다.[39]

이 책에서는 "모든 국가를 하나로 결합시키는 구속적 제도를 통해 힘이 어떻게 억제되는가?" 또는 "'지배'와 '포기'에 대한 우려가 어떻게 줄어드는가?"라는 문제를 중요시하고 있다. 입헌형 질서는 국가 간 메커니즘을 형성하고, 억제하며, 더욱 결속시키는 국제제도의 기능에 크게 영향을 받는다. 질서에 참가하는 각 국가가 자의적이고 부적당한 힘의 행사에 관한 우려를 극복할 수 있는 것은 제도가 참가국들(특히 민주주의국가들)을 다양한 형태로 구속하고, 국가행동을 제어하며, 정치과정을 형성시킬 수 있기 때문일 뿐이다.

## 강력한 입헌형 질서와 약한 입헌형 질서

입헌형 질서란 규칙, 제도, 공식적인 법적 권위라는 틀을 통해 '힘의 행사'를 제한하고 억제하는 정치질서이다. 하지만 '힘의 행사'에 대한 제도적 제한은 국내와 국제질서에서 결코 절대적인 것은 되지 못한다. 입헌적 결정이 어떻게, 그리고 어느 정도까지 '힘에 대한 대가'를 제한하는가에 따라 정치질서는 크게 달라질 가능성이 있다. 관점을 바꿔서 말하자면, 정치질서는 그 정도가 어떠하든 헌법적인 성격을 갖추고 있다는 것이다.

강력한 입헌형 질서란 규칙, 권리, 보호의 내용에 대한 광범한 합의와 제도가 형성되어 있으며, 그러한 합의가 전체로서 준수되는 정치제도이다. 권위를 지닌 제도와 절차는 힘을 행사하는 근거가 되는 모든 원칙과 규칙을 명확하게 규정하고 있다. 어떤 정치질서가 입헌형 질서로서 강력한지 어떤지를 결정하는 것은 결국 기본적인 정치제도의 강건함이다. 즉, 강력한 특정 그룹의 이해관계에 따라 좌우되는 것에 대한 저항력이다. 기본적인 법률이나 정치적 절차가 정치적 또는 계급적인 강한 이해관계로 인해 간단하게 전복되거나 무시되는 상황이 발생할 경우, 그 입헌형 질서는 다른 입헌형 질서에 비해 약한 것으로 간주된다. 헌팅턴은 고도로 발전된 정치 시스템에는 "그 시스템 내에서 무력이 지닌 역할을 완전하게 제거할 수는 없을지라도 그것을 최소화시킬 수 있는 절차나 시스템 내에서 부의 영향력을 확실히 규정된 경로로 한정시킬 수 있는 과정이 존재한다"라고 논하고 있다.[40] 이것이야말로 각각의 입헌형 질서에서 힘의 강고함을 규정하는 것이다. 즉, 일부의 사회세력이나 힘을 지닌 사람들이 기본적인 정치제도를 자의적으로 조작할 위험성이 있는 경우에 기본적 정치제도가 얼마만큼 자율성과 반발할 수 있는 힘을 발휘해 대항할 수 있는가에 대한 문제이다.

강한 입헌적 성격을 갖춘 국제질서는 다국 간 제도와 구속력 있는 합의를 통해 관계국이 소유하고 있는 대국능력을 고도로 억제할 수 있는 질서이다.[41] 실제로 어떤 국제제도가 강국과 약소국 모두를 어느 정도 구속할 수 있는가, 그 결과 국가의 자의적이고 무차별적인 힘의 행사에 얼마만큼 제약을 가할 수 있는가에 따라 국제질서의 입헌적 성격이 명백해진다. 더욱이 이 질서의 입헌적 성격이 갖는 힘의 크기는 일련의 광범한 국가 간 관계를 각국의 행동을 규제할 수 있는 합의와 메커니즘 속에서 얼마만큼 제도화시킬 수 있는가에 의해 결정된다.

이처럼 입헌형 질서는 세력균형형과 패권형의 두 질서와 대비될 수 있다.[42] 세력균형형 질서란 대항적인 국가연합에 의해서만 국가의 힘에 대한 억제를 유지할 수 있는 질서인데, 이 경우에는 반대세력의 힘을 집결해 만든 동맹을 기축으로 '힘의 집중'을 억제한다. 패권형 힘은 실제로 어떠한 억제도 받지 않는다. 약소국 또는 추종국은 자신이 느끼는 위협과 유인에 따라 패권국에 협력한다. 하지만 힘의 행사에 어떠한 제도적 억제가 도입되면 혼합적인 변종이라고 불릴 만한 일련의 정치질서를 상정할 수 있다. 월츠가 주장하는 것처럼, 강력한 형태의 세력균형이 존재하는 질서 내에서 '시류에 영합하는 것'은 약소국 또는 추종국에게 매우 위험한 선택이다. 하지만 신뢰할 수 있는 약속이행과 구속력을 갖는 제도가 존재하고 강대국에 의한 약소국의 착취를 막을 수 있는 가능성이 존재하는 경우에는 '시류에 영합하는 것' 또는 균형과 협력의 혼합적인 방책이 그렇게 매력 없는 선택이 되지는 않는다. 마찬가지로 주도국의 자의적이고 무차별적인 '힘의 행사'를 억제할 수 있는 제도가 기능하는 패권형 질서에서도 '힘의 비대칭'은—
그리고 '힘에 대한 대가' 역시— 대부분 의의를 상실하게 된다.


## 힘에 대한 억제전략

주요한 전쟁 이후에 형성되는 정치질서의 전체적인 성격을 직접적
으로 관찰할 뿐만 아니라 주도국과 약소국이 어떻게 전후질서를 구축
하는가 하는 관점에서 우리는 양자의 전략을 비교하고 검토할 수 있다.
이 책에서 주장하는 것 중의 하나는 "국가가 전개 가능한 질서구축
전략이 시대와 더불어 변화함에 따라 전후질서의 성격 역시 변화한다"
라는 것이다. 각각의 질서구축 전략이 어떠한 것이었는지 구체적으로
살펴보자.

1648년, 1713년, 1815년, 1919년, 그리고 1945년의 전후구축은 모
두 한결같이 "어떻게 힘을 억제하고 제한할 수 있는가"라는 문제와
씨름하고 있었다. 하지만 전후구축으로 실제로 형성된 질서는 관계국
가가 당초부터 목표해왔던 구상과는 매우 상이했으며 점차 진전되었
다. 이러한 상이점을 충분히 인식하기 위해서는 제도적 억제 메커니즘
을 운용기술과 합의결정의 폭넓은 연속체의 일부로 조명하는 것이
유익하다. 국가는 이러한 운용기술과 합의결정을 국제 시스템의 틀
속에서 사용해 힘을 억제하고 분산시킬 수 있다. 이러한 전략 속에는
국가의 자율성 촉진, 힘의 분산을 위한 영토분할, 대항적 동맹의 창설,
구속적 제도의 설립이 포함된다. <표 2-2>는 이와 같은 일련의 힘에
대한 관리전략을 정리한 것이다.

힘에 대한 억제전략의 가장 기본은 국가주권을 강화하는 것이다.

<표 2-2> 힘에 대한 억제전략

| 운용기술 | 논리 |
|---|---|
| 국가의 자율성 강화 | 정치단위의 세분화를 통해 종교적·제국주의적 집단구성을 감소시킨다. |
| 영토와 힘의 분배 | 대국능력을 분산시키고 다원화한다. 힘의 증대를 억제한다. |
| 대항적 동맹 | 국가연합을 저지함으로써 힘의 증대를 억제한다. |
| 제도적 구속 | 동맹관계와 상호억제 제도를 통해 잠재적으로 위협을 가져다주는 국가의 행동을 제약한다. |
| 초국가적 통합 | 초국가적 정치제도와 권위를 통해 주권을 나누어 가진다. |

힘의 관리는 정치단위 세분화와 주권국가 창설에 의해 실시된다. 질서가 국가에 법적 독립성과 정치적 우위성을 부여할 때 비로소 제국주의적이고 종교적인 집단화로 인한 힘의 증대를 제약할 수 있다. 국제공법에서 국가주권을 법제화함으로써 이러한 '힘의 비집중화'를 보강할 수 있는 것이다. 베스트팔렌 전후구축의 가장 중요한 목적은 바로 영토국가에 궁극적인 주권적 자율성을 부여하는 것이었다. 그 결과 영토국가는 보편적 군주제로 대표되는 어떠한 권위에도 종속되지 않게 되었고, 모든 국가의 권리와 주권적 권위는 특정의 종교와 분리되었으며, 공화국과 군주국은 평등한 입장에 놓이게 되었고, 국제법은 확충되었다.[43] 종교주권과 영토주권의 역할에 관해 각 국가가 상호기대를 갖게 된 배경에는 각국이 '정치질서로서의 유럽'이라는 이해를 갖게 되었던 사실에 있었다. 즉, 유럽의 정치질서에는 조직화된 정치지역으로서의 통일성과 통합성이 존재했으며, 이 질서 속에서 지배자들은 일정한 공동의 정책방침을 공유하고 있었던 것이다. 오스나브뤼크 조약과 뮌스터 조약은 성문화된 결정을 통해 개별 국가의 정치적 지위를

확정하고 종교와 정치문제에 관련된 영토주권의 원칙을 확인했다. 관계국들이 서로 승인한 법적 개념은 명백한 규범을 낳았던 것이다. 즉, "국가의 자치는 법률문제 또는 법적 원칙의 문제이며, 군사력만으로는 경합할 수 없는 지위를 지니고 있다"는 것을 의미했다.[44]

베스트팔렌 전후구축을 이처럼 평가하는 견해는 승전국 — 그중에서도 프랑스와 스웨덴 — 이 신생 로마제국의 종교적 보편주의와 계층주의적 지배를 근저에서부터 전복시켰거나 크게 부식시켰다는 노력의 중요성을 강조하고 있다. 홀스티(Kalevi J. Holsti)는 이러한 변화를 다음과 같이 설명했다. "베스트팔렌 전후구축은 새로운 외교적 결정 — 국가를 위해, 국가에 의해 만들어진 질서 — 을 대표하며, 그때까지 로마 교황과 신생 로마제국이 정점에 서 왔던 계층제도의 법적 기반 대부분을 교체했다."[45] 영토 지배자는 신교와 가톨릭 사이에서 선택할 수 있는 권리를 부여받았다. 영토구성 단위는 황제가 지니고 있던 것에 필적할 만한 법적 지위를 부여받았고, 더욱이 영토재산 전유권이라는 로마법적 개념이 부활했다.[46] 이와 같이 베스트팔렌 전후구축은 신흥 영토국가의 정치적·법적 자율성을 강화했다. "평화조약 자체는 과거와의 결별을 의미하지 않았다. 왜냐하면 평화조약은 구시대의 관행과 독트린 위에서 구축된 것이었고 승전국들 각각의 영토적·정치적 이익을 반영하는 것이었기 때문이다. 포스트 베스트팔렌기의 유럽에서는 이질적인 정치적·제도적 형태가 혼재되어 있었다"라는 크라즈너의 지적은 옳다.[47] 하지만 베스트팔렌 전후구축에는 영토 지배자의 법적·정치적 자율성을 강화함으로써 유럽 전체에 파급되어 있었던 종교적·제국적 지배와 대항하려고 했던 노력이 반영되어 있었다는 것은 틀림없다.

힘을 억제하는 제2의 방법으로 사용되었던 것은 영토구성 단위의 해체 또는 분산이었다. 이를 통해 대국능력을 분산시키는 것이 그 목적이었다. 즉, 어떠한 국가라도 현행질서 속에서 다른 국가를 지배할 만큼 충분한 영토자산을 소유할 수 없게 만드는 것이었다. 전후의 평화조약회의에서는 '정치질서 지도'가 문자 그대로 회의석상에 펼쳐졌다. 이 지도의 '덧칠 작업'에 대해 패전국은 대항할 만한 수단이 거의 없었다. 1713년과 1815년 이후의 프랑스, 양 세계대전 이후의 독일과 같은 패전패권국의 붕괴로 광대한 영토의 귀속문제가 교섭의 제가 되었는데, 스페인 왕위계승전쟁 후의 전후구축에서 볼 수 있는 것처럼 대국의 잠재적 능력을 분산할 목적으로 영토의 세분화와 분배가 교섭의 초점이 되었다. 그 밖의 전후구축의 경우에서는, 예를 들면 제1차 세계대전 이후와 같이, 광대한 영토를 지닌 대국이 민족자결책의 명목으로 영토가 세분화되는 과정을 거쳤다. 1945년 이후에 주권국민국가의 수가 증가한 사실 역시 국가의 자율성을 강화하여 힘을 억제하려는 주요 국가들의 노력의 결과였다. 이처럼 제국을 분절시킴으로써 각 시기의 선진국가들이 가진 힘의 잠재능력은 크게 약화될 수밖에 없었다.[48] 모든 전후기를 통해 각각의 전략은 서로 동일했는데, 즉 영토구성 단위를 세분화하고 이를 배분함으로써 '힘의 증대'를 억제하는 것이었다.

힘을 억제하는 제3의 전략은 주지하는 바와 같이 '세력균형'이다. 이 전략으로 인해 모든 국가는 상대적으로 자국의 힘을 강화하는 결정을 전개한다. 구체적으로는 국제 시스템 내에서 타국과 잠정적 동맹을 맺고 자국에 위협이 되는 국가의 힘을 상쇄시키며 대항한다. 세력균형을 목표로 하는 이러한 행위는 국제안정에 기여한다.[49] 세력균형 각각의 메커니즘과 과정은 크게 상이하기 때문에 세력균형 이론에도 이 다양성이 반영된다.[50] 질서원칙으로서 세력균형이 유효한지는 동맹을 형성하는 경우와 공식적으로 제도화되어 있는 경우, 그리고 그렇지 않은 경우에 따라 각각 상이하다. 하지만 본질적인 논리는 하나, 즉 "힘의 증대를 대항력으로 억제한다"라는 것이다.

1713년 위트레흐트 전후구축은 힘을 억제하는 원천으로서의 균형 개념을 최고의 이념으로 했다는 점에서 가장 주목할 만한 사례였다. 그럼에도 위트레흐트 전후구축 역시 국가의 자율성과 '힘의 분포'를 강조하는 전략에 의존했던 것이 사실이다.[51] 위트레흐트 조약문서는 "모든 국가는 기본적으로 대등하며 자율성을 갖는다"라는 이해를 각국 이 공유함을 명시하고 있다. 이것은 곧 유럽에 존재하는 국가들이 자결권을 소유한 구성체이며, 타국의 지배나 독재의 상황에 놓이지 않는다는 것을 의미했다. 오시안더(Andreas Osiander)는 다음과 같이 주장한다. "위트레흐트 전후구축에서는 행위주체로 구성되는 계층제 도라는 사고방식이 폐지되었으며, 이러한 사실은 곧 대등(對等)이라는 개념이 승리를 거두었다는 것을 의미한다."[52] 하지만 여기에서도 전후 구축의 기본원칙은 '세력균형'의 개념이었다. 프랑스는 프랑스·스페인 군주연합이 불안정하며 유럽질서의 조건에 실질적으로 위반된다고 인정했다. 위트레흐트에서는 국가 간의 세력균형화와 그 유지의 이념 을 중심으로 영토문제와 왕조계승 문제의 해결을 도모했다.

비엔나 전후구축에서도 역시 국가 간의 세력균형화와 그 유지의 이념이 강하게 대두되었다. 캐슬레이 영국 외상과 탈레랑(Talleyrand) 프랑스 외상, 그리고 러시아 황제 알렉산드르 1세는 모두 전후구축의 목표를 달성하기 위해 이 이념을 강하게 주장했다. 캐슬레이는 세력균 형과 그 유지라는 원칙의 타당성을 신념으로 삼고 있었는데, 그에게 그 이외의 원칙이나 결정은 단지 이차적인 문제에 지나지 않았다.[53] 이 책에서 명확하게 제시되는 것처럼, 전후구축의 교섭의 장에서 제시 된 세력균형에 관한 구상은 실제로 그러한 노력과는 동떨어진 것이었다. 그 구상에서 실제로 논의되었던 것은 물리적인 대국능력의 세력균형이 아니라 유럽에서의 정치적 세력균형이었던 것이다. 이 세력균형을 어떻게 유지할 수 있는가에 관해 서로 수용하기 쉬운 합의를 달성하려고 했으며, 각 열강은 — 비엔나 회의에서는 스스로에게 특별한 지위를 부여했다 — 서로 수용하기 쉬운 질서를 유지하기 위해 협력할 것에 합의했다. 또한 열강들은 제 문제의 공동 관리에도 합의했으며, 영토를 수정하고 영토분쟁을 해결하기 위한 규칙이나 제도적 결정을 발전시켜나가기로 했다.

제4의 전략은 제도적 구속이다. 이 전략하에서 모든 국가는 억제적인 제도 속에 스스로를 구속하고 행동에 제약을 가함으로써 잠재적 위협과 전략적 적대관계에 대처한다. 제도에는 영향력에 제약을 가하고 그것을 고정화하는 잠재력이 있기 때문에 이처럼 국가들의 행위에 영향을 끼칠 수 있다. 통상적으로 국가는 스스로의 선택지를 남겨두려고 한다. 즉, 타국과의 협력을 염두에 두는 동시에, 경우에 따라서는 관계단절의 가능성을 남겨두려고 하는 것이다. 그렇지만 제도적 구속을 받으면 국가는 전혀 반대의 행동을 취하게 된다. 즉, 국가는 장기적인 안전보장을 확보하기 위해 철회하기 곤란한 정치적·경제적 사안의 이행을 약속하는 것이다. 국가는 주권국가로서 실시할 수 있는 범위 내에서 스스로의 약속이행과 국가관계를 고정화시킨다. 구속적 메커니즘의 예로는 조약, 2국 간 조직, 합동관리 책임, 관계국의 합의하에 설립된 표준과 원칙이 있는데, 이 메커니즘은 '퇴출비용'이 동반되며 '의사표명의 기회'를 창출시킨다. 이처럼 제도는 분쟁을 완화시키거나 해결하는 메커니즘을 제공하는 것이다.[54]

제도적 구속은 그 규모에 따라 차이점이 생긴다. 안전보장동맹은 이러한 제도적 구속 중에서 가장 중요한 것으로 잠재적으로 장기성을 갖춘 형태이다. 슈뢰더(Paul W. Schroeder)는 "'유럽협의(the Concert of Europe)'를 창설한 4국동맹은 이러한 구속적 논리를 가장 먼저 보여준 예"라고 지적한다. '유럽협의'나 그 이후의 다른 사례들이 보여주는 것처럼, 동맹은 '파크타 데 콘트로헨도(pacta de controhendo)', 즉 '억제 조약'으로 결성된 것이다.[55] 이러한 제도적 구속은 동맹체결국이 동맹 관계 속에서 상대국을 제어하고 구속하는 메커니즘으로 기능하고 있 다. 슈뢰더는 "하나의 당사국 또는 양 당사국이 동맹관계를 진전시키려 는 가장 큰 이유는 동맹국의 정책에 이러한 제어를 가하려는 욕구이며, 이러한 사례는 자주 찾아볼 수 있다"라고 설명하고 있다.[56] 동맹을 맺음으로써 동맹관계에 있는 상대국가의 안전보장정책에 관여할 수 있는 구속적 조약이 많이 생겨나게 되는 것이다.

하지만 동시에 동맹이 어느 정도의 구속적 관계를 구축하는가에 따라 다른 형태로 변모하는 경우도 있다. 1815년 이후의 비엔나 회의체 제는 정기적인 협의를 통해 반나폴레옹 동맹을 지속시켰는데, 이는 유럽열강들을 견제하기 위한 수단에 지나지 않았다. 이에 비해 1949년 에 미국과 서유럽이 맺은 안전보장조약은 매우 구속력이 강한 제도였 다. 특히, 이 제도는 가맹국 간의 정책입안 메커니즘, 다국적군, 그리고 통합군사사령부를 설치함으로써 이러한 구속성을 더욱 강화시켰다. 다른 안전보장조약과 비교해 NATO 동맹은 가맹국의 책무 범위가 더 광범위했으며, 이후 책무를 틀림없이 수행시킬 수 있는 제도적 메커니즘의 규모 역시 거대했다.

제도적 구속은 다른 형태의 제도에서도 명백하게 존재한다. 그러한 제도는 가맹국을 공동정책 결정과정에 고정화시키고 확실히 정착한 제도적 협력형태로 가맹국을 포섭한다. 제도적 구속이 기능할 수 있는 조건은 무엇인가? 국제적인 제도나 체제가 국가의 행위에 대해 독자적이고 명령적인 영향력을 가질 수 있어야 한다.[57] 여기에는 "제도가 점착적이다"라는 사실이 전제되어 있는데, 이를 통해 "제도는 스스로 의 생명을 지니고 있고, 자기의 논리로 행동할 수 있으며, 더욱이 제도 를 설립한 국가들에 대해서조차 그 형태에 영향을 끼치고 행동을 규제 할 수 있다"라는 가설이 도출된다. 복수의 국가가 제도적 구속을 전략 으로서 이용하는 경우, 기본적으로 그 국가들은 상호 억제하는 것에 동의하는 방향으로 나아간다. 실제로 가맹국은 제도에 의해 행동의 범위가 명확하게 정해져 있고, 동시에 제도가 지시하는 바와 다른 행동을 취하기 힘들어지며, 만일 그러한 행동을 취할 경우에는 비싼 대가를 치러야 한다.

마지막으로 제5의 전략은 공식적인 '초국가적 통합'이다. 여기에서 는 연합에 가입한 모든 국가 간의 공식적인 법적·제도적 책무는 기본적 으로 각국의 법적·정치적 제도와 구별하기 힘들기 때문에 초국가적 통합 전략은 제도적 구속과 유사하다. 하지만 그것은 정부간주의(inter-governmentalism)의 범위를 넘어 국가들의 공식적인 통합 또는 국가주 권에 관련된 권위의 공유에까지 공식적으로 관여한다. 유럽석탄철강 공동체(ECSC)는 이 전략이 실시되었던 초기의 사례이다. 프랑스와 그 밖의 서유럽 정부는 전후 독일의 산업력을 광범한 유럽제도 구조로 편입시키는 구상을 세웠다. 그 대상이 된 산업 부문—군사능력 면의 중심적 기업—은 프랑스·독일 합병기업의 형태로 재건되었다. 프랑스 를 비롯한 각국은 독일에 불리한 형태의 기업흡수나 산업기반 파괴 대신 오히려 광범한 지역질서에 독일을 편입시켜 구속하는 방향으로 진행시켰다.[58]

전체적으로 조명해볼 때, 많은 연구자들이나 지식인들은 "유럽연합 (EU)이 초국가적 정치질서로서 급속히 형성되어가고 있으며, 유럽의 법률가나 판사는 EU를 '입헌적' 정치체제로서 논하기 시작했다"라고 지적한다.[59] 초국가적 질서에서 주권과 정치적 권위의 '공동관리'는 국가수준에서 국제수준에 이르기까지 폭넓게 실시되고 있으며, 이는 어떤 국가가 타국을 무시하는 형태로 국민적·국가적 권위를 전면적 또는 결정적으로 발동시키는 것을 어렵게 만들기 위해서이다.

제도적 구속과 초국가주의에는 '힘의 억제' 메커니즘의 특징이 공통적으로 드러난다. NATO나 세계무역기구(WTO)와 같은 구속적 제도는 약속이행과 책무가 명기되어 있는 다국 간 조약에 의해 성립된다. "이러한 조약은 사실상 '확인과 균형' 조직을 창출시키고 있으며, 그러한 조직의 주된 기능은 제도가 만들어내는 조직의 권한을 제어하는 것이다"라는 지적도 있다.[60] 유럽공동체(EC)를 설립한 '로마 조약' 역시 전통적인 다국 간 조약으로 안정을 유지했다. 이렇게 탄생한 모든 제도는 엄밀히 말하자면 입헌적 합의의 산물은 아니다. 국가 간 조약 내에서 합의된 구속력을 동반한 법적·제도적 약속이행은 사법 권위기관이 갖는 법의 지고성을 승인하고 있지 않기 때문이다. '로마 조약'은 또한 헌법과 같은 성격을 지니고 있지 않다. 왜냐하면 이 조약은 유럽시민으로서의 기본적 권리를 보장하고 있지 않으며, 가맹국은 시민권을 부여할 수 있는 권리를 스스로 유보하고 있기 때문이다. 하지만 최근 20~30년간 '유럽사법재판소'의 권위와 범위가 확대되고, 유럽시민권의 초보적 확립으로 인해 조약을 '헌법화하는' 조치가 잇달아 행해지고 있다.[61] EU가 이러한 방향으로 진전됨에 따라 초국가주의는 기존보다 훨씬 공식적인 형태로 법적·연방적 성격을 지니게 될 것이다. 그 결과 거기에서 탄생하는 정치질서는 조약을 기반으로 하는 전통적인 제도적 구속의 틀을 넘어서게 될 것이다.

논의의 처음으로 돌아가 더 폭넓은 범위에서 '힘의 억제'에 관해 생각해보자. '힘의 억제'가 어떠한 범위에 위치하는가는 '힘의 행사'의 형성과 억제를 담당하는 제도적인 협력과 공식적인 법적 권위가 얼마만큼 존재하는가에 따라 결정된다. 어떤 의미에서 힘의 억제와 관계하는 많은 전략은 모두 세력균형을 도모하는 기술에 지나지 않는다. 프리드리히(Carl J. Friedrich)는 다음과 같이 주장한다. "어떤 국제조직을 국제안정 장치로 대체시키는 것은 어떤 의미에서 모든 헌법의 일반적인 성격을 특정한 형태로 보여주는 것밖에 되지 않는다. 헌법이란 하나의 공동체에서 다양한 통치력에 균형을 부여하고 그 공동체에서 이익의 균형을 형성시키는 것이다."[62] EU의 경우에서조차 지금보다 더 거대한 통치를 목표로 가맹국 모두가 참가하는 신제도를 만들려는 움직임이 적어도 부분적으로는 균형논리에 의해 추진되고 있다. 그러한 사례 중에서 가장 최근의 연구과제로는 '국가통일을 이루고 막강한 경제력을 지니고 있는 독일의 발흥'이라는 문제와 관련된 움직임을 들 수 있다.[63] 그럼에도 제도적 구속의 수법과 초국가주의를 기반으로 하는 질서를 구축하는 경우, 이 질서에서는 힘의 일극집중에 대한 기본적 억제수단으로 세력균형을 통한 제어 대신 서로가 서로를 구속하는 제도적 억제가 이용된다. 균형논리는 힘을 힘으로 억제하는 방식인 데 반해 제도적 구속과 초국가주의 논리는 제도화된 정치과정을 확립하고 공식적인 법적 권위에 의한 감독을 받음으로써 힘을 억제하는 방식인 것이다.

이미 지적한 바와 같이, 승전국이 활용하는 힘의 억제 메커니즘의 형태가 진보한 것과 더불어 공식적인 정부 간 제도가 전후 정치질서의 중심적 조직구성 요소가 되는 정도가 훨씬 증대해왔다는 사실을 확인할 수 있다. 베스트팔렌 전후구축(1648년)은 유럽 국가들의 종교적·정치적 독립의 확립을 목표로 삼았다. 위트레흐트 전후구축(1713년) 역시 국가의 주권을 인정했지만, 일부의 영토국가는 타국에 비해 선견지명의 능력을 지니고 있었기 때문에 이 전후구축에서는 승전국이 스스로 솔선해 영토분배와 세력균형을 실시하고 유럽 대륙에서의 패권을 억제하려는 노력을 기울였다. 비엔나 전후구축(1815년), 1919년과 1945년의 세계대전 전후구축에서는 '힘의 행사'를 제한하고 억제하기 위한 구속적 제도를 새롭게 이용했다는 점을 특색으로 꼽을 수 있다. 비엔나 전후구축에서는 협의 메커니즘과 대국이 준수해야 하는 억제규범이 주로 활용되었다. 21세기에 들어서부터 전후구축에서는 세계와 지역 규모에서의 다각적인 제도와 동맹이 활용되었다. 동시에 세력균형이나 그 밖의 억제 메커니즘 역시 이 전후질서 내에 명확하게 도입되었다. 결국 수많은 전후구축을 검증할 때 힘을 조정하고 억제하는 방법에 변화가 있었다는 사실을 확인할 수 있다. 즉, 이러한 메커니즘은 시대의 변천과 함께 더욱 다양화·복잡화되었으며 제도적 구속력을 증대시켰다.

## 전후질서의 안정성

이 책은 전후질서의 성격이 어떻게 변화해왔는가를 설명하고 있을 뿐만 아니라 '서구 공업국가들 간의 1945년 질서의 안정성과 영속성'이라는 문제도 다루고 있다. 필자는 이 책의 목적이기도 한 전후질서의 변화를 설명하는 과제를 다루면서 통상적으로는 생각할 수 없을 정도의 장기간에 걸쳐 기능하고 있는 현대질서의 특징과 성격을 밝혀내려고 한다.

안정성이라는 개념을 더 상세하게 추급해가면 당초 생각했던 것이상으로 복잡해진다.[64] 학자들 사이에서는 국제질서의 안정성과 전쟁의 비발생을 동일시하는 그룹이 존재한다. 즉 '안정'과 '평화'를 동의어라고 생각하는 것이다. 허츠(John Herz)는 이러한 주장을 다음과 같이 서술하고 있다. "변화의 속도가 상대적으로 느리고 범위가 좁으며 대체로 평온하다면 그 시스템은 (상대적으로) 안정되어 있는 것이다. 이에 반해 변화가 갑작스럽게 일어나고 강한 영향력을 지니며 자주 폭력을 동반한다면 그 시스템은 불안정한 것이다."[65] 하지만 세력균형이론 중에서는 "때로는 안정을 유지하기 위한 메커니즘으로서 전쟁이 필요하다"라고 주장하는 이론도 있다. 저비스 역시 이와 같은 주장을 하고 있다. "1989년 동유럽에서 발생한 사건이 보여주는 것처럼 변화의 속도가 느리지 않고 결코 좁은 범위라고 말할 수도 없는 경우에도 평온한 변화는 가능하며, 또한 그러한 평온한 변화에서도 '그 충격이 광범위하게 미칠' 수 있다."[66] 즉, 속도가 느리고 평온한 변화는 결과적으로 전면적인 질서개편을 가져오기 때문에 그 자체가 안정의 '지표'가 될 수는 없다.

이 책에서는 정치질서를 통치에 관한 국가 그룹의 결정이라고 정의하고 있다. 이 속에는 기본적 규칙과 원칙, 제도가 포함된다. 이들 통치에 관한 기본적인 결정들이 정비될 때 비로소 정치질서는 탄생된다. 그리고 이러한 결정들이 전복되거나 이의가 표명되어 혼란이 발생할 때 정치질서는 위기를 맞이하거나 붕괴된다. 이러한 견해에서 볼 때, 정치질서의 본질적인 요소는 질서 내부의 참가자가 질서, 즉 질서 밖의 참가자와 규칙, 운용방식에 대해 승인하거나 의식하지 않으면 안 된다는 점이다. 즉, 유형적인 행동과 행위주체 간의 상호관계를 확인하는 것만으로는 불충분하다는 것이다. 여기에서 규정하는 견해에 따르자면, 세계정치의 역사 속에서는 일정한 시대와 일정한 지역에서 정치질서가 부재하는 경우도 있을 수 있다.

이렇게 보면 안정도를 측정하는 유용한 척도는 정치질서가 질서를 위협하는 방해를 봉쇄하고 이를 극복할 수 있는지의 여부라고 할 수 있다. 불안정을 유발하기 쉬운 국내세력과 외부세력을 조작할 수 있는지의 여부에 따라 구축되는 질서는 크게 달라진다. '힘의 분배'의 변경, 신흥국가의 진출, 국가의 목표나 목적의 변경과 같은 방해요인에 대처한다는 점에서 통치 규칙과 원칙, 제도를 변화시키는 편이 다른 질서를 가져오는 것보다 훨씬 유리하다. 하지만 이러한 질서가 단순히 오래 지속된다고 해서 그것이 질서안정도의 절대적 척도가 되는 것은 아니다. 질서가 오래 지속되는 경우에도 방해요인을 봉쇄할 수 있는지에 대한 측정을 받지 않은 경우도 있으며, 한편으로 방해요인을 봉쇄할 수 있는 특징을 지닌 질서라 할지라도 비상사태의 발생으로 붕괴되는 경우도 있기 때문이다.[67]

따라서 정치질서의 안정도를 측정하기 위해서는 그 정치질서가 방해요인과 직면했을 때 어느 정도 탄력성을 지니고 있는지에 대해 판단하지 않으면 안 된다. 가장 먼저 주목해야 할 점은, 질서가 내부와 외부 쌍방의 위협세력과 직면했을 때 어느 정도의 내구성을 지니고 있는가 하는 것이다. 하지만 동시에 필요한 것은 질서의 내부를 검증해 이러한 방해요인이 질서에 영향을 끼치게 될 때 어떠한 메커니즘의 기능으로 질서가 스스로 적응해 안정을 되찾게 되는가를 조사하는 것이다. 질서의 안정성이 지속적으로 곤란한 상황을 극복하는 정치적 수완을 발휘할 수 있는 국가 지도자의 존재에 의존하고 있는가, 아니면 장기성과 탄력성 있는 폭넓은 정치구조에 기초하고 있는가?

세 가지의 정치질서 모델은 안정성의 원천에 관해 각각 상이한 주장을 전개하고 있다. '균형형 질서'는 경합하는 국가가 대항력 구축을 성실히 수행해서 힘의 균형상태가 생기게 될 때 안정된다. 월츠의 질서형성 이론에 따르면, 안정은 무질서한 상황 속에서 국가가 경쟁적 적응을 계속해서 실시함으로써 실현된다. 이 안정화 과정에는 자동적으로 기능하는 측면이 존재한다. 즉, 이 시스템에는 자동적으로 균형상태를 회복하려는 경향이 갖추어져 있다. 그 때문에 이 시스템에서 전쟁이나 동란이라는 비상사태가 발생하는 것은 균형복원의 지상명령에 더 직접적으로 반응하지 못한 것에 대한 벌이라고 해석될 수 있다. 즉, 전쟁이나 동란은 최종적으로 제도적 평형상태로 되돌아갈 수 있는 길을 열어놓는 것이다.[68]

각각의 국제환경을 더 상세히 검증해볼 때 안정 — 세력균형 시스템이 정연하고 평온하게 운용되는 상태로 정의된다 — 을 위해서는 '힘의 분포'를 인식하고 필요에 따라 그것에 반응할 수 있는 국가능력이 필요하다. 키신저(Henry Kissinger)는 1815년 이후의 질서에 관해 이러한 견해를 취하고 있다. 그는 협조와 자기의식 속에서 안정적 균형을 기능시키는 것에 대한 중요성을 강조하면서 다음과 같이 언급하고 있다. "각국의 목표는 안정이다. 거기에서 완벽함을 추구할 필요는 없다. 세력균형은, 어떠한 질서도 침략에 대한 물리적 보장조치가 없으면 안정적일 수 없다는 역사적 교훈의 고전적 표현과 다르지 않다. 따라서 새로운 국제질서는 힘과 도덕성의 관계, 안전보장과 합법성의 관계를 충분히 의식하면서 구축될 수 있었다."[69] 각국의 지도자들이 국제관계에서 발생하는 '힘의 이전'을 인식하지 못하고 그것을 복원시키기 위한 대항조치를 취하지 않는다면 불안정이 발생하는 근원이 된다. 이 견해에 따르자면, 전쟁은 '적절한 균형 활동'을 실시하지 못했던 것에서 발생하며, '균형형 질서'에서는, 어떤 종류의 '힘의 분배'가 실행될 때 다른 질서에 비해 더 안정된 세력균형이 실현될 수 있는 가능성이 크다.

양극적 균형과 다극적 균형 중에서 어느 쪽이 더 안정적인가에 관해서는 여전히 논의가 계속되고 있다.[70]

'패권형 질서'는 주도국이 힘의 압도적인 우위를 유지하는 한 안정적이다. 언급할 필요도 없이 이 질서가 안고 있는 문제는 패권국가가 정점에 달했을 때 형성된 질서가 힘이 쇠퇴함에 따라 필연적으로 유지될 수 없게 된다는 것이다. 신흥국가 — 자국에 유리한 국제질서를 형성하기 위해 사활을 건 이익을 추구한다 — 는 최종적으로 쇠퇴하는 패권국과 패권싸움을 시도하게 된다. 과거의 사례를 볼 때 이때 발생하는 것은 대국 간의 전략적 대립관계였으며 패권전쟁이었다. 길핀이 주장하는 바와 같이 패권형 질서에서의 안정된 시스템이란 지배국가의 가장 중요한 이익을 위협하지 않고 지배국가 간의 전쟁을 유발하지 않으면서 국가 간 관계에 변화가 생길 수 있는 시스템이다.[71] 또한 시스템을 변경하려는 시도가 자국에 이익이 된다고 생각하는 국가가 존재하지 않는 경우에 국제 시스템은 안정된다(즉, 균형상태가 유지된다).[72] 패권안정 이론은 패권형 질서에서 주요 국가의 장기적인 부흥과 쇠퇴가 궁극적인 불안정 요인이 된다는 전제에 서 있다. 하지만 이 이론에서는 부흥하는 국가가 적어도 현 시점에서 질서의 주도국에 도전해 얻을 수 있는 이익이 자신의 부담을 초과하지 않는 한 현존하는 패권질서의 틀 속에 머물 가능성이 남아 있다. 그렇기 때문에 각각의 패권질서가 신흥대국을 받아들이는 형태로서 몇 가지의 가능성을 생각해볼 수 있다. 역사적으로 살펴볼 때 패권형 질서의 안정성에 관한 사례에는 몇 가지 유형이 존재한다.[73]

'입헌형 질서'에서 안정의 근원은 정치적 질서의 내구성에서 발견된다. 즉, 정치체제의 기본적 규칙을 규정하는 입헌적 제도의 내구성이다. 왜냐하면 특정한 사회세력이나 계급적 이익이 법률로 규정된 규칙이나 정부가 정한 규칙을 전복시키려고 할 경우 그 정치체제는 스스로의 입헌적 성격을 상실하기 때문이며, 더욱이 그러한 제도는 강자의 통치나 지배를 초래하게 된다. 확실한 '힘의 공유'와 상호 만족할 수 있는 일정한 이익분배를 보증하는 입헌적인 제 제도로 정치체제가 확립되는 경우에는 제 제도가 기능하지 못하면 본격적인 분쟁과 정치적 불안정이 발생한다. 이미 언급한 바와 같이 입헌형 질서의 성과가 나타나거나 순조롭게 기능하고 있다면 거기에는 '힘의 행사'의 원칙이나 규칙이 확실히 열거되고 있으며, 또한 그렇게 함으로써 입헌적 질서는 '힘에 대한 대가'를 제한한다. 이것은 이러한 입헌적 결정을 통해 힘을 지니는 자가 힘을 자유롭게 행사할 수 있는 기회를 제한하고 질서안정을 가져다준다는 것을 의미한다. 제도가 상대적으로 자율성을 지니면서 기능하는 것과 동시에 영속적인 패자가 출현하지 않도록 제도를 운용하는 것, 이 두 가지가 입헌형 질서의 안정에 필요한 것이다.[74]

국제수준에서도 입헌형 질서의 안정도는 제 제도로 '힘에 대한 대가'를 기능적으로 제한할 수 있는지의 여부에 달려 있다. 타국 간 관계에서는 당연히 정식적인 입헌형 질서가 존재하지 않는다.[75] 하지만 설립된 제 제도가 국가적 힘의 행사를 형성하고 동시에 제약할 수 있느냐의 정도에 따라 제도를 기반으로 형성되는 국제질서에도 차이가 나타난다. 이처럼 상이한 질서형태에 대한 논리와 설명은 3장에서 전개될 것이다. 이들 질서의 안정도는 다국 간 제도가 균형을 상실하고 변화를 거치고 있는 '힘의 관계'와 직면하게 되었을 때 그 상황을 수습할 수 있는 힘을 어느 정도까지 지니고 있는지에 의존한다. 구속적 제도와 확실한 책무이행이 후퇴하는 경우 질서는 위협을 받는 국가 또는 안정도가 결여된 국가에 대해 설득력을 잃게 되며, 그 결과 입헌적 논리는 상실되고(즉, 그 안정을 잃게 된다), '입헌형 질서'는 예전의 '세력균형형 질서' 또는 '패권형 질서'로 되돌아가게 된다.


## 결론

이 연구는 1815년, 1919년, 1945년 이후에 각각의 주도국이 전개했던 질서구축의 제도적 전략에서 보이는 변화의 차이를 설명하려는 것이다. 이 장에서는 두 가지의 '종속변수'를 특정했는데, 가장 직접적이고 경험적으로 관찰 가능한 '변수'는 질서구축 전략 그 자체, 즉 주도국의 정책과 행동이다. 주도국은 제도적 전략을 추진하는 경우도 있지만 반대로 그렇지 않은 경우도 있다. 주도국이 제도적 전략을 추진하는 경우에는 그 추진의 정도에 차이가 발생하는데, 개별적인 힘의 억제 메커니즘을 사용하는 다른 전략을 병용하는 경우도 있으며 그렇지 않은 경우도 있다. 따라서 주도국이 구속적 제도를 중심으로 질서를 구축하려는 경우 그 성공의 정도에는 차이가 발생하게 될 것이다. 1815년 영국이 제안한 제도적 구속에 관한 구상은 1919년과 1945년 직후 미국이 제안했던 구상에 비해 더 소규모적이었다. 영국은 이 구상이 예전의 세력균형책과 더불어 기능하게 될 것이라고(하지만 동시에 세력균형책을 수정하는 것이 된다) 이해하고 있었다. 이에 반해 1919년 이후의 미국은 야심적인 전후질서구축의 구상을 내놓았다. 이 구상에는 광범위한 제도이용이 포함되어 있었지만 부분적으로밖에 실시되지 못했고 결국 미국이 참가하지 않은 채 자취를 감췄다. 1945년의 질서는 1815년과 1919년의 양 질서에 비해 구속적 제도가 훨씬 대폭적으로 이용되었다. 이러한 사실은 미국과 미국의 전후 동맹국가들 사이에서 맺어진 안전보장에서의 책무이행과 억제에서 명백하게 드러나고 있다. 또한 1945년은 설립된 제 제도의 폭넓은 영역이라는 점에서도 매우 두드러졌는데, 즉 세계·지역·경제·안전보장·정치와 같은 다방면에 걸친 영역에서 이루어졌던 것이다.

　폭넓은 역할과 영역이라는 점에서 차이가 보인다는 사실은 1945년 전후질서 자체의 성격과 직접적으로 연관되어 있음을 추측할 수 있게 한다. 이미 검증해온 바와 같이, 질서에 관한 세 가지 기본모델, '세력균형형', '패권형', '입헌형'은 가장 일반적인 형태로서, 이들 모델은 모두 이상을 전제로 한 형태이며 '강화판(strong versions)'으로 형성되어 있다. 현실의 질서는 이상적인 모델과는 상이하다. '세력균형형 질서'는 자동적으로 제어되어 세력균형이 필요로 하는 방향으로 정확하게 기능한다고 말할 수 있다. 다시 말하면 자기의식적인 규칙과 규범을 통해 전달되는 관리도가 높은 질서라고 정의할 수 있다. '패권형 질서'에는 주도국에 의한 약소국 또는 추종국에 대한 직접적이고 위협적인 지배가 존재하며, 다른 질서에 비해 호혜적이고 합의중시적인 질서, 나아가 제도화된 관계를 중심으로 구성되는 질서라고 정의될 수 있다. 하지만 이 질서는 '힘의 비대칭'을 기반으로 구축되는데, '힘의 비대칭'이 극단적으로 진행되면 이 질서는 기능하지 못하게 된다. '입헌형 질서' 역시 질서 내에 위치하는 국가들을 구속하며, '힘에 대한 대가'를 제한하는 규칙과 제도의 정도에 따라 그 형태를 달리한다. '입헌형 질서'는 제도화된 정치과정의 존재와 제도라는 점을 통해 그 존재를 확인할 수 있지만 이 입헌적 성격은 변화를 거치기도 한다. 즉, 제도가 국가를 구속하는 정도에는 강약의 차이가 존재하며, 제도가 상호 합의하는 이익의 확실한 분배의 정도에도 차이가 있다는 것이다. '입헌형 질서'의 스펙트럼 속에는―'세력균형형'과 '패권형' 질서의 경우와 마찬가지로―그 특징이 강하게 드러나는 것부터 약하게 드러나는 것까지 몇 가지의 형태가 발견될 수 있다.

'세력균형형'과 '패권형'이라는 양 질서의 '희박판(weak versions)'에는 규칙과 제도적 과정이라는 두 가지 요소가 관여하고 있다. 이 두 가지 요소로 인해 이들 질서에서도 세력균형과 패권적 위압을 순수한 형태로 운용할 수 있는 정도는 낮아진다. 제도는 '힘의 분배'를 중심으로 구축되는 기반적 메커니즘이며, 그 결과 '세력균형형'과 '패권형' 양 모델의 '희박판' — 다시 말하면 제도화된 형태 — 은 '입헌형 질서'와 어느 정도 유사하게 느낄 수 있는 특징을 가질 수도 있다. 레이프하트가 지적한 네덜란드에서의 입헌적 구조에는 네덜란드 국내의 정치 시스템에서 소수의 약자가 영속적인 패자가 되지 못하도록 하는 제도적 결정이 도입되어 있다. 힘의 공유와 국가연합 구조(confederal structure)를 통해 최소한의 이익분배가 보장되는 것이다. 대등하지 못한 종교집단이나 민족집단으로 구성된 분단사회에서는 질서문제에 대한 이러한 입헌적 '해결'이 고도로 제도화된 세력균형형 질서나 고도로 국제화된 패권형 질서와는 달리 그 '유형'에 존재하는 것이 아니라 그 '정도'에 달려 있다.

The Ratification of the Treaty of Münster(Gerard Terborch, 1648). 베스트팔렌 조약(뮌스터 조약).

베스트팔렌 전후구축에는 영토 지배자의 법적·정치적 자율성을 강화함
으로써 유럽 전체에 파급되어 있었던 종교적·제국적 지배와 대항하려는
노력이 반영되어 있었다.

## 3장

# 질서형성의 제도이론

주요한 전쟁이 종결되면 승전국은 선택의 기회를 부여받는다. 전쟁에 의한 파괴와 구질서의 붕괴로 새로운 기본규칙과 조직형성에 관한 결정의 기회가 생기는 것이다. 이러한 결정으로 장래에 이르기까지의 장기적으로 존속될 수 있는 질서가 형성될 가능성은 높지만 동시에 큰 위험을 동반한다.

전후 분기점에서 주도국에는 크게 세 가지의 선택이 있다. 첫째, 주도국이 패전국과 약소국을 지배하기 위해 자신의 힘을 행사하는 것이다. 승전국은 전쟁에서 승리해 새로운 힘을 획득하게 되는데, 패전국에 엄격한 벌을 가하거나 과대한 배상을 요구하는 것으로 전후구축 과정 속에서 지배를 실현할 수 있게 된다.[1) 또한 승전국은 타국에 위협을 줄 수 있는 높은 '대국능력'을 행사함으로써 장기적인 지배를 경제 또는 정치에서 실현할 수 있게 된다. 이러한 전략에 따라 전후질서가 형성될 때 이 질서는 '패권형 질서' 또는 '제국형 질서'가 된다.

둘째, 주도국이 패전국을 '포기하는' 방침을 택해 전쟁종결 후 자국으로 철수하는 것이다. 이 경우 주도국은 자신의 우위를 이용해 전후에 형성된 새로운 상황에서 이익을 확대시키거나 자신의 힘을 행사해 타 국가와 새로운 규칙이나 결정에 관한 협정을 맺지는 않는다. 이 때문에 타국은 이전에 놓여 있던 상황에 그대로 남겨지게 된다. 주도국이 이러한 선택을 하면 특정한 전후질서 형태가 생기는 일은 없다. 하지만 남겨지는 약소국 또는 추종국은 — 불안정하고 이후의 행동에 대해 예측 불가능하며 타국과의 의존관계를 전혀 갖지 않는 강대국을 앞에 두고 — 어떠한 '세력균형'의 반응을 일으킬 가능성이 있다.

셋째, 주도국이 여러 국가들에 대한 사령권력(commanding power)이 있는 입장을 이용해 패전국이 상호 수용 가능한 전후질서를 용인하면서 그 질서에 참가할 수 있도록 각 국가들을 고무시키는 것이다. 이 선택에서의 목표는 '정통성을 지니고 오래 지속될 수 있는 일련의 규칙과 결정을 확립하는 것'이다. 동시에 그 규칙과 결정은 주도국의 장기적인 국익과 합치되는 것이어야만 한다. 주도국이 전후질서에 관한 합의를 달성하려는 행동을 시작할 때 이 질서의 참가국들이 합의하려는 사항이 미리 정해졌거나 명확한 것만은 아니다. 현실적으로 그것은 '세력균형형 질서'를 확립하기 위한 합의가 될지도 모른다. 정통성을 지니고 상호 수용 가능한 전후질서를 추구하는 선택은, 적어도 출발점에서 구속적 제도를 이용하고 상호 수용 가능한 전후질서를 실현하려는 선택과는 별개이다.[2]

주도국이 상호 수용 가능한 질서를 구축하려고 노력하더라도 그것이 합의될 수 있는지는 확실하지 않다. 약소국들에는 "주도국이 다른 선택, 즉 '지배'와 '포기' 중 어느 한 쪽을 추구하지는 않을까?"라는 불안이 존재하기 때문이다. 따라서 주도국은 '자신의 유리한 입장을 악용하지 않을 것이며, 약속을 반드시 이행할 것'이라는 확신을 약소국에 부여해야만 한다. 약소국 또는 추종국이 이러한 것에 대한 확신을 가지지 않는 한, 약소국 측에는 "주도국을 거스르면서 다른 질서가 확립되기까지 시기를 기다리며 주도국에 대항할 수 있는 세력균형화를 멈추지 않는다"라는 인센티브가 생기게 된다. 반대로 추종국 측이 "전후질서에 참가해 전후질서의 규칙을 준수한다"라고 합의할 경우 주도국은 추종국들이 정말 장기간에 걸쳐 질서에 참가할 것인지 아닌지를 규명하지 않으면 안 된다. 왜냐하면 추종국이 이러한 합의를 해놓고서 실제로는 장기적으로 참가하지 않으면 약소국이 새로운 결정을 편의에 따라 악용할 수 있기 때문이다. 만일 그렇게 되면 주도국은 "무엇 때문에 스스로에게 제약을 가하고 선택의 폭을 좁혔는가?"라는 모순에 부딪히게 된다.

일반적으로 주도국은 약소국 또는 추종국들을 전후질서에 관한 일련의 규칙과 제도에 얽매어두고자 한다. 바꿔 말하면 주도국은 모든 국가들을 예측 가능한 행동패턴 속에 고정시키는 한편 스스로는 제도적 구속과 책무에서 해방되어 자유롭게 되기를 바란다. 하지만 새로운 질서에 약소국들을 적극적으로 참가시켜 이 국가들이 질서의 규칙을 준수하도록 만들기 위해서는 주도국이 스스로의 자율성(autonomy)과 자의적인 힘의 행사능력에 제약을 가하지 않으면 안 된다. 약소국 또는 추종국이 자국의 발을 묶는 거래에 적극적으로 응하고 그 틀 속에 참여할 수 있는지 여부는 "약소국 또는 추종국이 어떠한 형태의 국가인가?"와 "전후에 생긴 '힘의 불균형'의 성격이 어떠한 것인가?"라는 두 가지 요소에 의해 결정된다. 약소국 또는 추종국이 민주주의 정체라면 그 질서에 적극적으로 참가하지 않는 경우가 존재한다 하더라도 새로운 질서에 참가해 적응할 수 있는 능력은 다른 정체의 국가들보다 높다. 또한 전후에 생긴 '힘의 불균형'이 크면 클수록 약소국 또는 추종국들이 '지배' 또는 '포기'의 위험을 줄이는 제도적 결정에 끌리는 경향이 더욱 커진다.

이것이야말로 전후질서 형성의 정치가 어떻게 시작되고 어떻게 끝나는가를 설명하는 맥락이다. 주도국과 추종국이 이 분기점에서 행하는 일련의 선택과 계산은 전후질서의 성격을 결정한다. 여기에서는 이러한 분기점에서 행해지는 선택의 논리에 주목해 이를 검증한 뒤, 국가 및 제도적 전략이 어떠한 특징을 지니고 있을 때 질서구축의 제도적 전략이 매력 있으며 또 그 전략이 이용 가능한가에 관해 논하고자 한다.


## 입헌주의의 논리

승전국은 '정통적이고 장기적인 전후질서를 구축하려는' 인센티브를 가진다.[3] 승전국은 승리 이후 사령적 입장(commanding position)에 서게 된다. 하지만 승전국이 운용하는 전후질서에 정통성이 없으면 승전국의 지배는 충분히 실현되고 안정되지 못한다. 정통적인 정치질서란 질서구성국이 스스로 참가해 그 시스템의 전체적인 방침에 동의하는 질서를 일컫는다.[4] 질서구성국이 '규칙이나 원칙을 바람직한 것'이라고 용인해 그것에 따르기 때문이다. 즉, 그 국가들은 규칙이나 원칙을 자신들의 것으로 받아들인다. 루소가 제시한 유명한 정의는 다음과 같이 설명하고 있다. "최고의 강자라고 하더라도 자기의 힘을 권리로, 자기에의 종속을 의무로 바꾸지 않는 한 불변의 왕(master)에 걸맞은 충분한 힘을 갖추었다고는 할 수 없다."

주도국은 "정통적인 질서를 추구하지 않는다"라는 선택을 할 수도 있다. 하지만 주도국은 승리 직후에 획득하는 일시적인 '사령권력'을 장기적으로 내구성 있는 '우위'로 바꾸려는 인센티브를 갖게 된다. 실제로 주도국은 정통적인 전후질서를 추구할 때 '힘의 관리'를 행한다. 상호 수용 가능한 질서를 달성하기 위해서는 정치질서의 기본적인 규칙과 원칙에 관해 관계국가들 사이에서 합의를 끌어내지 않으면 안 된다. 바꿔 말하면, 전쟁종결 이후 주도국이 갖는 '정통적인 질서구축'이라는 인센티브는 입헌형 전후구축을 매력적인 것으로 만들 수 있다.[5] 질서의 제도화가 진행될수록 질서 참가국들은 예측 가능하고 명확하게 규정된 규칙과 운용절차에 따라 행동할 가능성이 높아진다. 하지만 질서 참가국의 참가의욕을 높이고 제도화 속에서의 협력을 실현하기 위해 주도국은 '지배'와 '포기'에 대한 약소국과 추종국의 불안을 해소하지 않으면 안 된다. 즉, 주도국은 자신의 사령권력의 입장을 더욱 예측 가능하고 억제된 것으로 구성해야 한다.

### 전략적 억제와 힘의 온존

새롭게 등장한 강국이 자국의 '힘의 행사'에 제약을 가하는 것에 동의하고 스스로의 행동을 자제하려고 하는 이유는 무엇인가? 강국은 자국의 힘의 온존에 관심이 있기 때문이다. 주도국은 내구성과 예측 가능성 높은 전후질서를 구축하는 제 원칙 그리고 제도적 과정을 얻는 대신 자신의 힘을 행사할 수 있는 자유의 일부를 포기한다.[6]

주도국이 입헌형 전후구축을 통해 힘을 온존시킬 수 있는 방법에는 두 가지가 있다. 첫째 방법은, 시스템 내의 질서유지에 필요한 '수행비용(enforcement costs)'을 감소시키는 것이다. 각종 국익을 확보하고 분쟁을 해결하기 위해 '힘의 행사'에 ─ '힘의 행사'가 시사하고 있는 위압과 유도에도—끊임없이 의존한다면 결국 거대한 지출이 필요하다.[7] 장기적인 관점에서 질서를 구축하고 그 질서 속에서 추종국 스스로 그 질서의 규칙이나 원칙을 준수하게 된다면 비용은 훨씬 적게 든다. 위압과 유도라는 직접적인 행동으로 관계국가들의 행동을 형성하는 것보다 관계국가들의 국익과 방침을 장기적이고 간접적으로 형성하는 편이 훨씬 더 효과적인 것이다.[8]

주도국은 시스템에 참가함으로써 획득하는 이익을 약소국가들에 부여하고 국가들의 전반적인 지지를 얻음으로써 '입헌형 질서'의 '수행비용'을 감소시킬 수 있다. 마틴(Lisa Martin)은 다음과 같이 주장한다. "공동결정 속에서 약소국가들에 발언권이 주어지는 제도에서는 일방적으로 결정이 강요되는 제도에 비해 패권국에 대한 도전이 훨씬 적게 일어난다."[9] 실제로 '입헌형 전후구축'은 "주도국이 의사결정 과정에 접근하고 거기에 참가할 수 있는 권리를 약소국에 부여하는 것에 동의한다. 그 대신 약소국은 질서가 규정하는 모든 규칙과 제도를 충실히 따르는" 방식이다. 여기에서 질서의 정통성은 생성되며, 추종국이 질서 전체를 전복시키거나 그 질서에 지속적으로 도전할 가능성이 적어진다. 레비(Margaret Levi)의 주장에 따르면, 국내 시스템에서 권력을 가진 자에게도 이와 같은 인센티브가 존재한다. 질서를 지배하는 행위주체가 제도에 기초한 정치적 거래를 행하는 것은 저항을 억제하기 위해 항상적으로 힘을 행사하는 것보다 위험이 적다. 그녀는 또한 다음과 같이 지적한다. "위압은 치러야 할 대가가 크다. 위압의 행사는 상대에게 종종 분개를 촉진시키기 때문에 지배자에 대한 저항 역시 한층 더 거세진다. 비록 그것이 비자발적인 것이라 할지라도 지배자 측이 피지배자 측의 복종을 끌어내고자 노력하는 것은 바로 이 때문이다."[10] 이처럼 '입헌형 전후구축'은 주도국이 정치적 거래, 감시, 집행을 위해 투입해야만 하는 값비싼 '자원의 지출'을 감소시킨다.

둘째 방법은, 주도국이 '전후기에 고조되는 자국에 유리한 힘의 상황이 단지 일시적인 것일 뿐'이라고 판단한다면, '제도형 질서'는 주도국에게 바람직한 결정을 고정화시키며, 그 결정은 주도국의 힘이 절정기를 지난 이후에도 지속될 수 있다. 실제로 기본적인 명령전달 제도의 설립은 장래의 패권을 노리는 일종의 투자인데, 상황에 적합한 형태의 모든 규칙과 제도가 정착될 때 그 규칙과 제도는 설령 주도국의 물리적 능력이 상대적으로 저하될지라도 주도국에 이익을 가져다주는 형태로 기능할 것이다. 즉, 비제도적인 질서에서는 실현될 수 없는 성과를 주도국에 가져다줄 수 있는 것이다.[11] 이와 같은 가정이 정확하다면 국가의 '힘의 입장'은 온존될 수 있다. 국가가 일시적으로 획득한 '힘의 우위'는 바람직한 장래의 대가로 고정화될 수 있는 것이다.[12]

주도국이 구속적 제도 질서를 추구하고 투자하는 동기에는 몇 가지 전제가 그 기초를 이룬다. 첫째, "승전국은 자신이 획득한 유리한 '힘의 상대적 입장'이 불변하는 것은 아니라고 인식하고 있다"라는 전제이다. 승전국은 장래에 '힘의 상대적 입장'이 저하하는 것에 대해 비관적으로 생각할 필요는 없다. 즉, 전쟁은 다른 대국의 '대국능력'을 일시적으로 저하시킨 것에 지나지 않는다. "다른 대국 역시 최종적으로는 자신의 '힘의 상대적 입장'을 재건하고 증대시킨다"라는 인식을 갖는 것만으로 충분하다. 자국의 '힘의 입장'을 이와 같은 역학적인 관점에서 바라볼 때 주도국에는 "자국의 힘을 다양한 형태로 행사하게 될 때 그것이 앞으로 자국의 '힘의 입장'에 어떠한 영향을 미치는가?"라는 문제를 계산하려는 이유가 생기게 된다.

둘째, "전후 주도국은 자국의 힘을 행사할 때 그 목적이 특정한 힘의 분배경쟁에서 일시적인 우위를 획득하기 위한 것인가, 아니면 장기적으로 지속될 수 있는 제도구축에 투자하기 위한 것인가에 대한 선택과 직면하게 된다"라는 전제이다.[13] 이것은 각각의 선택이 가져다주는 단기적·장기적인 '대가율(rate of return)'이 달라진다는 것을 의미한다. 현실적으로 주도국은 "자국의 힘이 점차 감소할 것이다"라는 사고를 기초로 전후기를 맞이한다. 구속적인 제도에 기초한 전후구축을 통해 주도국은 규칙과 제도를 만들고 자국의 기반을 온존시킬 수 있으며, 이 규칙과 제도를 통해 주도국은 더욱 장기적인 이익과 우위의 입장을 계속 유지할 수 있다.

셋째, "모든 규칙과 제도는 적어도 어느 정도 '점착적'인 성격을 지니고 있기 때문에 제도구축은 일종의 투자가 된다"라는 전제이다. 제도를 구축했던 힘이 쇠퇴한 이후에도 국가권력과 국익에 본질적인 변화가 생기지 않는 한 전후제도가 내구성을 지니고 국가행동을 형성하며 억제를 지속할 수 있는 가능성은 높다.[14] 제도가 '힘의 분포'를 단지 모방하는 수준으로밖에 기능을 발휘하지 못하거나 국력과 국익의 변화에 대응하는 형태로 변화한다면 제도에 투자하려는 동기는 매력을 잃게 될 것이다. 반대로 제도의 '고정화 효과'가 클수록 가장 중요한 분기점에서 주도국이 느낄 수 있는 매력은 훨씬 커질 것이다.[15] 여기에서 전제는 "제도가 광범한 정치질서 속으로 '편입'될 수 있고, 그 정치질서 내에서는 피드백과 '제도에 대한 대가'의 증대라는 과정을 통해 시간이 흐르면서 제도변경 비용이 증대되기 때문에 제도가 지닌 형성과 억제의 역할 역시 증대한다"라는 것이다.[16] 전체적으로 주도국은 국익을 판단할 때 이러한 시간적인 시야를 확대하게 되고 그 결과 약소국 또는 추종국은 '이후 아무런 이의 없이 제도에 참가할 것'이라고 약속함으로써 현 시점에서 커다란 이익을 제공받게 되는 것이다.[17]

## 입헌적인 교섭거래

제도는 각 국가에 타자에게 영향을 받지 않는 명령적 효과를 주고 전후 주도국에는 '경로의존적인' 기회를 활용하려는 인센티브를 부여한다. 주도국은 자국의 '대국능력'이 쇠퇴하더라도 장기적으로 지속될 수 있는 바람직한 질서를 고정화하려고 생각하기 때문이다. 약소국가들은 왜 이러한 제도적인 거래를 스스로 수용하려는 것인가? 약소국가들이 제도형 전후구축에 저항하거나 또는 국력을 증강시켜 자국에 유리한 전후구축을 형성하기 위해 교섭시간을 벌려고 하지 않는 이유는 과연 무엇인가? 다른 선택에 비해 그러한 행동이 결코 매력적이지 않는 이유는 다음과 같다. 첫째, 제도적 전후구축이 시행되지 않으면 주도국과 약소·추종국가들의 거래는 단순한 '대국능력'만이 그 기반이 되어버리기 때문이다. 만일 그렇게 되면 패권국이 우위의 입장에 서게 되는 것이 확실하다. 왜냐하면 패권국이 약소국가들의 적극적인 참가를 대가로 나중으로 미루게 되는 단기적인 이익의 일부와 비교해볼 때, 약소국가들이 더욱 많은 이익을 잃게 되기 때문이다. "장래에 많은 것을 얻게 되지만 지금 잃는 것도 많다"라는 선택은 전후의 부흥에 몰두하고 있는 약소국에게 그다지 매력적이지 않다. 한편 패권국 또는 주도국은 '오늘의' 이익을 '내일의' 이익과 바꾸는 것에 대해 패전국보다 훨씬 적극적이다. 시간적 시야에 관한 이 두 가지의 차이는 "어떻게 입헌형 전후구축이 질서형성을 실현시킬 수 있는가?"를 이해하는 데 매우 중요하다.

둘째, 약소국들이 신뢰할 수 있는 형태로 주도국이 전략적 억제를 명시할 때 약소국들은 그 대가를 치르는 대신 '지배' 또는 '포기'의 위협에서 벗어날 수 있는 '보호'를 실현할 수 있기 때문이다. 약소국들이 제도적 합의를 선택하는 이유가 바로 여기에 있다. 현실주의 이론의 주장에 따르면, 약소·추종국의 중심적인 관심은 그들이 더욱 강력한 국가에 의해 지배될 것인지의 여부이다. 신뢰할 수 있는 '힘의 억제'가 기능하고 있는 국제질서 속에서는 무차별적이고 가혹한 지배가 행해질 가능성이 적으며, '포기'의 가능성 역시 적다. 패권국이 충분히 예측 가능한 행동을 취할 것이라고 생각되는 국제질서에서 추종국들이 '위험 보험료(risk premiums)'로 거대한 액수를 지출할 필요는 없다. 하지만 이것과 다른 국제질서라면 '지배' 또는 '포기'에 대비해 고액의 '위험 보험료'가 필요하다. '힘의 억제'가 기능하고 있는 상황에서 '힘의 비대칭'은 주도국이 아니라 약소국들 입장에서 더욱 안심되는 상황인 것이다.

결론적으로 입헌형 전후구축에서 중요한 역할을 담당하고 있는 것은 교섭에 의한 거래라고 할 수 있다. 주도국은 이 교섭거래를 통해 관계국들 간에 합의된 규칙과 제도를 기초로 구축되는, 예측 가능성과 정통성을 지닌 질서를 획득할 수 있다. 약소국들이 주도국을 묵묵히 추종함으로써 주도국은 자국의 힘을 온존시킬 수 있는 것이다. 주도국은 이에 대한 대가로 자국의 행동에 제약을 가하는 것에 동의하며, 장래에 획득할 수 있는 안정된 이익을 전후 초기의 이익 일부와 맞바꾸는 것에 동의한다. 한편 약소국들은 이러한 정치과정에 순응함으로써 스스로의 국익을 강국에 적극적으로 주장할 수 있으며, 전쟁 직후에 자국에 바람직한 이익과 강국의 '힘의 억제'라는 혜택을 받게 된다. 제도는 그 역할로서 두 가지의 측면을 지니고 있다. 하나는 "주도국이 약소·추종국보다 강력한 전후 초기에는 제도가 주도국을 구속한다"는 것이며, 다른 하나는 "약소·추종국들이 점차 힘을 축적하게 되는 전후 후기에는 제도가 약소·추종국들을 구속한다"는 것이다.

## 제도적 합의와 실질적 합의

입헌형 질서의 논리를 이해하기 위해서는 '실질적 합의(substantive agreements)'와 '제도적 합의(institutional agreements)'를 구별하는 것이 유익하다. 교섭거래는 일반적으로 '분배'를 둘러싸고 행해지는 행위를 말하는데, 이때 각국은 개개의 국가 간 관계의 이익분배를 둘러싸고 교섭하게 된다.[18] 한편 영(Oran Young)이 주장하듯이 다국 간 교섭의 합의에는 "복수의 자율적인 행위주체가 장래의 상호관계를 규정한다고 생각되는 입헌적 계약 또는 권리와 규칙에 대해 그 조건의 상호교섭을 통해 합의에 도달하기 위한 노력"[19]이 반영되어 있다고 할 수 있다. 첫째 형태의 합의는 국가 간의 물질적인 이익을 분배하는 실질적 합의이고, 둘째 형태의 합의는 원칙이나 규칙, 제 조건, 그리고 그 밖의 요인을 규정하는 제도적 합의로서, 그러한 틀 속에서 성과에 관한 개별적인 교섭이 행해진다.[20]

전후 주도국이 입헌형 전후구축을 제창하는 것은 전후 주도국이 특정한 현안에 관해 합의를 구하거나 양보를 한다는 것을 의미하지는 않는다. 입헌형 합의는 게임의 규칙, 즉 관계국이 서로 발전을 다투며 개별적인 문제를 둘러싼 분쟁을 해결할 수 있는 제 조건을 명확하게 하는 것이다. 관계국은 분배에 관한 다양한 문제해결에 각각 서로 다른 기대를 가지고 있다. 입헌형 합의는 이러한 현안을 해결하기 위한 원칙과 메커니즘을 명확히 하는 것이다.

주도국이 입헌형 전후구축을 실현하려고 할 때 주도국은 새롭게 설립된 제도라는 틀 속에서 공식적이거나 제도적인 전후구축에 관해 양보를 하게 되지만, 자국의 우위를 추구한다는 점에서는 여전히 그것이 실현 가능하다고 판단하고 있다. 주도국은 그 양보의 보상으로 약소·추종국을 제도적 합의에 더 일정한 정책범위 내에서 고정시킬 수 있다. 이처럼 제도가 탄생함으로써 주도국과 약소국 쌍방이 각각의 정책방침을 정할 때 정책을 급격히 변경시키는 것은 훨씬 어려워진다. 제도는 힘이 어떻게 행사되며 분쟁이 어떻게 해결되는지에 관한 규칙을 규정한다. 바로 여기에서 질서에 대한 기대가 생기게 되는 것이다.

이와 같이 전후 주도국이 "자신이 획득한 힘의 자산을 어떻게 분배하는가?", 달리 말하면 "실질적 거래교섭과 제도적 거래교섭 중에 어느 쪽을 취할 것인가?"에 관해 선택하게 될 때 주도국은 각각의 선택이 갖고 있는 매력과 한도에 직면하게 된다. 실질적이고 단기적인 이익을 얻기 위해 힘을 행사한다면 이익의 획득은 확실하며, 이 이익은 플러스 효과를 가져온다는 점에서 매우 매력적이다. 이에 반해 장기적인 제도적 합의가 실현된다면 그 합의는 '힘의 온존'을 보증할 수 있는 결정이 된다. 그것은 장래에 걸쳐 합의를 고정화시키고 주도국의 '힘의 입장'이 쇠퇴한 이후에도 계속적으로 큰 이익을 불러올 수 있다. 이미 지적한 바와 같이 이 합의가 성립되면 질서 내에서 각국의 약속이행 준수와 자국에 바람직한 이익의 확보를 위해 '힘의 자산'을 끊임없이 행사하지 않으면 안 된다는 필요성 역시 감소한다.

제도형 전후구축의 실현은 무엇에 의해 좌우되는가? 그것은 각국이 생각하는 실질적 이익이 각각 크게 상이하고 주도국의 이익과 대립하는 것일지라도, 주도국이 제도적 결정에 관한 합의를 실현시킬 수 있는 능력의 정도에 따라 좌우된다. 강대국에게 제도는 매력적이다. 왜냐하면 자국의 기본적인 국익을 해칠 수 있는 어떠한 영향을 효과적으로 방지하고 타국을 장래에 걸쳐 억제할 수 있기 때문이다.[21] 이러한 매력은 조건만 갖춰진다면 자율성의 부분적인 상실과 자의적인 힘의 행사에 관한 제약을 보충할 수 있다. 한편 약소국에게도 제도는 매력적이다. 왜냐하면 제도형 질서에 기초한 타협은 강대국의 '지배'나 '포기'

와 같이 약소국이 우려하는 사태에 대한 위험을 없애거나 적어도 감소시키기 때문이다. 하지만 제도는 관계국의 국익이라는 관점에서 보면 그다지 중립적이지 않다. 왜냐하면 제도를 통해서 생긴 결과는 평등하지 않기 때문이다. 제도에 관한 새로운 규칙을 준수한다는 합의는 하나의 이해로부터 출발하는데, 그 이해란 새롭게 형성된 틀 속에서 관계국은 그 결정에 따라 자국의 국익을 외부의 공격으로부터 지키고 보호조치를 강구할 수 있다는 것이다. 그 때문에 새로운 틀은 위험도가 높은 다른 선택보다 훨씬 매력적인 선택이 된다.

'제도적 합의'는 국가의 정책적인 선택지를 형성하는 동시에 그것을 억제하는 기능을 갖는다. 또한 이익의 분배에 관해 몇 가지의 일반적인 조건을 제시한다. 명령적 제도는 이러한 기능 때문에 주도국과 약소국 쌍방에게 현실적으로 매력 있는 존재가 되는 것이다. 여기에서 한 가지 의문이 생긴다. "정책(더욱이 이익의 분배)을 둘러싼 투쟁이 제도에 대한 교섭 안에 단순히 포함되지는 않는가?"라는 의문이다. '다층적인 문제 공간'(예를 들면, 대전쟁 이후의 상황)에서 제도는 어떠한 거래에 대해 특정한 '결과' 또는 '해결'을 '유발'한다.[22] 제도가 이러한 의미에서 중요한 것이라면 특정한 문제를 둘러싼 투쟁은 제도를 둘러싼 투쟁으로 대치될 수 있을 것이다. 만일 그렇다면 제도문제와 정책문제의 상이점은 라이커(William H. Riker)가 주장하는 바와 같이 "결국 그 수명의 길고 짧음의 차이에 지나지 않는다."[23] 입헌적 규칙을 설정할 때 국가는 — 적어도 간접적으로는 — 장래의 실질적 정책의 성과에 대한 형성과 억제를 행하게 된다. 만일 이것이 사실이라면 명령적인 '제도적 합의'는 이익의 분배를 둘러싼 '실질적 합의'보다 관리가 더욱 용이한 것인가?

이러한 문제에 관해서는 "제도형 전후구축이라는 틀 속에서 분배를 둘러싸고 행해지는 투쟁이 예상했던 대로의 결과를 확실히 불러올 수 있다고 말하기는 힘들다"라는 사실에 의해 부분적으로는 해결될 수 있다. 물론 '제도적 합의'는 "국가의 행동이 어떤 범위까지 수용 가능한가?"를 명확히 규정하고 있지만 '제도적 합의'로 인해 개개의 이익분배를 미리 스스로의 제도 속에서 결정하지는 않는다. 이와 같이 특정한 분배문제에 관해 '제도적 합의'가 의미하고 있는 것처럼 거기에 불확실성 또는 애매함이 존재한다 하더라도 경쟁관계에 있는 국가들이 합의를 달성할 수는 있다.

하지만 '분배문제에 관한 장래의 투쟁이 어떻게 진행될지'에 대해서는 상당히 애매하기 때문에 '제도적 합의'의 달성이 촉진될 것이다. 그렇지만 불확실성이 너무 과다하면 '제도적 합의'의 매력은 그만큼 줄어든다. 주도국과 약소국들 모두에게 전후기의 명령적인 제도가 매력적이려면 장래에 각국의 행동이 충분히 명확해야 할 필요가 있다. 주도국은 관계국의 정책방침에 전체적으로 일관성이 있다고 확신할 수 있어야만 한다. 적어도 스스로의 자율성에 제약을 가하는 것과 같은 정도로 정책입안과 자유재량적인 힘의 행사에서 "타국의 전체적인 정책방침에는 일관성이 존재한다"라는 확신을 가져야만 한다. 한편 약소·추종국들 역시 입헌형 전후구축 체제에 스스로를 고정화시킨 것과 마찬가지로 "주도국은 실제로 억제를 실행하고 있으며 이를 신뢰할 수 있다"라고 확신해야 한다. 즉, 제도적 합의가 기능하기 위해서는 주도국과 추종국 쌍방이 "제도는 '힘의 불균형'을 일방적으로 항구적인 우위의 위치로 바꾸어버릴 수 있는 국가능력에 대해 이를 제한하거나 완화시킬 수 있는 능력을 지니고 있다"라는 어느 정도의 확신을 지니지 않으면 안 된다.

제도에 관해 교섭거래가 성립한 이후에는 제도에 갖춰진 '점착성'이 전후합의의 안정성을 강화한다. 만일 제도에 '점착성'이 존재하지 않거나 제도가 각각의 실질적인 결과를 결정한 것에 지나지 않으면 라이커가 지적하는 '제도와 정책'에 관한 문제는 조금도 진전을 보이지 않은 채 결국 극복할 수 없어진다. 하지만 일단 제도가 확립되면 국가가 정책방향을 그 근저에서 변경하는 것은 어렵게 된다. 따라서 국가가 입헌적인 거래에 합의할 수 있는지 여부는 '제도적 합의'와 '실질적 합의'를 어디까지 분리할 수 있는지에 관계된다. 하지만 양자의 '전면적인 이혼'의 형태가 되면 안 된다. 만일 분배에 관한 투쟁이 입헌적 규칙에 의존한다면 — 더욱이 모든 관계국이 그러한 규칙이 지닌 실질적인 내용 전체를 사전에 알 수 있다면 — 합의달성은 불가능하거나 적어도 매우 곤란해질 것이다. 여기에서 명확하게 밝혀두지 않으면 안 되는 것은 '제도'가 갖는 의의이다. 즉, '제도'의 틀 속에서는 설령 '대국능력'을 갖추고 있다 하더라도 '제도'를 통해 실질적인 결과를 전면적으로 결정할 수는 없으며, 제도에 참가하는 국가들을 둘러싼 정책방침은 매우 안정적이며 고정되어 있다는 것을 이해하지 않으면 안 된다.

이러한 점에 주목한다면 질서구축의 출발점이 되는 역사적인 분기점이 어떻게 출현하는가, 그중에서도 전쟁이나 시스템 붕괴의 성격과 규모가 어떻게 생성되는가에 관한 문제의 중요성을 확인할 수 있다. 시스템 붕괴가 전면적일수록 제도적 결정의 교섭은 중요성을 더 갖게 된다. 더욱이 질서와 관련된 기본원칙과 규범을 둘러싼 교섭 역시 필요성이 더 강조된다. 왜냐하면 일체의 합의에 도달하지 않는다는 '실책옵션(the default option)'을 선택할 가능성이 매우 낮기 때문이다. 관계국 사이의 논의 내에서 중요한 것은 "어떠한 제도를 설립할 것인가?"라는 기본적인 문제이다. 그 때문에 제도가 구체적으로 이익을 어떻게 분배할 것인가 하는 '양적 평가'는 지엽적인 문제가 되고, 논의의 대상이 되는 현안의 수도 증가하게 되기 때문에 결국 불확실성이 증대된다. 예를 들면, 관계국이 규칙과 제도에 의해 형성된 각각의 이익배분을 계산하는 것은 더 어려워진다.

주도국이 제도화된 질서를 구축하려고 할 때 그러한 의도는 "탄생하는 제도적 질서를 얼마만큼 효과적으로 운용할 수 있는가?"라는 스스로의 판단에 영향을 받는다. 제도화된 질서를 운용하기 위해서 주도국은 국가연합 설립과 거래교섭, 그리고 타협이라는 문제와 연결된 정치과정에 도움이 될 만한 조직형성에 수완과 능력을 발휘하지 않으면 안 된다. 주도국 중에는 이러한 조직형성에 수완과 능력을 발휘하는데 능숙한 국가와 그렇지 못한 국가가 존재하기 때문에,[24] 기본적인 입헌적 인센티브에 어떻게 대응하는가 하는 점에서 주도국에 따라 큰 차이가 발생한다. 이러한 차이는 매우 중요한 '변수'인데, 왜냐하면 설령 군사독재정권하에 있을지라도 이 '변수'로 인해 입헌형 민주주의 정체를 향해 나아갈 수 있는 의사가 형성되기 때문이다. 선거제도를 통해 스스로의 이익을 대표시킬 수 있는 정당이 존재하는 국가는 그러한 활동기능을 갖지 못한 국가에 비해 민주주의 입헌체제로 나아가려는 경향이 강하다.[25] 마찬가지로 주도국 중에는 제도화된 정치과정을 운용할 수 있는 능력이 그 밖의 다른 주도국보다 높은 국가도 존재하는데, 그러한 주도국은 입헌적 논리가 갖는 매력을 더욱 향상시킨다.[26]

## 제도적 억제전략

전후 주도국은 "전후 약속이 틀림없이 이행된다"라는 각국의 신뢰를 확립시키기 위해 자신과 걸맞지 않은 역할도 떠맡아야 한다. 주도국의 힘은 다른 어떠한 국가보다 강대하다. 주도국은 약소·추종국들을 '지배' 또는 '포기'하기 위해서 약속을 지키지 않고 자국의 우위를 내세우는 행동을 할 수 있을 만큼 최강의 힘을 갖추고 있다. 카우위(Pete F. Cowhey)는 "약소국가들에 어떠한 일이 있어도 다국 간 질서를 수호하는 것이 지배국가의 의도라는 확신이 없는 한 각 국가들은 그 질서 속에서 전면적인 협력을 보이지는 않는다"라고 주장한다.[27] 추종국가에 부여된 선택의 폭은 주도국보다 좁을지도 모른다. 하지만 추종국가가 질서에 스스로 참가할지 여부, 즉 추종국가가 자발적으로 그 질서에 따를지 여부는 주도국이 자신의 신뢰성을 명시하고, 약속을 이행하며, 힘의 자의적인 행사를 억제할 것이라는 의사를 명확하게 보여줄 수 있는지에 따라 달라진다. 이 때문에 주도국의 힘에 관한 보증을 제시하는 방법을 찾아내기 위한 강한 인센티브는 주도국 자신이 쥐고 있는 것이다. 그 방법이란 주도국이 책임 있고 예측 가능한 '힘의 보유자'라는 것과 힘의 행사가 적어도 타국이 감수할 수 있는 한도 내라는 사실을 명시하는 것이다. 이러한 목표를 달성하기 위해서 주도국은 몇 가지의 억제전략, 예를 들면 개방적인 태도를 보여주거나 자국의 행동을 억제하고 약소·추종국이 보기에 예측 가능하고 접근이 용이한 국가가 되는 전략을 사용한다.

개방적 태도를 보여준다는 것은 주도국이 타국에 대해 투명성이 높은 정책행동을 취하고, 추종국들에 주도국의 정책에 영향을 끼칠 수 있다는 것을 인식시키며, 그에 필요한 접근용이성을 추종국들에 부여하는 것을 의미한다. 이 전략의 한 가지 특징은 엘스터(Jon Elster)가 '접합(bonding)'이라고 표현했던 효과이다. 엘스터의 주장에 따르면, '접합'은 외부 주주의 관심을 끌려는 기업의 노력과 유사하다. "이 전략은 '접합비용'을 초래하게 되는데, '접합비용'이란 회계학의 전통적인 원칙 한 가지와 유사하며 그 목적은 자본의 유치이다."[28] 잠재적인 주주는 명확하고 타당한 방법으로 장부를 기입하고 설명책임을 다하면서 경영하는 기업에 자신이 가지고 있는 자본을 제공하려고 한다. 또한 유력한 엘리트나 계급은 자신의 정치적 우위를 일반 시민들에게 이해시키기 위해 자신이 예측 가능하고 책임을 다하는 존재라는 사실을 명확하게 만드는 조치를 취한다. 이와 같이 하나의 국가가 다른 국가들에 대해 개방성과 투명성 높은 태도를 보여줄 때 각 국가들이 당황하는 정도를 줄일 수 있으며, 주도국의 '힘의 행사'와 연결된 국내정책 결정에 대한 모니터가 가능해진다. 주도국의 개방성이 진전되어 타국이 주도국의 정책결정 과정에 참가할 수 있을 때 '힘은 책임을 동반하며 예측 가능한 것'이라는 추가적인 보증을 부여할 수 있다.

이러한 주장은 민주주의국가들이 '접합' 과정에서 장점을 갖추고 있다는 점에서 중요하다. 민주주의국가에는 비중앙집권적이고 침투성 높은 제도가 이미 존재하고 있는데, 추종국은 이 제도에 의해 정보를 획득하고 접근이 용이하게 되며, 최종적으로는 안심할 수 있게 된다. 하지만 주도국의 국내적 성격이 어떻든 간에 주도국은 관계국이 합의한 규칙과 제도의 범위에서 질서를 운용해갈 것을 보증하고 추종국을 안심시키기 위해 다양한 조치를 강구하게 된다. 이러한 일련의 조치 속에는 각각의 분쟁을 재정(裁定)하기 위한 정식적인 방법과 절차의 명기가 포함되어 있으며, 더욱이 분쟁이 추종국과 관련된 경우에는 주도국의 정책입안 과정에 해당 추종국을 정식적으로 관여시켜도 무방할 것이다. 그것이 목표로 하고 있는 것은 "외교정책을 시행할 때 예측 가능성과 설명책임성을 중시하고 있다"라는 인상을 주기 위해서이다. 가장 중요한 것은 전후질서의 제도와 운용 내에서뿐만 아니라 '접합' 또는 주도국의 의사결정 내에서 추종국이 '발언권'을 가질 수 있는 개별적인 공식 메커니즘을 포함시키는 것이다.[29] 이러한 점에서 민주주의국가는 자동안정적(built-in)인 우위를 갖추고 있다고 말할 수 있다. 물론 비민주주의국가에서도 협의와 참가의 메커니즘과 절차를 '접합' 과정을 통해 구축할 수 있다.

주도국은 제도적 구속에 관여함으로써 약소·추종국에 대해 개방적 태도를 보여줄 수 있을 뿐만 아니라 그 밖의 더 많은 것을 실현할 수 있다. 예를 들면, 주도국은 관계국가와 제도적인 관계를 확립시킬 수 있다. 이로 인해 주도국은 스스로의 자율성에 제약을 가하고 주도국의 의사결정 과정에서 관계국가에 제도화된 '의사표명의 기회'를 인정하게 된다. 사실 구속적 제도의 성립으로 시스템 내부에서의 '힘의 행사'에는 제약이 가해진다. 그 결과 '힘의 비대칭'이라는 관계는 착취도가 낮고 신뢰는 더 확실해져 결국 '힘에 대한 대가'는 경감된다.[30]

이와 같은 구속전략에 관해서는 그리에코(Joseph M. Grieco)와 듀드니(Daniel Deudney)가 검증하고 있다. 그리에코는 "EU에 가맹한 약소국들 사이에는 대국의 '힘의 행사'에 대한 발언권을 획득하기 위해 대국과 제도적인 관계를 형성하려는 인센티브가 존재한다. 이로써 약소국들은 강대국에 의한 약소국의 지배를 방지하려고 한다"라고 주장하고 있다. '퇴출과 고발, 충성'에 관한 허슈만(Albert Hirschman)의 고전적인 업적을 기반으로 삼아 그리에코는 제도를 통해 모든 강대국의 정책에 영향을 미칠 수 있는 메커니즘이 생기면 이를 통해 실현되는 강대국과의 협력은 약소국들에게 매우 매력적이라며 다음과 같이 주장한다. "국가는 …… 협력적인 결정 내에서 이와 같은 유효한 '의사표명의 기회' 획득에 대해 중요한 의의를 인정하게 될 가능성이 높다. 왜냐하면 강자 측에 의한 결정의 약속이행이나 쌍방의 공동협력에 의해 생기는, 서로에게 있어 긍정적인 성과의 불평등 배분이라는 현안에 대해 우려가 생길 경우, 각국이 시정조치를 받을 수 있는지에 대한 여부가 그 협력결정에 의해 결정되기 때문이다."[31] 바꿔 말하면, 약소국들과 강대국들의 관계를 제도화하는 것은 약소국들 측에 '의사표명의 기회'가 주어졌을 때 "강대국과 협조하고 싶지만 지배당하기는 싫다"라고 생각하는 약소국들에 좋은 해결책이 되는 것이다.

듀드니 역시 구속의 역학을 설명하고 있지만 그는 이 역학이 지니는 개별적인 특성을 강조한다. 그 특성이란 각 국가 간에 제도적 관계가 확립됨으로써 서로의 자율성이 경감될 수 있는 관행이 생긴다는 것이다.[32] 각 국가들이 제도적인 연결관계에 동의하면 그 결과 서로 상대국을 억제하게 될 뿐만 아니라 안전보장상의 딜레마와 '힘의 균형복원'과 관련된 '무질서'의 제 문제는 더 이상 심각하지 않게 된다. 듀드니는 다음과 같이 주장한다. "민주주의 정치체제는 세력균형형 질서에서 나타나는 국가의 강화나 중앙집권화에 저항하려고 한다. 이 때문에 민주주의 정체는 구속의 관행을 강하게 요구하게 되는 동시에 구속의 관행은 이러한 정치체제에 정착되기 쉽다. 구속은 국력의 강약과는 관계없이 각국의 자유의 범위에 제한을 가한다. 각국이 상호 구속할 때 각국은 국제관계에서 힘의 역할과 영향력을 공동으로 소멸시킬 수 있다."

구속의 논리를 가장 명확하게 관찰할 수 있는 것은 안전보장동맹이다. 왜냐하면 안전보장동맹은 부분적으로나마 동맹국가가 서로를 억제하면서 협력관계를 유지할 수 있기 때문이다. 지금까지 "동맹은 가맹국이 공통의 위협과 직면하게 되었을 때 상호협력의 약속, 즉 '조약해당사유'에 기입된 약속이행을 통해 가맹국을 서로 결합시키는 잠정적인 편의"라고 이해되어왔다. 하지만 슈뢰더 등의 학자들은 "동맹은 동시에 '억제조약'으로 구축되는 것"이라고 지적하고 있다.[33]

즉, 안전보장동맹은 가맹국이 동맹의 틀 안에서 동맹국가를 조작하며 억제할 수 있는 메커니즘으로 기능한다는 것이다. 슈뢰더는 다음과 같이 주장하고 있다. "빈번하게 발견되는 것이지만, 동맹국의 정책을 조절하려는 욕구야말로 한 쪽의 국가 또는 쌍방의 국가가 동맹에 가맹하게 되는 주요한 이유이다."[34] 동맹을 통해 가맹국이 동맹국가의 안전보장정책에 일정한 형태로 관여할 수 있는 구속적인 조약이 형성되며, 동맹이 '억제조약'으로 구축될 때 잠재적인 경쟁국가들은 서로 구속하게 된다. 구체적으로는 서로의 의혹과 불확실성을 경감시키며 상대국의 정책에 영향을 끼칠 수 있는 제도적 메커니즘이 형성되는 것이다.[35]

### 제도적 구속의 요소들

제도에 '점착성'을 부여하는 것은 무엇인가? 또한 관계국을 구속하고 그들 국가의 정책방침과 약속이행을 고정화시키는 개별 메커니즘은 발견될 수 있는가?[36] 제도에 의한 국가연계와 그 자동제어 효과 두 가지는 단독적으로나 공동적으로 관계국을 억제하고 주도국과 종속국 쌍방의 전략적 이익에 기여하도록 관계국을 결속시킨다. 조약의 이행, 국가 간의 일상적 연락, 국제화된 정치과정, 그 밖의 다국 간 제도관계는 '급격한 정책변환'의 비용을 크게 만드는 요인이다. 그렇기 때문에 안정적이고 계속적인 국가관계를 강화하는 것이야말로 정치적 기득권익과 조직에서의 관성을 형성시키는 것이 된다.

여기에서 세 가지의 대규모적인 과정을 확인할 수 있는데, 첫째, 제도적 합의는 정식적이고 법적이며 조직에 관한 순서와 이해를 구체화시킬 수 있다. 그 결과 관계국가들이 장래에 어떻게 행동할 것인가에 대한 기대가 강화되는 과정이다. '제도적 합의'는 의사결정과 협의를 위한 커뮤니케이션 채널과 일상적인 순서를 설정하고, 어떻게 문제를 해결할 것인가에 관한 '로드맵(road map)'를 제시하는데, 이 합의 내에서 '표준'이 규정되고 각 국가가 안고 있는 '기대'는 '협정'으로서 공식적인 것으로 인정된다. 관계국이 '제도적 합의'에 순응하지 않을 수도 있지만, 만일 합의에 대한 불이행이 일어났을 경우에는 그 과정에서 생긴 정치적 비용을 불이행국이 정식합의에 따라 지불하지 않으면 안 된다.

이러한 제도에 관한 규칙과 절차가 실행으로 옮겨질 때 그 규칙과 절차에는 자율성과 권위를 갖춘 몇 가지의 구체적인 조치가 설정되는데, 가이드라인이나 그 밖의 이해사항이 정해지고 이를 통해 국가관계를 어떻게 진행시켜가야 하는지가 명확해진다. 예를 들면, 협정에 의해 체결국 수뇌회담을 매년 열거나 각료회의를 정기적으로 개최하기로 정했을 경우, '진지하게 국가관계를 진행시킬 수 있는(doing business)' 틀이 완성된다. 분쟁을 해결하기 위한 조건을 상세하게 정한 규칙과 순서에 관계국이 합의한 경우에는 관계국이 장래에 적절한 행동을 취할 것이라는 기대가 높아진다. 바꿔 말하면 '제도적 합의'는 '과정의 합리성'을 형성하는데, 이를 통해 하나의 제도적 틀이 구축되므로 관계 국가들은 이에 따라 대외관계에서 적절하고 예측 가능하게 대응해야 한다.[37]

덧붙여 말하면, '제도적 합의'가 정식 조약으로 비준될 때 그 합의는 법적 근거를 지닌 계약으로 강화된다. 그 결과 합의는 각각의 국가에서 이러한 법적 합의에 부여되는 모든 권위와 강제력을 갖추게 된다. 조약을 기반으로 하는 합의가 반드시 국내법과 동등한 지위를 갖는 것은 아니지만, 이 합의에도 조약불이행에서 생기는 비용 확대의 법적 지위가 갖추어져 있다. 조약은 더 넓은 법적·정치적 틀 속에 합의를 정착시킨다. 합의는 이 틀 속에서 국가정책으로서 더 강력하고 지속적인 강제력을 갖는다. 그란(Gerhard von Glahn)은 다음과 같이 주장한다. "세계 각국이 구속적 책무를 지는 것으로 승인한 규칙은 그 규칙들이 각 국가들의 법정에서 추인되는지에 관해 각 국가들의 정부에 의해 공식적이고 정해진 형식에 따라 승인되는 한, 진정한 법률적 권한을 가지는 규칙으로 간주하지 않으면 안 된다."[38] 적어도 조약이나 협정에 조인하는 국가의 입장에서 보면 일반적인 조약이나 협정에서 규정된 행동규칙은 법적 구속력을 가진 책무로 생각되는 경향이 있다. 어떤 학자는 "행동규칙은 공식적으로 제정된 협정 속에 구체화되며, 이러한 협정에 법적 강제력이 있다고 생각하는 것은 외무당국에 의해 확립된 관습에 지나지 않는다"라고 지적한다.[39] 조약이나 그 밖의 제도에 관한 '합의'에는 그 합의들이 법적으로 어떠한 지위를 지니는가에 관계없이 구속적 책무가 따른다. 정책입안 과정에서는 이러한 사실을 고려하지 않으면 안 되는데, 즉 이 '합의'를 결정할 때에는 정책입안 단계에서 조약의 약속이행에 합치시키는 것을 전제로 해야 하며, 그 이외의 행동을 취할 때에는 정치적 비용을 지불하지 않으면 안 된다.[40]

둘째, '제도적 합의' 역시 다국 간 연계와 일상적 연락, 국가연합이라는 관계가 빈번히 탄생되고, 이렇게 탄생된 관계가 각각의 국가정책과 약속이행에 일정한 탄력과 연속성을 부여하는 과정이다. 제도는 단순한 합의가 아니라 국가 간 과정이기도 하다. 국가의 당국자들은 제도를 이용해 자국과 타국의 관계를 전진시키지 않으면 안 된다. 이러한 목적을 위해 국가는 명령, 사명, 일상적 절차라는 사항에 따라 명확한 형태로 관료를 조직화시키지 않으면 안 된다. 국가 지도자가 신속히 결정을 내릴 수 있는 것과는 달리, 정부관료 조직은 지도자와 같이 신속하게 행동하지는 않는다. '제도적 합의'가 세밀하게 조직된 관료

네트워크에 편입될 때 거기에서 국가정책에 대한 억제가 작용한다. 관료 네트워크와 일상적 절차가 정부 간 조직이나 국제조직에까지 확대될 때 국가 지도자는 새로운 곤란과 직면하게 된다. 즉, 국가 지도자는 이러한 조직 속에 확립된 업무유형을 극복하지 않으면 안 되는 것이다.[41]

계획과 의사결정에 관한 다국 간 과정이 작동하면 조직구성 면에서 서로 영향을 끼치는 상호의존성이 생긴다. 이는 몇 가지의 중요한 의미를 지니고 있다. 먼저, 조직구성 면에서의 상호의존성은 자국의 정책입안 과정을 확대하고 타국의 참가자를 이 과정으로 유인한다. 그 결과 제도의 당사자인 국가가 단독으로 정책전환을 의도하고 계획하는 것에 어려움이 따른다. 관계국을 당황하게 만드는 행동을 취할 가능성은 적어지고 약속이행의 연속성이 강화된다. 또한 합동으로 의사결정을 행하기 위해 전문적 실기능력과 계획입안 능력이 요구되는 동시에 일종의 '분업'을 목표로 하게 된다. 이렇게 되면 다국 간 연계관계를 단절하는 비용은 점점 증가하게 되고, 더욱이 '제도적 합의'가 형성하는 정치적 과정 덕분에 어떤 국가의 관료는 타국 관료의 사고방식에 접근할 수 있게 된다. 또한 그 정치적 과정에 적극적으로 관여함으로써 관계국은 타국의 정책에 영향을 끼칠 수 있는 기회를 얻게 된다. 이처럼 국제제도는 각국이 타국의 정책입안 과정의 일부로 참가할 수 있는 채널을 만들어내는 것이다. 즉, 국가 간의 정치적 과정이 구축되는 동안 제도는 각국에 '의사표명의 기회'를 가져다주고 타국의 사고나 행동에 영향을 끼치는 메커니즘을 준비하게 된다.[42] 최종적으로, 제도가 부재하는 경우와 비교해 "기회주의적이거나 위협을 줄 수 있는 정책전환은 일어나지 않는다"라는 보증이 현격히 강화된다.

다음으로, 이러한 다국적 집합체가 전문적인 지식과 기술에 의해 기능할 때 각국의 입장과 정책의 일관성은 강화된다. 이러한 집합화는 '브레인 공동체'의 형태를 취하게 된다. 즉, 정부정책의 입안에 관여하는 전문가로 구성되는 다국 간 집단의 형태이다.[43] 더 일반적으로 말하면 '제도적 합의'의 성립으로 관료와 실무 전문가로 구성된 다국 간 집단이 특정한 정책이행의 지원과 강화에 관여하도록 촉진시키는 것이다. 이러한 정부 간 집합체가 스스로 지닌 법적 재정능력과 전문지식을 발휘할수록 국내와 국제에 관계없이 광범한 환경 속에서 이 조직이 갖는 권위와 자율성은 그만큼 커진다.[44]

셋째, '제도적 합의'는 결국 강제력을 지닌 일련의 정치적인 활동과 제도를 위한 '조직구성체'로 성장하는 과정이다. 이것은 일종의 제도적 '유출(spillover)' 과정이다. 이 과정은 '제도적 합의'에 의해 국가가 특정한 정책표준과 약속이행을 준수하도록 의무 지어진 경우에 생긴다. 예를 들면, 인권에 관한 '합의'가 생긴 결과 국제사회에 폭넓게 존재하는 압력단체가 각국의 정부를 상대로 국제표준을 지키도록 압력을 행사할 수 있게 되었다.[45] 이와 마찬가지로 안전보장 분야에서도 이러한 과정을 확인할 수 있는데,[46] '제도적 합의'에 의해 조직구조나 규모에 관한 틀이 형성되어 그 틀을 통해 정부의 약속이행을 감시하고 이를 준수하도록 촉진시킬 수 있게 되었다. 이로써 국내와 국제 양면에서 각종 단체의 활동이 활발해질 수 있는 노력이 행해지고 있다.

'제도적 합의'는 또한 정책입안에 관한 국내제도의 성격을 변경할 수 있는 기능을 지니고 있다. 이 기능이 강화됨에 따라 국가정책의 연속성에 영향을 줄 수도 있다. '제도적 합의'는 국내 행정제도의 변화를 촉진함으로써 국가의 정책방침과 약속이행을 간접적으로 '고정화' 시킨다. 그 결과 국내 행정제도는 국제협조적인 형태로 정책을 형성하고 이를 억제한다. '제도적 합의'에 의해 촉진된 국내제도의 변화는,

예를 들면 보호정책 그룹의 이익을 희생시키는 대신 자유무역을 추진하는 국가연합을 강화할 수 있을지도 모른다. 이처럼 변화하는 국내구조로 인해 각 사회집단의 구성과 이해관계가 조절되며, 그들 집단의 조직적 능력과 정책입안에 대한 접근에 영향을 끼치는 동시에 제약을 가할 수 있게 된다.[47] '제도적 합의'는 다양한 방법으로 국가의 정책입안 구조에 영향을 끼칠 수 있으며, 더욱이 국가가 특정한 정책유형을 취하도록 만들고 그 유형을 '고정화'시킬 수 있다.[48]

좀 더 개념화시키면, "각국이 입헌형 질서에 동의할 때 그 국가들은 일정한 제도와 규칙에 따라 행동한다는 상호 간의 약속을 이행한다"라고 말할 수 있다. 즉, 각 국가가 어떤 정치적 과정을 형성할 때 그 과정에서 형성되는 질서에 편입된 국가들은 서로 연계하며 관여하게 된다. 이로 인해 이 국가들의 장래에는 더 큰 확실성이 생기고 그 확실성에 기초해 국가관계를 더욱 심화시키기 위한 장기적인 계산과 투자가 가능해진다. 어떤 국가가 "질서에 편입되어 있는 타국과 자국의 관계에 균열이 생기지 않는다"라고 판단할 때 양국관계에 대한 정치적 투자를 증강하려는 인센티브는 높아질 것이다. 더 구체적으로 생각해 보면, 두 국가가 "양국 간의 경합관계는 제도화된 정치적 과정 속에 봉쇄되어 있기 때문에 전쟁으로 발전되거나 전쟁의 위험을 가져다주는 일은 없다"라고 인식한다면 양국은 과거보다 적극적으로 협력과 관계를 발전시키는 것에 동의하게 된다. 이에 반해 자국의 자율성과 상대적 입장을 우려하거나 안전보장 면에서 불안을 느끼는 국가는 타국과 공동으로 실천하는 정치적 투자나 관계발전에는 그다지 적극적인 태도를 보이지 않는다.[49] 이러한 의미에서 국가 간의 안정적이고 지속적인 관계에 상당 정도의 확실성—이것은 입헌적 합의의 구속성으로 실현된다—이 확립될 때 서로 협력하려는 인센티브가 형성되고 결국

그것이 입헌적 합의를 강화시킨다.[50)]

## '경로의존성'과 '제도에 대한 대가'의 증가

제도는 어떻게 구속적 성격을 지니게 되는가? 하나의 중요한 과정은 그 제도가 스스로의 기능을 발휘하기 위해 인접하는 몇 가지 제도와 집단에 '접속'하여 '의존관계'가 생길 때 비로소 구속성을 갖추게 된다는 것이다. 이처럼 하나의 정치체제는 몇 가지의 제도들로 구성된다. 그렇기 때문에 제도의 변경은 이전에 비해 더욱 어려워지는데, 이전보다 더 많은 사람들과 그 사람들의 활동의 더 많은 부분이 제도와 그 운용에 관여하기 때문이다. 개인과 집단 양면에서 이전보다 훨씬 광범위한 세력이 더 많은 국가와 더 많은 활동영역에서 제도의 계속성에 이해관계와 기득권익을 갖게 되는 것이다. 시간이 경과함에 따라 제도를 폐지하거나 변경하는 비용은 높아지기 때문에 '경합적인 질서'나 '선택적인 제도'는 환영받지 못하게 되며, 기존의 시스템을 폐지하고 새로운 시스템으로 교체하는 것 역시 어려워진다.

정치적 질서는 왜 '경로의존성'의 특징을 갖게 되는가? 그 해답은 '제도에 대한 대가 증가'라는 중요한 현상에서 찾을 수 있다.[51)] '제도에 대한 대가 증가'에는 몇 가지 측면이 있는데, 첫째, "어떤 제도를 설립하기 위해서는 처음에 막대한 비용을 지출하지 않으면 안 되지만 형성된 신제도는 큰 결실을 맺는다"라는 것이다. 다른 선택지로서 부상된 제도가 좀 더 기능적이며 강대국의 이익에 더 합치될 것이라고 생각되는 경우에도, 신제도에서 얻게 되는 이익은 현재의 제도에 투여된 '매몰원가(sunk costs)'를 회수하기 이전의 시점에서 이미 압도적으로 커진다.[52)] 둘째, "현존하는 제도를 운용하는 중에 '학습효과'가 생기는 경향이 있다"라는 것이다. 이것은 신제도의 탄생보다 기존제도의 유지에 더 유리하게 작동한다. 셋째, "제도가 다른 행위주체나 제도 사이에 관계와 약속이행을 형성시키는 경향이 있고, 이 관계와 약속이행에는 제도를 정착시켜 변경비용을 높이는 기능이 있다"라는 것이다. 이러한 측면들을 정리해 노스(Douglass North)는 다음과 같이 결론짓고 있다. "제도 기반(institutional matrix)의 상호의존적인 관계망(web)은 거대한 이익 증가를 창출한다."[53]

'제도에 대한 대가'가 명확하게 증가할 때 잠재적인 '대체제도'가 기존 제도와 경합해 성공하는 것은 매우 어려워진다. 이러한 논리는 이와 유사한 기술개발 경쟁이라는 측면에서 더 잘 이해될 수 있다. 그 전형적인 사례가 비디오 레코더의 개발이다. VHS와 베타(Beta)라는 두 가지의 규격이 거의 동시에 도입되어 처음에는 이 양 규격의 시장독점률이 거의 대등했다. 하지만 조금 시일이 지나자 규격의 기능과는 무관하게 운과 상황 덕분에 VHS 규격의 시장점유율이 확대되었다. 초기의 수익에 기초한 대가의 증가가 경쟁의 행방을 VHS 쪽으로 기울게 한 결과 VHS는 시장을 독점하기에 충분한 우위의 입장을 축적하게 되었다.[54] 베타 규격이 훨씬 우수한 기술이었는지에 관해서는 분명하지 않지만, 초기의 결정적인 순간에 VHS 규격이 시장에서 점하고 있던 아주 작은 우위가 결국은 VHS 규격제품의 생산비용을 낮추었으며, 비디오 레코더와 관련해 호환성을 필요로 하는 기술이나 그 밖의 다른 제품들이 잇달아 등장함으로써 베타 규격은 점점 더 경쟁력을 잃게 되었던 것이다. 생산비용이 낮아지고 학습효과가 집적되어 특정한 기술이 호환성과 상호의존성을 지닌 다수의 기술의 대규모적 시스템 속에 '편입되는' 경우, 개별적으로 기술을 교체하려는 비용은 증가하게 된다.[55] 만일 다른 방식으로 교체하는 데 비용이 들지 않는 경우 소비자가 그 방식을 선택할 가능성은 이론적으로 가능하지만, 그러한 경우에서도 소비자가 이미 VHS 방식에 투자하고 있을 때에는 그 투자를 포기하면서까지 지불을 하려고 하지 않는다는 점이 중요하다.

제도가 초래하는 '대가 증가(increasing returns)'라는 개념은 "제도적 선택이 실시될 때 그 제도보다 다른 제도가 훨씬 더 능률이 높고 더 바람직한 것이라 할지라도 대규모적인 제도적 변경의 비용이 극적으로 높아지기 때문에 변경은 어려워진다"는 것을 의미한다.[56] 전후구축의 관점에서 보면 이것은 새로운 주요 전쟁이나 세계적인 경제 붕괴가 발생하지 않는 한 현재의 질서를 폐지하고 새로운 질서로 교체하기 위해 필요한 역사적 전환점을 창출하는 일은 대단히 힘들다는 것을 의미한다. 전후 분기점에서 주도국이 제창한 모든 제도는 기존의 일련의 제도와 비교되지는 않는다. 전쟁으로 인해 구질서는 ─ 적어도 상당 정도까지 ─ 붕괴 또는 제거되기 때문에 새롭게 제안된 전후제도가 완강하게 저항하는 구제도와 경합하는 사태는 일어나지 않는다. 하지만 전후제도가 일단 성립하면 비용에 관한 이러한 논리는 변화하게 된다. 종전이 되고 꽤 시간이 경과하면서 기존질서와 신질서는 경쟁상대로 경합하게 되며, 기존질서에서 명확하게 드러나는 과거의 지출이나 기득권익을 두고서 서로 경합하지 않으면 안 된다.[57]

'경로의존성'의 논리에 따르면 전후기에서의 이러한 제도구축의 순간은 매우 드문 경우에만 도래한다는 점에서 매력적이다. 따라서 이 순간을 적절하게 포착하면 장래에 걸쳐 많은 이익을 장기적으로 확보할 수 있는 제도를 구축할 수 있다. 국가는 제도를 둘러싼 논의의 해결이 장기적인 영향력을 지니고 있다는 사실을 이미 알고 있기 때문에 단기적인 이익분배를 둘러싼 분쟁에서는 설령 손해를 볼지라도 장기적인 목적을 위해 '힘의 자산'을 할당하는 것이다.

# '힘의 불균형'과 민주주의국가들

각국이 제도적 질서를 구축하려고 할 때 그 전략을 전개하는 의지와 능력은 두 가지의 주요한 '변수'와 관계하고 있다. 하나는 전후의 '힘의 불균형'의 정도이고 또 하나는 전후구축에 참가하는 각국의 성격이다. 여기에서는 이 두 가지의 '변수'에 관해 논하고자 한다.

## '힘의 불균형'과 제도적 합의

'힘의 비대칭'이 크면 클수록 전후질서의 재건에서 '지배'와 '포기', 정통성, 전략적 억제와 관계되는 제 문제의 해결이 더욱 중요해진다. 바꿔 말하면, 하나의 국가에 권력이 집중될수록 질서문제에서는 불평등한 국가들 사이에서 순종과 지배의 문제가 더욱 중요시되며, 약소국가들의 전략적 불안을 어떻게 극복할 수 있는가가 더욱 긴급한 문제가 된다. 이에 반해 전후의 '힘의 분포'가 그다지 국지적인 집중을 보이지 않을 때, 그리고 승전국 연합이 동등한 관계로 구성되어 약소국가들에 대해 유력한 입장에 서 있을 때에는 예외 없이 전후구축이 매우 넓은 분야까지 포함하는 교섭 속에 형성된다. 이러한 상황에서는 한 국가가 자국의 질서구상을 타국에 강요하기가 매우 어려우며 제도형 전후구축이 '힘의 비대칭'을 완화시키는 효과도 일어나지 않는다.

주도국의 힘이 크면 클수록 구속적 제도를 중심으로 하는 질서를 구축하기 위해 주도국이 느끼는 인센티브와 주도국이 갖게 되는 능력은 더욱 커진다. 주도국은 자국의 힘의 운용을 통해 대량의 '뜻밖의 이익(windfall)'을 획득할 수 있으며, 이 '뜻밖의 이익' 덕분에 "장기적인 이익을 '고정화'시키고 약소·추종국가들이 수용 가능한 질서구축에 필요한 '이행비용'을 감소시키려"고 하는 주도국의 인센티브가 강해진다.58) 더욱이 주도국의 힘이 크면 클수록 자국의 장기적인 국익을 중시해 전후질서를 구축하려는 주도국의 기회는 많아지며 '제도적 합의'에 관해 거래교섭을 행할 때 기반이 되는 '힘의 자산' 역시 그만큼 증가하게 된다. 이것은 두 가지의 측면에서 진실이라고 말할 수 있는데, 첫째 측면은 "주도국이 '제도적 합의'를 수립하기 위해 단기적인 이익의 획득을 나중으로 미루게 될 때 타국보다 우위의 입장에 서게 된다"는 것이다. 왜냐하면 주도국은 약소국가들의 협력을 얻기 위해 전시보조금이나 부흥원조, 시장접근 등의 우대조치를 제공할 수 있기 때문이다. 둘째 측면은 "주도국이 한층 높은 '제도적 합의'를 얻기 위해 장래 자신의 힘의 행사에 대한 억제를 제시할 때 약소국가들보다 유리한 입장에 서게 된다"는 것이다. 왜냐하면 약소국가들에게 제도적 협력을 구할 때 주도국의 힘이 클수록 이 국가들에 제공할 수 있는 요소가 더 많아지고 그 '기회비용'은 더 저렴해지기 때문이다. 이와 같이 전후의 '힘의 불균형'이 클수록 약소·추종국가들이 '지배'와 '포기'에 대한 불안을 느끼는 것은 당연하다. 때문에 스스로를 전후질서 속에 '고정화'시키고 주도국에 의한 억제와 약속이행을 확실하게 하는 정책에 동의하는 약소·추종국가들의 인센티브는 더욱 커진다.

각국의 군사력과 경제력이라는 관점에서 본다면, 1945년의 미국은 1919년의 미국과 1815년의 영국보다 훨씬 강대한 입장에 서 있었다. <표 3-1>은 이 세 시점에서 '힘의 불균형'의 차이를 나타낸 것이다. 이 표는 주요한 세 전쟁과 냉전 이후의 각 시기에서 주요 국가들의 상대적인 군사지출과 국민총생산(GNP)을 비교한 것이다. '힘의 비대칭'은 모든 시기 중에서 1945년 이후의 시기에서 가장 두드러진다. 이와 같이 힘—군사력과 경제력의 '합성체'로 이해된다—은 다른 어떠한 시기를 비교해보더라도 단 하나의 국가에 집중되어 있다. 미국은 제2

<표 3-1> 전후 주도국과 그 밖의 유력국가의 국력비교

|  | 연도 | 최강국 | | 2위 | | 3위 | | 4위 | |
|---|---|---|---|---|---|---|---|---|---|
| GNP | 1820 | 러시아 | 109 | 프랑스 | 106 | 영국 | 100 | 독일 | 47 |
|  | 1920 | 미국 | 100 | 영국 | 34 | 프랑스 | 21 | 독일 | 19 |
|  | 1945 | 미국 | 100 | 영국 | 20 | 소련 | 20 | 독일 | 12 |
|  | 1996 | 미국 | 100 | 일본 | 60 | 독일 | 31 | 프랑스 | 20 |
| 군사지출 | 1816 | 영국 | 100 | 독일 | 80 | 러시아 | 62 | 프랑스 | 62 |
|  | 1920 | 미국 | 100 | 영국 | 89 | 러시아 | 71 | 일본 | 27 |
|  | 1945 | 미국 | 100 | 영국 | 19 | 소련 | 10 | 일본 | 4 |
|  | 1996 | 미국 | 100 | 러시아 | 27 | 프랑스 | 17 | 일본 | 17 |

자료: <부표 2>를 참조.

차 세계대전에 참전하면서 지도적인 군사대국으로 출현했으며, 동시에 세계 경제생산의 거의 반 정도를 점하게 되었다.[59] 세계 최대의 경제력을 지닌 대국으로 미국이 국제무대에 등장하게 된 것은 제1차 세계대전 중이었다. 이때 미국은 국내 경제생산에서 거의 영국의 3배에 달하는 경제력을 지니고 있었지만 군사력에서는 당시의 영국을 크게 넘어섰다고는 말할 수 없었다. 1815년 이후 영국은 세계 최고의 경제력을 지니고 있었고 군사지출에 있어서도 다른 열강들을 크게 앞질렀지만, 유럽 대륙에서는 직접적인 군사적 영향력을 행사하지 않았으며 오히려 세계적인 해군대국으로서 지위를 유지하고 있었다.[60]

이 세 가지 사례에서 '힘의 불균형'의 차이가 생겼던 결정적 요인 가운데 하나는 전쟁종결과 관련된 각각의 상황이었다. 이 결정요인에는 "전쟁이 어느 정도 구질서를 붕괴시켰는가?", "승리는 어느 정도 결정적이었는가?", "주도국은 이 승리에 어느 정도 공헌했는가?"가 포함된다. 질서의 붕괴가 광범위하게 미치고 있는 사례를 보면 다른 사례와 비교해 전전과 전후의 분기가 '경로의존적'이다. 이 상황하에서는 전후질서에 관한 장기적 전망과 원칙을 가진 합의를 추구하는 인센티브가 주도국 측에 생긴다. 현실적으로 구질서 붕괴의 정도가 대규모일수록 주도국이 원하는 형태에서 전후질서를 '고정화'시킬 수 있는 가능성이 커진다. 광범위하게 파급되는 붕괴는 또한 '불이행 선택 (default option)'을 배제하는 경향을 지니는데, 이러한 상황하에서는 '합의 없는' 상태를 인정하는 것이 어렵기 때문이다.

결정적 승리로 전쟁이 일방적으로 종결될 때 강화의 조건은 더 광범위하게 영향을 미치고 더 의욕적으로 될 수 있다. 왜냐하면 패전국의 패배는 곧 구질서의 패배를 의미하며 질서에 관한 새로운 규칙과 원칙을 수용할 수 있는 가능성이 증가하기 때문이다. 이에 반해 전쟁이 휴전 또는 정전으로 종결될 때에는 승전국이 포괄적인 전후구축을 행하기 어려워지며, 전쟁의 승리 과정에서 주도국이 보여준 역할이 전후 주도국의 힘의 강약에 영향을 미친다. 왜냐하면 전후질서를 둘러싼 각국 간의 교섭거래는 전투가 실제로 중단되기 이전에 이미 시작되는 경우가 많기 때문이다. 따라서 주도국이 승리를 확실히 굳히는 데 결정적인 존재가 되는 경우 그 주도국은 전후구축의 과정을 지배하는 강력한 입장에 설 수 있다.

'힘의 불균형'에서 나타나는 이러한 문맥적 측면은 지금까지 지적해왔던 몇 가지의 차이를 보강해주는 것으로 생각할 수 있다. 제2차 세계대전에서 미국은 처음부터 참전국이 아니었다. 그럼에도 1945년의 시점에서 미국은 열강 중에서 최대의 군사적 영향력을 자랑했고, 유럽과 아시아 양 전선에서의 전쟁을 종결하기 위해 가장 중요한 역할을 담당했다. 나폴레옹 전쟁에서 영국과 마찬가지로 미국은 전시 중에 자국의 자산을 사용해 연합국가들의 상호 협조를 이끌어냄으로써 결정적 승리를 거두는 데 기여했다. 상대에게 무조건 항복을 요구하는 결정을 이미 전시 중에 내렸던 사실이나 패전국의 점령을 실행했던 것 역시 미국의 '힘의 입장'을 증대시켰다. 이와는 달리 1918년의 전후에서 미국은 스스로를 사령적 입장에 둘 수 있는 상황이 아니었다. 이 전쟁은 결정적 승리라고는 말할 수 없는 휴전에 의해 종결되었기 때문이다. 그리고 전쟁종결에 있어 미국의 역할 역시 다른 전쟁종결의 경우와 비교해 '결정적 공헌'이라고는 볼 수 없었다. 나폴레옹 전쟁에서 영국은 확실한 승리를 획득하는 것뿐만 아니라 국가연합을 결속시키고 전후의 동맹국 간 협력에 대한 합의를 얻기 위해 자국의 전시자산을 사용해 특히 재정적 원조를 시행했다. 전후기를 맞이한 각국이 제도적 전후구축을 목표로 할 때 그 구축에 필요한 능력과 인센티브에는 차이가 발생했는데, 이러한 사실을 설명하는 데 가장 중요한 것이 전후기의 '힘의 불균형'과 각국의 '힘의 입장'의 차이였다.

### 민주주의와 제도적 합의

구속적 제도를 형성하고 확실한 억제와 약속이행을 확립한다는 점에서 민주주의는 비민주주의보다 훨씬 우수하다.[61] 이는 민주주의국가들이 '지배'와 '포기'의 위험을 경감시킬 수 있는 합의에 훨씬 간단하게 도달할 수 있기 때문이다. 그러한 사실을 보여주는 명료한 특징이 몇 가지 존재하는데,[62] 구체적으로 말하자면 정치적 투명성(political transparency), 접근용이성(accessibility), 정책의 점착성(policy viscosity)이다. <표 3-2>는 이러한 특징을 정리한 것이다.

민주주의는 비민주주의에 비해 더 고도의 정치적 투명성을 지니고 있다. 이 정치적 투명성으로 관계국은 규칙과 합의에 대한 주도국의 약속이행에 관해 더 정확하게 판단할 수 있다. 정치적 투명성이란 정치체제의 공개성(openness)과 가시성(visibility)을 의미한다. 민주주의 국가들은 이러한 투명성을 촉진시키는 다수의 특성을 갖추고 있는데,

<표 3-2> 민주주의와 제도적 합의

| 특징 | 내용 |
|---|---|
| 투명성 | 돌발적인 사태의 발생을 경감시킨다.<br>다른 정치체제에 비해 고도의 신뢰정보를<br>부여한다. |
| 비중앙집권적인 정책과정 | '정책의 점착성'이 존재한다.<br>약속이행 강제의 기회를 부여한다. |
| 개방적이고<br>비중앙집권적인 시스템 | 접근과 '의사표명의 기회'를 부여한다.<br>초국가적·초정부적인 접합점이 생긴다. |

그중에서도 가장 결정적인 특성은 힘과 의사결정의 비중앙집권화 (decentralization)이다. 의사결정이 분산됨으로써 더 많은 사람들과 더 정교한 과정이 의사결정에 관여하게 되며, 결국 더 많은 정치행위가 공개의 장에서 실시된다. 이러한 상황을 보강하는 것이 민주주의 정치의 규범과 기대라고 할 수 있다. 선거에서 선출된 공적인 대표는 유권자에 대해 모든 범위에서 설명책임을 지지 않으면 안 되기 때문에 일반국민이 직접 참가하지 않더라도 의사결정을 감시할 수 있다는 '기대'가 생기게 된다. 민주주의 정체에서 비밀주의는 예외적인 규정이며 결코 규범이 될 수 없다. 또 한 가지의 특성은 경합적 정당제도이다. 이 제도에서 국가가 실시하는 정책의 의도와 이행에 관한 정보가 창출된다. 국정선거라는 심사과정을 통해 정책방침에 관해 충분한 인식을 지니고 있는 유권자들에게 지도자의 인물상이 전달될 가능성이 높아진다. 정치적 경합은 '누가 이기고 누가 지는가'를 결정하는 시스템인데, 이로 인해 지도자에게는 공개성과 설명책임성을 존중하려는 인센티브가 생기게 된다. 더욱이 선거제도에는 각 정당이 "타 정당의 정책수행에는 어떠한 모순과 신뢰의 결여가 존재하는가?"를 폭로하는 인센티브 역시 생긴다.[63] 이러한 정당역학과 의사결정 과정의 투명성 때문

에 비민주주의국가와는 달리 민주주의국가는 상대국을 돌발적인 사태로 몰아넣을 가능성이 낮고, 결국 상대국의 약속이행에 대해 강한 신뢰를 가지게 되는 것이다.[64]

민주주의국가의 공개성과 비중앙집권화는 타국이 상대국가와 협의해 직접적으로 의사를 표명할 수 있는 기회를 제공한다. 이 때문에 민주주의국가가 구속적 약속을 스스로 이행할 가능성은 높아진다.[65] 민주주의국가에는 몇 가지의 접근 가능점(point of access)이 존재하는데, 이를 통해 관계국은 상대국의 정책이행의 상황을 직접적으로 평가할 수 있으며 자국의 이익을 위해 관여할 수 있게 된다. 정책의 형성과 실시과정에 관여하는 공적 대표와 공적 기관의 네트워크는 모두 이러한 잠재적인 접근 가능점인 것이다. 정밀한 협의 메커니즘이 협의와 참가를 촉진시키는 경우도 있지만, 이와는 달리 사적인 대표와 대리인을 통해 관여하는 정부와의 사이에서 간접적이고 비공식적인 협의와 참가를 촉진시키는 경우도 있을 수 있다.[66] 민주주의 정체는 관계국에 접근의 기회를 부여한다. 그 기회를 통해 정책의도와 약속이행에 관한 정보의 수준을 높일 수 있는 동시에 그 기회를 활용해 외국정부는 해당국가의 정책입안 과정에서 자국의 이익을 추구할 수도 있게 된다.[67] 그 결과 약속이행에 대한 신뢰는 높아진다.

덧붙여 말하자면, 민주주의국가는 비민주주의국가에 비해 갑작스런 정책변경에 대해 더 강한 제도적 억제력을 지니고 있다. 이 '정책의 점착성'은 정책에서의 돌발사태의 발생을 줄이는 데 기여한다.[68] 비중앙집권적인 다원적 민주주의 정체에서 정책은 거의 대부분의 경우 많은 '거부권 지점(veto point)'을 통과하지 않으면 안 되고 이것만으로도 충분히 억제효과가 나타난다. 정책입안은 기본적으로 다수의 관계자끼리 연합관계를 구축하는 과정이다. 연합관계가 성립되어 있는 곳에서는 한 사람이 단독으로 타자에게 위협을 줄 수 있는 형태로 정책을 마음대로 변경하거나 갑자기 전환할 수 있는 가능성은 매우 낮아진다. 이와 마찬가지로 경쟁적인 선거과정 역시 정책의 전체적인 방향에 장기적인 압력을 줄 수 있다. 지도자가 성공을 거두고자 한다면 유권자들을 조직하고 다수연합을 형성하지 않으면 안 된다. 이러한 것에서 '평균적인 유권자'의 입장을 반영하려는 인센티브가 지도자에게 부여되는 것이다.[69] 선거정치의 구조 속에서는 정책의 범위야말로 적어도 장기적으로는 정치적 스펙트럼의 중심을 점하게 된다.

결과적으로 민주주의국가들에서는 비민주주의국가들에 비해 자국의 약속이행에 대해 더 큰 신뢰성을 상대측에게 부여할 수 있다. 민주주의국가가 갖는 공개성과 투명성에 의해 정책의 성격을 결정하고 장기성을 줄 수 있는 기회는 더 커진다. 민주주의국가의 특징 중 한 가지는 정부와 정책으로의 접근용이성인데, 이로 인해 관계국은 단순히 상대국의 정보를 모으는 것뿐만 아니라, 정보를 직접적으로 전달하고 적어도 정책입안의 주변부에서 그 과정에 적극적으로 참가할 수 있다. 또한 경쟁적인 정당 시스템 역시 정책에 영향을 끼칠 수 있는 메커니즘을 창출시키는데, 그 메커니즘을 통해 각 정당은 정책을 정치적 스펙트럼의 중심에 위치시키려는 인센티브를 갖게 된다. 이상과 같이 서술한 여러 요소들이 모두, 민주주의 정체 자체가 약속의 이행을 보증해주는 것은 아니지만, 갑작스럽게 부적절한 정책변화가 일어날 수 있는 위험성을 경감시키는 요소는 된다.

"민주주의국가들에는 구속력을 지닌 제도적 합의를 확립할 수 있는 특별한 능력을 갖추고 있다"라고 추론해보자. 만일 이 추론이 정확하다면 지금까지의 역사에서 볼 수 있었던 많은 '전후 분기점'은 그 시점에서 참가국들이 실제로 어느 정도 민주주의적이었는가에 따라 크게 달라졌다고 생각할 수 있다. 20세기의 전후구축—이 시기의 전후구축에 관련되었던 주요 당사국은 모두 민주주의 정치체제였다—과 그 이전의 전후구축을 비교하면 실제로 중대한 상이점이 존재했다. 왜냐하면 20세기 이전의 전후구축은 기본적으로 비민주주의 체제의 국가 사이에서 행해졌기 때문이다. 영국은 19세기 초 입헌민주제 국가로서 부상했지만, 당시의 다른 주요 유럽열강들은 거의 군주제와 전제국가였다. 이러한 상이점은 제도화를 기반으로 한 전후구축을 목표로 전후국가들의 능력의 차이를 설명하는 데 매우 중요하다.

질서구축의 입헌적 모델은 이상을 전제로 한 형태이다. 전후기에 민주주의국가들이 매우 커다란 '힘의 비대칭' 속에 대치하게 될 때, 즉 신흥 강대국은 계속적인 '힘의 투쟁'을 필요로 하지 않는 질서확립에 고심하게 되는 한편, 약소국가들은 '지배'와 '포기'를 무엇보다 불안하게 느낄 때, 그리고 전후구축의 당사자인 국가들의 형태가 신뢰할 수 있으며 구속력을 지닌 제도를 확립할 수 있는 높은 가능성을 보유하고 있을 때, 각 국가들은 틀림없이 교섭거래를 통해 '제도적 합의'를 추구하고자 한다. 이러한 상황은 정도의 차이는 있지만 1815년, 1919년, 1945년의 사례에서 모두 발견할 수 있었다. 하지만 이 세 가지의 사례는 모두 이상적인 형태에서 볼 수 있는 특성과 완전하게 합치하지는 않는다. 1815년과 1919년의 경우에서는 제도를 기반으로 하는 질서구축 논리의 흔적을 어느 정도 찾아볼 수 있지만 거기에는 한계가 존재했다. 따라서 이 책에서는 이 두 가지의 사례를 검증해 그 논리의 흔적과 제도적 질서구축으로의 억제를 규명할 것이다. 구체적으로 말하면, 전후의 '힘의 불균형'에서 볼 수 있는 특성과 민주주의국가의 존재 또는 부재라는 것이 최종적인 결과에 어떻게 작용했는가를 규명하는 것이 그 목적이다.[70] 1815년과 1919년의 전후구축에서 볼 수 있었던 것에 비해 1945년의 전후구축은 제도적 전후구축을 지향하려고 하는 인센티브와 기회를 창출했다. 전쟁종결 이후 제도에 관한 교섭과 미국과 그 밖의 서구 공업민주주의국가들 사이에서 이루어진 타협이 잇달아 연쇄반응을 일으킨 결과, 과거에는 볼 수 없었던 매우 제도화된 질서가 탄생되었다. 1947년 이후의 냉전의 격화는 제2차 세계대전 이후의 구속적 제도를 형성하고 운용해가려는 서구 국가들의 적극적 의지와 능력에 중요한 영향을 끼쳤다. 이러한 이유로 냉전종결 이후의 이러한 제도의 운명을 검증하는 것은, 1945년 이후 주요 공업민주주의국가들 간의 질서를 설명하는 데 제도모델이 지니고 있는 중요성을 평가하는 중요한 단계가 된다.

La bataille de Waterloo(Clément-Auguste Andrieux, 1852). 워털루 전투.

나폴레옹 전쟁을 종결시킨 1815년의 강화교섭은 이전까지는 존재하지
않았던 매우 정밀하게 조직된 정치질서를 유럽에 가져왔다.

## 4장

# 1815년의 전후구축

나폴레옹 전쟁을 종결시킨 1815년의 강화교섭은 이전까지는 존재하지 않았던 매우 정밀하게 조직된 정치질서를 유럽에 가져왔다. 영국을 중심으로 한 유럽 국가들은 서로 수용 가능하고 포괄적이며 안정적인 질서를 창출하기 위해 시종일관 노력을 거듭했고, 그 노력의 결과가 바로 성공적인 회의로 세계에 절찬을 받았던 '비엔나 회의(the Congress of Vienna)'였다. 이 질서는 대단히 성공적이었으며 완벽에 가까웠다. 왜냐하면 주요 열강 사이에서 그 이후 40년간에 걸쳐 전쟁이 전혀 발생하지 않았으며 유럽 전체가 전쟁으로 피폐해지게 된 것은 결국 100년이 지나서였기 때문이다.[1]

비엔나 전후구축은 주도국이 제도를 이용해 열강 간의 관계를 운용하려고 시도했다는 점에서 그때까지의 전후구축과는 매우 달랐다.[2] 이 전쟁의 최후 2~3년간과 강화교섭 기간 중에 영국은 전후기에 열강이 된 국가들 사이에서 협의와 조정의 공식과정을 확립하는 것을 목표

로 제도적 전략을 전개했다. 여기에서 제시된 제도에 관한 제안은
─특히 동맹과 회의 시스템의 두 가지는─ 잠재적인 경쟁국가들을 동시
에 속박한다는 점에서 매우 새로운 구상이었다. 1818년, 회의제도는
엑스 라 샤펠 회의(the Congress of Aix-la-Chapelle)와 함께 시작되었다.
이 회의는 국제관계를 조정하기 위해 평시에 열린 최초의 회의가 되었
다. 이 이전의 전후구축은 국가자율 체제의 보강, 영토와 '대국능력'의
재배분, 힘의 대항조치를 통해 힘의 제한과 억제를 도모하고 있었다.
비엔나 전후구축에서도 이러한 메커니즘의 형성이 제안되었으며, 동
시에 주요 국가에 의한 자율적이고 무차별적인 '힘의 행사'에 대한
억제수단을 설치하는 것을 목표로 하는 제도 역시 이용되었다.[3]

 하지만 이들 제도의 구속력에는 명확한 한계가 존재했다. 그것은
안전보장상의 개별적인 보증항목을 요구했던 영국의 제안이 결실을
맺지 못했으며, 전체적으로 제도적 결정은 1919년과 1945년 각각의
전후시점에서 제안 또는 승인되었던 것과 비교해 그 폭과 깊이의 측면
에서 뒤떨어졌다. 하지만 입헌적 전후구축의 흔적은 확실히 인정받았
다. 단, 이 제도적 결정은 매우 미약하고 부분적인 것이었으며 몇 가지
측면에서 오랫동안 유지되지 못했다. '힘의 비대칭'은 딜레마와 기회
모두를 창출했으며, 그로 인해 주요국이 전후질서의 제 조건에 관해
서로 대화할 수 있게 된 교섭수단이 형성되었다. 더욱이 영국과 다른
주요 열강들은 상호억제 전략을 실현하려고 노력했으며, 전략적 대결
이나 대국 간 전쟁으로의 회귀를 완화시키기 위해 조약이나 동맹을
통해 서로를 구속하려고 했다. 전후동맹에서는 '억제조약'의 특징을
보였는데, 이와 같은 상호구속적인 동맹관계는 유럽 국가의 시스템하
에서 열강 간 질서의 중핵적인 논리로서의 '세력균형'을 보강하는 것이
었으며 어느 정도에서는 이를 대체하는 것이었다.

영국의 제도전략의 배경을 이루고 있는 인센티브와 기회는 무엇이었으며, 또 그것이 크게 성공한 요인은 무엇이었는가? '입헌적 모델'은 영국이 제창한 제도의 이용과 그 결과로 생겨난 질서의 특징에 관해 거기에 숨어 있는 충동과 제약을 규명하려고 할 때, 몇 가지 대단히 유익한 관점을 제공해준다. 첫째, 영국은 전시 중과 전후에 자국의 일시적인 '힘의 우위'를 이용해 자국에 바람직한 질서를 고정화하려고 했던 동시에 그 목적을 위해 제도적 구속 메커니즘에 의지했다. 영국은 타국에 억제에 관한 신호를 보이고 전후질서의 관리를 위해, 그리고 더 광범위하게 합의에 기초한 제도적 결정을 촉진시키기 위해, 전시 중과 전후의 자국의 유리한 입장을 이용할 수 있는 몇 가지의 기회, 즉 네덜란드와 식민지 국가들에 대한 기회를 굳이 간과했다. 영국의 정책에는 "주도국은 일정한 정통성을 지닌 질서를 확보하지 않으면 안 된다"라는 인센티브가 반영되어 있었고, 이러한 목적을 이루기 위해 자국의 힘에 스스로 완화된 억제를 가했다.[4]

둘째, 전후기의 '힘의 불균형'과 전후구축의 과정에서 나타난 각국의 특성은 제도적 교섭거래가 어디까지 허락되었고, 또 어떠한 한계를 목표로 했는가를 확인하는 데 매우 중요하다. 영국의 힘의 우세가 가장 명확하게 드러났던 것은 전시 중이었다. 군사력과 재정력이 이를 증명했는데, 영국은 전쟁종결 이후에도 계속해서 자국의 우위가 지속되도록 동맹을 구축하고 유지하기 위해 이 수단을 이용했다. 영국에 이러한 수단이 없었다면 아마 전쟁의 귀착은 크게 달라졌을 것이며, 전후질서의 장기적인 전망에도 영향을 끼쳤을 것이다. 1814년 2월, 러시아 황제 알렉산드르 1세는 동맹을 무시하고 파리로 군대를 진입시켜 "나폴레옹을 왕좌에서 끌어내려야 한다"라고 위협했다.[5] 한편 오스트리아의 메테르니히 공(Prince von Metternich)은 "나폴레옹과 조기 단독강화를 맺어도 좋다"라는 태도를 보였다. 이로 인해 유럽의 각국들은 불안에 빠졌다. 만일 어느 쪽이 현실화된다 하더라도 동맹은 붕괴될 것이 틀림없으며, 또한 전후 프랑스가 부흥한다면 유럽 열강들의 근심거리가 될 것이 분명했기 때문이다. 이에 영국 외상인 캐슬레이 자작은 알렉산드르 황제에게 서간을 보내어 "힘을 노리는 무법적인 다툼"이라며 경고를 했다.[6] 영국은 당시 가장 선진적인 경제대국이었으며 세계적인 해군 국가였다. 하지만 유럽에서의 영토적인 야심을 갖고 있지 않았고 동시에 유럽 대륙을 지배할 만한 군사력을 지닌 것도 아니었다. 이 때문에 전후에 새롭게 등장한 신흥국이었던 영국이 다른 열강들에 보인 위협은 '지배'보다 '포기'의 가능성이 높았다. 이러한 상황에서 영국이 제도적 합의를 획득하는 대신 얻게 된 대상을 다른 유럽열강들에 적극적으로 제시하기에는 한계가 있었다.

이 전후구축에 관여했던 국가가 모두 전제체제였다는 사실 역시 중요하다. 이러한 특징 때문에 제도전략을 어느 범위까지 이용할 수 있는가 하는 점에서도 한계가 드러났다. 안전보장상의 전체적 보증조치에 관한 최초의 구상은 1805년 피트(William Pitt) 영국 총리에 의해 제시되었지만, 이 구상은 유럽 각국의 지도자들이 그러한 약속이행을 서약할 수는 없다고 표명함으로써 결실을 맺지 못했다. 매우 개인적이고 실정(失政)을 많이 범했던 알렉산드르 황제의 외교정책이 이러한 전반적인 문제의 소재를 상징하고 있었다. 유일하게 의회제 민주주의 체제였던 영국은 "대표제 국가가 조약으로 약속이행을 맺는 것은 다른 체제의 국가들보다 훨씬 어렵지만 최종적으로는 더 큰 신뢰성을 줄 수 있다"라는 견해를 제시했다. 알렉산드르 황제는 이후 신성동맹을 제안했지만 이 역시 '세력균형'이라는 사고에 의거하지 않는 ─ 구속적 제도 메커니즘에 의거하는 것도 아닌 ─ '약속이행과 억제'의 원천을 추구하는 움직임을 반영한 것이었다.

1815년 전후구축은 제도적 교섭거래를 촉진시킬 때도 있었지만, 때로는 그것을 가로막았다. 이 때문에 제도형 모델은 1815년 분기점에서 존재했던 또는 반대로 존재하지 않았던 요인들을 밝히는 데 매우 유익하다. 하지만 영국이 질서구축의 도구로 제도 메커니즘을 이용하게 된 특정한 지적 타개책을 규명하는 데에는 그다지 유익하지는 않다. 이 타개책은 질서를 유지하고 잠재적인 적성국을 관리하는 제도적 장치로서 장기적인 협의 메커니즘이 갖는 기능을 인식하는 것에 있었다. 이러한 새로운 생각은 영국과 그 밖의 유럽 국가들의 질서구축에 관한 선택지를 확대시키는 데 기여했다. 한 역사가는 다음과 같이 지적하고 있다. "실무적이고 정서적인 수준에서 새로운 국제 시스템을 확립하려고 하는 강한 의지가 존재했을지도 모른다. 하지만 그만큼 열렬히 바라던 목표를 실현하기 위해 어떠한 메커니즘을 찾아내지 못했더라면 그러한 바람은 어떠한 결과도 낳지 못했을 것이다."[7] 이러한 영국의 생각은 1805년 피트 총리가 발표한 '국가문서(State Paper)'에서 확인할 수 있다. 총리는 이 문서에서 동맹과 조약의 보증조항에 의해 잠재적인 적성국을 구속하는 전후질서라는 개념을 제시했다.

제도적 가능성을 재검토했던 이 문서는 열강 간의 관계를 안정시키고 관리하기 위한 방법을 탐구했다는 점에서 매우 진보적이었다. 동시에 이것은 유럽질서의 합동관리를 촉진시키는 — 실제로는 과점적 관리 시스템을 형성시키는 — 실무적 결정의 모색이기도 했다. 하지만 이러한 실무적 조치는 1814년 3월의 '쇼몽 조약(the Treaty of Chaumont)'으로 결성된 전시동맹, 즉 '4국동맹(Quadruple Alliance)'을 갱신하려는 시도에서 시작되었다. 영국은 "이 전시동맹 — 그리고 그 메커니즘과 보증조항 — 이 전쟁종결 이후에도 계속 존속되어야 하며 형성된 전후체제의 관리를 위해서 활용해야 한다"라고 주장했다. 이처럼 제도를 사용한 개혁은 매우 실무적인 방법으로 행해졌다.


## 전략적 환경

나폴레옹을 격파한 국가연합은 프랑스의 패권에 대한 저항이라는 관점에서 결속을 유지해왔다. 하지만 유럽 대륙은 '힘의 문제'로서의 패권을 전쟁으로 해결할 수는 없었다. 프랑스에 대한 대항세력 중에서 가장 중요한 국가이자 동시에 가장 강경했던 국가였던 영국은 이 전쟁을 통해 신흥 세계대국으로 국제무대에 등장했다. 한편 러시아는 동유럽에서 주도국으로서의 지위를 획득해왔다. 이 때문에 "프랑스의 야심을 어떻게 좌절시킬 수 있는가?"라는 문제와 함께 "두 주도국을 중심으로 유럽질서를—또한 유럽 대륙에서 생긴 새로운 '힘의 비대칭'을— 어떻게 통합시킬 것인가?"라는 것이 전후구축의 중요한 과제로 등장했다.

1789년부터 1812년에 걸쳐 프랑스는 병합과 정복을 통해 유럽 대륙의 지배를 착실하게 확대해왔다. 1812년, 나폴레옹의 제국주의적 야망은 애매한 점이 없지는 않지만, 이탈리아 북부의 대부분을 포함해 라인 강 서부에 이르기까지의 전 영토와 저지역 국가 대부분을 병합하는 등 유럽 전체의 흐름을 바꿔놓았다. 절정기의 시점에서 프랑스의 지배영역은 서쪽의 대서양에서 동쪽으로는 폴란드까지, 그리고 북쪽의 발트 해에서 남쪽으로는 지중해까지 달했다.[8] 프랑스가 지배영역을 확대할 수 있었던 원동력은 1812년 당시 60여만 명의 병력을 갖춘 유럽 최강의 군대와 '대륙 시스템(the Continental System)'을 축으로 조직한 거대한 경제관리 지역이었다. 이 시스템은 1806년을 그 기원으로 하고 있으며, 영국을 상대로 하는 경제전쟁의 수단이자 유럽 각국에 대한 통제의 수단이기도 했다.

1812년 6월 나폴레옹은 러시아 침공을 개시했으나 이는 곧 프랑스 붕괴의 시작이었다. 러시아와 스웨덴 양국은 영국과 조약을 맺었고 러시아가 유럽 전역에서 나폴레옹군을 추격하고 있는 동안 프러시아, 그리고 조금 나중에는 오스트리아가 나폴레옹 대항연합에 가담했다. 이 양국의 군대는 1813년과 1814년 초에 프랑스군과의 사이에서 피비린내 나는 전투를 전개했다. 1813년 중반, 영국이 동부 열강들의 전열에 가담함으로써 '최후의 연합(last coalition)'이 결성되었다. 1813년 가을, 영국은 이 동맹결성으로 적극적인 리더십을 획득하고 동맹국 정부에 보조금을 지출하면서 그 운용방향에 대한 주도권을 가지게 되었다. 또한 강화조약에 관한 교섭에서도 동맹국가들의 선두에 서게 되었다. 영국 최대의 주도권은 1814년 초에 체결된 '쇼몽 조약'에서 시작되었는데, 이 조약으로 승리의 기반, 강화조건, 전후 유럽의 안전보장 구조가 고정화되었기 때문이었다.9) 1814년 초, 전쟁은 연합국 측에 유리한 형세로 기울었고, 4월에는 정전협정이 조인되었으며, 5월에는 제1차 파리 조약이 성립되었다.

겨우 2년이라는 기간 동안 유럽은 과거에는 찾아볼 수 없었던 극적인 '힘의 이전'을 경험했다. 이는 나폴레옹 제국의 붕괴가 '힘의 분포'를 전복적으로 바꾸어놓았기 때문이며, 그 결과 영국과 러시아 양국의 입장은 극적으로 증폭되었다. 전쟁종결 이후 영국의 재정력과 해군력 그리고 러시아 황제가 마음대로 움직일 수 있었던 군사력은 유럽외교의 골격을 이루는 매우 중요한 현실이 되었다.10) 즉, 이 전쟁은 하나의 패권국의 승리로 종결되지 못했고, 또한 단순한 '양극 국가 시스템' —세력균형형 전후구축의 기본적인 이미지— 이 되지도 못했다. 실제로 유럽 대륙의 양단에 위치하는 두 개의 주도국이 전후구축을 담당하는 대표적인 중재자로 등장했다.

영국은 1815년 시점에서 대표적인 세계대국이었으며, 영국 사상 처음으로 유럽 재건에 지도적인 영향력을 가지게 되었다.[11] 케네디 (Paul Kennedy)는 "리더로서의 영국의 입장은 실질적 해상지배, 타국에 대한 재정융자, 무역실적, 동맹외교, 식민지 제국 확대의 결과"라고 지적하고 있다.[12] 영국의 비약을 지탱해주었던 것은 당시 유럽에서도 가장 선진적이었던 영국의 경제였다. 국내총생산(GDP) 금액으로 본다면, 당시 영국의 경제력은 1815년 직후 프랑스와 러시아의 GDP를 합한 액수에 상당한다.[13] 그뿐만 아니라 당시 영국의 경제는 다른 국가들에 비해 기술 분야에서 훨씬 앞섰으며 생산성 역시 높았는데, 이는 다른 유럽 국가들을 산업화라는 새로운 국면으로 이끄는 계기가 되었다. 1760년부터 1820년까지 유럽의 공업생산 성장의 3분의 2는 영국에서 기인한 것이었다.[14] 급속히 신장한 영국의 이러한 우위는 세계 전체의 공업생산량을 점하는 각국의 비율변화에 반영되어 있다 (<표 4-1> 참조). 영국의 점유율은 나폴레옹 전쟁이 있던 10년 동안 두 배의 성장을 보였다.

영국의 압도적인 입장과 더불어 전쟁수행 노력을 성공적으로 이끌었던 지원과 보조금은 다른 유럽 국가들에서도 유효했다. 메테르니히의 고문이었던 겐츠(Friedrich von Gentz)는 다음과 같이 적고 있다. "영국은 많은 매력을 지닌 채 비엔나에 모습을 드러냈다. 그 매력이란 영국이 자랑하는 셀 수 없을 정도의 성공과 '연합'을 통해 이루어낸 역할, 무한한 영향력, 그리고 영국 이외의 어떠한 국가도 획득한 적이 없었던 번영과 힘의 확고한 기반이다. 좀 더 구체적으로 말한다면, 이는 영국이 유럽의 국가들에게 존경과 불안이 섞인 감정을 느끼게

<표 4-1> 세계의 공업생산량을 점하는 각국의 비율(1800~1860년)

(단위: %)

|  | 1800년 | 1820년 | 1860년 |
|---|---|---|---|
| 유럽 전체 | 28.1 | 34.2 | 53.2 |
| 영국 | 4.3 | 9.5 | 19.9 |
| 합스부르크 제국 | 3.2 | 3.2 | 4.2 |
| 프랑스 | 4.2 | 5.2 | 7.9 |
| 독일 제국/독일 | 3.5 | 3.5 | 4.9 |
| 러시아 | 5.6 | 5.6 | 7.0 |
| 미국 | 0.8 | 2.4 | 7.2 |

자료: Paul Bairoch, "International Industrialization Levels from 1750 to 1980," *Journal of European Economic History*, Vol. 11, No. 2(Fall 1982), p. 296.

만들었던 결과였다. 이 감정은 영국과 유럽 전체 국가들과의 관계에 영향을 끼쳤는데, 이것으로 영국은 자신의 의지를 유럽에 강제할 수 있었다."15)

영국의 힘은 유럽 대륙의 영토분쟁에 관여하지 않음으로써 강화되는 동시에 제약을 받았다. 영국은 유럽 대륙 내에서 특정한 목표를 가지고 있지 않았으며, 안정적이고 독립된 네덜란드인들의 국가확립과 전쟁이 없는 안정된 유럽의 건설을 원하고 있었다. 이를 위해서는 다양한 결정이 필요했고 영국 외무당국은 자주 '평형 상태(equilibrium)의 구축'이라는 표현을 사용했다. 영국이 유럽 대륙에서 타 국가들과 일정한 거리를 유지했던 것과 해군력과 경제력으로 영국이 점하고 있던 압도적인 우위가 결부되어 전후질서에 관해 포괄적이고 장기적으로 생각하려는 인센티브와 그 구상의 기반이 되었던 연합체제의 구축능력을 가질 수 있었다. 한편 '일정한 거리를 유지하고 있었'기 때문에 영국이 자신의 힘을 억제하는 대신 유럽 국가들의 협력을 얻을 수 있는 가능성과 적극성에는 한계가 존재했다.

<표 4-2> 열강들의 군사력(1816~1830년)

(단위: 명)

|  | 1816년 | 1830년 |
|---|---|---|
| 영국 | 255,000 | 140,000 |
| 프랑스 | 132,000 | 259,000 |
| 러시아 | 800,000 | 826,000 |
| 프러시아(독일) | 130,000 | 130,000 |
| 합스부르크 제국 | 220,000 | 273,000 |
| 미국 | 16,000 | 11,000 |

자료: Paul Kennedy, *The Rise and Fall of the Great Powers: Economic Change and Military Conflict From 1500 to 2000* (New York: Random House, 1987), p. 154.

러시아 역시 유럽의 동단에서 자신의 위치를 굳히고 있었다. 러시아 황제는 "나폴레옹을 무너뜨릴 수 있었던 결정적인 역할을 수행했던 것은 다름 아닌 러시아였다"라고 자부할 수 있었으며, 유럽의 장래에 관한 자신의 구상을 제시하려 했다. '비엔나 회의'가 시작되기 이전까지 유럽 대륙에서 최대의 군사력을 지니고 있었던 나라는 러시아였다. 전쟁종결과 전후 10년까지 <표 4-2>에서처럼 러시아가 보유하고 있던 상비군 병력은 타국 병력의 약 세 배에 달했다. 하지만 알렉산드르 황제는 영국보다 억제된 태도를 보였다. 어떤 연구자는 "알렉산드르 황제는 '러시아가 유럽 시스템의 외부로 추방되지는 않을까?'라는 불안을 안고 있었다"라고 분석하고 있다.[16] 그의 목표는 러시아를 유럽 정치 내에서 주요한 역할을 하는 더 우월한 존재로 만드는 것이었지만 자국의 선택의 폭을 좁힐 수밖에 없었던 이유는 러시아 역시 전쟁수행을 위한 재정을 영국에 의존하고 있었기 때문이다.

나폴레옹 전쟁 중과 전후기의 유럽세계는 유럽 대륙에서 각각 중복되는 입장을 지니고 있는 경합적인 주도국 간의 투쟁과 직면했다.

나폴레옹 통치 당시 프랑스의 패권은 너무 광범위했기 때문에 유럽은 균형복원과 저항, 그리고 붕괴의 움직임을 보였다. 슈뢰더는 "이 시기의 투쟁은 프랑스 혁명과 구체제의 대결, 확장주의의 프랑스와 다른 유럽 국가들과의 대결, 그리고 세속적인 대립국인 프랑스와 영국의 대결 같은, 말하자면 호랑이와 상어의 싸움 같은 것이 아니었다. 실제로는 3개국 중 어느 한 국가나 결속된 두 국가가 나머지의 국가를 수중에 넣고 이용하는 것과 같았다"라고 강조하고 있다.[17] 나폴레옹의 패배는 대륙에서의 패권 또는 지배에 대한 패배가 아니었다. 이는 단지 어떠한 국가가 장래에 대표적인 열강이 되는가 하는 점에 변화를 가져온 것뿐이었고, 더불어 그들 대표적인 열강이 자국의 힘을 행사할 때의 조건이 변화한 것이었다.

이들 3국과 비교해 프러시아와 오스트리아는 훨씬 약소국이었다. 1,500만 명의 인구와 부족한 자원이라는 조건을 지닌 프러시아는 단지 이름뿐인 대국에 지나지 않았으며, 나폴레옹 전쟁에서도 겨우 생존할 수 있었을 뿐이었다. 오스트리아는 프러시아에 비해 다소 유리한 조건을 가지고 있었지만 러시아나 영국에 비하면 열등한 조건이었다. 러시아는 인구, 국토, 상비군 병력 등 모든 면에서 유럽 최대였고, 영국은 공업, 상업, 재정, 해외 식민지의 각 분야에서 세계 최고의 위치를 고수하고 있었다.[18] '대국능력'의 이러한 비대칭은 각국의 상대적 취약성을 고려할 때 더욱 극적이었는데, 영국과 러시아는 유럽 대륙의 다른 국가들에 비해 군사적 확장에 대한 취약성을 그다지 느끼지 못했다. 왜냐하면 양국이 지리적으로 변경지역에 위치하고 있다는 점이 양국의 입장을 강화시켰기 때문이다. 나폴레옹의 러시아 원정이 실패로 끝난 것 자체가 그러한 사실을 증명해주고 있다. 슈뢰더는 다음과 같이 주장하고 있다. "영국과 러시아는 강대했으며 타국의 공격에 패배할 우려가 없었다. 이 때문에 양국에 대항하여 다른 유럽 3개국이 동맹을 결성한다 하더라도(그럴 가능성은 매우 낮지만) 영국과 러시아의 근본적인 안전보장이 중대한 위협을 받는 일은 없었을 것이다. 동시에 프랑스, 오스트리아, 프러시아는 3국동맹을 맺었지만, 영국과 러시아 양국이 자국의 안전보장에 관해 느꼈던 안도감을 이 동맹에서 느낄 수는 없었다."[19]

영국과 러시아 양국은 1805년 영러동맹(Anglo-Russia alliance)을 제안했다. 이 동맹은 공식적으로 명기되지는 않았지만 유럽 전역을 겨냥한 것처럼 보였다. 이 동맹을 제안하는 과정에서 알렉산드르 황제가 런던에 사절을 보내 양국대표의 회담이 이루어졌다. 이때 영국과 러시아 양국 정부는 "유럽에서 지배적인 입장을 지니고 있는 것은 영국과 러시아 양국뿐이다"라는 인식을 명확하게 확인했다. 러시아의 동맹안에 대해 영국정부가 대안을 제시했으며 나폴레옹 전쟁이 종결된 후 열강의 주도로 조약을 체결하도록 제창했다. 영국은 그 조약에서 '영국과 러시아 양국이 특별한 지위를 획득할 것'을 명확히 해두어야 한다며 다음과 같이 강조했다. "영국은 비록 섬나라이지만 해외에 다양한 자원을 보유하고 있으며 지리와 자원을 지탱할 수 있는 군사능력과 해상 지배력을 지니고 있다는 것, 한편 러시아는 멀리 떨어진 원격지에 존재하며 강대한 군사력과 유럽 내에서의 우위를 지니고 있다는 것, 이러한 현실은 이미 영국과 러시아 양국의 영토에서는 프랑스의 공격에 대한 안전보장이 확립되어 있음을 의미한다. 프랑스가 타국의 일부가 되어 새로운 대국이 탄생하는 것은 불가능하다. 따라서 설령 프랑스가 영향력과 힘, 그리고 영토 모두를 획득하고 나서라도 영국과 러시아 양국의 안전보장이 위협을 받는 일은 없다. 즉, 현재 제안되고 있는 결정 내에서 양국이 어떠한 개별적인 목표를 추구할 필요는 없다.

양국이 이 조약을 통해 바라는 것은 이기적인 이익이 아니라 유럽 전체의 이익과 안전보장이며, 조약은 유럽의 전체이익과 안전보장 이 두 가지와 떼려야 뗄 수 없다.”[20] 영국과 러시아 이외의 유럽열강 역시 이 조약 내에서 권리와 책무를 부여받게 되어 있었다. 하지만 영국은 “전후구축이 달성된 후 이 전후구축을 영국과 러시아 양국의 특별한 보증하에 두어야 하는데”, 양국은 “어떠한 이기적인 이익도 추구하지 않기” 때문이라고 주장했다.[21] 실제로 영국과 러시아 양국 정부는 “우리는 강대하고, 타국의 공격에 패배할 우려가 없으며, 더욱 이 유럽 변경에 위치하고 있기 때문에 프랑스가 그 역사적인 입장으로 복귀한 이후의 평화를 확실하게 확립시킬 의무와 기회를 가지고 있다” 라는 주장을 전개했다.

장래에 유럽의 주도국이 될 가능성을 지니고 있는 이 3개국은 국력, 자산, 부채라는 통합적인 관점에서 본다면 각각 상이한 특징을 지니고 있었다. 또한 이 3개국은 유럽 국가들에게 각각 상이한 위협과 매력을 지니고 있었다. 러시아는 폴란드와 오스만튀르크 제국에 위협을 가했 고, 상업과 해군력으로 압도적인 우위를 자랑하는 영국은 대륙 시스템 에서 세력을 확장시켰던 나폴레옹과 마찬가지로 유럽 국가들에 큰 위협을 주었다.[22] 이러한 사정이었기에 유럽의 약소국들은 영국과 러시아 양국의 진영에 속해 전쟁을 수행하면서 프랑스의 패권을 타파 할 수 있었다. 하지만 승리자로서 영러 양국은 프랑스의 패권이 직면했 던 것과 똑같은 딜레마와 위험에 직면했다. 구체적으로 말하면, 양국은 자신들이 가진 압도적인 힘을 다른 유럽 국가들에 수용시킬 필요성이 있었던 것이다. 영국과 러시아 양국은 유럽 시스템의 관리를 위압적으 로 유지하기 위해서는 자신들이 가지고 있는 힘을 적극적으로 사용하 지 않으면 안 되었다. 나폴레옹의 패권에서 볼 수 있었던 잔인하고 자의적인 성격은 유럽에서 '힘의 비대칭'이 잠재적으로 유지 가능하다는 사실을 보여주었지만, 새롭게 등장한 영러 양국의 힘 역시 전쟁과 전후 상황이 만들어낸 명확한 특징임에 틀림없었다. 이 때문에 유럽의 약소국가들은 전쟁을 종결시키고 강화를 맺기 위해 영러 양국과 협력했으며, 동시에 영러 양국의 힘과 타협할 필요가 있었다.

유럽 양단에 위치하는 두 강국의 존재라는 문맥 속에서 중앙유럽 국가들은 자국의 방위를 위해, 또는 그 어떠한 주요국의 대륙지배도 허용하지 않기 위해 다양한 조치를 강구했다. 메테르니히와 오스트리아에게 이러한 현실은 숙련을 요구하는 '균형게임(balancing game)'을 의미했고, 프러시아 역시 유럽 중앙부에 위치하는 자국의 위약한 입장을 견지하기 위해 전후기의 '힘의 분포'와 동맹관계에 시선을 돌릴 수밖에 없었다. 메테르니히는 나폴레옹을 약화시킬 수 있다는 이유에서 러시아의 군사개입을 환영했다. 하지만 그와 동시에 '공정한 평형상태(just equilibrium)'를 유지하기 위해 "프랑스는 충분한 힘을 가지고 있고 전통적인 역할을 담당하지 않으면 안 된다"라고 주장했다. '힘의 분포'에 의한 균형유지는 전후기의 안전보장 관계를 안정시킬 수 있는 유럽의 내부과정에서의 본질이었지만, 그것은 또한 거대한 '힘의 비대칭'과 새롭게 출현하는 지역적인 패권이라는 더 넓은 문맥 속에서 이루어진 과정이기도 했다.

만일 나폴레옹 전쟁 후의 유럽 국가들이 실제 규모 면에서 서로 비슷했더라면 아마 전후구축은 '세력균형'을 기반으로 하는 질서를 재건하는 것만으로 그쳤을 것이다. 하지만 영국이 압도적인 우위를 차지하고 있고, 영국에 비하면 조금 열등했지만 러시아도 우위를 차지하고 있었기 때문에 질서는 이 두 대표국과 관련된 억제 메커니즘에 의존하게 되었다. 프랑스의 외교관인 탈레랑은 비엔나에서 다음과 같은 감상을 피력했다. "유럽은 현재 약소국들의 작은 저항력으로 가장 유력한 강대국의 공격력에 대항하지 않으면 안 된다. 이것이 만일 상호 의존관계와 같은 상황으로 발전한다면 진정한 평형상태가 도래할 것이다. 하지만 지금 유럽의 상황은 그렇지 못하며 또한 그렇게 되는 일은 없을 것이다. 실제로는 매우 인위적이고 깨지기 쉬운 평형상태만 발생하고 있는 것이다. 더욱이 이러한 평형상태는 몇 개의 강대국이 그 평형상태를 유지하는 데 필요한 조정과 공정한 정신에 기초해 행동하는 경우에 한해 유지될 수 있다."[23] 나폴레옹 이후의 질서구축에 관한 문제는 "매우 비대칭적인 관계에 놓여 있는 국가 간의 조정을 어떻게 추진해야 하는가?"라는 방법을 모색하는 것이었다.

## 영국은 전후질서를 어떻게 생각했는가

영국은 전쟁과 전후 상황을 이용해 유럽 전반에 걸친 전후구축을 '고정화'시키려는 인센티브에 흥미를 보였다. 또한 영국은 다양한 분기점에서 각각 상이한 방법으로 필요 이상의 포괄적이고 장기적인 관점으로 자국의 국익을 규정했다. 이 분기점에서 영국의 최대 관심은 프랑스의 패권을 절멸시키는 것이었다는 점은 틀림없었다. 하지만 이 목표를 추구하는 데는 다양한 가능성이 존재했다. 영국은 직접적인 목표, 즉 네덜란드를 독립국가로서 부흥시키는 것과 해군에 관한 제 권리를 규정하고 해군력의 압도적인 우위를 확실히 해두는 것만으로 전후구축을 실현할 수도 있었다. 하지만 실제로 영국은 이러한 직접적인 목표에 관해 양보나 타협의 필요성에 직면했으면서도 결국 장기적이고 정밀한 전후구축을 목표로 했다.

영국의 전후질서구축 정책의 추진목표는 제도모델의 논리와 일치하는 것이었다. 영국의 지도자들은 전쟁종결 직후에 획득한 자국의 '힘의 우위'를 활용해 자국에 바람직하고 내구성 있는 질서를 '고정화'시키려고 노력했으며, "내구력 있는 질서를 확립하기 위해서는 상호 만족할 수 있는 규칙과 제도를 바탕으로 행하는 것이 최선이다"라는 인식을 가졌다. 더욱이 "주요 국가 전체를 구속하고 전략적 대립관계에 제약을 가할 수 있는 제도와 과정에 관한 합의를 달성할 수만 있다면 이를 대신해 자국의 전략적 억제를 어느 정도 약속해도 좋다"라는 제안을 제시했다. 하지만 동시에 영국은 안전보장 면에서 보증을 약속하고 유럽의 질서 확립을 위해 자국을 구속하는 것에 관해서는 확실한 한도를 설정했으며, 타국이 어느 범위까지 구속적 약속이행을 행할 수 있는가에 관해서도 엄격한 제한을 두었다.

장기적으로 다수의 국가들이 수용할 수 있는 유럽질서를 창출하기 위해 포괄적인 전후구축을 추진해야 한다는 점에서는 영국이 나폴레옹을 반대했던 모든 국가들 중에서 가장 일관성 있는 태도로 임했다. 캐슬레이는 '원칙'과 '제 원칙'을 기반으로 전후구축을 달성하는 가치에 관해 몇 차례 언급한 적이 있는데, 그중에서 그는 "전체적인 합의를 위해 개별적인 논의에서는 양보할 필요가 있다"라고 주장했다. 캐슬레이는 '비엔나 회의'가 열리고 있던 시기에 웰링턴(Wellington)에게 보냈던 서간에서 다음과 같이 언술하고 있다. "나는 스스로의 주요한 목표를 유럽의 평형상태의 확립으로 정했으면 좋겠다고 생각한다. 그리고 그 목표를 향해 '원칙'이 허락되는 한 모든 비중심적인 논점을 양보하려고 한다."24) 하지만 캐슬레이는 포괄적인 질서 시스템을 추구하려는 이와 같은 사고를 영국만이 지니고 있는 신조라고 생각하고 있었다. 그는 런던으로 보내는 서간에서 이렇게 쓰고 있다. "우리의 불운은

(영국을 제외한) 회의 참가국 모두가 유럽 시스템이라는 전체적인 구상이 아니라 개별적인 논점만을 주목하고 있다는 사실이다."[25] 그는 또한 "포괄적인 전후구축을 추구하는 영국의 이익을 대변해 '전체적인 이익의 관점에서 최선'이 되는 것을 기반으로 '시스템'을 구축하고 타협을 도모하지 않으면 안 된다"라며 몇 번에 걸쳐 주장하고 있다.[26]

나폴레옹 전쟁 중에 영국이 목표로 내세운 포괄적 평화란 반드시 나폴레옹을 권력의 위치에서 끌어내릴 필요는 없으며 연합국 측이 결속해 결정적인 승리를 획득하고 전쟁을 종결시키면 된다는 것을 의미했다. 이는 전쟁 초기에는 '메테르니히를 통해 오스트리아를 연합국의 일원으로 확실히 참전시키는 것과 오스트리아가 나폴레옹과 단독강화를 맺지 않는 것'을 의미했다. 하지만 연합국 측의 승리가 가까워지면서 이 밖의 '연합국 측의 국가들이 전선이탈을 하지 않을 것과 영국을 제외한 형태의 '대륙강화'를 맺지 않을 것'이 부가되었다. 슈뢰더는 다음과 같이 지적하고 있다. "캐슬레이는 영국이 동맹국의 이익과 능력을 넘어서는 형태로 동맹국에 전쟁을 계속 강제할 수 없다고 강하게 인식하고 있었다. 하지만 그는, 영국의 패배가 있을 수 없는 것은 아니지만 만일 그렇게 된다면 최종적으로는 영국은 물론 그 이상으로 동맹국들에 좋지 않은 결과를 가져올 수 있다는 점에 관해 동맹국들을 설득하지 않으면 안 된다는 이해를 가지고 있었다."[27] 이처럼 영국은 강화조건에 관해 관용적이고 유연성 있는 태도를 취하려고 했다. 그 결과 영국의 최종적인 목표는 포괄적이고 온건한 조건에 의한 강화가 되었다. 이로 인해 유럽 전체의 포괄적인 전후구축 합의가 중시되었으며 개별적인 내용은 부차적인 것이 되었다.

## 포괄적 평화의 확보

영국이 취했던 이러한 전체를 중시하는 사고는 캐슬레이가 회의의 출석을 위해 출발하는 전야에 각료회의에 보낸 각서에 잘 나타나 있다.[28] 웹스터(Charles Webster)는 다음과 같이 적고 있다. "영국의 강화조건은 당연하게도 주로 영국의 국익만이 고려되어 서술되어 있었다. 하지만 이들 조건은 대륙재건의 전체 계획과 관계되어 있었으며, 각각의 강화조건이 서로 결합되어 있다는 것에 관해 명확하게 인식되어 있었다."[29] 캐슬레이가 염두에 두었던 것은 '공통의 이익'을 가진 문제에 대해 '연합국 각국과 명확하고 정확한 이해'를 확립하는 것, 통일전선을 더욱 확실하게 해두는 것, 프랑스와 교섭할 때 무엇을 검토할 것인지에 관해 연합국 측의 합의를 얻어두는 것 세 가지였다는 사실을 이 각서는 잘 보여주고 있다. "영국이 추구하는 기본적인 이익(특히 해군력의 우위와 네덜란드의 안전보장)이 확보된다면 영국은 전체적인 합의를 실현시키기 위해 식민지를 획득하는 것에 대해 일부 양보해도 좋다"라는 것이 영국의 태도였다. 그러나 전쟁종결이 시야에 들어오자 영국의 국익에 변화가 생겼다. 영국은 유럽질서를 둘러싼 논의를 종래보다 훨씬 폭넓은 관점에서 해결하려는 태도로 바뀌었다.

여기에서 중요한 것은 캐슬레이의 각서가 "동맹은 전쟁과 더불어 사라지는 것이 아니라 반대로 장래에 걸쳐 지속되는 것이며, 소생하는 프랑스에 대항하기 위해 상호적 책무를 갖는 국가연합으로 행동하지 않으면 안 된다"라는 취지로 끝을 맺고 있다는 점이다. 캐슬레이의 지시에 따르면, "'동맹조약(The Treaty of Alliance)'은 전쟁과 함께 그 효력이 소멸되는 것이 아니라 전후의 방위적 책무를 포함해야 하며, 거기에는 만일 프랑스에게 공격을 당할 경우 동맹국을 지원하는 상호 의무와 일정한 범위의 원조규정을 포함시켜야 한다."[30] 웹스터의 보고에 따르면, 캐슬레이는 자신의 독자적인 생각으로 '동맹(alliance)'과 '보증내용(guarantee)'이라는 개념을 확대적용하고자 한다. 이 개념은 그 후 '억제조약'으로서 전후동맹의 방향으로 발전해갔지만 이 시점에서는 아직 명확하게 설명되지 않은 채 프랑스에 대한 동맹유지라는 목표의 배후에 가려져 있었다.[31)]

영국의 포괄적 평화(comprehensive peace)와 장기적 동맹에 관한 사고의 기원은 1805년 러시아와 동맹교섭을 행했던 시기까지 거슬러 올라간다. 하지만 이보다 훨씬 구체적인 형태의 설명은 1813년 가을, 오스트리아가 여러 가지 우여곡절 끝에 연합에 참가했을 때 캐슬레이에 의해 이루어졌다. 이 시기에 캐슬레이는 영국의 전쟁목적에 일관성을 부여하고 교섭에 임하는 영국대표들에게 보내는 지시의 작성을 담당하고 있었다. 웹스터는 "캐슬레이가 전시뿐만 아니라 평시에도 지속될 수 있으며 장래의 위험이 찾아올 때 유럽에 일정한 통일을 가져다줄 수 있는 '대불동맹' 구상을 처음으로 생각했던 것이 바로 이 시기였다"라고 지적하고 있다.[32)] 영국은 '동맹 가맹국 사이에서 맺어진 몇 개의 조약을 하나의 포괄적 문서로 정리해 그 문서를 통해 연합관계가 나폴레옹의 외교로 인한 분단작전을 극복하도록' 하는 것을 강화교섭의 중심에 위치시키려 했다.[33)] 이러한 구상은 1813년 말, 캐슬레이가 유럽 대륙의 각국과 직접 교섭을 행할 준비를 하고 있을 때 그의 뇌리 속에서 맴돌고 있었던 것이다.

전시 중 영국이 포괄적인 전후구축을 달성하려고 했을 때 가장 중시했던 사항은 연합을 장기적으로 지속시키도록 노력하는 것과 평화관리 메커니즘으로 전시동맹을 이용하는 것, 이 두 가지였다. 프랑스를 원래의 국경선 안으로 되돌리기 위해 함께 싸우고 협력하는 동맹국 관계였지만 강화조건에서 동맹국들의 일치된 합의를 이끌어내기는 매우 힘들었으며, 동맹국이 전후질서를 관리하기 위한 일련의 포괄적인 결정을 작성하는 것에 동의할지에 관해서는 더욱 불확실한 상태였다. 전시하의 동맹은 조직화되지 못한 채 두드러지게 동요되었으며, 또한 '프랑스의 패권에 대항한다'라는 공통의 이익 이상으로 강력하게 결속하지도 못했다. 이에 관해 웹스터는 "나폴레옹을 중부 유럽에서 내몰고 난 이후 동맹국들은 나폴레옹이 패배한 후 생긴 많은 문제에 어떻게 대처해야 하는지에 관해 전혀 의견이 일치되지 않았다"라고 지적하고 있다.[34]

실제로 나폴레옹은 이 전쟁에서 일시적으로 획득한 군사적 우위를 이용해 정전에 동의하고 오스트리아 등 인접 국가들과 단독강화 또는 한정적 강화를 맺음으로써 연합국 동맹을 해산시킬 수 있는 기회를 가지고 있었다. 1814년 2월 나폴레옹은 프랑스가 침략해 '본래적' 국경을 강탈했던 외국과 강화를 맺을 수 있는 전권을 콜랭쿠르(Caulaincourt) 외상에게 넘겨주었기 때문이다. 하지만 프랑스군은 예상과는 달리 연전연승을 했으며, 이에 나폴레옹은 강화방침을 철회하고 이탈리아의 거의 모든 지역을 포함한 영토확장을 속행할 것을 지시했다. 이 외에도 몇 가지 사례에서 볼 수 있듯이, 나폴레옹은 연합국 간의 균열을 도모해 이를 이용하는 데 실패했고, 그중에서도 영러 양국의 전면적인 승리를 의심하고 있던 메테르니히의 우려를 틈타서 기회를 잡는 데 실패했다. 당시 메테르니히는 전쟁이 아니라 교섭에 의한 평화를 적극적으로 수용하고자 했는데, 만일 그렇게 했더라면 나폴레옹은 왕좌를 지킬 수 있었을 것이다. 하지만 이에 관해 캐슬레이는 "나폴레옹의 지배가 끝나지 않으면 안정된 유럽의 평화는 실현되지 못한다"라고 주장했다.

## 동맹의 유지

전시 중의 많은 시점에서 영국은 외교적인 주도권과 윤택한 보조금이라는 두 가지의 수단을 통해 동맹을 유지하면서 전후합의를 형성하기 위한 결정적인 역할을 수행했다. 이러한 다양한 수법을 살펴봄으로써 영국이 어떻게 자국의 국익을 계산했는지 알 수 있다. 첫째 방법으로, 영국은 가능한 한 적은 부담으로 동맹을 유지하려고 노력했으며 그 때문에 외교와 자금을 이용했다. 실제로 동맹은 1813년 말까지 거의 파기된 상태였다.[35] 메테르니히는 나폴레옹의 교섭 제창에 반응해 그 교섭에 응하도록 러시아 황제와 영국을 설득하고자 노력했지만 시일이 지나자 나폴레옹은 그 제안을 철회했고 전쟁은 재차 격렬하게 전개되었다. 영러 양국과 그 이외의 동맹국들 사이의 이해관계는 서로 달랐는데, 영러 이외의 동맹국들은 주로 영토에 대한 주장과 야심을 전면에 내세웠다. 나폴레옹과 영러 이외의 동맹국들 사이에 일련의 단독강화를 합의할 수 있는 가능성은 현실적으로 매우 부각되었지만, 전쟁을 종결시킬 수 있는 합의가 거의 존재하지 않았다는 사실과 동시에 프랑스군의 전면적인 패배, 나폴레옹의 실각, 그리고 정전이라는 가능성 역시 존재했다.

영국은 동맹의 결속을 유지하고 보조금과 융자〔나폴레옹을 지지하는 사람들은 이것을 '피트의 금(Pitt's gold)'이라 부르며 야유를 보냈다〕를 통해 전쟁을 지속시킬 수 있었다. 1813년, 영국은 오스트리아와 조약을 맺었는데, 이 조약에는 1년간의 전쟁수행을 위한 100만 파운드의 보조금을 오스트리아에 공여한다는 약속이 포함되어 있었다. 이는 러시아, 프러시아, 스웨덴에 각각 더 윤택한 보조금을 지원한 이후의 조치이기도 했다. 또한 영국은 자금과 무기의 기부를 받아 그것을 스페인과 포르투갈, 시칠리아로 보냈다.[36] 웹스터는 다음과 같이 보고하고 있다. "목적을 달성하기 위해 캐슬레이가 사용한 '무기'는 재정적인 원조였다. 그는 동맹국가들이 자신이 제시한 조건을 수용한다면 앞으로도 동맹국들에 보조금을 지출할 수 있다는 의도를 전혀 숨기지 않았다."[37] 전쟁의 종결조건을 둘러싸고 가맹국들 사이에서 행해진 논의의 해결점은 "영국이 얼마만큼의 보조금을 공여할 것이며 그 조건은 무엇인가?"라는 문제와 밀접하게 관계되어 있었다. 캐슬레이는 유럽 전체의 포괄적인 전후구축이라는 구상을 지니고 있었는데, 이 구상은 대륙의 국가들에게 매우 매력적으로 비쳤다. 왜냐하면 이 구상에는 영국의 재정원조를 받을 수 있다는 전망이 존재했기 때문이다.[38]

영국의 재정원조와 전쟁목적의 관계는 또 다른 형태로도 연관되어 있었다. 영국의회가 재정지출의 할당을 승인할 필요가 있었기 때문에 캐슬레이는 다음 연도의 재정원조를 의회에 의뢰하기 전에 각 방면에서 "대륙의 각 국가들의 참전의사를 명확히 해두어야 한다"라는 강한 압력을 받고 있었다.[39] 의회는 "동맹국가들이 영국의 전쟁목적을 지지하고 영국을 제외한 형태의 단독강화를 맺지 않는다"라는 확약을 요구했다. 이처럼 영국의 전쟁 보조금에 관한 권한을 의회가 쥐고 있었다는 사실은 평화교섭 과정에 두 가지의 영향을 끼쳤다. 하나는 영국의회의 이러한 태도 때문에 전쟁이 지속되고 있는 중에도 동맹국들이 전후구축을 조기에 교섭하려는 인센티브가 확대된 것이며, 또 하나는 영국의 교섭력(bargaining power)이 증대된 것이다. 이는 영국이 원조와 융자를 통해 전쟁수행을 조정할 수 있는 재정력을 지니고 있었다는 것뿐만 아니라 "원조의 대가로 무엇이 요구될 것인지 그 조건이 명확하며 영국의 의도를 신뢰할 수 있다"는 것을 의미했다.[40]

영국이 자국의 국익을 위해 사용한 둘째 방법은 동맹국들 간의 분쟁조정이었다. 캐슬레이는 동맹국들 간의 통일전선이 와해되는 것을 막기 위해 동맹국들 간의 분쟁해결을 위한 적극적인 노력을 기울였다. 이러한 분쟁의 대부분은 영토문제였다. 캐슬레이는 1814년 1월 동맹 4개국 교섭을 주최했고, 이 회의에서 4개국의 외상들은 일련의 협정(랑그르 의정서)을 승인했다. 이 합의는 각 동맹국들의 특정한 이익을 확인하고 있었지만, 동시에 프랑스가 '자연국경(natural borders)'으로 돌아가는 것을 각국이 인정하지 않으면 안 된다는 사실이 명기되어 있었다.[41] 각국의 외상들이 비엔나에서 강화회의를 개최하는 것에 동의한 것도 이 랑그르 회의석상에서였다. 이때는 개별적인 영토문제가 결착되지는 못했지만 균형과 배상의 원칙이 제시되어 어떻게 전후구축을 달성할지에 관한 방법이 시사되었다.

1814년 봄, 전쟁을 어떻게 종결시킬지에 관해 동맹국들은 계속해서 애매한 태도를 보였고, 이 때문에 동맹은 재차 위험한 상황에 처하게 되었다. 프랑스군이 몇 차례의 전투에서 승리를 거둔 후 오스트리아는 휴전준비에 들어갔고 러시아 역시 이러한 선택을 고려하기 시작했다. 같은 해 3월, 캐슬레이는 리버풀로 보내는 서간에서 다음과 같이 주장했다. "영국을 제외한 강화는 달성될 수 없다는 인식 이외에 동맹국들을 확고하게 묶어둘 수 있는 방법은 없다. 동맹국 대표들의 목소리에는 이미 열의가 사라졌지만 나는 그들에게 '유럽 대륙이 권위 있는 원칙에 기초해 나폴레옹과 강화를 맺을 수만 있다면 영국은 할 수 있는 만큼의 희생을 치를 것이다. 하지만 유럽 대륙이 그러한 강화를 맺을 수 없고 그럴 생각조차 없다면 영국은 유럽 대륙과 우리 자신을 위해서라도 프랑스와 전쟁을 지속시키는 입장을 고수할 것이다'라고 단호하게 전하고 왔다."[42] 캐슬레이는 다른 동맹국들에 자신감을 심어주려고 노력했으며, 영국은 동맹국들의 군사적 입장을 강화시키고 동맹국들 간의 의심을 없애기 위해 노력했다.

캐슬레이는 미묘하고 균형 있는 작전을 전개했으며, 전후강화의 성격은 이러한 그의 행동의 성패에 달려 있었다. 전쟁을 종결시키려는 메테르니히의 열의로 전쟁이 예상 외로 조기에 종결되거나 각국이 단독으로 프랑스와 단독강화를 맺는 형식으로 종결된다면 나폴레옹은 프랑스의 '자연국경' 내에서 정권을 유지할 수 있다. 만일 그렇게 된다면 동맹은 분열될 것이고, 동맹국들의 불일치는 프랑스 재생의 움직임과 겹쳐 대국 간의 분쟁과 전쟁을 증대시킬 것이다. 하지만 전쟁이 매우 격화되어 러시아 황제가 점령군을 이끌고 파리로 진입해 황제 자신이 임의의 조건으로 강화를 맺게 된다면 이때도 역시 동맹은 붕괴되고, 전후구축은 재차 약탈을 반복하는 우위경쟁의 힘겨루기가 될 것이다. 이와 같은 불안을 안고 있었던 캐슬레이는 이 중 어떠한 결과도 초래하지 않는 타협의 도식을 생각해내지 않으면 안 되었다. 결국 이러한 목적을 위해 영국은 동맹국들의 전쟁수행을 위해 보조금을 원조하는 반면 유럽 대륙의 영토분쟁에 관해서는 일체 관여하지 않는 자국의 고립성을 이용했다. 이 같은 방법으로 영국은 각 동맹국이 만족할 수 있는 전쟁종결과 평화교섭을 도모했다.

### 전후합의 고정화

강화조건을 '고정화'시키기 위해 영국이 동맹국들과 조약을 체결하고자 했다는 사실은 중요하다. 캐슬레이는 영국의 이익, 그중에서도 네덜란드의 처분에 관해 동맹국들의 합의를 얻기 위한 방책으로 '4국동맹'의 교섭을 개시했다. '4국동맹' 조약은 동시에 더 광범한 질서구축을 목표로 했다. 즉, 이 조약을 통해 동맹국들은 전후구축의 목적이 달성될 때까지 전쟁을 수행하지 않으면 안 되었다. 더욱이 이 조약은 프랑스의 재부흥에 대비한 보험으로서 전후방위동맹의 기능을 명확히

했다.

결정적인 사건은 1814년 봄, '쇼몽 조약' 조인이었다.[43] 메테르니히는 강화조건에 관한 협정의 내용에 대해 본의 아니게 다른 동맹국들에 의견을 접근시켰는데, 그 결과 프랑스의 국토는 '자연국경'이 아니라 '고대(ancient)' 국경으로 범위가 확정되어야 한다는 것, 이탈리아와 독일은 독립된 중재국일 것, 벨기에는 프랑스에서 독립할 것과 같은 사항이 결정되었다. 이전의 시점에서 나폴레옹은 프랑스의 국경을 확대시킨 형태의 정전을 강력하게 주장했었다. 메테르니히는 가능한 한 빠른 전쟁종결을 바랐지만 이러한 나폴레옹의 주장 때문에 강화를 실현할 수 없었다. 하지만 그로 인해 캐슬레이는 러시아와 프러시아의 요구에 저항할 수 있었다. 이 양국은 교섭에 임하면서 "군사적으로 승리를 거두고 통일강화를 맺은 후 프랑스에 신정권을 탄생시킨다"라는 도식을 적극적으로 시도하려고 했기 때문이다. 여기에서도 마찬가지로 동맹국의 결속이 캐슬레이의 최대 목표였다. '쇼몽 조약'의 체결로 동맹국들은 자신들이 동의한 전쟁목적의 수행을 위해 역할을 다하지 않으면 안 되었다. 그 전쟁목적에는 독일의 연합국가화, 몇 개의 독립국으로 구성되는 이탈리아, 독립국가 스위스, 부르봉 왕조하에서의 자유 스페인, 네덜란드의 확대 실현이 포함되어 있었다. 하지만 가장 중요한 의의는 이 조약을 통해 "전쟁이 종결된 이후 이 동맹을 20년간 유지할 것과 프랑스가 재차 대국으로 부활할 경우 동맹국가들이 상호방위에 동의할 것"이라는 의무가 동맹국들에 부여되었다는 점이다.[44] 이것이 '4국동맹'의 시작이었으며, 이로 인해 각국은 나폴레옹 전쟁의 종결 이후에도 동맹국으로 존속해 유럽 대륙의 정치질서를 관리한다는 합의가 생겨났다.

캐슬레이는 '이 조약이 전후 유럽질서의 구축과 유지에 있어 불가결한 것'이라는 견해를 확실하게 인식하고 있었다. 이러한 인식은 그가 자국의 정부에 보고했던 다음과 같은 내용을 통해 확인할 수 있다. "이 조약의 의의는 각국이 주도적인 열강 사이의 수시적인 협의를 유지한다는 체계적인 계약을 맺은 것뿐만이 아니다. 동시에 모든 중소 국가, 특히 라인 강에 연접하고 있는 중소국가들이 프랑스와의 타협 강요에서 해방되고, 평화회복을 기반으로 스스로의 안전보장 창출을 기대할 수 있는 보증이 확립되었다는 점 역시 중요하다."[45] 이 조약이 상정하고 있던 질서는 조약의 제16조가 제시하고 있는 것처럼 '세력균 형'이 확보될 수 있는 질서였다. 개별적인 문맥을 통해 살펴보면 영토·권리·책무를 공정하고 상호 수용 가능하게 공유하게 되었다는 것을 의미하고 있었다.

조약의 종합에서 영국의 역할은 매우 중요했는데, 영국 이외의 유럽 국가들은 모두 동맹의 방침에 대해 서로 다른 태도를 보였기 때문에 동맹은 하나로 통일되지 못한 상태였다. 이러한 상황에서 영국이 유연 한 입장을 취했던 점과 캐슬레이가 동맹국들 간의 타협을 모색했던 점 두 가지가 합의를 달성하는 열쇠가 되었다. 하지만 더 결정적인 역할을 했던 것은 전쟁수행에 대한 영국의 단호한 불퇴의 입장이었다. 슈뢰더는 다음과 같이 지적하고 있다. "캐슬레이는 영국이 보조금을 중단하지도 않을 것이며 대륙에서 철수해 자신의 식민지 정복을 계속 하지도 않을 것이라는 점을 동맹국들에 대해 재차 표명했다. 더욱이 영국 없이는 유럽 대륙에서 전쟁을 수행하거나 강화를 달성할 수도 없다는 점을 동맹국들에 확실히 경고했다."[46] 합의를 얻기 위해 보조 금을 활용한 것은 결정적이었다. 이전 시기 보조금의 교부는 네덜란드 를 프랑스에서 독립시키는 것을 조건으로 하고 있었지만 이번 조약에 서는 새로운 보조금이 처음부터 결정되어 있었다. 보조금의 규모는 앞으로 1년간의 전쟁을 수행하는 데 충분했다.[47] 영국의 조건을 타국에 수용시키기 위해서는 매우 큰 부담을 감수해야만 했는데, 전쟁수행군사비와 동원병력 측면에서 영국은 각국의 두 배를 부담했다.[48]

이와 같은 다양한 방법으로 캐슬레이와 영국정부는 영국의 장기적인 국익을 고려하고 있었으며, 어떻게 해서든 동맹을 유지하려고 노력했다. 왜냐하면 전반적인 전후구축을 달성하기 위해서는 이러한 방법밖에 없었기 때문이다. 이러한 목적을 위해 영국은 자금과 능력을 활용하여 동맹국들에 보조금을 교부하며 영토와 전후목표를 둘러싼 동맹국 간의 분쟁해결에 관여했다. 또한 전쟁종결을 위해 각 국가들이 수용 가능한 일련의 조건을 구비하지 않으면 안 되었다. 영국정부는 개별적인 문제보다 동맹국들의 결속을 유지하는 것을 중시했는데, 이는 '전쟁종결이 유럽에 국가 간 정치(interstate politics)를 형성시킬 수 있는 절호의 기회이자 또한 좌절되기 쉬운 기회'라는 것을 인식하고 있었다는 증거가 된다. 캐슬레이와 영국정부가 장래에 걸쳐 내구성 있고 안정된 질서가 형성될 수 있는 형태로 사태를 수습하기를 원했던 것은 틀림없다.

### 전략적 억제

영국이 상호 수용 가능한 전후구축을 목표로 하고 있었다는 것은 '힘의 행사'에 억제를 보여준 사실에서도 잘 드러나고 있다. 이 억제는 각종 분쟁을 전후에 어떻게 해결할 것인가에 관해 각 국가들이 일정한 기대를 갖게 하는 것에 목적이 있었다. 이러한 억제의 움직임 속에서 영국이나 타국의 지도자들은 서로 자신들의 입장을 강화하지 않는 것과 더불어 상대국가 역시 같은 행동을 취하도록 신호를 보내고 있었다. 이러한 억제의 순간은 전시하의 동맹관계에서 나타나는 더 일반적인 '타협과 억제' 유형의 일부이며, 여기에서 가장 중요한 것은 이러한 유형을 조성하고 촉진시킨 주역이 바로 영국이라는 점이다.

다른 유럽 지도자들과의 의사소통 과정에서 캐슬레이는 "'억제와 온건함', 그리고 '안정되고 상호 수용 가능한 질서'라는 두 가지 요소를 서로 관련시켜 유럽질서의 시스템이 원칙과 온건함, 그리고 법과 제도 적 권위를 동반한 조치를 기반으로 형성되어야 한다"라고 주장했다. 1814년 10월, 폴란드를 둘러싼 분쟁에 관해 알렉산드르 황제에게 보낸 서간에서 캐슬레이는 "자제와 온건함, 그리고 관용의 정신이 존재해야 비로소 러시아 황제나 다른 지도자들이 추구하는 평화를 유럽에서 확립시킬 수 있다"라고 주장했다.[49] 그는 또한 유럽의 지도자들에게 보낸 서간에서도 "공정하고 장기적인 전후구축은 유럽의 국가들이 온건한 태도를 보이면서 힘의 확대를 억제할 때야말로 실현될 수 있다" 라고 거듭 강조하고 있다.[50]

영국의 억제는 영국과 네덜란드의 양국 간 관계에서 확실히 발견된 다. 영국은 전시 중에 주요한 전략적 목표로 독립국가 네덜란드의 탄생을 제시했고, 동맹국들과의 교섭과정에서는 이것이 논의의 대상 이 되지 않도록 주의를 기울였다. 하지만 영국은 유럽의 전후구축 전체를 희생하면서까지 네덜란드에 대한 권익을 추구하지는 않았다. 슈뢰더는 "설령 그것이 현실적으로 가능하고, 또한 그렇게 하지 않는다 면 잠재적인 위험이 존재할지 모른다 해도 영국은 네덜란드 연합왕국 을 단순히 영국의 위성국가로 세우려고 의도하지는 않았다"라고 기술 하고 있다.[51] 네덜란드는 영국에 전면적으로 의존하는 형태로 나폴레 옹 전쟁에 그 모습을 드러냈다. 슈뢰더에 따르면, "네덜란드가 당시 정치, 상업, 식민지 각 측면에서 영국의 이익에 반하는 정책을 전개할 지도 모른다는 위험이 존재했음에도 영국은 네덜란드가 독립된 '중개국가'로 존재할 수 있도록 허용하고 장려했다. 더욱이 매우 빠른 시기에 이러한 위험은 현실적인 것이 되었다."52) 영국이 네덜란드에 대한 더 직접적인 지배를 포기하는 것은 그렇게까지 비싼 대가를 동반하는 일이 아니었다. 하지만 그것이 다른 주요 열강들에게 전략적 억제를 전하는 가장 유효한 방법이었음은 분명했다.

## 전후의 제도적 구속

영국을 비롯한 유럽의 열강들은 전후 유럽의 안정을 유지하기 위해 다양한 형태의 상호 억제 메커니즘을 활용했다. 그 메커니즘은 상호 보강할 수 있는 다층적 제도를 유럽의 정치질서에 편입시켜 유럽의 정치질서를 단순한 세력균형 시스템에서 분리시키는 것이었다. 이러한 메커니즘에는 세 가지 요소가 매우 중요했다. 첫째는 동맹 그 자체였다. 동맹은 전후구축의 중심에 위치했으며, 동맹국들은 전후의 평화기를 맞이한 이후에도 동맹을 계속 유지해갈 것에 동의했다. 이는 어떠한 힘의 억제조치를 강구할 수 있는 메커니즘을 상정하고 있었던 것처럼 보인다. 둘째는 '회의 시스템(congress system)'이었다. 이는 열강들 간의 제도적 협의과정으로 이용되었다. 이 시스템을 통해 무력분쟁의 공동 관리와 영토문제의 법적 해결 메커니즘이 형성되었다. 셋째는 유럽공법의 규범과 규칙을 널리 주지시키는 것이었다. 이는 유럽 영역 내의 제도, 영토결정, 대국 간의 합의에 법적 기반을 지닌 정통성과 권위를 부여하는 것이 목적이었다.

## 동맹에 의한 구속

전후질서의 가장 중요한 제도는 동맹 그 자체이다. 영국은 당초부터 동맹이 나폴레옹을 상대로 전쟁을 수행하기 위한 단순한 수단이 아니라 그 이상의 의미를 가진 것으로 간주해왔다. 영국에게 동맹은 전쟁에서 승리를 거두는 동시에 전후평화를 관리할 수 있는 수단이었다. 영국정부는 세력균형이라는 예전의 시스템을 극복하고 유럽의 정치질서를 확립시켜야 한다고 주장했다. 실제로 '균형'이나 '평형상태'라는 용어가 사용되었지만, 이 용어는 세력균형이라는 오래된 개념이 아니라 유럽질서의 성격과 운용에 관한 법적·제도적인 개념을 의미하고 있었다.

유럽의 장기적인 안전보장 합의에 대한 영국의 관심은 1805년 초에 이미 제시된 바 있었다. 러시아는 유럽 전체를 시야에 넣은 채 영러동맹의 결성을 제안했지만 동맹의 목적과 그 실태에 관해서는 명확하게 제시하지 않았다.[53] 이에 피트는 유명한 1805년 1월의 각서를 러시아에 보내 열강에 의한 '수시협의' 체제 설립에 관한 대안을 제시했다. 이 제안에는 프랑스의 지배를 받고 있는 국가들을 해방시키고 프랑스를 예전의 국경선으로 되돌려놓기, 프랑스 제국에게 영토를 반환받은 국가들에 안전보장 부여, 그리고 서로 다른 열강의 상호적인 보호와 안전, 더욱이 유럽공법의 전체적인 시스템을 확립하기 위한 일반협정과 보증결정 체결이라는 세 가지 목표가 포함되어 있었다.[54] 이후 피트는 상호적 보호와 안전보장 시스템의 제안에 관해 다음과 같이 설명하고 있다.

동맹국들의 노력이 완전히 성공해 앞에서 언급했던 두 가지의 목적을 달성했다고 가정하더라도 이 시스템에 연대와 영속성을 부여할 수 있는 효과적인 조치를 통해 평화의 회복을 보강하지 않으면 안 된다. 그렇지 않으면 국왕폐하는 이번의 이 유익한 구상을 불완전하다고 판단하실 것임에 틀림없다. 이들 영토협정은 장래의 유럽평화에 많은 영향을 줄 것이 분명하고, 또한 프랑스의 야심에 대해 지금까지 보여준 것 이상으로 많은 장해를 줄 게 틀림없다. 하지만 이 안전보장을 가능한 한 완전한 것으로 해두기 위해서는 일반적인 평화기에 유럽의 주요 열강이 가맹국이 될 수 있는 조약의 형성이 필요하다고 생각된다. 이러한 조약을 통해 각국의 권리와 재산은 이전과 마찬가지로 확정되고 인식될 것이며, 조약 가맹국은 가맹국에 대한 침범에 대해 서로를 보호하며 지원하도록 구속할 수 있다. 또한 조약을 통해 유럽공법의 일반적이고 포괄적인 시스템이 재건되지 않으면 안 되며, 가능한 한 전반적인 평화를 깨려는 기도를 예방하고, 프랑스 혁명의 비참한 시기 이래 유럽을 기습했던 모든 재난을 낳은 확장과 야심이 다시 도래하는 것을 일체 억제하지 않으면 안 된다.[55]

프랑스의 패배 이후 유럽 각 국가 영토의 '예전의 권리(ancient rights)'를 되찾으려는 것이 열강의 의도였다. 하지만 영토권은 절대적인 것이 아니었고 그 권리가 유럽 전체의 평화와 안전보장에 이해관계를 가지게 되는 경우에는 침해될 수도 있었다. "어떠한 경우에 주권과 영토가 우위에 서게 되는가?"를 판단하는 것은 열강들의 몫이었다. 피트는 유럽 동맹국들의 '권리와 재산'에 관한 합의가 가능하고 그 기초가 되는 전후구축을 공동으로 보호하고 유지하지 않으면 안 된다고 생각했다.[56]

당초 피트의 제안은 프랑스의 재기를 확실히 억제하고 유럽의 정치 대립을 막기 위해 전후기에도 동맹을 유지하는 것이었다. 이러한 제안을 더욱 전진시킨 것이 캐슬레이가 제안한 대불동맹 구상이었다. 이 방위동맹이야말로 전후구축의 중심적인 존재가 되었으며, 모든 교섭은 동맹국들의 합의를 기반으로 진행되었다.[57]

영국은 전후기에도 동맹을 계속 지속시키려는 생각을 지니고 있었기 때문에 제도적 개혁의 실시와 유럽질서의 구축을 목표로 삼았다. 또한 잠재적인 적대국과 균형이 아니라, 동맹을 이용해 적대국과 상호억제 관계를 창출시키려고 노력했다. 동맹이 잠재적으로 지니고 있는 억제적 역할에 관해서는 이미 2장과 3장에서 논의했지만, 이 역할을 오스굿(Robert Osgood)은 다음과 같이 지적한다. "결속력을 포함해 동맹이 지니는 가장 뛰어난 기능은 동맹국을 억제하고 관리하는 것이다. 이 기능의 목적은 여러 가지가 있지만 그중에서도 어느 동맹국이 다른 동맹국의 안전보장을 위협하거나 그 밖의 다른 수단으로 국익을 방해하는 행동을 방지하는 것이다."[58] 이와 마찬가지로 슈뢰더 역시 "안전보장 동맹은 상호억제 효과 덕분에 매우 매력적일 뿐만 아니라 동맹국가의 행동을 억제하고 관리한다"라고 주장한다.[59] 각국이 동맹에서 기대하는 것은 제도화된 안전보장조약 속에서 잠재적인 적대국을 고정화시켜 위협과 안전보장 사이의 딜레마를 저하시키는 것이다.

그러한 의미에서 '4국동맹'은 상호억제라는 목적과 일치했다. 캐슬레이는 이 구상을 제창했고, '4국동맹조약'의 제6조를 통해 결실을 맺었다. 슈뢰더는 다음과 같이 주장하고 있다. "이전 4반세기에 걸친 대변동뿐만 아니라 1812~1814년 시기 최후의 반(反)나폴레옹 동맹이 지니고 있던 긴장과 수많은 문제, '평화회의' 사이에서 생긴 열강들 간의 분쟁, 나폴레옹의 엘바 섬에서의 귀환, 이러한 것들의 융합과 상호적인 협력과 억제를 목적으로 하는 장기적인 동맹의 형성이 절대적으로 필요하다며 각 열강들을 확신시켰다."[60] 동맹결성으로 열강들이 협력할 수 있는 메커니즘이 탄생되었지만 동시에 열강들이 서로 감시하게 되었으며 때로는 서로 영향을 끼치고 억제하는 조직도 생겨났다. 오시안더가 주장하는 것처럼 "열강들은 서로 신뢰할 수 없었기 때문에 서로 협력하지 않으면 안 되었다"는 것이다.[61]

'4국동맹'은 폭넓게 결성된 수많은 억제조약 중에서도 가장 중심에 위치하고 있었다. 1818년, 대국 간 협력이 발전해 동맹국 사이에서의 억제가 확장되지 않을까 하는 우려가 발생했지만 결국 동맹을 확대하고 프랑스를 포함시킨 '5국동맹(Quintuple Alliance)'이 탄생되었다.[62] 1815년 9월, 러시아 황제 알렉산드르 1세는 유럽의 그리스도교 군주와 국민의 동맹을 제창했고, 이로써 '신성동맹(The Holy Alliance)'이 탄생되었다. 이 동맹은 열강의 협력과 상호억제에 대한, 더 추상적이고 불분명한 약속이행을 내용으로 하고 있었다. 구체적인 안전보장상의 보증이나 책무는 무엇 하나 포함되어 있지 않았지만(캐슬레이는 이 동맹을 '신비주의와 난센스의 극치'라고 생각했고, 메테르니히는 '소리만 컸지 내용이 없다'라고 평했다), 러시아와 오스트리아는 10년 이상에 걸쳐 이 '신성동맹'을 서로 균형을 취하고 억제할 수 있는 조직으로 이용했다. 최종적으로는 프랑스의 재흥에 대비한 상호안전보장 방위동맹으로서 '1815년 독일연합'이 탄생했다. 하지만 이 조직 역시 슈뢰더가 주장하는 것처럼, "내부적으로 독일문제를 조정한다는 억제를 목적으로 하는 조약"이었다.[63] 특히 '연합이라는 유대를 통해 결성된' 하나의 독일이라는 존재는 오스트리아와 프러시아의 리더십 경쟁을 중재하고 완화시키는 동시에 중소국들에게 안전과 독립의 틀을 가져다주었다.[64] 이러한 다양한 동맹은 그 형태와 설립목적에 큰 차이가 있었지만, 모든 동맹이 동맹국가들 간의 장래와 상호영향의 메커니즘에 대한 공통의 기대를 창출시켰으며 상호억제 제도로서 공헌했다.

'대국원칙(great power principle)'(유럽을 대표하는 국가들은 권리와 책무를 지니는 특별한 그룹을 결성한다는 원칙)의 강화를 통해 '나폴레옹 이후기'의 온건하고 풍부한 억제력을 지닌 조약의 운용이 강화되었다. 나폴레옹 전쟁 중에 동맹국가들의 지도자들은 전후의 시스템을 감시하고 관리하는 특권적인 역할을 담당해야 한다고 인식했다. 웹스터는 다음과 같이 주장하고 있다. "의식하지 못하는 사이에 유럽 전체의 제 원칙에는 큰 변화가 생겼다. 동맹국가들은 '자신들을 스스로를 대표할 뿐만 아니라 유럽 전체를 대표한다'라고 주장하게 되었다. 그 결과 동맹국가들은 주요한 문제점들을 모두 자신들이 직접 해결하는 것을 목표로 삼았다."[65] 동맹국들은 안전보장상에서의 결정들을 논의하는 과정에서 실무적인 문제로서 각 국가들이 합의내용의 준수를 의무화하거나 확실한 것으로 해두어야 할 필요성에 대해 의견의 일치를 보았다. 하지만 결국 동맹국들은 제 합의의 실시에 관해 어떠한 행동도 옮기지 않았으며, 유럽질서와 상대국가들에 손해를 입힐 가능성이 더욱 커졌다.[66] 이에 4개 동맹국들은 자신들이 해야 할 특별한 역할을 제1회 파리평화회의를 통해 명확하게 확인했고, 최종적으로 8개국(오스트리아, 영국, 프랑스, 포르투갈, 프러시아, 러시아, 스페인, 스웨덴)이 이 조약에 조인했다. 이 조약에는 본문과는 별도로 주요 4개 동맹국들 간만의 '비밀조항'이 존재했는데, 거기에는 "최종적으로 합의내용은 승인을 위해 평화회의 총회에 제시되어야 하지만 프랑스가 분할하는 영토의 분배는 4대 연합국에 의해 결정된다"라는 사항이 포함되어 있었다.[67] '대국의 지위'를 인정함으로써 4대 연합국과 중소국가들 사이에는 구별이 생겨났고, 그 지위로 인해 4대국이 질서를 관리하게 되었다. 그 결과 동맹을 통해 참가국을 서로 관리하는 약속이행 체제가 강화되었다.

## 협의와 억제의 제도화

동맹국가들은 계속적인 협의를 실시할 것에 합의했는데, 이는 1815년 전후구축의 중심에 위치하는 합의로서 나폴레옹 전쟁의 종결이 머지않았다는 것을 보여주었다. 1814년 1월에서 1815년 11월까지 몇 번에 걸쳐 동맹국 대표들이 모여 회의를 열었고, 그때마다 각국 대표들은 '나폴레옹 쪽에서 먼저 화해와 평화 교섭을 제시하게 될 것'으로 기대하고 있었다. 하지만 나폴레옹은 전쟁을 지속시켰고 그에 따라 동맹국 대표들 역시 협의가 반복되는 시기를 겪었다. 그 회의에서 각국 대표들은 다양한 전시하의 문제에 관해 협의했는데, 랭혼(Richard Langhorne)에 따르면 "각국 대표들이 행했던 것은 사실상의 국제회의였고, 그것도 오래 지속되는 국제회의였다. 물론 매우 서투른 면도 있었지만 전체적으로 평가하면 정기적으로 회의를 개최한 대표들은 동맹국들의 결속을 도모하며 나폴레옹의 최후를 솜씨 좋게 처리했다."[68] 이 협의가 3개월 동안 지속된 후 캐슬레이는 "4개국 외상회의 이외의 장소에서 전후결정에 관해 협의할 생각은 없다"라고 표명했다.[69]

종래에 그 예를 찾아볼 수 없었던 이러한 장기적인 협의과정은 1814년 1월 18일, 바젤의 동맹본부에 캐슬레이가 도착했던 시점에서부터 시작되었다. 어느 역사가의 지적에 따르면, 캐슬레이와 메테르니히는 "결속을 유지할 수 있는 유일한 방법은 서로의 몸을 접근시키면서 언제나 함께 있는 것과 통상의 외교적 수법이 아니라 끊임없이 회합을 갖는 수법에 의거하는 것이다"라는 사실을 발견했다.[70] 캐슬레이는 "동맹 내에서 의견의 상이점을 극복하고 동맹의 결속을 유지하기 위해서는 함께 모여 몇 번이고 토의를 해야 한다"는 확신을 가지고 있었다. 그는 일찍부터 다음과 같이 강조했다. "전쟁을 통해 생겨난 새로운 외교수법, 즉 각국의 상급 정치가들이 매우 미묘한 문제에 관해 솔직하고 내밀한 공식적인 토의를 행하는 것이 얼마나 중요한가? 이러한 방법을 통해야 의심과 불신으로 가득 찬 유럽의 재건이라는 곤란한 문제를 해결할 수 있다."[71]

이후 캐슬레이는 바젤에서 체류 중이었을 때 "계속적인 토의가 의견의 상충을 극복하는 데 반드시 도움이 된다"라고 주장했다. 그는 "지금까지 동맹국들[그는 '연합(confederacy)'이라고 불렀다]에 중심적인 협의기관이 존재하지 않았기 때문에 편견과 분열에 노출되어 있었다. 그러한 협의기관이 탄생된다면 각국이 강구하고자 하는 모든 조치에 관해 각국의 대표들이 교섭단계에서부터 직접 토의를 거치고 동시에 본국 정부에 검토를 요구할 수 있게 될 것이다"라고 지적했으며, "각국의 대표가 소환되어 토의를 거친 개별적인 안건들이 단지 만장일치로만이 아니라 내면적으로도 의견이 일치됨으로써 채택된다"라고 보고하고 있다.[72]

당시 전후구축의 분수령이라고 불릴 만한 '쇼몽 조약'을 탄생시킨 것은 이 전시협의 과정이었다. 이 시점에서 동맹국들의 협의는 '유럽 열강그룹의 형성'이라는 개념에 더 큰 형태와 정체성을 부여하는 것이 목적이었다. 여기에서 말하는 '유럽 열강그룹의 형성'이란 그다지 엄밀하지 않은 의미에서 유럽을 '대표하거나' 또는 유럽의 '대표로 행동하는' 그룹의 발족을 의미한다. 동맹국들이 전쟁종결 후에도 전후구축을 강화하고 평화를 유지하는 노력을 계속할 것이라는 생각을 공식적으로 비준한 것 역시 이 '쇼몽 조약'을 통해서였다. 이 조약은 피트가 1805년에 처음으로 표명한 영국의 견해, 즉 동맹국들은 유럽, 나아가서는 각 국가들에게 평화의 유지에 가장 적합한 수단으로서 '수시협의'를 이행하지 않으면 안 된다는 견해를 명시했다.[73] 그로부터 수주 후 제1회 파리평화회의는 강화조약으로 생긴 합의를 '조정하기' 위해 비

엔나에서 '전체회의(General Congress)'를 개최하도록 요청했다.[74]

열강 간 회의의 개최는 1815년 11월 20일에 조인된 제2차 파리강화의 일부로 재건된 '4국동맹' 체제에서 재차 주장되었다.[75] '방위동맹조약'의 제6조는 "조약내용의 확실한 이행을 위해 동맹국 각국의 원수 또는 원수를 대신하는 대표가 정기적인 회의를 개최하고 강화의 합의를 유지한다"라고 언급되어 있다. 현실적으로 이는 열강이 유럽질서를 계속적으로 관리한다는 것을 의미했다.[76] 이 제6조로 인해 나폴레옹 전쟁의 최종국면에서 시작된 회의외교를 영속화하는 것이 동맹국들의 정식적인 약속이행 의무가 되었다. 전후질서를 유지하기 위한 수단으로 항구적인 회의외교를 실시한다는 원칙에 관해 어느 역사가는 "유럽 수시협의 체제에 처음으로 구비된 헌법이라고 불러도 될 만큼, 이로써 복잡하고 효율적인 기능을 지닌 국제관계라는 공장 안에 새롭게 개발된 기계를 설치하는 것이 정식으로 결정되었다"라고 지적했다.[77]

공통의 관심사에 대해 서로 의견을 나누고 조정하는 상설적인 회의 기관을 설치하는 것은 비엔나 전후구축의 새로운 특징이었다. '비엔나 회의' 이전의 국제회의는 전쟁이 종결되었을 때만 개최되었으며, 그 목적은 주로 평화의 확립이었다. 비엔나 전후구축 이후 10년 동안 유럽에서는 각국 정부가 일반적인 문제를 서로 의논하기 위해 평시에 정기적으로 회의를 개최하는 관행이 확립되었다. 당초 이러한 회의는 주로 정치적 문제를 다루었으며 법률문제는 그 대상에서 제외되었다. 이러한 결과 다양한 일반조약이 생겨났는데, 전반적인 틀에 관한 협의에 비해 전문적인 협정교섭에는 관심이 모아지지 않았다. 어느 학자의 지적에 따르면, "1815년에 시작된 '비엔나 회의'는 입법회의의 성격을 띠고 있었으며, '비엔나 회의 최종의정서'는 유럽공법의 발전이라는 점에서 매우 중요했다."[78]

상설적인 회의기관의 설치라는 형태로 실현된 합동관리 메커니즘의 중요한 기능에 대해서는 회의 출석자들에게 높은 평가를 받았다. 캐슬레이는 1818년 10월, 엑스 라 샤펠에서의 서간에서 종래에는 존재하지 않았던 정기협의가 갖는 중요성을 다음과 같이 지적했다. "이러한 재회를 실현할 때 각국의 대표들 사이에서는 그 어떠한 망설임도 찾아볼 수 없었다. 누구나 서로 확고한 관계가 구축되어가는 것을 매우 만족스럽게 생각했다. '재회(reunions)'라는 말이 너무 과장되게 들리지만 나는 유럽의 정치공동체에 새로운 발견이 일어났다는 것을 실감했다. 이 발견으로 외교의 수평선을 모호하게 만들었던 거미줄을 제거하고, 시스템 전체를 올바른 방향으로 진행시키며, 열강의 대표들에게 단일국가로서의 기능성이나 평이성이라고 불릴 만한 것을 단 한 번에 가져다줄 수 있게 되었던 것이다."[79]

'회의 시스템'의 가장 중요한 기능은 영토분쟁을 어떻게 해결할 것인가에 관한 이해를 각 국가들에 공유시키는 것이었다. 이 내용은 열강이 영토분쟁을 해결하는 권리와 책무를 소유하는 것, 하나의 대국에 의한 영토적 확장에는 다른 열강들의 묵인이 필요하다는 것, 전쟁에 이르기 이전 단계에서 분쟁을 해결하기 위해 이 협의과정이 운용되어야만 한다는 것이었다. 즉, 열강들은 국제질서의 변경에 관해 협력하고 검토해 그것에 대한 판단을 내리고, 어떠한 형태의 변화가 수용 가능하고 타당한지 결정하고 나서, 각국의 국가행동 속에서 나타나는, 실시되면 안 되는 위험한 행동이나 변경해도 괜찮은 행동을 구별하는 역할을 담당하는 것이다.[80]

이 협의과정이 '힘의 억제' 메커니즘으로 기능할 때에는 몇 가지의 양태를 지니게 되는데, 첫째는 열강국들이 형성하는 정식기구로서 이 과정이 유럽 정치질서의 구축에 관해 각국이 공유하는 일정한 기대와 정통성의 수준을 명확하게 제시할 수 있다는 단순명쾌한 것이다. 이 경우에는 모든 국가행동이 동등한 정통성을 가지는 것은 아니며, 더욱이 여기서는 각 국가들이 수용 가능한 행동이나 영토의 변경을 요구하거나 부인하기도 쉽다. 협의 메커니즘은 열강들이 서로 감시하며, 열강의 외교정책을 집단적인 검증의 장으로 끌어낼 수 있는 기회를 창출했다. 전체적으로 볼 때 '수시협의' 외교는 주로 억제규범을 각국에 주지시키고 압력을 가하는 방법을 통해 '힘의 행사'를 조정하는 억제 메커니즘으로 기능했다. 캐슬레이에 따르면, 협의과정은 적대국을 '집단 속에 가두어두는 것'이 그 목적이다. 한편 메테르니히에 따르면, 이는 '도덕적 접촉점(point of moral contact)'에 지나지 않는다. 또한 어느 학자는 다음과 같이 분석하고 있다. "가장 중요한 수단은 직접적인 군사충돌이 아니라 도덕적인 설득으로 바뀌었다. 즉, 유럽의 평화와 안정을 위해 열강들이 담당해야 하는 집단적 책무란 무엇인가 또는 어떤 대국의 행동에 대해 다른 열강이 타당하고 정통성 있다고 판단할 수 있는 규범은 무엇인가를 밝히고 이를 각 국가들에 요구하는 것이다. 어떤 의미에서 '수시협의'라는 구상은 유럽열강들의 집단적인 양심이 되었고, 국제정치 내에서 열강이 지녀야 하는 책임과 책무를 상기시켰다."[81]

이 메커니즘의 유효성이 시도된 최초의 시금석은 전후의 영토분쟁 중에서도 가장 어려운 문제였던 폴란드와 작센(Saxony)의 문제에 대한 처리를 둘러싼 논의였다. 당시 러시아는 폴란드를 자신의 지배지역으로 삼으려고 했는데, 만약 러시아의 폴란드 점령이 현실화된다면 유럽 내에 진정한 위협이 생겨날 상황이었다. 여기에서 러시아의 주장이 통과된다면 다음에는 독일 서부의 일부 영토가 프러시아에 할양되지 않으면 안 되었다. 그렇게 되면 프랑스의 국경 주변에 독립국가를 탄생시키려는 결정에 장해가 생긴다. 러시아 황제 알렉산드르는 영토 확장을 계속 진행시키려는 듯 보였으며, 동시에 자신의 지배하에서 입헌 폴란드를 실현시키려는 구상을 가지고 있었다. 이러한 사태가 현실화된다면 다른 열강들, 특히 오스트리아에 아주 번거로운 상황이 벌어질 것으로 예상되었다.[82] 한편 오스트리아와 프러시아는 독일의 작센지방의 장래를 둘러싸고 대립하고 있었다. 왜냐하면 프러시아가 러시아의 원조를 빌려 작센병합을 노리고 있었기 때문이었다. 이렇게 다양한 이해관계에서 주요 열강들이 결속해 폴란드에 대한 러시아의 권익에 반대하는 이의를 제기할 가능성은 전혀 없었다.

알렉산드르 황제는 1814년 말, 폴란드에 관한 자국의 권익주장을 실현시키기 위해 동맹국들에게 정식회의의 개최를 요구했으며, 이 회의에서 작센문제도 검토되었다. 오스트리아와 영국은 "이 회의에 프랑스를 참가시켜야 한다"라고 요구했고, 이에 대해 프러시아는 격렬하게 반대했다. 탈레랑이 이 회의에 출석한다면 작센문제에 걸려 있는 프러시아의 희망이 좌절될 것은 너무나도 명백했다. 프러시아는 알렉산드르의 권력이 쇠퇴해가고 있다는 사실을 알고 있었기 때문에 될 수 있으면 조기에 해결하기를 바랐다. 웹스터는 이렇게 기록하고 있다. "프러시아로서는 더 이상 작센을 일시적인 점령상태로 놓아둘 수 없으며, 더욱이 프러시아의 권리가 거부된다면 이를 선전포고로 간주할 것이라고 하르덴베르크(Hardenberg)는 암시했다." 웹스터에 따르면, 캐슬레이는 러시아의 구상에 강력하게 반발했으며 본국으로 보내는 서간에 다음과 같이 적었다. "나는 기회를 보아 '이것은 중대한 위기감을 느끼게 하는 전례에 없는 주장'이라며 강력하게 항의했다. 왜냐하면 이것은 하나의 대국이 다른 대국을 침략해 어떠한 조약적 근거도 없는 사항을 무력을 통해 승인시키려고 하는 것과 똑같기 때문이다."[83]

하지만 전쟁의 위협은 단시간 내에 사라졌다. 실은 캐슬레이가 프러시아의 공격에 방어할 수 있는 방위적 비밀조약 체결을 추진했기 때문이다. 메테르니히와 탈레랑은 이 조약안을 수락했다. 이 조약안은 프랑스의 공격에 대항하기 위해 만들어진 '쇼몽 조약'을 그 모델로 하고 있었고, 조약의 체결은 프러시아가 양보하지 않는 한 전쟁으로 발전할 수 있다는 것을 의미했다. 웹스터에 따르면, 조약이 체결되고 2~3일 후에 전쟁의 위협은 흔적도 없이 사라졌다고 한다.[84]

이러한 에피소드가 말해주고 있는 것처럼, 동맹은 국가행동 중에서 무엇이 수용 가능하고 무엇이 수용 가능하지 않은지에 관한 상호이해를 창출했다. 캐슬레이는 "영토분쟁이 타협과 호혜의 과정을 통해 해결될 수 있다"라는 이해를 확립시키기 위해 노력했으며, 이러한 과정이 공정과 정통성에 관한 일반적인 개념을 통해 전달될 수 있다고 주장했다. 나폴레옹 전쟁이 종결된 이후 동맹국들 간의 분쟁을 해결하기 위해 무력을 행사하는 것은, 전쟁에 피폐해진 열강들이 계속 무력에 의존하면서 적극적으로 무력사용을 희망하는 경우에서조차, 동맹관계의 틀을 넘어서는 것이라고 판단되었다. 일반적으로 말하면 그러한 사례는 매우 드물었다. 이와 같이 분쟁의 해결이 그 이전의 시기에 비해 더 억제되고 호혜적인 형태로 실현될 수 있다는 기대가 확립되었던 것이다.


## 약속이행과 억제의 한계

비엔나 전후구축은 몇 가지의 억제조약을 중심으로 구축되었지만 이들 조약에는 명백한 한계가 존재했다. 모든 조약은 질서에 관한 일정한 원칙을 준수하고, 일정한 공통적 이해에 따라 운용되었으며, 상호이행을 강제하는 약속이행을 열거하고 있었다. 전후를 맞아 유럽의 거의 모든 국경선을 다시 확정해야 했는데, 열강들은 이 문제를 자신들의 손으로 직접 해결할 것에 동의했다. 또한 유럽 전체의 평화를 유지하기 위해 장래에 걸쳐 협의를 지속시키는 것 역시 동의했다. 하지만 제도적 전후구축은 각 국가 간의 상호방위와 상호이행의 강제를 동반하는 개별적인 약속이행의 확립까지는 미치지 못했다.

이러한 한계는 동맹국가들이 조약의 이행을 어디까지 보증할 수 있는가 하는 문제를 협의한 결과에서 엿볼 수 있다. 보증이라는 개념을 최초로 추진한 것은 피트였으며, 이는 1815년의 일이었다. 그는 다음과 같이 주장했다. "유럽의 주요 열강들은 모두 조약조인국이 되었고, 그 조약에 기초해 전후구축에 연대와 영속성을 부여하지 않으면 안 된다. 또한 열강들의 권리와 영토는 조인 시에 확정된 대로 조약가맹국에 의해 고정되고 승인되어야 한다. 즉, 모든 조약가맹국은 가맹국의 권리와 재산에 대한 침해가 발생했을 경우 서로 방위하며 지원하도록 구속된다."[85] 종전 직후의 시점에서 피트는 "영국과 러시아가 유럽에 대해 관대하고 상대적으로 공평한 입장을 유지하고 있으며, 양국은 전후구축체제의 집행에 특별한 역할을 담당할 것이다"라는 생각을 지니고 있었다.[86]

전쟁이 종결되자 캐슬레이와 러시아 황제는 재차 전체적 보증이라는 문제를 생각하기 시작했다. 1815년 겨울부터 봄에 걸쳐 대동맹국 외교를 전개하는 과정에서 캐슬레이는 전체적 보증에 필요한 기초형성 작업에 전념했다. 2월 13일, '비엔나 회의'에서 서기를 담당했던 겐츠는 이 구상을 종합해 선언안을 기초했고, 같은 날 캐슬레이는 각지에 주재하고 있는 자국의 대사에게 "'대회의'가 전체적인 합의와 보증조치를 얻고 폐막될 수 있을 전망은 충분히 보이고 있다"라는 내용의 연락문서를 보냈다.[87] 이 선언안에 대해 적어도 최초의 시기에는 동맹국들 간의 내면적인 수락이 존재했다. 캐슬레이, 메테르니히, 탈레랑 이 세 명은 이 보증조치를 오스만 제국에까지 적용시키는 것조차 제안했다(이는 러시아의 진출을 막기 위한 방책이었다고 생각된다). 이 제안에 대해 알렉산드르 황제는 "동맹국들이 장기적으로 지속되고 있는 러시아와 터키의 분쟁을 매듭지으려는 중재역할을 해준다면 동의해도 좋다"라는 조건을 내세우면서 찬성의 의사를 보였다.[88] 하지만 주요 4개국 내에서는 "전후조약의 체결과 동시에 상호방위의 보증조치를 설치해야만 한다"라는 견해가 강했다. 어느 역사 연구자는 다음과 같이 지적하고 있다. "전후구축의 형성이 진행되면서 체결된 군사동맹에는 만일에 대비해 전체적 보증에 관한 조약이 동시에 체결되지 않으면 안 된다는 일반적인 전제가 요구되었던 것 같다. 이를 가장 자주 언급했던 것은 바로 러시아 황제였다. 이러한 전제에 기초하는 조약이 부가되면서 전후구축에 모든 당사국이 조인할 수 있게 된다. 또한 이러한 행위는 새롭게 정의된 유럽공법을 관계국들이 준수한다는 약속이행을 의미하는 것이기도 했다."[89]

하지만 나폴레옹이 엘바 섬에서 귀환한 후 발생한 혼란 속에서 이러한 보증조치 구상은 그 모습을 감췄으며, 그 원인은 아직 수수께끼로 남아 있다. 어쨌든 영러 양국은 이 구상을 재차 숙고하게 되었으며, 이러한 '재고려'야말로 이 문제의 본질을 설명하는 데 매우 중요하다는 것은 의심할 여지가 없다.[90] 이 구상을 추진했던 알렉산드르 황제는 당초 그리스도교로의 귀의를 심화시키며 나폴레옹 전쟁의 최종단계에서 '신성동맹'을 결성하는 것에 관심을 가지고 있었다.[91] 러시아 황제는 캐슬레이가 1814년 2월에 제창한 최초의 보증조치 구상에 여전히 관심을 가지고 있었지만 이때에 이르자 공법을 기초로 하는 협정이 아니라 각국의 통치자들이 공유하고 있는 그리스도교 신앙을 기초로 그들 스스로의 대화를 통해 문제를 해결하는 계약의 방법이 더 바람직하다고 생각하게 되었다. 현실적으로 이 러시아 지도자는 자신의 입장을 바꾸어 다른 형태의 보증조치를 추구하려는 주장을 전개하고 있었다. 그 보증이란 개별적인 법적 책무를 통해 각 국가를 구속한다는 전통적인 안전책이나 보증조치, 동맹이 아니라, 그리스도교 국가들의 지도자들이 자국의 신민이나 타국과의 관계를 전진시키기 위해 각 국가들이 공유하고 있는 종교원칙을 이용한다는, 지금까지의 약속이행에 비해 폭넓은 도덕적인 약속이행이라는 수법이었다.[92] 유럽의 외교 당국자들 중에서 이러한 생각을 수용하려는 사람은 거의 찾아볼 수 없었다. 하지만 이러한 사고방식 덕분에 러시아가 '좀 더 공식적인 조약을 통해 보증을 추구하는 입장'이라는 시각을 제거할 수 있는 효과가 발생했다.

영국정부 역시 보증조치 구상을 재고하게 되었는데, 이 구상에 대해 하원 내부의 반대가 예상되었던 것이 그 한 가지 이유였다. 하원은 전체적으로 고립주의의 입장을 취했으며 유럽문제에 개입하는 것에 회의적이었다.[93] 파머스턴(Palmerston) 경은 1814년 영국 외교정책의 일반방침으로 "영국의회에는 영국이 장래에 속박될 수 있는 결정을 승인해서는 안 된다는 의견이 강했다"라고 적고 있다.[94] 동시에 "러시아를 퇴각시켜야 한다"라는 의견도 있었는데, 바로 이것이 영국을 재고하게끔 만든 또 하나의 이유였다. 영국정부의 각료회의가 조약을 통한 전반적인 보증을 스스로 수용한다 하더라도 러시아는 물론 그밖의 동맹국가들이 실제로 약속이행에 응하게 될지에 대해서 영국의 지도자들이 회의를 느끼기에 충분했다.

최종적인 이유로, 영국은 안전보장상의 전체적 보증조치에 대해 국내적인 지지를 얻을 수 없다고 판단했다는 사실을 들 수 있다. 또한 러시아 황제가 억제와 이행강제를 내용으로 하는 다른 메커니즘의 유효성을 신뢰하게 된 것 역시 그 이유 중 하나이다. 만약 영국이 그렇게 희망했더라면 이러한 보증조치를 최선의 형태로 동맹국가들에 제공할 수 있었을 것이다. 영국이야말로 포괄적이고 구속력을 갖는 전후구축 구상의 주요 지지자였다. 영국은 정부의 입헌적 구조라는 측면에서 보더라도 다른 어떤 국가보다도 조약상의 약속이행이 국내적 정치 시스템과 법의 지배 속에 깊이 정착되어 있다. 따라서 영국의 입헌적 구조는 타국에 비해 국제적 약속이행으로서 권위를 가지고 있으며 신뢰를 지니고 있었다.[95] 하지만 영국정부가 갖추고 있던 민주주의적 성격(적어도 19세기 초의 수준에서 볼 때 이미 충분하게 민주주의적이었다고 말할 수 있다)은 성숙단계였으며, 영국의 외교대표가 계약 또는 동의하기에는 제약이 존재했다.

　이 개념 — 민주주의국가는 그렇지 않은 국가에 비해 더 신뢰성이 높고 조약을 뒷받침하는 약속이행과 보증을 행할 수 있는 능력을 지니고 있지만, 동시에 그렇지 않은 국가에 비해 약속이행을 수행하는 것에 더 곤란을 겪게 된다 — 은 전시하에서 스웨덴과 보증조약에 관해 협의 중이었을 때 캐슬레이의 입에서 나온 것이며, 그는 동료들에게 다음과 같은 서문을 보냈다.

　우리나라 의회제도의 미묘함과 어려움에 관해 외국인들을 이해시키는 것은 불가능하다. 영국이 외국을 크게 지원할 수 있는 능력을 지니고 있는 것은 사실이지만(이 정도의 지원을 할 수 있는 국가는 오로지 영국뿐이다), 우리는 영국만의 독특한 방식을 통해 지원하지 않으면 안 된다. 대륙의 각국 정부는 의회에 대해 설명책임을 갖지 않기 때문에 마음대로 각국을 상대로 영토를 보증할 수 있으며, 반대로 타국의 영토를 획득하기까지 무기보유를 포기하지 않아도 된다. 이들 정부는 그러한 결정을 행할 때 어떠한 권위에 복종하지 않아도 되며, 결정이 불가능해지면 상황에 따라 또는 상호적인 동의를 통해 그 결정을 중지할 수도 있다. 타국의 정부는 또한 그러한 결정을 정부의 형편에 맞게 비밀로 해둘 수도 있다. 하지만 영국의 제도에서는 아무리 단기간일지라도 이를 은닉하는 것은 허락되지 않으며, 결정의 조항들에 대한 상세한 검토과정에서 그 조항들로 생겨날 수 있는 극단적인 결정에 대해서도 심문을 받게 된다.[96]

캐슬레이는 또한 영국이 보증을 부여할 수 없는 것이 아니라—실제로 그는 영국이 포르투갈과 시칠리아에 이러한 보증을 부여한 적이 있다는 사실을 인정하고 있다—보증을 실천할 때 정부의 의사결정 과정에 복잡하고 다양한 절차가 필요하다고 지적했다.

이에 반해 러시아 황제는 전반적으로 매우 독자적인 존재였기 때문에 그의 개인적인 언사나 신조에 따라 협정의 성립이나 폐지가 결정되었다. 알렉산드르 황제가 신비주의적인 그리스도교 신앙을 내면적으로 심화시키는 것과 함께 법적·제도적 약속이행을 체결하려는 러시아 정부의 적극성은 희박해졌다. 또한 전후구축을 지탱하는 러시아 정부의 자세 역시 재조정이 필요했다. 캐슬레이는 러시아의 영토적인 욕구와 야심이 전후구축에서 위협이 된다고는 생각하지 않았다. 오히려 슈뢰더가 지적하는 바와 같이 '신중함과 일관성의 결여', 그리고 '그들 자신(알렉산드르 황제를 지칭함)이 진정으로 원하고 있는 것이 무엇인지를 결정할 수 없는 무능력'이야말로 전후구축에서 위협이 되는 것이었다.97) 러시아 황제는 '비엔나 회의'에서 "유럽 대륙의 다른 열강들의 힘을 모두 병합시켜도 러시아 한 국가의 힘과 겨룰 수 없다"라고 설명하면서 러시아에서 본 유럽의 구도를 묘사했다. 하지만 이에 대해 캐슬레이는 이의를 주장했다. 슈뢰더에 따르면, 캐슬레이는 "알렉산드르의 성격은 매우 기품 있었지만 러시아의 힘이 자의적으로 행사되는 것을 막을 수 있는 보증으로는 불충분했다"라고 평했다고 한다.98)

러시아 황제의 전제적인 지배는 자의적으로 특이한 외교정책을 펼수 있는 조건을 창출시켰다. 유럽 국가들이 러시아와 합의를 체결하려는 적극적인 자세를 취해도 거기에는 한계가 있었다. 유럽의 전제국가조차 '러시아는 충분히 책임감 있고 예측 가능한 태도로 행동할 수 없는 국가'로 간주하고 있었다. 오스트리아의 외교고문인 겐츠는 러시아 황제에 관해 "다른 국가의 원수에게는 억제나 방해가 되는 장해들 ―분산된 권위, 입헌적 형태, 여론 등― 이 있었지만 러시아 황제에게는 그러한 것들이 전혀 존재하지 않았다. 러시아 황제는 지난밤에 꾸었던 꿈을 다음날 아침 실제로 현실화시킬 수 있는 능력을 지니고 있다"라고 평하고 있다.99)

그 결과 캐슬레이는 이러한 구상을 포기했고 전후구축 과정은 '쇼몽 조약(4국동맹)'의 갱신이라는 노선으로 되돌아왔다. '쇼몽 조약'은 1815년 11월 20일, 동맹국가들이 프랑스를 상대로 제2차 파리강화조약을 조인했을 때 그와 동시에 갱신되었다. 대국 간의 영속적인 협의과정의 원칙을 확립한 '4국동맹'은 전후정치질서의 기초가 되었다.

피트의 전체 보증 구상이 실패로 끝났기 때문에 캐슬레이는 방향을 전환해 질서유지 메커니즘으로서 제도적 협의를 목표로 삼게 되었고, '대국협의 과정'은 캐슬레이가 만족할 만한 성공을 거두었다. 웹스터의 설명에 따르면, 제2차 파리강화를 실현할 때 "캐슬레이는 그가 처음으로 대륙을 여행하고 있었을 때 착상했던 회의외교 구상에 관해 그 후 2년 동안 더욱 확신을 가지게 되었다. 따라서 동맹조약은 이미 시험을 거친 시스템을 항구화해 무력의 위협이 아닌 담합과 합의를 통해 평화를 확립시킬 수 있는 수단이 될지도 모른다. 이 장치는 '비엔나 회의'에서 피트가 주장한 보증 구상보다 훨씬 뛰어난 수단이 되었다고 그는 생각하게 되었다."[100]

회의외교의 장기적 과정은 유럽질서의 유지를 위한 중심적인 메커니즘이 되었지만 혁신적인 입헌주의에서 신비주의적인 경건주의로 전환한 알렉산드르 황제의 기묘한 개인적 변화, 두 번에 걸쳐 정변을 경험한 프랑스 정부의 낮은 신뢰도와 겹쳐 전체적인 보증조치의 결정은 실현 불가능해졌다. 이 시점에서 유럽에 존재하는 국가들 중 특히 러시아와 이러한 제도적 결정을 맺는 것은 불가능했다. 러시아의 전제적이고 변덕스러운 성격은 그 지도자의 언동에 그대로 나타나 있었다. 이러한 러시아의 성격이 이전보다 훨씬 강고한 제도적 전후구축을 실현하려는 유럽 각 국가들의 노력에 검은 그림자를 드리웠던 것이다.

### 경계선 · 패키지 · 기회의 창

전후구축은 공식적인 보증을 이끌어내지는 못했지만 유럽 내부의 분쟁을 어떻게 관리해야 하는가에 관한 제도적 과정을 창출시켰다. 이 제도적 과정을 구축하기 위해 각국은 논의를 거듭하며 그에 대한 이해와 기대를 품고 있었다. 이 전후구축의 탄생에 있어 중요한 두 가지 요소가 존재했는데, 이 두 요소 모두 전후구축을 통해 구현된 약속이행을 강화했다. 중요한 요소 중 하나는 전후구축의 범위에 경계

선을 긋는 것이었다. 그 경계선의 존재로 합의를 불가능하게 만드는
제 문제를 '경계선 밖으로' 끌어내 도외시할 수 있었기 때문이다. 또
하나의 요소는 몇 개로 분리되어 있는 전후구축의 기둥을 이어 합치는
것이었으며, 이 작업으로 전후구축 전체가 강화되었다.

비엔나에서의 강화회의가 성공했던 것은 교섭 테이블 이외에서의
교섭이 가져다준 성과 때문이었다. 영국은 유럽의 전후구축 교섭의
장에서 미 대륙의 전쟁문제와 해상지배의 문제를 거론하는 것에 대해
처음부터 거부했다. 또한 배상문제의 해결을 위해 영국의 식민지가
전후구축에 결부되는 것에는 동의했다. 하지만 그것은 다른 문제에서
합의에 도달하기 위해 영국이 사용할 수 있었던 협상 카드(bargaining
chip)에 불과했다. 러시아 역시 페르시아와 오스만 제국에 대한 러시아
의 관여를 강화합의에서 분리시킬 수 있었다. 이 양국에 대해 러시아
는 여전히 영토를 요구하는 압력을 가하고 있었는데, 만약 조약에
의한 전체적 보증이라는 구상이 순조롭게 진행되었다거나 그 제안
속에 (캐슬레이, 메테르니히, 탈레랑이 제안한 것처럼) 오스만 제국이 포함
되었다면 비엔나 전후구축 내에 미해결된 분쟁이 편입될 것이 분명했
다.[101]

영국과 러시아 양국은 비유럽 지역에서의 양국의 관여에 관해서는
세계의 주도국으로서 거의 어떠한 제약도 받지 않는 입장에 있었으며,
이는 몇 가지 문제에 영향을 끼치게 되었다. 영러 양국은 "다른 국가들
보다 훨씬 광범한 세계권익을 지니고 있다"라는 점을 유럽 대륙 국가들
에 보여줬고, 그 권익들이 규제되어 합의에 포함되는 것을 면했다.
이 때문에 회의 참가국들에게 비엔나 합의는 당초 생각했던 것보다
훨씬 한정되고 더 수용하기 쉬운 내용이 되었다. 이처럼 이 회의에서
비유럽 문제를 분리시키는 것은 매우 중요했다. 비엔나에 모인 외교관

들은 유럽문제뿐만이 아니라 광범위한 국제적 분쟁에 대해 논의해야 한다는 부담에서 벗어날 수 있었기 때문이다. 만일 이러한 부담을 외교관들이 지니고 있었다면 합의가 달성될 수 없었을지도 모른다. 슈뢰더는 다음과 같이 지적하고 있다. "비엔나 전후구축은 유럽문제에 한정해 그 해결을 도모했으며 비유럽문제는 무시했다. 그 결과 유럽은 외부의 분쟁에서 분리되어 보호받았으며, 각 국가들은 불필요한 언쟁을 피할 수 있었다. 이렇게 해서 유럽의 각 국가들과 타 지역의 국가들은 서로 교역, 발전, 경합할 수 있게 되었으며, 더욱이 유럽 이외의 지역에서 전쟁수행이 가능해졌기 때문에 실제로 그러한 사례도 발생했다."102) 유럽정치를 세계발전이라는 광범한 장에서 분리하여 보호함으로써 동맹국가들 사이의 합의는 명확한 경계선으로 구획되어 안정된 형태를 이루게 되었다.

모든 문제는 유럽의 전후구축이라는 틀 안에서 해결되었기 때문에 상호연결 속에 전후구축의 전체적인 권위는 강화되었다. 단일한 조약으로 조정할 때 사용되었던 지혜는 이 전후구축 전체를 비중 있게 다루는 데 결정적으로 중요했다. 다양한 이해사항과 구체적인 해결을 통해 성립된 다수의 문서들 전체는 전 유럽을 대상으로 조정했다는 사실을 여실히 보여주고 있었다. 거기에 공식적인 보증이라는 것은 존재하지 않았지만 "전체적인 해결이 단일조약 속에서 결실을 맺었고, 모든 관계국들이 이 조약에 조인한 결과 모든 관계국은 그 전후구축에 부분적으로 또는 전체적으로 책임을 지게 되었다."103) 어느 국가든 합의를 어겼을 경우에는 높은 비용을 치를 수밖에 없었다. 왜냐하면 단 하나의 조약을 어기는 경우에도 그 행위는 거기에 포함되어 있는 모든 합의를 위협하는 것이 되었기 때문이다.

여기에는 명백한 하나의 논리가 작용하고 있었다. 즉, "각 국가들이 이 조약 내에 포함시키려고 했던 것을 실현하기 위해서는 결국 막대한 내용의 문서에 동의할 수밖에 없다"라는 논리였다. 웹스터는 다음과 같이 적고 있다. "이러한 순서에 따르게 될 때 각 열강들은 자국의 특별권익에 대한 보호와 보증을 '비엔나 조약'에서 얻기 위해 설령 문서의 특정 부분에 관해 강력한 이의가 있다 하더라도 그 밖의 대부분의 내용에 관해서는 동의할 수밖에 없었다. 거의 모든 국가들이 이 조약의 영향을 받았기 때문에 '비엔나 조약'은 기존의 어떠한 문서도 획득할 수 없었던 특별한 지위를 지니게 되었다."[104] 전후구축은 다양한 개별적인 합의와 타협의 산물이었다. 그렇기 때문에 각 국가는 자국의 개별적인 권익을 고수하기 위해 더 거대한 합의 패키지를 포괄적으로 수용할 수밖에 없었다. 이 전후구축에는 이와 같이 축적된 영향력이 존재하고 있었는데, 그 영향력은 절대적인 이행강제 메커니즘의 효과를 지니고 있었으며, 더불어 전후구축에 안정과 권위를 가져다주는 기능도 담당했다.

마지막으로, "합의 패키지가 존재함으로써 전후구축 전체가 강화되었다"라는 논리에는 전후구축의 결정적으로 중요한 성격이 반영되어 있었다. 지도자들은 자국의 개별적인 권익을 이러한 대규모적인 해결 방식 속에 포함시킬 수 있는 절호의 기회가 찾아왔다는 사실과 이 기회를 실현시킬 수만 있다면 자국의 권익을 장기적으로 고정화시킬 수 있다는 사실을 인식했다. '회의 메커니즘'이 갖는 이러한 매력은 비엔나에서 열리는 회의에 참가하기 위해 각국에서 수많은 지도자들이 몰려왔다는 사실을 통해 알 수 있다. 각 열강국은 이 회의 이전부터 전후구축의 모든 주요 문제를 해결하기 위해 자국의 권리를 유보하겠다고 결정했다. 한편 '회의 메커니즘'은 주권이나 정치적 권리를 주장하는 국가와 지역의 대표들이 스스로 권리와 영토를 확정하기 위해 회의에 자유롭게 참가할 수 있다고 인정하고 있었다.

동맹국가들이 유럽의 문제해결을 위해 회의개최에 대한 의향을 표명하자 유럽의 광범한 지역이나 집단들은 이 회의에 커다란 희망을 품게 되었다. 웹스터의 지적에 따르면, "혁명의 발생이나 황제의 탄생이라는 연속된 사태 속에서 영지와 재산을 잃은 왕자들, 즉 주권자들은 실제로 이 '회의'를 자신들의 '빼앗긴 권리'를 되찾을 수 있는 회의로 여겼다. 이에 대해 중소국가들의 정부는 이러한 왕자들과 같은 주권자들이 자신의 영지나 재산을 원하는 국가나 도시에 양도하도록 유럽에 요구했다."105) 이러한 희망에는 오해에서 비롯된 '허무한 꿈'도 존재했다. 유럽 각국의 전권대표들이 대거 참여한 대규모적인 회의에서 유럽의 지도를 바꾸고 강화조건을 결정할 수 있는 권한이 열강에는 없었다. 각국의 정식대표들 대부분이 비엔나에 집결하지 않았다고 가정해도 최종적인 전후구축은 실제와 거의 다름없었을 것이다. 열강들은 이 회의를 열강들 사이에서 이루어진 합의나 비밀조약에 단지 '도장'을 찍는 장으로밖에 이해하지 않았다. 오히려 열강들을 둘러싸고 있는 유럽의 '관객들'이 모여 그곳에서 회의를 여는 것뿐이라는 인식이 팽배했다. 하지만 이 '회의'는 중요한 분기점이 되었으며 '회의'에서 '관객들'의 역할과는 관계없이 '비엔나 회의'에서의 결정이 장기적으로 유럽 전체에 영향을 끼쳤다는 사실만은 틀림없다.


## 결론

비엔나 전후구축을 통해 탄생된 정치질서는 구유럽의 균형논리 요소와 힘을 관리하고 억제하기 위한 새로운 법과 제도적 결정이라는 두 가지를 결합시켰다. 이 강화합의가 종래와 가장 구별되는 중요한 이유는 위협국의 존재와 전략적 적대관계의 문제를 조약과 합동관리라는 안전보장 협의과정을 통해 해결하려 했다는 점 때문이었다. 1919년과 1945년 두 번의 전후구축은 안전보장, 정치, 기능 문제라는 광범한 과제를 다루었으며, 반영속적인 다국 간 제도를 확립하고 제도 가맹국의 국내적 정치체제에까지 영향을 끼칠 수 있는 좀 더 침투적인 합의를 구축했다. 이에 비해 비엔나 전후구축은 1919년과 1945년의 양 전후구축의 전조를 느끼게 하는 것이었지만 실제로는 거기까지 도달하지 못했다.

나폴레옹 전쟁에서 전후(前後) 양 시기에 영국이 제도전략을 전개했다는 점과 거기에서 탄생된 질서가 혼합적인 성격을 지니고 있었다는 점은 제도적 질서형성 모델이라는 관점에서 설명할 수 있다. 제도적 전후구축을 향해 진행되었다는 것은 전후기의 '힘의 비대칭'이라는 기본적인 상황에서 생겨난 인센티브에 대한 자연적인 반응이었다. 신흥 유력국가 ─이는 신흥 패권국이기도 했다─ 는 자국에 유리한 전후질서를 '고정화'시키기 위해, 또는 제도적 결정을 활용해 정통성을 육성하고 힘을 보존하기 위해 규칙과 제도에 관한 합의를 요구하려는 인센티브가 생겼다. 이러한 전략적인 계산을 행했다는 증거는 피트, 웰링턴, 캐슬레이 등과 같은 영국 지도자들의 사고에서 찾아볼 수 있다. 영국은 안정된 평화, 그것도 영국의 직접적인 관여가 큰 부담이 되지 않는 평화를 원했다. 이는 전후구축이 모든 유럽의 주요 국가들을 만족시킬 수 있는 것이어야 하며, 전후구축을 작동시키기 위해서는 새로운 제도적 결정이 필요하다는 것을 의미했다.[106]

장기적인 관점에서 영국의 국익을 전망할 때 나폴레옹 전쟁 중과 전후의 영국의 사고와 행동은, 전쟁이 가져다준 기회와 인센티브에 반응했다는 점과 영국이 국익을 실현시키기 위한 수단으로 제도적 합의를 생각했다는 점을 제시해주고 있다. 영국이 국익을 위해 유럽 전역에 걸친 전후구축을 확립하는 것은 불가결했다. 왜냐하면 동맹국들의 전쟁목적은 서로 일치하지 않았으며 나폴레옹과 단독강화를 맺을 위험성이 전쟁 후반기에 매우 두드러졌기 때문이었다. 영국은 유럽 전역의 전후구축을 실현하는 것이 무엇보다 결정적으로 중요하다고 생각했으며, 전체적인 합의를 확실하게 창출하기 위해 '힘의 우위'라는 자국의 입장을 적극적으로 이용했다. 영국과 그 동맹국들(영국에 비해 소규모였지만)은 상호 수용 가능한 질서를 형성하기 위해 다양한 형태의 전략적 억제를 추구했다.

영국에 유리한 '힘의 불균형'의 존재는 전시에서 부정할 수 없는 현실이었다. 세계에서 가장 우위의 상업력과 금융력을 지닌 대국으로서 영국은 반나폴레옹 연합에 참가한 동맹국들에 재정원조를 실행할 수 있는 입장에 서 있었다. 이는 몇 가지의 중요한 의미를 지니고 있었다. 첫째, 이 재정원조는 동맹을 결속시킬 수 있는 능력을 영국에 부여했다는 점이다. 이 원조 덕분에 동맹국 측은 전쟁에서 승리했으며 전후의 장기적 목표를 위해 동맹 자체를 활용할 수 있었다. 영국의 대규모 재정원조와 지속적인 동맹외교가 없었다면 실제로 — 즉, 동맹의 결속과 동맹이 획득한 승리는 관계국들에 그렇게 철저한 것도, 미온적인 것도 아니었다 — 종전 실현은 불가능했다고 할 수도 있다. 둘째, 영국이 담당했던 중심적인 역할인 전쟁자금 공급에서, 영국이 융자와 지원 두 가지를 전후조치의 합의와 연결시켰다는 점이다.[107] 캐슬레이가 활동했던 곳은 의회제 정부였기 때문에 그에게는 원조자금의 흐름을 원활히 하기 위해 각국이 영국의 전쟁목적에 이의를 제기하지 않고 묵인하도록 설득하지 않으면 안 되는 인센티브가 존재했다. 영국이 동맹국들에게 지원할 수 있는 원조자금을 소유하고 있었다는 사실만이 아니라 이 재정원조가 의회의 승인을 받지 않으면 안 된다는 조건이 붙어 있었다는 점이 중요하다. 영국이 상정하고 있었던 전후구도에 관해 동맹국들로부터 빠른 시기에 승인을 얻기 위한 것이 바로 영국 지도자들의 인센티브와 수단을 결정지었던 것이다. 셋째, 영국은 재정력과 군사력을 통해 동맹을 통솔했고 그 동맹을 이용해 전후의 약속이행을 '고정화'시킬 수 있었다는 점이다. '쇼몽 조약'에서는 강화문제의 주요점에 대해 합의가 이루어졌으며 동맹관계의 지속이 결정되었다. 하지만 이 결정은 영국이 각국의 전쟁수행에 대해 자금의 원조를 실행한다는 것을 직접적인 조건으로 하고 있었다.

이 동맹관계에서 각각의 가맹국들이 서로 비슷한 군사력을 지니고 자국의 재정으로 전쟁을 수행할 수 있었다면 그 결과는 실제와 매우 달라졌을 것이다. 만약 그랬다면 강화실현이 가능한 형태로 전쟁을 수행하기란 매우 어려웠을 것이다. 영국은 리더로서 자국의 역할을 인식했으며, 동맹을 이용해 단순히 나폴레옹을 전복시키는 것뿐만이 아니라 그 이상의 성과를 올렸다. 또한 동맹을 질서구축의 수단으로 육성시키는 입장에 서 있었다. 캐슬레이는 전쟁에서 승리하기 위해 영국이 여전히 가장 중요한 존재로 자리하고 있는 시기에 전후구축의 기본구상에 대해 합의를 이루게 하고 영국의 교섭력을 최대한 확대시켰다.

하지만 질서구축 과정에서 영국이 추구했던 제도에 관한 개별적인 교섭은 제도모델과 완전히 합치되지는 않는다. 또한 유럽 대륙이 제도적 합의를 대가로 실제로 많은 단기적 국익을 포기했다는 점을 뒷받침하는 명확한 증거 역시 존재하지 않는다. 영국은 몇 가지의 제스처를 보였는데, 예를 들면 영국은 식민지 세계에서 자국의 입장을 이용하지 않을 것에 동의했으며, 영토문제에 관해서는 네덜란드에 대한 직접적인 요구를 일체 포기했다. 하지만 이것들은 실제로 영국의 양보가 아니었다. 영국의 입장에서 전후구축을 수용할 수 있었던 이유는 실제로 비유럽 지역에 대한 영국의 권익이 교섭 테이블에서 제외되어 있었기 때문이다. 그럼에도 영국이 보여준 온건함의 제스처에는 "전후기에 억제정책이 불가결하다"라는 신호를 각국에 보냈던 영국의 전체적인 노력이 반영되어 있었다. 동맹을 유지하고 대국 간 협의과정 내에서 행동하려 했던 영국의 적극적인 자세 역시 "참가한 다른 주요 국가들에 억제를 가하기 위해서는 스스로를 억제해야 한다"라는 계약에 지나지 않았다.

나폴레옹 전쟁 후에 형성된 약속이행과 보증조치에는 엄격한 한계가 존재했음에도 제도적 모델과는 합치되고 있다. 이러한 한계가 생기게 된 이유 가운데 하나는 '비엔나 전후구축'의 당사자가 된 정부들의 성격 탓이었다. 이러한 점은 전체적 보증조치 제안의 결말에서 명백하게 드러났는데, 영국의회는 이러한 약속이행을 인정하는 데 매우 소극적이었기 때문에 캐슬레이는 "대표제에 입각하는 정부가 조약상의 보증을 실천할 때에는 타 제도의 정부보다 더 엄격한 기준이 요구된다"라고 주장할 수밖에 없었으며, 동시에 영국이 보여준 소극성에는 "타국의 정부가 자국이 행한 보증을 이행하지 않을 수도 있다"라는 불신감도 반영되어 있었다. 아무리 황제의 약속이 존재했다 하더라도 그러한 보증을 확실히 실시할 수 있는 능력을 러시아는 가지고 있지 못했다. 알렉산드르 황제가 제창했던 '신성동맹'은 국제적 약속이행을 실행하는 데 '비엔나 전후구축'과는 전혀 다른 기반을 상정하고 있었다. '신성동맹'이 '수시협의' 시스템의 제도화를 추진하는 노선과는 매우 동떨어졌었다는 점은 명백했다. 모든 국가를 구속해왔던 몇 가지 제도에서

'힘의 억제'를 발견할 수 있었지만 비엔나 전후구축이 실현한 고정화 메커니즘은 협의외교와 대국규범을 중심으로 해서 처음으로 구축된 것이었다.

1917년 윌슨의 대독일 국교단절 공표.

1917년 여름, 윌슨은 미국이 참전한 이유가 독일 군국주의와 싸우기
위함이지 독일국민들과 싸우기 위한 것이 아니라고 강조했다. 또한 그는
'승리 없는 평화'를 기초로 "평화는 민주주의국가들의 연합체를 기반으
로 실현되어야만 한다"라고 주장했다.

# 5장

## 1919년의 전후구축

모든 주요한 전후구축 중에서 가장 많은 연구와 논쟁, 그리고 반성을 불러일으킨 것이 1919년의 전후구축이었다. 상실된 평화의 원인과 그와 관련된 다양한 사정, 자유주의적 국제주의(liberal internationalism)의 한계, 민주주의를 기초로 하는 국제질서의 가능성, 자결주의, 법에 의한 지배와 같은 테마를 둘러싼 끝없는 논쟁의 원천이 바로 베르사유 전후구축의 '실패'였다. 평화의 원천은 무엇인가, 역사의 교훈은 무엇인가에 관해 일반적 또는 학문적인 측면에서 베르사유 전후구축만큼 빈번하게 논쟁의 대상이 된 것은 없었다.

제1차 세계대전 후의 전후구축은 몇 가지 점에서 주목된다. 우선 전후질서의 원칙과 구축에 대해 전례 없는 솔직한 공개토론이 전개되었다는 것이다. 지도자들은 전후질서의 구도를 둘러싸고 서로 충돌했다. 지도자들이 서로 충돌한 것 자체는 그리 드문 일이 아니지만 이 경우에서는 질서의 근본적인 논리를 둘러싸고 지도자들 사이에 심각한 균열이 생기기까지 했다. 유럽과 미국 양측의 국민이나 정당은 전쟁목적을 고무시키는 그룹과 그것을 부정하는 그룹으로 분리되어 격렬한 선전활동을 펼쳤다. 이 때문에 미국과 유럽의 지도자들은 경우에 따라 전후질서구축의 목표를 추구하도록 장려되었는가 하면, 어떤 때는 반대로 그러한 행동을 속박당하기도 했다.

제1차 세계대전 종결 후 미국은 세계적인 대국으로 국제무대에 등장해 규칙을 기반으로 보편적인 기구 속에 민주주의국가들을 결집시키고 그 국가들의 구속을 목표로 하는 야심적인 제도형성을 자국의 외교과제로 삼았다. 미국의 이러한 제도 구상은 1815년에 영국이 '비엔나회의'에서 제창한 것보다도 훨씬 철저했다. 민주주의국가들의 국제조직인 '국제연맹(a League of Nations)'의 설립을 구상했는데, 이 조직은 종래에는 볼 수 없던 명확한 규칙과 책무에 따라 운영되도록 상정하고 있었다. 이 민주주의 공동체의 중핵을 구성한 것은 대국이었지만, 이 구상은 종래의 '세력균형'을 대신해 힘을 관리하고 분쟁을 해결하기 위한 '법률과 규칙'을 중시하는 메커니즘의 창출을 목표로 삼고 있었다.

미국의 제도적 전략과 그 전략에서 발생해 여러 논쟁을 불러온 전후질서의 논리를 밝히는 데 입헌형 모델은 몇 가지 점에서 매우 유용한 시사점을 제공한다. 첫째, 미국은 전시하와 종전 직후의 일시적인 '힘의 우위'를 이용해 전후구축에서 자국에 유리한 질서를 '고정화'하려고 노력했다. 또한 자국의 '힘의 억제'와 힘에 관한 약속이행을 제시함으로써 유럽 국가들과 제도적 합의를 실현하려고 시도했다. 우드로 윌슨 미 대통령의 '국제연맹' 구상의 핵심을 이룬 것은 독일을 포함해 모든 대국을 집단적으로 구속하고 분쟁해결을 위한 원칙적인 약속이행과 메커니즘을 형성하는 제도합의였다. 미국은 자국의 입장을 이용해 단기적인 이익을 획득할 수 있는 기회가 있었지만, 빠른 합의의 달성을 위해 그 기회를 유보했다. 이것은 참전 직후의 '승리 없는 평화(peace without victory)' 선언에서 볼 수 있었던 것과 같이 윌슨 정권의 일관된 정책의 테마였다. 하지만 미국이 실제로 구체적인 대가를 어떻게 치렀는지를 규명하는 일은 매우 어렵다. 오히려 미국의 양보는 더욱 일반적이었는데, 즉 미 정권은 제도화된 전후질서 내에서 행동함으로써 자의적인 '힘의 행사'를 억제한다는 적극적인 자세를 보여주었다. 더욱이 유럽 동맹국에 대해 안전보장상의 약속이행을 광범위하게 수행하려고 했다. 미 정권의 이러한 외교적 자세에 대해 미 의회는 "지나치게 광범위하다(far-reaching)"며 반대를 표시했다. 하지만 유럽 각국이 볼 때 미국의 이러한 양보는 결과적으로 충분하지 않았기 때문에 이 문제야말로 전후구축의 운명을 좌우하는 제도적 거래의 대상이 되었다.

둘째, 전후기의 '힘의 불균형'과 전후구축과 관련된 각국의 민주주의의 정도는 제도적 전후구축에 대한 인센티브가 되었으며, 반면 전후구축에 대한 제약을 만들어내는 중요한 '변수'가 되기도 했다. 종전 직후의 '힘의 비대칭'은 제도적 합의를 '고정화'시키기 위해 필요한 자원과 기회를 가져왔고 미국을 유리한 입장에 서게 만들었다. 윌슨은 "미국이 금융과 상업의 양면에서 우위에 서 있는 이상 유럽 지도자들은 결국 미국의 입장으로 접근해 올 것"이라는 강한 자신감을 갖고 있었다. 지금 돌이켜 생각하면 그 당시 윌슨은 과신에 차 있었다고밖에 할 수 없다. 물론 영국과 프랑스가 적어도 어느 정도까지는 미국의 '지배'와 '포기'에 대해 우려했던 것은 사실이다. 그러한 우려는 윌슨의 국제연맹 구상에 영국이 적극적으로 찬성했고 프랑스도 국제연맹에 대한 지지의 대가로 정식적인 3개국 안전보장조약을 제창했던 사실을 통해 알 수 있다. 영국과 프랑스 양국은 새롭게 등장한 대국인 미국을 유럽에 묶어두기 위한 방편으로 각각의 제안을 전개했던 것이다.

압도적인 '힘의 불균형'은 미국을 유리한 입장에 서게 했지만 제1차 세계대전 종결시점에서 각국의 상황과 윌슨의 정책전개는 미국의 입장을 약화시켰다. 전후목표에 관한 동맹국들의 합의를 이끌어내기 위해 자국이 지닌 자산을 공여한다는 우선순위를 선택할 때 동맹국들에게 가장 큰 효과를 얻을 수 있는 시기는 전투가 지속되고 있을 때이다. 1815년의 영국과 1945년의 미국을 비교해보면 제1차 세계대전에서 미국은 참전이 너무 늦었기 때문에 가장 유력한 이러한 수단을 발휘할 수 없었다. 전쟁이 최종단계로 접어들면서 전후구축의 조건에 관해 미국이 획득한 수단은 미국이 유럽에 제공하는 자산이 아니라 미국이 독일과 조기 단독강화를 맺을지도 모른다는 위협이었다. 하지만 미국이 유럽을 '포기'하는 것에 대한 불안과 윌슨 정권이 유럽정치에 간섭하는 것에 대한 우려 때문에 유럽은 약속이행과 억제를 포함한 제도거래라는 미국의 제안을 수용할 수밖에 없었다.

1919년 전후구축에서 역사상 처음으로 민주주의국가가 주요 승전국이 되었다. 우드로 윌슨은 '국제연맹' —윌슨은 이 기구의 발족으로 유럽 각지에서 '국제연맹'을 지지하는 중도좌파연합이 정권을 잡게 될 것이라고 예상하고 있었다—이 제대로 기능하기 위해서는 세계적인 민주주의 혁명이 불가결하다고 예측했으며 그렇게 이해하고 있었지만 현실에서 그러한 사태는 일어나지 않았다. 그럼에도 동맹국들의 지도자들은 한결같이 '전후기의 제도적 합의를 실현시키는 데 가장 적합한 정치체제는 민주주의 체제'라고 생각하고 있었다. 이것은 윌슨 역시 마음속으로 강하게 믿고 있던 신조였다. 프랑스는 영미 양국과 더 전통적인 안전보장동맹을 맺기 위한 구상을 제안했다. 이 구상 역시 입헌적 민주주의국가들 사이에서만 가능할 수 있는 약속이행으로 상정되었다. 민주주의는 실제로 전후기의 제도적 합의를 창출하는 데 어느 정도의 영향력을 끼쳤는가? 이 문제는 생각하는 것보다 훨씬 복잡했다. 유럽의 일반시민들이 윌슨의 평화구상에 열렬한 지지를 표시했기 때문에 동맹국들은 전후기의 연맹구상에 대해 어쩔 수 없이 어느 정도 양보를 할 수밖에 없다고 생각했다. 하지만 유럽의 정당과 미국의회의 압력과 저항이 있었기 때문에 합의까지의 과정은 더욱 복잡해졌으며, 여러 가지 요구들이 거기에 포함되었다.

　미 정부가 평화협정안을 추진할 수 없었던 이유를 제도모델로 모두 설명할 수는 없다. 일반적으로 말하면 '힘의 불균형'과 '국가의 민주주의적 성격'은 제도적 거래에 유리하게 작용하여 안전보장 면에서 완벽한 보증조치는 아니었지만, 적어도 완만한 형태의 약속이행과 제도적 결합은 '국제연맹'을 통해 이루어졌다. 윌슨은 "민주주의 세계혁명과 제도적 약속이행을 반드시 실현하겠다"라는 자신의 신념을 의심하지 않았다. 민주주의 세계혁명과 제도적 약속이행이라는 요소가 결정적인 역할을 담당한다는 것이 윌슨이 가진 개인적 신조의 본질이었다. 이 두 가지 요소의 영향으로 베르사유에서 타협이 성립된 반면 조약비준은 실패했던 것이다. 자유주의적 전후질서라는 윌슨의 구상이 실현되기 위해서는 중도좌파 진보세력이 정권을 취하고, 협력적인 국가연합의 실현이라는 장대한 역사과정을 성공시키는 것이 불가피했다. 이를 위해서는 전후의 각국 정부들 사이에서 실무적이며 한정적인 합의를 이룰 수 있는 제도적 메커니즘과 약속이행이 필요했지만, 윌슨 대통령은 그러한 제도적 메커니즘과 약속이행에는 그다지 관심을 두지 않았다.

## 전략적 환경

1914년 8월 전쟁이 발발했을 때 이 전쟁이 이후 세계대전으로 발전해 유럽 대륙을 유례없는 '죽음의 격전'으로 몰고 갈 것이라고 예상한 사람은 거의 없었다. 이 전쟁으로 유럽의 사회와 경제가 입었던 피해는 상상을 초월할 정도로 막대한 규모였다. 전쟁이 시작되던 시점에서는 이 전쟁이 호엔촐레른(Hohenzollern), 로마노프(Romanov), 합스부르크, 오스만의 왕조들을 소멸시키고, 독일, 러시아, 오스트리아(=헝가리), 터키제국을 분단시키며, 더욱이 국제연맹의 탄생을 촉진시킬 줄은 어느 누구도 예상하지 못했다. 제1차 세계대전 후의 구질서는 1815년 이상으로 거의 완전히 붕괴되었기 때문에 유럽 대부분의 지역에는 정치적인 분해가 발생했으며, 그 결과 1919년 이후에는 세계의 기본적인 특징이 매우 모호해졌다.

전후기를 맞아 '힘의 분포'의 새로운 구조 속에서 압도적인 우위의 입장을 획득한 나라는 바로 미국이었다. 영국이 걸어왔던 길을 반복하기 위해 미국은 경제적인 성공을 기반으로 이러한 입장을 획득했다. 19세기 말의 미국은 경제규모와 생산성에서 이미 영국을 압도하고 있었으며, 1919년을 기점으로 전후 20~30년 동안 여타 국가들을 능가했다. 제1차 세계대전 이전까지 미국경제는 영국경제의 두 배에 달했지만 대전 이후에는 거의 세 배가 되었다.[1] 케네디가 언급한 것처럼, "미국은 열강국들이 서로 나누어 공유하고 있었던 경제적 우위를 독점하려는 것으로 보였다. 미국이 경제적으로 타국에 열등한 부문은 전혀 존재하지 않았다."[2] 인구, 농업생산, 원재료, 공업 생산력, 금융자본 등의 모든 분야에서 미국은 규모와 효율 면에서 타국들을 압도했다. 이처럼 점점 더 강해진 미국에 의한 경제지배는 공업 생산량의 국가별

<표 5-1> 세계 공업생산량의 상대적 점유율(1900~1938년)

(단위: %)

|  | 1900년 | 1913년 | 1928년 | 1938년 |
|---|---|---|---|---|
| 영국 | 18.5 | 13.6 | 9.9 | 10.7 |
| 미국 | 23.6 | 32.0 | 39.3 | 31.4 |
| 독일 | 13.2 | 14.8 | 11.6 | 12.7 |
| 프랑스 | 6.8 | 6.1 | 6.0 | 4.4 |
| 러시아 | 8.8 | 8.2 | 5.3 | 9.0 |
| 오스트리아(=헝가리) | 4.7 | 4.4 | — | — |
| 이탈리아 | 2.5 | 2.4 | 2.7 | 2.8 |

자료: Paul Bairoch, "International Industrialization Levels from 1750 to 1980," *Journal of European Economic History*, Vol. 11, No. 2(Fall 1982), pp. 292~299.

점유율을 통해서도 알 수 있다(<표 5-1> 참조). 미국의 점유율은 1930
년대에 이르기까지 상대적으로 성장을 거듭했다. 미국은 지리적으로
유럽 대륙에서 멀리 떨어져 있었으며, 전통적으로 유럽열강의 정치에
일정한 거리를 두고 있었기 때문에 제1차 세계대전 이전에는 미국의
군사능력이 경제적 발전보다도 시간적으로 늦게 성장했다. 타국과의
비교에서도 볼 수 있듯이 미국의 군사력이 어떻게 상대적인 변화를
거쳐 왔는가는 세계대전 이전과 이후 전(全) 열강의 군사지출 총계에
그 점유율이 반영되어 있다(<표 5-2> 참조). 유럽 대륙에서 전쟁이
발발했던 시점부터 10년간 유럽의 각 국가들은 막대한 군사비를 지출
하고 있었기 때문에 미국의 군사력은 유럽열강과 비교했을 때 매우
미미한 것에 지나지 않았다. 하지만 미국은 참전결정을 계기로 다이내
믹한 경제력을 통해 군사력을 급속하게 증강시켜 유럽열강들과 어깨
를 나란히 하게 되었다. 1920년, 미국의 군사력은 세계 최강이 되었다.
물론 군사력 이외의 상업, 금융, 농업 등 각 분야에서의 '대국능력'이
전후기 미국의 우위를 지탱하는 원천으로서 중요한 기능을 담당했다.

<표 5-2> 전 열강의 군사지출 총계 점유율(1910~1925년)

(단위: %)

|  | 1910년 | 1915년 | 1920년 | 1925년 |
|---|---|---|---|---|
| 미국 | 16.9 | 1.3 | 31.8 | 18.0 |
| 영국 | 18.6 | 23.1 | 28.3 | 17.7 |
| 프랑스 | 15.0 | 17.5 | 7.0 | 9.9 |
| 독일 | 18.2 | 25.0 | 1.5 | 4.5 |
| 헝가리 | 7.0 | 10.0 | — | — |
| 러시아 | 18.8 | 22.5 | 22.7 | 44.2 |
| 일본 | 5.6 | 0.5 | 8.6 | 5.5 |

주: 이 표의 수치는 <부표 2>에서 제시된 각종 데이터로 계산한 것이다.

대전 중 동맹국들은 미국의 금융지원과 군사물자 공급을 받았다. "대전 중 미국의 무역량은 실로 막대했으며 국가별 비교에서도 볼 수 있듯 각국의 재정적 입장에는 급격한 변화가 생겼다. 제1차 세계대 전이 끝났을 무렵 런던은 더 이상 세계의 금융센터가 아니었으며 그 대신 미국의 재무성이 유럽의 금융을 통제하게 되었다. 미국의 금 보유고는 1914년 이후 거의 두 배의 증가를 보였는데, 이는 세계 금 보유량의 절반에 가까운 양이었다. 영국은 미국에게 수십억 달러의 차관을 빌려 대부분을 대륙의 국가들에 융자했다. 이처럼 유럽이 스스 로 소모됨에 따라 미국은 대국의 지위에 오르게 되었다."[3] 이러한 경제적 우위와 그것이 동맹국 측의 전쟁수행에 불가결했다는 사실로 인해 미국은 전후구축 과정 내에서 주도권을 쥐게 되었다.

하지만 이 '힘의 비대칭'이 미국에 유리한 것만은 아니었다. 종전을 맞이했을 때 미국은 유럽 대륙에서 압도적인 군사적 영향력을 지니고 있지 않았으며 독일 또한 무조건 항복을 강요받지도 않았다. 휴전협정 이 조인되고 전쟁이 종료되는 시점에서 미국 원정군은 여전히 전선을 향해 진군 중이었다. 그뿐만 아니라 "전쟁이 어떠한 형태로 종결될 것이며 미국이 전쟁수행 중 얼마만큼 희생을 치렀는가"에 따라 강화과 정에서 미국의 발언권이 결정된다는 사실을 미국은 충분히 인식하고 있었다.4) 유럽 주재 미군사령관이었던 퍼싱(John J. Pershing) 장군은 베이커(Newton Baker) 전쟁장관에게 다음과 같이 보고했다. "전쟁수행 중의 미군이 현저하고 명확한 역할을 수행한다면 점령이 종결되는 시점에서 미국의 입장은 더욱 강화될 것이다."5) 퍼싱은 이러한 이유에 서 전후 미국의 입장을 더욱 유리하게 만들기 위해 휴전에 반대했다.

월슨 대통령은 이 문제에 대해 퍼싱 장군만큼 민감한 반응을 보이지 않는 것처럼 보였다. 월워스(William Walworth)의 지적에 따르면, "당시 대통령은 미국의 물적 능력이 충분하며 전쟁으로 피폐해진 유럽 참전 국들을 설득시키는 데에는 전혀 문제가 없다는 자신감을 가지고 있었 다."6) 실제로 유럽은 파산상태에 놓여 있었고 전쟁으로 피폐해져 있었 기 때문에 미국은 유럽보다 현격하게 강대했다. 월슨은 1917년 7월, 대통령 보좌관인 하우스(Colonel House) 대령에게 다음과 같이 언급했 다. "전쟁이 끝나면 우리는 미국의 생각을 유럽에 강제할 수 있다. 왜냐하면 그때는 동맹국들이 무엇보다 재정 면에서 우리의 지배하에 들어올 것이기 때문이다."7) 하지만 많은 유럽 국가들은 미국이 '평화 의 건설자(architect of peace)'가 될 만큼의 대가를 치르지 않았다고 믿고 있었다. 어느 역사가는 다음과 같이 지적하고 있다. "인도주의의 대변 자라는 '공정무사'한 입장을 지닌 미국과 이미 고비를 넘긴 단계에서 참전해 선심 좋게 전쟁비용을 부담함으로써 교섭 테이블을 '할인가격' 으로 손에 넣은 난입자로서 미국이라는 상반된 평가 사이에서 미묘한 의견 차이가 있다."8) 월슨은 그다지 철저한 속박이 없는 전후구축으로 세계를 인도하려고 노력했는데, 그러한 길을 개척하기 위해 그는 전쟁이라는 힘이 아니라 역사라는 힘에 의존했던 것이다.

유럽의 동맹국가들은 미국에 의존할 수밖에 없는 새로운 정세를 인식했으며, 전후의 경제부흥을 촉진하고 유럽 대륙에서 대국관계를 안정시키기 위해 미국이 전후 유럽에 계속 관여할 것을 요구했다.[9] 그렇지만 유럽의 각국 외교 담당자들은 윌슨이 연합국가들을 대표해 발언할 수 있는 권위가 있는지에 대한 의문을 느끼기 시작했다. 더욱이 그가 전시 중에 "공정하고 영속적인 전후구축을 실현해야만 한다"라고 언급했던 성명에 대해, 또한 "이 전쟁에서 무엇인가를 획득할 수 있는 권리는 어느 국가에도 존재하지 않는다"(1918년 4월, 그는 기자단에게 이렇게 말했다)라고 밝혔던 견해에 대해 유럽 국가들은 회의적이었다. 하지만 각 국가는 전면적으로 이를 거부하지 않고 신중하게 행동했다. 적어도 윌슨의 강화구상을 지지했던 부분적인 이유는 합리적인 판단에 서가 아니라 전쟁종결과 유럽재건에 대한 미국의 지원을 잃고 싶지 않았기 때문이다. 윌슨은 다음과 같이 주장했다. "연합국가들은 미 대통령의 일반원칙에 대해 공적으로 반대하는 태도를 보이지는 않았다. 각 국가는 미국이 거대한 힘을 소유하고 있다는 사실과 그러한 미국의 힘에 의존하지 않으면 안 된다는 사실을 인식하고 있었기 때문이다."[10]

동시에 전쟁종결이 가까워지면서 유럽의 지도자들은 윌슨의 메시지가 일반 대중에게 광범한 설득력을 지니고 있다는 것을 이해하게 되었다. 그들은 미국과 협조하지 않으면 안 된다고 인식하고 있었지만 그와 동시에 "미국이 새롭게 획득한 힘을 어떻게 사용할 것인가?"라는 문제로 고민하고 있었다. 영국 신문계의 왕으로 불렸던 리델(George Riddell)은 1917년 12월, 로이드 조지(David Lloyd George) 총리에게 이렇게 말한 바 있다. "미국인들은 신용할 수 없다. 그들은 자국을 세계 최고의 국가로 만들기를 원하며, 미국 역사상 예를 찾아볼 수 없을 만큼의 상선대(商船隊)를 보유하고 있다. 또한 전 세계에 새로운 시장을 개척했으며, 그 시장은 우리가 전장에서 전투를 하고 있는 사이에 획득해 확대해간 것들이다."[11] 이러한 선망의 감정이 고조되어 미국의 진정한 전쟁목적으로 '힘의 문제'가 주목을 모았다. 즉, 전쟁의 결과로 유럽과 미국 사이에 새로운 '힘의 비대칭'이 생겨 이러한 문제가 불거졌던 것이다. 미국은 강화를 수립하기 위해 특별한 입장에 서게 되었는데, 동맹국들의 적극적인 협력을 얻기 위해 미국은 각국이 지니고 있는 '지배'와 '포기'의 불안을 해소시키지 않으면 안 되었다.

## 미국의 전쟁목적과 전후구축 구상

제1차 세계대전이 시작되고 얼마 되지 않아 월슨 정권은 대유럽정책을 두 개의 '전선(fronts)'으로 구분해 대처했다. 하나는 "전쟁의 종결을 가져오기 위해 어떠한 방식으로 참전해야 하는가?"라는 것이었다. 즉, "독일과의 관계를 어떻게 해야 하는가?"를 입안하는 것이었다. 또 하나는 "평화를 영속화시킬 수 있는 전후질서를 어떻게 구축해야 하는가?"를 구상하는 것이었다. 이 두 가지 과제에 관한 월슨의 입장은 '유럽전쟁이 시작된 이유'에 대한 기본적인 시각에서 나왔다. 즉, 군부에 의한 전제와 '세력균형'에 기초한 구정치가 그 원인이라는 것이 출발점이었다. 그는 "이 전쟁의 책임은 단순히 한 국가의 침략행위에 있지 않고 대규모적인 시스템이 책임을 져야 한다"라는 사실이 중요하다고 강조했다. 이러한 이유로 미국은 전쟁에서 독립된 자세—당초에는 중립이었으나 최종적으로는 마지못한 참전의 입장—를 취했다. 동시에 매우 극단적이고 단시간 내에 모든 문제를 해결하려는 강화구상을 제시했다.

1916년 참호전(trench warfare)으로 교착상태에 빠져 있었을 때 미국은 중립의 입장을 고수하며 휴전을 실현시키기 위해 노력했다. 같은 해 12월, 윌슨은 교전 중인 각 국가들에 휴전조건을 제시하도록 요구했지만 영프 양국은 독일군에 의해 상당한 손해를 입었기에 "독일의 군사력을 절멸시킬 때까지는 휴전하지 않겠다"라는 기본적인 입장을 취했다. 1916년 후반이 되면서 연합국은 전장에서 몇 번의 승리를 거두었는데, 이 승리 역시 전투의 속행에 대한 결의를 더욱 강화시켰다.[12] 연합국 측의 전쟁목적은 변화해 이전보다 더욱 강고해졌다. 연합국 측의 이러한 강고한 태도에 대해 윌슨은 "연합국 측이 '정복'과 '지배'를 목표로 하고 있기 때문에 연합국 측에도 전쟁책임의 일단이 있다"라는 생각을 굳혔다. 한편 베트만 홀베크(Theobald von Bethmann-Hollweg) 총리가 이끄는 독일정부는 "미국의 중재를 통한 휴전에 관심이 있다"라는 의사를 표시했지만 결국 강화조건을 제시하지는 않았다.

윌슨이 '미국이 수용할 용의가 있는 강화'에 대해 처음으로 태도를 밝혔던 시기는 1917년 초의 분기점에서였는데, 미국이 조기강화의 합의를 추진하지 않으면 전쟁에 휘말리게 될 것이라고 생각했기 때문이었다. 1월 22일, 윌슨은 상하원 합동회의 연설에서 '승리 없는 평화와 대등한 평화(peace without victory, a peace among equals)'의 필요성을 강조했다. 그는 "미국의 입장은 유럽으로부터 거리를 두는 동시에 단호한 강화를 실현하는 것"이라는 명확한 태도를 표명하면서 다음과 같이 덧붙였다. "장래 세계평화의 문제는 바로 이 점에 달려 있다. 현재의 전쟁은 과연 공정하고 확실한 평화를 추구하기 위한 것인가? 아니면 새로운 '세력균형'을 위한 것에 지나지 않는가?"[13] 윌슨은 각국이 합의한 강화조건이 확실히 준수되어 미국의 신질서 참가를 가능하게 하는 '국제연맹'적인 조직을 결성해야 한다고 주장했다. 실제로 윌슨은 유럽 각국에 합의를 제시했는데, "유럽 각국이 미국이 제시한 조건으로 평화에 합의한다면 미국은 평화유지를 위한 국제조직에 참가할 것을 약속한다"라는 내용이 골자였다.[14]

윌슨은 "미국은 강화를 실현할 수 있는 권리가 있다"라고 주장하면서 이렇게 덧붙였다. "세력균형을 기반으로 평화를 실현시키려 한다면 영속적인 평화는 도래하지 않는다. 평화의 기반은 적대적인 조직화가 아니라 평화의 조직화여야만 한다. 즉, '힘의 공동체'를 창출시키지 않으면 안 되는 것이다. 강화는 보편적인 계약에 따른 보증을 필요로 한다. 그러한 보증은 미국이라는 '신세계'의 참가가 있어야 비로소 확실해질 수 있다." 하지만 이 제안에 제시된 '미국의 보증'은 매우 애매했는데, 윌슨은 '버지니아 권리장전(Virginia Bill of Rights)'을 참고해 "정부가 갖는 공정한 권력은 통치 받는 자들의 동의에서 나온다는 원칙, 더욱이 모든 권리는 유형의 재산과 마찬가지로 주권자인 인민에게 부여받아 비로소 존재할 수 있다는 원칙을 인식하고 수용할 때 모든 평화는 영속적인 것이 된다"라고 주장했다. 즉, 윌슨이 제시하고자 했던 '미국의 보증'은 "강화에 참가하는 유럽 국가들이 민주주의와 주권재민의 원칙을 명확하게 제시하지 않으면 안 된다"라는 전제가 있었다. 그의 주장은 "이러한 강화가 미국의 전통과 합치되며, 미국은 다른 국가들과 함께 세계평화의 보증에 참가한다"는 것이었다. 이러한 사고의 배경은 민주주의국가들에 의한 연합과 보증이 '세력균형' 정치가 원칙이었던 구세계의 약속이행과는 다른 성격이라는 것이었다. 또한 윌슨 대통령은 "이러한 전제가 존재해야만 비로소 강화를 미국국민들이 수용하기 쉬워진다. 서로 협조하는 힘을 바탕으로 하는 곳에서 '동맹의 분열(entangling alliance)'은 있을 수 없다"라고 주장했다.[15]

윌슨이 1917년 1월 강화구상을 제창했을 당시 미국은 여전히 평시

상태였지만, 그 2주일 전에 독일은 비밀리에 잠수함을 통한 무차별 공격실시를 결정한 뒤 1월 31일에 이러한 내용을 발표했다. 그 직후 윌슨은 독일과 외교관계를 끊고 4월 2일 의회에 선전포고를 요청했다. 이후 몇 개월에 걸쳐 윌슨은 빈번한 연설을 통해 미국의 강화안을 계속 호소하기에 이르렀다. 1917년 여름, 그는 미국이 참전한 이유가 독일 군국주의와 싸우기 위함이지 독일국민들과 싸우기 위한 것이 아니라고 강조했다. 여기에서도 마찬가지로 '승리 없는 평화'를 강조했고 "평화는 민주주의국가들의 연합체를 기반으로 실현되어야만 한다"라고 지적했다. '적은 독일이 아니라 군국주의와 전제정치'라는 것이 그의 주장이었다.16) 독일에 선전포고를 한 뒤 윌슨은 미국이 궁극적인 세계평화와 더불어 독일국민을 포함한 각국 국민들의 해방을 위해 싸우는 것임을 강조했다. 하지만 이 시점에서 그의 주장은 이전과 달리 "미국은 독일 전체에 대한 승리가 아닐지라도 적어도 독일의 군국주의에 대한 승리를 목표로 하고 있다"라고 바뀌었다.17)

윌슨이 종래의 입장을 변경해 '전쟁의 원인이 독일 군사국가의 존재'라고 지적함으로써 미국은 자국의 정책을 수정할 수 있게 되었다. 미국이 연합국 측으로 참전하게 되자 독일은 미국의 확실한 적국이 되었다. 국민들의 지지를 얻기 위해 독일국가와 독일 군부수뇌를 '악'으로 묘사하지 않으면 안 되었던 것이다. 그 후 파리평화회의에서는 독일에 대한 엄격한 단죄를 채택했는데 윌슨은 독일의 지도자와 독일국민을 구별함으로써 이러한 단죄에 대한 지지를 정당화할 수 있었다. 즉, 여기에서 그의 주장은 "연합국 측의 분노의 대상은 독일국민이 아니라 독일의 반민주주의적 군사국가"라는 것이었다.18) 미국이 이 전쟁에 점점 더 휘말리게 되면서 윌슨은 "전후평화가 성공할지 여부는 민주주의 정부의 중요성이 인식될지 여부에 달려 있다"라고 강조하게 되었다. 1917년 8월, 로마 교황이 평화의 실현을 촉구했을 때 그는 재차 독일국민과 독일정부를 구별함으로써 그 차이를 다음과 같이 전후의 약속이행과 보증의 문제와 관련시켰다. "우리는 현재의 독일 지도자의 약속을 영속적인 보증으로 받아들일 수 없다. 우리가 이를 받아들이려면 그 약속이 독일국민들의 의지와 목적이라는 최종적인 증거를 통해 명확히 뒷받침되어야만 한다. …… 이러한 보증이 없는 한 독일정부와 강화조약, 군축협정, 병력배치, 영토 확정, 약소국의 재건에 관한 계약이 성립한다 해도 이를 신용할 수 있는 국가나 국민들은 없을 것이다."[19] 윌슨은 전후기에 각국이 행할 수 있는 보증과 약속이행의 조건 만들기를 생각하고 있었으며, "이에 필요한 조건을 제시할 수 있는 것은 오직 민주주의 정부뿐이다"라는 것이 그의 생각이었다.[20]

전후목표를 둘러싼 논의는 1917년 말 몇 개월간에 걸쳐 재차 격심해 졌는데, 국제무대에서 새롭게 극적인 사태가 발생했기 때문이다. 즉, 볼셰비키 혁명, 브레스트-리토프스크 조약(the Treaty of Brest-Litovsk), 러시아의 전선이탈이 그것이었는데, 윌슨은 각국의 지도자들을 제쳐 놓고 유럽 각국의 국민들을 향해 자신의 주장을 펼쳤다. 그런 상황 속에서 레닌을 비롯한 볼셰비키 지도자들이 휴전구상 추진의 전열로 파고들어 온 것이다. 새로운 러시아 정부는 제정 러시아와 연합국의 상세한 합의하에 이루어진 전리품 분배에 관한 비밀조약을 폭로했고, 이는 "이 전쟁은 원래 제국주의 전쟁이다"라는 볼셰비키의 주장을 뒷받침하는 것처럼 보였다. 윌슨과 마찬가지로 레닌 역시 자유주의파 세력과 노동조합, 그리고 사회주의자들에 대한 지지를 기반으로 전쟁 종결을 위한 평화구상의 방향으로 여론을 유도하려고 했다. 그렇게 된다면 유럽정치가 변혁의 방향으로 진행되리라 생각했던 것이다. 볼 셰비키는 윌슨의 신외교구상을 능숙하게 이용하려고 했기 때문에 윌슨은 그에 대한 대책을 강구할 필요가 있었다.[21] 윌슨 정권은 볼셰비키의 이러한 도전을 받아들여 미국의 전쟁목적을 공식적으로 표명하는 문서를 작성했다. 이것이 '14개조(Fourteen Points)' 연설이었다.[22] 그 연설에 포함된 원칙들은 유럽 각국의 지지를 받았으며, '14개조' 구상에는 윌슨이 이전에 주장했던 목표 역시 포함되어 있었다. 연설의 마지막에서 그는 자신의 최종목표를 명확하게 밝혔는데, 그것은 모든 국가의 독립과 영토보전을 보증하는 '제 국가의 일반적 연합(a general association of nations)'의 실현이었다. 이 연설을 계기로 윌슨은 평화실현을 추구하는 레닌이나 그 밖의 경쟁자들과 전략경쟁을 전개하게 되었다. 그의 목표는 "볼셰비키의 구상이 아닌 미국의 구상이야말로 새로운 전후질서에서 가장 선진적인 기반을 준비할 수 있다"라고 유럽 각국의 국민들을 납득시키는 것이었다.

전쟁이 끝나갈 무렵, 윌슨 정권의 평화구상은 유럽의 일반 국민들로부터 전면적인 지지를 받게 되었다. 그는 평화유지를 위한 새로운 기구로서 민주주의국가연합체의 설립을 제창했는데, 그것이 바로 '국제연맹'이었다. 하지만 이때 그는 '국제연맹'이 어떠한 활동을 하고 정치와 안전보장 양면에서 어느 범위까지 보증을 행할 수 있는지, 그리고 책임과 의무를 질 수 있는지에 관해 구체적으로 고려하지 않은 상태였다. 윌슨은 자유주의적인 기본구상을 정리해 이를 매우 간결한 형태로 발표했는데, 그것이 바로 1918년 7월 4일의 연설이었다. 여기에서 그는 강화를 위한 '네 가지 목표'를 명확하게 밝혔고, "우리가 추구하는 것은 통치 받는 자들의 동의를 기초로 해서 인류의 집약적인 의견을 통해 지지를 받을 수 있는 법의 지배이다"[23]라고 덧붙였다. 이러한 윌슨의 입장을 어느 역사가는 다음과 같이 요약했다. "평화가 영속적으로 지속된다면 세계는 자신의 정부를 스스로 선택할 수 있는 자유 시민들로 구성된 독립국가의 연방으로 재생될 수 있을 것이다."[24]

이처럼 윌슨은 모든 분쟁의 평화적 해결을 관리하고, 이를 보증하며, 나아가 세계 전체, 그중에서도 유럽 내에서 민주주의적인 통치를 강화시키기 위한 신국제조직을 구축하려는 구상을 제시했다. 윌슨의 구상이 전제로 하는 민주주의 변혁은 모든 것을 그곳에 집약시키기 위한 촉진제였다. 그는 유럽에서 발생한 이 전쟁의 근본원인이 군국주의와 전제로 영속화된 제국주의라고 생각했기 때문에 이러한 구체제는 해체되어야 한다는 결론에 도달하게 되었다.[25]

1918년이 되면서 윌슨의 전체 구상은 더욱 명확해졌다. 이번 대전이 구세계뿐만 아니라 전 세계에 걸쳐 민주주의 혁명을 초래할 것이라는 예상을 바탕으로, 다음과 같이 자신의 생각을 밝혔다. "미국과 유럽은 단순히 서로 공감할 수 있는 관계에 있을 뿐만 아니라 자유라는 헌장을 통해 서로 연결된 관계이다. 이 자유의 헌장은 미국의 원칙과 인류 전체의 원칙 사이에 어떠한 차이도 존재하지 않는다는 사실을 분명히 보여주고 있다."[26] 윌슨은 미국과 유럽 이외의 세계 역시 미국이 제시한 제 원칙을 환영하고, 평화에 대한 보증과 미국의 '지배'와 '포기'에 대한 유럽의 불안을 어떻게 극복할 것인가에 관한 문제를 포함해 전후 세계가 직면하는 중대한 문제가 이러한 구상을 통해 극복될 수 있다고 생각했다.[27]

## 영국과 프랑스의 전쟁목적

대전이 시작되었을 당시 영국의 전쟁목적은 매우 조심스럽고 방위적이었다. 하지만 시일이 지나면서 영국은 독일을 패배시키고 전후구축을 실현한다는 점에서 초기에 비해 훨씬 야심찬 목표를 갖게 되었다. 영국의 전쟁목표가 점차 확대되었던 이유로는 몇 가지를 들 수 있다. 첫째는 영국의 지도자들이 전쟁의 필요성을 자국민에게 호소하고 전쟁이 초래한 희생을 정당화하기 위해서였다. 둘째로는 윌슨이 독일과 시행하려던 조기 강화교섭을 멈추게 하기 위한 노력의 결과였다. 이러한 노력은 1916년 12월을 시작으로 1917년에 걸쳐 행해졌으며, 로이드 조지 주변에 진정한 자유주의파 국제주의자들이 존재했다는 것 역시 또 하나의 이유가 되었다. 이러한 국제주의자들의 목표는 중점과 범위에서 윌슨의 목표와는 매우 상이했다. 하지만 영국 전시내각의 각료 중에서도 국제관계의 새로운 도식을 구축하고 유럽의 세력균형 회복이라는 틀을 넘어 전후평화를 유지하기 위한 연맹결성에 관심을 보이는 사람들이 어느 정도 존재했다.

전쟁과 전쟁목적에 관해 영국에는 다양한 입장이 존재했는데, 당시 정권을 담당하고 있던 자유당은 "평화와 평온을 전통으로 여기는 것에는 변함이 없었다."[28] '제국파'라고 불리던 자유당의 파벌조차 확장주의적인 새로운 시도보다는 제국의 현상유지에 관심을 보이기 시작했다. 이 파벌에는 경제문제에 전념하는 구식의 글래드스톤형(Gladstonian) 자유주의파도 존재했으며, 충실한 사회복지를 강조하는 신세대 혁신주의자들도 존재했다. 동시에 자유제국당의 각 파벌은 이 전쟁을 계기로 보수당이 정권에 복귀하지 않을까 하는 불안을 느끼고 있었다. 왜냐하면 군부와 가장 밀접한 관계를 지니고 있던 것이 바로 보수당이었기 때문이다.[29] 독일군이 벨기에를 침공하자 영국내각은 참전을 결정했다. 영국은 전통적으로 '저지역 국가들(Low Countries)'의 독립을 보호하는 정책을 취해왔기 때문에 독일의 침략행위는 곧 영국의 정책을 침해하는 것과 마찬가지였다. 독일의 국력증대에 대항하기 위해서는 강국인 프랑스의 지원이 필요했다. 이러한 다양한 고려 끝에 그레이(Edward Grey) 외상은 1914년 8월 3일, "영국은 프랑스 해협의 항만을 공격하려는 독일의 모든 시도에 반대한다"라는 성명을 발표했다.[30] 이처럼 당초 영국의 참전에 대한 정당화는 매우 한정적이었다.

1916년 말, 독일과 미국은 조기강화 교섭을 모색하고 있는 것처럼 보였다. 1916년 말에 발표된 윌슨의 '평화에 관한 주도권'은 영국의 신경을 거슬렸다. 왜냐하면 윌슨의 구상이 전쟁책임과 전쟁목적에 관해 독일과 연합국 사이에 그다지 큰 상이점이 없다고 간주하고 있었기 때문이다. 이러한 사실은 영프 양국 정부에 큰 우려를 안겨주었다. 독일을 절멸시키지 않은 채 휴전을 한다면 가까운 장래에 전투가 재개될 수 있는 위험이 있었기 때문이다. 영국은 12월 말, 프랑스와 회담을 통해 '미국여론에 호소하는 형식을 빌려 윌슨의 그러한 주장에 대해 반응하기'로 결정했다. 그 내용으로는 "영프 양국은 전후 연맹의 목표를 지지하지만 영토와 군사적 측면에서 만족할 수 있는 전후구축 역시 동시에 이루어야 한다"는 것이었다.[31] 발포어(Arthur Balfour)는 영국 외상으로 취임한 직후 미 정권으로 추가적인 각서를 보내 독일과의 즉각적인 강화교섭의 개시를 막으려고 시도했다. 그 서간에는 영국의 전쟁목적이 열거되어 있었는데, 국제조직 설립의 전제조건으로 국경선의 확정이 필요하다는 내용을 포함해 독일 지도자들의 추방, 독일에 민주주의 확립, '신세계와 구세계를 통해 가장 뛰어난 사상가들'이 찬성하는 국제적 개혁에 대한 헌신적 공헌의 확약, 영국과 미국의 자유주의를 향한 촉구 등이 적혀 있었다.[32]

1917년 초반이 되면서 영프 양국은 윌슨을 회유한 결과, 조기강화 교섭을 막을 수 있기에 충분한 간격을 확보했으며, 양국의 전쟁목적을 더욱 명확하게 내세우기 위해 노력했지만, 평화조건에 관한 영국의 생각은 불분명했으며 모순이 있었다. 마틴(Martin)의 지적에 따르면, "영국은 윌슨과의 교섭을 통해 전쟁목적에 관해서는 어느 정도 명확해졌지만 여전히 혼란과 애매함이 남아 있었다."[33) '제국전시내각(Imperial War Cabinet)'의 각료들 사이에서는 독일의 국력을 파괴하기 위해 최후까지 전쟁수행을 바라는 사람들도 있었지만, 동시에 교섭을 통한 해결을 적극적으로 수용해야 한다고 주장하는 각료들도 있었다. 또한 평화를 보증하는 '국제연맹'의 설립구상에 공감하는 각료들도 존재했던 반면, 전후기 '세력균형'의 재구성을 원하는 각료들도 있었다.[34)

영국정부의 공식적인 태도가 하나로 통일되지 않았던 점은 스머츠(Smuts) 장군이 몇 번에 걸쳐 열렸던 '전시내각'에서의 토의 후 로이드 조지에게 보냈던 보고서에도 잘 드러난다. 이 보고서에서는 독일이 점령하고 있던 터키 영토의 분리를 포함해 독일 식민제국의 붕괴를 환영하는 부분이 있는데, 터키 영내의 독일 식민지는 영국이 아시아 각지에서 소유하고 있던 식민지에 대한 잠재적인 위협이 되었기 때문이다. 하지만 보고서의 다른 부분에서는 열강들이 전후의 평화를 확보하기 위해 민주주의는 불가결한 요소라는 윌슨의 생각을 지지하고 있었으며, "여론은 전후구축을 실현할 수 있는 중요한 추진력이며, 이를 위해서라도 영국의 전쟁목적이 도의적인 관점에서 정당화되지 않으면 안 된다"라는 지적도 있었다.[35) 로이드 조지는 1917년 3월의 '전시내각'에서 유럽에 민주주의 체제를 확대하는 것이야말로 장래의 전쟁을 확실히 예방할 수 있는 유일한 방법이라며 다음과 같이 주장했다. "자유는 전 세계 국민들이 바라는 평화와 희망을 수호할 수 있는 확실한 보증이 된다. 왜냐하면 자유국가는 전쟁수행에 대해 그다지 긍정적이지 않기 때문이다."[36) 하지만 로이드 조지 총리를 제외한 모든 각료들은 "장래의 분쟁을 예방할 수 있는 유일한 수단은 전후기 영국의 입장을 강화시키는 것이다"라고밖에 생각하지 않았다.

러시아 혁명의 발발로 윌슨 정권은 미국의 전쟁목표가 지니는 원칙적인 성격을 한층 더 강조하게 되었다. 로이드 조지 역시 마찬가지로 영국의 전쟁목적이 갖는 이상주의적인 특징을 더욱 강조하기에 이르렀는데, 1918년 1월 윌슨이 '14개조' 연설을 발표하기 불과 며칠 전 로이드 조지는 영국의 전쟁목적이 일관되어 있다는 주장을 전개했다. 그는 영국민과 영국을 대표해 다음과 같이 서술했다. "영국은 독일을 분단시키고 독일의 제국헌법을 파괴하기 위해 싸우는 것이 아니다. 독일에 민주주의 제도가 도입된다면 담합을 통한 평화의 실현은 더욱 용이해질 것이다." 또한 "이 전쟁에서는 어떠한 영토분쟁의 해결에도 통치 받는 자들의 동의가 기초가 되지 않으면 안 된다"라며 윌슨의 주장과 유사한 주장을 펼쳤다.[37] 이에 덧붙여 그는 "동유럽 지역의 영토문제에 관한 해결은 자결의 원칙에 기초하지 않으면 안 되며, 독일 식민지의 처리문제는 평화회의를 통해 이루어져야 하지만 최종적으로는 현지 주민들의 희망에 따라 처리되어야 한다. 배상과 피해에 대한 보증 역시 이루어져야 하지만 전쟁배상이라는 형식, 즉 어느 한 전쟁 참가국이 지출한 전쟁비용을 타국에 전가해서는 안 된다"라고 언급했다. 더욱이 로이드 조지는 영속적인 평화를 실현시키기 위한 세 가지의 필요조건을 제시했는데, 조약은 신성한 것이라는 재확인, 자결의 권리에 기초한 영토문제 해결, 군비의 부담을 경감시키고 전쟁의 가능성을 축소시키기 위한 국제조직의 설립을 강조했다.[38]

전쟁목적에 관한 로이드 조지의 이러한 발언은 휴전이 실현되기 전에 유럽 지도자들이 언급한 발언으로는 가장 논리정연하고 권위 있는 것이었다. 그는 '국제연맹' 구상을 지지하기는 했지만 그다지 적극적이지는 않았다. 이러한 태도를 취함으로써 그는 '국제연맹'이 평화 전체의 기축이라는 윌슨의 구상과 막 취임한 클레망소(Georges Clemenceau) 프랑스 총리가 밝혔던 구상 사이에서 타협점을 발견하려고 노력했다. 클레망소는 1917년 11월, '국제연맹'이 결성되기 전에 군사적 승리를 획득하는 것이 프랑스의 목표라는 것, 전쟁종결을 위해 새로운 국제조직이 반드시 필요한 것은 아니며 합의문서에 있는 독일의 서명은 무효이기 때문에 독일이 전후의 국제조직에 가맹하는 것에 대해서는 반대한다는 입장을 표명했다.[39]

강화조건에 관한 윌슨과 로이드 조지의 생각은 일치했다. 현실적으로 윌슨의 신국제조직 구상은 적어도 부분적으로는 영국 자유주의파가 최초로 주장해 추진한 이상에서 시작된 발상이었다. 윌슨과 로이드 조지는 '특수이익'과 관련되어 있을지도 모른다는 의구심을 서로 공통적으로 갖고 있었고, 외교정책의 민주주의적 운용의 중요성과 분쟁의 합리적인 해결에 대해 확신을 지니고 있었다. 더욱이 두 사람 모두 반제국주의자였으며, 제국주의는 전제체제와 군국주의로부터 파생된다는 의견에 서로 일치하고 있었다.[40]

하지만 로이드 조지와 윌슨은 독일정부에 대한 시각에서 서로 의견을 달리했다. 이 점을 시작으로 양측의 더욱 심각한 의견 차이가 표면화되었는데, 영국 총리는 "독일이 민주주의 헌법을 채택하기를 열망하고 있으며, 만약 그것이 실현된다면 군사지배를 향한 충동이 사라지고 '임박하고 있는 강화교섭'에 대한 기대와 증거가 된다"라고 주장했다. 또한 그는 "결국 이것은 독일국민들 스스로가 결정해야 할 문제"라고 결론지었다.[41] 이에 윌슨은 더욱 장기적인 구상으로서 독일의 변혁을 강조했으며, 군국주의에 의한 독일의 전제정치가 기본적으로 정통성을 결여하고 있으며 전쟁을 통해 전제를 일거에 절멸시켜야 한다고 생각했다. 영국은 군국주의를 절멸시키는 것에 관심을 가지고 있었으며, 이를 위해 윌슨은 전제를 절멸시키거나 적어도 전제를 무의미한 것으로 바꾸려고 했다. 윌슨의 구상이 성공할 수 있느냐는 독일의 입헌개혁 실현 여부와 유럽에서의 민주주의 제도의 확대 여부에 달려 있었다. 영국 총리는 이러한 독일의 입헌개혁과 유럽의 민주주의화에 대한 진척을 기대하고 있었는데, 이것이 곧 평화합의를 촉진시킬 수 있는 방법이라고 생각했기 때문이다. 하지만 한편 그는 "전후질서가 더욱 전통적인 질서가 되어야 한다"라고 생각하고 있었다.

프랑스의 전쟁목적은 영미 양국의 입장과 비교하면 그다지 세밀하게 고려된 것이 아니었지만, 애매하다는 점에서는 동일했다.[42] 클레망소가 이끄는 프랑스 정부는 유럽에서 '세력균형'을 회복했으며, 모든 기회를 통해 다른 연합국보다 독일에 대해 완벽한 군사적 우위를 갖고자 하는 훨씬 강한 결의를 지니고 있었다. 이러한 목적을 달성하기 위해 클레망소는 독일영토를 분할할 것, 전략적 중요성을 갖는 국경지역을 점령할 것, 독일군의 무장해제와 과혹한 전쟁배상을 부과할 것을 목표로 삼았다.[43] 프랑스가 상정하고 있었던 전후 세계의 도식에서는 "독일이 프랑스의 안전보장을 위협하지 않을까?"라는 우려로 가득했다. 과거 50년 동안 프랑스는 두 번이나 독일의 침략을 받았으며, 독일 군국주의 앞에서 약세를 보였다.[44] 유럽에 새로운 '세력균형'을 형성시키는 것의 중요성은 장래에 독일로부터 어느 정도 안전보장상의 위협을 받을 것인가 하는 인식과 관련되어 있었다. 프랑스 정부는 이 대전에서 독일이 최종적으로 패배할지라도 재차 정복욕을 앞세운 대국이 되어 프랑스와 대면하게 될 것이라고 확신하고 있었다. 이러한 이유에서 프랑스의 전쟁목적은 명확했다. 즉, 독일의 국력에 치명적인 타격을 주고, 독일에 대한 안전보장 조치를 책정하는 데 화해적인 시도가 있어서는 안 된다는 것이었다.[45]

독일의 국력이라는 문제를 해결하기 위해 고심한 프랑스는 몇 가지의 전략을 서로 조합하려고 했는데 그 조합에는 일관성이 결여되어 있었다. 이 전략의 조합은 세 가지로 구성되어 있었다.[46] 첫째, 영토분할, 배상, 무장해제를 통해 독일의 힘을 직접적으로 축소시키는 것이었다. 프랑스는 독일에서 민주주의를 발전시키려는 구상은 아무런 해결책이 되지 않는다고 생각했다. 클레망소는 독일 군국주의의 전제와 독일국민들을 분리하려는 월슨의 생각을 거부했다. 독일의 경제를 최대한 약화시키고 독일국가를 '연방화'시키는 것이 프랑스의 목표였던 것이다. 1919년 3월, 로이드 조지는 클레망소가 프랑스의 입장에 관해 다음과 같이 발언했다고 전했다. "독일 내에 서로 분리된 다수의 독립 공화국이 탄생할수록 나는 더할 나위 없이 기쁠 것이다."[47]

둘째, 화해와 전후 독일의 정치적 관여에 관한 일정한 조치를 포함하는 것이었다. 실제로 클레망소는 이 전략을 그다지 강조하지 않았으며 충분한 효과를 가져다줄 수 있는 전략이라고도 생각하지 않았다. 하지만 그가 영토문제의 해결을 감시하고 배상이나 그 밖의 전후문제를 처리하는 평화유지 제도에 참가하는 것에 어느 정도 관심을 가지고 있었던 것은 사실이다. 1918년 12월 15일, 월슨은 클레망소와의 회담을 위해 파리에 도착했다. 3차 회담에서 월슨이 '국제연맹' 구상을 클레망소에게 타진하자 클레망소는 이러한 조직이 제대로 기능할지에 관해 회의적인 태도를 보이면서도 그 구상에 대해 시도해볼 만한 가치가 있다고 언급했다.[48] '국제연맹'이 기능하기 위해서는 적어도 프랑스의 군사적 방어력을 통해 조직을 보강할 필요가 있었기 때문에 결국 이 조직은 부차적인 전략에 지나지 않게 되었다. 더욱이 프랑스는 자국의 안전보장을 위해 필요한 조치에서 등을 돌릴지도 모를 일이었다.

셋째, 동맹을 결성한 뒤 그에 따른 동맹국들의 힘의 집결을 통해 독일의 힘을 봉쇄하는 것이었다. 클레망소는 전후의 프랑스를 지키기 위한 '세력균형'의 필요성을 굳게 믿고 있었다. 1918년 말, 클레망소는 프랑스 하원에서 다음과 같은 유명한 연설을 했다.

> 제가 지금 말씀드리고자 하는 것은 종래의 방위수단에 관한 것으로, 강고하고 명확하게 확정된 국경과 군비, 그리고 이를테면 '세력균형'에 관한 것입니다. …… 오늘날 세계에서 가장 권위 있는 수뇌들이 이 시스템을 비난하고 있는 것은 사실이지만, 전쟁의 결과 스스로 형성된 이 '세력균형'이 만약 예전에 존재했더라면, 또한 영국이나 미국, 프랑스, 이탈리아가 어느 국가로부터 공격을 받았을 경우 그 공격이 곧 세계 전체가 공격을 받은 것과 같다는 합의가 존재했더라면, 아마 전쟁은 발발하지 않았을 것입니다. …… 따라서 동맹 시스템은 예전의 시스템과 그리 다르지 않을지도 모르지만, 저는 이것을 포기하는 것에는 반대합니다. 제가 여기에서 강력하게 말씀드리고자 하는 것은 강화회의를 진행하는 과정에서 지금까지 함께 참전해왔던 4개국이 전후 그 대열을 벗어나는 사태가 결코 있어서는 안 된다는 것입니다. 저는 이 4개국의 협상관계를 위해 최선의 노력을 다할 생각입니다.[49]

클레망소는 독일을 약화시키고 독일의 침략에 대항할 수 있는 '세력균형'을 형성하는 데 필사적이었다.[50] 프랑스는 대독일전략의 입안을 위해 몇 가지의 대응방법을 검토했었다고 추측되는데, 그러한 사실을 보여주는 중요한 증거가 바로 1919년 클레망소의 제안이었다. 그는 '국제연맹'을 프랑스, 영국, 미국 3개국의 군대로 구성된, 좀 더 전통적인 동맹으로 전환한 뒤 국제부대와 합동참모기구의 발족을 통해 운용해야 한다는 내용을 제안했다.[51] 이러한 동맹이 실현된다면 독일에 대한 장기적이고 확실한 공동지배가 가능해지며, 이는 프랑스에게 매우 매력적인 상황이 된다. 물론 윌슨은 이러한 프랑스의 제안에 반대했다. 이는 미국정부가 미 의회로부터 선전포고의 권한을 빼앗아 국제기관으로 옮기는 것이 정치적으로 불가능하기 때문이 아니었다. 베이리(Thomas Bailey)가 지적하는 것처럼, "윌슨은 국제경찰부대의 설립을 위한 조약이 미 상원에서 가결될 가능성이 전혀 없다는 사실에 대해 보좌관들로부터 충분한 주의를 들었다. 설령 보좌관들의 조언이 없었다 하더라도 그는 이미 그러한 사실을 알고 있었던 것이 틀림없다."[52]

이처럼 동맹국의 지도자들은 대독일정책의 목표를 둘러싸고 첨예하게 대립하고 있었다. 프랑스는 자국에 유리한 새로운 '세력균형'을 창출시키기 위해 독일을 완전히 약화시킬 것을 바랐다. 영국은 유럽대륙에서 균형을 확립시킬 수 있는 구상과 제도에 관한 정식협정, 그리고 제 국가에 의한 연맹을 실현시킴으로써 종래에 비해 좀 더 협조적인 기반을 통한 질서로 이행할 수 있는 구상 사이에서 분열되어 있었다. 또한 연합국들의 리더였던 미국의 목표는 독일 국내와 유럽 전역에 입헌적 민주주의를 확립하는 것이었다. 미국은 만약 그 목표가 실현된다면 평화가 정착되고 타당하고 명확한 방식으로 독일을 벌할 수 있게 되기 때문에 자유주의의 원칙과 관행을 기초로 하는 조직화된 새로운 국제공동체가 탄생될 것이라고 생각했다.

## 휴전 · 배상 · 독일문제

1919년 1월 12일, 연합국 대표들이 파리에서 회의를 가졌을 당시 전후구축에 관한 사전의 합의는 거의 없었다.[53] 배상, 독일의 무장해제,

영토문제, '국제연맹' 등의 주요한 문제에 관해서는 파리회의에서 모두 교섭되거나 타결되었어야 했는데, 휴전성립이 가까워지고 나서야 비로소 같은 전쟁에서 싸워왔던 동맹국 간에 참전이유가 상이했다는 점을 확인할 수 있었다. 윌슨은 1918년 10월 독일로부터 요청을 받았던 휴전조건에 관해 독일과 ― 동시에 연합국들과도 ― 교섭을 행했다. 사실 이때는 윌슨의 교섭입장이 가장 강경했던 시기였다. 이 분기점을 지나면서 동맹국들에 대한 윌슨의 영향력이 저하되었으며, 그의 국내에서의 입장 역시 약화되었다. 이에 반해 파리평화회의 직전에 이루어졌던 선거결과를 통해 영프 양국은 교섭에 임하는 자국의 입장을 강화시켰다.[54] 이 때문에 독일에서 확실한 민주주의 개혁이 이루어질 수 있는 가능성은 사라졌으며, 윌슨에게는 온건한 조건에서 강화를 실현하는 것과 장기적인 평화라는 목표를 달성하는 것이 더욱 힘들어졌다.

독일정부는 윌슨이 1월 8일('14개조' 연설)과 9월 27일 양일에 걸친 연설에서 제시한 강화조건으로 휴전하기를 요구했다. 독일정부의 이러한 휴전요구로 연합국들 사이에서는 "제1차 세계대전을 어떻게 종결시킬 것인가?", "장래의 독일을 어떻게 형성시킬 것인가?"에 관해 진지한 논의가 처음으로 전개되었다. 이 논의를 통해 같은 전쟁을 수행해온 연합국들의 전쟁목적이 서로 다르다는 중대한 사실이 드러나게 되었다. 이에 대한 윌슨의 입장은 "독일이 입헌적 민주주의국가로 이행해 국민의 민의를 대표해 행동한다면 무조건 항복이 아닌 전후구축을 수용할 수도 있다"라는 단순명쾌한 것이었다. 프랑스와 영국은 독일의 무장해제를 명확한 형태로 보증하는 동시에 이를 이행할 것을 일관되게 요구했다. 또한 양국은 전후기를 맞이하기 전에 독일의 국경을 둘러싼 영토문제에 관해 연합국들 사이에서 합의를 이룰 것을 촉구했다. 한편 미국 지도자들 중에는 전쟁종결에서 강경노선을 주장하고 무조건 항복을 요구하는 사람들도 있었다. 이 때문에 윌슨은 '온건하고 공정한 평화'라는 자신의 주장과 주위의 압력 사이에서 딜레마에 빠지게 되었다. 독일정부와 각서를 교환하는 중에 그는 '진정한 입헌적 기반을 지니고 있는 독일국민을 대표하는 인물'과 교섭할 것을 보증하도록 추가로 요구했다. 그리고 "미국이 교섭하고 있는 상대가 여전히 군국주의 전제정부라면 우리는 평화교섭이 아니라 항복을 요구할 수밖에 없다"라고 덧붙였다.[55]

1918년 10월 말, 미국은 중간선거 캠페인이 한창이었다. 윌슨은 독일과의 휴전조건을 둘러싸고 로이드 조지, 클레망소 두 사람과의 협의에 집중하고 있었으며, 독일군부가 붕괴하고 강화가 실현되기 전에 연합국과 강화조건에 관해 합의해두기를 원했다. 이 때문에 하우스 대령은 파리에서 영국과 프랑스 양국 대표들과 몇 번에 걸친 회담을 통해 실질적인 문제를 협의했다. 이 교섭에서 영국과 프랑스 양국 대표들은 '14개조'를 대독일강화의 기초로 삼는 것에 대해 인정할 수 없다는 태도를 표명하자, 하우스는 미국이 독일과의 단독강화를 요구할 수도 있다고 경고했다. 로이드 조지는 윌슨이 밝힌 바 있는 '해상의 자유(freedom of the sea)'에 관한 약속이행에 반대를 표명했다. 영국은 해상지배를 단념할 수 없다는 입장이었기 때문이다. 클레망소는 연합국과 준연합국 합동군의 프랑스 부대 사령관인 포쉬(Marshal Foch) 원수의 조언을 따라 전후기 독일 군사력의 부문별 축소를 제안하는 동시에 프랑스가 라인란트 지방을 차지할 것을 요구했다. 또한 독일군에 의한 육상·해상·공상에서의 침략이 동맹국가들의 일반시민과 재산에 끼친 모든 손해에 대해 배상할 것과 같은 폭넓은 '손해배상'을 요구했다.

놀랍게도 하우스 대령은 연합국이 제시한 이러한 요구를 받아들였다. 그 결과 휴전 전에 합의는 달성되었으며, 영국과 프랑스 양국의 수뇌들 역시 대독일 최종강화가 '14개조'를 기반으로 하는 것에 동의했다. 하지만 이 동의는 미국의 결정적인 양보를 통해 처음으로 가능해졌다. 즉, '해상의 자유'에 관한 영국의 요구와 독일의 군사력, 라인 강변의 국경안전보장, 대규모 배상에 관한 프랑스의 요구를 미국이 수용한 것이다.[56] 하우스는 11월 4일, 윌슨에게 보내는 메시지를 통해 "이는 대통령의 대단한 외교적 승리"라고 전하고 교섭에 관해 보고했다. 하지만 실제로는 윌슨이 이전에 반대했던, 전후 독일의 군사와 영토문제에 대해 프랑스에 양보함으로써 겨우 얻어낸 승리였다.

하우스 대령과 영프 양 수뇌 사이에서 이루어진 합의는 전후평화를 구축하는 분수령이 되었다. 미국, 영국, 프랑스 각각은 득을 본 것이 자신들이라고 생각했다. 하우스 대령과 윌슨 대통령은 독일에 대한 처우에서 일부 양보를 했지만 전체적으로는 매우 성공적이었다고 믿었다. 그들은 결국 이 합의를 받아들였는데, 강화의 기반이 '14개조'로 결정되었기 때문이다. 한편 로이드 조지와 클레망소 역시 자신들의 전쟁목적이 제대로 이루어졌으며, 애매한 원칙문서를 받아들이는 것만으로 모든 것이 해결되었다고 판단했다. 역사가들 사이에서는 이 휴전직전의 합의에 관한 조건과 영향에 대해 아직까지 논의가 끊이지 않고 있다.[57]

윌슨이 미 의회에서 휴전합의에 관해 발표했을 때 강화조건은 당초보다 훨씬 징벌적인 성격을 띠었다. 독일은 병기와 군사장비의 몰수, 라인 강변 독일영토의 점령, 민간인들이 받았던 전쟁피해에 대한 보상이라는 가혹한 조건에 동의할 수밖에 없었다. 연합국 측은 무조건 항복을 제외한 모든 요구를 주장했으며 윌슨은 이에 동의했던 것이다. 결국 신독일정부 역시 이에 동의할 수밖에 없었는데, 이러한 가혹한

상황이었음에도 윌슨은 자신이 이상으로 여겼던 강화를 옹호하기 위해 파리로 향할 것을 결의했다.58)

1919년 1월, 평화회의를 위해 27개국 대표들이 파리에 모였다. 그것은 규모와 중요성이라는 면에서 '비엔나 회의'와는 비교할 수 없을만큼 장엄하고 화려한 외교의 제전이었다. 하지만 합의는 이미 사전에 열렸던 연합국 회의에서 결정되었기 때문에 회의는 연합국 회의에서 결정된 전 과정의 연속이었을 뿐이었다. 실질적인 문제점은 '최고전쟁평의회(the Supreme War Council)'에 제출되기 전에 클레망소, 로이드 조지, 하우스, 게다가 이탈리아의 올랜도(Orlando)에 의해 이미 결정되어 있었다.59)

회의가 시작되고 처음 2~3주간은 윌슨이 회의를 이끌어갔고, 전후기의 '국제연맹'에 관한 합의를 끌어내는 것에도 성공했다. 이 합의는 전문가들로 구성된 각종 위원회가 영토와 정치에서의 문제를 해결하는 데 필요한 서막이었다. 윌슨은 2월 14일 미국으로 귀국했고, 이때 회의는 제2국면을 맞이하면서 각 전문가 위원회는 영토, 경제, 법적 해석 등의 제 문제에 관해 활발하게 작업을 진행시켰다. 3월 14일 윌슨은 다시 파리로 돌아왔지만 이미 '베르사유 조약'이 정리되어 5월 7일 독일 대표단에 제출되었다. 그 사이에 3개국의 수뇌들은 가장 중요한 결정을 내렸던 것이다.

미국 측 견해에서 보자면 기본적인 대립은 윌슨과 주요 연합국 사이에서 발생했다. 윌슨은 전체적인 해결책을 구성해 자신이 명확하게 밝혔던 자유주의적인 원칙을 그 해결책 내에 포함시키려고 했다. 이에 대해 주요 연합국들은 영토와 안전보장 양면에서 자신들의 전쟁목표를 달성하고 연합국들 사이에 이루어진 약속을 실현시키기 위해 노력했다. 영토문제에서 연합국 측은 아프리카, 태평양 지역, 극동에 위치하는 독일 식민지를 이미 점령하고 있었지만, 이들 식민지에 대한 처리문제에 초점을 맞췄다. 윌슨은 "이들 식민지의 운명은 공평한 입장과 일정한 자결의 원칙에 따라 결정되어야 하며, 최종적으로는 신설되는 '국제연맹'에 의해 관리되는 신탁통치 시스템을 통해 해결되어야 한다"라고 주장했다. 이에 프랑스는 다수의 영토적 요구를 전개했으며, 영국은 아프리카와 태평양 지역에서 이미 점령하고 있던 독일 식민지를 자국이 그대로 유지하기를 원했다. 그리고 일본은 독일령 중국 산둥성과 적도 북부의 구독일령 제도의 지배를 요구했다. 윌슨은 이러한 영토문제에 관한 논의에 흐르고 있는 논리를 고려하면서도 조약과 더불어 이후에 설립되는 '국제연맹'에 대한 일본의 동의를 조건으로 어쩔 수 없이 일본의 요구를 수용했다. 하지만 이는 자결의 원칙에 반하는 것이었다.[60]

프랑스는 파리 회의에서 전후기의 충분한 안전보장을 확보하는 것이 최대의 관심이었다. 윌슨은 독일에 민주주의국가를 형성시키겠다는 약속을 했지만 클레망소의 야심을 변화시키기에는 충분하지 못했다. 클레망소는 포쉬 원수가 입안한 계획을 기초로 알자스로렌 지방의 탈환과 라인 강 서안지역의 점령, 그리고 독일 서부지역을 몇 개의 약소 자치 공화국으로 분할하려는 생각을 지니고 있었다. 하지만 윌슨은 이러한 계획을 단호하게 반대했다. 프랑스의 계획은 휴전 이전의 합의에서 제시된 조건을 넘어섰기 때문이었다. 양자는 서로 격하게 대립했으나 결국 평화회의의 완전한 결렬을 회피하기 위해서는 다른 선택의 여지가 없었기 때문에 타협의 길을 선택했다. 최종단계에서 프랑스는 독일의 분할과 라인란트의 영구점령에 관한 요구를 철회했고, 대신 영미 양국은 프랑스에 라인란트에 대한 15년간의 점령과 라인 강 서안의 영구적인 비무장화, 그리고 독일군부의 완전무장해제를 인정했다. 또한 향후 일정 기간 프랑스가 독일의 공격을 받게 될 경우 프랑스에 대한 방위를 약속했다.[61] 윌슨은 이 3개국 합의를 조약으로 해서 미 상원의 비준을 얻으려는 의도는 없었다. 단지 자신이 지금 파리에서 합의해둔다면 나중에 곤란한 시기가 닥칠 때 프랑스와 타협할 수 있다고 생각했을 뿐이다.[62]

파리 회의에서 전개된 논의 중에서 가장 고된 논의는 전쟁보상과 일반보상을 둘러싼 제 문제였다. 영프 양국의 지도자들은 국내여론의 압력을 받아 휴전 이전의 합의의 틀을 초월하는 조건을 전면에 내세웠다. 파리 회의 이전에는 "독일은 민간인들이 입은 손해에 대해서만 책임을 진다"라는 이해를 공유하고 있었지만, 회의가 시작되자 "독일은 연합국들의 국민이 지불한 모든 전쟁비용과 연합국 정부가 지출한 전비의 일부를 부담해야 한다"라는 요구로 바뀌었다. 윌슨은 이러한 요구에 대해 폭넓은 양보를 했는데, "일반시민들이 받았던 손해에 대한 책임의 일부로 독일은 연합국들의 복원군인과 그 가족에 대한 상해연금비용을 부담해야 한다"는 것에 동의했다. 또한 윌슨은 배상책무를 실행하지 않았을 경우 프랑스가 라인란트를 점령할 수 있는 권리와 독일 군부대를 반격했을 때 프랑스 영내에서 발생한 손해에 대한 배상으로 자르 계곡지역을 점령할 수 있는 권리를 인정했다. 프랑스는 자르 지방의 영구지배를 요구했지만 윌슨은 이 요구에 대해 "프랑스가 15년간 점령하는 것을 인정하고 그 이후의 정치적 지배는 주민투표를 통해 결정한다"라는 타협안을 제시했다.[63]

결국 파리 회의에 참가한 각국의 수뇌들은 조약 제231조에 간단히 합의했다. 그 조약에는 다음과 같은 가혹한 내용이 기술되어 있었다. "독일과 그 동맹국들의 침략으로 발생한 전쟁의 결과, 연합국과 준연합국의 정부와 국민들이 입은 모든 손실과 피해에 대한 책임은 독일과 그 동맹국들이 진다는 사실을 연합국과 준연합국 정부는 확인하고, 독일 역시 이를 인정한다." 엄밀하게 말하자면, 이 조항은 독일에게 '전쟁의 유죄성(war guilt)'을 인정하도록 요구하고 있지는 않다. 전쟁으로 인해 발생한 피해에 대한 책임을 수용하도록 요구하고 있을 뿐이다. 하지만 이 조항이야말로 각 국가들이 강화에 동의하고 독일이 강화를 수락하도록 강요했던 수법을 잘 상징해주고 있다. 즉, "이 세계대전의 책임은 모두 독일이 져야 한다"는 것이었다.

이러한 논의들이 전개될 때마다 윌슨은 어쩔 수 없는 경우를 제외하고는 가능한 한 저항의 입장을 취했다. 더욱이 이 조약의 제창자였던 윌슨에게 '훈장감'이었던 '국제연맹'에 관해 합의를 달성하려고 했다. 그의 목표는 '국제연맹'을 조약의 중심에 위치시켜 그 조직을 전후구축 전체와 관련시키는 것이었다. 평화회의의 서두에서 조약에 관한 합의를 실현해야 한다는 그의 주장에 이러한 생각이 반영되어 있다. 그는 "연합국가들이 자국의 영토적·정치적 목표만을 실현시키고, 이후 '국제연맹' 구상에 관해서는 방치해둔 채 회의장을 떠나서는 안 된다"라고 생각했으며, "'국제연맹'이 전후구축의 중요한 메커니즘의 하나로 조약의 잘못된 판단이나 조치를 수정할 수 있는 기능을 담당할 것이다"라고 예견했다.


## 약속이행 · 억제 · 연맹

윌슨은 '국제연맹'이 유럽 국가들을 새로운 형태의 질서 속에 고정화시킬 수 있을 것이며 이것이야말로 전후구축 전체의 열쇠가 될 것이라고 생각했다. '국제연맹'은 국제분쟁의 확실한 평화적 해결을 보증하는 동시에 민주주의에 의한 통치를 강화할 수 있는 제도라고 생각했기 때문이다. 이 새로운 기구 속으로 독일을 포함시키려고 했던 그의 바람이, 이것이 실현될 경우 전후제도의 구속적이고 억제적인 기능이 창출될 것이라는 예측에서 비롯되었다는 사실은 명확하다. 독일이 연맹에 가입한다면 그렇지 않은 경우에 비해 독일의 동향을 훨씬 간단하게 감시 또는 관리할 수 있다고 생각했기 때문이다.[64] 그 밖의 국가들, 특히 프랑스에는 '국제연맹'이 그다지 중요성을 갖지 못했거나 또는 전후기에서 더 중요한 안전보장 문제를 회피하는 방책으로밖에 비치지 않았다. 유럽의 지도자들이 진심으로 추구하고자 했던 것은 좀 더 전통적인 안전보장 관계 내에서 미국을 유럽에 관여시키는 전후구축이었다. 영국이 '국제연맹'을 지지한 이유 역시 안전보장 면에서 미국이나 유럽 각국 간의 긴밀한 관계를 구축할 수 있는 수단으로 이용하기 위해서였다. 반면 프랑스는 더욱 확실한 교섭을 위해 '국제연맹' 지지를 대신해 안전보장 면에서 영미의 보증을 확보하려고 했다.

월슨은 유럽과의 구체적인 협의를 통해 유럽의 보호에 그다지 관여하지 않은 채 유럽정치를 변혁시키려는 생각을 지니고 있었다. 미국은 민주주의 혁명이 꽤 오랜 시간을 필요로 한다는 사실을 이용해 민주주의국가 전체를 구속하고 오랜 기간에 걸쳐 제대로 기능할 수 있는 세계질서를 확보하려고 했다. 미국은 제1차 세계대전 종결 후 자국이 잠정적인 '힘의 우위'를 획득할 것이라 예측하고 있었다. 그 때문에 월슨은 이 전쟁을 이용해 새롭고 자유주의적인 외교를 전개하려는 야심을 갖게 되었다. 휴전에 관한 협의가 이루어졌던 1918년 10월, "미국은 독일의 무조건 항복을 요구해야 한다"라고 주장하는 상원의원을 향해 월슨은 "나는 미국에 힘과 정의를 가져다주는 상황만을 생각하고 있지는 않다. 앞으로 100년 동안을 생각하면서 교섭에 임하고 있다"

라고 대답했다.[65] 윌슨은 이 분기점이 가져다준 인센티브에 반응해 장기적인 이익을 확보하려고 했던 것이다. 단기적으로 획득할 수 있는 영토적·물질적인 이익을 포기하더라도 장기적인 이익을 가져다줄 수 있는 논리는 그에게 거부하기 힘든 매력이었으며, '국제연맹'은 바로 이러한 이익을 '고정화'시키기 위한 메커니즘이었다.[66]

윌슨은 '국제연맹'의 구속적인 효과가 시간이 경과함에 따라 증대된다고 주장했다. 즉, 그는 주도적인 민주주의국가들이 결속해 새로운 제도를 확립할 수 있다면 전통적인 안전보장에 대한 약속이나 영토에 관한 보증조치는 필요 없어질 것이라고 생각했다. 하지만 유럽의 지도자들은 윌슨의 이러한 생각에 동의하지 않고 미국의 장기적인 약속이행의 확립을 위해 노력했다. 미국의 참전 이후 일부 영국 담당자들은 윌슨에게 '전후의 평화유지기구에 관해 확실한 구상을 제시하고 그에 대한 미국의 역할을 명확하게 제시해줄 것'을 요청했지만, 시일이 지나자 영국 담당자들 중에는 '국제연맹' 구상에 대한 지지에 열의를 잃어버린 사람들도 있었다. 그 이유는 미 상원에서 이 조약을 비준하려는 전망이 사라졌기 때문이다. 프랑스의 지도자들은 영국 지도자들 이상으로 직접적이고 구속적인 미국의 약속을 희망했으며, 프랑스, 미국, 영국으로 구성된 '3개국 동맹'을 제안하기에 이르렀다.[67] 또한 유럽 각국의 지도자들은 미국의 군사력이나 전시 중의 미국의 역할에 압도당했던 일은 없었음에도 유럽에서의 미국의 안정적인 지위와 신뢰도에 불안을 느끼고 있었다.

윌슨은 세계의 국가원수들 중에서 전후 평화유지기구의 설립구상을 지지한 최초의 인물이었지만 이 구상에 대한 그의 지지는 확실하지 않았으며 자신이 통솔하고 있는 미국정부에 연맹에 대한 상세한 입안을 명령한 적은 없었다.[68] 이에 영국 수뇌부는 그에게 '국제연맹' 구상을 지지하도록 촉구했지만 이 제도의 구체적인 계획은 영국 스스로 수행할 생각이었다.[69] 윌슨이 미국의 구상을 처음으로 밝힌 것은 파리 평화회의의 개막이 임박했을 무렵이었다. 미국이 '국제연맹' 설립에 대해 계속해서 애매한 태도를 취했던 탓에 영프 양국의 지도자들은 전체적인 미국의 의도에 대해 확신을 가지지 못했으며, 미국이 전후기에도 유럽의 안전보장에 관여할 것인지에 대한 의문을 지니고 있었다.

　전후 국가연맹의 설립을 추진하기 위해 첫 걸음을 내딛은 것은 그레이 영국 외상이었다. 그는 1914년 11월 비공식적인 채널을 통해 윌슨에게 메시지를 보냈고, 그 메시지에서 "미국이 평화를 확실하게 유지하기 위한 전후조직에 가맹하기를 희망한다"라고 전했다. 그로부터 시일이 어느 정도 경과한 후 그레이 외상은 라이스(Cecil Spring Rice) 주미영국대사를 통해 다음과 같은 메시지를 전했다. "전쟁종결 시 상호안전보장과 장래의 평화유지를 목적으로 대국 간의 조약을 맺을 경우, 미국이 이 조약에 가입해 조약을 어기는 모든 국가를 상대로 무력억지를 촉구하는 행동에 참가할 용의가 있다면 이 조약은 안정성을 지니게 될 것이다."[70] 1915년 8월, 그레이는 하우스 대령에게 메시지를 보내 전후 국가연맹의 설립구상을 재차 강조하면서 기본적인 원칙의 일부를 다음과 같이 설명했다. "분쟁을 중재하기 위한 회의의 개최를 거부한 것이 제1차 세계대전을 발생시킨 '결정적인 요인(fatal step)'이 되었다. 현재 가장 필요한 것은 '국제연맹'과 같은 조직이며, 이는 두 국가 간의 분쟁이 중재와 조정, 그리고 타국과의 회의를 통해 해결되어야 한다는 것을 주장하기 위해 필요한 기관이기도 하다. 지금까지 국제법에는 제재가 존재하지 않았는데, 이를 통해 얻게 된 교훈은 열강이 스스로를 구속하기 위해 국제법에 제재라는 개념을 부여해야 한다는 것이다."[71]

1915년 가을, 하우스는 윌슨의 중재로 미영 양국이 협력해 강화를 추진할 계획을 입안해 영국 측에 제시했다. 이에 대해 그레이는 "미국이 군축과 해상에서의 자유, 그리고 공동행동에 의한 평화유지를 실현할 수 있는 전후 국제조직에 가맹하는 것에 합의하는 경우에만 영국은 협력에 동의할 것이다"[72]라고 답했다. 그레이가 제시한 이러한 반응은 미국을 될 수 있는 한 장기적이고 일관적인 기반 위에서 전후평화의 관리로 끌어들여야 한다는 영국의 의도를 반영하고 있다. 영국은 국제적인 연맹의 창설이 이와 같은 목적과 합치된다고 생각했던 것이다.

하우스는 그레이와의 서간에서 "윌슨 대통령은 영국과 동일한 노선을 생각하고 있지만 지금으로서는 특정한 구상을 가지고 있지 않다"라고 표명했다. 이러는 동안 전 주미영국대사였던 브라이스(James Bryce)경을 중심으로 조직된 영국의 국제주의자 그룹은 전후기의 국가연맹 구상에 관해 검토한 후 이 구상을 추진하기 시작했다. 이 그룹은 미국의 국제주의자들이 구상을 추진하는 데 리더십을 발휘하도록 요구했다. 이처럼 대서양을 사이에 두고 '미국평화실행제연맹(the Leagues to Enforce the Peace in the United States)'이나 영국의 '국가연맹협회(the League of Nations Society)' 같은 조직들이 국가연합 결성에 찬성하는 여론을 형성하기 위해 움직이기 시작했다.[73]

미국의 참전 이후 영국 당국자들은 윌슨 정권에 전후의 평화유지기구에 관한 더욱 구체적인 계획을 비공식적으로 요구해왔다. 윌슨이 자신의 구상에 관해 공식적으로 발언한 것은 1918년 1월의 '14개조' 연설뿐이었다. 영국 외무차관인 세실(Robert Cecil) 경은 1917년 9월 하우스 대령에게 보내는 서신을 통해 입안의 개시를 촉구했고, 다음 해 1918년 2월에는 영국에서의 위원회 발족과 구체적인 제안검토를 하우스에게 시사했다. 하지만 윌슨은 여전히 소극적인 태도를 보였다.

그는 개인적인 서간에서 다음과 같이 적었다. "솔직히 평화를 실행하는 연맹의 입헌적 문서를 공식적으로 논의하는 것이 현명하다고는 생각하지 않는다. 기본원칙을 만드는 것은 그리 어려운 일이 아니지만 조직구성의 문제를 거론하는 순간 모든 국가에서 질투가 돌출될 것이다. 그 밖의 민감한 문제들이 많이 산적해 있는 지금 일부러 새로운 불씨를 만들 필요는 없다."[74] 윌슨은 연맹에 관한 논의개시의 시점을 뒤로 미루기 위해 그에 대한 준비와 입안을 서두르지 않도록 지시했다. 국제조직 구상에서 윌슨이 실제로 실행한 것은 하우스를 위원장으로 하는 조사그룹에 이 문제에 대한 자문을 구한 것 정도였다. 이 조사그룹은 '조사(the Inquiry)'라는 명칭으로 알려지게 되었는데, 주된 사무는 연합국가들의 정부가 곧 개최될 평화회의에서 어떠한 요구를 하게 될 것인지 확인하는 일이었다. 윌슨은 이 시점에서 연맹구상에 관해 미국 전체에 걸친 논의를 초래하는 것을 원하지 않았다.

영국은 미국보다 한 발 더 나아가 연맹의 구체적인 특성을 확인하는 작업을 시작했다. 1918년 3월, '필모어위원회(Phillimore Committee)'라 불리는 영국의 입안그룹이 중간 보고서를 제출했고, 그 보고서에서 연맹의 기본적인 성격을 명확하게 밝혔다. 그 보고서에는 국가 간의 분쟁이 발생했을 경우 적용될 중재와 연맹조정의 원칙, 연맹규약을 어긴 가맹국에 대한 조치, 연맹의 권고 이후 3개월간의 분쟁냉각 기간 설정 등의 조항이 포함되어 있었다.[75] '필모어위원회'는 과거의 '수시 협의(concert)'와 '회의(congress)'의 시스템에 관해 조사했으며, 이 보고서의 중심적인 논의는 "가맹국이 모두 민주주의국가인 경우에만 이러한 국가연맹이라는 기구가 기능할 수 있는가?" 또는 "민주주의 내셔널리즘의 확산은 국가연맹을 성공적으로 이끌 수 있는 것처럼 보이지만 만일 군국주의적이고 절대주의적인 국가가 일부 남게 된다면 그것이

전후 국가연맹의 장해가 되지는 않을까?"라는 점에 있었다.[76] 윌슨
미 대통령은 1918년 여름, 영국정부가 '필모어위원회'의 보고서를 공
표할 준비를 하자 적극적인 자세로 상세한 연맹구상에 착수하기 시작
했다. 대통령은 하우스에게 다음과 같이 지시했다. "미국의 연맹구상
을 허용한 이상 보고서를 다시 작성하도록 영국에 의뢰를 요청하라.
그리하여 완성된 문서를 파리평화회의에서 발의된 미국의 제안에 기
초로 삼을 것이다." 1918년 12월, 유럽으로 가는 배 위에서 윌슨은
'국제연맹' 구상에 관한 낙관적인 전망에 사로잡혀 있었다. 하지만
한편으로는 이 새로운 구상이 어떻게 입안되어 어떠한 책임을 떠맡게
될 것인지에 관해서는 여전히 애매모호한 상태였다. 연맹구상에 관한
국내에서의 논의도 아직 시작되지 않았기 때문이다. 만일 국내에서의
논의가 어느 정도 진행되었다면 전후 유럽에 대한 미국의 관여와 책무
의 가능성, 그리고 범위에 관해 명확한 기준이 설정되었을 것이다.[77]

영국정부는 미국에 비해 훨씬 빠른 진행속도를 보이고 있었다. 이는
영국이 파리평화회의 영국대표단의 '국제연맹' 부회장을 맡고 있는
세실 경의 연맹구상안과 남아프리카 출신의 외교관으로 제국전시내각
의 각료였던 스머츠(Jan Smuts)가 초안해 관계자들에게 영향을 주었던
연맹헌장안을 기초로 영국의 제안을 마무리 짓고 있었기 때문이다.[78]
'국제연맹'이 제대로 기능할지에 관해서는 영국정부 내에서도 회의적
인 견해들이 존재했지만 대부분의 영국 당국자들은 '국제연맹'이 미국
을 더 적극적인 유럽 관여로 이끌 수 있는 수단이라고 판단하고 있었
다.[79] 영국은 전후제도가 실현된다면 미국에게 구체적인 약속이행과
보증을 얻을 수 있다고 생각했던 것이다.

윌슨과 클레망소는 파리에서 만나 1918년 12월 15일부터 회담을
시작했다. 3차 회담에서 윌슨은 '국제연맹' 구상을 제시했고, 이에

클레망소는 '국제연맹'의 유효성에 관해 의문을 던졌지만 설립의 가치에 대해서는 긍정적으로 평가했다. 그 이후 클레망소는 프랑스 하원에서 윌슨의 주장을 지지하는 사회주의 정당 의원들로부터 '국제연맹'과 강화에 관한 입장을 명확히 하라는 요구를 받았으며, 더욱이 클레망소 정부가 강화 프로그램에 관한 구상이 없다는 비판에 답해야만 했다. 클레망소는 다음과 같이 답변했다. "오늘날 '구체제'가 비난의 대상이 되고 있지만, 나는 지금도 '구체제'에 충성을 서약하고 있다. 곧 열리게 될 회의에서 나의 지침이 되는 것은 동맹 시스템인데, 나의 기본적인 입장은 프랑스의 안전보장을 위해 독일의 군사력을 대규모적이고 항구적으로 삭감하는 것이 필요하다는 것이다."[80]

윌슨은 프랑스보다 영국을 더 나은 조력자라고 판단했다. 하지만 로이드 조지와 그가 이끄는 연립내각에서도 다양한 입장이 공존하고 있었다. 영국 내에 연맹구상을 지지하는 거대한 여론이 존재하고 있다는 사실을 배려해 영국정부는 연맹구상을 적극적으로 지지하는 태도를 취했다. 하지만 로이드 조지는 국민들에게 독일에 대한 엄격한 조치를 촉구했다. 정치학자인 노크(Thomas Knock)가 지적하는 것처럼, 연맹구상에 관해서는 '충분히 조직된 국민적 합의'가 존재했다. 1918년 10월, 연맹설립을 주장하는 영국의 주요한 두 조직이 병합해 로이드 조지와 발포어 두 사람을 명예의장으로 하는 신조직 '국제동맹연맹(the League of Nations Union)'을 발족시켰다. 하지만 1918년 12월의 영국 국회선거에서는 영국 노동당 당수인 헨더슨(Arthur Henderson)을 포함한 다수의 연맹구상 지지파 의원들이 낙선했다. 이 때문에 로이드 조지는 국민감정을 배려해 독일에 거액의 배상을 요구하고 독일 황제의 전쟁책임에 대한 기소를 중시하는 정책으로 전환했다.[81] 영국 전시 내각은 파리평화회의에 앞서 회의를 열어 자국의 정책을 검토했다.

그 과정에서 지도자들은 윌슨의 '국제연맹' 구상을 지지하는 의향을 보인 한편, 독일에 거액의 배상을 강력하게 주장하기로 결정했다. 로이드 조지는 여당을 대표해 다음과 같이 국민들에게 호소했다. "국민들이 윌슨의 '국제연맹' 구상을 지지해준다면 다소의 저항은 발생할지라도 중대한 사안들을 실현할 수 있을 것이다."[82]

## 유럽에 대한 안전보장 책무

윌슨의 '국제연맹'에 관한 미래상은 민주주의국가들이 서로 연합체를 형성하고, 그로 인해 분쟁을 해결하며, 상호안전보장의 책무를 이행할 수 있는 메커니즘을 구축하는 것이었다. 연맹 가맹국들은 영토분쟁의 평화적 해결을 보증하고 연맹의 규약에 따르지 않는 국가가 존재할 경우에는 그 국가에 대해 집단적으로 대항할 것을 약속했다. 하지만 구체적인 문제로서 표면화되지는 않았지만 연맹의 집단적 안전보장의 핵심인 약속이행에 관해서는 서로 다른 두 '영역'을 동시에 납득시킬 수 없었다. 구상에 포함되어 있는 보증은 매우 애매하고 불확실했기 때문에 프랑스가 자국의 안전보장 면에서 느끼고 있던 우려를 불식시킬 수 없었던 것이다. 또한 그 보증은 매우 야심적이고 복잡했던 탓에 자국의 독립과 주권이 침해받는 일은 없을 것이라고 미국의 정치가들을 납득시킬 수도 없었다.

파리평화회의에서는 전후기의 안전보장기구에 관해 두 가지 제안이 제출되어 이에 관한 논의가 행해졌다. 하나는 프랑스가 제출한 제안으로, 연합국 각국으로 구성된 동맹을 맺어 국제부대와 합동참모조직을 설치한다는 것이었다. 간단히 말하자면, 이것은 '승전국 동맹'에 지나

지 않았다. 만약 이러한 조직이 형성된다면 야심적인 초국가기구가
탄생해 안전보장상의 확실한 보증조치를 가져올 수 있으며, 전후 독일
이 어떻게 변화하든 이 동맹이 존재하는 한 프랑스는 영속적으로 독일
에 대한 군사적 우위를 유지할 수 있게 된다.[83] 이 구상은 안전보장상
의 명확한 약속이행과 세밀하게 구축된 정부 간 조직을 통해 우선
미국을 유럽 전체에 구속시키고, 다음으로 미국을 프랑스와 영국에
구속시킨다는 것을 의미했다. 이는 혁신적인 제안이자 전통적인 동맹
이라는 틀을 훨씬 넘어선 제안이었다. 많은 점에서 나중에 등장하는
'NATO'와 매우 유사한 형태였다.[84]

또 하나는 윌슨이 제안한 '국제연맹' 구상이었다. 이 구상에서는
어느 한 국가가 전쟁에서 어떠한 역할을 수행했는지와 관계없이 모든
국가가 대등하게 가맹국이 될 수 있는 연맹이었다. '국제연맹'은 프랑
스의 제안보다 훨씬 완화된 형태의 국가연합체로, 공식적으로 초국가
조직은 설립되지 않는다. 연맹에 부여되는 것은 세밀하게 설정된 명확
한 책무와 기대목표, 그리고 다양한 평화이행 메커니즘이었다. 이 연합
체의 목적은 '힘의 협력'을 실현하는 것이었다. 즉, 윌슨은 주요 국가들
의 리더십 발휘로 연맹을 효과적으로 기능시키게 할 생각이었다. 연맹
헌장에는 가맹국들을 불침략동맹이라는 틀 속에 구속시키도록 규정되
어 있었으며, 또한 연맹의 탄생으로 다양한 분야에서 국제협력과 전쟁
방지를 위한 구조가 기대되었다. 연맹의 핵심을 이루었던 것은 '국제연
맹' 규약 '제10조'였다. "연맹가맹국은 모든 가맹국의 영토보전과 현재
의 정치적 독립을 존중하고 외부의 침략으로부터 이것들을 지키는
데 서약한다. 그 어떠한 경우에도 이러한 종류의 침략이나 위협, 그리
고 위험이 발생했을 때에는 연맹이사회가 스스로의 책무를 이행하기
위한 수단을 권고한다."[85]

연맹에는 모든 가맹국이 대표를 참가시킬 수 있는 총회(parliament)와 이사회(executive council)가 설치되며, 대국(great powers)이 이사회로서 이 기관을 지배하게 된다. 그 밖에 연맹본부에서 분리되어 독립된 형태를 지니는 사법 부문(상설국제사법재판소)과 사무국, 각종 조약의 준수를 감독하고 사회와 경제 분야에서의 협력을 육성하는 책무와 권한을 지니는 각종 위원회가 설치된다. 윌슨이 파리에서 이 구상을 발표하자 세계 각국은 '국제연맹'이 '평화의 확실한 보증'을 가져올 수 있는 '생명체(living thing)'가 될 것이라는 기대를 품게 되었다.[86]

'국제연맹'이 지니고 있지 못한 특징에 관해 지적하는 것 역시 중요하다. '국제연맹' 규약은 영토국경을 확정하기 위한 제재 실시의 합의에 관해 상세히 규정하고 있었으며, 가맹국이 준수해야 하는 제 원칙에 관해서도 나열하고 있다. 하지만 가맹국이 개별적인 영토보증을 따라야 한다는 것이나 연맹이 요구하는 경우 가맹국이 무력행사를 기계적으로 실시해야 한다는 사실은 규정하고 있지 않았다. 더욱이 개별적인 행동노선에 대해 '연맹'이 대응해야 하는 법적 책무에 관해서도 확실하게 배려되지 않았다. 미국은 설령 '국제연맹'에 가맹한다 하더라도 어떤 특정한 군사적 책무를 스스로에게 부과할 용의는 전혀 없었다.[87] 윌슨은 이러한 사실에 관해 잘 이해하고 있었는데, 그는 이 문제에 대해 몇 차례에 걸친 논의가 행해지고 있을 때 "헌장이 이보다도 엄격한 내용을 포함하게 된다면 미 상원은 비준하지 않을 것이다"라고 언명했다.[88] 그는 또한 몇 번에 걸쳐 다음과 같이 주장했다. "연맹이 지니는 구속적 성격은 시간의 경과에 따라 점차 강화될 필요가 있다. 이것은 가맹국들이 공유하고 있는 전후기의 제 원칙으로 관여를 조금씩 심화시켜가면서 이를 반영함으로써 실현될 수 있다. 발족 당초부터 애매함을 일체 배제한 법적 제약을 지니는 책무를 주장하는 것은 정치적으로 불가능하다."

반면 윌슨은 자신이 이미 진행시켜왔던 책무의 내용을 희석시키려는 랜싱(Robert Lansing) 국무장관이나 로이드 조지 영국 총리의 공작에 대해 저항을 표시했다. 랜싱은 강제적 중재와 집단적 안전보장은 먼로 독트린(Monroe Doctrine)과 상원의 전쟁 실시 권한, '동맹의 분규부정(no entangling alliances)'이라는 미국의 전통을 파괴할 수 있는 위험성이 존재한다고 주장했다. 그는 또한 윌슨의 '적극적 보증(positive guaranty)' 대신 '부정적 계약(negative covenant)'을 내세웠다. 즉, 가맹국은 서로의 영토와 정치적 독립을 침해하지 않는다는 계약을 행하는 수준에 그쳤던 것이다.89) 윌슨은 이러한 랜싱의 주장에 반대했다. 파리 회의가 개최되고 있는 동안 다수의 출석자들은, 로이드 조지가 당시 이미 확실해져 있는 '국제연맹' 헌장초안을 지지하고 있다고 생각했지만 그는 논의 중에 반대의 연설을 행했던 것이다. 그는 구체적으로 연맹의 '문서에 의한 책무부과'를 최소한으로 억제하는 대신 강대국에 의한 비공식적인 조직을 더욱 강화해야 한다고 발언했다. 이는 프랑스의 주장에 더 가까웠다. 로이드 조지는 이러한 행동을 통해 윌슨에게 더 많은 양보를 이끌어내려고 했는지도 모른다. 그리고 실제로 예상한 일이 벌어졌다. 한편 윌슨은 딜레마와 직면하게 되었는데, 전후질서의 구축자로서 연맹을 중요한 존재로 자리매김하기 위해 연맹에 일정한 '권위'를 부여할 필요는 있었다. 하지만 '과도한 권위'를 부여해서는 안 되었다. 만약 그렇게 할 경우 연맹은 동맹국가들과 미 상원의 지지를 잃게 될 것이기 때문이다.

윌슨이 가장 원한 것은 침략을 억제하기 위해 충분한 반격능력의 보증을 연맹에 부여하는 것이었다. 그 목표를 실현하기 위해서는 침략 억제를 위한 책무를 가능한 한 강제적인 것으로 해두는 한편, 침략에 대항하기 위한 집단적 무력행사의 책무이행은 구속적 또는 절대적인 것으로 해두지 않아야 했다.[90] 이후 상원에서 행해진 조약에 관한 심의 중에 윌슨이 지적한 것처럼, 침략에 저항하기 위한 무력제재에 관한 결정권한은 연맹이사회에 속하고, 미국은 이 이사회의 상임국으로 자리하며, 이를 통해 무력행사 제안에 관해 필요한 시기에 언제든지 거부권을 행사할 수 있도록 만드는 것이 그의 목표였다.

연맹의 규약에 따라 미국의 군사력을 행사하는 구속적 책무에 관해 이와 같은 선을 그을지 또는 이를 어떻게 실현시킬 수 있을지에 대한 문제는 전후 군사동맹을 제창한 프랑스의 대안에서 확실히 제기되어 있었다. 윌슨은 프랑스의 대안에 반대했는데, 그 이유는 프랑스의 대안에 기초하는 전후 군사동맹은 결국 패전국을 겨냥하는 동맹이 되기 때문이었다. 하지만 그가 반대한 이유는 이외에도 있었다. 윌슨은 이와 같은 연맹이 결성된다면 책무이행으로 구속될 수 있다는 사실을 우려했던 것이다. 또한 이러한 책무이행에 대해 미 의회 또는 미국국민들의 동의를 얻기가 불가능하다고 인식하고 있었다. '국제연맹' 설립에 대해 윌슨은 명확한 보증은 아니지만 가능한 한 보증에 가까운 형식을 부여함으로써 합의를 이루어내기 위해 노력했다.[91]

윌슨이 이같이 생각했던 배경에는 "법률과 도덕으로 규정되는 다양한 제도를 국내와 국제를 불문하고 사회에 정착시키는 것은 그리 간단한 일이 아니며, 제도적인 억제와 책무는 단계적으로 성장 또는 발전시켜야만 한다"라는 그의 신념이 있었다.[92]

그가 파리 회의에서 '연맹은 생명체'라고 주장했을 때 그가 염두에 두고 있었던 것이 바로 이러한 신조였다. 그는 '국제연맹'을 우선 근저에서부터 확실히 정착시킨 후 각 국가들이 최종적으로 담당하는 일련의 책무와 각국이 실행하는 일련의 기대목표를 착실히 구축하지 않으면 안 된다고 생각하고 있었던 것이다. '국제제도와 법'에 관한 그의 신조는 그의 또 하나의 신조였던 '민주주의와 법에 의한 국내통치'와 합치되는 면이 있었다. 미국의 통치를 주제로 집필했던 저서에서 그는 이렇게 주장하고 있다. "민주주의를 독트린의 체현으로서만 다루게 된다면 이는 잘못된 개념이 된다. 민주주의는 하나의 발전단계이다. 따라서 민주주의는 강하게 희망하고 새로운 신조를 만든다고 해서 형성되는 것이 아니라 습관을 통해 단계적으로 육성되는 것이다."[93] 이와 마찬가지로 1917년 3월에 개최된 주미프랑스대사와의 회담에서 윌슨은 "국제법과 거기에서 규정되는 책무는 점진적인 과정 속에서 발전되어야 한다"라고 강조하고 있다. 파리 회담의 미국대표 중 한 사람인 링크(Arthur Link)가 주장하는 바와 같이, 윌슨은 발족과 동시에 '국제연맹'이 전면적으로 힘을 발휘하리라고는 생각하지 않았다. 또한 "'국제연맹'은 점진적으로 발전시키지 않으면 안 된다. 이 조직은 보편적인 '협상'으로부터 출발할 필요가 있으며, 이 협상관계에서 국제분쟁이 발생했을 때 각 국가들은 직접적으로 관여되지 않은 국가들로 구성된 회의에 이러한 문제를 제기하는 상호적 책무를 이행함으로써 기존의 무력에 의존해 문제를 해결했던 습관을 타파하는 선례를 점진적으로 형성시켜야 한다"라고 역설했다.[94] 윌슨은 각국에서 민주주의가 성숙할 수 있는 과정의 필요성을 강조했으며, 국가와 국가 간의 '법의 발전과 권리'의 문제 역시 이 같은 과정이 필요하다고 생각했다.[95] 1918년 3월, 하우스 대령에게 보내는 메모에서 "연맹은 만드는 것이 아니라 성장하면서 형성되어야만 한다"라고 서술하고 있다.[96]

민주주의, 국제법, '국제연맹' 구상과 같은 것들은 발전하면서 결실을 맺는 과정을 거친다고 생각함으로써 윌슨은 국제적 책무이행에 관한 자신의 입장을 확립했다. 이러한 입장에 서서 그는 '국제연맹'

규약의 제10조에 영토문제에 관한 보증을 위해 예외 없이 미군부대를 출동시킨다는 강제적인 책무를 포함시키지 않는다는 명쾌한 판단을 내리고 있다. 따라서 '베르사유 조약'과 '국제연맹협정'을 비준하는 것은 미군파견에 관한 권한이 미 의회에서 국제기관으로 이행했다는 것을 의미하지는 않는다고 생각했다. 윌슨은 시간이 경과해 '국제연맹'이 극적으로 국제정치의 틀과 정치적 구축물의 일부가 된다면 미국정부는 민주주의 공동체의 기대목표와 책무를 평가하며 존중할 수 있게 될 것이라고 생각하고 있었다.

## 국내지지의 실패

윌슨이 미국참전을 단행했을 때 대다수의 미국국민들은 그를 지지했다. 의회에서는 그를 비판해왔던 공화당 의원들조차도 미국의 관여를 추진할 것을 주장했고, 대다수가 결정적인 승리의 추구에 찬성했다. 윌슨이 고립주의적인 여론의 공격을 받는 일은 없었다. 그를 반대했던 것은 그의 집단적 안전보장 구상과 고도의 체제형성인 '승리 없는 평화' 성명이라는 정책표명을 의문시했던 공화당 세력이었다. 더욱이 전후질서구축에 대한 미국의 관여 여부를 둘러싸고 분열된 공화당 세력으로부터 비판을 받게 되었다. 이러한 공화당 의원들 중 일부는 고립주의자였지만 대부분의 공화당 의원들은 다양한 의견을 지니고 있는 동시에 국제주의적인 전후정책의 추진에는 찬성하고 있었다. 윌슨 구상이 범한 최대의 실패는 미 상원이 '베르사유 조약'의 비준을 거부한 것이었다. 이것은 고립주의의 승리는 아니었지만 국제주의 진영 내에서 타협을 이끌어내지 못한 탓에 초래된 실패였다. 즉, '상실된

기회'라는 면에서 실책이었을 뿐, 서로의 이익이 상이했기 때문에 발생한 필연적인 결과는 아니었다.[97]

1917년에 공화당은 미국의 참전을 지지했으며 윌슨에게 협력했다. 실제로 공화당의 전임 대통령이던 태프트(William Howard Taft)와 시어도어 루스벨트(Theodore Roosevelt)는 결정적 승리의 추구를 지지했다. 오히려 루스벨트는 '14개조'의 강화가 '너무 약한(too soft)' 조치라고까지 생각하고 있었다. 윌슨은 태프트를 중심으로 하는 공화당 온건파의 지도하에 있는 '미국평화실행제연맹'의 지지를 얻고 있었다. 이 조직은 유럽의 전후평화에 대한 미국의 적극적인 관여를 주장하고 있었다. 실제로 당시의 미국은 1918년의 총선거를 앞두고 있었기 때문에 민주당과 공화당 양당이 대전에 대한 대처방안을 둘러싸고 서로 다른 입장을 취하는 것은 어려웠을 것이며, 미국국민들은 이미 이러한 어려움에 대해 인식하고 있었다.

이 분기점에서 윌슨은 강화문제에 관한 논의에 초당파주의를 도입하기로 했다. 전쟁종결을 목전에 두고 윌슨은 개최 직전의 강화교섭에 의회의 반대 없이 임하기 위해 민주당의 의회지배를 확보하기 위한 선거운동에 힘을 기울였다. 이 때문에 윌슨의 강화구상을 둘러싸고 민주당과 공화당 양당의 내부에는 균열이 생겼지만, 현실적으로 민주당 내에서의 의견대립은 사소한 문제에 관한 것에 그쳤고 야당인 공화당 내부에서도 상황은 마찬가지였다.[98] 그 결과 메이어(Arno Mayer)가 지적하는 것처럼 윌슨주의의 국내적 형성이 더욱 수축되어갔다.[99]

총선거 결과 공화당이 상하원 모두를 제압했고, 새로운 의회는 1919년 3월 4일에 개회되어 파리평화조약의 심의를 행하게 되었다. 승리를 되찾은 공화당을 대표해 루스벨트는 세계 각국을 향해 이렇게 발언했다. "미국의 동맹국과 미국의 적국, 더욱이 윌슨 자신 역시, 미국국민들을 대표해 발언할 수 있는 권위를 상실했음을 이해해야 한다. 미국국민들은 그의 리더십을 확실한 형태로 부정한 것이다."100) 민주당 정권은 국내 정치문제가 복잡해지는 것을 우려한 나머지 월슨이 파리 회의에 이끌고 갈 미국대표단에 공화당의 유력 정치가를 포함시키는 것이 적당하지 못하다고 판단했다. 하지만 이 시점에서도 월슨은 유럽의 정치가들과 미 상원 모두를 설득해 자신의 주장을 통과시킬 수 있다고 생각했다.

전쟁이 종결을 맞이하기 시작한 1917년 1월, 월슨에 의한 평화제안의 상세한 내용이 처음으로 공표되었다. 이로 인해 미국 내에서는 열띤 논쟁이 전개되어 이 문제를 둘러싼 의견들이 분분했다. 미국의 유력한 정치가들 중에서는 월슨의 강화구상―'승리 없는 평화'에 기초한 연맹구상―에 대한 지지자를 거의 찾아볼 수 없었다. 월슨을 비판하는 세력은 크게 세 그룹으로 분류될 수 있었는데,101) 첫째 그룹은 브라이언(William Jennings Bryan)을 리더로 하는 고립주의 세력이었다. 이 그룹에 속하는 정치가들은 월슨이 유럽의 군국주의적 지도자들을 공격하는 것에는 찬성했지만 미국의 '국제연맹' 가맹에는 반대했다. 이 그룹에는 중서부 출신의 정치가들이 두드러졌으며, 아이다호 주 선출의 공화당 상원의원인 보라(William E. Borah)도 그중 한 사람이었다. "미국이 이후에도 유럽에서 계속적인 군사적 관여를 단행할 책무가 발생할 수 있는 전후구축안에는 일체 반대한다"라는 것이 이 그룹의 주장이었다.

둘째 그룹의 리더는 시어도어 루스벨트였다. 이 그룹은 연맹구상을 지지했는데, 사실 루스벨트 자신은 1905년에 이미 연맹구상을 제안한 바 있었다. 하지만 그의 연맹구상은 같은 생각을 지닌 대국들이 전통적인 동맹의 형태를 취하는 것을 상정하고 있었다. 이것은 유럽의 대전

발발 이전에 윌슨 대통령의 보좌관이던 하우스 대령이 제창했던 구상이기도 했다. 그의 구상은 독일, 영국, 미국의 3개국을 중심으로 하고 프랑스 또는 일본도 참가해 설립하는 동맹이었다. 루스벨트와 로지(Henry Cabot Lodge) 상원의원이 윌슨의 '국제연맹' 구상에 대한 지지를 주저했던 이유는 "미국이 이 동맹에 가맹하게 되면 세계 각지의 군사적 개입에 관여하게 되지 않을까"라는 우려 때문이었다. 이러한 군사개입은 미국국민들로서는 찬성할 수 없는 것이었다. 프롬킨(David Fromkin)의 지적에 따르면, "로지와 트루먼은 이를 불명예스럽다고 생각했으며, 이 두 사람은 미국이 준수할 수 없는 조약을 조인해서는 안 되고 지킬 수 없는 약속을 해서는 안 된다는 생각을 오랫동안 갖고 있었다."[102]

셋째 그룹은 태프트 전 대통령을 리더로 하고 있었다. 그들은 '국제연맹' 설립에는 찬성했지만 '승리 없는 평화'라는 조건에는 반대했다. 태프트를 비롯한 이 그룹에 속하는 사람들은 전후기에 새로운 평화유지기구를 만들려는 윌슨의 제안에는 공식적인 지지를 표명했다. 하지만 명확한 승리가 달성되지 않은 채 종전이 되거나 '국제연맹'이 강화와 관련되는 것에는 반대했다. 전쟁에 대한 종결방식에 관해 이 그룹은 베르사유 조약이나 규약에는 찬성표를 던질 자세를 보여주었다.[103]

이러한 상황 속에서 윌슨이 취한 전술은 공화당의 온건국제주의파 세력을 중심으로 연맹지지연합을 형성하는 것이 아니라, 고립주의 세력을 분열시켜 이 문제를 둘러싼 논쟁을 윌슨의 연맹구상 지지자와 전통주의 세력의 논쟁으로 전환시키는 것이었다. 당시 윌슨의 자유주의적인 전후체제 구상은 다양한 비판의 대상이 되었으며, 윌슨은 사회주의자 또는 공상주의자, 이상주의자, 심지어 위험분자라고 불렸다. 동시에 윌슨은 전후배상과 영토문제에 관해 동맹국들을 상대로 타협을 거듭할 수밖에 없는 입장에 처해 있었다.

파리에서 교섭이 계속 진행되고 있던 1919년 3월, 당시 윌슨을 가장 신랄하게 비난한 정치가 중의 한 사람인 로지 상원외교위원장은 동료 의원 37명의 서명을 모아 "현재 파리평화회의에서 제시되고 있는 것과 같은 형태의 '국제연맹' 구상은 수용할 수 없다"라는 내용의 성명을 발표했다. 고립주의파 역시 연맹규약에 관해 격렬한 수사법으로 비판을 가했다. 윌슨은 '국제연맹' 구상을 지지해준 태프트를 비롯한 공화당 관계자들과 협의를 거친 후 구상의 일부를 수정하겠다고 발표했다. 거기에는 "가맹국은 적당한 통고조치 이후 연맹을 탈퇴할 수 있다", "국내문제는 연맹이 행하는 사법권의 대상이 되지 않는다", "가맹국은 자국의 식민지에 관한 연맹의 결정을 거부할 수 있다", "먼로 독트린은 공식적으로 승인된다"라는 요점이 포함되었다.[104]

윌슨은 상원이 이 조약을 가결할 것이라는 자신감을 가지고 귀국했으며, 동시에 이 이상의 타협을 할 의도는 없었다. 이 계약은 32개 주 의회, 33인의 주지사, 그리고 압도적인 다수의 신문 편집간부들에게 광범한 지지를 얻었다.[105] 한편 상원에서는 연맹구상에 대한 지지유보의 움직임이 잇달아 일어났고, 이에 대해 윌슨은 단호한 저항의 자세를 취했다. 조약에 대한 반대 역시 강력해졌다. 보라 상원의원을 리더로 하는 비타협파는 조약을 공격했으며, 그들은 이 조약에 가맹한다면 미국은 끝없이 계속되는 피비린내 나는 유럽의 전쟁에 말려들게 될 것이라고 주장했다.

고립주의 세력은 소수파였다. 진정한 투쟁은, 국제협조파이면서 윌슨이 제안한 집단안전보장 조직의 설립에 찬성하는 그룹과 윌슨의 구상보다 훨씬 제약된 형태로 미국의 대유럽책무를 주장하면서 잠재적으로는 무력행사의 가능성을 인정하는 그룹 사이의 대립이었다. 상원을 무대로 하는 이 두 개의 국제협조파 사이에서 최대의 쟁점이 되었던 것은 베르사유 조약의 '제10조'였다. 이 '제10조'는 각 가맹국의 정치적 독립과 영토보전을 보증하고 있었는데, 조약은 다른 조항에서 영토분쟁 중재기관의 설치를 주장하면서 한 가맹국에 대한 전쟁행위는 전 가맹국에 대한 전쟁행위임을 시사하고 있었다. 이러한 상황이 발생할 경우 연맹은 그에 대한 대항조치로 자동적으로 경제제재를 발동한 다음 이 침략행위를 격퇴시키기 위해 어떠한 군사조치를 취할지를 이사회에서 결정하는 것으로 되어 있었다.

결국 미 상원 내의 논의의 쟁점은 이러한 책무를 둘러싼 것이었다. 책무는 과연 어떠한 성격을 지니고 있으며, 이러한 집단적 안전보장 시스템은 기능할 것인가? 또한 미국이 가맹할 경우 미국은 이 책무에 제약을 받을 것인가? '제10조'에 강력하게 반대를 하고 나선 것은 미국이 이 집단적 안전보장 시스템에 구속되는 것에 반감을 가지고 있던 정치가들이었다. '국제연맹' 구상에 포함되었던 그 밖의 기능들 ─ 중재, 국제법을 감시하는 국제재판소, 군축협정 ─ 에 관해서는 상원의원 과반수가 지지를 표명했지만, 최대의 쟁점이 되었던 것은 '연맹에 가맹하는 모든 국가의 영토보전과 정치적 독립을 보장하기 위해 미국 자신의 군사력을 행사할 가능성이 있는 책무에 대한 이행여부'였다.

월슨의 구상에 반대하는 사람들 중에는 미국의 주권이 축소되는 것을 우려하는 사람들이 있었는가 하면, 월슨의 구상이 단지 영토와 정치 양면의 현상을 유지하는 제도일 뿐이라고 우려하는 사람들도 있었다. 더욱이 연맹가맹으로 미국이 사활적으로 중요한 권익을 확보하는 것과 더 광범위한 '국제연맹'의 책무를 준수하는 것을 구별하기 힘들어진다고 경고하는 사람들도 있었다. 논쟁에서 결정적인 요점이 되었던 것은 미국이 집단적 안전보장 조직에 참가할 경우 미국이 행하게 될 안전보장 책무가 어느 범위까지 미국 스스로를 구속할 것인가였다. 로지로 대표되는 공화당 온건파 세력은 '국제연맹'의 활동이나 의무를 대부분 수용해도 좋다는 입장을 취했다. 단, 침략이 발생했을 경우 각각의 사례에서 '국제연맹'의 대응에 미국이 어느 범위까지 참가할 것인가 하는 문제의 기본적인 결정권이 상원에 주어져야 한다고 주장했다. '국제연맹' 구상에 대한 이러한 이의는 최종적으로 조약에 대한 '유보사항'(전부 14개 항목)이라는 형태로 정리되었다. 그중에서 가장 중요한 문제는 '유보사항 제2항'이었다. 이는 미국 이외의 영토보전과 정치적 독립을 유지하기 위한 책무에 관해 미 의회가 책무를 진다는 개별적인 결정을 내리지 않는 한 미국은 일체의 이행의무를 지지 않는다는 내용이었다.

윌슨은 전미 각지에서 행한 연설에서 '제10조'를 옹호했다. 그는 '연맹 가맹국의 영토보전과 정치적 독립 유지를 각 가맹국들의 책무로 하는 것은 세계의 양심을 대변하는 것'이라는 주장을 펼쳤다.[106] 더욱이 그는 이와 같이 덧붙였다. "어느 가맹국이 다른 가맹국을 침략했을 경우 양국의 분쟁은 자동적으로 중재를 거치게 된다. 더욱이 전쟁으로 발전했을 경우에는 다른 가맹국가들이 자동적으로 경제봉쇄를 행하게 된다. 이러한 제재의 위협을 생각한다면 지도자가 전쟁을 결단하는 것은 거의 불가능할 것이다. 하지만 그럼에도 전쟁은 발생할지도 모른다. 그 전쟁이 바로 이전의 유럽이 경험한 것과 같은 대전이 된다면, 미국이 중립의 입장을 고수하지는 않을 것이다. 하지만 그것이 서반구로부터 멀리 떨어진 곳에서 일어나는 소규모의 전쟁이라면, 미국이 관여할 필요는 없을 것이다."[107]

하지만 유보에 대한 윌슨의 이러한 저항에 대해 두 가지의 문제가 제기되었다. 한 가지는 '조약'에 대한 책무에 관해 미국은 어떠한 부대조건을 제시할 것인가 하는 실무적인 문제였다. 또 한 가지는 세계에

대한 정치적 메시지였다. 실제로 윌슨은 자신의 주장을 일보 후퇴시키
면서 "현실적으로 국제연맹 가맹에서 참전의 의무를 져야 한다는 법적
구속성은 생기지 않는다"라고 인정했다. 또한 그는 "미국이 직접적인
당사자가 아닌 모든 분쟁에서 무력을 행사할지에 대한 여부는 이사회
개최 이전에 결정되며, 그때 미국은 이 결정에 대한 거부권을 갖는다.
따라서 미국이 의지에 반한 군사력 행사를 강제 받을 가능성은 절대
존재하지 않는다"[108]라고 주장했다.

타협점을 찾아내기 위해 민주당의 히치콕(Gilbert Hitchcock) 상원의
원은 '제10조'에 관한 미국의 이해를 단순하고 명쾌하게 제시할 수
있는 몇 가지의 유보안을 제안했다. 하지만 로지 상원의원은 자신의
유보안을 제시하면서 '우호적인' 히치콕의 제안을 격퇴시켰다. 로지의
제안에는 "이것으로 이 조약에 대한 미국의 책무는 제로가 된다"라는
이미 윌슨이 느끼고 있었던 유보사항도 포함되어 있었다. 윌슨은 로지
의 유보안을 받아들여 상원의 조약승인을 실현시킬지, 아니면 로지안
을 거부할 것인지에 대한 결단을 내려야만 했다. 그의 선택에는 '제10
조'에 관한 로지의 유보안이 '조약'의 무력화에 지나지 않다는 판단이
전제되어 있었다. 이에 그는 민주당 세력에 로지안을 부결하도록 요청
했고, 그 결과 상원에는 승인과 부결이라는 선택밖에 주어지지 않았다.
결국 상원에서 공화당의 온건국제협조파와 비타협파를 분리시키는
것이 불가능해져 53대 38로 조약승인을 부결했다.

하지만 무력행사 의무의 조건과 한정성에 관한 윌슨 자신의 판단을
고려할 때, 로지의 유보제안이 조약을 실패로 이끈 적극적인 요인이었
다고 단정할 수는 없다. 다시 말하면, 윌슨 구상의 구성적인 부분에
그 원인이 있다고 생각되기 때문이다. 윌슨은 조약의 실무적인 점,
즉 해외에서의 군사력 행사는 미국의 헌법이 정하는 원리에 따라 결정

을 내릴 수 있는 권리를 미국 스스로 보유한다는 점에 대해서는 로지의 견해에 찬성했다. 로지의 유보안으로 인해 윌슨이 '국제연맹' 설립에서 전후기에 구축한 도덕적인 권위를 다소 저하시킬지언정 미국의 '국제연맹' 가맹의 기본적인 조건을 변경해야만 하는 것은 아니었다. 노크는 윌슨이 '국제연맹'에 대한 미국의 입장에 대해 세밀히 배려해 그 조건을 설정했다며 다음과 같이 지적했다. "윌슨은 서간을 통해 몇 번에 걸쳐 자신의 입장을 설명했다. 그가 설명한 바에 따르면, '나를 반대하는 세력이 구상발표 당초부터 추정해왔고 현실주의 세력이 끊임없이 나를 비난해왔던 구도, 즉 미국은 아무 제한도 없이 군사적 책무를 행해 유럽정치에 휘말리게 될 것이라는 구도가 현실이 되지는 않는다'라는 것이었다. 반대로, 그의 발언은 미국헌법이 미국의 국제적 군사활동에 대한 참가에 부과하고 있는 제약을 의식하고 있음을 명확하게 보여주고 있다."109)

'국제연맹'을 중심으로 하는 전후구축에서 윌슨이 직면했던 딜레마는 유럽 각국의 정부들이 전후의 국제협조질서에 확실히 참가할 수 있도록 유럽의 안전보장에 충분한 책무를 떠맡아야 한다는 것과, 하지만 그 책무가 과도하다면 그때는 미 의회의 저항을 부를 것이라는 것 사이에 존재했다. 윌슨이 이 모든 목표에 실패한 것은 명확한 사실이지만, 두 번째 목표, 즉 의회의 저항을 피하는 데 실패한 것은 결코 불가피한 것이 아니었다. 윌슨에게 로지의 유보안은 정치적으로 바람직한 것이 아니었지만, 그렇다고 해서 조약의 근본적인 수정을 요구한 것은 아니었다.110) 유럽이 필요로 하는 책무 조정에 윌슨이 실패했다는 사실은 미국 정치구조에 내면화된 것이었다. 이 때문에 유럽에서는 구체적인 안전보장 조치를 강구하지 않으면 안 된다는 인식이 강했다. 하지만 안전보장 면에서의 보장조치와 3국동맹이 존재하지 않더라도 온건한 안전보장제도를 통해 유럽 각국과 미국을 연결시킬 수 있는 전후구축은 가능했다. 물론 프랑스는 여전히 그 이외의 안전보장 조치를 모색할 필요를 느꼈을지도 모른다. 하지만 미국이 참가하는 '국제연맹'을 각국의 협력을 통해 창설할 수도 있었을 것이다. 또한 구상의 입안 당초 윌슨이 불필요하다고 생각하거나 또는 미국 상원이 승인하지 않을 것이라고 생각하고 있던 '국제연맹'의 책무나 보증조치의 길을 열 수도 있었을 것이다.

## 윌슨의 민주주의 혁명 실패

순조로운 평화구상을 믿고 있던 윌슨의 낙관주의적 전제는 유럽 각국이 현재 민주주의 혁명을 거치고 있다는 자신의 신념에서 비롯되었다. 이 전쟁 자체가 세계를 민주주의화하기 위한 전쟁이며, 대전의 강화는 그러한 움직임에 더욱 박차를 가하는 것이라고 생각했다. 유럽과 그 밖의 세계 각 지역은 미국식 민주주의 원칙을 높이 평가하고 있으며, 수많은 전후구축의 제 문제 역시 쉽게 극복할 수 있을 것이라고 예측했던 것이다. 1918년 12월, 윌슨은 평화교섭을 위해 유럽으로 출발했다. 이때 유럽에서 일어나고 있던 정치적 변화가 어느 방향으로 진행될 것인가에 관해 그가 낙관주의적 입장을 취했다 하더라도 그리 이상한 것은 아니었다. 하지만 지금 돌이켜보면 유럽에서 일어났던 것은 노도와 같은 민주주의의 홍수가 아니라 일시적인 민주주의의 고조였다고 할 수 있다.

윌슨의 목표는 자신의 지휘하에 유럽의 민주주의 운동을 확장시켜 그 과정에서 여론(그는 '인류의 조직화된 의견'이라고 이름 붙였다)을 환기해 자신의 전후구축 구상을 각국 정부가 지지하도록 압력을 행사하는 것이었다.[111] 실제로 대중은, 특히 영국의 대중은 윌슨의 평화구상을 열광적으로 환영했다. 하지만 정치 지도자들은 대중보다 훨씬 수동적인 태도를 보이고 있었다. 그 이유 가운데 하나는 1918년의 군사적 승리 덕분에 윌슨 구상이 없더라도 영프 양국의 보수연립정권은 안정된 정치운영을 행할 수 있다고 확인되었기 때문이다. 이 때문에 윌슨 구상에 동조하는 신연합정권의 탄생과 관련될 수 있는 국내정치의 변동이 저지되었던 것이다. 하지만 그와 더불어 다른 중요한 이유가 있었다. 미국은 국제협조주의의 목적을 위해 자국의 힘을 전면적으로 발휘하는 것을 꺼렸다. 본래대로라면 윌슨의 전후구축 구상을 더 매력적이고 더 신뢰가 가도록 만들 수 있는 경제와 군사 양면에 걸친 대외지원도 이러한 윌슨 구상에 동반되지 않았다. 전쟁으로 피폐해진 유럽 각국에 평화구상 자체가 아무리 매력적이라 할지라도, 정치적인 인센티브와 안전보장 면의 보증조치가 결여되어 있다는 사실은 유럽 각국의 정치 지도자들로 하여금 평화구상에 대한 매력을 잃게 만들었다.

1918년 12월, 윌슨이 유럽을 방문한 목적 가운데 하나는 전후구축에 관한 그의 입장을 유럽의 여론이 지지하도록 촉구하는 것이었다. 그는 자신의 구상에서 국제협조적인 원칙을 강조했다. 그 원칙이란 공개외교, 전 열강이 참가하는 군축, 해상에서의 자유, 무역장벽의 제거, 소수민족의 자결, 독일에 대한 배상책임 요구의 억제, 평화를 실현하기 위한 '국제연맹'의 설립이었다. 윌슨은 유럽 각국의 이러한 항목들에 대한 수용을 미국의 힘이나 외교력을 사용하지 않고 도덕적·이데올로기적으로 요청함으로써 실현시키려고 노력했다. 그는 유럽의 대중이 지닌 도덕적 본성을 설득할 수 있는 개혁운동을 펼쳐 대중이 기존 외교의 부정의를 배척하도록 매스컴을 동원하는 동시에 개인적인 여행을 통해 연설을 해나갔다.[112] 윌슨은 유럽의 양심에 직접적으로 호소하면서 세계질서의 신개념을 침투시키려고 시도했다. 어느 역사가의 말을 빌리자면, "윌슨 대통령은 집단적 안전보장을 촉진시키고 국가에고이즘을 억제하는 수법을 통해 국제사회 관리라는 개념을 미국외교에 적용시킨 것이다."[113]

유럽에서는 1917년에서 1918년 사이에 자유주의적인 제 원칙에 대한 지지가 높아졌다. 이는 러시아에서 벌어진 일련의 사건 때문이기도 했다. 러시아 혁명은 유럽의 좌익정당에 힘을 실어주는 동시에 유럽정치의 스펙트럼 전체에 지적인 발효를 가져다주었다. 페트로그라드(Petrograd)에 러시아 임시정부가 수립된 지 얼마 되지 않아 정부는 볼셰비키의 강화안을 발표했다. 이 제안은 진보주의라는 점에서 대담한 내용을 포함하고 있었기 때문에 연합국 측은 충실한 내용의 대안으로 대항하지 않으면 안 된다는 압력을 느꼈다.[114] 영국의 급진주의 세력 역시 전쟁목적이 지금보다 훨씬 온건해야 되고 자유주의적인 전후질서를 목표로 삼아야 한다고 주장했다.[115]

윌슨은 휴전이 실현되고 유럽을 방문하기 이전에 이미 유럽 대륙에서의 자유주의적이고 사회민주적인 정치연합의 전망에 관한 정세를 살피고 있었다. 1918년 전반에 하우스 대령은 저널리스트인 베이커(Ray Stannard Baker)를 유럽에 파견해 유럽의 바람직한 정치변화의 전망에 관해 조사와 보고를 지시했다. 하우스는 유럽에서 자유주의적 사회민주주의 세력이 정권을 담당할 때 윌슨의 전후목표에 최대한 협력하게 되며, 따라서 이러한 자유주의 세력을 장려하고 그들과의 협력이 중요하다는 지론을 가지고 있었다.[116] 베이커는 1918년 여름 조사결과를 보고했는데 결론은 하우스의 지론을 뒷받침하는 내용이었다. 연합국 측의 각 정부는 윌슨 구상에 대해 표면적으로는 지지를 표시했지만 실제로 구체적인 협력은 보이지 않았다. 영국에서 윌슨의 전후구상을 지지한 것은 노동당 전체와 자유당의 대부분, 그리고 급진주의 세력이었다. 이 때문에 윌슨의 평화목표는 이 시기에 세력을 강화하고 있던 자유주의와 진보주의 그룹의 장래에 달려 있었다.[117]

월슨의 전후전략은 낙관적인 전망, 즉 전쟁수행 과정에서 미국은 자신의 경제적·군사적 입장을 강화하고 강화조건을 결정할 때 타국을 지휘하게 될 것이며 전쟁으로 피폐해지고 경제적으로 파산한 유럽은 보수주의와 내셔널리즘 정부에서 자유주의적인 사회민주주의 정부로 이행할 것이라는 전망 위에 형성된 것이었다. 윌슨은 좌경화되면서 신장하고 있는 민주주의 세력을 원조해야 한다는 교묘한 입장에 서게 되었다. 윌슨은 그들이 이러한 원조의 대가로 자신이 주창하는 평화목표의 성공에 도움을 줄 것이라고 확신했다.[118] 윌슨은 미국이 각국에 대한 사령권한을 지니고 있는 입장이라는 기대와 전후를 맞이해도 유럽은 좌경화를 계속할 것이라는 기대, 그리고 유럽 지도자들을 제외시킨 형태로 유럽의 대중에게 직접 행한 호소는 현실적으로 정치적 변혁을 가져다줄 수 있다는 기대를 품고 평화구상에 임했다. 하지만 전쟁이 종결되기 직전부터 종결된 이후의 몇 개월간에 걸쳐 이러한 기대들은 모두 허망한 꿈으로 사라져버렸다.

그럼에도 1918년 12월 유럽방문 시 윌슨은 평화와 민주주의의 선두에 선 자유주의 세력의 기수로서 지반을 확고하게 굳혔다. 프랑스에서 윌슨은 지지자들의 마중을 받았으며 노동조합이나 좌익정당들에게는 영웅으로 환대를 받았다. 영국에서도 이와 비슷한 환영을 받았는데, 런던의 보수계열지인 ≪타임스≫조차 이러한 논평을 했다. "지금 우리는 누구나 국제관계에서 이상주의자가 되었다. 우리 스스로 이러한 이상을 실현하고 현재의 혼란에서 탈출해 공정한 세계를 재구축하기 위해서는 윌슨의 도움이 필요하다."[119] 로마, 밀라노, 그 밖의 유럽 각지에서 윌슨은 '구원의 신'으로 대우받았다. 노크는 다음과 같이 주장하고 있다. "전례가 없는 엄청난 데모행진은 단순한 축제 분위기의 영역을 넘어서고 있었다. 실제로 이 데모는 대중의 정치적 의견을 명확하게 표명하는 행동이었으며, 연합국 각국의 자유주의·노동·사회주의 운동을 통해 실시된 것이었다."[120]

유럽 국민들은 윌슨의 방문 중 열정적인 지지를 그에게 보냈다. 이러한 지지를 생각하면 왜 윌슨이 쇠퇴하기 시작한 유럽의 민주주의 혁명에 그렇게 낙관적이었는지를 이해할 수 있다. 그는 1919년 12월에도 유럽을 방문했는데, 방문이 끝나고 귀국할 시점에서도 여전히 기대를 품고 있었다. "이를테면 미국적 원칙이 위대한 유럽국민들뿐만 아니라 유럽국민들을 대표하는 위대한 인물들의 심정과 이해에도 침투하고 있다는 사실을 나는 발견할 수 있었다. …… 숙고 끝에 미국정부를 창설한 미국의 제1세대 인물들—워싱턴, 해밀턴, 제퍼슨, 애덤스 부자와 같은 인물들이 활약했던 세대의 사람들—을 떠올릴 수 있었다. 놀라움에 황홀감 섞인 표정으로 미국의 정신이 결국 세계를 정복했다고 생각하고 있는 그들을 떠올릴 수 있었다."[121] 전쟁 수행이 영프 양국에 정치적·지적 분위기에 심각한 영향을 끼쳤다는 사실은 명백했다. 1918년 초, 좌익세력의 부활과 윌슨의 전쟁목적에 대한 대중적 지지의 고조는 전쟁에 대한 불만의 증대에 영향을 주었다. 그뿐만 아니라 이는 브레스트-리토프스크 조약의 체결과 더불어 동부전선이 소멸되고 서부전선에서 독일군이 압도적인 군사적 우위를 획득하게 되는 것이 아닐까 하는 불안과도 관련되어 있었다.[122] 이와 같은 유럽 정세의 전개는 미국의 참전을 더욱 필요로 했으며, 유럽의 지도자들은 미국이 이 전쟁에 관여하기를 원했다. 영프 양국의 정부 당국자들은 전쟁이 지속되는 동안 월슨 구상을 비판하지 않도록 언행에 유의했다. 하지만 유럽의 여론이 월슨의 요청에 강렬히 반응한 이유가 단순히 미국의 원조를 확보하기 위한 것만은 아니었다. 실제로 월슨에 대한 대중적 지지는 미국의 참전보다 훨씬 이후인 1918년 이후에 일어난 현상이었으며, 영프 양국의 정부 모두 월슨의 전쟁목적에 전면적으로 동조한 것도 아니었다. 로이드 조지는 월슨의 신외교목표에 관해 이율배반적인 태도를 계속 취했다. 또한 클레망소는 1918년과 1919년에 걸쳐 국제정치에서 월슨의 강적 가운데 한 사람이었다. 이처럼 월슨이 유럽에서 지지를 획득한 것은 그가 미국의 힘을 행사했기 때문이 아니라 도덕적·이데올로기적인 주장으로 유럽 사람들을 설득시키는 데 성공했기 때문이었다.

월슨은 파리평화회담에 앞서 유럽 각국을 방문했다. 이 유럽방문 시 유럽의 대중이 보여준 환영과 지지는 전례가 없을 만큼 열렬했다. 하지만 이 환영과 지지에는 문제가 내재되어 있었는데, 노크는 이를 다음과 같이 지적하고 있다. "월슨에게는 여전히 불분명한 부분이 남아 있었다. 그것은 결국 대중의 찬미를 어떻게 명확한 정치적 힘으로 전환시킬 수 있는가였다. 이것은 비단 '국제연맹'에 관한 것만이 아니었다."[123] 월슨의 주장이 유럽의 대중에게는 큰 영향을 끼쳤지만, 유럽 지도자들은 일반대중의 미 대통령 찬미를 그저 방관할 뿐이었다.

이러한 점이야말로 월슨이 안고 있던 문제점이었다. 즉, 월슨의 평화 구상은 영프 양국의 여론에 큰 영향을 끼쳤지만 유럽의 정부 지도자들에게서는 구상에 대한 지지의 분위기를 거의 찾아볼 수 없었다. 그 결과 유럽 여론의 고조를 기반으로 평화해결에 대한 유럽 지도자들의 사고방식을 바꿀 수는 없었다. 양국 연립정권의 정책을 변경시키는 것도 불가능했다. 전쟁 발발로 영프 양국에서는 당초 보수세력의 힘이 신장되었으며, 그 보수세력은 1917년 말 시점에서 여전히 전시내각을 장악하고 있었다. 메이어에 따르면, 1914년에서 1917년에 이르는 기간 동안 보수세력은 전쟁 이전에는 마치 꿈만 같았던 '힘의 입장'을 획득 할 수 있었다.[124] 유럽 각국의 전쟁정책은 구식외교의 관행과 전제로 인해 비밀외교, 영토병합 계획, 독일의 전면적 패배에 대한 기대로 특징지어졌다.

하지만 1918년이 되자 전시내각에 대한 보수세력의 장악력은 크게 축소되었다. 특히 영국에서 그러한 경향이 강했는데, 1917년에서 1918 년에 걸쳐 발생한 러시아 혁명과 뒤따른 정치적 위기는 영프 양국에 강력한 중도좌파 연합세력의 결성을 촉진시켰다. 영국에서는 급진적 대의에 대한 대중적 지지가 고조되어 노동당이 좌익세력으로 접근했 다. 이에 로이드 조지는 정권 유지를 위해 정부의 공식정책에 자유주의 파의 전쟁목적을 포함시키지 않으면 안 되었다.[125] 다시 말하자면, 전쟁과 전쟁목적에 대한 영국국민들의 사고가 바뀌었기 때문에 영국 정부 역시 전쟁목적의 강조점을 변경시킬 필요성이 생겼던 것이다. 하지만 프랑스에서는 이와 같은 변화가 일어나지 않았다. 프랑스에서 생겨난 중도좌파 연합세력은 클레망소 총리의 입장을 위협할 정도로 강력하지 못했기 때문이다.

독일의 패배 이후 영국의 정치적 향방은 전쟁을 통해 세력을 얻은 내셔널리즘적이고 애국주의적인 감정이 강력하게 영향을 끼쳐 재차 우경화되었으며, 자유주의적인 평화계획에 대한 지지는 축소되었다. 군사적 승리를 계기로 모습을 드러낸 것이 바로 우익의 대두였다. 이 때문에 로이드 조지는 보수세력의 의향에 점차 주의를 기울이게 되었고, 그들이 요구하는 강화조약의 실현을 염두에 두게 되었다.[126] 중도좌파 연합세력은 쇠퇴해갔으며, 좌파세력 역시 분열을 겪었다.

그 결과 윌슨이 '14개조'에 대한 지지를 얻기 위해 구심력으로 사용했던 정치적 행동주의와 이상주의의 무대는 와해되었다. 하지만 윌슨이 제창한 '자유주의적 평화'가 부인된 것은 결코 아니었다. 윌슨의 평화목표를 여전히 지지하고 있던 세력이 효과적인 정치력을 발휘할 수 있는 정세가 되었던 것이다.

우익세력의 대두로 윌슨이 정치적으로 전진할 기회는 닫혀버렸고, 이 때문에 윌슨의 평화구상이 유럽의 각국 정부 지도자들의 이익으로 연결되는 일은 거의 없었다. 윌슨은 유럽의 지도자들을 미국의 노선으로 끌어들이려고 했으나 그러한 인센티브를 창출시킬 만큼의 물질적 자산을 유럽 지도자들에게 제시하지는 못했다. 그리고 미국 상원이 윌슨 구상 전체를 승인할 의향이 없다는 사실이 명백해진 이상 미국이 유럽에 대해 충실한 내용의 신뢰성 높은 책무를 이행하리라고 기대할 수는 없었다. 윌슨은 전쟁배상의 삭감, 승전국과 패전국 쌍방의 군축, 자유무역의 도입 등을 제창했는데, 이러한 구상들 역시 유럽 국가의 지도자들이 자국지배를 유지하기 위한 매력적인 기반이 되지는 못했다. 전후지원과 안전보장 면에서의 보증이라는 두 가지의 정책에서 미국은 자국의 힘을 유효하게 행사하지 못했기 때문에 국제질서 개념의 혁명적 변화를 실현할 수 있는 길로 유럽의 지도자들을 끌어들이는 데 실패했다. 윌슨이 유럽의 좌익세력에 지울 수 없는 흔적을 남겼던 사실은 틀림없는데, 특히 1930년의 영국에서 그 흔적을 발견할 수 있다. 이 시기의 집단적 안전보장과 군축이라는 개념은 외교정책에 깊은 영향을 끼쳤지만[127] 당시의 영국과 프랑스의 정치를 담당하고 있던 연립세력에서 정치적 변화는 일어나지 않았다. 이 때문에 윌슨이 유럽의 대중을 상대로 전개했던 요청을 장기적인 정치적 변혁으로 전환시키지는 못했다.

# 결론

입헌형 모델은 미국이 행한 전후질서구축의 움직임과 결국은 실패로 끝난 제도에 관한 거래교섭을 특징짓는 인센티브에 대한 해답을 제공해준다. 미국은 실제로 전쟁 종결 이후 제도적 질서구축 전략을 추구했으며, 신흥대국으로서 균질적인 국제질서에 타국을 '고정화시키는' 제도적 거래를 실현하기 위해 각종 인센티브나 기회에 반응했다. 이것이야말로 윌슨의 자유주의적 구상의 중심이었다. 구체적으로 말하자면, 안정성과 정통성을 지닌 전후질서를 실현하는 것이었다. 이 질서는 민주주의국가들을 중심으로 구성되며, 자유주의적인 제도의 틀 속에서 기능하고, 집단적 안전보장 체제를 지지할 것이라고 생각되었다. 윌슨은 이 전후 분기점을 '향후 20년에서 30년에 걸쳐 정착될 수 있는 전후구축을 창출할 천재일우의 기회'라고 간주했던 것이다. 이러한 기회가 오자—게다가 그 자신의 개인적인 도덕관념도 포함해—윌슨은 미국의 장기적 국익을 주장하게 되었다. 그 국익은 민주주의국가들 간의 제도적 관계를 확립시킴으로써 실현될 수 있는 것이었다. 윌슨은 유럽 지도자들과의 합의를 목표로, 단기적인 국익에 관해서는 미국의 구체적인 양보를 명언했으나 억제에 관해서는 양보도 가능하다는 자세를 내비쳤다.

전후기를 맞이해 '힘의 비대칭'이 더 명확하게 드러나자 영프 양국은 미국의 '지배'와 '포기'를 우려하게 되었다. 양국은 미국에 대해 정식적인 안전보장 관계의 체결을 요청했다. 영국은 미국의 책무이행을 형성시키는 메커니즘으로서 자국의 '국제연맹'에 대한 설립지지를 이용했다. 한편 프랑스는 영국보다 훨씬 정식적인 방법을 통해 안전보장동맹 관계를 수립하고자 모색했다. 프랑스는 미국에 의한 명확한

'지배'보다 독일 군사력의 부활을 더 우려했다. 하지만 영프 양국은 미국을 유럽에 구속시킴으로써 미국의 신장하는 힘이 감추고 있는 불확실성을 경감시키려고 노력했다.

그럼에도 제도적 거래는 왜 실패로 끝났는가? 그 요인은 입헌형 모델의 내부와 외부 모두에 존재한다고 할 수 있다. 미국과 유럽 사이에 정식적인 안전보장동맹을 체결하는 것이 전후기 관계국가 간의 안정되고 협력적인 질서를 구축할 수 있는 유일한 길이라고 가정해보자. 만일 그렇다면 이러한 결과로 끝났다는 사실을 설명하기 위해서는 강대국이 광범위하게 미치는 자국의 국익을 완강하게 주장했다는 점에 초점을 맞추면 충분하다. 프랑스가 미국의 의향과 능력의 범위를 초월해서 안전보장 면에서 강한 구속력을 지니는 전통적인 보증조치를 요구했던 것은 사실이다. '힘의 분포'의 상황 또는 민주주의국가의 존재는 동맹에 관한 이러한 거래합의가 결실을 맺지 못했다는 사실을 설명하는 데 그다지 유용하지 못하다.

하지만 여기에는 또 다른 의도가 존재했으며 그것 역시 실패로 끝나고 말았다. 그 의도란 '국제연맹'을 통해 간접적으로 미국과 유럽을 결합시키고 '국제연맹' 이외의 몇 가지 수단과 책무이행을 이용해 더 온건한 제도적 합의를 실현하는 구상이었다. 만약 이것이 실현되었다면 1815년의 전후구축보다 훨씬 밀접하게 주요 국가들을 결합시키고 제2차 세계대전 이후에 미국과 유럽이 맺은 안전보장 관계보다 공식성 낮은 구속력을 지니는 제도적 전후구축이 탄생되었을 것이다. 이 구상의 성패를 결정했던 것은 강대국 간의 이해대립이 아니었다. 전후기 미국의 '힘의 행사'와 관계하는 더 구체적인 여러 상황과 윌슨의 개인적 신조가 바로 그 요인이었다.

미국은 압도적인 힘을 보유하게 되었지만 전쟁종결 직전 또는 파리에서의 평화교섭기에 이를 실제적인 구심력으로 이용하지 못했다. 1815년의 영국과 1945년의 미국은 각각 전후결정에 관한 합의를 '고정화'시키기 위해 전시동맹의 리더십을 1918년보다 훨씬 많이 이용했다. 동시에 제1차 세계대전의 동맹관계에서 미국이 '준가맹국'이었다는 사실 역시 강화교섭의 지도자라는 미국의 입장에 더 낮은 신뢰성을 주었다. 만일 미국이 이 전쟁수행에 사령적인 역할을 더욱 적극적으로 담당했더라도 동맹국가들을 조정하고 전쟁목적과 강화조건에 관해 공통의 합의를 실현하기 위해 자신의 힘을 효과적으로 사용했을지는 의문이다. 하지만 실제로 윌슨은 그만큼의 정치력을 지니고 있지 못했고, 그 때문에 그는 유럽의 여론을 도덕적으로 설득하고 형성시키는 방법에 의지할 수밖에 없었다.

"미국은 유럽에 구속된다"라는 책무를 미국이 유럽 동맹국에 대해 행할 수 없었던 배경에는 윌슨 개인의 사고와 관계되는 요인이 존재했다. 윌슨은 로지 상원의원의 '유보안', 즉 '제10조'에 대한 '유보안'에 저항했지만, 이 저항은 조항이 규정하는 의무의 성격을 둘러싼 실무적 논의로 행해진 것이 아니라 "미국은 유럽에 대해 책무를 이행해야 한다"라는 그의 신념으로부터 나온 것이었다. 윌슨은 이 '유보안'이 가결될 경우 책무이행을 지탱하는 정치적 신뢰가 위태로워질 것이라고 생각했다. 이러한 신뢰야말로 국제법과 제도적 구속의 본질적인 근원이라고 이해하고 있었기 때문이었다. 윌슨이 "미국은 '국제연맹'의 일원으로서 언제 어떠한 경우에서도 군사력 행사에 대한 거부권을 행사할 수 있기 때문에 이러한 연맹의 결정에 관해 권리와 능력을 보유하고 있다"라고 주장한 것은 사실이지만, 이 문제에 대해서는 윌슨 개인의 견해가 짙게 배어 있다.

동시에 윌슨의 행동에는 세계적으로 민주주의 혁명이 도래할 것이라는 개인의 근본적인 예측이 영향을 주었다. 1918년 1월, 윌슨이 '14개조' 구상을 발표했을 때 유럽정치의 조류는 자유주의적 민주주의와 사회민주주의의 방향으로 진행하고 있는 것처럼 보였다. 윌슨에게 러시아 혁명의 발생은 주요한 공업사회에서 민주주의 혁명이 일제히 도래할 전조처럼 보였던 것이다. 파리평화회의가 열리기 직전 윌슨은 런던, 파리, 로마, 밀라노를 방문했는데 이는 마치 윌슨의 개선방문 (triumphant visits)과 같았다. 유럽의 국민들은 윌슨에 대한 지지의 감정을 극적으로 표현했으며, 이는 세계적으로 도래할 민주주의의 물결이 자신의 교섭지위를 강화시킬 것이라는 그의 감정을 고양시켰다. 그는 중도좌파를 중심으로 하는 정부가 유럽 전체에 등장해 자신의 구상에 찬성할 것이라고 생각했다. 하지만 혁명의 열기는 1918년 초에 그 정점을 맞이했다. 전쟁의 종결이 가까워지면서 각국의 정부들은 보수적인 노선을 취했던 것이다.

윌슨은 자신의 국제협조적인 평화계획을 전쟁, 진행 중인 사회변혁이라는 중대한 원동력과 연관시켰다. 이 두 가지의 원동력은 1918년에는 윌슨에게 유리하게 작용했지만, 1919년과 그 이후의 시기에는 오히려 그에게 반대의 효과를 가져다주었다. 제1차 세계대전은 미국을 새로운 '힘의 입장'으로 격상시켰지만, 각국의 전쟁종결에 대한 대응과 윌슨의 실패로 미국은 평화의 조건을 대내외적으로 명시할 수 없었다. 미국의 책무와 세계적인 역사적 변혁에 관한 윌슨 자신의 생각이 결국 근접했던 제도적 합의를 허사로 만들었던 것이다.

알타 회담의 세 정상 윈스턴 처칠, 프랭클린 루스벨트, 이오시프 스탈린(1945년 2월 8일).

제2차 세계대전 후에 선진 민주주의국가들 사이에 구축된 전후질서는
다른 전후질서와 비교해 훨씬 많은 입헌적 특징이 발견되며, 이러한 특징
은 현재에 이르기까지 계속 유지되고 있다.

## 6장

# 1945년의 전후구축

제2차 세계대전의 전후구축은 역사상 가장 세부적으로 형성되었으며 장기적으로 유지되었다. 이 전후구축은 지금까지의 주요한 전후구축 과는 달리 포괄적인 단일강화조약으로 체결되지 않았다. 추축국 측의 주요 국가였던 일본과 독일 양국과의 개별적인 평화조약 역시 체결되지 않았다. '국제연합헌장'은 '국제연맹규약'과 달리 전후구축에 포함되는 일은 없었다.[1] 그럼에도 미국과 그 동맹국들은 1944년에서 1951년까지 사상 최대의 국제관계 재편을 실현했다.

실제로 제2차 세계대전이 종결된 후에는 두 가지의 중요한 전후구축이 이루어졌다. 그 하나는 미국과 그 동맹국가, 그리고 소련과 그 동맹국가라는 양 진영 간의 전후구축이었는데, 이 전후구축은 이후 '냉전'이라는 양극체제를 가져왔다. 또 하나는 서구 공업국가들과 일본 사이의 전후구축이었다. 이 전후구축은 머지않아 안전보장, 경제, 정치 등 각 분야에서 밀접하게 결합된 제도적인 틀을 창출시켰고, 대부분의 제도에는 미국이 관여했다. 이 두 가지의 전후구축은 상호 영향을 끼쳤으며, 냉전의 격화와 더불어 서구세계 선진 공업국가들 간의 결속은 강화되었다. 1947년부터 시작된 소련과의 관계악화(1950년 이후 관계악화는 급속하게 진행되었다)는 미국에 의한 유럽안전보장 책무의 성격과 규모를 형성하는 데 있어 가장 중요한 요인이 되었다. 전후의 유럽을 안정시키고 안심시키기 위해 미국이 실시한 '마셜플랜(Marshall Plan)' 원조와 동맹관계의 보증조치는 소련 공산주의의 위협이 증대하면서 정치적으로 실시 가능해졌다. 하지만 냉전이 서구질서를 강화시킨 것은 사실이지만 이 두 가지의 전후구축에는 명확한 기원과 논리가 존재했다. 그것은 역사상 가장 군사화된 전후구축이었으며 가장 제도화된 전후구축이었다는 점이다.

이 전후구축은 미국과 유럽의 국가들을 일체화시키는 동맹을 포함해 광범위한 전후관계를 형성시키는 다면적인 제도를 활용했다. 특히 선진 공업국가들 사이에서 제도이용이 행해졌다는 것에 주목할 필요가 있다. 1944년부터 1951년 사이에 미국과 그 밖의 선진 공업민주주의국가들은 잇달아 제도를 창설했고, 그 결과 탄생된 전후질서의 제도화는 이전 시대에 비하면 대단히 대규모적이었다. 실제로 전후 동맹국가 간의 정치와 안전보장 분야뿐만 아니라 경제안정, 통상, 금융, 통화 등 각 분야에서의 문제가 이러한 제도를 통해 처리되었다. 그 결과 지역과 세계의 양면에서, 더욱이 다국 간과 양국 간에는 두 종류의 '레이어 케이크(layer cake)'와 같은 다층적인 제도가 탄생했다. 제1차 세계대전 이후 미국은 국가 간 관계의 전 영역에서 권위 있고 보편적인 단일제도를 구축하려고 노력했다. 이에 반해 제2차 세계대전 후에는 미국과 그 상대국가들이 특화된 제도군을 만들었다. 그러한 제도군 내의 다수의 제도는 서구 공업민주주의국가들을 중심으로 또는 대서양 지역을 범위로 제1차 세계대전 이후에 비해 더 한정적인 국가들로 구성되었다.

이전과 마찬가지로 이 전후구축에서도 지도자들은 종래의 전후구축에서 얻은 다양한 교훈과 반응을 참고로 삼았다. 1919년 파리에 모인 각국의 지도자들은 비엔나 전후구축을 재차 상기했지만, 1945년 제2차 세계대전을 종결시키기 위한 교섭을 행하는 외교관이나 정치가들은 과거의 전후구축 이상으로 '역사의 반복'에 대한 대처라는 문제를 해결하지 않으면 안 되었다. 왜냐하면 이 전쟁은 제1차 세계대전의 연속이었다고 말할 수 있기 때문이다. 제2차 세계대전의 전후구축을 담당했던 다수의 지도자들은 일찍이 1919년 전후구축 과정에서 젊은 관료로서 관여했었다. 때문에 그들에게는 1919년 전후구축이 실패였다는 의식이 강하게 남아 있었다.[2] 당시 미국은 이전의 전후구축 때보다 타국을 지휘감독할 수 있는 훨씬 우월한 입장에 서 있었다. 따라서 전후질서를 미국이 원하는 형태로 구축할 수 있는 여지가 이전보다 훨씬 많았다. 하지만 한편으로는 미국이 질서구축을 위해 자국의 힘을 행사했던 수법이나 정부의 사고방식이 이전과는 다른 형태를 띠었다.

주도국과 추종국 모두 입헌형 질서를 추구하려고 했던 점에서 1815년과 1919년의 양 전후구축보다 훨씬 큰 인센티브와 능력을 갖추고 있었다. 전쟁수행 중 미국은 다른 국가들을 압도적으로 뛰어넘는 실력을 갖추고 제도적 거래를 순조롭게 실현시킬 수 있었다. 더욱이 명확한 '힘의 비대칭'이 생겨난 결과 유럽 각국의 정부는 미국의 힘의 행사에 대해 '억제'와 '약속이행'을 확실히 규정할 수 있는 합의를 체결해야 할 필요성을 느끼고 있었다. 그 때문에 제도적 거래를 추구하는 각국 정부의 인센티브는 높아졌다. 미국은 이 전후 분기점을 이용해 일련의 제도를 고정화시키기를 원했다. 미국은 전후기에 경제, 정치, 안전보장

등 각 분야에서 제도의 틀 속에서 행동하며, 제도를 통해 스스로를 억제하면서 타국에 관여할 것을 제안했다. 이처럼 미국은 장래의 국익을 확보하려고 했다. 하지만 이 제안을 행하는 데 미국은 많은 경우 적극적인 태도를 보였다고는 말할 수 없었다. 미국의 정책에도 주도국이 합법적인 전후질서를 구축할 때 느끼는 몇 가지의 인센티브가 반영되어 있었다. 목적을 달성하기 위해 유럽 각국과 제도적 합의를 목표로 거래교섭을 행했지만, 그때 미국은 적극적으로 합의를 추구한 것이 아니라 항상 타협을 거듭하며 합의를 실현했다.

전후구축에 관여한 국가들이 민주주의적 성격을 지니고 있었다는 점 역시 제도적 합의의 달성을 촉진시켰다. 유럽과 미국의 지도자들은 서로를 구속하는 관계를 적극적으로 형성할 수 있는지에 관해 솔직한 대화를 나눈 뒤 민주주의적인 제도를 창출할 수 있는지에 대한 여부가 그 열쇠가 된다는 의견에 일치를 보았다. 민주주의는 목적인 동시에 수단이기도 했다. 서구국가들의 지도자들은 이전에는 존재하지 않던 제도적 책무이행이 미국과 유럽이 공유하고 있는 민주주의적 가치를 수호하기 위해 필요하다고 여겼으며, 이러한 책무이행이 민주주의국가들 사이에서 성립될 경우 그 신뢰성과 기능성이 높아질 것이라고 주장했다. 미국정부는 전체적으로 분권적이며 다중심적인 성격을 지니고 있었다. 더욱이 그러한 성격을 외부에서 쉽게 파악하고 그로 인한 영향을 고려하도록 해두었다. 이러한 미 정부의 특징은 미국의 힘의 행사가 권위주의적인 정권에 비해 전횡적이고 예측 불가능한 것이 아니라는 사실을 유럽 지도자들에게 납득시키는 데 도움을 주었으며, 그 덕분에 제도적 관계를 실현하는 것은 다른 경우에 비해 용이하고 위험부담이 적었다.

당초 미국의 전후목표는 루스벨트가 1941년에 발표한 '대서양 헌장

(Atlantic Charter)'에서 처음으로 밝혀졌다. 그 목표란 새로운 제도적 메커니즘을 통해 공동관리되는 다각적 경제질서 속에 민주주의국가들을 고정화시키는 것이었다. 영국제국주의가 원했던 시스템—독일과 일본을 지역블록화시키고 소련을 고립시킨다—은 미국의 질서구상과는 대립했으며, 미국은 자국이 지니고 있는 영향력을 사용해 영국과 유럽 대륙국가들이 개방적인 전후 시스템을 수용할 수 있도록 유도했다. 미국 당국자는 다방면에 걸친 질서구상을 제안했고, 그 제안을 통해 자유무역, 국제적인 제도, 대서양 공동체, 지정학적인 개방성, 유럽의 통합이라는 시점을 강조했다. 자유주의를 기조로 미국이 내세웠던 국제적인 목표는 전쟁종결로 다양한 상황—미약한 유럽경제, 독일재건의 과제, 소련의 위협증대—이 두드러지면서 구체적으로 형성되었다. 미국이 국제협조적으로 다방면에 걸친 전후목표를 실현하려고 할 때 미국을 구속했던 것은 유럽 각국의 직접적인 반대가 아니라 유럽이 안고 있었던 약점이었다. 이 때문에 전후 얼마 되지 않은 시점에서 유럽의 통합과 재건이라는 과제는 폭넓고 개방적이며 다각적인 질서를 확보하기 위한 가장 중요한 요소가 되었다.

전후기를 통해 유럽의 지도자들이 가장 우려했던 것은 미국에 의한 '지배'가 아니라 미국에 의한 '포기'였기 때문에 그들은 미국이 정식적이고 영속적인 안전보장 책무를 이행하도록 끊임없는 압력을 가했다. 1948년 초까지 미국의 공식적인 견해는, 유럽의 최대 위협이 유럽 내에서 볼 수 있는 경제적·정치적 혼란이며 안정된 전후질서를 실현하기 위해서는 유럽 내에 번영과 결속을 가져다주는 '제3의 힘(third force)'을 탄생시켜야 한다는 것이었다. 하지만 그 이후 미국 내에서 구체화된 유럽에 대한 안전보장 책무이행은 결국 독일문제의 해결 여부에 달려 있었다. 미국은 서독의 재건이 유럽경제의 재생에 불가결한 요소로 간주하고 있는 동시에 유럽 국가들에 안전보장 면에서의 잠재적인 위협을 느끼고 있었다. 미국은 안전보장 면에서의 책무이행―마셜플랜, 반덴버그 결의(the Vandenberg Resolution), 북대서양조약, 통합군사사령부의 설치, NATO 국가들에 미 지상군의 주둔―을 잇달아 실현하는 단계에서 서독의 재건과 재통합 문제, 유럽안전보장 문제를 서로 조화시키려고 노력했다. 미국은 각 단계별로 책무이행을 실행할 때마다 서독을 유럽에 구속시킬 수 있는 조치를 취했고, 독일에 의한 침략의 재현 가능성이라는 서구 국가들의 우려를 극복하려고 노력했다. 각각의 단계에서 영프 양국의 담당자들은 미국 또한 유럽에 구속되는 경우에 한해 그러한 해결을 수용해도 좋다고 주장했다. 이스메이(Ismay) 경은 "NATO를 만든 목적이 러시아를 쫓아내고, 독일을 막으며, 미국을 한편으로 끌어들이기 위한 것"이라는 명언을 남겼다. 실제로 이처럼 수많은 목적에서 책무이행과 억제를 실현하기 위한 구속적 안전보장 관계가 이용되었다.

미국은 유럽이나 그 밖의 국가들이 미국의 힘에 대항해 균형을 유지해야만 한다고 느낄 수 있는 인센티브를 극복할 수 있었다. 그 당시 소련의 위협이 인식되기 시작해 냉전이 확실한 형태로 드러나게 되었으며, 이는 서구 민주주의국가들 간의 협력관계를 증강시켰다. 하지만 냉전이 이러한 협력관계를 창출한 것은 아니었다. 왜냐하면 유럽의 국가들이 소련의 직접적인 위협을 인식하기 이전 단계에서 이미 미국의 전후 안전보장 책무이행의 실현을 적극적인 목표로 하고 있었기 때문이다.[3] 미국의 패권이 갖추고 있는 개방적인 성격, 미국과 상대국가들의 관계에서 보인 폭넓은 호혜성, 패권에서 흔히 볼 수 있는 위협의 결여, 구속력 있는 제도적 관계의 형성, 이 모든 것이 거대한 '힘의 비대칭'을 극복하고 안심과 정통성의 요소를 가져다준 것이다.

미국의 상대국가들은 '지배'와 '포기'의 불안을 그다지 느끼지 않았다. 왜냐하면 그 국가들은 호혜적인 형태로 안전보장동맹과 다국 간 경제제도 속에 통합되어 있었기 때문이다. 이러한 통합화로 일방적인 '힘의 행사'는 제한되었고, 합의된 책무는 확실히 이행되었으며, 분쟁을 해결하기 위한 정부 간 정치과정이 형성되었다. 안전보장 면에서의 보증조치에 대해 미국은 고정적이고 변경하기 어려운 책무이행을 했는데, 이는 어쩔 수 없이 실행했던 것이다. 게다가 1950년대 말에 비로소 처음으로 전면적인 실행이 이루어졌다. 그렇지만 유럽 국가들은 막 움직이기 시작한 대서양 시스템을 이용하여 미국의 책무이행을 이끌어낼 수 있었다. 미국의 개방적인 정치체제로 유럽은 미국정부에 대한 접근과 의사표명의 기회라는 두 가지 접점을 획득할 수 있었고, 이를 통해 유럽 국가들은 동맹국으로 미국의 동맹정책 입안에 직접적으로 참여할 수 있는 기회를 얻게 되었다. 민주주의국가들을 결속시킨 수많은 구속적 제도는 책무이행과 억제라는 두 가지의 기반을 가능하게 했던 것이다.

## 전략적 환경

제2차 세계대전 이후에 미국과 동맹국들이 직면하게 된 전략적 상황은 이 책의 3장에서 개괄한 질서문제의 유형화에 매우 근접해 있다. 이 전쟁을 통해 미국이 유럽의 열강과 일본에 대한 관계에서 이전에는 볼 수 없던 강대한 국가로 등장하면서 전후를 맞이했다. 미국의 동맹국들과 패전한 추축국들은 모두 대전으로 피폐해졌고 국력도 축소되었던 반면, 미국은 국가 총동원 체제를 기반으로 하는 참전으로 국력을 증강시켰다.[4] 미국정부는 유럽 국가들의 정부와 비교해 일원적인 지휘 감독 체제를 지니고 있었으며 높은 대국능력을 갖추고 있었다. 미국의 경제력과 군사력은 역사상 유례를 볼 수 없을 정도로 강력해졌으며, 더욱이 계속해서 상승 기조를 보이고 있었다.[5] 이와 더불어 전쟁 자체가 1930년대의 구질서의 파괴를 증명했다. 독일과 일본이 각각 지니고 있던 패권주의에 기초한 지역적 야심은 제거되었으며, 영국의 제국주의적 질서가 실현될 가능성도 크게 감소되었다.

전략적으로 본다면, 전후기의 기본적 구도는 미국과 다른 열강국들 사이에서 발생한 거대한 '힘의 불균형'이었다. 미국은 세계 경제생산의 절반을 점하고 있었고, 세계를 압도하는 군사력과 첨단기술을 지니고 있었으며, 석유산출과 식량생산으로 이익을 얻고 있었다.[6] 경제적 지배를 증대시켜온 미국의 강대함은 전후기 대국들의 경제규모와 비교할 때 더욱 확실히 드러난다. 1945년, 영국과 소련은 경제적 라이벌로 거의 동등한 입장에 서 있었다. 양국의 경제규모는 각각 미국의 5분의 1 정도밖에 되지 못했다. 소련과 유럽 국가들은 전후부흥을 거쳐 왔지만 경제규모에서 나타나는 '비대칭'은 거의 완화시키지 못했다. 미국의 압도적인 우위가 계속되고 있었던 것이다.[7] <표 6-1>은 세계 공업생산을 점하는 미국의 비율을 제시하고 있는데, 그 수치 역시 미국의 일관된 경제적 우위를 명료하게 보여주고 있으며, 군사력에서도 이와 같은 불균형이 발견된다. <표 6-2>에서는 열강국들의 군사지출에 대한 상대적 비율을 제시하고 있는데, 이 표는 미국과 그 밖의 국가들 사이에서 비교한 군사력의 불균형을 보여주고 있다. 종전을 맞이하면서 미국은 군사적 능력에서 이전에는 볼 수 없던 타국과의 격차를 두었다. 이러한 격차는 소련이 전후부흥을 거치고 냉전이 시작되면서 다소 축소되었지만, 서구의 대국들과 비교해볼 때 미국의

<표 6-1> 각국의 세계 공업생산 비율(1938~1973년)

(단위: %)

|  | 1938년 | 1953년 | 1963년 | 1973년 |
|---|---|---|---|---|
| 영국 | 10.7 | 8.4 | 6.4 | 4.9 |
| 미국 | 31.4 | 44.7 | 35.1 | 33.0 |
| 독일 | 12.7 | 5.9 | 6.4 | 5.9 |
| 프랑스 | 4.4 | 3.2 | 3.8 | 3.5 |
| 소련 | 9.0 | 10.7 | 14.2 | 14.4 |
| 이탈리아 | 2.8 | 2.3 | 2.9 | 2.9 |
| 일본 | 5.2 | 2.9 | 5.1 | 8.8 |

자료: Paul Bairoch, "International Industrialization Levels from 1750 to 1980," *Journal of European Economic History*, Vol. 11. No. 2(Fall 1982), p. 304.

<표 6-2> 열강국들의 총 군사비 비율(1940~1955년)

(단위: %)

|  | 1940년 | 1945년 | 1950년 | 1955년 |
|---|---|---|---|---|
| 미국 | 3.6 | 74.5 | 42.9 | 52.4 |
| 영국 | 21.4 | 14.1 | 7.0 | 5.6 |
| 프랑스 | 12.3 | 1.0 | 4.4 | 3.8 |
| 독일 | 45.6 | — | — | — |
| 소련 | 13.2 | 7.1 | 45.7 | 38.2 |
| 일본 | 4.0 | 3.3 | — | — |

주: 이 표의 수치는 <부표 2>에서 제시되는 각종 데이터로 계산한 것이다.

상대적 군사능력은 전후로부터 수십 년간에 걸쳐 압도적인 것이었다.

전후기 미국의 이러한 우위는 당시 국제관계의 관계자들이 인정하고 있는데, 베빈(Ernest Bevin) 영국 외상은 1947년 6월, "현재 미국의 입장은 나폴레옹 전쟁 말기에 영국이 점하고 있던 입장과 동일하다"라고 지적했다.[8] 영국의 학자인 래스키(Harold Laski) 역시 1947년, 미국의 지배적인 힘에 대해 이와 동일한 지적을 한 바 있다. "오늘날 문자 그대로 몇 억에 달하는 유럽인들과 아시아인들은 워싱턴이 내린 결정에 따라 자신들의 생활의 질과 리듬이 확정된다는 사실을 이미 알고 있다. 즉, 워싱턴에서 내린 현명한 결정에 다음 세대의 운명이 걸려 있는 것이다."9)

미국의 외교 담당자들 역시 이 현저한 '힘의 비대칭'을 전후정세의 결정적인 특징으로 이해하고 있었다. 케넌(George Kennan)은 1948년의 미 외교정책에 관한 국무성의 중요 보고에서 이와 같은 새로운 현실을 지적하고 있다. "미국의 인구는 세계 전체의 6.3%에 지나지 않지만 우리는 전 세계 부의 약 50%를 획득하고 있다. …… 향후 우리의 진정한 과제는 미국의 국가안전보장에 구체적인 손해를 미치지 않는 형태로 이 불균형 상태를 지속시킬 수 있는 관계를 고안하는 것이다."10) 미국은 자신이 천재일우의 기회에 서 있다는 사실을 자각하고 힘과 선택 모두를 획득했던 것이다.

그뿐만 아니라 제1차 세계대전의 종결과 달리 연합국 측이 획득한 승리는 그야말로 완벽했다. 무조건 항복과 전후기의 패전국 점령은 독일·일본과의 전쟁을 종결시키는 절대적인 조건이었다.11) 전후안전 보장의 제 문제를 조사연구하기 위해 설립된 소위원회는 1942년 4월에 이미, 유럽에서 대전이 재차 발발한 이유가 1918년에 독일을 절대적 패배로까지 몰고 가지 않았기 때문이라는 결론을 내렸다. 소위원회에 따르면, 이 때문에 독일국민들은 독일군이 전장에서 패퇴하지 않았음에도 술책에 휘말려 징벌적인 강화조약을 받아들일 수밖에 없었다고 믿고 있었다. 이에 대한 소위원회는 "국제연합의 승리가 결정적이라는 상황에 기초해 주요 적국에 전투의 정지가 아니라 무조건 항복을 요구해야 한다"라고 결론지었다.12) 루스벨트는 즉시 무조건 항복을 목표로 결정했고, 연합국들은 1943년 1월 카사블랑카 회의에서 대전의 목표

에 관한 결의를 채택했다.[13]

제2차 세계대전을 종결한다는 점에서 미국은 제1차 세계대전 때보다 더욱 불가결한 존재가 되었다. 미국은 인적·물적인 면에서 최대의 전쟁비용을 부담한 국가는 아니었지만 미국의 각종 자원과 기술은 이 전쟁의 승리에 결정적인 의미를 지니고 있었다.[14] 미국의 정치적 리더십은 제1차 세계대전 때보다 더욱 결정적인 중요성을 가졌다. 미국은 영국과 러시아 양국을 상대로 군사원조의 역할을 담당함으로써 영국과 그 밖의 연합국들에게 전쟁목적과 전후구축의 목표에 관한 합의를 이끌어낼 수 있었다. 미국의 역할은 나폴레옹 전쟁에서 캐슬레이의 영국이 담당했던 역할과는 달랐다. 즉, 미국은 자신이 지니고 있는 경제력과 군사능력으로 동맹국을 결속시켰고, 전쟁종결 시기와 종결방식에 관해 자국의 입장을 반영시켰으며, 우위의 입장에 있는 동안 전후질서에 대한 책무이행을 고정화할 수 있었다. 1941년, 미국은 영국과 '무기대여협정(Lend-Lease agreement)'을 맺었는데, 이 협정은 전후 유럽정책에 관한 양보를 끌어내기 위한 전시하에서의 지원 중 가장 대표적인 사례라 할 수 있다.

그 당시 미국은 하나의 시스템 내에서 기능하는 국가였는데, 중심으로부터 떨어진 대국(the outlying great power)이라는 미국의 입장은 1815년의 영국의 입장, 그리고 1919년의 미국의 입장과 유사했다. 지리적으로 유럽과 아시아로부터 동떨어져 있었기 때문에 미국은 안전보장 관계를 더 넓은 시점에서 더 장기적으로 사고할 수 있었으며, 따라서 미국의 제안은 '세력균형'과 안전보장 딜레마에 덜 구속될 수 있었다. 미국은 제1차 세계대전 후에도 이와 유사한 입장에 있었지만 1945년에는 타국을 지휘·감독하는 입장에 서게 되었다. 즉, 미국은 제1차 세계대전 종결 시보다 훨씬 강대국이 되었으며 서구국가들은 미국을 이전보다 더욱 필요로 하게 되었다. 더욱이 제2차 세계대전 후의 질서붕괴는 제1차 세계대전의 질서붕괴보다 훨씬 철저했으며, 적국의 패퇴 역시 훨씬 대규모적이었다.

이와 같은 것들이 전후질서의 문제를 규정하는 제 조건으로 존재했다. 구체적으로 말하면, 새롭게 탄생한 거대한 '힘의 비대칭'과 완패한 적국, 구국제질서의 와해, 그리고 불확실한 장래 등이었다. 미국은 세계정치를 쇄신하기 위한 천재일우의 기회와 세력을 갖고 있었지만 타국을 지휘·감독할 수 있는 힘을 지니고 있었던 탓에 미국의 '지배'와 '포기'에 대한 약소국들의 불안이 증대된 것도 사실이었다. 하지만 미국의 성격―정치적 질서에 대한 명확한 사고를 지니고 있고, 개방적이며, 또한 그다지 적극적이지 않은 패권국가―과 일련의 전후제도 구상은 구속적 제도를 중심으로 전후구축을 실현할 수 있는 합의를 촉진시켰다.

## 두 가지의 전후구축

제2차 세계대전은 두 가지의 전후구축을 탄생시켰다. 하나는 악화되는 소련과의 관계에 대한 반응으로서의 전후구축으로, 최종적으로는 '봉쇄질서(containment order)'로 완성되었으며, 세력균형과 핵억지, 정치와 이데올로기 경쟁을 기본으로 하는 전후구축이었다. 또 하나는 1930년대의 경제적 대립과 정치적 혼란으로 발생한 세계대전에 대한 반응으로서의 전후구축이었다. 이것은 최종적으로 서구 공업민주주의 국가들과 일본이라는 광범위한 지역에서의 신제도와 새로운 관계로 완성되었으며, 개방적인 경제관계와 호혜적인 정치관계, 그리고 미국 주도의 자유주의 정치의 다국 간 관리를 중심으로 구축되었다.[15]

이 두 가지의 전후구축에는 서로 다른 정치적 비전과 지적 원리가 존재하고 있었으며, 각각의 전후구축이 성립될 수 있는 시기가 도래할 때마다 미국의 대통령이 이에 개입했다. 1947년 3월 2일, 트루먼 대통령은 미 의회에서 그리스와 터키 양국에 대한 원조실시를 발표하는 축하연설을 했다. 트루먼은 이 대외원조를 전 세계의 대의를 지원하는 미국의 새로운 책무라는 이름으로 포장해 발표했다. 이 트루먼 독트린이야말로 '봉쇄질서'가 탄생하는 순간이었다. 이 연설로 미 국민들은 새롭고 중대한 투쟁을 향해 일어서게 되었기 때문이다. 이 새로운 투쟁이란 소비에트 공산주의에 의한 세계지배라는 악몽을 저지하는 것이었다. 트루먼은 "운명의 시기가 도래했다. 세계 사람들은 자신들의 삶의 방식을 이 두 가지 중에서 선택하지 않으면 안 된다. 만일 미국이 리더십을 갖지 못한다면 세계의 평화를 위기로 몰아넣게 될지도 모른다"16)라고 미 국민들에게 고했다.

하지만 역사적인 선언이 발표되기 6일 전, 트루먼이 이 같은 중요한 연설을 텍사스 주에 있는 베이러 대학(Baylor University)에서 행했다는 사실은 잊히고 있었다. 이때 트루먼은 세계가 1930년대에서 배워야 할 교훈에 대해 다음과 같이 언급했다. "30년대의 경제전쟁이 발생한 각각의 전장에서는 전투의 전개와 더불어 비극적인 결과가 잇달아 전면에 나타났다. 우선 스무트-할리 관세법(the tariff policy of Smoot-Hawley)이 성립되었고, 그 관세정책은 미국과 캐나다의 관계에 영향을 끼쳤다. 그로부터 세계는 제국주의적 지향의 시스템으로 진행되었으며, 최종적으로는 나치 독일이 도입한 세밀하고 상세한 무역제한이 창출되었다." 트루먼은 미국이 '경제적 평화(economic peace)'에 대한 책무준수를 갖고 있다고 확인했다. 이 책무내용에는 무역과 투자에 관한 규칙과 제도의 설립이 포함되어 있었다. 그리고 경제문제를 둘러싼 대립의 해결에는 '모든 관계국의 이익이 고려되어 공정하고 정의로운 해결'이 도모되었다. 만약 분쟁이 일어나면 다각적인 규칙과 표준, 보호조치, 그리고 분쟁해결 절차를 겸비한 '철제 새장(iron cage)' 속에 봉쇄시켜 거기에서 분쟁의 요소를 제거하는 방식이었다. 트루먼은 "이것이 문명사회의 방식이다"라고 평했다.[17]

'봉쇄질서'에 관해서는 누구나 잘 알고 있다. 제2차 세계대전이 종결하고 머지않아 미 정부는 소련의 군사력과 지정학적 목표를 파악하려고 노력했다. 그러한 역사적 상황 속에서 행해진 이 정책은 서구세계에서 환영을 받았다. 이 시기 동안 소비에트 공산주의의 세계적인 도전에 대해 소수의 '현자들(wise men)'이 일관성 있고 사려 깊은 대응책을 입안했다.[18] 이렇게 등장한 '봉쇄 독트린'은 이후 수십 년에 걸쳐 미 외교정책의 주요 개념이 되었으며, 미 외교의 목적과 방침을 제시했다.[19] 실제로 이후 '봉쇄정책'에 따라 장기간에 걸쳐 관료적이고 군사적인 조직이 잇달아 신설되었다. 세계의 양극분열, 거대한 파괴력을 지니고 있으며 점점 더 정교해지는 핵무기, 그리고 확장적인 두 이데올로기의 대립, 이 모든 상황이 중심적인 존재로서의 '봉쇄질서'에 생명력을 부여하고 그 힘을 확장시켰다.[20]

서구적 질서와 '봉쇄질서'를 비교할 때 서구적 질서의 이념과 정책은 '봉쇄정책'의 이념과 정책보다 훨씬 확산적이며 광범위하게 파급되어 있다. 서구적 질서의 정책목표가 미국의 안전보장 이익을 추진하려는 '대전략(grand strategy)'이라고 명확하게 단언할 수는 없다. 이 때문에 냉전시대를 통한 서구적 질서의 정책목표는 가장 중대한 과제가 아니었고, 오히려 경제학자들이나 미 실업계의 문제였다고 간주될 수밖에 없었다. 선진 공업국가들 간의 자유무역과 경제적 개방성을 지탱하는 기둥이 되었던 많은 정책이나 제도는 결국 '실무정치(low politics)'

의 하나에 지나지 않았다. 서구적인 전후구축은 안전보장 면에서의 미국의 이익, 전쟁과 불황의 원인, 적절하고 바람직한 전후정치질서의 형성에 관한 다양하고 정교한 구상 속에서 실현되고 있었다. 실제로 '봉쇄질서'는 서구적 질서를 무색하게 만들었지만 서구적 질서의 배후에 존재하는 이념은 미국의 경험과 역사, 경제학, 정치질서의 원천에 관한 이해에 깊이 스며들어 있었다.

서구의 전후질서에 관해 미국은 가장 기본적인 신념으로 다음과 같이 인식하고 있었다. 우선 제2차 세계대전 이전에 존재해 세계불황을 초래했으며 더욱이 세계를 서로 경합하는 블록으로 분열시킨 폐쇄적인 아우타르키 지역(autarkic regions)*을 해체한다. 그리고 나서 개방적이고 차별주의가 없는 세계경제 시스템을 구축한다. 폐쇄적이고 배타적인 경제지역으로 구성된 세계에서는 평화와 안전보장을 구축하는 것이 불가능하다. 국제협조적인 다국간주의에 대한 도전자들은 선진 공업국가 세계의 모든 거점을 거의 점령하다시피 했다. 말할 필요도 없이 독일과 일본은 각각 권위주의적 자본주의에 군사독재와 강압적인 지역 아우타르키 제도를 적용시키는 현대공업 시대를 목표로 위험한 길을 걷고 있었다. 동시에 영연방과 영국 사이에 생긴 제국주의적 특혜 시스템 역시 국제협조적인 다국 간 질서의 구축을 방해하는 도전의 하나였다.[21] 단시간 내에 정리된 '대서양 헌장'은 이 헌장에 포함된 자유주의적이고 민주주의적인 전쟁목적을 영국에게 승인시키기 위한

* 아우타르키(autarkic)는 자급자족 경제를 일컬으며, 중요 자원이나 원료를 수입에 의존하지 않는 경제권 또는 이러한 경제를 추구하는 국가의 경제정책을 말한다. 특히 1933년 이후 독일, 일본, 이탈리아가 열강들을 상대로 이러한 정책(광역권, 대동아공영권)을 추진하여 열강들의 경제지배권역에 진출함으로써 제2차 세계대전을 초래하게 되었다. __ 옮긴이 주

미국의 노력이었다.[22] 원칙에 관한 공동성명에서는 각국이 자유무역을 추진할 것과 세계의 원재료에 대한 평등한 접근, 노동기준, 고용보장, 그리고 사회복지를 증진시키기 위한 경제 분야에서의 국제협력을 확인했다. 루스벨트와 처칠은 전쟁에서 많은 교훈을 배워야 한다고 호소했는데, 그 교훈이란 기본적으로 서구세계의 경제를 어떻게 조직화해야 최대의 성과를 얻을 수 있는가에 관한 것이었다. 개혁과 통합은 미국의 적대세력뿐만이 아니라 미국의 우방국들에 대해서도 이루어져야 했던 것이다.[23]

루스벨트는 제1차 세계대전 후 미국의 평화노력이 허사로 끝나게 된 것에 대해 매우 안타깝게 생각하고 있었다. 그는 그때의 실패를 반복하지 않도록 노력했는데, 영토적 또는 경제적인 제국주의의 목적을 위해 전쟁을 이용하지 않는다는 계약을 영국에게서 이끌어내기 위한 수단으로 '대서양 헌장'을 이용하려고 했다. 즉, 제1차 세계대전의 전후구축을 둘러싸고 미국이 모르는 곳에서 동맹국들의 음모와 비밀스러운 이해가 진행되어 그 영향으로 윌슨의 '14개조' 구상을 소멸시켰던 사실을 루스벨트는 염두에 두었던 것이다. 동시에 미국이 강력한 입장을 지니고 있던 초기 단계에서 전쟁에 관한 영국과의 합의를 원하고 있었다. 이 역시 루스벨트와 다른 미국 담당자들이 윌슨의 경험에서 배운 교훈의 하나였다.[24]

'대서양 헌장'의 제정으로 루스벨트가 추구했던 목적은 개방적으로 관리된 전후질서 속에 유럽의 민주주의국가들을 고정시키는 과정을 시작하는 것이었다. 국무성 내에서는 경제적인 폐쇄성과 차별이야말로 1930년대의 정치적 대립과 불안정, 그리고 최종적으로는 전쟁의 근본적인 원인이 되었기 때문에 전후의 평화를 확립하기 위해서는 개방적이고 안정된 경제질서가 불가결하다는 사고방식이 유력했으며,

루스벨트는 이를 지지했다. 나중에는 트루먼도 이에 동조했다.[25] 미국에서는 다수의 관계자들이 이러한 사고방식에 공명했는데, 공화당의 외교전문가로 저명한 덜레스(John Foster Dulles)는 '대서양 헌장'의 제정을 찬미했다. 그는 '대서양 헌장'이 '종합적인 복지에 공헌할 수 있는 국제조직'과 경제적 개방성을 향해 전진할 수 있는 '각국 내부에서의 절차'를 기반으로 '제국주의 없는 성장'을 가능하게 하는 전후 세계의 구축을 목표로 하고 있다는 점을 높이 평가했다.[26] 1944년 선거운동 기간 중 공화당의 '전후외교위원회'는 '안정된 상호의존 세계'의 형성을 위한 책무를 확인하면서 전후기의 미국은 군사침략을 방지하고, 국제무역을 확대하며, 금융과 경제에서의 안정을 확보하도록 타국과의 협력에 참가해야 한다고 호소했다.[27]

전시 중에 처칠을 필두로 하는 영미의 당국자들은 전후기 소련의 의도에 대해 어느 정도 의문을 느끼고 있었지만 '봉쇄질서'를 계획하거나 그러한 계획을 입안하려는 생각을 지니고 있지는 않았다. 오히려 루스벨트는 1945년 3월 죽음을 맞이하기 전까지 스탈린을 억제할 수 있으며 미소 양국이 협력해 세계의 국가 간 관계를 관리할 수 있는 전후질서를 향한 길을 열 수도 있다고 믿고 있었다.[28] 윌러-베넷(Wheeler-Bennett)과 니콜스(Nicholls)는 다음과 같이 서술하고 있다. "이 전쟁이 시작된 직후에는 미국도 소련도 결코 호전적인 국가는 아니었다. 개전 직후부터 루스벨트는 전후 세계에 대한 구체적인 이미지도 지니지 않은 채 막연하게 미소 양국의 협조하에 평화적인 전후 세계를 형성하기 위한 체제를 구상하고 있었다. 이후 양국이 '전장에서의 우방'이 되었을 때 이 구상은 소멸되기보다 오히려 확대되었으며, 미소 양국은 '슈퍼 경찰관(super-policemen)'의 역할을 부여받아 국제연합의 깃발 아래에서 동서 양 세계의 관리를 담당했다. 루스벨트는 달성

불가능한 이러한 기적을, 그것도 미국만의 능력으로 실현할 수 있다고 일관되게 확신하고 있었다."[29]

1943년에는 테헤란에서, 1945년에는 얄타와 포츠담에서 연합국 수뇌회담이 열렸다. 이러한 회담을 통해 연합국 수뇌는 각국의 군사작전을 조정하고, 영토문제와 독일의 처우, 그리고 전후기 국제평화기구의 설립을 포함한 전후구축의 제 조건에 관해 교섭하려고 노력했다. 얄타회담 이전의 루스벨트는 승전국의 수뇌를 설득해 대국에 의한 평화유지기구를 실현시키는 것이 목표였으며, 또한 영국과 중국이 러시아와 미국에 동조해 지역적 책임을 기반으로 하는 평화확립에 공헌할 것으로 예상하고 있었다.[30] 루스벨트 구상의 성공 여부는 열강들 간의 노력을 유지할 수 있는 능력에 달려 있었고, 결국 그 구상은 전쟁종료 시 최초의 희생이 되고 말았다. 세계가 냉전으로 돌입하면서 두 종류의 전후구축이 형성되기 시작했기 때문이다. 하지만 소련과의 협력의 전망이 그 모습을 감추고 나서도 안정된 개방경제체제를 촉진한다는 ―'대서양 헌장' 속에서 소중히 다루어진― 미국의 정책목표는 전후질서 구축의 중심을 이루었다. 1947년 이후 이 과제는 서구 민주주의국가 내부에 한정된 정책목표가 되었으며, 당초의 구상보다 훨씬 직접적인 미국의 관여와 제도적 전략의 조직이 전개되었다.


## 경합하는 미국의 전후질서관

전시 중과 종전 직후에 미국의 정부 대표자들과 정책 입안자들은 전후질서에 관한 광범한 구상을 제기하고 논의를 거듭했다. 전후기가 되면서 이러한 구상 내에서 몇 가지의 정책들이 도입되었고, 그 이외의 구상들은 소멸되었다. 이와 같은 구상 가운데는 '대구상(grand designs)'으로 불릴 만한 것들이 있었지만, 그 구상에 대한 채용 여부는 미국 내에서의 반대, 유럽의 취약성과 저항, 소련과의 급속한 긴장관계라는 요소가 영향을 끼쳤다. 그 결과 어떤 정책구상이 부상되다가도 금방 사라지고 대신 또 다른 정책구상이 등장하는 일종의 '전회현상(rolling process)'이 발생했다. 더욱이 정책 입안자와 관료로 구성된 다양한 그룹이 이합집산을 거듭했다. 결국 미국이 채택한 전후정책의 기본방침은 서구의 주요 국가와 일본을 대상으로 우선 경제와 안전보장관계의 제 분야에서 국제적이고 지역적인 제도를 설립한 후에 개방경제체제와 다중심적 민주주의를 확립해 이 체제를 강화하는 것이었다. 미국의 정책전환을 검증해보면 미국이 자국과 주요 공업발전국가들을 개방적 질서 속에 고정화시키고 쌍방이 수용 가능한 전후질서를 육성하려고 노력했던 사실이 명확하게 드러난다. 이 때문에 미국 역시 구속적 안전보장 책무를 포함한 배려 있는 정부 간 제도와 국가관계에 스스로 참여할 필요가 있었다.

다양한 그룹들로부터 여섯 가지의 전후구상이 제창되었는데, 미국이 전후질서의 문제를 본격적으로 논의함에 따라 각 그룹은 자신들의 구상을 우선시하도록 경합을 벌였다. 제1의 구상은, 말하자면 글로벌 거버넌스(global governance)를 목표로 하는 야심적인 사고와 계획이었다. 과학자들을 비롯하여 많은 분야에서 활약하는 지식인들은 원자력 병기의 국제관리와 지역규모에서의 새로운 안전보장제도의 실현을 목표로 하는 구상을 제안했다.[31] 산업 근대화와 급속한 상호 경제 의존화의 문제를 다루는 새로운 형태의 글로벌 거버넌스의 형성을 추구하는 그룹도 있었다. 이 그룹은 현대 세계의 테크놀로지 및 경제 분야의 규모와 영역이 이미 국민국가로서는 더 이상 감당할 수 없을 만큼 확대되었다고 주장했다. 또한 그들은 지구규모의 정치질서 구축이 필요하며, 각 국민국가는 일종의 새로운 세계국가와 사이에서 주권을 나누어가져야만 평화와 번영을 실현할 수 있다고 주장했다.[32] 아인슈타인(Albert Einstein), 메이어(Cord Meyer), 커진스(Norman Cousins), 리브즈(Emery Reeves)와 같이 저명한 '세계는 하나(one worlders)' 논자들은 자신들의 구상을 발표해 세계정부의 수립을 목표로 비약해야 한다고 주장했다.[33] 이러한 그룹이나 구상들은 주로 미국정부가 아닌 외부에서 제창되었으며, 전후의 해결과 관련된 실제의 정치활동이나 정책입안과는 거의 아무런 관계가 없었다. 하지만 국제연합의 창설에는 이러한 그룹들이 부분적으로 공헌했다고 여겨진다.

제2의 전후구상은 개방적인 무역 시스템의 창설에 관심을 보인 것이었다. 이 입장을 가장 강력하게 추진한 곳은 헐(Cordell Hull) 장관을 필두로 하는 미 국무성이었다. 루스벨트 정권 시기를 통해 헐과 그밖의 국무성 고관들은 개방적인 국제무역 시스템이 경제와 안전보장 면에서 미국의 국익에 중심적인 중요성을 지니며 평화유지에도 근간이 되는 의의를 지닌다는 신념을 일관되게 지니고 있었다. 헐은 독일과 일본, 그리고 영국이 1930년대에 취한 2국간주의(bilateralism)와 경제블록화 정책이야말로 이 시대의 불안정과 전쟁발발의 근본적 원인으로 간주했다.[34] 통상정책의 책임을 지는 국무성은 다수의 관세인하협정의 체결을 추진했고, 그 협정들 중에서 가장 주목된 것이 '상호통상협정법(Reciprocal Trade Agreement Act)'(1934년)과 '미영통상협정(U.S.-British trade agreement)'(1938년)이었다. 국무성에서 통상문제를 담당한 당국자들은 자유주의 무역을 미 국익의 중핵으로 간주했으며, 1890년대의 문호개방 정책으로 회귀하는 정책이라고 생각했다.[35] 전쟁수행의 과정에서 미국의 경제가 세계 최대의 규모와 최강의 경쟁력을 지니게 되었기 때문에 개방경제질서는 미국의 국익과 합치되는 것이었다. 개방적 시스템은 세계정치질서의 안정이라는 측면에서도 불가결한 요소로 간주되었다. 왜냐하면 파멸로 치닫는 경제경쟁과 보호주의의 대두를 억제하고 불황과 전쟁의 원천을 근절할 수 있기 때문이었다. 하지만 이와 마찬가지로 중요한 것은 이 개방체제 구상 — '경제 분야에서 세계는 하나주의(economic one worldism)'라고 말할 수 있다 — 이 미국의 '직접적(hands on)'인 관리를 통해서가 아니라 적절하게 관여하는 형태로 국제적 질서형성을 이끄는 것이라고 여겨졌다. 왜냐하면 이 시스템은 실제로 자율적으로 기능하기 때문이었다.

제3의 전후구상은 북대서양 지역의 민주주의국가들 간의 정치질서 구축을 주요한 목표로 하는 것이었다. 즉, 미국과 영국, 그리고 그밖의 국가들을 폭넓은 대서양 세계의 공동체 또는 동맹으로 통합시키는 것이었다. 대서양동맹이라는 구상의 자취는 20세기 초까지 거슬러올라갈 수 있으며, 헤이(John Hay) 미 국무장관과 주미영국대사였던 브라이스(Bryce) 경, 페이지(Walter Hines Page) 주영미국대사, 마한(Admiral Alfred T. Mahan) 제독, 작가인 애덤스(Henry Adams) 등 영미 정치가들과 지식인들이 제창한 것이었다. 그들은 모두 영미관계의 특별한 성격과 중요성을 파악하고 대서양을 잇는 양국관계를 더욱 밀접하게 만들려는 구상을 제창했다.[36] 이 구상은 이후 수십 년간에 걸쳐 반복되어 주장되었는데, 제2차 세계대전 중 리프만(Walter Lippmann)은 이 구상에 대한 찬의를 표명하면서 다음과 같이 언급했다. "대서양은 유럽과 미국 사이에 존재하는 국경이 아니라, 지세와 역사, 그 밖의 필요성으로 인해 상호연결된 국가공동체 속에 존재하는 내해(內海, inland sea)이다."[37]

대서양 구상에는 다양한 경험과 이해(利害)가 교차되었다. 구체적으

로는 전략적 요소가 그중 하나인데, 이는 제1차 세계대전과 제2차
세계대전의 두 전후기에 표명되었다. 월슨의 '국제연맹' 구상에 의문
을 느끼고 있었던 클레망소 프랑스 총리는 1919년 프랑스, 영국, 미국
의 '3개국동맹'을 제창했다. 클레망소는 이 제안을 입헌적 국가들로
제한된 국가동맹으로 표현했다.[38] '국제연맹'의 좌절을 경험한 구미의
많은 관계자들은 '국제연맹'만큼 보편성을 추구하지 않은 채 북대서양
지역에 초점을 맞춘 안전보장 공동체의 가치를 재확인했다. 한편 다른
관계자들은 북대서양 세계를 결속시킬 수 있는 공통의 민주주의적
가치 수호에 초점을 맞췄다. 이러한 사고방식을 표명한 저작 중에서
가장 유명한 것이 바로 스트레이트(Clarence Streit)가 1939년에 간행한
『지금이야말로 동맹을: 민주주의국가연방동맹의 제안(Union Now: The
Proposal for Inter-Democracy Federal Union)』이었다.[39] 스트레이트는 '국
제연맹'이 더 이상 기능하지 않게 되고 파시즘과 군국주의가 대두해
서구 민주주의국가들의 허약함이 노정되는 것을 우려한 나머지 북대
서양 지역의 민주주의국가들에 의한 연방형 동맹을 제창했던 것이
다.[40] 시작된 지 얼마 되지 않은 대서양동맹운동은 점차 활발해졌고,
대전이 종료하자 '대서양동맹위원회'가 결성되어 미국의 저명인들이
대서양의 양측을 연결하는 각종 조직이나 기구들을 발족시켰다.[41]
미국과 유럽의 담당자들은 대서양에 통일을 가져오고 공동체를 형성
한다는 원칙을 지지했지만―그런 의도가 가장 확실히 드러난 것이 1941
년의 '대서양 헌장'이었다―초국가적 기구의 설립에는 그다지 관심을
보이지 않았다.[42]

전후질서에 관한 제4의 입장은 다른 입장들보다 훨씬 직접적으로
미국이나 유라시아 주변부의 지정학적 이해를 중시했다. 1930년대,
미국의 전략문제 전문가들이 세계경제의 붕괴와 독일, 일본의 지역블

록 형성을 목격하면서 시작한 논의의 결과가 바로 이 구상이었다. 전략문제 전문가들이 검토의 대상으로 삼았던 문제는, 미국이 활동범위를 서반구의 영역으로 한정하더라도 과연 공업대국으로서 살아남을 수 있는가 또는 미국의 경제적·군사적 장래에 최소한의 지세적(地勢的, geofraphical) 필요조건은 과연 무엇인가였다. 실제적인 목적을 고려해 미국은 이 문제에 대한 해답을 전쟁종결 이전에 내렸다. 그 해답은 미국에게 서반구만으로는 불충분하다는 것과 미국은 아시아와 유럽 양 지역에서 시장과 원료에 관한 안전보장을 실현해야 한다는 것이었다. 이 문제를 둘러싼 논의의 최대 쟁점과 논의 끝에 결정된 합의의 강조 및 발표에 관한 내용은 스파이크만(Nicholas John Spykman)의 저서 『미국의 세계정치전략(America's Strategy in World Politics)』에 자세하게 설명되어 있다.[43] 유럽과 아시아의 주변부 지역이 적대적인 하나 또는 복수의 제국주의 열강의 지배를 받게 된다면 미국의 안전보장에 끼치는 영향은 실로 파국적일 것이라고 생각했다. 대국으로서의 지위를 유지하기 위해 미국은 독일과 일본이라는 두 강대한 제국 사이에 위치하는 단순한 완충국가에 의존할 수는 없다고 결론을 내렸다.[44] 미국은 유럽과 아시아 양 지역에서 개방성과 접근용이성, 그리고 균형을 추구하지 않으면 안 되었다. '외교평의회'에 설치된 연구그룹의 전문가들 역시 같은 결론에 도달했다. 이 그룹이 우려했던 사항은 미국의 발전을 위한 '대지역(grand area)'의 규모에 대한 것이었다. 여기에서 말하는 '대지역'이란 미국이 경제적 발전성을 계속 유지하기 위해 필요한 중핵적 지역을 가리키고 있었다.[45]

미국은 아시아와 유럽의 시장과 자원에 대한 접근용이성을 지니지 않으면 안 된다는 사고방식 — 따라서 미국은 장래에 국력을 신장시킬 만한 적성국가에 유라시아 대륙의 지배를 허용해서는 안 된다는 의미이기도 하다

― 은 전후기의 국방계획 담당자들에게도 지지를 받았다. 전쟁종결이 진행됨에 따라 국방 담당자들은 안전보장 면에서의 국익을 위해 아시아와 유럽에 전진기지를 배치하고 두루 배려할 수 있는 시스템을 구축할 필요성에 대해 이해하기 시작했다. 즉, 서반구만의 방위로는 불충분하다는 것이었다.[46) 국방 담당자들은 아시아와 유럽의 원료에 대한 접근을 확보하는 것이 ― 따라서 세력을 신장시키고 있는 적국에 의한 아시아와 유럽의 자원지배를 막는 것이 ― 안전보장 면에서 미국의 국익이라고 이해했다. 역사가인 레플러(Melvin Leffler)는 다음과 같이 지적하고 있다. "스팀슨(Stimson), 패터슨(Patterson), 맥클로이(McCloy) 등의 정권수뇌와 피터슨(Howard C. Peterson) 국방차관은 미국의 장기적인 번영을 위해서는 개방적인 시장과 어떠한 방해도 없는 원료에 대한 접근, 게다가 완전하지는 않지만 국제협조적인 자본주의 노선에 따른 유라시아의 부흥이 필요하다는 포레스탈(Forrestal)의 주장에 동의했다."[47) 현실적으로 해외기지 시스템의 신설계획은 미국이 원료에 대한 접근을 확보하는 것과 원료가 적국의 수중에 넘어가지 않도록 막는 것에 대한 중요성이 인정되어 승인되었다. 국방 담당자들 중에는 강경한 입장을 취하면서 전후기의 유라시아에 대한 접근과 개방성에서 발생하는 위협이 군사적인 문제를 초월한 사회적·경제적 문제라고 주장하는 관계자들도 있었다. 그들은 미국의 안전보장의 진정한 위협은 경제적 혼란과 정치적 동란이라고 주장했다. 그러한 혼란과 동란은 자유주의적인 민주주의 사회와 유럽의 전통을 이어받은 정부를 전복시킬수도 있다는 것이 그 이유였다. 1947년 중반에 정리된 CIA의 보고에서는 이렇게 서술하고 있다. "미국의 안전보장에 최대의 위험은 서유럽의 경제가 붕괴되는 것과 더불어 공산주의 분자들이 권력을 장악하는 것이다."[48) 이처럼 자원과 시장에 대한 접근, 사회적·경제적 안정,

정치적 복수주의, 안전보장 면에서 미국의 국익이라는 요소가 하나의 행동으로 표출되었던 것이다.

전후질서에 관한 제5의 입장 역시 서구에 정치적·경제적 통합이 이루어질 수 있도록 유도하는 데 주안점이 놓였다. 구체적으로는 '제3의 세력(third force)'을 육성시키는 것이었다. 이러한 생각은 제2차 세계대전이 종결된 후 전시 중에 실현된 소련과의 협력관계가 와해되기 시작하면서 전략적 선택으로 부상했다. 1946년과 1947년을 통해 세계의 장래에 대한 전망은 세계가 양극화될 것이라는 인상이 점점 증대했다. 그 때문에 평화와 경제질서를 목표로 하는 '하나의 세계' 구상은 그 빛을 잃었다.[49] 미 국무성의 담당자들은 서구정책과 소련정책에 대해 재검토하기 시작했다. 그 결과 한 가지 새로운 정책에 대한 강조점이 부상했다. 그 강조점이란 바로 강력하고 경제적으로 통합된 유럽의 확립을 목표로 한다는 것이었다. 구체적인 구상으로는 전후 시스템을 다극화하도록 추진하고, 유럽을 독립적인 힘의 중심지(center of power)로 육성하며, 독일을 광범한 통일유럽의 일부로 통합하는 것이었다.

이 새로운 정책은 국무성 내의 몇 개의 그룹에 의해 추진되었다. 유럽 내에 힘의 중심지를 구축하는 것의 중요성은 케넌이 오랫동안 주장해왔으며, 그가 통솔하는 국무성 정책기획국의 스태프들도 거의 일관되게 정책에 반영해왔다. 1947년 10월 케넌은 "우리가 짊어진 '양극체제(bi-polarity)'라는 무거운 짐의 일부를 제거하기 위해서는 몇 가지의 독립된 힘의 요소를 유라시아 대륙에 가능한 한 빠른 시일 내에 발전시키기 위해 노력해야 하고, 이것을 미 정책의 기본방침으로 삼아야 한다"라고 지적했다.[50] 케넌의 스태프들은 1947년 5월 23일, 마셜(George Marshall) 국무장관에게 이 문제에 관한 최초의 제안문서를 제출했다. 이 문서가 강조했던 점은 서구에서 소련의 제 활동이라는 직접적인 위협이 아니었다. 유럽의 경제, 정치, 사회 각 분야에서의 제도가 전쟁으로 인해 기능하지 않게 되었기 때문에 공산주의 분자의 침투를 가능케 하고 있다는 위험성이 강조되었다. 또한 이 문서에서는 유럽을 지원하는 미국의 노력이 공산주의 그 자체와 싸우는 것이 아니라 유럽사회의 경제적 건전함과 활력을 되찾는 것을 목표로 해야 한다고 지적했다.[51] 정책기획국 스태프들은 이후 제출한 또 다른 문서에서 관세인하와 무역장벽의 제거로 이어지는 다국 간 결산제도의 형태를 취하고 최종적으로는 '유럽관세동맹'을 설립해야 한다고 주장했을 뿐만 아니라,[52] 유럽 스스로 이 계획에 대한 주도권과 책임을 지녀야한다고 주장했다. 즉, 그들은 소련권과 미국에게서 자립해 결속을 강화하고 경제적으로 통합화된 유럽의 미래상을 상정하고 있었던 것이다. 케넌은 후일 다음과 같이 논했다. "우리는 통합적인 접근방법을 고집한다. 왜냐하면 우리는 유럽인들이 내셔널리스트로서가 아니라 유럽인으로서 유럽 대륙의 경제문제를 다루기 원하기 때문이다."[53]

미 당국자들은 이것이 통일유럽을 독일 군국주의의 재발로부터 보호할 수 있는 최선의 메커니즘이라고 생각했다. 케넌 역시 이 같은 의견을 지니고 있었는데, 1949년에 발표한 논문에서 그는 이렇게 지적했다. "독일문제에 대한 해답을 주권국가의 틀 내에서는 발견할 수 없다. 이 틀 속에서 역사적인 과정이 계속된다면 필연적으로 후기 베르사유유형(post-Versailles) 발전과정이 반복될 것이다. …… 유일한 해답은, 신생독일에 다른 구상에 비해 더 폭넓은 지평선을 제공할 수 있는 유럽통일이다."[54] 1947년 초, 존 포스터 덜레스는 다음과 같이 발언했다. "유럽의 경제통합으로 구심적이 아닌 원심적인 독일을 중심으로 기능하는 경제세력이 탄생될 것이다. 그 결과 독일국가의 옛 주민들은 독일의 외부 인접 국가들과 협력하게 될 것이다. 루르 계곡

(Ruhr valley)은 국제화되고 유럽경제는 통합을 향해 진행될 것이다. 이렇게 되면 설령 독일이 전쟁을 원한다 해도 두 번 다시 전쟁은 일어나지 않을 것이다."[55] 이와 마찬가지로 미국의 맥클로이(John McCloy) 독일문제 고등변무관은 "통일유럽 구상이야말로 구상력과 창조성이 풍부한 정책이며, 서독을 더욱 서구진영에 결속시켜 독일국민들로 하여금 이 노선이 바로 독일의 운명임을 확신시킬 것이다"라고 주장했다.[56] 그의 주장에 따르면, 만일 독일이 유럽에 구속된다면 유럽 자체의 충분한 통일과 통합이 필요해지며 독일은 일종의 닻(anchor)과 같은 역할을 하게 된다는 것이다.

유럽통일을 추진하는 작업은 국무성 내에서 유럽부흥 작업에 직접적으로 관여하고 있던 관계자들에게도 지지를 얻었다. 담당자들의 견해로는 유럽을 부흥시킬 수 있는 최선의 방법은 경제적으로 통합된 강력한 유럽을 목표로 진행하는 것이었다. 그들의 목표는 유럽 지도자들이 좌경화나 우경화를 하지 않고 서구 본래의 사고방식을 증대시키도록 노력하는 것이었다. 이 목표를 실현하기 위해서는 단순한 경제부흥뿐 아니라 전후의 이데올로기와 도덕적인 면에서의 공백을 메우기 위한 정치적 목표를 설정할 필요가 있었다. 1947년 5월에 제출된 문서에서 그와 같은 계획에 어울리는 이데올로기적인 내용은 유럽통합 이외에 존재하지 않는다고 지적했다.[57] 전후기에 제약 없는 통상 시스템을 발전시키는 데 주된 관심을 지니고 있던 미국의 관료들은 유럽이 처한 경제적 피폐함에 위기감을 느끼고 있었다. 그들은 미국의 지원과 유럽의 통일이 서구를 안정된 개방적 시스템으로 복귀시키는 데 필요한 조치라고 생각했다.[58] 이러한 생각을 기반으로 트루먼 정권은 미국에 의한 대대적인 지원 프로그램인 마셜플랜을 적극적으로 발표할 수 있었다. 미국은 마셜플랜 구상 자체를 유럽의 통일을 추진하기 위한 형태로 실시하려고 생각했다.[59] 통일유럽 구상은 바꿔 말하면 유럽의 정치적·경제적 건설을 뒷받침하는 이데올로기적인 성벽을 구축하는 것이었다. 하지만 영국과 프랑스 사이에는 초국가적인 정치적 권위와 경제통합의 범위를 둘러싸고 의견이 엇갈렸다. 게다가 유럽 전체로 독자적인 안전보장질서를 구축하는 것에는 그다지 적극적이지 않았다. 때문에 '제3의 세력'을 유럽에 형성하고자 했던 당초 미국의 제안은 실현되지 않았다.

전후질서에 관한 제6의 입장은 소련과의 양극체제 균형을 노린 전면적인 서구동맹의 실현이었다. 1947년의 세계정세는 각국의 관계자들이 종전 직후 장래의 계획을 세우기 위해 상정했던 정세와는 상당히 상이했다.[60] 다수의 미 당국자들은 전후기에 연합국의 결속이 약화될 것이라고 예상했다. 적대적인 양극체제에서 동서가 대립하리라는 것과 미국이 서구와 공식적이고 장기적인 안전보장관계를 맺을 것이라고 예상한 사람은 거의 없었다(그것을 바라는 사람조차 없었다). 즉, 소련에 대한 적대전략은 소련이 동구를 점거했다는 사실과 유럽이 미국을 유럽방위 책무에 끌어들이려고 했던 노력에 직면해 미국이 어쩔 수 없이 응했던 결과에서 비롯된 정책이었다. 또한 독립된 '제3의 세력'이 되는 것에 소극적이었던 유럽은 1948년 2월 체코슬로바키아에서 발생한 쿠데타로 상징되는 동구정세의 암운으로 더욱 주저하게 되었다. 유럽 각국은 미국과의 안전보장 관계를 이전보다 훨씬 밀접하게 만들려는 노력을 기울였다. 이처럼 미국의 정책은 수동적인 대응과 소극성을 띠었다.[61] 1948년 6월, 베를린 위기가 발생하자 미 당국자들은 처음으로 일종의 온화한 서구방위 관계의 확립에 찬성하게 되었다. 1948년 10월, '서구동맹'은 '북대서양조약'의 체결을 위해 교섭할 것을 미국에 정식 요청했다.

지금까지 전후질서에 관한 많은 입장을 살펴본 바와 같이, 전후해결의 '설계자(the architects)'들은 하나가 아닌 몇 가지의 질서를 구축하려 했었다는 사실이 명확하게 드러난다. 여기에서 다음과 같은 결론을 내릴 수 있다. 첫째, 양극체제와 '봉쇄'가 본격화되기 이전의 단계에서 다면적인 질서구축 구상이 존재하고 있었다. 이로써 최종적으로 구축된 제도들의 '레이어 케이크'가 어떻게 형성되었는지 설명할 수 있다. 실제로 세계적인 세력균형을 기축으로 하는 외교정책을 확립하는 데 미국이 그다지 적극적인 자세를 보이지 않았다는 사실은 매우 놀랍다. 1947년이 되어서도 국무성 정책기획부의 스태프들은 안전보장 면에서 소련이 유럽과 미국의 직접적인 위협이 된다고는 생각하지 않았을 뿐만 아니라 공산주의 세력의 활동이 서구가 조우하고 있는 모든 곤란의 근원이라고도 이해하지 않았다.[62]

둘째, 대소관계가 와해되기까지 추진되어 검토되었던 제 구상은 주로 서구 내부의 관계, 그중에서도 대서양국가들 간의 관계재건에 그 초점이 맞추어졌다. 미국이 상정하고 있던 전후구상 중에는 자유무역이나 글로벌 거버넌스에 관한 구상과 같이 더 보편적인 것도 있었지만 그러한 보편적인 구상들 역시 서구 민주주의국가 간에 확실히 뿌리 내리고 있는 국가관계나 제도를 기반으로 해서 처음으로 실현될 것이라고 상정되어 있었다. 유라시아 대륙의 주변부를 향한 접근이라는 지정학적 논의 같은 그 밖의 구상들은 자유주의적인 자본주의 세계의 안정과 통합의 실현으로 처음으로 현실적이 될 것이라고 상정하고 있었다. 하지만 보편적인 구상들과 지정학적 논의 목표나 정책은 최종적으로 같은 결과를 낳을 것이라 생각되었다. 이와 마찬가지로 NATO와 봉쇄를 최종적으로 지지한 대다수의 당국자들은 소련에 대항하기 위해서뿐만 아니라 이러한 주도권이 결국은 서구가 전통으로 하고 있는 민주주의적 질서에 피드백될 것이라는 이유로 행동했던 것이다.

셋째, '봉쇄정책'과 '유럽의 균형유지'를 옹호한 다수의 당국자들 중에는 서구의 자유주의적인 민주주의 제도들의 보호와 강화에까지 관심을 가진 이들도 있었다. 케넌이 다극적 전후질서에서 발견한 가치 가운데 하나는 이 질서가 미국의 정치와 제도의 자유주의적 성격을 지키는 데 도움이 된다는 것이었다. 케넌은 양극질서가 등장할 경우 미국이 자국의 세력범위에 존재하는 국가들을 대상으로 정치적 제 제도를 형성하려고 노력할 것이며, 그 결과 미국 내의 제도에 악영향을 미치지 않을까 우려하고 있었다.[63] 즉, 해외에서 권위와 힘의 중심을 다극화함으로써 미국의 복수주의(pluralism)가 강화될 것이라고 케넌은 생각하고 있었던 것이다.[64]

이와 같이 각각의 구상은 서로 목표는 상이했지만 개방적이고 다중 심적인 서구질서 구축에 주안점을 두었다는 점에서는 공통성을 지니고 있었다. 구상 자체가 목표라고 생각했던 관계자들도 있었으며, 그 이상으로 광범한 목표 — 다면적인 글로벌 거버넌스를 목표로 하는 동시에 양극균형을 추구한다는 목표 — 에 도달하기 위한 수단이라고 생각했던 관계자들도 있었다. 대규모적인 각각의 구상은 공업민주주의국가들로 구성되는 안정되고 개방적인 중핵조직을 필요로 했다. 미국의 당국자들은 어떻게 해서든 그러한 질서를 고정화시키려고 다양한 대책을 강구했으며, 동시에 유럽 각국이 수용할 수 있는 방법을 취하려고 노력했다. 이러한 목적을 위해 미국은 종래보다 훨씬 잘 관리된 경제질서와 구속적이고 정식적인 책무이행의 방향으로 소극적인 자세를 보이면서 나아갔던 것이다.

## 자유무역에서 관리적 개방체제로

　미국이 제2차 세계대전에 참전한 이후 미 국무성의 전후계획 담당자들은 경제관계에 초점을 맞춰 집중적으로 작업을 진척시키면서 최우선 목표의 실현을 추진했다. 그 최우선 목표란 다면적인 자유무역제도를 재건하는 것이었는데, 미국이 다양한 방책을 사용해 영국이나 다른 유럽 국가들과의 합의를 도출하고 경제적·정치적인 의견의 불일치에 대처함으로써 미국의 정책은 점차 발전되어갔다. 또한 '대서양 헌장'에서 브레턴우즈(Bretton Woods) 회의의 개최, 나아가 실제적인 전후결정의 성립으로 진행되어갔다. 이에 비해 유럽 국가들은 전후의 경제적 혼란과 실업을 막고 보호책을 강구하는 데는 힘을 쏟았지만, 개방적인 전후 경제체제의 구축에는 그다지 관심을 보이지 않았다. 이 때문에 미국은 최종적으로 유럽과 타협을 거쳐 해결할 수밖에 없었다. 그 타협책은 단순히 자유무역제도를 발족시키는 것에 그치지 않고 '관리적 질서'를 구축하는 것이었다. '관리적 질서'란 공업국가들이 일련의 다국 간 제도 이외에도 개방성과 국내의 복지나 안정성 사이에서 균형을 취할 수 있는 '사회적 계약(social bargain)'을 기초로 하는 질서였다.

　이상적으로는 차별 없는 무역·투자제도의 형태를 취하는 경제적 개방성이야말로 안정적이고 평화적인 세계정치질서의 본질적인 요소라는 것이 미국의 공식적인 입장이었다. 이러한 사고방식에는 지속적인 경제성장을 위해서는 개방성이 필요하며 그것이 결국 평화의 전제조건이 된다는 관점이 포함되어 있었다. 재무성의 고관이었던 화이트(Harry Dexter White)는 "번영하는 이웃이야말로 최선의 이웃이다"라고 말한 바 있다.[65] 이는 보호무역과 관세가 정치적인 분쟁, 나아가서는 전쟁을 부른다는 코브던(Richard Cobden)의 철학을 반영한 것이었다.

이에 대해 코델 헐을 정점으로 하는 국무성의 관료들에게서 더 포괄적인 주장이 나왔다. 헐은 몇 개의 블록으로 구성된 전후 세계를—독립성이 옅은 영향권에서조차도—정치적 안정성과는 거리가 먼 존재로 간주했다. 이러한 관점에서 국무성의 관료들은 소련의 외교정책에 관심을 보이는 정도와 비슷하게 유럽의 전후해결에 대한 영국의 목표에 관심을 보였다. 1945년 7월에 발표된 국무성의 문서에서는 "유럽에 영향권을 형성함으로써 해결을 도모하려 한다면 그것은 틀림없는 권력정치(power politics)에 지나지 않는다. 그러한 방식으로는 미국에 불이익이 따를 뿐이다. …… 유럽 각국은 이러한 영향권의 필요성을 각국의 안전보장 구축에 공헌하기 때문이라고 생각할 뿐, 어느 국가가 다른 국가에 대한 군사력을 증강시키는 데 도움이 된다고는 생각하지 않는다. 미국의 주목표는 이처럼 각국이 느끼고 있는 원인을 제거하는 것이어야만 한다"라고 서술하고 있다.[66]

하지만 미국 당국자들은 경제와 안전보장 면에서의 국익에 경제적 개방성의 필요성을 확신하고 있었다. 왜냐하면 경제적 개방성은 아시아와 유럽에서의 정치적 복수주의와 권력의 분산이라는 점에서 불가결한 요소라고 생각했기 때문이다. 제2차 세계대전의 종결이 가까워짐에 따라 군사계획 담당자들은 이러한 사고방식으로 급속히 기울었다. 주프랑스미대사관은 1944년에 다음과 같은 보고서를 발표했다. "아이젠하워 장군은 유럽 대륙이 단일 국가에 의해 지배되는 것은 미국의 국익에 도움이 되지 않는다고 생각하고 있다. 만일 그러한 상황이 벌어지면 미국은 초대국적인 유럽과 힘을 잃은 영국제국, 그리고 미국이라는 도식과 직면하게 될 것이기 때문이다."[67] 아시아에 관해서도 이와 같은 사고방식이 강했다.[68]

'열린 시장(open markets)'이라는 구상은 자유주의적인 몽상가나 완고한 지정학 전략가라면 크게 찬성할 만한 구상처럼 보인다. 그렇지만 이 구상은 미국의 전후계획을 담당하고 있던 관계자들을 결속시키고 전후의 경제협력 문제가 주제였던 1944년 브레턴우즈 회담의 작업을 고무시키는 출발점이 되었다.[69) 이 회의의 폐회인사에서 모겐소(Henry Morgenthau) 미 재무장관은 회담에서 달성한 합의가 경제 내셔널리즘의 종언을 의미한다고 지적했다. 이 발언의 의미는 각국의 국익추구를 그만두라는 것이 아니라 무역블록이나 경제권을 형성했다고 해서 그것이 더 이상 국익추구의 도구가 되지는 않는다는 것이었다.

미국이 주장한 다국 간의 자유무역질서 구상에 대해 영국 또는 그 밖의 유럽 각국에서는 열렬한 지지자들을 모을 수 없었다. 와트(David Watt)는 "현실적으로 힘의 관계와는 상관없이 영국과 프랑스는 전쟁 이전의 자국의 세력권이 유지되거나 또는 종전으로 복귀한다는 전제에서 출발하고 있었다. …… 그 때문에 양국의 야심은 미국의 보호나 지배라는 틀에 쉽게 들어맞지 않았다"라고 지적했다.[70) 유럽 각국은 자국이 보유하고 있던 제국자산을 계속해서 확보하려는 욕구를 가지고 있는 한편 전후경제의 불황과 자국의 허약한 경제에 대해 우려하고 있었다. 이러한 우려 때문에 개방적인 세계무역 시스템의 확립을 강력하게 요구하는 미국의 제안에 유럽 각국은 소극적이었으며, 대신 더욱 관리되고 보상적인 시스템의 발족을 요구했다.[71)

영국에서 전후 경제질서를 둘러싼 논의의 중심은 영국제국 산하의 국가들에 대한 특혜정책의 전망이었다. 이 문제를 둘러싸고 영국정계는 두 가지 입장으로 분열되었다.[72) 보수당 주류파는 제국유지 정책을 선택했는데, '오타와 특혜제도(Ottawa preference system)'는 영국제국의 정책이던 '특별한 관계'의 일부였다. 펜로즈(E. F. Penrose)는 "보수당의 일부 세력이 제국국가들의 상품에 대한 특혜관세 시스템을 영연방 내부의 연대를 강화시키는 원동력이라고 생각했다"라고 지적하고 있다.[73] 처칠을 포함한 보수당의 다른 세력은 자유무역에 호의적인 태도를 보였다. 그들은 영연방 가맹국에 대한 특혜조치를 지지하기는 했지만 보수당 내의 결속을 유지하는 것이 주된 목적이었다. 노동당 정치가들은 보수당 정치가들에 비해 전후 영국의 고용과 수지균형을 지키기 위한 수단으로 특혜제도를 지지하는 태도를 보였다. 특히 국제경제가 불황에 빠진 시기에 더욱 그러했다. 개방적인 다국 간 무역에 등을 돌리는 것은 무역규제와 통화조절에 의존함을 의미하며, 그 결과 세계가 몇 개의 경제블록으로 분열되었다. 하지만 그들은 영국경제가 무역경쟁과 통화수축(deflation)이라는 최악의 사태를 벗어날 것이라고 생각했다. 그럼에도 당국자들 중에는 장기적으로 볼 때 특혜제도와 2국 간 무역 유지가 어려워질 것이며, 그 때문에 오타와 협정을 활용해 미국과의 사이에서 영국에 더 좋은 교섭거래의 길을 터놓아야 한다고 생각하는 사람도 있었다.[74]

1941년 여름, 경제학자로 저명한 케인스(John Maynard Keynes)가 영국 재무성 대표로 워싱턴을 방문해 전후의 경제계획에 관한 교섭을 시작했을 때에는 영미 양국의 상이한 입장에 초점에 맞추어졌다. 양국 대표들이 회담에서 최초로 했던 일은 양국의 상호원조협정에 관한 전후결정 조건을 규정하고 있는 '무기대여협정(Lend-Lease agreement)' 제7조를 둘러싼 의견 차이를 조정하는 것이었다. 이 조항에는 영미 모두 무역을 규제하지 않고 무역장벽을 완화시키며, 우대관세를 제거하는 조치에 대해 강구하도록 규정되어 있었다. 미국 정치가들은 영국이 미국의 지원을 받아 다시 재기한 이후 미국 기업들이 영연방국가들의 시장에서 퇴출당하지 않도록 확약을 요구했다. 그 때문에 미 국무성 당국자들이 제출한 안은 전후기의 자유무역 구상이었다. 이에 대해 케인스는 반대를 표명했다. 미 국무성의 문서는 다음과 같이 서술하고 있다. "케인스는 다음과 같이 주장했다. '영국으로서는 어떻게 하면 그와 같은 책무를 성실히 이행할 수 있을지 모르겠다. 그와 같은 책무를 행하기 위해서는 제국회의의 소집이 필요하며, 게다가 19세기적인 엄밀한 방식을 적용하지 않으면 안 된다. 또한 영국은 금본위제의 부활을 검토했지만 이는 실시불가능하고 절망적인 과제였다. 왜냐하면 금본위제는 국제무역을 기계적인 금융장치를 통해 조정하려는 것이며, 과거에도 그 성과를 전혀 보지 못했기 때문이다.'"[75] 영미 양국대표들은 토의를 통해 미국 측이 주장하는 개방적 무역 시스템에 대한 양국의 견해가 첨예하게 대립하고 있다는 사실을 확인했다. 미 국무성 측은 개방적 무역제도가 절대적인 필요성과 원칙적인 중요성을 갖는 문제라고 생각하고 있었다. 한편 케인스와 그의 동료들은 유해하고 시대에 뒤떨어진 자유방임주의적인 무역 시스템을 부활시키려는 시도라고 간주하고, 미국 측의 제안을 '광적인 혈의 구상'이라고 불렀다.[76]

　시일이 경과한 후 비로소 타협의 움직임이 시작되었다. 케인스는 전후기의 금융질서에 관해 미 재무성 당국자들과 교섭의 의도를 보였고, 그 결과 많은 문제의 타협점을 발견했다.[77] 케인스는 미국과 확대적인 통화질서 — 구체적으로는 무역 시스템을 개방적으로 유지하면서 경제불황을 막는 질서 — 에 관한 협정이라면 체결가능하다는 결론을 내렸다.[78] 이후 영미 양국의 대표단은 통화에 관한 일련의 계획을 잇달아 입안했다. 케인스 영국 대표단장에 대항해 미국 대표단장을 맡았던 사람은 화이트였다. 양국 모두 환율관리와 재정규제조치를 폐지하고 환율변동의 규칙을 작성하는 데 동의했다. 하지만 케인스의 방안이 화이트의 방안보다 훨씬 야심적이었는데, 케인스의 방안에는 신국제통화의 창설에 관한 항목과 흑자국가가 차관을 공여해 통화의 불균형을 수정하는 책무가 포함되어 있었다. 한편 화이트의 방안은 신용대여국의 책무에 제한을 두고 지불위기에 대응하기 위한 자산준비를 케인스 안보다 훨씬 완화시켰다.[79] 이 두 사람의 구상은 이때부터 1943년 말까지의 교섭과 1944년 7월에 개최된 브레턴우즈 회담의 틀을 형성하는 기초가 되었다. 교섭이나 회담 중에 체결된 많은 타협은 미국 측 안에 따른 내용이 많았다. 특히 중요했던 것은 채권국의 부담에 관한 제한이었다. 하지만 두 방안 모두 관리된 개방경제체제라는 관점을 공유하고 있었으며, 통화수축과 대량실업을 회피하면서 재정불균형을 관리할 수 있는 수단과 자산을 확보한다는 것을 목표로 하고 있었다.

영미 양국의 통화정책 담당자들이 실현시킨 이 합의는 특별히 중요했는데, 왜냐하면 이 합의로 전후기를 앞두고 우려하던 경제적 어려움을 타개할 수 있었기 때문이다. 이 분야에서 합의가 달성되자 미 국무성은 이전의 태도와는 달리 스스로 제안했던 틀에 박힌 통상제안들이 앞으로의 전후결정에 있어 그다지 중요하지 않다고 이해하며 방향을 전환했다. 통화질서에 관해 영미가 결정한 '파묻힌 자유주의(embedded liberal)' 구상은 공업국가들 간의 전후관계라는 점에서 기존에 생각해 왔던 것 이상으로 폭넓은 합의에 도달할 수 있는 길을 연 것이다.[80]

영미 양국이 도달한 통화정책에 관한 새로운 합의는 양국의 정계에 폭넓은 정치적 영향을 끼쳤다. 브레턴우즈에서의 합의를 목전에 두고 양국의 정치 지도자들은 전후 경제질서 속에서 다국 간의 경합적인 정치목적을 하나로 통합시킬 수 있다고 이해하고 이를 염두에 두면서 행동할 수 있게 되었다. 정치적 관점에서 본다면, 과거의 선택지 — 19세기 및 전쟁기간의 선택지 — 는 그다지 융통성이 없었다. 정치가들은 영미 양국의 경제학자와 정책입안자 등 전문가 집단과는 별개로 중도의 선택을 모색하고 있었다. 즉, 영미의 정치가들은 모두 2국간주의와 자유방임주의 사이에서 중도노선을 추구했던 것이다.

1942년 10월, 할리팩스(Halifax) 주미영국대사는 덜레스(당시 그는 뉴욕 대기업의 변호사였다)와 만나 회담을 나눈 뒤 영국 외무성에 다음과 같은 내용을 보고했다.

이 회담에서 경제적 측면에 관해 가장 흥미로웠던 점은 덜레스가 헐 국무장관 그룹을 자유무역파로 지적하고 이 그룹이 미 정권의 전후 구상 내에서 어떠한 지위를 지니고 있는가에 대해 분명히 밝혔다는 것이다. 나는 덜레스에게 '헐의 정책이 어느 정도 중요한 것인지 우리로 서는 분명히 알 수가 없다'라고 전했다. 일부 관계자들은 영국이 두 가지의 선택에 직면하고 있다는 인상을 지니고 있다. 하나는 완전히 19세기적인 자유방임주의 시스템으로 돌아가는 길과, 또 하나는 영국 이 본래적인 시장으로 확보하고 있는 국가들과의 사이에서 2국가 간 무역시스템을 발전시킴으로써 영국의 무역수지 입장을 지키는 길이다. 나는 이 두 선택 모두 유효하게 기능하지 못할 것이라고 생각했다. 제1의 선택은 실시불가능하며, 제2의 선택은 위험을 동반하기 때문이 다. 거기에서 나는 덜레스에게 물었다. '영국은 타국에는 없는 특별한 어려움이 있다. 이것을 염두에 두고 동시에 차별과 특혜 등이라는 문제 에 관해 코델 헐을 만족시킬 수 있는 중도의 선택은 없는가?'[81]

브레턴우즈 회담은 중요했다. 그 이유는 이 합의가 비교적 열린 관리적 질서를 기본으로 하고 있으며, 종래에 비해 광범한 협력관계를 구축할 수 있는 기반으로 유효하기 때문이다. 이 합의는 보수적인 자유무역주의 세력과 새롭게 등장한 경제계획 중시세력 모두에게 지 지를 받는 중도적인 합의였으며, 새로운 체제를 형성하기 위해서는 무역과 자본투입의 장벽을 낮추는 것만으로는 충분하지 않다고 합의했다. 더욱이 지도적인 입장에 있는 공업국가들은 적극적으로 제도를 감독하고 운영하지 않으면 안 되었고, 제도와 규칙, 그리고 각국 정부의 적극적인 관여가 필요했다. 특히 거기에서는 1930년대의 교훈이 존재했는데, 그것은 바로 경제에서의 '전염성 질환' 같은 것이었다. 어느 국가가 비정상적이거나 적절하지 못한 정책을 행한 결과 타국의 안정성을 위협한다는 '질환'이었다. 루스벨트는 브레턴우즈 회의의 개회식에서 "각국 경제의 건강상태는 멀고 가까운 것을 떠나 그 인접 주변국들에는 당연한 관심사"라고 논했다.[82] 하지만 전후구축 자체에는 복지국가로서의 새로운 책무를 실현할 수 있는 능력을 각국 정부에 부여하는 기능이 있었다. 그 결과 각국 정부는 확대기조의 매크로 경제정책을 실시하고 사회복지를 확보할 수 있었다.

더욱이 종합적인 관점에서 말하자면, 경제적 안정과 안전보장을 가져다주는 질서구축을 중시하는 것은 앞에서 이미 살펴봤듯이 미국의 전후계획 담당자들의 중심적인 목표였다. 그들의 주요한 관심은 전후기의 안전보장을 형성하는 것과 유럽을 '제3의 세력'으로 육성하는 것이었다. 자유주의 세력이 이러한 결론에 도달한 것은 경제성장과 안정을 추구할 수 있는 능력을 각국 정부에 부여하는 형태로 구성된 '관리된 자본주의 질서'의 새로운 필요성을 인식했기 때문이었다. 또한 안전보장의 당국자들이 이와 같은 결론에 도달한 것은 경제적 위기와 정치적으로 통일되지 못한 것으로 인해 매우 심각한 위협이 유럽 각국(간접적으로는 미국에도)의 내부에서 생길 수 있다고 인식했기 때문이었다.[83]

전후기의 경제관계 구축에 관한 합의를 추구하는 과정에서 미국은 영국과 유럽이 목표로 하는 방향으로 다가섰다. 영국은 유럽 국가들의 목표에 동조하는 당국자를 미국정부 내에서 찾아내는 데 크게 공헌했다. 이러한 미국과의 관계에서 생겨난 결과가 바로 개방적이고, 그 개방성을 관리할 수 있는 제도를 지니며, 각국 정부에까지 허약한 자국경제를 보호하는 데 필요한 방법이 제공되는 시스템의 설립이었다.[84] 이처럼 미국은 자국이 추구해왔던 협정을 획득한 한편 유럽은 전후질서를 제도의 형태로 실현시키는 책무이행과 메커니즘, 그리고 의무를 획득했다.

## '제3의 세력'에서 안전보장 책무로

1947년 이후 수년에 걸쳐 미국은 유럽부흥의 조건을 창출하기 위해 필요한 군사력과 경제력을 보유하고 있었다. 미국은 유일한 원폭보유국으로서 강대한 상비군(대다수의 병사들은 현역에서 해제되어 있었지만)과 전쟁으로 규모가 한층 확대된 공업력을 배경으로 패권국가에 필요한 모든 요소를 갖추고 있었다. 게다가 미국은 당시 유럽이 가장 필요로 했던 '달러(American dollars)'를 지니고 있었다. 1947년 5월 ≪이코노미스트(Economist)≫는 이렇게 기술하고 있다. "한 주가 지날 때마다 유럽 전체에 달러의 대량부족이라는 사태가 점점 더 심각해지고 있다. 부흥의 성공과 붕괴 여부는 미국에서의 대량수입 유무에 달려 있다."[85]

이러한 상황에서도 유럽의 각국 정부가 미국의 대유럽 정책을 둔감하게 만들고 재편시키는 데 성공했다는 사실은 매우 흥미롭다. 미국이 유럽을 '제3의 세력'으로 구축하려는 시도에 유럽은 저항했지만 거기에는 몇 가지 이유가 존재했으며, 국가마다 저항의 정도가 달랐다. 각국은 자국의 국가적 목표를 위해 미국의 힘을 이용하려고 했으며,

그 힘을 예측할 수 있도록 만들려고 했다. 또한 장기적인 책무이행을 고정화시키려고 했다. 한편으로는 전면적인 통일유럽 구상에서 후퇴하는 것처럼 보인 유럽 각국의 판단은, 동시에 미국이 정치와 안전보장 면에서 유럽에 직접적인 정치적·안전보장적 책무이행을 실행하도록 유럽의 각국 정부가 미국을 고무시키는 작용도 했다.

통일유럽에 가장 강경하게 저항한 것은 영국이었다. 하지만 영국은 마셜플랜 지원에 포함된 대담한 정치적 목적에는 적극적으로 반응했다. 1948년 3월, 영국에서는 비밀각료회의가 개최되어 "영국은 시간을 벌기 위해 미국의 지원을 이용해야 한다. 하지만 우리의 최종 목표는 서구국가들이 미국과 소련에게서 독립된 존재로 남을 수 있는 입장을 확보하는 것이어야 한다"라는 결론을 냈다.[86] 그럼에도 현실적인 문제로 영국은 미국의 유럽에 대한 조치에 저항을 표시했다. 1949년 10월, 유럽주재 미국대사 합동회의가 파리에서 열렸다. 그 석상에서 부르스(David Bruce) 대사는 다음과 같이 지적했다. "개전 이후 우리는 영국에 대해 너무 부드러운 태도를 보였다. 그 증거로 우리가 행하고 있는 유럽의 경제재건을 위한 노력을 일관되게 방해해온 것은 다름 아닌 영국이었다."[87]

미국과의 특별한 관계만은 반드시 유지하기 위해 영국은 모든 노력을 기울였다. 영국은 이 특별한 관계가 유럽 국가들의 연합으로 해소되는 것을 우려하고 있었을 뿐만 아니라 유럽의 '파워 센터'를 유지하는 정치적·경제적인 부담으로 인해 영연방 시스템이 약화될 뿐이라고 생각했다. 동시에 영국은 다른 몇몇 유럽 국가들도 그랬듯이 장래에 유럽이 통일되는 경우 독일과 러시아가 종국적으로 유럽을 지배할 것에 대해 불안을 느끼고 있었다. 이러한 다양한 의혹이나 우려는 전후 유럽에 대한 미국의 관여의 필요성을 증대시켰다. 특히 NATO의 안전보장 관계라는 점에서 그러했는데, 캘리오(David Calleo)는 다음과 같이 지적하고 있다. "NATO는 이상적인 해결안처럼 보인다. 유럽의 지상방위에 관한 주요한 책임을 미국의 사령관과 군대가 지는 조건하에서는 유럽을 지원하려는 미국의 의지에는 어떠한 의문도 남지 않는다. 영국은 자국의 국가방위에 대한 통수권을 보유하는 데 필요한 부대와 해군력을 지니고 있다."[88] 실제로 영국은 1952년 '유럽경제협력기관(OEEC)'의 역할을 소멸시키면서 OEEC의 기능을 NATO로 이전시키려는 시도를 감행했다. 이는 유럽통일을 뒤로 미루고 대서양관계를 구축하려는 명백한 기도였다.[89]

영국 당국자들이 우려하던 것은 미국의 유럽에 대한 압도적인 패권적 영향력이 아니었다. 오히려 미국이 고립주의 입장으로 돌아가지 못하도록 막는 것에 그 의도가 있었다. 개디스(John Lewis Gaddis)에 따르면, 영국의 우려는 미국의 확장주의가 아니라 고립주의였다. 영국은 어떻게 하면 그러한 확장주의적 경향을 강화시킬 수 있을까에 대한 검토에 많은 시간을 할애했다.[90] 영국이나 그 밖의 유럽 국가들은 제1차 세계대전 때와 마찬가지로 전후 안전보장 면의 협력과 평화유지에 관한 미국의 구상에 긍정적인 반응을 보였다. 두 역사가가 서술하고 있는 바와 같이 전쟁기간 중에 미국은 세계정세에 관여하는 것을 게을리 했는데, 그러한 반성을 통해, 이번에는 미국의 구상에 의한 세계정세에의 관여를 구속시킬 수 있는 이유가 그 전제조건이 되었다.[91] 이처럼 미국이 유럽의 안전보장 영역을 주도하도록 긍정적인 태도를 보인 사실과 영국이 유럽에서의 소련의 위협이 심각하다고 강조하기 시작한 것은 조금도 놀라운 일이 아니다. 1948년 1월, 베빈 영국 외상은 워싱턴에 소련의 조류가 이미 유럽을 침공하고 있다는 사실과 서구문명을 지키는 물리적 장벽을 보강할 필요에 관해 경고했다.[92]

프랑스 역시 안전보장 면에서의 미국의 보증을 적극적으로 요청했다. 다수의 프랑스 국민들은 더 결속된 유럽이라는 목표를 심정적으로 지지하고 있었다. 유럽 전체에서 프랑스의 영향력을 더 강화시키는 데에도 통합은 유익하게 작용할 것이며, 정치적·경제적 연합 또한 프랑스가 독일경제의 재생에 대한 일정한 영향력을 갖게 될 뿐만 아니라 독일을 더 넓은 지역적 틀에 결합시킬 수 있다고 판단했다.93) 하지만 프랑스는 미국이 관여하는 안전보장의 틀 내에서 이러한 것이 이루어질 때에만 서독의 부흥을 수용할 수 있다고 주장했는데, 독일과 소련에 대한 봉쇄에는 통일유럽 이상으로 미국과의 안전보장적인 결합이 필요하다고 생각했기 때문이다. 영국의 경우와 마찬가지로 미국의 보증이 존재한다면 유럽방위에 영향을 끼치지 않은 채 일부의 자원을 절약할 수 있으며, 그것을 남아 있는 자국의 식민지 국가의 유지를 위해 유용할 수 있다는 계산에서였다.94) 게다가 유럽과의 결합이 유지된다면, 그렇지 않은 경우에 비해 미국이 더 예측 가능한 존재가 되며 미국의 자원이 더욱 유럽으로 향할 것이라는 판단이 작용했다.

전후기를 통해 미국과의 장기적인 안전보장 관계를 추구하려는 유럽 측의 압력은 전후독일의 문제와 관련되어 있었다. 1946년과 1947년에 대독승전국 외상회의가 빈번히 개최되었는데, 이 회의에서 영미 양국은 피점령국인 독일의 합동관리에 관해 소련과의 의견 차이를 좁히지 못했다.95) 동시에 서구가 안고 있던 경제적 취약은 서독— 특히 공업이 발달된 석탄 산출지인 루르 지방—의 부흥과 유럽으로의 재통합을 유럽의 경제적 부흥과 정치적 안정이라는 측면에서 더욱 중요한 과제로 만들었다.96) 하지만 이러한 움직임에 가장 크게 저항한 나라는 프랑스였다. 왜냐하면 프랑스가 독일의 부활에 대해 가장 큰 위협을 느끼고 있었기 때문이다. 1947년 12월 런던에서 외상회의가 개최되었는데, 전후독일 문제에서 공통의 접근방법을 취하는 것은 완전히 불가능해졌다. 미국과 유럽 국가들의 현안은 서독을 어떻게 하면 확대된 틀 속의 서구질서에 적용시키는가 하는 점으로 옮겨졌다. 미 당국자들은 서독의 모든 지역의 재통합을 도모하는 데 주도권을 발휘했다.97) 하지만 이 문제를 논의하는 과정에서 프랑스와 영국은 서독의 부흥문제에 관해 묵인하는 대신 안전보장 면에서의 미국의 책무를 추가시키려고 노력했다. 당초 프랑스는 미국의 안전보장 책무가 첨부된다면 프랑스 점령지구를 타국의 점령지구와 병합시켜도 좋다는 제안을 내걸었다. 이 당시 유럽의 현안은, 미국이 직접적인 점령 또는 안전보장 면에서의 결합에서 후퇴하려는 움직임의 시초로 유럽의 통일과 통합에 노력을 기울이는 것이 아닐까 하는 것이었다. 이러한 의심은 결코 사실과 동떨어지지 않았다. 거래교섭 과정에서 조금의 진전이 보이기 시작하면서 미국이 안전보장조약의 체결에 응하는 대신 서독의 부흥과 재통합에 합의하기로 했던 것이다.

1947년 말, 미국을 안전보장 관계로 끌어들이기 위한 유럽 측의 노력은 더욱 강화되었다. 1947년 12월, 베빈 영국 외상은 마셜 미 국무장관에게 군사협력에 관한 자신의 구상을 설명했다. 베빈의 구상은 영국과 프랑스, 그리고 베네룩스 3국을 중심으로 지역적 유럽조직을 형성하고 그 조직이 그 이외의 유럽 국가들과 미국 사이에 협력관계를 구축한다는 것이었다. 마셜은 베빈의 구상에 관심을 표시했지만 이후 미국은 "현재로서는 그 어떠한 책무이행도 할 수 없다"라고 시사했다.98) 여기에서 중요한 것은, 마셜 국무장관과의 논의과정에서 보인 베빈의 태도는 미국과의 안전보장조약이 필요한 이유가 소련에게서 유럽을 방위하기 위한 것은 아니었다는 사실이다. 오히려 안전보장상에서의 보증이 필요한 이유는 재차 발생할지도 모르는 독일의 침략으

로부터 서부유럽을 지키는 것이라고 설명했다.[99]

베빈은 1948년 1월, 영국 하원에서의 연설을 통해 서구진영의 연합 결성(Western union)을 재차 촉구했다. 그 연설에서 그는 무역과 사회, 문화, 그리고 그 밖의 모든 분야의 접촉을 통해 협력의 의지가 있으며, 능력 있는 유럽 국가들과 세계 국가들을 결속시켜야 한다고 주장했다.[100] 미 국무성과의 교섭 중 베빈은 유럽의 방위능력은 미국의 조력 없이는 달성될 수 없다며 다음과 같이 주장했다. "서부유럽의 방위를 위해 미국이 지원한다는 확약이 없으면 현재 거론되고 있는 조약구상은 위기발생 시 충분한 효과를 거둘 수 없으며, 또한 신뢰할 수도 없어질 것이다."[101] 프랑스 역시 미국이 서부유럽에서 군사적 역할을 담당하도록 노력했는데, 비도(Georges Bidault) 프랑스 외상은 미국을 상대로 우선 정치적 분야에서, 그리고 가능한 한 빠른 시일 내에 군사적 분야에서 유일하게 진정한 가치가 있는 문명사회를 유지하는 것에 합동책임을 지고, 구세계와 신세계 사이의 협력을 강화해야 한다고 요청했다.[102]

트루먼 정권 내에는 히커슨(John D. Hickerson) 국무성 유럽부장으로 대표되는 당국자와 같이 서구국가들과의 군사협력의 필요성을 주장하는 그룹도 있었지만,[103] 반면 군사동맹 구상에 반대하는 그룹도 존재했다. 그 전형적 인물이 바로 조지 케넌이었다. 이 그룹은 군사동맹을 맺는 것이 유럽통합을 추구하는 미 정권의 목표를 파괴할 수 있다고 주장했다.[104] 당시 트루먼 정권의 공식적인 입장은 애매한 채로 남아 있었는데, 왜냐하면 유럽이 안고 있는 우려에 대해서는 동정적인 태도를 보였지만 유럽에 대한 책무이행에 관해서는 매우 소극적이었기 때문이다. 영국이 미국에게 지지에 관한 확약을 받아내기 위해 몇 번에 걸쳐 설득한 결과, 로베트(Robert Lovett) 미 국무차관은 영국대사에게 유럽 각국이 역내 군사협력에 관한 논의를 스스로 진행시킴으로써 미국은 비로소 유럽 측의 주도권에 대한 대응을 고려하게 될 것이라고 통고했다.[105] 이 통고에도 불구하고 영국은 서부유럽 방위구상에 미국이 참가하도록 계속해서 주장했다.

이러한 상황에서 유럽 국가들은 안전보장 면에서의 협력 준비를 서둘렀으며, 거기에 미국이 관여하도록 요청을 반복했다. 벨기에와 프랑스, 룩셈부르크, 네덜란드, 영국 등 5개국은 1948년 3월, 교섭 종반에 이르러 '브뤼셀 조약(Brussels Pact)'을 체결했으며, 동시에 이 조약체결로 미국과 방위협력 관계를 수립할 날이 머지않았다고 예측되었다. 실제로 이 조약의 가맹국가들은 소련과의 군사균형을 유지하기 위해서는 미국이 선두에 설 필요가 있다는 점에서 의견이 일치했다. 1948년 3월 12일, 체코슬로바키아에서 쿠데타가 발생해 공산당이 권력을 장악했다. 이때 미국은 처음으로 대서양 방위체제에 관해 서구국가들과의 합동교섭에 참가하는 데 정식적으로 동의했다. 미국이 대서양조약 체결의 방향으로 적극적으로 나서게 된 것은 서독의 중요성과 관련되어 있었다. 따라서 서독의 부흥이 프랑스에 위협을 끼치지 않는 형태로 실현되거나 또는 유럽의 통합이 진전된다면 미국이 어떠한 형태로든 조약에 참가한다는 책무로 대체될 수 있는 선택지는 없었다.

이처럼 시작된 교섭에서 프랑스와 영국은 조약에 뒷받침된 정식적인 책무이행을 요구했고 이에 미국은 양보하는 자세를 보였다. 하지만 그 내용은 유럽 각국이 경제와 안전보장 면에서 협력관계로 전진할 것과 서독의 부흥과 재통합을 미국이 지원한다는 내용에 지나지 않았다. 미국은 1948년 6월, 미 상원에서 채택된 반덴버그 결의(Vandenberg Resolution)에서 제시된 것처럼, 미국이 유럽의 안전보장 노력과 '연계' 할 것이라는 태도를 명확히 하고 독일점령 기간을 연장한다는 의사를 표명했지만, 이것은 모두 미국의 구체적인 안전보장상의 책무 없이 프랑스와 영국을 납득시키려고 했던 초기의 노력이었다. 한때 미국은 유럽에 대한 장기적인 안전보장지원이 필요하게 될 것이라고 결단하기도 했다. 1948년 말, 수개월에 걸쳐 미국은 그 구체적인 방위책무에 관해 일정정도 애매함을 남겨두려고 노력했다.106) 북대서양조약 제5조의 최종문안은 안전보장 면에서의 보증을 부여하면서 한편으로는 그 보증이 무엇을 의미하는지 결정할 수 있는 권리는 미국정부—또는 미 상원—가 지닌다는 것을 동시에 추구하는 타협책에 불과했다.107)

1949년 시점에서 미 당국자들은 NATO 조약이 안전보장 면에서의 자동적이고 항상적인 보증이라는 사실을 이해하지 못했다. 왜냐하면 이 조약의 목적은 경제와 정치, 그리고 안전보장의 각 측면에서 더 강고한 결합을 형성하기 위해 유럽 국가들이 필요로 하는 모든 조치에 대해 미국이 지원하기로 되어 있었기 때문이다.108) 이러한 의미에서 NATO 조약은 마셜플랜 전략의 연장이었다. 즉, 유럽이 스스로 재생과 통합의 기획에 성공할 가능성을 높이기 위해 유럽에 대한 지원을 확대한다는 것이었다. 트루먼 정권 내에서 유럽과의 안전보장조약의 체결을 가장 강력하게 지지했던 당국자들조차도 유럽통일은 어떠한 형태의 대서양 안전보장조약에 있어서도 불가결한 요소라고 이해하고 있었다. 또한 다수의 당국자들은 자신감 넘치는 통일유럽이 등장할 경우 대서양동맹의 중요성이 감소해 경우에 따라서는 소멸할 수도 있을 것이라고 예측했다.109) NATO 조약의 교섭과정 중에는 미국과 유럽 국가들이 참가해 구성된 대규모적인 NATO 행정기구나 미국의 장군을 최고사령관으로 하는 통합군사기구를 설립한다는 의도에 대해 한 번도 검토하지 않았다.

안전보장 면에서의 구속적인 결속에 관해 중요한 조치가 내려진 것은 1950년 이후였다. 냉전이 악화되어가고 — 가장 극적인 사건은 한국전쟁의 발발과 소련의 원자폭탄개발이었다 — 게다가 실제로 서구진영의 재군비가 필요해짐에 따라 서독의 부흥을 요구하는 압력이 고조되었으며, 정치적인 이해관계 역시 높아졌다. 이 시점에서 검토의 대상이 되었던 것은 독일의 재군비를 인정할 것인가, 그리고 독일의 정치적 주권을 회복시킬 것인가 하는 문제였다. 전후 초기와 마찬가지로 여기서도 서독의 국력강화에 대한 서구국가들의 인정 여부는 미국이 유럽안전보장에 적극적으로 관여할 의지가 있는지에 달려 있었다. 구체적으로 말하면, 유럽안전보장기구에 대해 미군이 과거 이상으로 정식적이고 밀접하며 통합적인 역할을 담당하는 것을 의미했다. 독일의 재군비와 국가로서의 복권이라는 문제의 해결책은 독일이 유럽의 여러 경제적 제도들과 대서양동맹에 통합되는 것이었다. 만일 강대하고 독립된 독일이 탄생해 동과 서의 균형을 좌우할 만큼의 힘을 가지게 된다면, 이는 미국뿐만 아니라 서구진영의 국가들도 수용할 수 없었다.[110] 이러한 것이 교섭을 더욱 복잡하게 만들고 장기화시킨 요인이었다. 최종적으로는 NATO 내부에 유럽통합군을 창설하고 서독주권의 성격과 범위에 관해 법적 합의를 규정하는 것으로 해결했다.[111] 하지만 유럽안전보장에서 미국의 역할이 불가역적으로 확대되기까지 서구시스템 내부에서 독일의 지위변화는 일어나지 않았다.

호혜적인 구속적 안전보장 과정은 당시 구축되기 시작한 서구세계 질서의 중심에 위치했다. 맥클로이는 1950년대 초기 미 정책의 '기본적 원칙(fundamental principle)'을 다음과 같이 지적했다. "방위에 대한 독일의 공헌이 어떠한 것이 되든지 간에 그 공헌은 독일이 대규모적인 국제적 조직에 필요불가결한 부분이 되고 난 후 비로소 가능해진다. …… 독일문제에 대한 해결이 독일이라는 영역에 국한해서 실현될 수는 없다. 해결책은 유럽 = 대서양 = 세계 공동체라는 영역을 통해 비로소 가능하다."[112] 서독의 재군비는 독일군을 동맹구조 속으로 편입시키는 제도적 구속을 통해 비로소 가능할 수 있었던 것이다. 하지만 통합군사 시스템을 기능시키기 위해 미국은 주저하는 유럽 국가들이 납득할 수 있도록 스스로 그 시스템 운용에 관여할 수밖에 없었다. 영프 양국은 통합군사 시스템 ─ 미국이 NATO 군사령관의 지위에 올라 미군부대를 유럽에 주둔시키는 형태의 시스템 ─ 의 확립을 강하게 희망했다. 하지만 한편으로 양국은 독일의 재군비를 우려하고 있었다. 1952년 5월, 교섭은 결실을 맺었고 유럽방위공동체(EDC: European Defense Community) 조약이 조인되었다. 그리고 통합유럽군이 창설되었다. 이는 통합군을 NATO라는 기구 속에 편입시키고 미국이 NATO와 '영속적인 관계'를 유지한다는 확약을 통해 비로소 가능해졌다.[113] 이로부터 2년간의 기간을 거쳐 복잡하고 상호 관련되는 일련의 협정과 선언을 통해 이른바 '파리 합의(Paris Accords)'가 실현되었으며, 이를 통해 독일과 미국, 그리고 유럽 국가들을 하나로 결속시키는 정치적 구조를 창출했다.[114]

전후 초기를 통해 유럽 국가들이 무엇보다 우려했던 것은 미국의 '포기'와 '지배'의 문제였다. 유럽 국가들이 전후동맹을 구축하려고 했던 의도는 안정되고 계속적인 미국의 관여를 확실히 보장받으려는 데 있었다. 이에 대해 미국은 적어도 초기의 단계에서는 유럽을 '제3의 세력'으로 발전시키고 유럽 국가들이 스스로의 방위에 책임질 것을 기대하고 있었다. 부분적이지만 NATO 창설에는 독일을 서구진영의 시스템으로 재통합시키려는 의도에서의 구조형성이라는 의미가 존재했다. 다수의 당국자들이 NATO 구상을 지지한 것도 NATO의 발족이 소련의 힘에 대항하는 데 도움이 될 것이라고 생각했기 때문이었다.

하지만 미국의 정책은 당시의 국제정세로 굳어가고 있던 '양극질서'를 관리하는 것에 그치지 않고 더욱 대담한 내용을 포함하고 있었다. 미국의 구상은 자유주의적인 자본주의국가로서 독일을 재건하여 재통합시키고, 이를 통해 공업민주주의국가들 간에 안정되고 열린 질서를 고정화시키는 것이었다. 이는 수단인 동시에 목표이기도 했다.[115] 소련과의 긴장이 고조되면서 미국은 종래에 비해 더욱 정식적인 안전보장 책무를 실행하기가 쉬워졌지만 이러한 책무이행 노력의 선두에 섰던 것은 바로 유럽 국가들이었다. 그들은 미국의 힘을 더 예측 가능하고 유익하며 제도화시키려는 노력을 아끼지 않았다.

## '힘에 대한 대가'의 억제

경제와 안전보장 양면에서 전후목표를 세우고 이를 행동으로 옮기기 시작한 무렵, 미국은 전략적 억제의 사고를 효과적으로 이용했다. 미국은 자신이 추진하는 전후질서에 참가하는 것이 미국의 위압적인 지배를 받는 것은 아니라고 장래의 파트너가 될 유럽과 아시아 국가들에 확약했다. 이처럼 미국은 패권의 행사를 스스로 제약함으로써 추종국들의 묵인을 얻어냈다. 미국 전후질서의 중심에 존재했던 것은 장기적인 교환거래(trade-off)였다. 즉, 미국은 제도화된 정치과정 내에서 행동할 것에 합의하고, 그 대신 파트너 국가들은 적극적인 참가자로서 그 과정에 참여하는 데 동의한다는 것이었다.

미국과 장래의 동맹국가들은 다양한 방법을 통해 많은 제약을 극복하고 확인수단과 더불어 높은 신뢰성의 책무를 창출시킬 수 있었다. 미국의 패권에는 고립주의와 예외주의라는 전통적으로 뿌리 깊은 비적극성이 존재했고, 이는 다른 국가들로 하여금 제국주의적 지배에 대한 두려움을 경감시켰다. 또한 미국의 패권에 갖추어진 '침투가능성'은 패권관계에서의 '의사표명의 기회'와 '호혜성의 기회'를 동맹국가들에 가져다주었다. 이와 같이 패권국과 추종국가들 사이의 메커니즘으로 '제도적 구속'을 이용함으로써 파트너 국가들은 미국의 '포기'와 '지배' 정책이 행해지지 않을 것을 확인하는 수단을 얻게 되었으며, 결국 미국 특유의 구조와 정책 내에서 확인의 수단과 책무이행이 창출되었다. 미국이 세계를 상대로 제시했던 구조적 제 조건은 매우 직재(直裁)적이었는데, 구체적으로 말하자면 대규모적이며 열린 미국식 민주주의 그리고 외국정부와 그 공식대표에게 부여되는 '관여'와 '접근'의 기회로 요약될 수 있다. 더욱이 전후구축의 형성에서 미국이 제시한 정책과 자국을 의식한 관심 역시 중요했다. 이 정책과 의식을 통해 각국은 전후구축을 정통적이라고 인식했기 때문이다. 이러한 요인들이 중합되어 합의를 달성하기 위해 필요한 전략적 억제의 유형이 형성되었다. 또한 이 전후질서는 '힘에 대한 대가'의 억제에 기여할 수 있는 형태로 구축되었다.

### 소극적인 패권국

미국은 전후기의 경제와 안전보장에 관한 애초의 입장을 전환했다. 이 전환은 이미 서술한 바와 같이 미국패권의 한계를 보여주는 동시에 미국이 자국의 패권을 유럽 각국으로 하여금 수용 가능하도록 만들려는 노력을 보여주고 있다. 미국은 자국의 힘을 행사해 유럽 국가들과 일본이 통합화를 진행해 열린 전후 시스템 내에서 행동하도록 유도했다.116) 하지만 미국은 직접적으로 이 전후 시스템에 관여하거나 그 시스템 내에서 다른 국가들을 위압하는 것에는 적극적이지 않았다.

미국이 행한 행동은 이 국가들의 합의를 얻기 위해 자신의 입장을 수정하는 것이었으며, 전후질서에 대한 유럽 국가들의 전체적인 '묵인'을 획득하기 위해 대담한 안전보장 책무를 실시했다. 유럽 국가들은 (그 후 일본도) 스스로 전후질서에 참여했는데, 이것은 미국의 외교정책이 전체적으로 비적극적인 자세를 취함으로써 부분적으로 공헌한 결과였다.

미국이 자국의 패권에 관해 적극적이지 않았던 것은 전후 초기에 제시한 자유무역제도에 대한 구상으로 설명될 수 있다. 이 구상은 경제와 정치 면에서 미국에 이익이 될 수 있는 구체적인 장점을 지니고 있었다. 그뿐만 아니라 자유무역질서는 미국에게 또 다른 매력을 지니고 있었다. 그 매력이란 이 제도를 통해 전후의 안전보장 면에서 구체적인 책무이행 없이도 국제주의적인 국가가 될 수 있다는 것이었다. 이 당시 세계는 불황과 전쟁으로 세력권과 경제 내셔널리즘이라는 유럽의 이상이 파산했다는 사실과 직면하고 있었다. 이러한 세계정세 속에서 미국은 국제협조적인 다국 간 경제질서를 확립함으로써 자신의 이상을 투영할 수 있었다. 미 정부는 더 이상 유럽의 정세로부터 고립될 수 없다면 국제주의적인 제 정책의 조건을 변경할 수밖에 없다고 판단했으며, 또한 이러한 입장에 직면했을 때 의회나 일반여론은 미국의 국제주의적인 역할을 인정할 것이라 생각했다.

열린 자유무역제도는 일단 확립되면 자율적으로 기능할 뿐만 아니라 미국의 직접적인 유럽 관여를 필요로 하지 않게 된다. 자국의 군대가 귀국하기를 바라고 있던 미국이 모색한 선후책은 직접적인 관여를 회피한다는 전후질서에 관한 초기구상이었다. 국제협조적인 개방경제 체제의 매력은 그대로 방임해두어도 기능하는 제도라는 점에 있었다. 미국에게 이 제도는 일석이조의 효과가 있었는데, 첫째로는 이 제도로 인해 전후질서가 미국의 경제적·정치적 이익에 적합하다는 것을 보증할 수 있었다. 둘째로는 이 제도를 통해 미국은 해외에서의 관여를 확대할 필요가 없어졌다. 많은 점에서 이 제도는 윌슨이 국제연맹의 집단안전보장제도에서 느꼈던 것과 동일한 매력을 지니고 있었다. 즉, 모든 주요 대국이 민주주의와 합동안전보장의 기본적인 제 원칙에 동의한다면, 그 제도는 자율적으로 기능한다는 것이었다. 양 세계대전 이후의 두 시기에 걸쳐 미국은 국가 간 관계에 적극적으로 관여하기를 원하지 않았다. 미국의 이러한 비적극성은 미국의 '지배'를 꺼려했던 일부 유럽 국가들의 불안을 경감시킨 반면, 미국의 '포기'에 대한 우려는 높아지게 만들었다. 1945년 이후 미국은 '포기'에 대한 우려 역시 해소시킬 수 있는 방법을 발견했다.

제2차 세계대전 종결 직후에 미국이 행했던 유럽지원의 목표 중 하나는 미국이 유럽에서 철수하는 동시에 유럽이 그러한 환경을 정비할 수 있도록 돕는 것이었다. 이러한 구상은 케넌과 같은 당국자들의 사고에서 확실히 드러나고 있었으며, 동시에 유럽을 '제3의 세력'으로 육성하고 유럽통합을 지원하는 것과 관련되어 있었다. 당초의 마셜플랜은 단 4년에 걸쳐 실시되고 그 이후에는 유럽 국가들 스스로가 담당하는 것으로 예정되어 있었다. 마셜플랜의 초대 실시책임자였던 호프만(Paul Hoffman)은 이 구상의 목적이 유럽을 자립시키는 동시에 미국이 철수하는 것이라고 언급했다.[117] NATO 조약이 조인되었던 1949년, 다수의 미 당국자들은 이 조약을 '이행적인 조약'으로 간주했다. 그들은 이 조약이 유럽 국가들에 격려와 지원이 되어 결국 유럽이 경제와 정치, 안전보장의 각 분야에서 더욱 통일된 제도를 확립시킬 수 있기를 기대하고 있었다.

미국의 대유럽정책에서 보이는 이와 같은 유형은 제2차 세계대전의 종결이 가까워지면서 미국의 일반적인 사고가 더욱 반영되었다. 즉, 미국은 자국의 국익증진에 유리한 세계질서를 추구하게 되었던 것이다. 하지만 그러한 세계질서를 구축하고 운용하려고 하지는 않았다. 이런 의미에서 미국은 '비적극적인 초강대국'으로 형용될 수 있다.[118] 이 일반적인 경향은 미국의 침투에 저항하기보다 오히려 미국의 관여를 적극적으로 요구했던 유럽 국가들과의 관계에서도 상실되지 않았다.[119] 미국은 유럽 국가들을 지배하려는 의도가 없음을 유럽 각국에 호소했고, 그러한 사실이 전해짐에 따라 입헌적 전후구축을 제창하는 미국의 구상안은 이전보다 훨씬 더 큰 신뢰를 얻게 되었다. 미국의 이러한 자세는 새로운 전후질서 속에서 일정한 틀의 범위로 행동을 구속하고, 타국을 지배하기 위해 자국의 압도적인 힘을 사용하지 않겠다는 의도를 유럽 각국에 납득시키는 데 도움이 되었다.

미국의 패권에서 나타나는 '비적극성' 이외에 미 정권 당국자들이 전후 시스템에 정통성과 상호이해를 주입하기 위해 들였던 의도적인 노력 역시 좋은 결과를 가져왔다. 예를 들면, 미 당국이 유럽에 대한 마셜플랜 지원작업을 구체적으로 시작했을 때 미국 측은 유럽 국가들이 미국의 지원과 구상을 유럽 자신의 문제로서 받아들이게 함으로써 전후구축 전체의 정통성을 높이려는 강한 욕구를 지니고 있었다. 1947년 5월의 회의석상에서 케넌은 다음과 같이 주장했다. "미국에 모든 부담을 안기는 동시에 모든 실패를 미국의 탓으로 돌림으로써 이 지원구상과 미국의 명예를 훼손시키려는 유력분자들의 책략을 막기 위해 이 구상의 책임과 발안이 유럽에 있다는 것을 인정시키는 것이 무엇보다도 중요하다." 국무성의 고관인 보렌(Charles Bohlen) 역시 이와 같은 주장을 했는데, 그는 "미국의 정책이 유럽에 미국식 수법을 강요하려는 시도로 이해되면 안 된다"라고 서술했다.[120] 이와 같은 사실을 통해 알 수 있듯이, 미국은 자국의 자유주의적인 민주주의적 제 원칙에 합치되는 질서구축을 목표로 했지만 타국 정부들이 이와 같은 시스템을 자신들의 것으로 인식하지 않는 한 그 질서는 실현 불가능했다.

미 당국자들이 전후 서구세계 질서의 정통성을 고집한 이유는, 이 정통성이야말로 유럽의 정치적 안정과 경제성장, 그리고 중도정권을 실현하는 데 불가결한 전제조건이라고 생각했기 때문이다. 미국은 미국적인 규칙이나 제도를 바탕으로 무력과 경제력을 사용함으로써 타국 정부를 편입시키기 위해 자국의 패권적 힘을 행사한 적은 거의 없었다. 그 대신 미국은 시간과 자산을 투입함으로써 전후기를 맞이한 유럽의 각국 정부와 국민들이 온건한 서구진영 노선을 받아들일 수 있도록 필요한 제 조건을 정비하려고 노력했다. 트루먼 정권은 유럽에서 유력한 온건정당이 육성되어 연합정권이 탄생할 수 있도록 도왔다. 보렌은 1946년에 국무성 내의 회의에서 "현재 세계 전체에서 좌익운동이 만연하고 있지만 우리는 이 좌익운동이 전체주의 시스템에 대항할 수 있는 민주주의 시스템의 방향으로 발전하게 될 것을 인식하고 경우에 따라서는 이를 지지해야 한다"라고 발언했다.121) 미 당국자들의 대다수는 바로 이러한 이유로 마셜플랜을 지지했다. 그들은 온건하고 중도적인 정부가 탄생해 정권을 담당하기에 적절한 사회적·경제적 환경을 구축하기 원했다. 하지만 실제로 등장한 것은 국제협조적이고 민주주의적인 정책과 제도를 기초로 구축된 구미 전후질서였다. 이 질서는 미국이 그 중심에 위치해 미국식의 정치 메커니즘과 조직구성 원칙을 반영하고 있다는 의미에서 패권적이었고, 정통성을 지니고 호혜적인 상호교류를 특징으로 하고 있다는 점에서 자유주의적 질서였다. 유럽 국가들은 이것이 미국의 패권에 바람직하다고 할 수 있지만, 동시에 유럽에는 자율적이고 반독립적(semi-independent)인 정치시스템을 이용한 새로운 시도가 가능하고 유럽 사회와 경제를 재건하며 통합시킬 수 있는 질서라고 평가했다. 전후 유럽은 부분적으로는 미국의 패권으로 구축되었지만, 동시에 스스로의 정치적 목표를 위해 미국의 패권을 활용한 것 역시 분명했다.[122]

### 민주주의와 열린 패권

미국이 동맹국가들을 안심시켰던 두 번째 이유는 구조적인 면에 있었다. 미국의 정치시스템이 갖추고 있는 개방성과 비중앙집권성으로 타 국가들은 미국이 행하는 패권형 질서의 운용에 대해 스스로의 '의사'를 표명할 수 있는 기회가 주어졌다. 이러한 이유에서 동맹국들은 자신의 국익을 적극적으로 증진할 수 있고 분쟁을 해결할 수 있는 과정이 존재하게 되었다고 납득할 수 있었다. 이러한 의미에서 미국의 전후질서는 열린 패권(open hegemony), 또는 '침투가능한' 패권이었다. 이 질서는 미국을 중심으로 동맹국에 대한 다양한 배려가 존재하는 초국가적·초정부적 정치시스템을 구축했다. 이러한 과정이 진행되면서 이 광역시스템 내에는 국내정치와 국제정치의 경계가 겹쳐지고 모호해졌다.[123]

미국의 열린 패권은 제도화된 정치질서의 운용에 대한 미국의 책무 이행의 신뢰성을 높이는 데 공헌했다. 거기에는 몇 가지의 요인이 있었다. 첫째 요인은 이 시스템이 갖추고 있는 투명성 그 자체였다. 이 투명성으로 미국이 예측 밖의 정책변경을 실행해 동맹국들을 놀라게 할 가능성은 낮아졌으며 불안 역시 완화되었다. 이 시스템 내에서는 대규모적이고 비중앙집권적인 민주주의국가에서의 정책입안에 많은 행위자가 관여하게 된다. 그 정치과정은 광범위하게 영향을 끼치고 비교적 가시적이다. 투명성은 여기에서 창출되었다. 개방적이고 경쟁적인 과정은 불필요한 요소가 침투하거나 애매한 정책을 생성시킬 수도 있지만, 적어도 과정의 투명성으로 타국은 미 외교정책의 방향에 대해 불투명한 경우보다 훨씬 정확한 계산이 가능해졌다. 이는 불확실성의 수준을 낮추며 타국을 안심시켰다. 즉, 다른 조건이 동일하다면 타국이 미국에 협력할 수 있는 기회는 훨씬 커지는 것이다.

침투가능한 패권질서가 파트너 국가에 안심을 가져다줄 수 있는 둘째 요인은, 이 질서가 외부의 참가를 인정하고 타협과 합의를 촉진하는 대서양정책입안 과정을 구축한 것이었다. 미국의 민주주의 시스템을 유럽에까지 확대한 것에 관해 개디스는 다음과 같이 지적한다. "민주주의적 과정을 통해 자신의 권위를 확립한 미국 지도자들은 설득과 교섭, 타협이라는 기술적인 면에서 풍요로운 경험을 지닌 사람들이었다. 이에 비해 경쟁 파트너였던 모스크바의 지도자들은 그렇지 못했다. …… 제2차 세계대전을 통해 민주주의의 관습은 각국의 국익에 공헌했는데, 그 이유는 미국의 전략가들이 자신들의 구상에 동맹국가들의 이익과 능력을 반영해야 된다고 생각했기 때문이다. 또한 동맹국가들이 자신들의 구상을 미국에 제시하고 자신들의 입장을 미국이 고려하도록 만들 수 있었기 때문이다. 이와 같이 상호조정이라는 유형은 제2차 세계대전 이후 계속해서 이어졌다."[124] 광범위하게 영향을 미치는 전후문제—점령지구의 관리, 그리스와 터키의 위기, 1947년의 유럽경제위기에 대한 대응—에 관한 미국의 정책을 형성하는 데 무엇보다도 중요한 역할을 담당했던 것이 유럽 국가, 그중에서도 영국이었다. 구미 간에는 명확한 힘의 불균형이 존재했음에도 정치적 영향이라는 점에서는 대서양을 사이에 두고 쌍방향의 흐름이 존재하고 있었다.[125]

세분화되어 상대로의 '침투'가 용인되는 미국의 시스템은 유럽과 일본, 그리고 그 밖의 지역과 여러 분야에 걸쳐 초국가적·초정부적인 관계 네트워크의 탄생을 촉진시키고 그 성장을 가능하게 했다. 미국은 대서양과 태평양을 포함해 정치를 주도적으로 이끄는 주요한 거점이 되었다.[126] 미국의 정치과정이 갖추고 있는 접근의 기회에 대해 다른 국가들이 이와 동일한 대응을 취하지는 않았지만 미국정치 시스템의 '개방성'과 민주주의적 과정을 통해 상시적으로 미국의 정책입안 과정에 접근할 수 있다고 확신했다. 초국가적 과정은—이는 국내적 민주주의 정치의 연장이기 때문에—단시간 내에 구축되어 교섭거래와 타협을 촉진시켰다.

이러한 사실을 제시하는 대표적 사례가 바로 제2차 세계대전 중과 전쟁종결 직후에 영미 양국 간에 행해졌던 전후 경제결정에 관한 교섭이었다. 미국 측에서는 무역과 금융정책에 관해 다양한 관료조직이 각각 자신들의 구상을 제안했다. 이러한 상황에서 영국정부는 영국에 대한 깊은 이해의 태도를 보여주던 미 재무성 당국자들의 조력에 힘입어 미 국무성과의 사이에서 대립하고 있던 문제에 대처할 수 있었다. 이후 수년간 다정부 간 교섭이 집중적으로 이루어진 결과 브레턴우즈 합의로 결실을 맺었다. 이미 언급한 바와 같이 영국은 전후 경제질서에 관한 미국의 입장을 변화시켰으며, '열린 시스템'을 유지한 채 관리성을 높이는 데 성공했다. 그 때문에 유럽의 각국 정부는 이 시스템을 통해 경제를 안정시켰으며 매크로경제적인 불균형을 초래하는 확대적 선택을 행하는 데 필요한 수단을 획득했다.[127] 영국정부는 미국정부 내에 다수의 접근점을 지니고 있었으며, 미국정부의 정책결정 과정이 비중앙집권적 성격을 띠고 있었기 때문에 영국은 더 단일적이고 더 폐쇄적인 정부를 상대로 할 때와 비교해 훨씬 큰 영향력을 미국에 행사할 수 있었다.[128]

종합적으로 판단한다면 유럽과 일본은 미국의 패권하에서 꽤 자유롭게 행동할 수 있었으며 그 때문에 유럽과 일본은 미국의 패권을 적극적으로 수용할 수 있었다. 메이어는 영국이 이러한 관계에 착목하고 있었다며 다음과 같이 지적하고 있다. "미국의 패권하에서 영국은 무역수지의 유지를 비롯해 영연방으로서의 입장을 대부분 고수할 수 있었다. 영국은 말하자면 '폴리비안 정책(Polybian strategy)'을 취했다. 이는 로마제국을 상대로 그리스가 취한 정책을 모방한 것으로, 자국의 영향력과 지위를 조금이라도 연장시키기 위해 '특별한 관계'에 운명을 거는 방식이었다."[129] 하지만 영국뿐만 아니라 그 밖의 파트너 국가들 역시 전후질서에서 다양한 접근과 편의의 수단을 발견해 이를 이용함으로써 미국의 힘을 더 유익하고 예측 가능하도록 만들 수 있었다. 파트너 국가들에게 지도국으로서의 미국은 상대적으로 열린 국가였으며 접근하기 쉬운 국가였다. 그 때문에 이 국가들은 미국에 의한 '지배'는 없을 것이라고 계산했다. 그뿐만 아니라 전후질서에 저항하는 것보다 이 질서에 참가하는 편이 자국의 국익달성에 더 유리하다고 판단했던 것이다.

### 구속적인 제 제도

억제와 안심이 확립된 하나의 이유는 전후제도 그 자체에도 있었다. 이 제도들이 일체화되어 주요 서구국가들을 개방적이고 다국적인 정책방침 속에 고정화해 구속했기 때문이다. 미국은 물론 유럽 역시 상대를 전후제도에 관한 구체적인 책무이행에 고정화시키려고 했다. 미국과 유럽 모두 이러한 제 제도의 틀 내에서 행동할 것을 서로 동의함으로써 고정화와 구속을 실현했다. 물론 마지못해 동의한 경우도 있었다. 통상의 정부는 스스로의 선택을 고수하면서 타국과의 협력을 생각하지만 이탈(disengaging)이라는 선택지를 남겨두려고 한다. 하지만 미국을 시작으로 서구국가들이 제2차 세계대전 후에 보인 행동은 이와 상반되었다. 즉, 미국과 서구국가들은 경제, 정치, 안전보장의 각 측면에서 불가역적인 장기적 책무이행을 실현했던 것이다. 당시 구체적인 영향이 파급되기 시작한 냉전이 원동력이 되어 매우 공식적이고 세밀하게 결정된 구속적 제 제도가 탄생되었다.

많은 제도 중에서 가장 복잡하고 중요한 제도는 안전보장동맹이었다. 이 동맹은 소련 공산주의의 위협에 대한 대항력을 결집했다. 하지만 동시에 이 동맹의 목표 가운데 하나는 파트너 국가들의 힘의 관계를 안정시키고 관리하는 것이었다. NATO 동맹을 통해 서독의 부흥과 재통합의 메커니즘이 창출되었는데, 이는 이를테면 '이중봉쇄(dual containment)' 장치였다.[130] NATO 동맹은 미국이 마지못해 행했던 유럽 안전보장에 대한 책무이행을 고정화시키고 유럽 국가들을 하나로 결집시키는 데에도 도움이 되었다. 그 결과 지역통합을 목표로 하는 유럽의 움직임은 더욱 강화되었다. 이와 같이 NATO 동맹은 다른 전후제도들과 더불어 '이중봉쇄'라는 다면적인 역할을 지닌 장치로 기능했다.

제2차 세계대전 중과 전후에 영프 양국이 일관되게 추구했던 목표는 미국을 유럽에 구속시키는 것이었다. 유럽을 '제3의 세력'으로 육성한다는 목표에서 시작해 NATO 체제하의 장기적인 안전보장 책무의 실시에 이르기까지 미 외교정책의 진전은 소극적인 미국과 끈기 있는 유럽 사이에 전개된 것이었다. 안전보장 분야에서 미국과 결합을 요구한 유럽의 노력은 단순히 소련의 위협이 고조된 것에 대한 반응만은 아니었다. 1943년의 시점에서 처칠은 '최고세계평의회(Supreme World Council)'(구성국으로서는 미국, 영국, 러시아, 중국을 상정하고 있었을 것이다)와 유럽, 서반구, 그리고 태평양 각 지역을 대상으로 하는 '지역평의회'의 설치를 제창했다. 처칠은 미국과 유럽의 관계를 제도화하려는 시도로 미국에 대해 '서반구지역평의회'의 구성국뿐만 아니라 '유럽지역평의회'의 회원국이 될 것을 제창했다. 어느 역사가는 전후 유럽에 대한 미국의 책무이행이 이율배반적이던 상황을 염두에 두면서 "루스벨트는 처칠의 평의회 구상이 미국을 유럽에 구속시키기 위한 장치가 아닐까 우려하고 있었다"라고 평했다.131)

전시 중과 전후를 통해 영프 양국은 미국의 힘을 더욱 예측 가능하고 접근하기 쉬우며 게다가 더욱 실리적인 것으로 만들기 위해 대유럽 관계에서 미국을 구속시키려고 노력했다. 이러한 의미에서 많은 제도들 중에서도 특히 NATO 동맹은 미국의 힘의 행사를 더 확실한 형태로 만들었으며, 한편으로는 자의적인 성격이 더 작은 제도로 기능했다. NATO 가맹국가들 간에는 국력과 군사력 면에서 큰 격차가 있었음에도 NATO는 국가지위의 평등과 모든 차별의 부정, 그리고 다국간주의를 최고원칙으로 삼았다.132) 물론 NATO의 리더는 미국이었다. 하지만 NATO 동맹국가들 간의 상호이해와 동맹의 제도적 메커니즘으로 인해 현실적인 동맹운용에서는 동맹국들 간의 불균형이 갖는 의미는 그리 크지 않았다.

이 안전보장동맹은 독일 군사력의 부활이라는 유럽 각국의 불안을 완화시켰다는 점에도 공헌했다. 독일을 서구진영 내부에 구속한다는 전략은 케넌이 일관되게 주장했던 내용이었다. 그는 다음과 같이 서술하고 있다. "장기적으로 본다면 서부유럽과 중부유럽의 장래 가능성은 다음 세 가지밖에 없다. 첫째는 독일의 지배, 둘째는 러시아의 지배, 셋째는 유럽연방이다. 독일의 각 지역은 이 연방으로 흡수될 것이다. 하지만 이 연방 내에서 각국의 힘은 미약하므로 독일이 독자적인 지위를 갖는 것을 허용할 수밖에 없을 것이다. 본격적인 유럽연방이 실현되지 않고 독일이 강대한 독립국으로서 부활하는 경우 우리는 독일에 의한 지배를 막기 위한 어떠한 시도와 대책을 강구하지 않으면 안 된다."133) 그로부터 2년 후 케넌은 이 주장을 반복하면서 "연방이 실현되지 않는 한 독일문제를 실효적인 형태로 다루기 위한 견고한 틀은 존재하지 않는다"라고 지적했다.134)

이 구상의 핵심은 유럽 제도와 대서양 제도의 틀 속에서 독일의 경제력과 군사력을 재건하는 것이었다. 당시 미 당국 내에서는 광범위 하게 이러한 구속전략이 중시되었다. 마셜 미 국무장관은 1948년 초에 다음과 같이 주장했다. "서독이 가까운 장래에, 처음에는 경제적인 결정을 통해, 그리고 최종적으로는 어떠한 정치적인 방법을 통해 서구 국가들과 실제적으로 연계하지 않는 한 독일 전체가 동구진영으로 흡수될 수 있는 위험성이 현실적으로 존재한다. 이것은 우리 모두에게 중대한 결과를 초래하는 사태이다."135) 애치슨(Dean Acheson) 미 국무 장관이 출석한 NATO 조약에 관한 질의가 상원에서 행해졌는데 페퍼 (Claude Pepper) 상원의원은 이 자리에서 "대서양조약 체결의 결과 유럽 국가들은 러시아와 마찬가지로 재흥독일에 대해서도 억지할 수 있다 는 자신감을 가질 수 있는가?"라고 질문했다. 이에 국무장관은 "대답은 예스다. 이 조약은 모든 방위에 대해 기능한다"라고 답변했다.136) 냉전 의 긴장이 고조되고 서독의 재군비를 추진하는 문제가 긴급과제가 되었으며, 동시에 독일을 억제하기 위해 대서양동맹 내에서의 조정도 필요해졌다. 이를 위해 복잡한 교섭이 행해졌는데, NATO 군통합사령 부의 설립과 독일의 주권회복에 관한 법적 결정의 책정에 그러한 조정 의 결과가 반영되었다.137)

NATO가 유럽에 대한 서독과 미국의 행동을 제약하려 한다면, 동시 에 NATO는 열린 통일유럽에 관한 미국과 프랑스의 책무이행을 강화시키게 된다. 미국은 독일의 부흥과 재통일만을 목표로 삼지는 않았다. 미국은 동시에 유럽 자체의 미래상을 확정시키기 원했다. 제1차 세계대전 후 윌슨은 유럽의 구정치(old politics)를 비판했는데, 마치 이를 반복하듯 1945년 이후의 미 당국자들은 국가주의적·제국주의적 경향을 시정해야 한다고 강조했다. 다수의 관계자들은 이러한 목적을 달성하는 최선의 방법은 통합을 장려하는 것이라고 생각하고 있었다.[138] 지역통합은 유럽에서 독일을 안전한 존재로 만들 수 있을 뿐만 아니라 세계적으로도 유럽을 안전한 존재로 만들 수 있었다. 이러한 미국의 생각을 반영한 것이 바로 마셜플랜이었다. 이는 트루먼 정권이 브뤼셀조약과 유럽방위공동체, 그리고 슈만플랜(Schuman Plan)을 지지한 것과 같았다. 1948년에 NATO 조약교섭이 행해졌는데, 이 교섭에서 미국 측은 유럽 측에 대해 미국의 안전보장 책무의 이행 여부는 유럽통합운동의 진전에 달려 있다는 태도를 명확히 했다. 어느 국무성 관료는 "가연건조물(fire-trap)을 새로 만들 필요는 없다"라고 표현했다.[139] 애치슨은 '유럽방위공동체'에 관해 미국의 목표는 대륙에 남아 있는 낡고 분열적이며 국가주의적인 경향을 역전시키는 것이라고 말했다.[140] 미 의회가 마셜플랜을 지지한 것 역시 적어도 단순히 미국의 달러를 유럽에 지원한다는 의미만은 아니었다. 거기에서는 유럽통합을 위한 정치제도와 정치관행의 탄생을 고무한다는 조건이 전제를 이루고 있었던 것이다.[141]

1948년, 미국은 마셜플랜을 통해 유럽지원을 개시했다. 이때 미국정부는 유럽 국가들이 자금의 배분방식을 정하도록 촉구했고, 이를 계기로 'OEEC'가 발족했다. OEEC는 'EC'의 제도적인 선구자라고 할 수 있는 존재이다.[142] 최종적으로 이 기관은 전 유럽을 대상으로 경제부흥을 감독하는 책임을 지니게 되었으며, 유럽 각국이 경제의 공동관리라는 문제에 관해 논의를 시작하는 계기를 만들었다. 어느 미 정부 고관은 다음과 같이 회상하고 있다. "OEEC는 각국에 대한 체계적인 감독을 시작했다. 이것은 전후국제협력에 관한 주요한 창조적 성과 가운데 하나였다. 경제협력을 담당하는 각국의 부처들은 다른 가맹국의 관료들과 높은 능력을 지닌 국제스태프들로 구성된 그룹에게 엄격한 감사를 받았다. 이 감사를 통해 세계대전 이전의 시대에서는 도저히 인정될 수 없던 중대하고 내정간섭으로 간주될 만한 문제들이 논의되었다.'[143] 미국은 유럽에 대한 안전보장 책무이행을 제도화하는 것에 관해 마지못해 동의했지만, 그럼에도 유럽 내부의 분쟁을 예방하는 틀로서의 유럽통합 구상에는 지지를 표명했다.

대서양 국가들 간의 제 문제를 해결하는 데 필요한 여러 가지 요인들이 하나로 정리되었다. 마셜플랜과 NATO 역시 이 제도적 패키지의 일부였다. 가드너(Lloyd Gardner)는 다음과 같이 주장한다. "각각의 제도들이 전체의 일부를 구성했는데, 모든 제도들이 통합되면서 다음과 같은 목표를 지니게 되었다. 대서양 국가들의 '군사적 성격'을 단련시킬 것, 유럽방위 시스템의 발칸화를 막을 것, 서구 자본주의를 유지하기 위해 충분한 규모의 역내시장을 창출할 것, 그리고 독일을 철의 장막의 서구진영 내에 고정시킬 것."[144] NATO는 안전보장동맹이었다. 하지만 동시에 대서양 지역 내 정치와 경제 관계를 구축하는 데 도움이 되는 장치이기도 했다. 햄프턴(Mary Hampton)이 주장하는 바와 같이 대서양동맹은 소련에 대항할 수 있는 서구진영의 균형을 확립하려는 사람들뿐만 아니라 '대서양을 포함하는 형태의 국가공동체 건설'을 추구하려는 사람들에게도 지지를 모았다.[145] 미 당국자들은 과거 1세기도 채 되지 않은 기간 동안 세 번의 대전쟁을 초래한 프랑스와 독일의 적대관계를 해결할 수 있는 방법을 모색하려고 했다. 독일의 재통합과 서구의 정치와 경제 면에서의 통합은 유럽 내에서의 미국의 목표를 형성했으며, 최종적으로는 미국이 NATO에 관한 책무이행을 받아들이는 방향으로 진전될 수 있게 만든 요소가 되었다. 덜레스가 언급했던 것처럼, 대서양동맹의 중요한 의의는 "단순히 무엇과 대항하기 위한 협력이 아니라 무엇인가를 목표로 하는 협력"이라는 것이었다.[146]

제2차 세계대전 후 미국이 보여준 전략적 억제의 태도를 통해 유럽 각국은 미국에 의한 '지배'가 아니라 '포기'를 우려했다. 그 때문에 유럽 국가들은 미국의 유럽에 대한 제도적인 책무이행을 적극적으로 요구했다. 미국의 정치체제가 지니고 있는 투명성과 침투가능성은 확대경향을 갖는 정치질서를 구축했다. 그 결과 이 정치질서는 다른 공업민주주의국가들로 확대되었는데, 경제와 정치, 안전보장의 각 분야의 제도로 구성된 중층구조는 서구국가들의 행동을 제약하고 일체화시켰다. 동시에 이들 제 제도가 갖는 상호적 책무이행의 신뢰성을 높였다. 전후 가장 극적인 변화였던 '힘의 비대칭'은 결과적으로 훨씬 수용하기 쉬운 형태로 바뀌었던 것이다.


## 결론

제2차 세계대전 후에 선진 민주주의국가들 사이에 구축된 전후질서는 다른 전후질서와 달리 종래에는 존재하지 않던 것이었다. 제2차 세계대전 이전의 다양한 전후질서와 비교해 이 질서에는 훨씬 많은 입헌적 특징이 발견되며, 이러한 특징은 현재에 이르기까지 계속 유지되고 있다. 서구공업국가들의 질서는 몇 가지의 중층적인 제도와 동맹, 침투가능성이 존재하는 열린 국내질서, 상호적이고 정통적인 분쟁해

결과 공동정책결정을 위한 메커니즘을 그 특징으로 하고 있다. 이 질서에서 두드러지는 것은 바로 광범위한 '힘의 불균형'이다. 즉, 제2차 세계대전 이후 미국은 유럽과 일본에 대해 압도적인 우위의 입장에 서 있었다. 하지만 이러한 '힘의 격차'가 존재했음에도 상호 동의할 수 있는 전후질서가 형성되어 전체적으로는 여전히 오늘날까지 기능하고 있다.

제2차 세계대전 후의 질서구축이 거쳐 온 과정을 통해 몇 가지의 구체적인 주장이 제시되었다. 첫째, 미국은 경제와 정치 면에서의 개방성을 기초로 형성된 국제질서의 특정한 형태에 다른 공업대국들을 고정화시키기 위해 전후 지도국으로서의 입장을 이용했다는 주장이다. '대서양 헌장'에 최초로 명시된 이 구상은 특정한 질서구축환경의 갑작스러운 변화에도 중단된 적이 없었다. 냉전의 격화와 더불어 이 질서 역시 변화를 거쳐 왔지만 폐쇄적인 블록으로 구성된 세계나 국가자본주의, 그리고 적대적인 제국주의 질서로 변화된 적은 없었다. 변화라면 이러한 논리에 따라 구축된 세계의 범위가 축소되고 이 질서를 확립시키기 위해 이용된 제도적 전략형태의 수가 적어졌다는 점이었다.

둘째, 미국의 광범한 전후목표는 냉전이 격화되기 이전에 이미 설정되었으며, 이러한 목표달성을 위해 미국은 정치와 경제, 그리고 안전보장 측면의 질서에 관한 광범한 보완적 구상을 활용했다는 주장이다. '열린 세계경제'라는 구상을 추진한 국무성 당국자들은, 아시아와 유럽 지역의 시장과 자원에 대한 접근이야말로 미국의 안전보장 면에서의 국익과 합치된다고 생각했던 국방계획 담당자들에게 구상에 대한 지원을 받았다. 케넌을 대표로 하는 국무성 당국자들은 주로 서구의 경제적·정치적 인프라의 재건에 관심을 지니고 있었다. 여기에서 국무성은 유럽 대륙 각국에서 개방적이고 통합적인 정부가 등장할 수 있도록 힘을 기울여 추진하고 있던 미국의 다른 부처 관계자들과 공통의 대의를 지니게 되었다. 미 정부의 방침이 국제협조적인 민주주의 질서로 수렴되었다는 사실은 자유무역 또는 세계정부라는 단순명쾌하고 원대한 선택을 추구하는 데 그리 적극적이지 못했던 트루먼 정권의 태도와 더불어 정책추진을 가속화시켰다. 미국의 담당자들 중에는 개방성과 민주주의를 중심으로 하는 제도적·관리적 서방질서를 매력적인 목적으로 받아들인 관계자들도 있었으며, 한편 목표에 도달하기 위한 필요조건의 수단으로 생각한 관계자들도 있었다. 미국이 1945년 이후의 시기에 고정시키려고 노력했던 사항은 1815년 이후 또는 1919년과 비교해 훨씬 야심적이고 다면적인 내용을 지니고 있었다. 이러한 정치과제를 강하게 고집했던 미국의 자세는 많은 정치안건에서 의견을 달리했지만, 주요 공업민주주의국가들 간의 다면적이고 열린 관계의 중요성이라는 점에서는 대부분의 관계자들로부터 지지를 얻었다.

셋째, 미국은 자국을 고도로 제도화된 전후질서 내에 고정화시킴으로써 이러한 목표를 달성하려고 노력했다는 주장이다. 어떤 의미에서 미국은 유럽 국가들이 생각한 것 이상으로 유리한 조건을 제시했고, 적극적인 원조계획의 실시에 동의했다. 또한 비록 소극적이었지만 안전보장관계에서 구속적 책무이행을 수용함으로써 유럽의 동의를 얻을 수 있었다. 전후기의 무역과 금융결정에 관한 미 정책의 변천은 유럽의 동의를 얻기 위한 미국의 타협의 자세를 반영하고 있다. 즉, 단기적으로는 유럽 국가들의 유리한 교섭에 응함으로써 제도적인 전후해결을 실현하고 미국의 장기적인 국익을 확보하려고 했던 것이다. 이러한 종류의 교환거래로 주목된 것이 바로 마셜플랜 지원이었다. 이 지원을 통해 미국은 유럽에 대량의 자금을 투입했지만 그 대신 미국은 유럽 국가들이 더욱 대담한 정치적·경제적 통일을 향해 움직일 것에 대한 구체적인 의사표시의 조건을 붙였다. 더욱이 미국은 이후 안전보장 면에서의 유럽에 대한 책무이행 — 1949년의 NATO 조약체결과 후년의 일련의 안전보장 관계강화 — 을 소극적이나마 실행에 옮겼지만 이 역시 유럽 국가들에 의한 더 적극적인 지역안전보장 협력과 서독의 재통합 및 재군비에 대한 동의표시를 거래조건으로 삼았다.

넷째, 전후기 공업민주주의국가 관계의 정치적 구축은 상호적이고 호혜적인 구속과정을 통해 추진되었다는 주장이다. 전후의 미국은 가능한 한 부담 없는 상태를 유지하는 것을 목표로 해왔다. 이러한 목표설정은 왜 당초 국무성이 자유무역을 추구하면서 후년에는 유럽을 '제3의 세력'으로 하는 구상을 추진했는가 하는 이유를 해명하는 데 도움이 된다. 동시에 미 당국자들은 이 정책의 실시에 대해 유럽 국가들을 하나로 묶어 구속하고 통일과 통합 정도라는 면에서 더 전진된 유럽 속에 서독을 구속한다는 매우 치밀한 정책목표를 추구해왔다. 이 정책목표는 전후의 경제적 재생과 독일문제를 어느 정도 해결해야 할 필요성과, 대소련 관계의 악화와는 별개로 존재했던 지상명제(당시 냉전의 위험도는 매우 고조되었으며 냉전과정은 가속화되고 있었다)에서 추진되었다. 하지만 그 과정의 각 단계에서 유럽 측 당국자들은 유럽 국가들을 일체적으로 구속하는 일은 미국이 유럽에 대해 구속적 책무이행을 실현하는 경우에 한해서만 받아들일 수 있다고 주장했다. 이 때문에 미국은 각 단계에서 유럽 국가들이 통합과 재생의 길로 전진하는 데 필요한 책무이행을 실시했으며, 유럽과 그 이외의 지역에서의 질서구축목표를 달성하기 위해 미국이 지불해야 한 대가는 바로 억제와 확인, 그리고 책무이행이었다.

유럽 국가들 역시 마찬가지로 통일을 향한 조치를 취하는 데 합의하며 독일을 유럽의 일부로 받아들인다는 교섭거래를 행했다. 그 이유

가운데 하나는 이 거래로 인해 유럽 각국은 제도를 통해 전후의 미국을 유럽에 억제적이고 친근한 국가로 만들었기 때문이다. 입헌형 질서구축 모델이 제시하는 것처럼, 약소·추종국가들은 스스로를 전후질서 내에 고정화시켰다. 하지만 그 대신 그들은 단기적인 '힘에 대한 대가'를 획득했고, 지도국을 더 예측 가능하고 억제적이며 더 접근하기 쉬운 국가로 만드는 제도적 결정을 — 적어도 일정 정도까지 — 확보할 수 있었다. 유럽에 대한 힘을 구속하는 미국의 이 조치가 전면적으로 실현된 것은 전후 꽤 오랜 시간이 지난 뒤였다. 이는 1950년에 이르러 NATO군의 통합과 미군의 유럽장기주둔이 실현된 이후였다. 대서양 안전보장 관계가 제도화된 결과, 미국의 힘은 더 확실하고 예측 가능해졌으며, 각국에 '의사표명의 기회'를 부여하는 메커니즘이 탄생되었다. 이로써 미국은 유럽 국가들을 안심시키는 데 성공했다.

다섯째, 전후기에 미국이 활용한 제도전략은 공업민주주의국가들 간에 질서를 형성하고 거대한 '힘의 비대칭' 관계에 존재하는 불안정을 극복하는 데 결정적으로 중요했다는 주장이다. 소련의 진출로 서방세계의 결속은 확실히 고정되었지만 그 결속은 냉전하의 대립이 발생하기 이전에 이미 상정되어 행동으로 옮겨지고 있었다. 실제로 전후기를 맞이해 미국의 정책입안자들의 사고변화 — 온건한 형태의 제도적 자유무역에서 서방세계의 경제, 정치, 안전보장 각 분야에 걸쳐 실제적이고 관리적인 색채가 강한 시스템으로의 변화 — 는 소련이 부여하는 위협으로 때문이라기보다 1945년 이후에 나타난 유럽의 취약성에 대한 인식이 고조됨에 따라 추진되었다.[147] 1949년 여름, 파리에서 열린 미 대사회의(大使會議) 회합에서 맥클로이 독일문제 담당 고등변무관은 "러시아의 진출에 대해 너무 많이 강조한 나머지 영국제국의 붕괴라는 중대한 요인에 대해서는 그다지 고려되지 않고 있다"라고 지적했다.[148] 전후기 서방세계국가들 간의 관계는 안정되고 개방적인 질서확립을 위해 각국의 공통적인 제 문제를 해결하고 안전망을 구축해야 한다는 노력을 통해 추진되었다.

여섯째, 서방세계에서 국제협조적 질서의 기본적인 목표는 부분적이기는 하지만 유럽의 이상을 추진했던 다면적인 교훈과 경험을 통해 형성되었다는 주장이다. 1919년의 전후해결이 '실패'한 반면 1945년의 전후해결은 '성공'했던 이유를 중심으로 논의가 전개되는 경우, 1945년의 전후해결은 힘과 질서에 관해 더 '현실주의적인' 이해를 기반으로 하고 있었다는 점이 자주 지적된다. 예를 들면, 루스벨트는 힘의 중요성에 대한 배려를 강조했다. '경찰로서의 4개국(Four Policemen)'이라는 그의 생각은 대국에 의한 집단적 안전보장조직을 중심으로 전후해결을 구축하려는 의식을 반영하고 있었다.[149] 하지만 실제의 전후해결은 교훈과 계산의 혼합으로 완성되었다. 1920년대 '국제연맹'의 실패에서 배운 '현실주의적인' 교훈은 1930년대 지역적 제국주의와 중상주의적 분쟁에서 배운 '자유주의적인' 교훈과 관련되었다. 미국은 독일과 일본에서 자신의 목표를 실현하기 위해 군사적 승리와 1945년 이후의 점령을 적극적으로 활용하는 자세를 보였다. 하지만 그러한 태도에서도 자유주의적인 성격을 목표로 삼았던 것은 틀림없었다.

마지막으로, 미국과 유럽 쌍방의 당국자들 사이에서 구속적인 전후제도―NATO가 그 대표적인 예이지만 그 밖의 다른 다국 간 제도도 여기에 포함된다―는 그 제도에 참가하는 국가들이 민주주의국가인 경우에 한해 효과적으로 기능하며, 억제와 안심을 가져다준다는 명확한 전제가 존재했다는 주장이다. 1948년 12월, 베빈 영국 외상은 마셜 미 국무장관에게 서간을 보내 서방세계의 정신적 연합형성을 위한 대서양 국가들의 행동을 촉구했는데, 이는 최종적인 안전보장협력의 기반은 각국의 공통된 민주주의 정치체제라는 것을 의미하고 있었다. 연합국가들이 어떤 형태로 서독을 서방세계로 통합시킬 것인가에 관해 논의하고 있을 때 맥클로이는 "독일은 현재 형성되고 있는 민주주의국가들에 의한 수시협의의 적극적인 참가자(willing participant)여야만 하고 최종적으로는 타국의 전면적인 파트너(full partner)가 될 필요가 있다"라고 주장했다.150) 이처럼 독일이 1954년에 주권부활에 대한 교섭을 행하고 있을 때, 독일에는 민주주의적인 신제도를 창설하려는 인센티브가 존재했다. 즉, 독일은 자국이 민주주의적 가치를 지키는 경우에 한해서만 서방국가들이 독일의 방위에 도움을 줄 것이라고 인식하고 있었던 것이다.151) 민주주의는 목적인 동시에 수단이기도 했다. 덜레스의 말을 빌리자면, 서방세계의 당국자들은 자신들의 자유와 공통의 유산, 그리고 문명을 보호하기 위해 필요한 것으로서 전례를 찾아볼 수 없을 만큼 제도적 협력과 통합을 정당화했다. 하지만 서방국가들의 정부가 이러한 구속적 책무이행을 실시할 수 있었던 이유는 이 국가들이 민주주의국가들이었기 때문이다.152)

이러한 다양한 형태를 통해 '힘의 비대칭'은 미국의 파트너 국가들에 수용 가능해졌는데, 그 이유는 구속적인 제 제도의 활용과 미국의 정체가 갖는 구조적 특성 때문이었다. 미 당국자들은 전후기의 파트너 국가들을 안심시키고 자신들이 구축하려 했던 동맹과 경제제도에 정통성을 부여하기 위해 우회했던 것이다. 하지만 더욱 넓은 관점에서 보자면 미국이 타국을 안심시키는 것은 숙명 지어진 일이었다. 미국은 전후기 구미에서 수용 가능한 규칙과 제도에 관한 합의를 적극적으로 모색하려는 노력은 하지 않았다. 하지만 대규모적이고 다중심적인 '침투가능성'이 풍부한 정치체제는 결국 노력과는 상관없이 같은 성과를 올리는 경향을 갖고 있었다. 열린 시스템은 전후기의 경제질서에서 케인스적인 '중용(middle ground)'을 발견하기 위한 영미 양국 이코노미스트들의 공동모색을 촉진시켰다. 열린 미국의 정체 덕분에 동맹국들은 적극적으로 로비활동을 벌이고 미 당국자들을 관여시켜 정책과정에 영향을 끼칠 수 있는 기회를 획득할 수 있었다. 이처럼 형성된 제도와 동맹은 종래보다 훨씬 신뢰성 높았다. 왜냐하면 그러한 제도나 동맹은 민주주의국가에 의해 비준된 조약을 근거로 한 것이었기 때문이다. 이러한 사실은 제도나 동맹이 파기되기 어려운 책무라는 것을 의미했다. 만약 장래의 미국이 1945년 당시와 마찬가지로 강대국이지만 더 이상 민주주의국가가 아니고 타국에 대해 자신을 구속하는 광범한 국제제도를 활용하지 않게 된다면 이 장에서 제시한 바와 같이 제2차 세계대전 후에 볼 수 있는 미국의 동맹국들에 의한 적극적인 전후질서 참여는 생각할 수 없다.

1990년 독일통일. "우리는 하나의 민족이다!"

소련은 당초 독일의 통일이라는 결과를 바라지 않았지만, 최종적으로는 자신의 동맹국이 서독으로 통합된다는 사실뿐 아니라 통일독일이 서구동 맹과 유럽공동체의 일원으로 존속한다는 사실까지 전면적으로 인정했다.

## 7장

# 냉전 이후

냉전의 종결은 1815년, 1919년, 1945년의 종전과 비교를 환기시키고
있다. 1989년 베를린 장벽의 와해와 2년 후의 소련붕괴는 40년간에
걸쳐 지속된 초강대국의 대립구조에 종지부를 찍었다. 오랜 양극체제
가 소멸한 대신 새로운 '힘의 분포'가 형성되었던 것이다. 미국과 그
동맹국가들은 승리를 구가했지만, 한편 소련과 그 동맹국가들은 망각
의 저편으로 침잠되거나 정치적·경제적 혼란에 빠졌다. 하지만 연구자
들은 사적 비교연구를 통해 과거 몇 번에 걸친 전후구축을 되돌아보지
않으면 안 되는 책무를 지니고 있다.[1]

  냉전의 종결은 종래의 전쟁의 종결과는 매우 상이했다. 냉전 후
사회와 정치체제의 파멸은 전쟁의 피폐로 인한 결과가 아니라 소련제
국의 붕괴에서 발생한 결과였다. 타국의 군대가 국경을 넘어 진군한
일도 발생하지 않았으며 영토를 점령한 일도 없었다. 냉전이 종결된
이후 다수의 러시아인들은 — 절반은 농담에 지나지 않지만 — 만일 미국

과 그 동맹국가들이 실제로 러시아를 침공해 패배를 안겨주었더라면 구소련의 개혁과 재건은 훨씬 순조롭게 이루어졌을 것이라고 말하곤 했다. 그들은 그 이유에 대해 미국과 그 동맹국가들이 더 관대한 러시아 지원을 전개했을 것이라고 설명했다. 결국 냉전은 군사적 승리나 동원 해제, 승리에 대한 축하, 게다가 단 한 발의 총성도 없이 상대측에게 예상치 못한 항복을 얻어냄으로써 종결되었던 것이다.[2]

1989년에서 1991년 사이의 이러한 극적인 사태로 파괴된 것은 후기 제2차 세계대전 질서―바꿔 말하면, 양극질서― 의 극히 일부분에 불과 했으며, 공업민주주의국가 간의 질서에는 어떠한 변화도 일어나지 않 았다. 실제로 미국과 유럽의 많은 관계자들은 아무런 주저 없이 소련붕 괴가 곧 서방세계의 제도와 정책의 승리임을 주장했다. 과거의 주요한 전쟁을 되돌아보면 구국제질서가 파괴되고 규탄되면서 이후 전후질서 의 기본적 규칙과 원칙에 관한 전면적인 교섭의 길이 열리는 게 통상적 이었다. 1989~1991년 이후 서방 지도자들은 국제질서가 매우 순조롭 게 기능하고 있다고 주장하게 되었으며, 또한 서방의 소련정책은 정당 하고 공업민주주의국가 간의 관계 역시 안정적이고 협력적으로 유지 되고 있다고 평가되었다. 냉전의 종언은 1980년대 말 고르바초프를 정점으로 하는 소비에트 시스템이 흔들리고 있을 때 서구와의 협조 속에서 신중한 통합을 목표로 했던 고르바초프의 역사적 결단의 결과 였다고 생각하는 것이 타당하다. 그 결과가 바로 전후질서를 구성하는 하나의 '극(pole)'의 붕괴와 또 하나의 '극'의 안정된 지속이었다.

소련의 붕괴와 양극체제의 종언은 국제적인 '힘의 분포'에 갑작스러 운 변화를 초래했다. 그 결과 새로운 '힘의 비대칭'이 생겨났고, 소련(이 후의 러시아도 마찬가지이다)은 강대한 서방세계 그룹에 포위되었다. 한 편 유럽과 일본의 전면에는 강대한 미국이 등장했다. 1990년대 말이 되면서 미국은 타국을 압도하는 입장에 서게 되었고, '힘의 비대칭'은 더욱 첨예해졌다. 이러한 힘의 관계 변화에 주요 국가들은 각각 대응책을 강구했는데, 거기에는 세 가지의 일반적인 정책형태가 나타났다.

- 소련은 자국의 힘의 급속한 저하를 자각하고 서방협조의 외교노선을 취했다. 독일의 통일과 구동맹국이었던 동독의 서구동맹에의 흡수를 묵인했다.
- 미국은 자국에 유리한 '힘의 분포'의 변화에 대해 안전보장과 경제면에서의 다양한 제도 확대와 신설로 대응했다. NATO와 북미자유무역협정(NAFTA), 아시아태평양경제협력회의(APEC), WTO가 그 대상이 되었던 제도였다. 미국은 민주주의와 시장제도라는 정책방침 속에 타국을 고정화시키기 위한 수단으로 이러한 제도들을 부분적으로나마 이용했다.
- 미국을 비롯한 공업민주주의국가들은 1990년대에 생긴 '힘의 분포'의 변화 속에서 협력적 관계를 유지하고 확대했다. '힘의 비대칭'은 예전에는 볼 수 없던 급격한 형태로 미국에 유리하게 변화했다. 그럼에도 주요 국가들은 미국과의 관계에 거리를 두고 균형을 추구하는 등의 조치를 취하지는 않았다.

이러한 각각의 경향은 냉전종결 후의 서방세계질서의 '제도력의 논리'를 평가하는 데 매우 유익하다.[3] 첫째, 1980년대 말에 소련의 입장이 약화—경제의 약체화와 동구에 대한 통제의 저하—되었다는 사실은 과거의 사례에 비추어 본다면 적극적인 외교정책과 군사적 동원, 바르샤바 조약기구 가맹국에 대한 위압을 포함해 소련으로 하여금 다양한 대응을 하게 만드는 요인일 수 있다. 하지만 그 당시 대통령이던 고르바초프는 이와는 반대로 협조와 '신사고(new thinking)'의 정책을 추구했다. 이후 이 장에서 전개할 논의의 하나이지만, 서방국가들은 소련에 대해 상당히 동정하는 입장을 취했다. 이 때문에 서방국가들이 외교정책을 재편해도 그것이 소련 지도부에 오히려 위험도가 적은 것이라고 판단하게 만들었던 일정한 근거가 존재한다. 모스크바는 서방의 침해를 두려워할 필요가 없었다. 이 때문에 모스크바는 (비록 소련의 전반적인 힘의 입장이 저하되었다고 할지라도) 동구의 동맹국가들을 간섭하지 않았으며, 이 국가들이 경제와 정치 면에서 개혁의 길을 선택하는 것을 인정할 수 있었다.

소련은 독일의 통일 — 더욱이 동독의 NATO 지역으로의 편입 — 로 이와 같은 딜레마에 직면하게 되었으며, 종래의 경우보다 위험도가 훨씬 높았다. 하지만 이때도 서방국가들은 소련을 안심시키는 데 성공했다. 소련은 통일 후의 신생독일이 유럽과 대서양 지역에서 구축된 제도의 제약을 받는다는 조건으로 납득했다. 한편 서독은 NATO와 EC의 제약하에 놓이는 것에 동의했다. 이와 같이 서독은 대륙에서의 독일의 융성에 대한 전망을 바꾸지 않고 단기간에 통일을 이룬다는 목표를 타국으로 하여금 받아들이도록 만들었다. 이처럼 서방국가들의 제도는 냉전 이후에 생긴 유럽에서의 '힘의 비대칭'의 변동이 일으킬 수 있는 불안정 상태를 극복하기 위한 장치가 되었던 것이다.

둘째, 냉전 후의 미 외교정책의 유형 역시 적어도 부분적으로는 질서구축의 '제도력의 논리'와 합치되어 있었다. 1990년대를 통해 미국의 경제적·정치적 힘은 러시아나 그 밖의 공업민주주의국가들의 힘과 비교해볼 때 눈부신 성장을 거듭했다. 그 결과 미국은 재차 자국의 힘을 어떻게 활용해야 하는지에 대한 선택에 직면하게 되었다. 경제와 안전보장의 다양한 분야에 걸쳐 미국은 제도구축을 확대한다는 정책목표를 내세워 이를 실현하고자 했다. 구체적으로는 NATO의 확대와 NAFTA, APEC, WTO의 신설이었다. 이러한 조치는 제도 모델이 추구하는 목표와도 합치되어 있었다.

마지막으로, 냉전의 종언이라는 새로운 조건이 창출됨으로써 서구 강대국과 일본에서 1945년 이후 전후구축의 내구성에 관한 평가가 가능해졌다. 1945년 이후 현재에 이르기까지 국제적인 '힘의 분포'에는 몇 번의 급격한 변화가 일어났음에도 서구세계의 질서는 비교적 안정적인 추이였다. 이는 제2차 세계대전 직후에 형성된 전후구축이 지닌 '제도력의 논리' 때문이었다. 1990년대 말, 미국은 대적할 상대가 없을 정도로 거대한 군사적·경제적 힘을 지니고 있었다. 하지만 미국 이외의 주요 국가들은 미국의 힘에 거리를 두거나 또는 그것에 대항해 균형을 도모하려는 조치를 취하지는 않았다. 냉전종결 후 미국과 그 동맹국들 사이에 분쟁 가능성의 수위가 높아지는 일도 없었다. 반대로 공업민주주의국가의 정부들 사이에서 관계는 더 규모가 커졌으며 더 강력해졌다. 서구세계질서가 갖는 논리와 안정성 — 1940년대 말에 실현되었다 — 은 현재에도 여전히 건재하다.


## 서방질서와 소련붕괴

소련붕괴는 주로 소비에트 국내의 모순과 실정의 결과였다. 하지만 이러한 국내문제와 직면해 고르바초프와 소련의 지도자들이 강구한 구체적인 대응은 적어도 부분적으로는 미국이나 그 서방동맹국들을 포함해 외부적인 환경의 영향을 받고 있었다.[4] 1980년대 말, 소련은 국내 자유화와 협조적 외교정책을 실행했지만 당시의 소련에 그 이외의 선택지가 없었다고는 단정할 수 없다. 고르바초프는 1985년 초 취임한 이후 글라스노스트(개방)와 페레스트로이카(경제재건) 정책을 실행하기 시작했다. 그 결과 소련 국민들에게는 이전보다 많은 정치적 자유가 주어졌지만 한편으로는 경제적 어려움이 급증했다. 고르바초 프는 국내개혁을 잇달아 실시했는데, 외교 면에서 이에 상당하는 개혁 이 바로 '신사고'였다. 이 '신사고'를 통해 고르바초프는 일련의 대담한 군비삭감과 지구규모에서의 장대한 협력구상을 제안했다.[5] 소련의 이러한 주도권은 세계를 놀라게 하기에 충분했다. 제정 러시아나 소련 의 역사를 회상해보면 경제적·정치적 위기에 직면했을 때 러시아의 지도자들이 보여준 반응은 그와는 정반대였기 때문이다. 즉, 국내적으 로는 대규모적인 탄압을 행하면서 외교 면에서는 적극적인 정책을 취하는 것이 통상적이었다.[6]

소련정책의 전환점이 된 것은 1988년 12월 UN총회에서 고르바초 프가 행한 유명한 연설이었다. 이 연설에서 그는 소련군 병력 50만 명의 일방적인 삭감을 발표했다. 게다가 삭감병력의 절반 정도를 동유 럽의 주둔군과 소련 서부지역의 부대에서 삭감할 것이라는 내용이었 다.[7] 이처럼 대담한 소련군 병력삭감 조치를 통해 고르바초프는 냉전 의 중심문제였던 유럽의 심각한 군사적 대립구조에 종지부를 찍는 결단을 했다. 한편 그는 동시에 동유럽 내부에서의 정치적 변혁을 용인한다는 새로운 신호를 보냈다. 그는 '무력행사'를 '외교정책의 수단'으로 삼는 것은 불가능하며 그렇게 해서도 안 된다고 언급했다. 또한 '선택의 자유'는 자본주의와 사회주의 양 체제에서도 적용되는 보편적 원칙이라며 명확하게 밝혔다. 이러한 언명은 사회주의를 옹호 하기 위해 동유럽에 개입할 권리와 책임을 가진다는 브레즈네프 독트 린(Brezhnev Doctrine)을 사실상 부인하는 것이었다. 고르바초프는 냉전의 종언을 선언했으며 폴란드나 헝가리 등의 국가들을 상대로 소련은 정치변혁을 방해하지 않겠다는 의도를 전했다.8)

고르바초프가 협조적 대응과 대담한 군비삭감, 그리고 동유럽에의 불개입정책을 통해 냉전을 종결시키려는 일방적인 행동에 나선 이유는 과연 무엇인가? 물론 이유는 한 가지만이 아니다. 하지만 많은 이유 중에서 서구질서의 ― 즉, 미국과 그 동맹국인 유럽 각국의 ― 제도적 성격 전체가 고난의 시대를 맞이한 소련에 매우 동정적인 태도를 보이는 것처럼 비쳤다는 사실은 중요하다. 서구 민주주의국가들은 결속해 하나의 국가집합체를 형성하고 있었기 때문에 소련이 외부세계에 대한 자국의 대응을 변혁하고자 했을 때, 개별적으로 또한 집단적으로 소련을 이용하거나 지배하기란 불가능했다. 당시의 코지레프(Andrei Kozyrev) 외상은 이후 "서방국가들은 다원적인 민주주의국가이므로 사실상 외교공세는 불가능하다"라고 지적했다.9)

서구질서는 소련의 위기와 직면했을 때 이 질서가 지니고 있는 일련의 제도적 특징으로 기본적으로 방위적인 힘의 집합체로 기능했다. 소련이 서구에 눈을 돌리자 대서양동맹을 형성하고 있던 각국의 다원적이고 민주주의적인 특징들과 각국의 서로 다른 또는 공통으로 지니고 있는 소련에 대한 다양한 반응(대립의 입장이나 강경노선정책에 대한 국내적·전 유럽적인 반대운동)은 서구의 사고를 완화시키는 데 공헌했다. 동맹 자체에도 모든 가맹국의 찬성하에 행동해야 한다는 원칙이 있었기 때문에 한 국가만이 공격적인 정책을 취하기는 어려웠다. 서구질서에서 볼 수 있는 이러한 모든 국면이 고르바초프가 행했던 역사적 도박의 위험도를 훨씬 낮은 것으로 만들었다. 소련이 느끼고 있던 위협은 외부가 아니라 내부에 존재하고 있었다.

냉전은 소련이 서구세계에서 일관되게 지속해왔던 '봉쇄정책'과

1980년대의 레이건 정권의 극적인 군사력 증강에 직면한 결과로 인해 비로소 종언을 맞이했다는 관점이 일반적이다.[10] 이 분석에 따르자면, 레이건이 새롭게 도모한 군사적 증강 자세와 이데올로기적인 공격이 소련의 운명을 결정했다고 할 수 있다. 하지만 실제로는 레이건 정권이나 미국, 그리고 서구세계는 그처럼 단순한 대응이 아니라 더 복잡하고 모순된 입장을 취하고 있었다. 레이건 대통령의 주변에는 서구세계의 군사적 우위를 전면에 내세우기 바라는 강경파가 존재했다. 하지만 그것과는 다른 입장을 지닌 당국자들도 있었다. 실제로 레이건 대통령도 그중 한 사람이다. 이들 현실주의파의 사고는 강경파와는 달리 이율배반적인 점이 있었는데, 특히 핵무기 문제에 관해서 그러했다. 대담한 핵군비 삭감을 적극적으로 추진하려는 레이건의 의도는 1985년의 미소 제네바 수뇌회담에서 제시되었다. 더욱이 1986년의 레이캬비크(Reykjavik) 수뇌회담에서는 더욱 극적인 형태로 나타났다. 레이건 정권 내부의 핵전력 중시 강경파는 레이건의 견해를 부정하려고 노력했지만, 레이건은 고르바초프에게 소련이 급진적인 주도권을 쥐게 된다면 미국 측은 이를 이용하지 않고 오히려 그 주도권에 알맞은 조치를 강구할 것이라는 신호를 보냈다.[11]

레이건 정권 내의 강경파 세력의 입장은 레이건 자신의 이율배반적인 자세 이외에도 몇 가지 요인으로 약화되었다. 그 첫째 요인은, 정권 초기의 시기에 정권이 공격적인 태도를 취했기 때문에 1980년대의 미국과 유럽에서 확대된 대규모의 평화운동에 기세를 북돋았다는 것이다. 이 운동은 유럽 각국의 정부에 강한 압력을 가져다주었으며 대담한 군비관리 제안을 취하도록 유도했다. 둘째 요인은, 서구세계의 여론이 고조되어 초기 레이건 정권의 수사(rhetoric)가 정치적 부채가 되는 정치환경이 조성되었다는 것이다. 셋째 요인은, 1984년 대통령

선거 시기가 되자 정권은 그때까지 간직해왔던 군비관리 목표를 정책으로 내세우게 되었다는 것이다.[12] 이 새로운 정책방침은 1984년 9월 열린 UN총회에서 레이건이 했던 연설을 통해 정점에 달했다. 이전에 레이건은 소련 지도부를 '현대세계에서의 악의 근원'이라고 칭했지만 이 연설에서는 소련 지도부를 상대로 평화적인 세계를 위해 열 배의 신뢰도와 천 배의 애정을 가지고 서로 접근해보자고 제안했다.[13]

서구에서는 군비관리를 추구하는 운동이 미국 이상으로 고조되어 있었고, 이는 레이건 정권에 대한 압력으로 작용했다. 경우에 따라서는 동맹관계에 분열이 생길 수도 있었다. 전체적으로 서구세계의 정치 시스템은 일종의 균형역학으로 기능했는데, 미국 내에서 강경노선 정책이 세력을 얻게 되자 서구세계 전체에서는 군비관리와 군축운동이 고조되어 평화를 희구하는 목소리가 더욱 거세졌다. 이는 미국의 강경노선을 완화시키는 효과가 있었다.[14]

서구세계에는 동서 경제관계를 중시하는 유력한 이익단체가 존재했다. 레이건 정권의 강경한 정책은 이러한 그룹에게도 영향을 받았다. 1979년, 지미 카터 대통령은 소련의 아프가니스탄 침공에 항의해 소련에 대한 곡물통상금지 정책을 실시했다. 하지만 레이건 정권은 발족한 지 수개월 후에 공화당이 중서부 농민들에게 약속했던 선거공약 때문에 이 곡물통상금지를 해제했다. 더욱이 레이건 정권이 필사적으로 반대했음에도 불구하고 NATO 동맹국가들은 소련과 서구를 연결하는 천연가스 파이프라인 사업을 추진시켰는데, 1980년대는 미소관계가 최악의 시기를 맞이했던 때였음에도 이같이 대담한 경제적 상호의존 관계를 맺는 프로젝트를 전진시킬 수 있었다. 레이건 정권은 서구를 결속시켜 대소강경노선을 실행하려고 했지만 이를 통해 그 시도가 실패였음을 국내외에 여실히 보여주었다.

부시 정권이 탄생했을 당시 보좌관이나 정부부처 사이에는 고르바초프에 대한 대응책을 둘러싸고 여전히 상이한 의견이 엇갈리고 있었다. 정권 내에는 고르바초프의 '신사고'에 대해 더 신뢰할 수 있는 증거를 요구하는 사람들도 있었다. 하지만 정권 내에서는 명확한 대응조치를 상대측에게 지시하고 고르바초프를 격려해야 한다는 의견이 주를 이루었다. 이와 마찬가지로 대서양동맹 내에서도 대소련정책을 둘러싼 의견이 서로 상이했다. 회의적인 영국과 우유부단한 프랑스, 그리고 열정적인 독일은 각각의 입장을 서로 달리했으며, 이러한 사실은 대소강경노선을 약화시키는 작용을 했다. 동맹 내의 지배적인 분위기는 매트록(Jack Matlock) 주소미국대사가 1989년에 본국으로 보낸 전신보고서에 잘 반영되어 있다. "우리는 지금 외부세계와의 새로운 관계를 구축하기 위해 소련이 얼마나 적극적으로 행동할 것인가, 또한 경제를 민영화하고 사회를 다원화시키는 경향을 어디까지 전진시킬 것인가를 시험할 수 있는 역사적인 기회를 목전에 두고 있다."15) 부시 정권은 급속히 전개되는 소련과 동구의 정치적 변혁을 평화적인 통합과 민주주의적 개혁의 방향으로 전진시키려고 노력했다. 이와 더불어 서구가 예상하지도 못했던 모스크바의 변화로 인해, 반대로 서구동맹이 결속을 유지해 모스크바에 보이려는 목표로 미 정책의 특징인 신속한 대응과 유연성이 증대되었다.


## 독일의 통일과 소련의 묵인

냉전종결 과정에서 주목해야 할 면은 독일이 매우 단시간에 재통일되었다는 점과 이러한 역사적인 전개과정에 대해 소련이 어떠한 저항도 보이지 않았다는 점이다. 1989년 11월, 베를린 장벽이 무너진 후 1년도 채 되지 않아 독일민주공화국(GDR: German Democratic Republic)을 공식적인 연방공화국으로 통일한다는 조약이 조인되었다. 재통일이 실현되기 불과 수개월 전의 시점에서 구미의 대부분의 관계자들은 독일통일이 여전히 먼 장래의 문제라고 생각했다. 놀랍게도 소련은 당초 독일의 통일이라는 결과를 바라고 있지 않았지만 최종적으로는 이 불안정한 사태의 전개를 묵인했다. 소련은 구동맹국이 서독으로 통합된다는 사실뿐 아니라 통일독일이 서구동맹과 유럽공동체의 일원으로 존속한다는 사실까지 전면적으로 인정했던 것이다. 동서 간의 힘의 균형은 순식간에 서구진영으로 유리하게 기울었다. 하지만 이러한 변화는 또 다시 새로운 위기를 창출하는 요인이 되지는 않았다. 그러한 우려와는 달리 독일은 단시간 내에 어떠한 혼란도 없이 통일을 이루었다.

1990년 9월 12일, 제2차 세계대전의 승전국 4개국 대표가 모스크바에 모여 '최종해결에 관한 조약'을 조인했다. 이는 독일의 통일을 목표로 공식적으로 내디딘 첫 걸음이었지만 거의 주목을 받지 못했다. 하지만 실제로 이 조약의 조인으로 통일독일의 완전한 주권은 회복되었으며, 승전국 4개국이 베를린과 독일에 대해 지니고 있던 '권리와 책무'는 방기되었다.[16] 독일문제의 최종적인 해결이 실현되기 2주일 전에 부시 미 대통령과 고르바초프 소련 대통령은 헬싱키에서 수뇌회담을 가졌지만 당시의 회담의제에는 독일의 통일문제가 포함되지 않았다.[17]

1989년 말에 시작되어 1990년 말까지 행해졌던 독일의 통일교섭을 되돌아보면, 서구의 지도자들은 서구세계의 제 제도를 이용해 동독의 상실이라는 현실과 직면한 소련에 대해 서구의 억제신호를 보내 소련을 안심시켰다는 사실이 명확하게 드러난다. 신생 통일독일이 소련의 안전보장에 중대한 위협으로 작용하지 않는다고 소련을 납득시킬 필요가 있었던 것이다. 이러한 점에서 중심적인 역할을 담당했던 사람이 바로 콜(Helmut Kohl) 서독 총리였다. 그는 통일독일이 이후 NATO 체제에 구속된 채 유럽공동체로의 통합과정을 계속해서 실행해갈 것이라는 메시지를 소련에—동시에 독일의 동맹국인 유럽 각국에— 전달했다. NATO와 유럽공동체뿐만 아니라 서구의 시스템 전체가 고르바초프를 안심시키는 데 공헌했다. 소련 측에서 보면 통일과정에서 영프 양국의 지도자들이 조정자의 역할을 담당하고 있었다는 사실을 실감할 수 있었다. 그 결과 서구의 대소련정책 전체는 대립적인 색채를 없앤 협조적인 색을 띠고 있었다. 동시에 소련은 독일의 통일을 둘러싼 몇 차례의 교섭에 깊게 관여할 수 있었다. 이 교섭을 통해 소련은 '의사표명의 기회'를 획득했고, 이는 독일문제의 최종해결을 소련으로 하여금 받아들이게 만들었다.

1989년 말, 베를린 장벽이 무너지면서 동독의 정치적 위기는 심각해졌으며, 독일의 통일에 관한 문제해결이 급부상했다. 동독의 난민들은 헝가리로 유입되었고, 동독의 야당세력은 활동을 강화했다. 이러한 상황에 이르자 동독의 호네커(Erich Honecker) 정권은 더 이상 기능하지 않는다는 사실이 명확해졌으며 동시에 심각한 재정위기에 빠졌다. 서구에 대한 부채는 265억 달러에 달했으며 국가재정은 큰 폭의 적자를 낳았다. 동독을 둘러싼 상황 역시 심각함을 더해갔지만 소련의 대동독 정책은 그리 적극적이지 않았다. 1989년 10월, 고르바초프는 동독을 방문해 개혁을 장려하는 등의 태도를 비쳤지만 동독 국내의 동요를 억제하기 위해 개입할 용의가 있다는 식의 발언은 일체 하지 않았다. 고르바초프는 서구의 지원을 통해 국내개혁에 임한다면 동독이 폴란드나 헝가리와 마찬가지로 개혁노선으로 나아갈 수 있으며 동서 간의 통합이 점차 가속화되는 것 역시 필연적이고 바람직하다고 여겼다. 또한 이러한 흐름이 사회주의를 저해하거나 동독의 생존을 가로막지는 않을 것이라는 견해를 지니고 있었다.[18] 하지만 베를린 장벽이 무너진 이후 이러한 견해를 유지하기는 불가능했다.

동독의 위기가 고조되자 콜 서독 총리는 독일통일 문제를 전면에 내세웠고, 이러한 콜의 움직임에 대해 고르바초프뿐만 아니라 영국과 프랑스의 지도자들 역시 우려를 감추지 못했다. 11월 28일, 콜은 독일 연방회의에서 중요 연설을 행하고 독일통일의 '10개 항목 프로그램'을 발표했다. 이 프로그램은 단계적인 과정을 제창하고 있었는데, 양 독일 국가 간의 여행과 교류, 경제지원의 확대와 동독에서의 자유선거실시, '연방구조'를 향한 운동, 단일연방국가인 독일의 발족이라는 단계를 제시했다. 콜은 독일관계의 이러한 단계적 이행은 유럽이라는 좀 더 큰 과정의 틀 속에서 행해져야 하며, 이러한 과정을 통해 유기적인 발전이 가능해지고, 모든 관계국의 이해관계가 고려되어 유럽의 평화 질서가 유지된다고 언명했다.[19] 콜은 이 연설에서 NATO에 대한 독일의 책무이행에 관해서는 명확하게 언급하지 않았다. 하지만 연설 후 부시 대통령에게 보낸 서간에서는 "서독은 NATO에 대해 흔들림 없는 충성심(unwavering loyalty)을 지니고 있다"라고 명기했다.[20]

독일은 자국의 정책실시에 관해서는 폭넓은 기반에 의존하려 했다. 그 목적은 독일의 주변 국가들(동서 양 진영의)에게 통일된 독일은 필연적으로 강대해질 것이지만, 더 거대한 지역적 제도들 속에 확실히 편입될 것이라는 내용을 전달해 안심시키는 것이었다.[21] 겐셔(Hans-Dietrich Genscher) 외상은 1990년 1월, 독일의 기본적인 구상을 다음과 같이 설명했다. "EC 통합과 유럽안전보장협력회의(OSCE), 안정을 위한 동서 파트너십, 유럽 공동의 집(common European house), 그리고 대서양에서 우랄까지의 평화적인 유럽질서의 구축이라는 문맥 속에 독일의 통일과정을 위치시키는 것이다."[22] 겐셔를 비롯한 독일의 지도자들이 이 문제에 관해 언명할 때 매번 NATO를 거론한 것은 아니었다. 통일논의가 거론되기 시작했을 때 미국은 이러한 사실을 우려했지만 독일의 기본적인 메시지는 명백했다. 즉, 통일에 관한 동의를 얻기 위해 독일은 주변국들에 의한 구속을 받아들일 용의가 있다는 것이었다.

미국은 현재 진전 중인 사태로 인해 소련의 안전보장이 위험에 노출되는 일은 없을 것이라고 고르바초프에게 전하면서 그를 안심시키려고 노력했으며, 동시에 콜의 입장을 견지시키기 위해 독일 주변국가 지도자들의 우려를 완화시키려고 노력했다.[23] 1989년 9월 마가렛 대처 영국 총리가 모스크바를 방문했을 때 부시는 고르바초프에게 전언을 부탁해 동구의 변혁이 소련에 위협이 되지는 않는다는 사실을 강조했다.[24] 12월 초의 말타 수뇌회담에서도 부시는 고르바초프에게 미국이 동구정세를 이용하는 일은 없을 것이라고 강조하면서 다음과 같이 언급했다. "미국이 거창하고 불손한 태도로 이 문제에 대응한 적은 없다. …… 나 자신 역시 당신들의 상황을 더욱 어렵게 만들기 위해 행동한 적은 없다. 베를린 장벽의 모습을 목격하고도 흥분하지 않았던 것은 바로 그 때문이다."[25] 그로부터 얼마 후 브뤼셀에서 NATO 가맹국 수뇌회담이 개최되었다. 그 석상에서 부시 대통령은 고르바초프 대통령의 우려를 불식시키는 것이 가장 중요하다고 재차 강조했다.

모스크바를 안심시키기 위해 노력하는 한편 미국은 연합국들을 결속시켜 콜의 독일통일 구상을 지지하도록 노력했다. 미국은 우선 각국에 대해 통일과정에 동반하는 변화는 유럽이라는 거대한 제도적 틀 속에서 초래되어야 한다고 강조하고, 서독에게 독일통일에 관한 약속을 부가시키기 위해 사전준비를 행했다. 이 시기에 미국의 최대 목표는 통일독일을 대서양동맹이라는 틀 속에 확실히 자리매김하는 것이었다. 1989년 말, 미국은 독일이 유럽과 대서양의 양 제도에 장기적으로 관여한다는 약속을 독일통일에 관련시키는 것이 미국의 정책이라고 명확하게 표명했다. 12월 4일 브뤼셀에서 열린 NATO 수뇌회담에서 부시 대통령은 미국의 정책으로 이러한 생각을 제시했고, 그 후 기자회견에서도 이와 같은 내용을 밝혔다. "통일은 독일이 NATO와 점점 통합화되어가는 유럽공동체에 장기적으로 관여한다는 문맥 속에서 실현되어야 한다. 또한 연합국들이 지니고 있는 법적 역할과 책임에 대해 배려하지 않으면 안 된다."26) 부시 대통령은 NATO가 유럽안정의 보증인으로 존속해야 하고, 그러한 목적을 위해 미국은 유럽안전보장에 계속해서 관여하며 미 지상부대의 유럽주둔을 유지할 것이라고 언명했다. 현실적으로 독일통일은 제2차 세계대전 후 유럽 각국이 독일을 유럽에 영입시켰던 것과 같은 방식을 통해 주변국에게 받아들여져야 했다. 즉, 독일은 유럽과 대서양 제도라는 거대한 틀 속에서 뿌리를 내려야 했던 것이다. NATO 동맹과 유럽경제 통합으로 인해 독일은 유럽에 구속되고 미국은 자국의 안전보장 책무를 유럽에 부여함으로써 확실한 합의를 이끌어낸다는 구조였다.27)

이러한 형태로 관계국들을 안심시킬 필요가 있었다. 독일통일이 급속히 전개되는 것을 가장 꺼려했던 사람은 대처 영국 총리였다. 동구의 정세가 제어할 수 없을 정도로 급속도로 전개되어 소련의 안전보장을 위협해서는 안 된다는 것이 그녀의 기본적인 견해였다. 대처는 부시에게 보내는 서간에서 다음과 같이 주장했다. "우리는 소련의 안전보장상의 이익을 침해할 수 있는 형태로 동구정세를 이용해서는 안 된다. 바르샤바 조약의 장래는 NATO의 장래와 마찬가지로 가맹국들이 외부의 간섭을 받지 않고 결정해야 할 문제이다. 독일통일에 관해서는 기회가 있을 때마다 시급히 검토해야 하는 문제는 아니라는 우리의 견해를 밝힐 필요가 있다."[28] 대처는 1989년 11월 24일, 캠프 데이비드 산장에서 부시 대통령과 회담했다. 이 회담에서 그녀는 독일통일은 유럽을 불안정하게 만들고, 고르바초프의 종말이 도래했다는 것을 의미하며, 동구에서의 민주주의의 전망을 어둡게 할 것이라는 견해를 표명했다.[29]

프랑수아 미테랑 프랑스 대통령도 독일통일에 대해서는 신중한 태도를 보였다. 하지만 미테랑은 유럽통합을 한층 진전시킨다는 점과 서독을 유럽공동체에 결속시킨다는 점을 강조했다.[30] 1989년 11월 27일, 부시에게 보내는 서간에서 미테랑은 다음과 같이 주장했다. "EC 각국의 정부는 스스로의 결속을 강화할 수 있는 시점에서 유럽의 새로운 균형을 위한 각각의 역할을 담당할 수 있으며, 또한 그렇게 해야 한다. 각국 정부는 이러한 역할을 확실히 인식하고 있다."[31] 그 후 미테랑은 겐셔 서독외상과 회담했다. 그는 유럽동맹이 한층 진전될 때 비로소 독일이 통일될 수 있다는 견해를 재차 표명했다. 그 후 미테랑은 키예프에서 고르바초프와 수뇌회담을 가졌다. 프랑스 대통령은 고르바초프에게 독일통일이 실현되는 날 그를 대신해 소련군 원수가 그의 자리를 점하게 될 것이라는 경고의 메시지를 들었다. 이에 대해 미테랑은 콜이 너무 서두르고 있다고 답했지만, 그가 고르바초프에게 가장 전하고 싶었던 내용은 양 독일국가 관계가 전 유럽과정의 일부로 다루어져야 한다는 것이었다.[32] 12월 16일, 카리브해의 생마르탱 섬에서 미테랑과 부시의 수뇌회담이 열렸다. 프랑스 대통령은 이 자리에서도 자신의 지론을 반복했다. "독일통일은 NATO와 EC의 발전과 관련해서 고려해야 한다. 독일통일 문제는 새로운 유럽구축의 일부이며, 이를 실현하기 위해서는 군비관리와 EC 통합, 유럽통화동맹, 그리고 구미의 협력과 같은 모든 문제를 포괄적으로 진전시키지 않으면 안 된다. 이것이 성공하지 못한다면 우리는 1913년으로 다시 돌아가게 되며 모든 것을 잃게 되는 사태가 발생할 수도 있다."[33)]

이러한 연계구상(linkage)은 12월 8일의 EC 수뇌회담에서도 제시되었다. 이 석상에서 미테랑은 경제와 정치동맹에 관한 신조약체결의 준비단계로 EC의 '로마 조약'에 대한 수정을 목표로 하는 정부 간 회담의 개최에 콜의 찬성을 얻어냈다. 콜의 동의에 대한 담보로 EC 각국의 지도자들은 현재보다도 훨씬 광범위한 유럽발전이라는 문맥 속에서 독일통일은 실현될 수 있다는 내용의 성명을 채택했다.[34)] 이와 같은 연계가 의미하는 것은 명백했다. 1990년 3월 콜은 독일이 더 큰 틀의 유럽통합을 향해 의욕적인 조치를 취할 준비가 되어 있으며 이 안에는 유럽정치동맹의 제 조건에 관한 교섭개시의 용의도 포함되어 있다고 재차 표명했다. 이후 프랑스와 독일 양국 정부는 정식제안을 정리해 4월에 EC 본부에 제출했다. 이때 콜은 유럽통합을 추진하는 구상에 지지의 태도를 이미 굳히고 있었다. 하지만 유럽의 통화·정치동맹이라는 대담한 구상을 단시간 내에 진전시키려는 콜의 적극적인 태도는 독일통일의 실현이라는 자신의 정치목표와 관련되어 있었다.[35)]

동독의 약체화가 더욱 진행되면서 통일에 대한 여세는 증대되었다. 이러한 정세 속에서 소련은 이러한 과정을 저지하거나 아니면 적어도 진행속도를 늦추기 위해 적극적인 정책전환을 펼쳤다. 고르바초프는 4대국(영국, 미국, 프랑스, 소련)의 대사회의를 개최해 동서 양 독일의 장래에 관한 합의달성을 제안했다. 그는 영프 양국의 지도자들이 통일을 향한 빠른 움직임에 불안을 느끼고 있다는 사실을 충분히 파악하고 있었기 때문에 자신과 두 지도자들의 협력으로 정세가 급속도로 전개되는 것을 막을 수 있다고 생각했다. 이에 대해 미국은 4개국 대사회의를 개최할 경우 4개국이 독일의 중립화 또는 독일의 주권과 NATO에서의 독일의 역할소멸을 대신해 독일의 통일을 인정하고 소련의 외교공작이 성공하지 않을까 우려했다. 이러한 미 정부 내외의 우려는 최종적인 합의가 달성될 때까지 지속되었다. 동시에 미국은 독일통일에 관한 해결이 제2차 세계대전의 승전국에 의해 강요되었다는 인상을 심어주지 않기 위해 고심했다. 만일 그러한 인상을 줄 경우 예전에 전 세계로부터 비판을 받았던 베르사유 강화의 반복을 면치 못할 것이기 때문이었다.[36] 콜 정권은 이러한 4대국의 움직임에 대해 독일통일 문제의 해결을 당사국이 제외된 타국 사이에서 결정하는 것과 다름없다고 분개했으며, 이 때문에 4대국 회의의 개최에 대해 반대를 표명했다.

1989년 말, 독일통일에 관한 고르바초프의 생각은 명쾌했다. 그는 제2차 세계대전의 종결이 동서 양 세계가 승인하고 공식적으로 결정한 '역사적 현실'이었으며, 최근에는 1975년의 '헬싱키 합의'에 의해 이러한 사실이 확인되고 있다고 주장했다. 또한 두 개의 독일국가가 존재하고 양 국가 모두 주권국가로서 UN 가맹국이라는 사실은 역사가 결정한, 그야말로 '역사적 현실'임이 틀림없다고 주장했다.[37] 이는 현상유지를 위한 주장이었으며, 동시에 이 시기의 고르바초프는 동베를린이 제창한 양 독일국가에 의한 국가연합구상 또는 양 독일국가에 의한 '조약에 근거한 공동체(treaty community)' 구상에 일정한 지지를 부여하고 있었다. 여기에서 모색되었던 것은 통일 이전의 중간적 해결을 가져다주는 일정한 방식이었다. 그 후 통일이 기정사실화되자 고르바초프는 "통일독일이 NATO 체제 속에 구속되는 것은 인정될 수 없다"고 주장했다. 통일은 인정하지만 신생 독일은 중립을 지켜야 하며,

군사력은 제한되어야 한다는 것이었다. 통일 후 독일이 NATO에 구속되는 문제에 관해 고르바초프는 1990년 3월 6일의 기자회견에서 "절대로 인정할 수 없다"고 언급했다.

1990년 봄, 미 외교 목표는 통일독일의 NATO 가맹을 소련으로 하여금 인정하도록 만드는 것이었다. 미국의 딜레마는, 교섭과정에서는 소련을 관여시키도록 노력해야 하지만 그 교섭을 소련이 독일의 중립성을 제기하는 토론의 장으로 만들어서는 안 된다는 것이었다. 독일의 통일문제를 4대국 회의의 교섭에서 해결하려면 소련이 독일통일에 관한 합의를 담보로 NATO에서의 독일의 역할에 관해 서구 3개국에 양보를 요구할 수도 있었다. 미 당국자들은 스탈린이 1952년에 '통일·중립 독일' 구상을 제창했던 사실을 회상했다. 하지만 미국은 동시에 또 다른 우려의 문제를 지니고 있었다. 그것은 독일의 주권에 대한 침해를 되도록 막는 것이었다.[38] 이 문제에 대한 대처방법의 하나가 '2+4(Two Plus Four)' 구상이었다. 즉, 우선 동독이 자유선거를 행한 후 동서 양 독일이 스스로 통일문제를 해결하도록 하는 한편, 제2차 세계대전의 승전국 4개국은 이 결과를 축복하고 통일의 외부적 요소에 관해 동서 양 독일과 합의를 도모하는 방식이었다. 이러한 과정의 틀은 최종적으로 1990년 2월 오타와에서 개최된 NATO 가맹 국가들과 바르샤바 조약 가맹국가들의 합동회의에서 채택되었다.[39]

미국은 통일독일이 안전보장상의 위협이 된다는 소련의 불안을 완화시키기 위해 동맹국들과 함께 노력했다. 소련은 1989년부터 1990년 겨울에 걸쳐 일관되게 이러한 안전보장의 위협에 관해 주장했지만, 위협의 내용은 회의나 회담 때마다 달랐다. 1990년 2월, 베이커(James A. Baker) 미 국무장관은 모스크바를 방문했다. 이때 고르바초프는 국무장관에게 소련은 통일독일에 관해서는 우려하지 않고 있다면서 다음과 같이 언급했다. "소련이나 미국은 통일독일 탄생의 전망에 대해 아무것도 두려워 할 것이 없다."[40] 하지만 다른 회담에서는 고르바초프 대통령 또는 셰바르드나제(Eduard Shevardnadze) 외상이 자신감을 잃은 것처럼 느껴졌다. 1990년 1월, 크렘린에서는 내부의 중요한 정책 회의가 개최되었다. 이 회의에서는 의견이 크게 갈라질 조짐이었다. 고르바초프의 고문 가운데 한 명인 체르냐예프(Anatoly Chernyayev)와 그의 동료들은, NATO 체제하의 독일은 결코 소련의 위협이 되지 않고, 반대로 일정한 안정감을 부여하는 원천이 되며, 특히 콜이 독일 통일을 '전 유럽 과정(all European process)'으로 연관시키겠다고 언급한 것이 그 근거라고 주장했다. 이에 대해 팔린(Valentin Falin)과 그의 동료들은, 동독이 서독이나 NATO로 흡수되는 것을 숙명론적으로 받아들이는 발상은 잘못이라고 발언했다. 이 시점에서 고르바초프는 통일독일이 서구동맹의 일원이 되는 것에 여전히 반대하는 입장이었다.[41]

미국은 '2+4' 과정에 소련을 관여시키려고 노력하는 이외에, 중립 독일이 NATO 체제하의 독일보다 위험한 존재라는 사실을 고르바초프에게 인식시키려고 했다. 이에 관한 논의는 1990년 2월 베이커가 소련을 방문했을 때 셰바르드나제 외상과의 회담에서 전개되었다. 이 시점에서 소련 측은 독일통일의 기정사실화를 이해하고 있었다. 따라서 남은 문제는 통일독일이 어느 외부조직에 속할 것인가 하는 문제였다. 셰바르드나제는 통일독일이 언젠가는 군사대국화되어 소련을 위협할 것이기 때문에 소련으로서는 비무장 중립독일의 성립을 요구한다고 주장했다. 베이커는 이 논의를 돌려 고르바초프에게 다음과 같은 질문을 던졌다. "통일이 실현된다고 가정할 때 당신은 어느 쪽의 통일 독일을 선택할 것인가? 하나는 NATO에 속하지 않고 완전히 자주적이며 미군이 그 영토에 주둔하지 않는 독일이며, 또 하나는 NATO와의 결합을 유지하지만 현 상황에서 정해진 경계선의 동측에는 NATO의 관할권이 미치지 않아 부대도 주둔하지 않는 독일이다."[42] 베이커가 모스크바에서 주장했던 내용의 요점은 독일의 군사력을 서구제도에 정착시킨다면 독일의 중립적 입장을 유지하는 데 바람직하며 더불어 소련의 이익도 될 수 있다는 것이었다.

고르바초프는 통일독일의 형태에 관해 베이커가 제기했던 두 가지의 구상 가운데 최종적으로 두 번째 제안이 독일의 군사적·정치적 지위를 둘러싼 타협의 기초가 되었다고 회상록에서 적고 있다. 베이커와 모스크바에서 회담할 당시 고르바초프는 아직 베이커의 구상을 받아들일 용의는 없었다. 하지만 결국은 고르바초프가 기술한 그대로 되었다. 고르바초프는 "나 역시 소련을 포함한 유럽 국가들을 독일의 어떠한 '기습공격'으로부터도 방어할 수 있는 '안전망(safety net)'이 필요하다고 생각했다. 하지만 미국의 주장과는 달리 이러한 안전보장 메커니즘은 NATO를 통해 초래되는 것이 아니라 전 유럽적인 틀 속에서 구축된 새로운 구조를 통해 구축되어야 한다는 것이 나의 생각이었다"라고 회상하고 있다.[43] 결국 독일통일을 둘러싼 타협은 NATO군과 독일군의 규모와 배치에 관한 구체적인 보증조치의 논의로부터 시작했고 논의 결과 합의된 보증조치를 통일승인의 문서에 명기하기로 했다.

독일통일에 관한 4대국 합의협정에 보증조치를 부속문서로 하는 구상은 서독의 지도자들에게서도 제안되었다. 겐셔 서독외상은 1990년 1월에 행한 연설에서 구동독 영토 내의 NATO군 배치제한 구상을 제기해 서구국가들의 당국자들을 놀라게 했다.[44] 콜 총리는 그 다음 달 캠프 데이비드 산장에서 부시 대통령과 회담을 가졌을 때 NATO군이 구동독 영내에 주둔할 수는 없다고 주장했다.[45] 보증조치에 관한 이러한 구상은 최종적으로 독일의 NATO 가맹을 소련으로 하여금 인정하도록 하기 위해 서구국가의 관계자들이 다수의 제안을 조정해서 만든 구상으로 정리되었다. 대서양동맹이 소련의 위협이 되지 않으면서 고르바초프가 바라는 거대한 틀을 지닌 국제적 안전망의 일부로 바뀔 수 있도록 관계자들은 최선을 다했다.

1990년 5월, 미국은 여전히 소련으로 하여금 NATO 체제하의 통일독일을 인정하도록 만들기 위해 노력했다. 베이커는 이를테면 '9항목 보증(nine assurances)' 제안을 준비해 모스크바를 방문했다. 이 '9항목 보증'은 '2+4' 교섭 내에서 이용하기 위해 준비된 인센티브 패키지였다. 소련의 안전보장상의 우려를 해소하기 위해 독일통일 시에 서방국가들이 취하려던 보증조치에는 통상병기와 핵무기에 관한 새로운 삭감협정의 체결과 핵·화학·생물학병기의 생산과 소유금지에 대한 독일의 계약, NATO군의 구동독 영내 배치금지에 관한 합의, 그리고 유럽의 새로운 정세에 따라 NATO의 전략과 대응의 개정에 관한 약속[46]이 포함되어 있었다. 이 '9항목 보증'의 항목 대부분은 베이커가 방문할 때까지 수개월에 걸쳐 소련 측에 전달되었다. 하지만 이러한 항목을 다시 패키지화하는 작업은 소련 측의 생각이 변해가는 과정의 일부가 되었다.[47] 소련 측 역시 독일문제에 관한 회의석상에서 병력 수준과 영토에 관한 규제, 그리고 경제원조의 약속 등을 내용으로 하는 보증조치 패키지안을 제시했다.

1990년 5월, 고르바초프의 워싱턴 방문은 그 전환점이 되었다. 고르바초프는 회담의 서두에서 통일독일은 NATO와 바르샤바조약기구에 가맹하지 않으면 안 된다고 제안했다. 하지만 그는 워싱턴에 체재하는 중에 이러한 입장에서 양보해 "모든 국가는 어느 동맹에 가맹할지 선택할 수 있는 권리를 가진다"라고 언명했다.[48] 이러한 원칙을 인정하면서 사실상 고르바초프는 독일이 NATO에 잔류할 권리를 가진다는 것에 동의했다. 4대국은 독일이 어느 동맹에 가맹할지에 관해 아무런 지시를 할 수 없었다. 이러한 원칙에 따라 독일이 스스로 이 문제를 결정할 수 있게 되었다. 이처럼 독일이 NATO 가맹국으로 편입되는 문제에 관한 논의는 해결되는 양상을 보였다.[49]

미국 당국자들은 고르바초프에게 독일을 NATO 체제에 구속해두는 것이 모든 당사국에게 가장 효과적인 안전보장 전략이라고 재차 주장했다. 부시는 고르바초프에게 이렇게 설명했다. "독일에 대한 미국의 접근, 즉 독일을 친밀한 친구로 간주하는 것은 다른 접근법보다 실제적이며 건설적이다. …… 서방국가들은 민주주의 국가공동체에서 독일을 배제하는 것이야말로 위험하다는 점에서 의견이 일치했다."[50] 소련에게 NATO를 — 따라서 NATO에서의 독일의 역할을 — 소련의 불안을 증대시키는 기구가 아니라 반대로 불안을 감소시키는 안전보장체제로 바라보도록 요구했던 것이다. 미국은 NATO의 사명을 변경하겠다고 약속했는데, 이는 소련에게 이 동맹이 받아들이기 쉬운 존재가 된다는 것을 의미했다.

미소 수뇌회담에 이어 1990년 7월, 런던에서 NATO 수뇌회담이 개최되었다. 이 석상에서 각국의 수뇌들은 NATO의 개혁 패키지안을 채택했다. 이로 인해 NATO의 방침전환이 내외에 알려졌다. 사실 고르바초프는 1989년 11월의 베를린 장벽의 붕괴보다 훨씬 이전부터 NATO와 바르샤바조약기구의 조직을 정치조직으로 전환해야 한다고 주장했다. 런던의 NATO 수뇌회담에서 채택된 NATO 개혁선언은 고르바초프의 주장에 따라 소련을 안심시키기 위한 요소가 포함되어 있었다. 이러한 요소 가운데 하나는 NATO에 상주대표부를 설치한다는 소련과 바르샤바 조약 가맹국들에 대한 제안이었다. 이 제안은 다음 해의 북대서양협력평의회(NACC) 회의에서 정식으로 승인되어 그 후 '평화를 위한 파트너십' 협의과정으로 실현되었다. 더욱이 NATO 각국은 NATO군의 병력을 삭감하고 재편성하며 향후 빠른 시일 내에 다국적 군부대를 중심으로 구성하고 독일군 병력을 더 큰 NATO 군사령부라는 틀 속으로 편입시킬 것을 약속했다.[51] NATO 수뇌회담이 끝난 후 부시는 고르바초프에게 보내는 서간에서 이렇게 언급하고 있다. "이번의 NATO 선언을 읽어보시면 아시겠지만, 선언의 문안은 당신의 생각을 중시해 초안된 것입니다. 더욱이 저는 런던회의에서 각국의 수뇌들에게 이 선언의 중요성을 강력하게 지적했습니다."[52]

그 후 셰바르드나제 외상은 당시의 상황을 다음과 같이 회상하고 있다. "NATO의 사명과 전력을 변경한 NATO 런던회의의 결정은 소련이 독일문제에 관한 해결의 조건을 수락하게 만든 결정적인 조치였다. 내 입장에서는 상대편(서방 측)에게 일정한 긍정적인 반응이 되돌아온 것이 특히 중요했다. 만일 그렇지 않았다면 우리도 더 이상 지탱할 수 없었을 것이다. 런던에서의 NATO 회의에 관한 뉴스가 도착했을 때 NATO 측이 우리의 요구에 응해주었다는 사실을 금방 알 수 있었다."[53] '2+4' 교섭 과정은 소련에 '의사표명의 기회'를 부여했다. 이로 인해 소련은 서방국가 정부들에 NATO의 변혁과정을 가속시키도록 압력을 행사할 수 있는 기회를 얻었다.

지금까지 소개한 에피소드들은 동서진영의 교섭 과정이 더 대담한 틀 속에서 행해졌다는 사실을 보여주는 근거가 된다. 즉, 서방국가들은 소련이 안고 있는 난문제를 악용할 의도가 없다는 점, 서구의 안전보장·경제체제하에서의 독일통일이 독일의 재흥을 막는 효과적인 방어책이 된다는 점을 소련 지도부에 전달해 안심시킬 수 있는 능력을 서방국가 정부들이 지니고 있었다는 것이다. 그 결과 소련은 독일의 군사력에 관해 NATO가 제시한 해결안을 수락하는 선까지 양보를 했다. 젤리코 (Zelikow)와 라이스(Rice)의 연구에 따르면, 고르바초프의 보좌관 중 한 사람이었던 체르냐예프는 다음과 같이 언명했다. "고르바초프 자신이 더 이상 NATO를 두려워 할 필요가 없으며 독일의 NATO 가맹이 소련에 위협이 되지는 않는다고 판단했다."[54]

NATO 체제하의 통일독일을 받아들이려고 소련 지도부가 적극적인 자세를 보였던 것은 미국과 유럽이 NATO 동맹을 통해 결속되어 있다는 사실과 부분적으로 관계가 있다. 미국 지도자들과 회담을 거듭하는 동안 고르바초프 대통령과 셰바르드나제 외상은 앞으로도 미군병력이 계속 독일에 주둔하기를 바란다고 시사했다. 즉, 소련 지도부는 최종적으로 NATO가 미국의 확실한 독일관여를 위해 필요한 장치라고 인식하게 되었던 것이다. 1989년 12월의 말타 수뇌회담에서 고르바초프는 미군부대의 계속적인 유럽 주둔이야말로 안정의 원천이라고 발언해 미국 측의 참석자들을 놀라게 했다. 이 발언을 통해 고르바초프는 독일통일이 소련의 안전보장에 끼치는 영향에 대한 소련의 견해를 밝혔던 것이다.[55] 1990년 3월, 셰바르드나제는 베이커와 나미비아에서 회담을 가졌다. 이때 셰바르드나제는 독일의 NATO 잔류에 관해 소련이 지니고 있는 우려의 일부는 그로 인해 미군이 독일에서 철수할지도 모른다는 점에 있다고 밝혔다. 이에 덧붙여 그는 "내일 무슨 일이 일어날지 고려하지 않으면 안 된다. 예를 들면, 우리는 동독에서 철수하고 미국은 앞으로도 계속 독일에 주둔할 것이라고 한다. 우리로서는 이에 어떠한 이의도 가지고 있지 않지만 미국이 독일로부터 철수하게 되는 사태가 발생할지도 모른다는 점이 걱정이다"라고 언급했다. 이에 대해 베이커는 다음과 같이 답변했다. "미국의 유럽에 대한 현시력을 보증하는 유일한 방법은 NATO 동맹을 기능시키는 것이다. 또한 동맹을 확실한 형태로 지속시키기 위한 방법은 한 가지밖에 없다. 바로 독일을 NATO에 가맹시키는 것이다."[56] 이러한 교섭과정은 미국을 유럽에 구속시키기 위해서는 독일을 NATO에 구속시킬 필요가 있음을 소련이 인식하고 있었다는 사실을 잘 보여주고 있다.[57]

통일독일의 NATO 가맹 구상에 동의하기 위해 소련은 서방의 위협에 관한 종래의 인식을 바꾸지 않으면 안 되었다. 즉, NATO는 기본적으로 방위적인 동맹이며 독일의 군사력을 제한하고 안정된 형태로 유지할 수 있는 기능을 지니고 있다고 이해해야 했던 것이다. 고르바초프가 이 점에 관해 동의하기 위해서는 NATO 동맹과 서구제도가 지니는 구속적인 성격에 일정한 신뢰도를 지니지 않으면 안 되었다. 이를 위해서는 NATO가 존재함으로써 독일의 군사력은 억제되고 미국군은 유럽에 결속되는 것에 대한 구체적인 증거를 제시하고 NATO가 기본적으로 '억제조약'임을 명확하게 밝혀야 했다. 이 문제의 본질적인 해결에서 가장 중요한 점은 서방질서의 운용 그 자체였다. 서방 지도자들 역시 통일독일의 탄생과 소련을 납득시켜야 하는 상황에 관해 우려를 느끼고 있었지만, 이 문제들을 둘러싸고 지도자들의 밀고(push) 당기는(pull) 과정을 통해 독일통일 과정은 '억제'와 연결되었다. 이 결과 소련은 약화된 소련질서에 대한 공격적인 통일전선과 직면하는 일은 없었다.[58]


## 냉전종언 이후의 제도구축

냉전종언은 미국의 힘을 급격히 증대시키는 효과를 낳았다. 양극체제가 붕괴됨에 따라 미국은 경제적·군사적 능력이라는 점에서 세계를 지배하는 강대국이 되었다. 그때까지 10년간의 현저한 경제성장은 — 러시아와 일본, 그리고 일부 유럽의 경제정체의 영향과 더불어 — 타국과의 대비 속에서 미국의 입장을 한층 강고하게 만들었다.[59] 1990년대를 통해 미국은 과거 대전쟁에서의 승전국과 마찬가지로 획득한 힘의 사용에 관한 선택의 문제에 직면했다.

1990년대의 이와 같은 유리한 입장에서 미국은 제도구축이라는 정책목표를 세우고,[60] 안전보장과 경제 분야에서 지역적·세계적으로 제도를 구축하며 확대하려고 노력했다. NATO의 확대와 NAFTA, APEC, 그리고 WTO의 신설은 이러한 정책목표의 주요한 요소였다. 이 정책의 패턴은 질서형성의 국제모델과 합치되어 있었다. 미국은 자신이 바라는 정책방침에 타국을 고정화시키기 위한 메커니즘으로 이러한 제도를 이용했다. 또한 이 목표의 실현을 위해 자국의 행동에 제약을 가하는 것도 주저하지 않았다. 한편 파트너 국가들은 미국으로의 접근 — 그 대상으로는 시장이나 정책형성인 경우도 있었다 — 을 확보하기 위한 수단으로 이러한 제도를 이용했다.

냉전 직후 부시 정권은 몇 가지의 지역적 제도 추진에 관한 주도권을 행사했다. 우선 유럽에 관해 국무성 관계자들은 일련의 제도적 조치를 제창했다. 구체적으로는 NATO의 변혁과 동구의 국가들을 준가맹국으로 새로운 관계를 구축하는 것, 그리고 EC와의 제도적 관계를 더욱 공식적으로 만들며 유럽안전보장협력회의(CSCE)의 역할을 증대시키는 것이었다.[61] 다음으로 부시 정권은 서반구 지역에 관해 NAFTA의 발전과 남미와의 경제관계의 긴밀화를 추진했다. 또한 동아시아에서는 APEC을 통해 이 지역과 더욱 본격적인 제도적 결합을 구축하려고 했다. 미국은 동남아시아 지역에 대한 관여를 국내외에 제시하고 아시아의 지역활동을 태평양 전역으로 확대시키는 것을 목표로 삼았다.[62]

이러한 외교행동의 저변에 흐르는 기본구상은 혁신적인 지역전략을
전개하고 포스트 냉전기의 국제관계에서 기존에는 볼 수 없던 새로운
제도적 틀을 탄생시키는 것이었다.

베이커는 나중에, 이러한 제도적 주도권은 포스트 냉전기에 부시
정권이 전개한 질서구축 전략의 기본적인 요소였으며 그 노력은 포스
트 1945년기의 미국의 전략과 유사하다고 지적했다. 그는 이에 덧붙여
이렇게 언급하고 있다. "가끔 잊어버리긴 하지만 많은 정치가들 중에서
트루먼이나 애치슨 같은 정치가는 제도의 구축자(institution builders)였
다. 그들은 NATO나 그 밖의 안전보장조직을 창설하고 경제제도를
육성시켰으며, 그 조직이나 제도는 타자의 추종을 불허할 만큼 큰
번영을 가져다주었다. 그 덕분에 우리는 최종적으로 냉전에서 승리하
게 되었다. …… 이전의 시대와 마찬가지로 우리는 기회와 위기가 혼재
하는 시기에서 이러한 정치가들이 남긴 교훈을 배우지 않으면 안 된다
고 생각했다."63) 여기에서 볼 수 있는 기본구상은 '제도라는 씨앗을
심는 것'이었다. 즉, 지역적인 제도적 틀을 창설하고, 이를 통해 각
지역에서 미국의 영향을 확대하고 증진하는 것, 그리고 민주주의와
'열린 시장'을 장려하는 것이었다.64)

클린턴 정권 역시 '확대(enlargement)' 전략 속에서 제도구축이라는
정책목표를 제창했다. 그 기본구상은 새롭게 탄생한 민주주의 시장경
제국가들을 안정시키고 서구의 민주주의 세계로 통합하는 메커니즘으
로서 다국 간 제도를 활용하는 것이었다. '확대' 독트린을 발표하고
얼마 되지 않은 시점에서 레이크(Anthony Lake) 국가안전보장담당 대통
령 보좌관은 이 전략이 "민주주의 시장경제국가로 구성된 공동체를
강화시키고 탄생된 지 얼마 되지 않은 민주주의국가들과 시장경제
국가들을 가능한 한 육성시키며 강화하는 것을 목적으로 하고 있다"라

고 주장했다. 게다가 미국은 각국으로 하여금 민주주의와 시장경제가 굳게 뿌리를 내리고 더 큰 서구 민주주의질서를 확대·강화하도록 지원할 것이라고 언급했다.[65] 이 전략의 대상이 되었던 곳은 세계에서 민주주의 시장경제로의 이행과정을 개시하고 있는 지역으로, 구체적으로는 중유럽과 동유럽, 그리고 아시아·태평양의 국가들이었다. 새로운 통상협정을 체결하고 안전보장동맹 관계를 맺음으로써 이러한 국가들이 국내개혁을 실시하도록 유도하고 가능하면 민주주의 시장경제 체제에 고정화시키려 했다.[66]

NATO의 확대에도 이러한 '제도적 논리'가 적용되었다.[67] 1997년 7월 NATO 수뇌회담이 열렸을 당시, 폴란드, 헝가리, 체코 3개국은 NATO 가맹을 정식적으로 요청받았다. 이 가맹요청은 동유럽과 중유럽에서 신규 가맹국을 불러들여 동맹을 확대하려 했던 1994년 1월의 브뤼셀 NATO 수뇌회담에서의 결정에 따른 것이었다. 미국의 주도권으로 인해 포스트 냉전기를 맞이한 NATO 동맹은 제도개혁을 시도하려는 의도를 비쳤지만 이는 과거에는 볼 수 없던 대담한 개혁이었던 탓에 찬반양론을 불러왔다.[68]

클린턴 정권은 NATO 확대에 관한 몇 가지의 기본원칙을 제시했는데, 정권이 일관되게 강조했던 사항은 동유럽과 중유럽 각국이 획득한 민주주의와 시장주의의 성과를 한층 강고하게 견지하는 것과 서구 민주주의 공동체의 영역을 확대하는 것이었다. 올브라이트(Madeline Albright) 미 국무장관은 NATO의 확대를 지지하는 세 가지 이유를 제시했다. 첫째 이유는, 동맹을 더욱 확대하면 전쟁이 발생하지 않는 유럽 지역의 확대를 초래할 수 있다는 것이었다. 이 새로운 가맹국들에 안전보장 조치를 부여함으로써 확대된 유럽 지역에서 전쟁이 발생할 가능성을 크게 줄이겠다는 의도였다. 올브라이트를 포함한 정권 당국자들은 러시아의 불확실한 장래를 인정하면서도 러시아를 잠재적인 위협으로 단정하는 것에는 신중을 기했다. 클린턴 정권 당국자들은 현재의 미국이 직면한 위협은 종래에 비해 훨씬 확산된 불특정한 위협이라고 지적했으며, 그 대표적인 예로 민족분쟁의 다발과 '불량국가(rogue states)'의 출현을 들었다.[69]

올브라이트를 포함한 정권 당국자들은 '러시아의 위협'은 실제로 존재하지 않으며, 그러한 위협을 무리하게 만들어내지 않아도 NATO의 확대를 정당화할 수 있다는 태도를 밝혔다. 국무장관은 다음과 같이 주장했다. "NATO는 새로운 러시아의 위협에 대항하기 위해 존재하는 것이 아니다. 위협의 소재에 대해 질문하는 사람들은 NATO의 진정한 가치를 잘못 파악하고 있다."[70] NATO의 신규 가맹국들이 이 올브라이트 장관의 생각에 반드시 동조한 것은 아니다. 이러한 국가들이 러시아 제국주의의 도래를 두려워하고 있었던 것은 사실이지만 NATO 가맹을 바라는 이유는 그 외에도 있었다.[71] 둘째 이유는, 확대를 통해 NATO가 이전보다 훨씬 강력해지고 구속력을 강화할 수 있다는 것이었다. 올브라이트는 신규가맹을 원하고 있는 국가들이 모두 동맹국으로서 유망하며 적극적으로 NATO에 관여하겠다는 태도를 표명하고 있다고 전했다. 막 탄생된 민주주의국가들은 NATO를 자국과 유럽, 그리고 서구세계와의 분리될 수 없는 관계를 확립시키는 수단이라고 생각했다. 이 국가들이 강한 결의를 지니고 안전보장동맹에 참가함으로써 이 동맹에 새로운 바람을 일으켜 동맹 자체에 '전략적 심도(strategic depth)'를 가져다줄 것으로 기대되었다.[72]

NATO 확대를 지지했던 가장 중요한 셋째 이유는, NATO 확대가 개혁 중인 국가들의 민주주의와 시장개혁을 안정시키고 고무할 수 있는 제도적 틀을 가져다줄 것이라는 기대 때문이었다. 각국은 NATO

가맹이 동유럽과 중유럽에서 발전하고 있는 민주주의로의 이행을 고정화시키는 데 도움이 될 것이라고 생각했다. NATO 가맹국의 자격을 얻을 수 있다는 전망만으로 가맹이 실현되기 이전에 이 국가들에서는 민주주의 개혁을 추진시킬 수 있는 인센티브가 생기기 때문이다. 클린턴 정권 초기의 NATO 확대추진파는 다음과 주장했다.[73] "NATO의 구성국이라는 지위는 동구국가들의 개혁파에서 거대한 인센티브를 안겨줄 수 있다. 왜냐하면 이 지위를 획득함으로써 개혁파는 서구세계의 일부가 되기를 원하는 국민들의 신뢰를 획득할 수 있고, 동시에 이 국가들이 열망하고 있는 유럽경제공동체 가맹국으로의 움직임이 촉진될지도 모르기 때문이다."[74]

이러한 주장은 클린턴 정권이 NATO 확대를 추구하면서 전개했던 논의 중 가장 중요한 요점이었다. 올브라이트 국무장관은 다음과 같이 언급하고 있다. "NATO 가맹 신청국은 NATO 동맹국의 일원이 되기 위해 자국의 민주주의 제도를 강화하고 소수민족의 권리존중을 위한 상황을 개선하며 군대의 문민통제를 확립했다. 또한 주변지역에서의 국경선 확정문제나 민족분쟁을 거의 모두 해결했다."[75] 탤벗(Strobe Talbott) 미 국무차관 역시 NATO 확대를 테마로 하는 유명한 논문에서 다음과 같은 견해를 피력했다. "NATO의 문호를 열어 신규 회원국을 영입함으로써 후보국이 민주주의에 기초한 제도를 확립하고, 경제를 자유화하며, 군부에 대한 문민통제를 확립하고, 인권존중을 강화할 수 있는 인센티브가 생긴다."[76]

정권 당국자들은 NATO 확대에는 민주주의와 시장개혁의 고정화를 촉진시키기 위한 몇 가지의 메커니즘이 존재한다고 지적했다. 그 첫째의 메커니즘은 정치적 조건이다. NATO 가맹을 이루기 위해 후보국은 제도적 개혁을 실시하지 않으면 안 된다.[77] 가맹국의 지위가 가져다주

는 이익으로 인해 제도적 개혁에 관여하고 있는 정치집단이나 정당의
정치적 입장은 강화되고 국내적 개혁을 지지하는 국내적 합의는 확대
될 것이기 때문이다. 탤벗은 다음과 같이 주장한다. "헝가리와 폴란드
에서는 NATO 가맹에 대한 전망으로 인해 민주주의와 시장개혁을
요구하는 국내적 합의가 더욱 높아졌다."78) 올브라이트는 NATO 가맹
신청국의 수를 늘이기 위한 제안에 찬성하면서 다음과 같은 주장을
전개했다. "이 후보국들은 자신들이 후보국으로서 채택거부 대상이
되기 전에 무엇을 해야 하는지 이미 인지하고 있다. 가맹 가능성의
존재로 말미암아 각국은 개혁을 가속화시키고 주변 국가들과 협력관
계를 맺으며 과거에 존재했던 파괴적인 내셔널리즘을 거부하지 않으
면 안 된다는 사실을 실감하고 그러한 방향으로 움직이고 있다."79)
개혁을 지지하는 정치그룹의 힘은 강화되어 개혁을 반대하는 세력과
의 투쟁에서 승리할 수 있는 기회가 훨씬 증대되는 것이다.

실제적인 예로, 1997년 신헌법비준 이전 폴란드에서는 군 참모본부
가 국무성과 문민정부의 지시 없이도 자유롭게 행동할 수 있었다.
하지만 폴란드는 NATO 가맹자격을 얻기 위해 자국군부의 문민통제
를 확립시키지 않으면 안 되었다. 그 때문에 폴란드 지도부는 문민에
의한 군부통제에 필요한 조치를 강구했다. 우선 1996년, '국가방위법'
이 의회에서 가결되어 폴란드 군 참모총장은 국방성의 통제하에 놓이
게 되었으며, 군의 예산과 계획, 그리고 군정보조직은 참모본부에서
국방성의 관할로 옮겨졌다. 1997년 벨기에를 방문해 국회에서 연설을
했던 도브란스키(Stanislaw Dobranski) 국방성 장관은 "폴란드 정부가
NATO 가맹에 대한 희망을 선언한 이후 폴란드군의 문민통제를 확립
시키는 것이 정부의 가장 중요한 과제였다"라고 설명했다.80) 이 국방
성 장관의 연설이 보여주듯 NATO 가맹에 대한 전망이 확실했기에

폴란드 지도부는—그리고 폴란드의 상대국인 헝가리와 체코의 지도부 역시—서구의 기준에 따른 제도개혁을 실행하고 군부를 문민통제와 의회감독하에 두는 정책을 실시하려는 의욕을 가졌던 것이다.[81]

한 국가의 NATO 가맹이 승인된 이후에는 동맹의 통합 과정이 그 국가의 제도적 개혁을 추진하게 된다고 상정된다. NATO에 가맹한 이후에는 군사적 절차의 표준화와 같은 폭넓은 조직적 변경과 NATO 군과의 공동행동을 위해 필요한 조치, 그리고 계획입안이나 훈련에서의 공동작업을 실시하지 않으면 안 된다. NATO의 신규 가맹국은 지금까지 경험해본 적이 없는 폭넓은 동맹의 제 제도로 편입되는데, 이로 인해 신규 가맹국이 예전의 수법으로 회귀하려 해도 이미 그 능력은 현저히 감소된 상태였다. 또한 NATO의 각종 장기적인 작전에 참가함으로써 가맹 도상에서 행해온 정부 내의 개혁 역시 한층 강화되었다. 한 보고서는 다음과 같이 논하고 있다. "폴란드와 헝가리, 그리고 체코공화국의 군 간부들은 3년 이상에 걸쳐 세미나와 계획입안 회의, 군사연습 등 다양한 NATO의 중심적 활동에 동원되었다."[82] NATO에 참가하기 위해서는 몇 가지의 근본적인 조정과 변경이 필요했다. 어느 NATO 당국자는 그 감상을 다음과 같이 표현하고 있다. "우리는 그들을 NATO의 문화 속에 편입시키려 하고 있다. 결국 그들은 정치와 군사적인 면에서 우리와 동일한 사고를 시작할 것이며, 시간이 지나면 우리와 동일한 행동을 취하게 될 것이다."[83]

NATO 확대를 추구하는 데 NATO 창설을 제안했던 1945년 이후의 초기에 이루어졌던 주장들이 반복되었다. 즉, NATO가 정치와 안전보장 면에서의 목적에 공헌하는 조직이라는 주장이었다.[84] 이처럼 NATO는 전후기에 민주주의 제 제도를 안정시키고 정착시키는 조직적인 구조를 구축했다. 올브라이트는 다음과 같이 호소했다. "예전의

NATO는 서독의 민주주의 세력에 대해 그들이 만일 정확한 선택을 계속해서 취한다면 그들 국가는 서구 공동체에서 환영을 받고 안정된 지위를 유지할 수 있다는 희망을 부여했다. 오늘날의 NATO는 그와 동일한 희망을 동구의 민주주의국가들에 적용시키려 하는 것이다."[85] 레이크 안전보장담당 대통령 보좌관 역시 1996년 이와 동일한 내용을 주장했다. "NATO는 예전 유럽의 서구지역에서 행했던 것과 동일한 방식을 유럽의 동구지역에서 행할 수 있다. 즉, 지역적인 대립의 재현을 예방하고, 장래의 위협에 대해 민주주의를 강화시키며, 미약한 시장경제를 번영의 길로 인도하는 것이다."[86] NATO는 유럽 국가들을 서로 구속시킴으로써 동맹국가 간의 전체적인 안전보장을 구축하고 민주주의와 시장을 원칙으로 하는 제 제도를 보강시켰던 것이다.

미국이 NAFTA와 APEC의 양 구상을 실현하려고 했을 때 여기에는 지금까지 논해온 것과 같은 논리 — 포함성(encompassing)이라는 점에서 NATO의 논리보다 다소 뒤떨어지지만 — 가 존재했다. 이러한 지역적 경제 주도권은 경제와 무역의 자유화를 추구했던 1980년대 말의 세계적 동향을 기원으로 하고 있었다. 미 당국자들은 이들 협정에서 많은 장점들 — 물론 무역확대와 경제성장이 가장 중요했다 — 을 발견해냈지만 이 협정들은 타국 정부에 의한 시장과 정치개혁에 대한 관여를 강화하고 고정화시키는 제도적 장치로도 중시되었다.

멕시코와 캐나다, 그리고 미국은 1992년 말 NAFTA 협정에 조인했다. 이는 멕시코 정부가 10년에 걸쳐 실시해온 경제자유화 정책의 정점을 이룬 것이었다. 멕시코 정부는 오랜 기간 동안 보호주의와 폐쇄주의의 정책을 지속시켜왔지만, 1980년대 초에 이르러 이를 포기하고 1980년대에는 경제의 규제완화와 무역장벽의 소멸을 착실히 실현했다. 이러한 대담한 정책전환은 경제와 정치 면에서 일어난 다양한 사건들로 인해 가속화되었다. 1980년대 초기의 대외채무위기는 정책 변경을 촉진시킨 최초의 요인이었다. 그 이후 기업활동의 새로운 기반이 탄생되면서 자유화와 정치개혁이 지지를 얻게 되었다. 자유화와 정치개혁이 진행되면서 개혁을 추구하는 의원이나 정부 관계자들은 보호주의의 압력으로부터 벗어나게 되었다. 멕시코의 여당 내에서도 개혁이 이루어졌다. 그 결과 여당은 국제적 이해관계를 급속히 중시하게 되었으며, 정부는 도시부 빈곤층과 농민의 지지를 기대하면서 사회 프로그램을 발전시키려고 노력했다.[87] 1990년에 들어서자 민간부문의 자유화는 거의 완성되었고, 살리나스(Carlos Salinas de Gortari) 대통령은 미국과 캐나다와의 NAFTA 교섭을 개시할 용의가 있음을 표명해 워싱턴의 미 정부 관계자들을 놀라게 했다.

NAFTA는 미국과 캐나다 양국에 경제적 이익을 가져다주는 제도인 동시에 정치적 도구이기도 했다. 양국 정부는 이를 이용해 멕시코가 실현하려고 애써왔던 국제협조정책 실시의 자세를 고정화 — 또는 제도화 — 시킬 수 있었다. 살리나스 정부에게는 외국의 투자를 유치하기 위해 이전보다 더욱 예측 가능하고 신뢰할 수 있는 국내법규를 제정하는 데 NAFTA가 유익하게 작용했다. 1990년까지 살리나스는 국내의 경제개혁만으로는 새로운 외국자본을 유치할 수 없다고 판단하고 있었다. 어느 연구자는 다음과 같이 분석하고 있다. "투자에 대한 이익 기대율을 증대시키고 투자가의 신뢰를 높이는 정책이 이 전략의 본질이다. 미국과의 자유무역협정(FTA)이 이 목표와 합치된다는 것은 틀림없다. 왜냐하면 이 협정으로 장래 미국시장으로의 접근과 멕시코의 개방경제전략의 장기성이 확보되기 때문이다."[88] 멕시코가 무역자유화에 응했다고 해서 그것만으로 멕시코가 제한적인 정책으로 되돌아가지 않을 것이라고 단언하기는 힘들었다. 중요한 사실은 살리나스에

게 미국과의 자유무역협정이 매력적이었다는 것이다. 구체적인 경제
적 이익 이외에도 이 협정으로 그의 후계자가 계속해서 경제자유화
정책을 실시하도록 발을 묶을 수 있었기 때문이다. 이렇게 되면 정책이
반대의 코스를 밟는 것은 훨씬 어려워질 뿐만 아니라 외국자본과 무역
기업에 있어서도 멕시코의 이미지가 개선되어 이에 대한 매력이 증대
될 전망이었다. 스미스(Peter Smith)는 다음과 같이 주장한다. "NAFTA
는 살리나스에 그의 경제개혁을 제도화하고 영속화시킬 수 있는 기회
를 부여했다. …… 살리나스는 자신이 시작한 개혁을 유지시키기 위해
대통령이 교체될 때마다 일어났던 예측할 수 없는 역사적 변화, 즉
새로운 대통령이 전임자의 정책을 거꾸로 되돌려놓거나 무시하는 등
의 역사적 변화로부터 거리를 두려고 했다. NAFTA 체제가 성립되자
살리나스의 '구조적 조정(structural readjustment)' 계획은 이미 하나의
국제조약의 일부가 되었다. 게다가 이는 세계에서 유일한 초강대국이
조인한 국제조약이었다. 이러한 상황에서는 이 구상에 반대하는 세력
들과 살리나스의 후계 대통령이 할 수 있는 선택의 여지가 매우 좁았다.
결국 이 개혁을 실행에 옮긴 살리나스의 모습은 청동으로 주조되어
기념되고 있다."[89] 멕시코 대통령의 임기는 1기 6년으로 제한되었다.
살리나스의 정책이 장래에 걸쳐 계속 지속되고 충분한 개방성을 보증
해 무역과 투자가 확대될 수 있도록 NAFTA는 유익한 제도적 메커니즘
을 제공했다. 이 메커니즘은 살리나스를, 그리고 그의 후임 대통령까지
구속했기 때문에 살리나스에게 있어서는 매우 매력적이었다.[90]

이와 같이 NAFTA 협정은 미국의 보호주의에 대한 일종의 보험으로
생각되었다. 미국은 멕시코의 가장 중요한 수출시장이었다. NAFTA
체제가 성립됨으로써 이 수출시장으로의 접근이 확대될 뿐만 아니라
시장접근의 예측 가능성 역시 한층 높아졌다. 1988년, 미 의회는 통상

담당의 부처가 적극적인 대책을 강구함으로써 불공정 무역관행을 막기 위한 법률을 정비했다. NAFTA의 합의를 통해 실현된 시장통합으로 멕시코가 미국으로부터 일방적인 제재를 받는 일이 없도록 보험적인 조치 역시 강구되었다.[91] 멕시코는 자국과 미국을 밀접하게 결합시킴으로써 최대의 무역상대국인 미국과의 관계를 더 예측 가능성 높도록 만들려고 했다.

미국 당국자들의 생각에도 이러한 논리가 작용하고 있었다. NAFTA는 멕시코가 향후 계속해서 시장경제주의에 따라 행동하도록 만들기 위한 메커니즘이었다. NATO 확대가 중유럽과 동유럽에서의 친서구 세력의 정치적 입장을 뒷받침하는 수단으로 발안된 것과 마찬가지로, NAFTA 창설은 멕시코의 자유무역 지지세력에 대가를 부여하고, 그 세력을 강화하며, 게다가 멕시코가 실시한 정책변환을 제도화시키는 수단으로 간주되었다.[92] 후일 미 국무성의 한 담당자는 이렇게 설명했다. "NAFTA는 멕시코의 근대화를 지원하는 방침이었으며, 미국은 이 '역사적 변환'을 활용해 멕시코가 자국을 북미에 전면적으로 결합시킬 수 있도록 원조했다."[93] NAFTA가 지닌 이러한 매력에 관해 네그로폰테(John D. Negroponte) 주멕시코미대사는 1991년 4월, 워싱턴으로 보내는 비밀보고서에서 다음과 같이 지적했다. "멕시코는 외교정책의 내용과 이미지를 전환하는 과정에 있다. 멕시코는 국제문제에 관해 이데올로기와 내셔널리즘, 그리고 보호주의라는 접근법으로부터 실리주의와 외향주의, 그리고 경쟁주의의 접근법으로 전환했다. …… 멕시코가 자유무역협정을 제창한 것은 어떤 의미에서 이 새로운 정책 접근법의 정점을 이루고 있는 것이다. 외교정책이라는 관점에서 보면 자유무역협정은 제도를 통해 멕시코의 외교관계에 북미적 방침을 포함시키는 것을 의미한다."[94] 경제적 이익을 도외시한 채 미국정부는

NAFTA 구상을 지지했다. 그 이유 가운데 하나는 이 조약으로 미국에 바람직한 정책방침이 강화되어 고정화되기 때문이었다.

1990년대 초기에는 아시아·태평양 지역에서도 지역적 경제구상이 형성되기 시작했다. 오스트레일리아와 일본은 완만한 형태에서의 다국 간 지역경제협력 구상을 제안했다. 10년에 걸친 현저한 경제성장과 냉전의 약화, 외향적 경제정책에 대한 각국의 의견일치, 그리고 유럽과 북미에서의 지역경제협력의 진전 등의 기여로 말미암아 아시아·태평양 지역 국가들은 지역경제협력 공동체 창설에 흥미를 보였고, 동시에 오스트레일리아와 일본은 자국의 대외경제 관계를 지역적으로 분산시켜 다이내믹한 경제발전을 이루고 있는 지역에서 대규모로 자국의 경제를 통합화시키려 했다.[95] 아시아·태평양 지역 국가들의 외상들 사이에서 빈번한 담합이 이루어지고 난 뒤 1989년 11월 캔버라에서는 제1회 APEC 관료회의가 개최되었다.[96]

아시아·태평양 지역의 지도자들은 정부 간 회담을 개최하기로 합의했고 정치와 경제 면에서 다양한 의제가 제시되었다. 아시아·태평양 지역의 엄밀한 범위와 이 지역에 북미 국가들이 포함되는가에 관해 의견이 갈리기도 했지만 각국은 최종적으로 범태평양공동체(trans-Pacific grouping)의 설립을 목표로 합의에 도달했다. 그 동기 가운데 하나는 미국을 지역적 제도로 편입시킴으로써 미국의 경제정책을 더 예측 가능하도록 만들고 다면적인 지역안전보장으로 이용하려는 것이었다. 미국을 포함시켜야 한다고 강하게 주장한 나라는 일본이었다. 아시아·태평양 지역의 지역협력 주도권의 추진역할을 담당하고 있던 일본의 한 고관은 다음과 같이 주장했다. "미국을 이 포럼에 참가시킬 수만 있다면 통상문제에 관한 미국의 일방적인 행동에 대해 우리는 훨씬 효과적으로 대처할 수 있으며 이를 봉쇄할 수 있다."

ASEAN 가맹국들은 이 지역조직을 확대해 비아시아 국가를 가맹시키는 것을 매우 꺼려했다. 하지만 최종적으로는 일본의 설득을 받아들였다.[97] 2국 간 관계에서 미국으로부터 강력한 무역자유화 압력을 받고 있던 일본은 무역에 관한 논의의 틀을 확대시켜 미국의 단독주의적인 경향을 완화시키기 위해서는 APEC이 유용한 메커니즘이라고 생각했다.

멕시코가 NAFTA를 미국시장으로의 안정된 접근을 확보하고 외국자본을 유치하기 위한 메커니즘으로 생각한 것과 마찬가지로 동남아시아의 중소국들은 APEC에 관해 같은 생각을 지니고 있었다. 그때까지만 해도 미국과 일본으로부터 동남아시아 지역으로 계속해서 자본이 유입되고 있었지만 이 시기에는 동유럽의 새로운 시장개방으로 인해 미국과 일본의 자본의 흐름이 변할 수 있다는 우려가 생겼다. 그 때문에 만일 APEC이 탄생된다면 동남아시아는 미국과 일본에 의한 장기적인 관여를 요구할 수 있게 되고 자본유입과 통상관계를 안정시킬 수 있다는 기대가 모아졌다. 북미와 유럽 지역에서의 지역주의(regionalism) 고조에 대해 아시아·태평양 지역은 불안을 감출 수 없었으며, 이 불안감은 각국으로 하여금 아시아·태평양 지역에 대한 미국의 관여를 고정화시키고 안정된 지역체제를 설립하도록 만들었다.[98]

이 시기에 미국 당국자들은 APEC보다 한층 제도화된 경제협력에 관한 논의를 거듭하고 있었다. NAFTA 교섭이 한창 진행되고 있던 시기에 부시 정권의 당국자들은 아시아·태평양 지역 국가들과 지역적 무역협정 체결에 관한 구상을 검토하고 있었던 것이다.[99] 오스트레일리아와 일본이 지역각료회의의 개최를 제창했을 때 미국은 즉시 참가를 표명했다. 미국의 구상은 NAFTA 협정의 논리와 거의 동일했다. 미국은 열린 경제관계를 추구하는 APEC 체제가 외향적인 경제발전을 추구하는 각국의 정부가 새롭게 제안한 '관여'를 보강하고 고정화시킬 것이라고 예측했다. 이와 같은 체제가 탄생된다면 아시아·태평양 지역에서 창출되는 경제지역주의의 이익으로부터 미국이 배제되는 현상을 막을 수 있다는 것이 미국의 판단이었다.[100] 이에 대해 아시아 국가들로만 구성된 공동체의 설립구상은, 그것이 말레이시아의 제안이건 다른 어느 나라의 제안이건 미국의 국익에 반하는 것임은 틀림없었다. 따라서 부시 정권이 격렬하게 비판한 것은 당연했다. 완만한 틀의 열린 지역적 포럼—예를 들면, APEC과 같은—이야말로 범태평양이라는 공간에서 창출된 지역이 시장의 개방성을 강화시키고 미국이 이 지역에 관한 자국의 정책을 표명하는 데 적절했다.[101]

클린턴 정권이 탄생하자 APEC에 대한 새로운 요청이 이루어졌다. 대통령 취임 후 1년째 클린턴은 APEC 15개국의 수뇌들을 시애틀로 초대해 회의를 열고 지역적 자유무역권 설립목표에 관한 합의를 얻어냈다. 이 구상은 매년 한 번 열리고 있는 각료회의를 국가원수회의로 격상해 APEC을 강화하고 이 수뇌회담의 장에서 자유무역의 목표를 실현하는 것이었다. APEC은 모든 당사국에게 유익한 존재였다. 일본이나 아시아 중소국들은 미국이 보여주는 단독주의와 차별적 경제관행에 대해 자국을 보호하는 데 APEC 교섭 과정을 이용했다. 또한 이 교섭 과정은 ASEAN 국가들에게 일본과의 관계를 강화시키기 위한 수단이 되기도 했다. 아시아·태평양 국가들은 자유무역을 추진하는 계약의 보상으로 더 많은 국가들의 참가로 구성되는 분쟁해결 메커니즘에 미국이 관여하게 되고 이 지역에서의 미국의 존재에 '예측 가능성'이 부여될 것이라고 생각했다.[102]

1995년에는 WTO가 설립되었다. 이는 포스트 냉전기를 맞이한 미국이 국제제도에 자국을 구속시키려고 했던 가장 명확한, 하지만 가장 많은 논의를 불러온 사례라고 할 수 있다. 우루과이 라운드 무역교섭은 1993년에 최종적인 결론을 내렸지만, 그 결론의 하나로 WTO의 정식적인 발족과 그때까지의 '관세와 무역에 관한 일반협정(GATT)'에 기초한 규칙형성, 그리고 분쟁해결의 메커니즘이 강화되었다.[103] 이 새로운 제도는 국제통상법제의 법적 기반을 확립시키는 데 커다란 진일보였다. 법인으로서의 형태를 취하고, 독립된 사무국을 갖는 정식 조직이 발족되었으며, 더욱이 국제무역협력을 위한 제도적 틀이 형성되었다. WTO를 지지한 것은 많은 국가, 그중에서도 미국이 일방적인 조치를 발동했을 경우 발동국에 벌칙을 부여하는 수단으로 통상정책에서의 법적 기반의 강화를 바랐던 국가들이었다.

WTO의 발족으로 실현된 대담한 변화가 바로 무역분쟁 해결의 메커니즘이었다. WTO 발족 이전의 GATT에 의한 분쟁해결의 접근법은 합의(consensus)라는 관행에 따라 기능하고 있었기 때문에 한 국가가 타국과의 무역분쟁에서 불리한 형세가 되어도 GATT에 대한 보고를 저지할 수 있었다. 하지만 WTO의 틀 내에서는 분쟁처리가 상호보복(cross-retaliation)과 분쟁처리위원회 보고의 자동채택 규칙이 만들어짐으로써 한층 격상되었다.[104] 국가정책의 자주성에 대한 분쟁해결의 제약은 매우 구체적이다. 국가가 구속되는 것은 일반적인 무역정책의 규칙에 관해 각 국가가 이미 동의한 협정을 둘러싼 분쟁이 발생했을 경우에 한정된다. 따라서 어느 국가가 WTO가 부가하는 의무에 관해 전반적으로 동의하지 않는 경우 WTO는 그 의무를 법제화할 수 없다. 하지만 원칙적으로 가맹국은 각국의 교섭을 통해 발효된 규칙에 따라야 할 의무를 지고 있다. WTO가 분쟁상황을 판정하는 경우 가맹국이 주권의 일부를 잃게 되는 경우도 있을 수 있다. 즉, 가맹국의 통제가 미치지 않는 법적·실무적 기관이 규칙을 적용하는 것에 대해 가맹국은 동의하지 않으면 안 되는 것이다. 그 결과 어느 연구자가 분석결과를 통해 언급한 바와 같이 "WTO 체제하에서는 미국을 비롯한 각 국가들이 과거에 동의한 통상규칙의 실시를 그리 쉽게 회피할 수 없다. 이로 인해 각국 내에서의 상업정책 입안에서 유연성을 잃게 되는 경우가 생긴다."[105]

미국은 WTO가 분쟁처리 시스템을 강화하는 미국이 오랜 기간 동안 제창해온 목표를 전진시킬 수 있다는 이유로 WTO의 발족을 지지했다. 미 당국자들은 이로 인해 미국의 비즈니스가 보호되고 다국 간 무역규칙이 강화된다고 주장했다.[106] 유럽은 WTO가 미국의 과도한 일방적 행동을 방지하고 미국이 오랫동안 반대해온 GATT의 각종 위원회 보고의 자동적 채택에 대한 동의를 획득하는 수단으로서의 분쟁처리 구상이라고 생각했다. 그 밖의 중소무역국가들 역시 WTO는 강대국에 의한 자의적인 무역차별조치로부터 자국을 보호하는 규칙중심주의 시스템(rule-based system)으로 진일보한 발전이라고 생각하면서 WTO를 지지했다.[107] 미국은 우루과이 라운드 통상교섭과 무역규칙의 시스템 강화로부터 얻게 되는 이익도 존재하지만 미국의 정책적 재량에 관한 제약이라는 부분이 훨씬 크다는 최종결론을 내렸다.

NATO의 확대와 NAFTA, APEC, WTO의 창설은 정책유형의 일부로 간주할 수도 있다. 미국은 정치적·경제적인 변혁이 일어나고 있는 국가와 지역에서의 정치와 시장개혁을 보강하고 고정화시키는 방책을 모색해왔다. 일련의 제도변혁으로 인해 미국은 이러한 지역에 대해 더 확실하게 '관여'할 수 있게 되었고 이러한 신흥통상국에 의한 계속적인 개혁의 확약과 교환에 대해서도 제도적 관여를 할 수 있게 되었다. 베이커 전 국무장관은 당시를 회상하면서 다음과 같이 결론을 맺고 있다. "국무성에서 우리는 대부분의 시간을 신제도(예를 들면, APEC)의 창설과 기존 제도(예를 들면, NATO)의 갱신, 또는 잠정적인 준제도적 결정(예를 들면, 독일의 통일을 향한 '2+4' 과정)의 구축에 할애했다."108) 클린턴 정권은 확대와 관여(enlargement and engagement)라는 개념을 통해 이와 동일한 행동을 취했다. 올브라이트는 1996년 12월, "우리는 세력권(power blocs)이라는 것이 존재하지 않는 시대에 살고 있다. 이러한 시대에서는 옛 전제들의 재검토와 제도의 근대화, 그리고 국가관계의 개혁이 이루어져야만 한다"라고 언급했다.109) NATO의 확대와 지역적 무역동맹의 설립은 포스트 냉전기 질서의 제도적 기반을 확대한다는 미 전략의 핵심이었다.110)

이러한 제도구축 유형은 서방세계에 의한 전후처리의 기초가 되고 있는 논리의 연장으로 볼 수 있다. 제도적 합의는 국내적인 행정과 경제 면에서의 변화를 강화하기 위해 추진된 것이었다. 그리고 이러한 변화는 바람직한 정책방침을 책정하고 이를 고정화시키는 데 연관되었다. 국무성의 한 고관은 제도전략에 관해 "우리의 의도는 이 해당 국가들에서 실시되고 있는 정책에 영향을 끼쳐 미국정책의 방침방향과 유사한 제도와 관행, 그리고 경향을 구축하는 것이다"라고 설명했다.111) 미국은 이러한 국가와 지역에 대한 정치적·경제적 접근을 확보하는 동시에 이 국가들의 정치와 시장에 관한 개방성에 대해 지속적인 관여를 유지한다는 보증조치를 확보할 수 있었다. 이와 교환해 이 국가들 역시 미국의 안정되고 예측 가능한 정책실시라는 보증조치를 확보했다. 미국은 정치와 시장으로의 접근성이라는 점에서 열린 국가를 유지할 수 있는 제도를 이용해 이 국가들에 대해 지속적으로 관여했다.

# 포스트 냉전기 질서의 안정성

선진 공업국가들 간의 협력적인 안정관계의 지속은 냉전 후의 세계 정치에서 볼 수 있는 가장 현저한 특징들 중의 하나이다. 양극체제가 붕괴되고 세계의 힘의 분포에 극적인 변화가 일어났음에도 불구하고 미국의 대유럽, 대일본 관계는 수십 년간 지속되어온 그대로였다. 즉, 그 관계는 협력적이고 안정적이며 상호의존적이고 고도로 제도화되어 있는 것으로 이런 관계가 지속되어왔다는 것은 실로 놀라운 일이었다. 많은 전문가나 지식인들은 냉전 후의 세계질서에 대해 미국의 패권소멸과 강대국에 의한 세력균형화 움직임의 부활, 상호 경합하는 지역블록의 진출, 그리고 다국간주의의 쇠퇴라는 극적인 변화를 예측했다. 하지만 소련의 위협과 냉전의 양극체제가 소멸되었음에도 미국과 일본, 그리고 서유럽은 동맹관계를 재확인하면서 정치적 대립을 봉쇄하고, 이 세 지역 간의 무역과 투자를 확대하며, 전략적 적대와 대국 간의 세력균형화가 부활되지 못하도록 막았다.

전후 서구질서의 지속성은 후기 현실주의파의 질서이론으로서는 특히 수수께끼일 수밖에 없다. 이 이론에서는 소련의 위협이 소멸되는 동시에 서구세계의 동맹결속과 협력이 저하될 것이라고 상정하고 있다. 세력균형 이론에서는 통일적인 위협이 존재하지 않는 경우 서구국가들 간에는 전략적 적대관계가 재차 발생하고 주요한 전후동맹인 NATO와 미일동맹은 점차 붕괴될 것이라고 예측한다.[112) 또한 후기 현실주의파의 패권이론에서는 미국의 패권쇠퇴와 더불어 질서가 붕괴될 것이라고 상정하고 있다.[113) 그 이외의 이론은 최근, 무질서를 초래하는 것이 미국의 힘의 저하가 아니라 미국의 힘의 집중화라고 주장하고 있다. 이 견해에 따르자면 미국의 힘이 재흥하는 것은 안정적이라고 말할 수 없는 일극적인 '힘의 분포'를 초래하게 되며, 미국의 압도적인 지배는 최종적으로 세력균형적인 반응을 유도하게 될 것이다.[114]

이 문제에 관해 세력균형 이론이나 패권이론의 입장에서 논하면 결국 동일한 결론에 도달하게 된다. 즉, 각국에 공통되는 외부적 위협이 존재하지 않으면 안전보장동맹은 완화되고, 냉전시대의 구동맹국가 간의 협력은 저하되며, 전통적인 대국 간의 전략적 적대관계는 증대될 것이라는 결론이다. 또한 최근의 미국에서 나타나는 집중적인 우위가 존재한다면 동맹국가들에는 미국과의 관계에서 물러나게 되는 추가적인 인센티브가 생기는 것과 다름없다. 약소국들이 일극적인 세계대국이 된 국가에 경계심을 갖는 것은 당연하다. 왜냐하면 이와 같은 일극적인 세계대국은 이에 대항하는 대항적 억제력이 존재하지 않는 경우 예측 불가능한 존재가 되어 지배력을 갖추게 될 것이기 때문이다. 이러한 사실로부터 내릴 수 있는 당연한 결론은, 일본과 독일 양국이 지금까지 지니고 있던 '문민적(civilian)' 국가의 역할을 버리고 본격적인 대국으로서의 능력과 야심에 불가결한 모든 '장식품 (trappings)'을 필요로 하는 사태가 도래할 것이라는 점이다.[115]

냉전기의 동맹국가들 간에서 보였던 안정된 질서의 지속성이 — 게다가 이러한 국가들 간의 협력적·제도적 관계의 확대도 — 반드시 어떠한 구체적인 이론의 정당함을 증명하는 것은 아니지만 질서에 관한 제도 이론의 유효성을 제시하는 것임에는 틀림없다.[116] 기본적인 '힘의 분포'에서 발생한 변화는 — 특히 1990년대에 고조되었던 '힘의 비대칭'은 — 그렇게 중대한 것은 아니었으며 거대한 위협이라고 간주되지도 않았다. 그 이유는 구속적 제도가 힘을 억제하고 정식화시키기 때문이다. 강대국의 지배력이 이전보다 훨씬 강력한 경우에도 약소·추종국가들에는 그 지배력으로부터 벗어나려고 하거나 또는 그 지배력에 대항해 균형을 취하려고 하는 동기가 거의 존재하지 않는다.

냉전이 종결된 지 아직 10년밖에 경과하지 않은 탓에 최근의 사건들은 공업국가들 간에 싹트기 시작한 선구적인 질서로밖에 볼 수 없다. 하지만 이러한 다국 간 관계가 냉전의 종결과 '힘의 불균형'의 증대임에도 안정적이며 협력적인 형태로 추이되고 있다는 것은 매우 놀라운 일이다. 과거 10년 동안 서방국가들 간 또는 미일 양국 간의 분쟁의 규모와 심각함이 증대되었다고 주장하는 것은 옳지 않다. 반대로 이 국가들 전체에서는 무역과 투자가 증대되고 있으며 안전보장동맹의 중요성이 확인되면서 확대되고 있다. 정부 간 관계 역시 발전을 거듭해 온 결과 장기적인 정치관계가 더욱 심화되고 있다. 지역블록 간의 대립 또는 심각한 관계악화에 대한 불안은 지금으로서는 느낄 수 없다.

후기 현실주의파 이론의 예측과는 반대로 NATO는 쇠퇴의 조짐을 보이지 않고 있을 뿐더러 현실적으로는 NATO 체제의 정치적 재편과 확대가 실현되었다. NATO는 냉전 이후 가맹국들을 구속하고 동맹국들에 그 중요성을 보증할 수 있는 안정된 제도로서의 역할을 담당해오고 있다.117) 1999년 4월 NATO가 창설 50주년을 맞이했을 때 NATO 가맹국들은 NATO야말로 서방세계의 주요한 질서유지 장치라는 인식을 보였다. 냉전시대에 NATO를 이탈한 프랑스조차 NATO 군사구조 통합화 과정에 다시 참가할 의지가 있음을 1995년의 서명을 통해 발표했다.118) 하지만 프랑스의 NATO 군사부문 재참가의 조건을 둘러싸고 미국과 프랑스 사이에서는 서로 의견이 엇갈렸다. 이 상이한 의견 차이에는 NATO 남부사령부의 사령관으로 미국인과 유럽인 중 누구를 취임시켜야 하는지에 대한 문제가 포함되어 있었다. 이 때문에 프랑스는 NATO 군사위원회와 그 밖의 몇몇 조직에만 참가했을 뿐 통합사령조직에는 참가하지 않았다. 남부사령부에 관해 미국과 프랑스 사이에서 대립이 발생했을 때 프랑스의 가장 친밀한 군사적 동맹국인 독일이 미국을 지지한 사실은 중대한 의미를 지니고 있다.[119]

1999년 봄, NATO는 코소보 공폭작전을 주도했는데, 이 사건 역시 NATO 동맹의 결속을 시험할 수 있는 기회가 되었다. NATO 가맹국들은 지상군 사용의 선택이나 특정한 외교적 제안을 둘러싸고 서로 의견을 달리했지만 이 군사작전의 기본적 목표에 관해서는 결속의 자세를 보였다. 이러한 사실은 많은 국제문제 전문가들과 평론가들을 놀라게 만들었다. 이 군사작전은 NATO가 실시한 최초의 군사작전이었으며 제2차 세계대전 종결 이후 유럽에서 전개된 가장 중대한 무력행사였기 때문이다. 그런 의미에서 이 작전이 NATO 동맹에 부여한 의미와 충격은 향후 강하게 남을 것이다. 예를 들면, 이 작전의 영향으로 유럽 각국은 더 독립된 군사능력을 갖추려고 할지도 모르며, 만일 그렇게 된다면 동맹관계가 약화될 가능성도 있다.[120] 하지만 NATO 동맹은 1990년대를 통해 냉전기와 마찬가지로 본질적으로 강한 결속과 통합된 체제로 기능했다.

NATO 확대 역시 이와 마찬가지로 두드러진 발전을 전개해왔다. 미국을 비롯한 NATO 가맹국들은 신규 가맹국의 민주주의와 시장개혁을 강화하고 고정화시키는 것을 목표로 하는 NATO 확대구상에 대부분 찬성했으며, 창설 이래 줄곧 행해왔던 역할을 지속시키고 있다. 이는 종래로부터 제창해온 '제도내포논리'를 동방의 신규 가맹국에 확대 적용시키는 방안이 단지 확정되었을 뿐이다.[121] 기존의 가맹국과 신규 가맹국들은 동맹의 주요한 목적, 즉 가맹국가 간과 주변지역의 통합과 안정을 촉진하는 제도적 구조의 형성을 서로 확인해왔다.

미일동맹 역시 근년의 재편과정을 거치면서 동맹관계를 완화하기보다 오히려 양국의 안전보장동맹 관계를 재확인하면서 더 세련된 형태의 군사협력과 비상사태 대응계획, 책임분담 등의 계획을 구체화시켰다. 냉전이 종결되고 10년이 경과했지만 미일 2국 간 관계는 종래와 다름없이 안정된 상황을 유지하고 있는 것처럼 보인다.[122] 1996년 5월에는 미일안보조약이 새롭게 개정되었는데, 이는 양국이 냉전의 종결 또는 아시아·태평양 지역에서의 구체적인 안전보장상의 위협의 증감과는 관계없이 긴밀한 안전보장 관계를 유지해간다는 것에 의의를 두고 있다는 것을 의미하고 있다.[123] 아시아·태평양 지역에서 위협을 느끼는 일은 냉전기에 비해 훨씬 줄어들었으며, 그 절박성 역시 감소했다. 그럼에도 동맹관계는 반항구적인 성격을 지녔는데, 그 이유 중 한 가지는 미일 양 정부관계자들의 대다수가 이러한 상호구속적인 동맹관계를 2국 관계를 더 안정화시킬 수 있는 수단으로 인식하고 있기 때문이다.[124]

서구질서의 입헌적 특징은 독일과 일본 양국에도 매우 중요했다. 양국이 선진 공업국가의 세계로 재통합되었을 당시 양국의 자격은 '반주권(semisoverign)' 대국이었다. 즉, 양국 모두 자국의 군사능력과 독립성에 관해 역사상 유례를 찾아볼 수 없는 입헌적 제도를 받아들이지 않으면 안 되었던 것이다.[125] 이 때문에 독일과 일본은 경제와 안전보장 면에서 서구세계의 많은 지역적 제도와 다국 간 제도에 의존하게 되었다. 이들 제 제도가 안정된 형태로 기능했던 것은 제도들이 서구정치질서의 중심에 깊이 뿌리내리고 있었기 때문이다. 독일 그리스도교민주동맹(Christian Democrat)의 키예프(Walther Leisler Kiep) 당수는 1972년 다음과 같이 주장했다. "독일과 미국의 동맹이 …… 현대 독일사의 하나의 국면에 지나지 않는다고 말하는 것은 옳지 않다. 이 동맹은 독일정치 내에서 압도적인 지위를 점하고 있기 때문에 독일 정치에서 결정적인 요소가 되고 있다. 실제로 이 동맹은 독일의 '제2의 헌법'이라고 불릴 만하다."126) 독일을 NATO와 EU에 편입시킨 이러한 논리는 1997년 독일의 정치 지도자 포크트(Karsten Voigt)에 의해 재확인되었다. "우리는 인접 국가들의 이익을 고려해야만 하는 구조 속에 독일을 구속시키고 인접 국가들을 상대로 의도가 없는 행동은 하지 않는다는 확약을 바랐다."127) 이처럼 서구세계의 경제와 안전보장제도는 독일과 일본에 안정을 위한 정치적 방파제를 제공했으며, 이 정치적 방파제는 양국이 직면하는 다양한 실무적 과제보다 상위에 위치하고 있다.

서구의 안전보장 시스템에 점하고 있는 독일과 일본의 특별한 지위는 매우 안정되어 있다고 할 수 있다. 근래 독일과 일본 양국의 국방지출이 미국의 국방지출과 비교해 급속히 감소하고 있는 것은 양국이 강대국으로서의 야심을 추구하지 않고 그러한 능력을 획득하려고도 하지 않는다는 사실을 말해주고 있다. 어느 연구에서는 다음과 같이 지적하고 있다. "모든 유럽 국가 중에서 특히 독일은 자국의 경제적·군사적 안전보장을 증강시키는 데 거의 예외 없이 다국 간 관계 내에서의 행동에 의존해왔다. …… 이러한 관계의 기초가 되는 제도적 공약, 즉 EC와 관련되는 다수의 개혁구상과, 나아가서는 가맹국가들의 국가주권을 침해하더라도 국제제도를 강화한다는 목표가 의문시된 적은 한 번도 없었다. 말할 필요도 없이 이 가맹국가에는 독일 자신도 포함된다."128) 독일과 일본 양국은 국제제도들 속에서 타국에 뒤지지 않을 만큼 중요한 정치적 역할—가장 중요한 것이 UN안보리에서의 역할이지만—을 획득하기 위해 노력해왔다. 그럼에도 양국은 이전보다 확대된 서구질서에서 자국의 안전보장상의 역할을 극적으로 재정의하는 것에 대해서는 저항했다.

미국과 그 동맹국인 유럽 국가들이나 일본 사이에서는 무역을 둘러싼 충돌이 주기적으로 일어나고 있다. 하지만 이 무역충돌이 냉전기에 발생했던 경제적 충돌보다 훨씬 심각하다고 생각될 만한 모습은 찾아볼 수 없다. 다국 간 무역에 관한 우루과이 라운드의 성공과 GATT 체제에서 WTO 체제로의 이행은 국제무역체제의 본격적인 확대와 심화를 의미하고 있다. 배타적이고 상호경합적인 무역블록의 급속한 등장에 대한 불안은 결국 실현되지 않았으며, 미일 간의 장기적인 경제논쟁 역시 일정 단계 이상의 심각한 국면으로 접어들지 않았다. 미국은 일본에 더 열린 시장과 경제관행을 계속적으로 요구해왔고 이 요구에 대해 일본은 저항을 강화하기보다 개방과 규제완화를 향한 조치를 강구했다. 포스트 냉전기를 맞아 국내정책의 재편이 이루어진 일본은 중상주의 정책으로의 관여를 강화시켰다. 이 때문에 미일 간의 안전보장 조치의 약체화가 예상되었지만 일본의 총리는 1999년 규제 완화와 개방성, 그리고 미일안보조약의 중요성에 관한 원칙을 재확인 했다.[129]

미국의 일극지배는 유럽과 아시아 각지에서 불만과 저항을 불러일으켰지만 미국의 패권에 대항하는 세력균형의 움직임이나 충분히 예상될 수 있는 경쟁적 충돌은 없었다. 미국이 지휘권한을 쥐고 있는 입장을 남용하지는 않을까 하는 불만의 목소리가 근래 들어 커지고 있다고 지적하는 관계자들도 많다.[130] 세계 각국은 UN분담금의 지불 지연과 '헬름즈-버튼법(Helms-Burton Act)'의 성립(이 법률로 인해 쿠바와의 교역이 금지되었다), 그리고 지구온난화가스 경감조치 실시에 대한 저항 등을 포함해 미국의 수많은 실책을 목격하고 있다. 이러한 미국의 실책은 미국의 일극지배에 대해 유럽과 아시아가 불만을 갖는 주요한 원인이 되었다. 하지만 미국의 힘이 보여주는 오만함에 대한 불만은 전후기 전체를 통해 본다면 작은 테마에 불과하다. 이 기간 동안 일어난 사건들을 구체적으로 나열해본다면, 먼저 1950년대의 미국기업에 의한 '유럽침략', 1953년의 수에즈 분쟁, 1971년의 '닉슨 쇼크(금본위제 정지)', 1970년대의 에너지 위기로 인한 미국의 석유가격 통제해제 실패, 그리고 1980년대 초의 유로 미사일 논쟁 등을 들 수 있다. 전후기 전체를 통한 시점에서 본다면 분쟁수준이 높아졌다고 주장하기는 어렵다. 예나 지금이나 의견의 차이가 존재하는 경우에는 정부 간 채널을 통한 교섭으로 해결점을 찾아내는 것이 상식이다. 유럽 국가들과 미국, 그리고 일본은 국제사법과 환경, 불확산이라는 새로운 분야에서 협력을 확대하기로 합의했는데, 이러한 새로운 상황 내에서도 그 해결방법에는 변함이 없다. 미국이 자국의 패권적 입장을 활용하는 것에 대해 많은 불만이 표출되고 있다고는 하지만 미국의 힘과 제도를 중심으로 구축되고 있는 현재의 서구질서로부터 이탈해야 한다고 요구하는 본격적인 정치운동이 유럽이나 일본에서 일어나지는 않고 있다. 오히려 실제로 미국의 계속적인 리더십 발휘를 원한다는 각국의 요구가 드러나는 증거들이 발견되고 있다. 유럽 국가들이 미국에 대해 가장 첨예하게 비판하고 있는 대상은 타국에 대한 위협과 간섭이 아니라 오히려 지도력의 발휘와 명확한 태도의 부재였다.[131] 물론 동맹국가들 간에는 정책을 둘러싼 대립이나 불만이 존재했지만 그러한 정치적 대립과 불만표명의 성격보다 오히려 이 질서의 안정함이 훨씬 두드러졌다.

1945년 이후 초기에 성립된 교섭을 통한 합의나 구축된 제도들은 50년 동안 단순히 존속해온 것이 아니라 이 질서에 참가한 국가들의 정치와 사회가 주축이 된 광범위한 구조 속에 깊이 정착하게 되었다. 즉, 더 많은 사람들과 그들로부터의 많은 활동이 미국의 전후질서의 제도와 그 운용에 연관되어 있는 것이다. 개인과 집단, 그리고 많은 국가들과 활동분야로 구성된, 이전에 비해 훨씬 광범위한 세력이 이 시스템의 지속성에 대한 이해관계 또는 기득권익을 지니게 되었던 것이다. 이 시스템에 지장이 생겨 이를 복구시키거나 변경시킬 경우 그 비용은 수십 년 동안 크게 상승했다. 이러한 사실은 '경합적 질서' 또는 '선택적 제도'가 매우 불리한 입장에 놓여 있다는 것을 의미한다. 즉, 시스템의 대체는 거의 불가능해졌다.

기존의 제 제도에 의한 이익이 증가하면 잠정적으로 대체될 수 있는 제도는 실현되기가 매우 어려워진다.[132] 1945년 이후의 미국에 의한 질서는 이러한 '제도와 동반된 이익증가'라는 현상을 확실히 보여주고 있다. 1945년 이후 미국은 전후과제로 제국주의적 질서, 2국 간 질서, 지역적 질서 가운데 하나를 선택해야만 했다. 당시 미국은 그 시점에서 유효할 수 있는 일시적인 우위의 입장을 획득했다. 그 우위를 이용해 자국이 바라는 방향으로 시스템의 행방을 결정할 수도 있었다. 오늘날 까지 지속되고 있는 국제협조적 패권형 질서는 사실 영국과 미국이 ─ 그것도 실제로는 영미 양국의 소수의 수뇌만으로 ─ 확고한 신념에서 구축한 세계정치경제 체제의 기본적인 방침이었으며, 매우 어려운 상황에서 시작되었다. 하지만 브레턴우즈 체제나 GATT와 같은 제도가 일단 확립되자 이 질서와 경합적인 입장에 있던 다른 전후질서의 구상이 유효성을 가지기는 매우 곤란해졌다. 미국이 제2차 세계대전 이후에 제도구축의 작업을 대대적으로 전개한 것은 국제환경에서의 지속과 변혁이라는 일반적인 유형과 합치되었다. 즉, 위기나 전쟁이 발생하는 동시에 격동과 기회의 순간이 찾아온다. 그 때문에 선택은 강요되며 국가 간 관계는 일정 기간 동안 고정되거나 정착되는 유형을 지닌다.

'제도와 동반된 이익증가'라는 개념에서는 설령 구상 중인 제도가 현재 기능 중인 제도보다 훨씬 효율적이고 더 바람직할지라도 제도선택의 순간을 놓쳐버리면 대규모적인 제도변화의 비용은 극적으로 상승한다는 것을 의미한다.[133] 미국의 패권이라는 관점에서 본다면 이러한 사실은 대규모적인 전쟁 또는 세계적인 경제붕괴 사태가 발생하지 않는 한 현재의 질서가 교체되기 위해 필요한 유형의 '역사적인 격진'을 상정하기란 매우 어렵다는 것을 의미한다. 이는 장래의 패권국 또는 국가연합이 현재 형성되어 있지 않은 새로운 국제적 제도의 선택에 관심을 갖고 이를 과제로 삼는 경우에 적용될 수 있다.[134]

미국이나 그 밖의 선진 민주주의국가들은 개방성과 침투가능성이라는 성격을 지니고 있으며, 이러한 성격은 국가들을 결속시키는 그룹이나 제도의 확산을 촉진시킨다. 국가나 정부를 횡단적으로 농밀하게 연결시키는 일련의 채널은 선진 공업세계를 구성하는 세 개의 지역 내에 잘 짜여 있다. '레이어 케이크'와도 비슷한 정부 간 제도의 집합체가 미국을 출발점으로 대서양, 태평양을 넘어 세계 각지로 확산되고 있는 것이다.[135] 국제통화기금(IMF)이나 WTO같이 세계 전체를 대상으로 하는 다국 간 경제기구는 G7이나 G10같이 지도적인 국가들의 재무성이나 그 밖의 고관들이 정기협의를 위해 회합하는 좀 더 한정적인 통치제도와 연접하고 있다. 3극회의(Trilateral Commission)나 그 밖의 무역에 관계하는 기업인들의 모임 같은 수백 개의 민간그룹 역시 여러 형태를 통해 각국의 정부나 각국의 정부가 구성하는 합동관리기구와 개별적으로 관계를 지니고 있다. 선진 공업세계 전체에서의 무역과 투자의 착실한 증가는 선진 공업국가들의 독립성을 한층 높였으며, 그 결과 다각적이고 열린 제도를 영속화시키는 데 필요한 국내적 기반을 확대시킬 수 있었다.

이로 인해 더 많은 국가들과 그룹들이 서구질서의 중핵적인 제도와 관계를 지니게 됐을 뿐만 아니라 그 제도에 참가하도록 요구하게 되었다. 지금은 중국을 포함해 세계 대부분의 국가들이 WTO 가맹에 대한 의사를 표명하는 데 이르렀다. 더욱이 모스크바와 인접한 국가들까지도 NATO 가맹으로 편입되려는 조짐을 보이고 있다. 최근 아시아에서 통화위기가 발생했을 때에는 위기와 관계없는 국가들까지 IMF와 그 제도의 이용방법, 그리고 차관조건에 관해 IMF와 교섭을 행했다. 경제 안정화를 도모하기 위해서는 IMF에 의존하는 것 외에 달리 선택의 여지가 없었던 것이다. 해마다 한 번 개최되는 G7 수뇌회담에는 러시아가 새로 참가하게 되어 G8이 되었다. 향후에는 여기에 중국이 참가할 가능성이 높다. 이러한 상황에서 1990년대의 G7 과정은 조직범죄와 에너지, 테러리즘, 환경, 우크라이나 원조, 그리고 국제금융 같은 광범위한 분야에 걸쳐 개최되는 각료회의와 정부 간 회의기구의 확대를 초래해왔다.[136] 결국 포스트 냉전기의 선진 공업국가 간 관계는 정부 간 제도와 일상화된 실무적 관계라는 급속하고 농밀화된 격자로 특징지어진다. 그리고 이 농밀한 격자야말로 확대된 전후 서구정치질서 속에 다수의 정부와 그 정부들의 기능을 편입시키는 데 공헌했다.

## 결론

냉전의 종결은 다른 주요한 역사적 사례와는 달리 '역사적 휴지상태 (historical break)'라고 불릴 만하지만 이 시기에 일어난 사건들을 통해 이 책에서 주장되고 있는 이론은 더욱 날카로워졌으며, 서구정치질서의 제 국면은 한층 명확해졌다. 냉전의 종결은—소련 지도자들이 1980년대 말에 행한 결정으로 인해 동유럽과 소련 자신의 평화적 변혁이 가능해졌다—미국과 그 밖의 서구 민주주의국가들이 대국 관계와 초대국 관계에서의 제도화를 기초로 하는 억제를 확립시킬 능력을 갖추고 있었다는 증거를 제시해주고 있다. 이와 같이 단언하는 이유는 미국이 서구동맹의 내외에서 제도적 억제를 이행했으며, 그 결과 고르바초프의 개혁과 타협에 대해 위험도를 낮추는 효과를 초래했기 때문이다. 독일 역시 유럽과 대서양 지역의 제 제도를 활용해 통일을 이루었으며, 강대한 독일에 의한 위협의 부재를 인접 국가들에 설명하면서 인접 국가들을 안심시켰다.

냉전종결 후의 미국의 외교는 대부분 질서구축에 관한 제도모델과 일치하고 있다. 미국은 포스트 냉전기에 새롭게 등장하게 된 강대국으로서 제도를 이용해 자국에 바람직한 정책방침을 고정화시킬 수 있는 주도권을 지니고 있었다. 이러한 사고에 기초한 정책이 바로 NATO의 확대와 NAFTA 또는 APEC의 발족이었다. 미국 당국은 냉전 후에 새로운 개혁을 실시하고 있는 국가들을 제도에 편입시키면 정치적 자유화와 시장 자유화로 이행하려는 국가들의 국내제도와 정치적 결속을 보강시킬 수 있을 것이라고 판단했다. 각 국가들이 제도에 가입하는 대신 미국은 안전보장 면에서(예를 들면, NATO의 확대), 또는 제도를 통한 미국시장으로의 접근(예를 들면, NAFTA, APEC, WTO)이라는 형태에서 이 국가들에 대한 일정한 추가적 책무를 받아들였다.

냉전종결의 결과 많은 전문가나 지식인들이 공업민주주의국가 간의 결속과 안정의 중요한 근원이라고 지적해왔던 것이 소멸했다. 이 때문에 우리는 지금 외부적 위협이 서구세계에서 어느 정도의 중요성을 갖는가 하는 문제를 평가할 수 있게 되었다. 냉전이 종결되었음에도 불구하고 공업민주주의국가 간의 협력이 여전히 강하게 유지되고 있다면 이는 이 책에서 주장하는 내용의 정당성을 보강시켜주는 사실이 된다. 즉, 서구의 전후질서에는 '제도내포논리'가 존재했으며, 이 논리는 냉전으로 인해 강화되기는 했지만 냉전 그 자체로 인해 유발된 것은 아니라는 주장이다. 1990년대를 통해 미국으로의 힘의 집중화가 두드러졌지만 선진 공업국가 간의 관계는 안정적인 추이를 보였으며, 무역과 투자, 그리고 정부 간 협력은 확대되었다. 정치적·경제적 대립의 규모 역시 심각하지는 않았다. 또한 유럽과 아시아 지역의 민주주의 국가들은 미국과의 관계로부터 후퇴하거나 미국에 대항해 균형을 취하려는 등의 대담한 행동을 취하지는 않았다. 이러한 사실들은 모두 제도적 질서모델의 기대와 합치되고 있다. 즉, '힘의 불균형'이 생기더라도 각국의 행동에는 그다지 중대한 영향을 끼치지 않으며, 또한 각 국가들이 예전의 패권적 질서 또는 세력균형적 질서를 목표로 행동하려는 동기는 매우 낮다는 사실을 의미하고 있다.

## 8장

# 결론

"전쟁이 어디에서 발생할지는 알 수 있지만 전쟁이 어디에서 끝날지는 결코 알 수 없다." 이는 베른하르트 폰 뷜로 공작(Prince Bernhard von Bülow)이 유럽의 몇몇 위대한 대국을 붕괴시킨 역사상 가장 큰 참사이자 베르사유의 혼란스러운 광경을 초래한 제1차 세계대전을 회상하면서 언급한 말이다. 제1차 세계대전의 이러한 결과는 사라예보에서 한 명의 암살자가 발포한 총탄으로 초래된 것처럼 보인다.[1] 전쟁을 시작한 이유를 조금도 바꾸지 않고 전쟁을 끝내는 국가는 없다. 전쟁으로 인한 파괴는 전장에서만으로 그치지 않고 훨씬 광범위한 영역에까지 미친다. 국가와 사회, 그리고 정치제도는 전쟁으로 인해 변화를 강요받게 되며, 때로는 파괴되기도 한다. 전쟁은 또한 힘의 국제적 분포의 재편이라는 점에서 역사의 위대한 추진력의 하나이기도 하다. 오랜 세월을 거치면서 국가는 부흥하기도 하고 쇠퇴하기도 하지만 전쟁은 그러한 과정을 가속화시킨다. 몇몇의 대국을 극적인 형태로

부흥시킬 수도 있으며, 반대로 다른 대국을 극적으로 쇠퇴시킬 수도 있다. 전쟁은 전장에서 승자와 패자를 창출시킬 뿐 아니라 국제질서를 붕괴시켜 국가의 대국능력을 변화시키는 사태를 창출하기도 한다.

이 책은 주요 전쟁 이후의 질서구축에 관해 세 가지의 문제를 제기했다. 주요 전쟁 종결이라는 분기점에서 신흥 강대국이 직면하는 선택의 논리는 어떠한 것인가? 1815년과 1919년, 그리고 1945년의 각 전후구축에서 지도적 입장에 서게 된 강대국이 질서구축 과정에서 제도적 전략을 가속적으로 이용하게 된 것은 어떻게 설명할 수 있는가? 냉전이 종결되었음에도 1945년 질서에서 볼 수 있는 공업민주주의국가 간의 변함없는 '내구성'은 어떻게 설명될 수 있는가?

이 장에서는 역사적 사례들을 참조해 제도적 논리를 검토해볼 것이다. 역사적 사례에 제도모델을 적용시켜 검토해보면 신흥 강대국이 인센티브에 대해 매우 강한 반응을 보인다는 사실을 확실히 알 수 있다. 주도국과 추종국가들 간의 제도적 교섭거래는 각각의 전후구축의 일부였다. 제도의 개별적 특징은 그 특징이 실제로 실현되는 정도에 따라 상이했으며, 전후구축이 최종적으로 실현되는 전후질서에 끼친 영향 역시 각각의 사례마다 서로 달랐다. 주도국은 제도를 이용해 타국을 고정화시켰으며, 그 보상으로 스스로의 억제와 책무이행을 타국에 제시했지만 그 정도의 차이 역시 적어도 부분적으로는 이 모델 속에서 지적되는 '변수'로 설명될 수 있다. 1945년의 전후 분기점은 제도적 전후구축을 위해 그때까지는 없던 최대의 인센티브와 기회를 가져왔다. 게다가 이로부터 형성된 서구공업국가 간의 질서는 거의 전면적으로 '제도내포논리'의 존재를 보여주고 있다. 냉전은 또한 공업민주주의국가 간의 결속을 강화시켰는데, 냉전 이후의 이 국가들 간의 국제관계가 보여주는 유형은 서구질서의 제도적 근원을 확정하는 데 매우 중요한 요소라 할 수 있다.

 필자는 이 장에서 이 제도모델을 기초로 해서 안정된 정치적 질서의
일반적인 근원에 관해 국내와 국제 양면에서 논의를 전개하려고 한다.
안정된 질서란 '힘에 대한 대가(returns to power)'가 비교적 낮고 '제도
에 대한 대가(returns to institutions)'가 비교적 높은 질서인데, 이 질서는
전면적으로 발전된 입헌적 정치체제의 특징을 지니고 있다. 적어도
몇 가지 이유를 통해 현대의 국제관계는 '힘에 대한 대가'가 낮고
'제도에 대한 대가'가 높다고 결론내릴 수 있다.

 이 장의 마지막에서는 미 외교정책을 이론적·역사적인 관점에서
분석하고 이를 통해 드러나는 미 외교정책의 중요성을 검토할 것이다.
미국은 경쟁상대가 없을 정도의 세계적인 강대국으로 새로운 세기를
출발했다. 만약 이 책에서의 필자의 주장이 옳다면 미 외교정책의
입안자들은 냉전시기와 그 전후시기에서 동맹국들과 그 국민들이 어
떠한 전후질서의 특징으로 인해 아무런 저항 없이 미국을 받아들였었
는지 다시금 고려해야 할 것이다. 미국의 힘은 달리 그 예를 찾아볼
수 없을 만큼 우위를 지니고 있을 뿐만 아니라 많은 국제제도의 내부에
서 또는 다수의 국제제도를 통해 현저하게 그 위력을 발휘하고 있다.
이러한 사실은 이 질서가 오랜 생명력을 유지하는 이유를 설명하는
데 도움이 된다. 미국의 정책입안자들이 만일 현재 미국이 유지하고
있는 이러한 압도적인 우위를 영속시키기를 원한다면 그들은 많은
국제제도 속에서 국제정치를 기능시키며, 자국의 힘을 억제하는 동시
에 타국으로 하여금 미국의 힘을 적극적으로 수용할 수 있는 방법을
찾아내지 않으면 안 된다.

## 제도적 교섭거래

제도적인 질서구축 모델은 전후기의 비대등한 국가들 간의 잠재적인 교섭거래를 기반으로 하고 있다. 주도국은 자국의 힘을 보존하려는 기본적인 인센티브를 통해 움직이며, 또한 정통적인 질서를 실현하고자 한다. 그렇게 함으로써 타국을 억압해야 할 필요성을 줄일 수 있기 때문이다. 전후기를 맞이해 '힘의 비대칭'이 커질수록 그러한 상황은 주도국의 전후정책의 중심에 위치하게 된다. 이와 마찬가지로 '힘의 비대칭'이 부각될수록 약소·추종국가들이 '지배'와 '포기'에 불안을 느낄 수 있는 정도는 강화된다. 여기에서 제도적 교섭거래가 시작될 가능성이 생긴다. 다시 말하면 제도로 인해 힘이 억제되고 정책에 대한 책무가 고정화되리라고 추종국이 확신을 가질 수 있는 환경이 존재하는 경우 제도적 교섭거래가 시작될 가능성은 커진다.

제도적 교섭거래에서 주도국은 그 거래의 결과로 발생되는 비용을 줄이고 싶어 한다. 한편 약소·추종국가들은 안전보장상의 보호를 받는 것에 동반되는 비용, 즉 약소·추종국가들이 지배적인 입장에 선 지도국의 행동으로부터 자신들의 국익을 지키는 데 발생되는 비용을 줄이려고 노력한다. 이처럼 제도를 둘러싼 거래는 매력적이다. 왜냐하면 추종국가들이 제도에 대해 더욱 유연하게 대응한다면 주도국은 '지배'와 '포기'를 행할 수 있는 자국의 능력을 억제하는 데 동의하기 때문이다. 즉, 양자 모두 무차별적이고 자의적인 힘이 행사될지도 모른다는 위협에 끊임없이 노출되어 있는 질서보다는 입헌형 질서를 기반으로 하는 삶이 더 안심할 수 있기 때문이다.

이러한 잠재적인 교섭거래를 더욱 강화시킬 수 있는 또 다른 계산도 존재한다. 주도국은 장기적으로 국익을 고정화시키려는 이해를 지닌다. 전후 시점에서 주도국은 뜻하지 않은 힘을 획득했고 이 때문에 그 힘을 장기적이고 효과적으로 사용하려고 했다. 한편 약소국 측은 장래에 스스로의 힘을 증강시킬 수 있는 가능성을 포기해야만 하지만 그 힘에 대한 신속한 대가를 취하게 된다. 한 국가가 힘을 집중적으로 장악하고 있다 하더라도 다른 민주주의국가들이 제도활용을 통해 신뢰할 수 있는 억제와 책무이행을 확립할 수 있는 환경이 조성된다면 제도적 교섭거래는 가장 바람직하고 실현가능한 것이 된다.

역설적이지만 주도국은 자국의 힘을 신뢰할 수 있는 형태로 억제하고 책무를 이행할 수 있는 능력을 일종의 힘으로 생각하는 것이 유용하다.[2] 주도국은 특정한 전후제도의 책무이행에 타국을 고정화시키기 원한다. 자국의 힘을 사용해 타국을 위협할 수도 있지만, 이는 주도국이 정통적인 질서를 구축할 수 있는 기회를 모두 잃는 것이다. 주도국이 스스로를 구속하고 자국의 힘의 행사를 제도화해 그 제도 속에서 행동하도록 상대측에게 제시하는 것은 상대국의 제도적 협력을 획득할 수 있는 수단이 되며 거래과정에서의 재료가 된다. 하지만 '힘의 불균형'으로 인해 상대국이 바라는 제한과 억제가 생긴다면 주도국이 실제로 그러한 제한과 억제를 확립할 수 있을 때에 한해 이 역시 거래과정에서의 재료로 사용할 수 있다. 1815년과 1919년, 그리고 1945년의 각 시점에서는 거래의 재료를 사용하는 주도국의 능력이 매우 상이했기 때문에 제도적 거래교섭의 진행방식과 그 결과로 구축된 전후질서의 형성과정도 매우 달랐다.

# 제 제도 · 책무이행 · 억제

각각의 전후 시기에서 볼 수 있는 사례들은 모두 주도국이 제도적 교섭거래를 추구하고 있다는 사실을 명확하게 제시해주고 있다. 하지만 주도국이 제안한 전후 교섭거래의 규모와 심도는 전후구축 과정을 거듭해가면서 확대되었다. 반대로 말하자면, 이는 전후에 나타난 '힘의 비대칭'의 성격(이로 인해 주도국이 갖는 목표와 능력, 그리고 약소국가들이 '지배'와 '포기'에 관해 느끼는 불안의 정도가 결정되었다)과 각국의 민주주의 수준(이로 인해 책무이행과 억제의 확립에 필요한 제도를 실제로 활용하는 각국의 능력이 형성되었다)에서의 차이를 반영하고 있는 것이다. 모든 전후에 주도국은 전후구축에 관해 하나의 공통된 욕구를 지니고 있었다. 이는 주도국이 질서 내에서 직접적인 관리에 참여하거나 질서 내의 관계에서 적극적으로 균형을 취하는 등의 행동이 필요 없는 전후 질서를 확립하려는 욕구였다. 나폴레옹 전쟁 종결 이후 캐슬레이 영국 외상은 영국이 대륙국가 간의 균형을 도모하는 직접적인 역할을 짊어지지 않은 채 영국제국의 경영과 해양의 지배라는 전략적 중요성을 유지하면서 유럽을 안정시키려고 노력했다. 제1차 세계대전 후 윌슨 미 대통령은 유럽정치에 변혁을 초래하고 본질과 구조 면에서 평화적이고 국제협조적인 민주주의 질서를 구축하고자 했다. 여기에는 윌슨이 제기한 정책목표의 패러독스가 존재했다. 즉, 윌슨은 민주주의 질서의 구축은 원했지만 유럽정치에 대한 관여는 피하고 싶었다. 그는 유럽정치에 전면적인 변혁을 초래할 수 있는 비전을 추구했던 것이다. 제2차 세계대전 종결 후 루스벨트 미 대통령은 전후기의 평화를 유지할 수 있는 보편적 제도의 구축을 제창했다. 그가 제안한 구상은 캐슬레이와 윌슨에 비해 훨씬 소박했지만, 그 역시 유럽정치에 적극적으로 관여하는 것에 대해서는 유보적인 태도를 보였다. 루스벨트 정권의 국무장관이었던 헐은 자유무역제도의 확립을 도모했는데, 그 이유 중의 하나는 자유무역제도가 확립되면 평화와 질서의 자기강화를 가져올 수 있는 세계적 경제역학이 기능할 것이라고 믿었기 때문이다.

이러한 유형들로부터 다음과 같은 구도를 그려볼 수 있는데, 주도국으로서의 영미 양국은 전후 시스템의 패권적 지배를 직접적으로 실현하려는 편향된 사고를 지니지 않았다. 주도국으로서의 영미 양국은 '자율적인' 질서확립을 목표로 하고 있었기 때문에 부분적이지만 억제라는 요소가 그 질서에 자연적으로 편입되었다. 하지만 확고한 '책무이행'과 '억제'는 불가결했다. 1919년과 1945년 두 번에 걸친 유럽과의 교섭거래 과정에서 미국은 자신의 힘이 장기적으로 제도화된 책무이행을 통해 예측 가능하게 될 뿐만 아니라 유럽과도 밀접한 관계를 지니고 있다며 영프 양국을 납득시켰다.

이러한 유사성에도 불구하고 각 대전종결의 전략과 그 이후의 결과는 고유한 전후구축으로서 독자적인 전개과정을 보였다. 1815년 당시 해양국가로서의 영국은 대전종결의 시점에서 특정한 영토에 대한 목표가 부재했다. 유럽 대륙에서 일정한 거리를 두고 존재해왔으며 경제력과 해상 지배력이라는 점에서 타국을 압도하고 있었기 때문에 영국은 다른 전후 유력국가들이 가지고 있지 못했던 선택의 기회를 획득할 수 있었다. 당시 프러시아와 오스트리아는 영국에 비해 훨씬 불안정한 자국의 입장을 보호하기 위해 동맹을 결성하고 균형을 취하려는 목적에서 교묘한 책략을 취할 수밖에 없었다. 러시아는 몇 가지 이유, 그중에서도 러시아 황제의 군대가 나폴레옹을 무너뜨리는 데 결정적인 역할을 담당했다는 이유로 유력국으로 부상했다. 하지만 러시아는 유럽의 중심이 아니라 변경부에 위치한다는 약점을 지니고 있었다. 이러한 각국의 상황이 유력한 열강들 사이에서 적어도 어느 정도의 제도적 책무에 관한 합의를 가능하게 만들었다.

전후기의 안전보장제도 내에서 유력 열강들의 상호구속에 관해 주도권을 발휘한 나라는 영국이었다. 영국의 목표는 다른 유럽열강들을 예측 가능한 안전보장 관계 속에 고정화시키고 영토분쟁의 관리 메커니즘을 창설하는 것이었다. 영국에게 이는 매우 매력적인 구상이었다. 왜냐하면 이러한 메커니즘이 창출된다면 영국은 다른 유럽열강들 간의 세력균형을 적극적으로 도모해야 한다는 역할을 최소한 억제할 수 있으며 이로 인해 힘의 소비를 절약할 수 있다고 생각했기 때문이다. 영국의 이러한 구상은 캐슬레이 외상이 전시 중에 동맹을 유지하려고 했던 노력과 동맹국가 간의 안전보장 관계를 유지하는 것을 목표로 전후의 제도수립에 관한 합의를 준비했던 노력에 잘 반영되어 있다. 전시동맹은 전후기 동맹관계의 묘상(seedbed)이었다. 영국에 의한 전쟁 목적의 교묘한 조작과 연합관계의 운용은 힘의 관리와 억제 메커니즘으로서 동맹을 활용했던 좋은 예였다. 비엔나 전후구축은 실제로 전시동맹에 의한 국제협력의 연장이었던 것이다.

1815년에 제창된 전후제도는 1919년과 1945년의 경우와 비교해 매우 두드러지는 한계를 내포하고 있었다. 하지만 전후제도의 논리는 매우 확연해 안전보장협의를 촉진시키는 제도하에서 열강들을 결속시킴으로써 경합국가나 잠재적인 위협을 지닌 국가들이 서로 밀접한 관계를 유지할 수 있게 하는 것이었다. 안전보장 면에서 더 대규모적이고 장기적인 일련의 조치가 강구되었지만 결국 실현되지 못했다. 이러한 사실들로 인해 주요 국가의 힘에 관한 억제는 그 한계를 노출했으며, 또한 영국은 더 정식적인 형태로 보증조치를 취하려는 적극적인 자세를 제시하지 않았다. 여기에는 유럽 대륙에서의 안전보장상의 분쟁에 대한 전면적인 관여를 회피해야 한다는 영국의 입장이 작용했으며, 영국이 비민주주의 체제의 국가를 신뢰하지 않았다는 사실이 반영되어 있다. 캐슬레이 외상을 비롯한 영국의 당국자들은 알렉산드르 황제의 정부의 견실함과 신뢰성에 의문을 감추지 못했는데, 이것은 전후질서를 유지하기 위한 대규모적이고 장기적인 제도와 정식적인 보증조치를 확립시키지 못한 원인이 되었다.

1919년 당시의 미국과 유럽동맹국가들은 1815년의 전후구축보다 더욱 도전적인 목표를 세우고 전후기 힘의 억제와 책무이행을 확립시키려고 노력했다. 전후구축 과정을 지배하려 했던 미국의 상황은 1815년의 영국의 입장과 매우 유사했다. 미국은 세력균형에 직접적으로 관여하거나 적극적인 관리를 필요로 하지 않는 질서의 확립을 추구했으며, 전후구축을 고정화시키고 민주주의 정체와 국제적인 집단안전 보장제도를 기반으로 하는 견고한 질서를 구축하려고 했다. 이러한 의미에서 윌슨 미 대통령의 전후제도전략은 캐슬레이 영국 외상의 전략보다 훨씬 의욕적이었다. 윌슨 구상에서는 강대국에 요구되는 기대와 책무가 훨씬 증대되었으며, 영토분쟁이나 경제혼란, 그리고 평화유지 등의 문제에 대한 공동관리의 제도 메커니즘 역시 훨씬 정교했다.

동시에 미국은 국제연맹의 역할을 독일의 전후부흥과 그 힘의 증대를 감시하고 억제하는 메커니즘으로 간주했으며, 이는 독일의 국제연맹 참가문제에 대한 미국의 입장에 반영되었다. 파리평화회담에서의 논의 과정에서 윌슨은 "독일을 국제사회에서의 버림받은 자(pariah)로 취급할 것인지 아니면 국제연맹에 가맹시킬 것인지 선택해야만 한다"라고 언급하면서 일정의 보호관찰 기간이 경과한 뒤 독일을 국제연맹에 가입시켜야 한다고 주장했다. 로이드 조지 영국 총리는 "독일의 연맹참가에 찬성하는 이유 중 한 가지는, 독일을 더 잘 관리하기 위해서는 독일을 국제연맹의 외부에 두는 것보다 국제연맹의 가맹국으로서 위치시키는 편이 낫기 때문이다"라고 언급했고, 윌슨은 이 의견에 동의했다.[3] 이는 비엔나 회의에서 등장했던 '구속의 논리'를 재현한 것이기도 했다. 독일을 제도라는 울타리로 편입시킨다는 전략은 연합국 측이 독일 군국주의의 부활을 감시하고 미연에 제거한다는 것을 의미했다. 한편 프랑스는 베르사유 회의에서 독일의 국제연맹 가맹과 라인란트 지방에 관한 양보에 반대했는데, 이 반대로 인해 억제제도라는 관점에서 국제연맹을 활용하는 방식은 중요성을 잃었다.

독일의 부흥이 예상되고 미국이 지리적으로 멀리 떨어진 곳에 위치한다는 조건에서 미국의 영프 양국에 대한 전후 책무이행의 성격과 그 규모에 관한 문제는 1815년 이후 영국의 유럽에 대한 책무에 비해 결정적으로 중요한 의미를 지니고 있었다. 영국은 미국의 참전 이전부터 전후 유럽에 대한 미국의 관여를 실현시키기 위해 그에 따른 행동을 개시하고 있었다. 1915년 그레이 영국 외상과 하우스 미 대령(윌슨 대통령 보좌관) 사이에서 교환된 서간, 그리고 전후 평화유지제도의 창설에 대한 로이드 조지 정권의 관심은 영국이 미국으로 하여금 유럽에 대해 안전보장상의 연계관계 구축을 일관되게 요구해왔다는 사실을 잘 말해주고 있다. 프랑스는 영국보다 훨씬 구체적이고 명시적인 형태로 정식적인 안전보장동맹의 체결을 제창했으며 안전보장기구의 공동운영과 합동 사령부에 의한 부대관리라는 구상을 명확히 밝혔다. 파리평화회담에서 윌슨 미 대통령은 영국, 프랑스, 미국 3개국의 안전보장협정에 대해 마지못해 합의에 동의했는데(미 의회에서의 비준은 결국 이루어지지 않았다), 이는 프랑스의 환심을 사서 국제연맹 창설에 대한 프랑스의 동의를 얻기 위한 궁여지책에 불과했다.

유럽이 느끼고 있던 '포기'에 대한 불안을 해소시킬 수 없었던 미국의 무능력은 이 모델에서는 포착될 수 없는 요인, 즉 국제관계에서의 책무와 억제에 대한 윌슨 자신의 개인적인 견해에서 기인했다. 윌슨이 구체적인 제도적 보장에 관해 한정적인 조치밖에 취하지 않은 까닭은 두 가지로 요약될 수 있다. 첫째 이유는, '힘의 억제'의 가장 중요한 요소는 세계 전체에 민주주의가 확대되는 것이라는 윌슨의 견해였다. 즉, 국민의 의사를 진정으로 구체화시키는 민주주의 정부라면 군사적 침략행위가 불가능하다는 생각이었다. 윌슨은, 예상했던 민주주의 혁명이 일어나면 구세계의 군국주의적 정치구조는 붕괴되어 전후기의 국가적 힘의 억제라는 문제보다 상황이 훨씬 진전될 것이라고 생각하고 있었다. 둘째 이유는, 국제연맹의 설립으로 국가 간의 충돌은 재정(裁定)되고 분쟁의 평화적 해결의 규범을 창출하는 메커니즘이 형성되어 민주주의를 기초로 하는 평화체제를 강화하게 될 것이라는 생각이었다. 윌슨은 이 메커니즘의 구축과 분쟁해결 규범의 효과가 점진적으로 진행될 것이라고 생각하고 있었다. 그의 신조(그의 바람이라는 편이 타당하다)는 전후 직후에 국제연맹을 시험의 대상으로 할 수는 없다는 것이었다. 윌슨은 한 동료에게 "베르사유 조약 이후 20년간 세계가 평화를 유지할 수 있었다면 그 조약의 계약들은 실제 뿌리를 내릴 수 있는 기회가 생겼을 것이다"라고 자신의 솔직한 심정을 털어놓기도 했다. 이와 같은 두 가지 대응을 통해 민주주의와 법률, 그리고 억제규범에 관한 윌슨의 사고방식은 유럽에 대한 구체적인 국제책무이행의 실제적인 중요성을 감소시켰다.

1945년 당시 책무와 억제를 확립시키는 문제는 이전의 전후 분기점과 비교해 훨씬 절박해졌다. 그리고 이를 실현할 수 있는 기회 역시 훨씬 용이하게 획득할 수 있는 상황이 형성되었다. 1919년의 시점과는 대조적으로 미국은 전면적인 패권을 지닌 입장에 서게 되었고, 한편으로 영프 양국의 경제력은 더욱 약화되었으며, 독일의 군사적 패배는 절멸적인 것이었다. 유럽의 연합국들은 1919년의 시점과 마찬가지로 전후기 미국의 힘에 대한 억제와 미국의 유럽에 대한 확실한 책무이행에 관해 불안을 느끼고 있었다. 이 때문에 6장에서 지적한 바와 같이 미국은 영프 양국을 안심시켜야만 하는 운명에 처하게 되었다. 반면 미국은 유럽 대륙에서 적극적으로 관여하기를 꺼렸다. 이는 미국이 자신의 입장을 이용하거나 유럽을 적극적으로 지배하는 것에 대한 의도가 없었음을 의미한다. 반대로 유럽 국가들로서는 미국의 힘에 저항하기보다 미국의 힘을 유럽에서 강화시킬 필요가 있다는 것을 의미했다. 영국의 베빈 외상은 대서양을 포함한 안전보장제도를 발족시키는 구상에 지지를 표명했다. 이는 유럽에 확실한 형태로 '제3의 세력'이 형성될 수 있는 움직임을 저지하려는 노력이었다. 이러한 일련의 경위는 제2차 세계대전 후의 전후역학을 보여주는 매우 명백한 실례였다.

전후기의 안전보장질서와 경제질서에 관해 미국정부 내에는 매우 다양한 사고를 지닌 그룹이 존재하고 있었으며, 이로 인해 유럽 국가들은 미 정부에 적극적으로 관여해 유럽이 추구하는 정책을 발전시킬 수 있는 기회를 얻었다. 미 정부는 정식적인 계획과 정책목표를 매우 많이 지니고 있었는데, 이러한 사실은 조직의 거대함과 타국 정부에 비해 상대적으로 개방적인 미국정부의 특징을 잘 보여주고 있으며, 미국의 패권적 힘이 갖는 거친 이미지를 부드럽게 만드는 효과를 낳았다. 동시에 유럽 각국의 당국자들이 미국 내에 존재하는 다양한 입장들 사이에서 교묘한 조작의 전개를 통해 최종적으로 정리된 정책과 책무의 형성에 기여할 수 있는 기회 역시 제공했다. 6장에서 이미 살펴본 전후기의 경제와 안전보장정책의 형성과정은 이러한 특징과 이 특징들이 전후기의 합의에 미친 의의를 잘 설명해주고 있다.

전체적으로 보자면 1945년의 미국은 1919년의 미국과 비교해 유럽에 대한 책무를 확립시키기 위한 수단을 훨씬 많이 지니고 있었다. 또한 전후질서구축이라는 정책목표 역시 1919년의 시점에 비해 훨씬 장기적이고 다면적인 과정을 거쳤다. 그 증거로 전후 경제계획과 유럽부흥은 서로 다른 영역의 문제로 추진되었으며, 안전보장을 둘러싼 논의 역시 별개의 영역에서 전개되었다. 그리고 국제연합을 둘러싼 교섭 역시 다른 채널을 통해 행해졌다. 하지만 이러한 교섭이나 담합은 모두 서로 연관을 가지고 있었다. 미국은 전후 유럽의 발전과 변혁을 위한 대규모적인 작업을 통해 유럽의 동맹국가들에 대한 유럽관여의 책무와 확실한 억제 메커니즘을 제시했다. 이전의 전후 분기점과 비교해 유럽 국가들이 안심할 수 있는 기회는 더욱 증대되었다. 미국은 전후기의 경제조직에 관한 합의를 획득했으며 열린 형태로의 관리 시스템 속에 유럽 국가들을 참가시켜 이를 고정화시키는 데 성공했다. 유럽 국가들은 이 시스템에 대한 참가의 대가로 미국이 당초 제시했던 자유무역구상에 관한 양보와 미국이 이 시스템의 안정에 대해 적극적인 역할을 담당한다는 책무이행을 얻어냈다.

책무이행과 억제를 구축하는 과정은 회전 과정(rolling process)으로 표현될 수 있다. 1919년의 전후구축은 그때와 달리 단일한 조약이 채택 또는 부결되는 것에 지나지 않았다. 브레턴우즈 합의는 전후 책무이행을 제도화시키는 하나의 기회가 되었지만 이 기회를 가져온 것은 브레턴우즈 합의뿐만이 아니었다. 유럽부흥원조와 장기적 안전보장에 관한 구미 간의 교섭 역시 이에 공헌했던 것이다. 미국과 유럽의 당국자들은 당초 전후종결 후의 유럽이 경험한 경제붕괴를 과소평가하고 있었다. 1946년 영국은 미국의 압력을 받아 불운하게도 통화태환제를 실시했지만 그 후의 경과는 유럽경제의 붕괴가 얼마나 심각했는 지를 극적으로 보여주었다. 1947년, 스탈린 정권하의 소련과의 관계악화와 더불어 유럽에는 경제불황이 찾아왔고 이를 계기로 마셜 미 국무장관이 1947년 6월에 행한 유명한 연설에서 발표된 미국의 유럽에 대한 대규모 원조가 시작되었다. 이 발표를 들은 베빈 영국 외상의 반응에 대해 프랭크스 경(Lord Franks)은 다음과 같이 전하고 있다. "베빈의 머릿속에 떠오른 최초의 생각은 이로 인해 미국의 유럽에 대한 경제원조를 전망할 수 있게 되었다는 것이 아니었다. 그에 대해서는 당연히 이해하고 있었고 자신이 두 손으로 이러한 기회를 얻게 된 것 역시 잘 알고 있었다. 오히려 그가 가장 먼저 떠올린 생각은 지금까지 우려해왔던 최대의 불안이 완전히 소멸되었다는 사실이었다. 미국은 제1차 세계대전 후에 취한 행동, 즉 서반구 내로 퇴각해 은거하는 행동을 재차 반복하지는 않을 것이라는 생각에서였다. 미국은 자국의 지평선의 폭을 연장하고 자신의 의도에 대한 이해를 심화시켰던 것이다. 즉, 미국은 대서양과 대서양 너머에 생존하고 있는 수천만, 수억 명의 유럽인들을 받아들이기로 결단한 것에 지나지 않았으며 베빈 외교의 기본정책은 이에 훌륭하게 대처했던 것이다."4)

마셜플랜은 미국과 유럽 쌍방의 목적과 합치되었다. 마셜플랜의 유럽원조액은 총액 130억 달러에 달하는 전례 없는 거액이었다. 미국은 목전의 경제적 이익을 희생하는 대신 장래의 이익을 목표로 투자를 했던 셈이다. 미 당국자들은 이 경제원조로 인해 유럽부흥 과정의 가속화와 더불어 유럽 내부에서의 공산주의 세력에 대한 지원이 힘들어질 것이라고 예상했다. 마셜플랜은 동시에 유럽 국가들의 협력으로 부흥계획을 관리할 수 있는 '장치'가 되기도 했다. 미 당국자들은 이러한 내용을 유럽 전체에 걸친 경제협력제도의 구축에서 매우 중요한

진전이라고 생각했다.[5]

　마셜플랜 이상으로 유럽과 미국이 협력관계를 이루는 데 중요한 기회를 창출한 것이 NATO였다. 제2차 세계대전 종결 후 오랜 기간 동안 유럽은 미국의 힘을 유럽에 구속시키려고 노력했다. 한편 미국 역시 전후에 발족된 경제와 안전보장제도를 이용해 유럽 각국을 구속하려고 애썼다. 이것은 케넌이 1948년에 「미 외교정책에 관한 전략적 고찰」로 발표한 논문에서 볼 수 있는 사고이기도 했다. 이러한 사고방식은 특히 장래의 유럽 내에서 독일의 역할에 관한 부분에서 밝혀지고 있다. 케넌은 다음과 같이 주장했다. "장기적 관점에서 바라볼 경우 서부 또는 중부유럽의 장래는 다음 세 가지의 가능성밖에 존재하지 않는다. 첫째는 독일에 의한 지배이고, 둘째는 러시아에 의한 지배이며, 셋째는 연합유럽이다. 연합유럽이 형성될 경우 그 속에는 독일의 일부가 흡수될 것이다. 이 연합 내에서는 독일 이외의 국가들이 독일을 억제하는 데 충분한 영향력을 갖추게 될 것이다." 이와 같이 독일문제의 해결책은 일정한 형태를 지닌 연합유럽이어야만 한다는 것이 케넌의 결론이었다. 또한 케넌은 "독일과 서유럽 국가 간 관계가 인구와 군사, 공업적인 잠재력이라는 점에서 독일이 지니는 우위를 무리하게 억누르지 않고 일정한 메커니즘 또는 자율적인 방지조치를 갖춘 형태에서 구축되어야만 한다"[6]라고 주장하기도 했다. 이처럼 케넌의 논문에서 볼 수 있듯이, 독일을 유럽에 구속시키는 것은 대소련 관계의 행방과는 무관하게 필요한 조치였다.

　미국은 독일의 연합국 측 관리영역을 부흥시키고 서구세계의 내부로 편입시키기로 결심했다. 미국의 이러한 심리는 대소련 관계가 악화됨에 따라 특히 강화되었는데, 이 때문에 미 당국자들은 이 문제의 제도적 해결을 모색했다. 유럽 국가들은 당초 이에 저항을 표시했지만 최종적으로는 독일을 서유럽에 구속시키는 문제와 미국을 서유럽에 구속시키는 문제를 조합시켰다. 하지만 이 두 가지의 중대한 과제—미국의 유럽에 대한 책무이행을 확립시키는 것과 유럽을 독일의 재대국화로부터 지키는 것—는 현실적으로 냉전 이전에 이미 제시되었다. 제도에 관한 최종적인 교섭거래를 실현하기 위해 미국과 유럽 쌍방은 충분한 정치적 지지를 획득해야 했다. 이러한 점에서 소련과의 긴장고조는 결정적으로 중요했으며, 동시에 서유럽에 공산주의 침투의 위험성이라는 우려가 더해지지 않았더라면 미 의회가 마셜플랜이라는 거액의 경제원조지출을 승인했을지 여부는 의문이다. 하지만 '책무이행과 억제'의 딜레마는 소련의 위협과는 상관없이 존재하고 있었다.

제2차 세계대전 전후구축의 기본적인 논리는 제도적인 교섭거래로 대표되는 것이었다. 즉, 미국이 미국 주도의 전후질서에 유럽 국가들을 고정화시킨다는 합의를 유럽 국가들과의 사이에서 첨부시킨 것과, 더욱이 이 전후제도가 일련의 안전보장과 경제 면에서의 제 제도로 인해 확실해지며 풍부한 '내구성'을 지니게 되었다는 것을 의미하고 있다. 미국은 이러한 전후질서를 획득한 한편 유럽 국가들은 유럽의 경제부흥과 안전보장 면에서의 유럽방위라는 두 가지 점에서 미국의 제도적 참가를 획득할 수 있었다. 유럽에서의 미국의 힘에는 의무와 한도의 존재가 확정되었던 것이다. 이와 같이 미국은 서구라는 공업민주주의 국가들과의 사이에서 장기적이고 예측 가능한 관계를 만드는 고도로 제도화된 전후질서를 구축했다. 전쟁으로 피폐해진 유럽 국가들은 이 전후질서에 스스로를 구속하는 것에 동의했으며, 그 보상으로 즉각적인 경제적 지원이 약속되었으며, 동시에 미국의 '지배'와 '포기'가 이루어지지 않을 것을 제도적으로 보증받았다.

결론적으로 1945년 전후구축에서는—냉전이 종결된 1989년의 시점에서도 그러했다—구속적 제도의 운용과 확대가 제안되었고, 이 제안은 제도에 관여하는 국가들의 민주주의적 성격과 깊게 결부되어 있었다고 말할 수 있다. NATO의 발족과 함께 유럽과 미국의 당국자들은 모두 이를 단순한 안전보장동맹 이상의 의미를 지닌 제도라고 생각했다. 즉, NATO는 민주주의국가들이 각국의 힘을 결집시키는 동시에 안전보장상의 내부적 딜레마를 극복하고 광범위한 전후협력의 영역을 보강하기 위한 민주주의국가들을 구속하는 수단이기도 했다. 시일이 조금 경과한 후 서독의 지도자들은 NATO의 가맹과 유럽에 대한 전면적인 통합을 실현하기 위해서는 독일 내에서의 민주주의 확립이 필요조건이라고 이해했다. 전후기 전체를 걸쳐 유럽 국가들은 NATO 등의 서구세계의 제 제도를 통한 미국의 리더십을 받아들였다는 점에서 이전보다 훨씬 적극적인 자세를 보였다. 그 이유는 미국 국내의 제 제도가 민주주의적이었을 뿐만 아니라 개방성과 접근용이성을 지니고 있었기 때문이다. 이처럼 동맹국가들이 미국의 정책입안 시스템에 참가할 수 있는 도입로는 전후 제 제도를 통해 열렸다. 1989년 이후 미국과 유럽 각국의 지도자들은 대서양 국가들을 결속시키는 제 제도가 구속적인 성격을 지녔다는 점과 민주주의 원리와 서구 동맹관계의 안정성과 영속성이 직접적으로 연관되었다는 사실에 대해 매우 기뻐했다. 냉전이 종결되었음에도 미국과 그 밖의 국가들 간에 존재하는 '힘의 비대칭'은 상호책무이행을 감소시키는 인센티브가 되지는 못했다. 오히려 반대로 상호책무이행을 증대시키는 인센티브가 되었으며, 이 국가들이 갖추고 있는 민주주의적 성격으로 인해 각 국가들이 이러한 행동을 할 수 있는 능력은 한층 향상되었다.

# 정치적 안정성의 원천

지금까지 진행시켜온 논의도 결국 마지막 문제제기를 맞이하게 되었다. 그 마지막 문제제기로 "정치질서는 왜 안정적인 것과 그렇지 못한 것으로 나뉘는가?"라는 정치학에서는 매우 흔한 물음을 들 수 있는데, 단일한 대답은 존재하지 않는다. 정치질서를 분류해보면 세력균형형·패권형·입헌형과 같이 서로 상이한 형태가 존재한다는 것을 알 수 있다. 동시에 정치질서 형태에는 다양한 역사적 배경에서 안정적인 형태와 불안정적인 형태가 존재한다는 사실이 제시되었다.

지금까지 이 책에서 전개해온 논의를 통해 '힘에 대한 대가'가 적고 '제도에 대한 대가'가 많은 형태에 속하는 정치질서가 안정적인 질서가 되는 경향을 띤다는 결론을 얻을 수 있었다. 또한 다음과 같은 논의를 전개할 수도 있다. 행위주체 또는 몇 개의 행위주체로 구성되는 그룹이 자의적이고 무차별적으로 지배를 행하고 힘을 행사할 수 있는 능력에 제약을 가하는 형태로 정치질서가 형성되는 경우를 상정해보자. 이 경우 다른 행위주체 또는 다른 행위주체 그룹은 정치질서가 그 시점에서 창출되는 규칙과 결과를 통해 적극적으로 이에 따르게 된다. 그러면 정치제도가 확실히 정착되어 그 제도를 파괴할 것인지 아니면 다른 제도로 교체할 것인지 선택하기 어려운 경우는 어떻게 되는가? 이 경우에서도 '힘에 대한 대가'는 낮아지고 기존의 질서를 유지할 가능성이 높아진다. 입헌형 질서가 지니는 이 두 가지 특징은 동일한 방향성을 갖는다고 할 수 있다. 즉, 강력한 제도가 존재하는 경우에는 '힘에 대한 대가'가 작아진다. 따라서 부나 권력을 집중시키고 다양한 시점과 다양한 방법으로 그 힘을 행사하려는 경우 그 움직임에는 제약이 가해진다. 제도가 '내구성'을 지니고 있는 상황하에서도 ― '제도에 대한 대가'가 많은 상황 — 이와 마찬가지로 제도는 힘에 대한 형성적·억제적 영향력을 가질 수 있는 가능성이 가장 높아진다.

'힘에 대한 대가'가 낮은 질서란 권력과 부의 우위를 지니고 있는 행위주체가 실행능력에 체계적인 제도적 제약을 가하는 질서라 정의될 수 있다. 그 질서하에서는 권력 또는 부로부터의 불평등한 이익 — 다시 말하자면 어느 특정한 분배경쟁으로 타자보다도 많은 이익을 획득하는 것 — 을 획득한다 해도 이는 영속적인 우위로 전환시킬 수 없다. 승리는 언제나 한정된 것이자 일시적인 것이기 때문이다. 더욱이 승리한 하나의 그룹이 획득한 이익을 사용해 다른 모든 그룹들을 영속적으로 지배하는 것도 불가능하다. 왜냐하면 이 질서에서의 승리는 한정적이며 일시적이기 때문이다. '힘에 대한 대가'가 낮은 질서에서는 정치적 투쟁이 발생할 가능성이 낮다. 이 질서하에서 승리와 패배가 갖는 의미는 다른 질서에서 승리와 패배가 갖는 의미보다 훨씬 작다. 승리는 영속적인 우위의 획득을 의미하지 않으며 반대로 패배는 모든 것이 위험에 처하는 것을 의미하지 않기 때문이다. '힘에 대한 대가'가 낮은 정치질서는 '힘에 대한 대가'가 높은 정치질서보다도 더 큰 안정성을 지니고 있다. 지배와 위협의 위험성이 더 적기 때문이다. 이러한 이유로 패자는 스스로의 패배를 받아들이고 다음의 투쟁을 준비하기가 용이해진다.[7]

'힘에 대한 대가'의 감소가 구체적으로 의미하는 것은 각국의 국내 정치질서에서의 헌법의 역할에 지나지 않는다. 사회적·경제적인 기본 조건이 매우 불평등한 경우에서조차 '힘에 대한 대가'가 매우 낮으면 그 정치질서 내에서는 사회적·경제적인 우위를 이용하는 것에 명확한 제약이 가해진다. 실제로 헌법은 경제의 변화와 사회분화의 진행, 그리고 경제적·사회적 불평등이 한층 확대됨에 따라 역사적으로 등장했다.

즉, 이러한 제 조건하에서 헌법적 결정과 정치적 제 제도가 갖는 역할의 중요성이 증대한 것이다.[8] 이러한 사실을 한층 포괄적으로 말하자면 근대사회의 발전의 결과로 생긴 특징 가운데 하나는 바로 '불평등의 제도화'이다. 즉, '포함과 배제', '권리와 대가'라는 카테고리의 탄생이다. 이는 특정한 영역에서 불평등을 영속화시키는 한편 불평등을 차별화하고 불평등에 한도를 설정하는 기능을 지니고 있다.[9] 왜냐하면 입헌적 질서가 사회적·경제적 불평등을 제거하기 때문이 아니라 각종 자산이나 기회를 사용해 정치적 이익을 달성시키는 전달수단이 되는 동시에 이익달성의 방법을 차별화시키는 기능을 담당하기 때문이다.

물론 경제와 사회의 기본적인 관리운영은 정치권력의 독점을 억제하고 그 한도를 제시하는 기능을 지닌다. 이를 국제관계라는 관점에서 바라본다면 세계경제가 본질적으로 진화해 세계 각국이 부와 테크놀로지, 그리고 경제성장을 순환시켜 그 분배를 획득할 때, 더욱이 그 과정이 계속적으로 이루어질 때 어느 한 국가가 어느 순간에 이익과 우위를 획득하게 되었다 하더라도 그것은 타국에 있어 받아들이기 쉬워진다. 왜냐하면 패전국은 언젠가 자신들에게도 순번이 돌아올 것이라고 인식하기 때문이다.[10]

지금까지 전개해온 논의를 더욱 발전시킨다면 세계경제가 세계 각국에 가져다주는 분배상황에는 서로 다른 두 가지 상황이 존재한다고 판단할 수 있다. 첫째 상황에서는 주로 세계경제에서 창출된 경제이익을 부유한 국가가 획득하게 된다. 이 부유국은 불평등하고 불균형한 이 이익을 이용해 일방적인 형태로 장래의 이익을 획득하는 능력을 강화시킬 수 있다. 그 결과 타국은 현재와 장래에 경제적 이익이 부여될 수 없는 운명의 입장에 놓인다. 둘째 상황에서는 세계경제에서 얻는 이익이 국가를 달리해 신속하고 순환적으로 회전하게 된다. 이는 세계

경제가 일상적으로 변화되는 결과이며, 전체적으로 각국의 정부가 조작할 수 없다. 더욱이 경제적인 승리와 패배에 관한 고도의 윤번제(rotation)와 세분화(segmentation)가 존재한다. 각국은 모두 몇 가지의 영역에서는 승자가 되고 또 다른 몇 가지의 영역에서는 패자가 된다. 둘째 상황에서는 분명 첫째 상황보다 '힘에 대한 대가'를 감소시키는 형태로 작동된다. 즉, 둘째 상황에서는 각국이 제 제도를 확립시키고 '힘에 대한 대가'를 감소시키려 할 경우 그 작동에 대한 압력이 첫째 상황보다 낮다는 것을 의미한다. 이에 반해 첫째 상황하에서는 정치질서가 안정되고 상호 수용 가능하다는 조건이 존재해도 주도국으로 하여금 압도적이고 영속적인 이익을 행사하지 못하도록 하기 위해 한계를 제시하고 제약을 가하기 위한 각종 제도가 필요하다.

첫째 상황에서 패전국은 질서와 결별하려는 매우 강한 인센티브를 가진다. 왜냐하면 이 질서 내에서 패전국에는 경쟁과 성공의 기회가 존재하지 않기 때문이다. 패전국은 언제나 열등한 입장에 처해 있으며 주도국에 의한 지배의 위험성이 감소되거나 소멸되지 않는다. 이에 반해 둘째 상황에서는 '힘에 대한 대가'를 제한하는 제 제도가 존재하지 않는 경우에도 모든 국가는 질서의 기본적인 구조가 자신들을 영속적으로 불리한 입장에 놓이게 한다는 결론에 이르기 어렵다. 승리와 패배는 각국을 순환적으로 회전시키며 시장이나 활동분야는 고도로 세분화되어 있기 때문이다. 이 때문에 그러한 조건하에서의 정치질서는 규모가 크면 클수록 더 안정된다. 논의의 여지는 존재하지만 오늘날 선진 공업국가들이 참여하고 있는 세계경제는 첫째 상황이 아니라 둘째 상황처럼 보인다. 세계경제의 근간에 존재하는 제 조건은 전후정치질서의 안정성 강화에 기여하고 있다.

'제도에 대한 대가'가 크다는 것은 스스로 내포하고 있는 구조적 억제기능이 작동하며 질서유지비용이 제 제도의 변화 전체에 의존하고 있다는 것을 의미한다. 마찬가지로 정치적 제 제도가 풍부한 내구성을 지닌 정치질서일 경우 그 정치질서는 다른 질서보다 높은 안정성을 지니게 된다. 이 경우에는 제 제도가 확실히 정착되어 '힘에 대한 대가'를 감소시키도록 기능한다. 점착성이 낮은 제 제도에서 구성되는 질서에서는 그 제 제도가 질서 내의 유력한 그룹에 의해 조작되기 쉽다. 이 질서는 권력과 부의 기본적인 분배를 기초로 하는 모든 그룹과 모든 행위주체 사이에서의 투쟁이 직접적으로 작용하는 형태로 운용되기 때문에 다른 질서에 비해 제 제도를 전복시키거나 또는 다른 것으로 대치되기 쉽다. 이러한 질서에 있어 힘이 약하고 불리한 입장에 있는 행위주체는 자신들이 영속적으로 불리한 입장에 놓이지 않는다는 확신을 가지기 힘들다. 더욱이 주요 국가가 힘의 기본적인 분배를 이용해 추종국을 지배할 위험성도 높아진다.

'제도로부터의 대가'는 질서 내에 구축된 제 제도의 성격과 그 제 제도가 운용되는 정치적 환경에 따라 크게 다르다. 국제협조적인 민주주의국가들 간에서 구축된 다국 간 제도는 그렇지 않은 국가들 사이에서의 다국 간 제도에 비해 유사한 제 제도와 결합되기 쉬울 뿐만 아니라 상호의존성이 창출되어 관계 확대로 이어지기 때문에 제도적 전환은 훨씬 어려워진다. 여기에서는 자율적인 피드백 회로가 확립되어 있다. 왜냐하면 사람들이나 조직은 신설된 조직이 앞으로도 장기적으로 존속되리라 확신하고 이러한 제 제도와 협조해야만 한다고 생각해 스스로의 생활과 활동을 조정하기 때문이다. 이렇게 성립된 상호의존 네트워크는 가장 최초의 공식적인 제도가 아닐지라도 질서를 더 확대되고 정착도 높은 존재로 만든다. 그 때문에 제도를 갱신하려는 경우에는 그에 동반되는 혼란비용(disruption costs)이 증대된다.

제도의 복잡성과 적합성, 그리고 자율성이 높아지면 제도의 내구성은 더욱 증대해 '힘에 대한 대가'를 감소시키려는 데 더 중요한 역할을 담당하게 된다. 제도가 복잡해지면 제도의 각 부분과 각 층은 다면화되고, 제도에 부여된 과제와 기능적 관계는 확대되는 동시에 이 제도 ·내에서 활동하는 개인과 그룹은 분극화되며 다양화된다. 제도의 자율성이 증가하면 그만큼 제도는 스스로 놓여 있는 환경의 제 조건의 변화에 대응하는 가능성을 높인다. 제도 내에는 폭넓은 범위에까지 미치는 제 문제와 제 상황에 대한 반응을 가능하게 만드는 제 원칙과 메커니즘이 포함되어 있다. 제도가 보여주는 자율성은 그 제도가 제도의 운용에 이해관계를 갖고 있는 계급이나 이익집단의 명령으로부터 어느 정도 거리를 두고 있는지를 보여주는 척도이다.[11] 제도를 창설한 집단 또는 제도의 운용으로 인해 최대한 이익을 얻을지, 아니면 이익을 상실할지에 대한 개인으로부터 독립된 제도가 기능하는 능력이 높으면 제도의 내구성 역시 높아진다.

　설립된 다수의 국제제도들 중에는 다른 제도보다도 훨씬 풍부한 내구성과 높은 자율성을 지닌 제도가 존재하는데, 이러한 문제는 향후의 연구과제로 남아 있다.[12] 하지만 현실적으로 경제위기와 정치대립, 그리고 전쟁이 발생하면 지금까지의 구제도는 분해되고 이러한 극적인 역사적 분기점에서는 신제도를 구축하기 위한 천재일우의 짧은 기회가 생성된다. 신제도가 정착되어 얼마만큼의 시일이 경과되면 제도를 갱신하기 위한 비용과 제약이 극적으로 증대된다. 이러한 제도가 성숙된 민주주의국가들 간에서 구축되는 경우에는 — 민주주의국가는 그 자체가 복잡하고 적합성과 자율성 높은 제도이다 — 제도구축이 정부 간 제도의 점착성을 높이고 정치적 안정성이라는 중요한 의의를 갖는다.

　이 정치적 안정이론은 서구의 전후질서에서 돋보이는 '내구성'을 설명하는 데 매우 유용하다. 이 질서의 내구성은 두 가지의 중핵적인 논리 위에서 성립되고 있다. 첫째, 이 질서가 갖춘 일련의 제도와 관행은 '힘에 대한 대가'를 감소시키는 기능보다 엄밀하게 말하자면 질서적인 힘을 형성시키고 '힘에 대한 대가'를 장래에 걸쳐 확장시키는 기능을 지니고 있다. 이 결과 강대국과 약소국의 구별 없이 제도참가에 동반되는 위험은 적어진다. 미국의 힘은 과거 다른 주도국의 힘과 비교해 위협이 적고 억제가 기능하며 접근용이도가 높다. 이 때문에 미국의 힘은 균형을 취하는 데 고심할 필요가 적다. 둘째, 이 질서가 갖춘 제 제도 역시 '제도에 대한 대가'를 증대시키는 성격을 보여주고 있다. 그 결과 장래의 질서와 패권 지도자가 현재의 질서와 지도자에 도전해 그 질서와 지도자를 교체하려고 시도하기가 훨씬 어려워진다. 냉전으로 인해 이 질서가 강화된 것은 사실이지만 이 질서는 냉전이 계기가 되어 구축된 것도 아니며 이 질서의 기능과 안정을 위해 냉전에 의존한 사실도 없다.

정치적 안정성의 근원에 관한 더 심도 있는 논의는 서구질서의 장래의 안정성에 관한 낙관적인 견해로 이어진다. 왜냐하면 현재의 시스템을 정상적으로 기능시키고 있는 것은 미국의 힘의 우위가 아니라 미국의 힘이 지니고 있는 독자적인 능력이기 때문이다. 이 능력을 통해 시스템은 전략적 억제를 실현시키고, 동맹국가들을 안심시키며, 동맹국가들 간의 협력을 촉진시키고 있다. 미국에는 열린 국내정치 시스템과 억제, 그리고 확실한 책무이행을 실현시키는 일련의 제도가 존재하기 때문에 미국은 거대한 규모와 폭을 지닌 세계정치질서의 중심을 오래 유지할 수 있는 것이다. 이 시스템 내에서 미국이 개별적인 사태로 다른 국가들과 경합하게 될 경우에는 물론 승리할 때도 있지만 패할 때도 있다. 하지만 시스템 전체로서는 안정이 계속 유지될 것이며,

시스템이 소멸될 전망은 거의 없다.


## 미국의 힘과 질서문제

1990년대의 미국의 거대한 힘은 지금까지의 역사상 유례를 찾아볼수 없었으며 근대에 이만큼 압도적인 세계적 지위를 획득한 국가는 존재하지 않았다. 미국과 결합된 이데올로기의 조락과 그 밖의 주요대국의 경제적 퇴락으로 인해 미국의 힘은 그 영향권을 더 확대시키고침투력을 강화시켰다. 1999년 초, 베드린(Hubert Vedrine) 프랑스 외상은 파리에서의 연설에서 다음과 같이 발언했다. "오늘날 미국은 경제와금융, 테크놀로지, 그리고 넓은 의미에서의 세계문화의 국면에서 압도적인 우위를 보이고 있다. 힘과 영향력이라는 관점에서 바라볼 때근대역사에서 이에 필적할 수 있는 존재는 없었다."[13] 이 발언이 지적하는 대로 미국의 힘을 전례 없이 강대한 것으로 만들고 있는 요소는바로 미국의 힘이 지닌 다면성이다.

하지만 역사를 참고로 하자면 미국이 획득한 세계 최고의 지위는저항과 균형복원의 움직임과 직면하게 될 것이다. 그럼에도 오늘날의거대한 수수께끼 가운데 하나는 현재로서는 그러한 움직임이 일어나지 않고 있다는 사실과 그 이유이다. 이를 출발점으로 논의를 전개하면'힘의 비대칭'적인 상황에서 성립되는 관계는 안정된 정치질서와 양립된다. 뿐만 아니라 그 질서가 민주주의국가들로 인해 구축되는 경우'힘의 불균형'은 제도적 협력의 추진력이 되는 것을 의미한다. 오늘날의 세계는 단일한 초강대국체제가 되었으며, 이러한 환경에서 이 가설의 정당함은 엄격하게 검증되어야 한다.

이 제도적 질서이론은 현대 세계에서 '힘의 비대칭'이 증대되고 있음에도 냉전 이후기의 국제질서가 매우 안정적인 이유를 해명하는 데 매우 중요하다. 하지만 동시에 이 힘을 창출하고 있는 정책입안자들에 대한 경고의 문서라는 의미도 포함하고 있다. 즉, 정책입안자들이 '힘과 제도'의 관계에 대해 어떻게 이해해야 하는가라는 물음은 미국의 힘과 포스트 냉전기 질서와 어떤 관계를 지니며 그 장래는 어떠한가라는 물음에 영향을 끼친다.

미국의 힘은 그것이 제도화되어 있다는 이유로 각국이 수용하기 쉽다고 인식된다. NATO나 그 밖의 안전보장조약에서는 미 군사력의 독자적 결정권에 일정한 제한이 — 부분적이지만 — 설치되어 있다. 안전보장 면 이외에 국제적·지역적 정부 간 제도 역시 다양한 경제적·정책적 분야에서 미국의 힘에 한도를 명시하고 미국의 힘을 질서적인 것으로 형성시키는 기능을 지니고 있다. 독자적으로 정책을 입안할 수 있는 가능성에 일정한 제도적 제약을 가하고 다른 동맹국이 정책입안에 관한 미국의 결정권에 의견을 표명할 수 있는 메커니즘이 존재함으로써 억제가 작동하고 있는 것은 확실하다. 미 국무성의 전 간부는 제2차 세계대전 후의 전후질서의 운용에 관해 다음과 같이 평하고 있다. "더 강력한 국가들은 — 그중에서도 미국은 — 이 시스템에 참가하는 데 각국이 그때까지 취해 온 모든 이익을 빼앗는 일은 없을 것이라고 약속할 수밖에 없었으며, 동시에 이러한 국가들은 자신의 힘을 행사하는 데 많은 억제를 제시했다. 예를 들면, 미국은 '3극 시스템(Trilateral system)'이 자국의 이익에 적합하다고 생각했기 때문에 국내적인 결정권을 어느 정도 희생하면서 '3극 시스템'의 추진에 노력했다."[14]

이러한 논의를 전개해가면 결국 이러한 제도들의 배후에서 힘이 그 모습을 드러낼수록 힘은 더 강한 반응과 저항을 받게 된다는 결론이 도출될 것이다. 미국의 지도자들은 자국을 억제와 책무이행으로 제한하는 동시에 분규 발생에 대해서는 양면적인 태도를 보여주고 있는 것이 현실이다. 이러한 사실이 가장 명확하게 드러나는 분야는 바로 무역 분야이다. 예를 들면, 미 의회가 1988년에 가결한 '슈퍼 301조(Super 301)'의 신설이다. 이 조문으로 미 정부는 불공정무역을 행하고 있다고 판단되는 외국정부에 대해 일방적으로 제재조치를 발동할 수 있게 되었다. 미국은 일본이나 그 밖의 외국과의 사이에서 발생한 무역마찰에 관해 활발한 교섭을 행했으며, 이 과정에서 미국은 상대국이 자국시장을 개방하지 않는다면 이 법률을 발동해 일방적인 관세를 부과하겠다는 경고의 수법을 사용했다.[15] 이때의 무역마찰을 해결로 이끈 원동력은 바로 미국시장이 지니고 있는 힘이었다. 즉, 이 제재에 대항해 일본이 미국에 불이익을 파급시킨다 할지라도 '슈퍼 301조'에 의한 미국시장의 반격은 그 이상의 경제적 불이익을 일본에 부여할 수 있었다.[16] 1996년, 클린턴 미 대통령은 이른바 '헬름스-버튼법'에 서명했다. 이 법률로 미 정부는 쿠바정부가 접수한 쿠바 국내의 공장들을 사용해 생산을 하거나 아니면 무역을 행하고 있는 외국기업을 처벌할 수 있었다.[17] 이에 대해 유럽과 캐나다, 그리고 멕시코의 당국자들은 이 법률이 무역에 관한 국제법에 위반된다고 비난했다. 한 미국 당국자는 일방적인 차별적 통상조치에 노출된 각국 정부의 견해를 접하고 다음과 같이 그 의미를 이해했다. "많은 중소국가들에게 이 조치가 경제적 제국주의라는 비난을 받고 있다. 이러한 상황에서 미국이 매우 공격적인 접근방법을 취하면 오히려 악영향을 끼칠 수도 있다는 반성의 기회를 가져야 한다."[18] 다국 간 무역규칙에 대한 미 정부의 대응은 이중적이었다. 미 정부는 WTO의 설립과 규칙을 존중하는 WTO 통상접근방법을 지지하는 반면 WTO의 정신을 무시하는 형태로 자국의 일방적인 무역정책을 지속시켰던 것이다.

미국은 무역 이외의 분야에서도 자신을 제도적으로 구속하지 않았다. 미국은 지뢰금지와 환경보호, 그리고 국제형사재판소 설립에 관한 일련의 다국 간 조약과 협정을 비준하지 않고 있으며, UN과의 관계에서도 UN분담금을 지불하지 않고 있다. 또한 많은 관계자들은 미국이 갈리(Boutros Boutros Ghali) 사무총장의 재임을 위압적으로 방해하는 행동을 했다고 느꼈다. 근래 미국은 소말리아, 하이티, 이라크, 코소보의 각 정세에서 빈번히 군사적으로 간섭을 해왔는데, 이러한 행동을 통해 미국은 국제적인 제도적 억제를 무시하고 단독으로 군사력을 행사할 수 있다는 것을 보여주었다. 미국의 이러한 정책유형은 향후 억제를 지니지 않는 세계적인 강대국의 등장이라는 불안감을 일부 국가에 조성하고 있다. 프랑스의 전 대사는 1999년 봄 다음과 같이 언급했다. "세계정치에서 중대한 위협은 미국이라는 '초강대국(hyper-power)'의 존재이다. 냉전기에는 미국과 소련이 상호억제 관계를 이루었지만 지금은 미국이 마음먹은 대로 무엇이든 될 수 있는 상황이 되었다."[19] 미국의 동맹국인 독일의 슈뢰더(Gerhard Schroeder) 총리조차도 다음과 같은 우려를 표명했다. "단독주의의 위험성이 존재한다는 것은 부정할 수 없는 사실이다. 그것은 다름 아닌 미국으로부터 창출된 위험성이다."[20]

1999년의 NATO에 의한 세르비아 공폭작전의 실시 역시 세계 각국이 미국의 힘을 어떻게 판단하고 있는지 알 수 있는 열쇠가 될지도 모른다. 독일의 통일교섭의 최후 단계에서 고르바초프 소련 대통령을 비롯한 소련의 지도자들은 NATO 동맹을 통해 두드러진 신장을 보였던 독일이 대서양을 포함한 농밀한 제도망에 확실히 구속되고 미국의 힘은 향후에도 유럽과의 연관성을 유지할 것이라는 인식을 보여주었던 것이다. NATO의 존재로 인해 미국의 '지배' 또는 '포기'라는 유럽 국가들의 불안감은 감소했으며, 가맹국가들의 이러한 인식은 NATO의 매력 가운데 하나였다. 따라서 NATO는 서구세계의 군사정책이 돌연 호전적으로 전환되지 않도록 억제하는 기능을 담당하게 되었다. NATO의 역외국가들은 이러한 점에서 안심할 수 있었던 것이다. 하지만 NATO의 세르비아 공폭은 NATO가 영역 외에서도 군사적으로 간섭할 수 있는 길을 열어놓았다는 사실을 의미하는 경계심을 세계에 부여했다. 중국과 러시아 양국은—그 밖의 다른 국가들과 더불어—UN 안보리의 제재결정을 거치지 않은 채 실시된 NATO의 이러한 행동을 공식적으로 비난했다.[21] 이 때문에 자신의 힘에 제약을 가하고 억제하는 동맹이던—그 결과 동맹국들과 그 주변 국가들을 안심시켰다—이전의 NATO는 현재 양상이 크게 변화하고 있다. 서구세계와 비서구세계의 미국의 힘에 대한 인식과 관련된 NATO의 영향을 완전히 이해하기에는 앞으로 수년의 시간이 필요할 것이다.

금세기 미국이 구축한 질서에서 우리가 배워야 할 교훈은 미국이 자신의 힘을 행사하기 위해 이용했던 국제제도가 높은 침투력과 실효성을 지닌 역할을 수행했다는 것이다. 전통적인 현실주의파 이론은 제도가 어떻게 힘과 연관될 수 있는지를 간과하고 있다. 이 그룹의 일반적인 견해는 제도와 힘이 정반대의 관계(antithetical)를 지닌다는 것이다. 즉, 제도와 힘은 서로 반비례한다는 것이다. 힘이야말로 국제관계에 있어 최종적인 결정요인이기 때문에 제도는 그다지 중요하지 않다. 하지만 제도와 힘은 이 이론이 제시하는 것보다 훨씬 복잡한 형태로 결합되어 있으며, 국가는 제도를 통해 자신의 힘을 투사하거나 억제할 수 있다. 미국은 1940년대에 일련의 세계적·지역적 제 제도를 구축하기 위해 노력해왔는데, 만일 미국이 이러한 노력을 하지 않았다면 미국의 힘이 그 이후 실제적으로 획득하게 된 규모, 침투력, 장기성을 얻지 못했을 것이다. 힘은 국제적인 제 제도를 통해 더 억제되고 일상화된 형태로 행사될 수 있다. 국제적인 제 제도를 이용함으로써 힘은 '내구성'을 증대시키며 체계화되어 정통성을 높일 수 있는 것이다.

현재 미국의 힘을 체현하고 있는 지도자들은 국제제도를 통해 실현되고 있는 억제와 책무이행에 대해 반발을 표하고 있지만, 이들은 제도가 지닌 이러한 특징들이야말로 미국의 힘에 더욱 풍요로운 '내구성'을 지니게 하고, 그것을 각국이 좀 더 수용하기 쉬운 것으로 만들었다는 사실을 직시해야만 하지 않을까? 만일 미국이 구축한 전후질서가 새로운 세기에 그대로 계승된다면, 힘과 제도가 서로 협력해 공업민주주의국가 간에 안정되고 정통성 있는 관계를 창출했다는 사실 때문일 것이다.

# 부표

## <부표 1> 전후구축 일람

| 전쟁명 | 연도 | 참전대국의 전사자 수 | 주요한 조약과 회의 |
|---|---|---|---|
| 30년 전쟁 | 1618~1648년 | 2,071,000명 | 베스트팔렌 조약 |
| 프랑스-스페인 전쟁 | 1648~1659년 | 180,000명 | 피레네 조약 |
| 오스만 전쟁 | 1663~1664년 | 109,000명 | 바스바르 조약 |
| 프랑스-네덜란드 전쟁 | 1672~1678년 | 342,000명 | 네이메헌 조약 |
| 오스만 전쟁 | 1684~1699년 | 384,000명 | 카를로비츠 조약 |
| 아우구스부르크 동맹전쟁 | 1688~1697년 | 680,000명 | 라이스바이크 조약 |
| 스페인 왕위계승 전쟁 | 1701~1713년 | 1,251,000명 | 위트레흐트 조약 |
| 오스트리아 왕위 계승전쟁 | 1740~1748년 | 359,000명 | 엑스 라 샤펠 조약 |
| 7년 전쟁 | 1756~1763년 | 992,000명 | 파리 조약, 후베르투스부르크 조약 |
| 오스만 전쟁 | 1787~1792년 | 192,000명 | 야시 조약 |
| 프랑스 혁명 전쟁 | 1792~1802년 | 663,000명 | 아미앵 조약 |
| 나폴레옹 전쟁 | 1803~1815년 | 1,869,000명 | 비엔나 회의 |
| 크리미아 전쟁 | 1853~1856년 | 217,000명 | 파리 회의 |
| 프랑스-프러시아 전쟁 | 1870~1871년 | 180,000명 | 프랑크푸르트 조약 |
| 러시아-터키 전쟁 | 1877~1878년 | 120,000명 | 산스테파노 조약, 베를린 회의 |
| 제1차 세계대전 | 1914~1918년 | 7,734,300명 | 브레스트-리토프스크, 베르사유, 상제르망, 누이이, 트리아농의 각 조약 |
| 중일전쟁 | 1937~1941년 | 250,000명 | 제2차 세계대전에 병합 |
| 제2차 세계대전 | 1939~1945년 | 12,948,300명 | 전체적 전후구축 없음 |
| 한국전쟁 | 1950~1953년 | 954,960명 | 휴전: 전후구축 없음 |

자료: Jack S. Levy, *War and the Modern Great Power System, 1495-1975* (Lexington: University Press of Kentucky, 1983).

<부표 2-1> 주요 대국의 힘의 순위

| 연도 | 국명 | 군사지출[a] | 주도국 비율[b] | 전쟁 수행능력 지수[c] | 국내총생산[d] | 주도국 비율[e] |
|---|---|---|---|---|---|---|
| 1816년 | 미국 | 3,823 | 23 | 7.5 | | |
| | 영국 | 16,942 | 100 | 28.6 | | |
| | 프랑스 | 10,554 | 62 | 15.3 | | |
| | 독일 | 13,516 | 80 | 8.6 | | |
| | 헝가리 | n/a | n/a | 12.6 | | |
| | 러시아 | 10,582 | 62 | 24.7 | | |
| 1820년 | 미국 | 1,556 | 13 | 6.9 | 12,432 | 36 |
| | 영국 | 11,748 | 100 | 26.5 | 34,829 | 100 |
| | 프랑스 | 9,414 | 80 | 18.2 | 38,071 | 106 |
| | 독일 | 3,714 | 32 | 8.6 | 16,393 | 47 |
| | 헝가리 | 6,175 | 53 | 15.2 | n/a | n/a |
| | 러시아 | 9,317 | 79 | 24.6 | 37,873 | 109 |
| 1825년 | 미국 | 1,336 | 13 | 6.8 | | |
| | 영국 | 10,568 | 100 | 27.1 | | |
| | 프랑스 | 10,609 | 100 | 18.9 | | |
| | 독일 | 3,085 | 29 | 8.0 | | |
| | 헝가리 | 5,087 | 48 | 14.5 | | |
| | 러시아 | 7,476 | 71 | 24.8 | | |
| 1830년 | 미국 | 1,687 | 20 | 7.4 | | |
| | 영국 | 8,491 | 100 | 26 | | |
| | 프랑스 | 12,618 | 149 | 20.1 | | |
| | 독일 | 3,096 | 36 | 8.1 | | |
| | 헝가리 | 4,567 | 54 | 13.8 | | |
| | 러시아 | 7,780 | 92 | 24.7 | | |
| 1910년 | 미국 | 55,880 | 91 | 27.2 | 461,011 | 233 |
| | 영국 | 61,417 | 100 | 14.7 | 197,736 | 100 |
| | 프랑스 | 49,539 | 81 | 9.9 | 121,084 | 61 |

|  | 독일 | 60,416 | 98 | 17.6 | 128,676 | 65 |
|---|---|---|---|---|---|---|
|  | 헝가리 | 23,208 | 38 | 6.5 | n/a | n/a |
|  | 러시아 | 62,099 | 101 | 18.6 | n/a | n/a |
|  | 일본 | 18,516 | 30 | 5.4 | 62,108 | 31 |
| 1915년 | 미국 | 257,648 | 6 | 22.4 | 491,573 | 210 |
|  | 영국 | 4,651,398 | 100 | 15.2 | 233,981 | 100 |
|  | 프랑스 | 3,525,000 | 76 | 8.9 | 130,244 | 56 |
|  | 독일 | 5,014,000 | 108 | 15.6 | 117,360 | 50 |
|  | 헝가리 | 2,013,000 | 43 | 11.6 | n/a | n/a |
|  | 러시아 | 4,524,000 | 97 | 14.4 | n/a | n/a |
|  | 일본 | 107,515 | 2 | 3.2 | 73,069 | 31 |
| 1920년 | 미국 | 1,657,118 | 100 | 37.1 | 594,135 | 100 |
|  | 영국 | 1,475,661 | 89 | 17.5 | 203,312 | 34 |
|  | 프랑스 | 361,910 | 22 | 9.7 | 124,662 | 21 |
|  | 독일 | 79,025 | 5 | 10.2 | 114,024 | 19 |
|  | 헝가리 | n/a | n/a | n/a | 13,585 | 2 |
|  | 러시아 | 1,183,426 | 71 | 18.6 | n/a | n/a |
|  | 일본 | 449,471 | 27 | 6.9 | 91,060 | 15 |
| 1925년 | 미국 | 589,706 | 100 | 35.1 | 731,402 | 100 |
|  | 영국 | 580,411 | 98 | 14.9 | 221,327 | 30 |
|  | 프랑스 | 324,761 | 55 | 10.8 | 167,599 | 23 |
|  | 독일 | 147,858 | 25 | 11.8 | 149,420 | 20 |
|  | 헝가리 | n/a | n/a | n/a | 18,914 | 3 |
|  | 소련 | 1,447,885 | 246 | 19.3 | n/a | n/a |
|  | 일본 | 181,598 | 31 | 8 | 107,948 | 15 |
| 1935년 | 미국 | 806,400 | 100 | 27.1 | 699,805 | 100 |
|  | 영국 | 646,350 | 80 | 11 | 259,502 | 37 |
|  | 프랑스 | 867,102 | 108 | 8.7 | 169,746 | 24 |
|  | 독일 | 1,607,587 | 199 | 15.3 | 174,662 | 25 |
|  | 소련 | 5,517,537 | 684 | 29.1 | 334,818 | 48 |
|  | 일본 | 295,113 | 37 | 8.8 | 141,243 | 20 |
| 1940년 | 미국 | 1,657,000 | 100 | 26.6 | 930,828 | 100 |

| | | | | | |
|---|---|---|---|---|---|
| | 영국 | 9,948,329 | 600 | 12.2 | 233,981 | 34 |
| | 프랑스 | 5,707,762 | 344 | 11 | 164,164 | 18 |
| | 독일 | 21,200,000 | 1,279 | 22.6 | 242,844 | 26 |
| | 소련 | 6,145,214 | 371 | 20.4 | 420,091 | 45 |
| | 일본 | 1,863,181 | 112 | 7.3 | 201,766 | 22 |
| 1945년 | 미국 | 90,000,000 | 100 | 42.9 | 1,646,690 | 100 |
| | 영국 | 17,002,048 | 19 | 17.5 | 331,347 | 20 |
| | 프랑스 | 1,230,509 | 1 | 4.7 | 101,189 | 6 |
| | 독일 | n/a | n/a | n/a | 194,682 | 12 |
| | 소련 | 8,589,076 | 10 | 25.5 | 333,656 | 20 |
| | 일본 | 4,002,481 | 4 | 11.3 | 98,711 | 6 |
| 1950년 | 미국 | 14,559,000 | 100 | 38.7 | 1,457,624 | 100 |
| | 영국 | 2,376,154 | 16 | 14.1 | 344,859 | 22 |
| | 프랑스 | 1,489,278 | 10 | 7.7 | 218,409 | 15 |
| | 독일 | n/a | n/a | n/a | 213,976 | 15 |
| | 소련 | 15,510,433 | 107 | 37.6 | 510,243 | 35 |
| | 일본 | n/a | n/a | n/a | 156,546 | 11 |
| 1955년 | 미국 | 40,518,000 | 100 | 41.2 | 1,816,591 | 100 |
| | 영국 | 4,363,684 | 11 | 12.2 | 397,402 | 22 |
| | 프랑스 | 2,948,000 | 7 | 7.2 | 271,508 | 15 |
| | 독일 | n/a | n/a | n/a | 336,848 | 19 |
| | 소련 | 29,542,096 | 73 | 39.4 | 648,027 | 36 |
| | 일본 | n/a | n/a | n/a | 242,022 | 13 |
| 1975년 | 미국 | 90,948,000 | 100 | 20.2 | 3,468,461 | 100 |
| | 영국 | 11,475,228 | 13 | 6.2 | 657,762 | 19 |
| | 프랑스 | 13,034,714 | 14 | 5 | 690,434 | 20 |
| | 소련 | 128,000,000 | 141 | 28 | 1,561,399 | 45 |
| | 중국 | 28,500,000 | 31 | 28.2 | 1,145,317 | 33 |
| | 일본 | 4,535,240 | 5 | 12.3 | 1,223,760 | 33 |
| 1980년 | 미국 | 143,981,000 | 100 | 19.8 | 4,161,014 | 100 |
| | 영국 | 26,757,385 | 19 | 5.3 | 719,528 | 17 |
| | 프랑스 | 26,424,988 | 18 | 5.1 | 807,081 | 19 |

| | | | | | |
|---|---|---|---|---|---|
| | 소련 | 201,000,000 | 140 | 29 | 1,709,174 | 41 |
| | 중국 | 28,500,000 | 20 | 28.8 | 1,434,204 | 34 |
| | 일본 | 9,297,521 | 6 | 12 | 1,531,612 | 37 |
| 1985년 | 미국 | 252,700,000 | 100 | 18.9 | 4,797,624 | 100 |
| | 영국 | 24,200,000 | 10 | 4.5 | 795,233 | 17 |
| | 프랑스 | 20,800,000 | 8 | 4.2 | 870,199 | 19 |
| | 소련 | 275,000,000 | 109 | 31.4 | 1,940,363 | 41 |
| | 중국 | 24,870,000 | 10 | 29.9 | 2,189,825 | 34 |
| | 일본 | 12,480,315 | 5 | 13.9 | 1,839,879 | 37 |
| 1996년[f] | 미국 | 265,700,000 | 100 | 28 | 7,636,000[g] | 100 |
| | 영국 | 34,500,000 | 13 | 4 | 1,158,921 | 15 |
| | 프랑스 | 46,400,000 | 17 | 5 | 1,538,794 | 20 |
| | 러시아 | 71,000,000 | 27 | 12 | 429,620 | 6 |
| | 중국 | 8,600,000 | 3 | 33 | 834,000 | 11 |
| | 독일 | 39,000,000 | 15 | 6 | 2,352,472 | 31 |
| | 일본 | 44,000,000 | 17 | 10 | 4,595,200 | 60 |

주: a. 군사지출은 1984년의 미국 달러를 기준으로 산출. 특기할 사항이 없는 경우 단위는 1,000달러.

  b. 주도국 지출비율은 주도국의 지출을 100으로 산출한 것임.

  c. C.O.W.는 한 국가의 전쟁수행능력 지수를 의미하는 Correlates of War의 약어. 군사요원과 군사지출, 에너지 생산, 철강생산, 도시인구, 그리고 총인구의 여섯 가지의 주요 전쟁수행능력을 기준으로 산출한 것임. C.O.W. index에 관해서는 다음의 저작을 참조. J. D. Singer and Paul Diehl(eds.), *Measuring the Correlates of War* (Ann Arbor: University of Michigan Press, 1990).

  d. GDP 수치의 단위는 100만(1990년 Geary-Khamis 환산) 달러. 이들 수치는 다음의 저작에서 인용. Angus Maddison, *Monitoring the World Economy: 1820-1992* (Paris: Developmental Centre of the Organization for Economic Co-operation and Development, 1995).

  e. 주도국 GDP 비율. 주도국의 GDP를 100으로 산출한 것임.

  f. 1996년의 수치는 다음의 저작에서 인용. *The Military Balance* (London: Institute for Strategic Studies, 1998). 수치는 1996년의 미국 달러를 기준으로 산출.

  g. 수치는 현재의 시장가격. 다음의 저작에서 인용한 것임. *International Statistics Yearbook 1998* (Washington, D.C.: World Bank Group, 1999).

<부표 2-2> 주요 강대국의 하이테크 지표

| 국명 | 하이테크 생산비율 (1995년, 단위: %)[a] | 전 부문에서의 연구개발 지출 (1995년, 단위: %)[a] | 국방 관련 부문에서의 연구개발 지출 (1995~1996년, 단위: %)[a] | 천 명당 컴퓨터 소유 수 (1996년)[b] |
|---|---|---|---|---|
| 미국 | 41 | 53 | 80 | 362 |
| 영국 | 6 | 6 | 7 | 149 |
| 일본 | 30 | 22 | 2 | 75 |
| 프랑스 | 5 | 58 | 8 | 150 |
| 러시아 | n/a | n/a | n/a | 23.7 |
| 중국 | 8 | n/a | n/a | 3 |
| 독일 | 10 | 11 | 3 | 232 |

주: a. 전미과학재단의 온라인에서 인용한 것임. *Science and Technology Indicators 1998* (www.nfs.gov/sbe/seind98/start.htm).

b. World Bank, *World Development Indicator, 1998* (Washington, D. C.: International Bank for Reconstruction and Redevelopment, 1998).

미주

## 1장

1) 유럽전쟁과 세계전쟁의 전후구축 일람은 <부표 1>을 참조.

2) Kenneth Waltz, *Theory of International Politics* (Reading, Mass.: Addison-Wesley, 1979).

3) 이러한 주장에 관해서는 이하를 참조. Helen V. Milner, "The Assumption of Anarchy in International Theory: A Critique," *Review of International Studies*, Vol. 17(January 1991), pp. 67~85; David A. Lake, "Anarchy, Hierarchy and the Variety of International Relations," *International Organization*, Vol. 50(1997), pp. 1~33; Barry Buzan and Richard Little, "Reconceptualizing Anarchy," *European Journal of International Relations*, Vol. 2, No. 4(1996), pp. 403~439; Helen V. Milner, "Rationalizing Politics: The Emerging Synthesis of International, American, and Comparative Politics," in Peter J. Katzenstein, Robert O. Keohane, and Stephen D. Krasner(eds.), *Explorations and Contestation in the Study of World Politics* (Cambridge: MIT Press, 1999), pp. 119~146. 이 문제에 관한 논의를 위해서는 이하를 참조. G. John Ikenberry, "Constitutional Politics in International Relations," *European Journal of International Relations*, Vol. 4, No. 2(June 1998), pp. 147~177.

4) Robert Gilpin, *War and Change in World Politics* (New York: Cambridge University Press, 1981), pp. 41~44. 이 형태의 변화는 '제도변경'과 대조적인 것이다. '제도변경'은 세계 시스템에 포함되어 있는 국가의 성격이 근본적으로 변화하는 것을 의미한다. 또한 관계국 간에 존재하는 정치와 경제, 그리고 그 밖의 면에서 발생하는 변화를 의미하는 '상호작용변화'와도 대조적이다.

5) Peter J. Katzenstein, "International Relations Theory and the Analysis of Change," in Ernst-Otto Czempiel and James N. Rosenau(eds.), *Global Changes and Theoretical Challenges* (Lexington, Mass.: Lexington Books, 1989), p. 298. 국제관계이론의 범위에서 '변화'에 관한 선택적 개념을 논한 최근의 저작으로서는 다음을 참조. Michael Doyle and G. John Ikenberry(eds.), *New Thinking in International Relations Theory* (Boulder, Colo.: Westview Press, 1997).

6) Redvers Opie et al., *The Search for Peace Settlements* (Washington, D. C.: Brookings

Institution, 1951), pp. 2~5. 또한 주요 전쟁의 전후구축에 관해 개관한 저작으로는 이하를 참조. Robert Randle, *The Origins of Peace: A Study of Peacemaking and the Structure of Peace Settlements* (New York: Free Press, 1973); Charles F. Doran, *The Politics of Assimilation* (Baltimore: Johns Hopkins University Press, 1971); Kalevi J. Holsti, *Peace and War: Armed Conflicts and International Order, 1648-1989* (New York: Cambridge University Press, 1991); Charles W. Kegley, Jr., and Gregory A. Raymond, *How Nations Make Peace* (New York: St. Martin's Press, 1999).

7) Robert Jervis, "A Political Science Perspective on the Balance of Power and the Concert," *American Historical Review*, Vol. 97, No. 3(June 1992), p. 723.

8) 로버트 저비스는 1815년의 '수시협의' 시스템에 관한 연구에서 "연구자들은 이러한 관행이 어떻게 등장했는가에 관해 충분히 해명하지 못하고 있다"라고 언급하고 있다. 같은 글, p. 724.

9) 영미 양국의 패권 비교에 관해서는 이하의 저작을 참조. Robert Gilpin, *U.S. Power and the Multinational Corporation: The Political Economy of Foreign Direct Investment* (New York: Basic Books, 1975); David Lake, "British and American Hegemony Compared: Lessons for the Current Era of Decline," in Michael Fry(ed.), *History, the White House, and the Kremlin: Statesmen as Historians* (New York: Columbia University Press, 1991), pp. 106~122; Joseph S. Nye, Jr., *Bound to Lead: The Changing Nature of American Power* (New York: Basic Books, 1992).

10) 국제질서 문제에 관한 '낙관파(칸트주의)'와 '절망파(루소주의)' 지식인들에 대해 논하고 있는 저작으로는 이하의 저작들이 유용하다. Ian Clark, *The Hierarchy of States: Reform and Resistance in the International Order* (Cambridge University Press, 1989). 국제질서이론의 개괄로는 John A. Hall, *International Order* (Cambridge: Polity Press, 1996)의 제1장을 참조.

11) 탤컷 파슨스에 따르면 '질서의 문제'를 최초로 제기한 인물은 홉스이다. 홉스는 "자연 상태의 사회에서는 개개인이 스스로 안정되고 반복되며 협력적인 사회질서를 확립시킬 수 없다. 종국적으로 이 문제는 계층제도의 정점에 위치하는 군주의 명령을 통해서 해결된다"라고 주장했다. Talcott Parsons, *The Structure of Social Action* (New York: McGraw-Hill, 1937), pp. 89~94 참조. 앨버트 허쉬만은 홉스의 견해에 대한 근대 지식인들의 반응을 다음과 같이 묘사하고 있다. "근대 지식인들은 인간이 지닌 몇 가지의 동기가 타인을 제어하는 것, 그리고 무엇보다도 중요한 정치적·경제적인 자기이익의 추구가 결코 제어 불가능한 '욕구'가 아니라 문명적이며 인간적인 행위라고 여긴다." 이런 의견을 제시함으로써 홉스의 '질서의 문제'에 관한 논의에 의문을 던졌다. 결국 이것은 애덤 스미스에 의한 『국부론』

의 탄생으로 이어졌다. Albert Hirschman, *The Passions and the Interests* (Princeton: Princeton University Press, 1977).

12) Waltz, *Theory of International Politics*. 이 문제에 관한 더욱 심화된 논쟁을 위해서는 다음의 저작을 참조. Robert O. Keohane(ed.), *Neorealism and Its Critics* (New York: Columbia University Press, 1986).

13) Gilpin, *War and Change in World Politics*.

14) 월츠의 신현실주의파 이론의 고전적인 주장은 국제제도가 갖는 역할의 중요성을 거의 인정하지 않는다. 국제제도에 관한 현실주의파의 최근 주장들에 관해서는 이하의 저작 참조. Randall L. Schweller and David Priess, "A Tale of Two Realisms: Expanding the Institutions Debate," *Mershon International Studies Review*, Vol. 41, Supplement(May 1997), pp. 1~32; Robert Jervis, "Realism, Neoliberalism, and Cooperation: Understanding the Debate," *International Security*, Vol. 24, No. 1(Summer 1999), pp. 42~63.

15) 물리적인 능력을 행사하는 것만으로 패권질서가 구축된다는 설명에 만족할 만한 학자는 거의 존재하지 않는다. 예를 들면, 로버트 코헤인은 "패권이론은 지배적인 강대국에 의한 규칙설정과 규칙이행 강제의 결정방식을 분석해야 할 뿐만 아니라 패권국의 리더십을 따르는 추종국가들의 이유를 추급해야 한다"고 지적하고, "패권이론은 패권레짐의 정통성과 공존적 협력을 해명하지 않으면 안 된다"라고 강조한다. Robert O. Keohane, *After Hegemony: Cooperation and Discord in the World Political Economy* (Princeton: Princeton University Press, 1984), p. 39. 로버트 길핀 역시, 국제 시스템의 '거버넌스'는 부분적으로 패권대국이 지닌 위신과 윤리적 리더십에 의해 유지된다고 주장하고 있다. 패권대국의 권위는 결국 군사력과 경제력을 통해 확립되지만, 지배국의 입장은 일련의 국가들에 공통적인 이데올로기와 종교, 그리고 그 밖의 가치로 인해 유지되는 경우도 있다고 주장한다. Gilpin, *War and Change in World Politics*, p. 34.

16) '전후 주도국이 대등하지 않은 타국에 대해 원칙에 따른 합의를 요구하는 이유'와 '그 합의가 달성되는 방식'의 문제제기는 매우 중요하다. 하지만 신현실주의파는 이러한 물음에 답하지 않고 있다. G. John Ikenberry and Charles A. Kupchan, "Socialization and Hegemonic Power," *International Organization*, Vol. 44, No. 3(Summer 1990), pp. 283~315.

17) John J. Mearsheimer, "Back to the Future: Instability of Europe after the Cold War," *International Security*, Vol. 15(Summer 1990), pp. 5~57; Mearsheimer, "Why We Will Soon Miss the Cold War," *Atlantic*, No. 266(August 1990), pp. 35~50; Conor Cruise O'Brien, "The Future of the West," *National Interest*,

No. 30(Winter 1992/93), pp. 3~10; Stephen M. Walt, "The Ties That Fray: Why Europe and America Are Drifting Apart," *National Interest*, No. 54(Winter 1998/99), pp. 3~11.

18) Christopher Layne, "The Unipolar Illusion: Why New Great Powers Will Arise," *International Security*, Vol. 17, No. 4(Spring 1993), pp. 5~51; Layne, "From Preponderance to Offshore Balancing: America's Future Grand Strategy," *International Security*, Vol. 22, No. 1(Summer 1997), pp. 86~124; Josef Joffe, "'Bismarck' or 'Britain'? Toward an American Grand Strategy after Bipoarity," *International Security*, Vol. 19, No. 4(Spring 1995), pp. 94~117.

19) Michael Mastanduno, "Preserving the Unipolar Moment: Realist Theories and U. S. Grand Strategy after the Cold War," *International Security*, Vol. 21, No. 4(Spring 1997), pp. 49~88; Robert F. Lieber, "The Ties That Fray," in *National Interest*, No. 55(Spring 1999), p. 114.

20) William C. Wohlforth, "The Stability of a Unipolar World," *International Security*, Vol. 24, No. 1(Summer 1999), pp. 5~41.

21) Daniel Deudney and G. John Ikenberry, "The Nature and Sources of Liberal International Order," *Review of International Studies*, Vol. 25, No. 2(Spring 1999), pp. 179~196.

22) 민주주의적 평화, 다극적 안전보장 공동체, 복합적 상호의존, 국제레짐이라는 문제와 관련된 이론들은 모두 국제관계의 중요한 특징을 지적하고 있다. 이들 이론들은 전후기의 서구 공업국가 간 관계의 다양한 국면을 설명하는 데 매우 유익하다. 자유주의파 이론의 개괄에 관해서는 이하를 참조. Mark W. Zacher and Richard A. Mathew, "Liberal International Relations Theory: Common Threads, Divergent Strands," in Charles W. Kegley(ed.), *Controversies in International Relations Theory: Realism and the Neoliberal Challenge* (New York: St. Martin's, 1995). 몇 가지의 자유주의 이론을 종합한 중요한 저작으로는 다음을 참조. Andrew Moravcsik, "Taking Preferences Seriously: A Liberal Theory of International Politics," *International Organization*, Vol. 51, No. 4(Autumn 1997), pp. 513~553.

23) 자유주의파 이론가 중에서 이러한 시점에서 종합적으로 이 문제를 다룬 이론가는 한 명도 없다. 하지만 각각의 국면에 관해 논하고 있는 이론가는 다수 존재한다. 민주주의적 평화에 관해서는, Michael Doyle, "Kant, Liberal Legacies, and Foreign Affairs," *Philosophy and Public Affairs*, Vol. 12(1983), pp. 205~235, 323~353. 안전보장 공동체에 관해서는, Emanuel Adler and Michael Branett(eds.), *Security*

*Communities* (New York: Cambridge University Press, 1998); Karl Deutch, *Political Community and the North Atlantic Area* (Princeton: Princeton University Press, 1957). 국내정치와 국제정치의 상호관계에 관해서는, James Rosenau(ed.), *Linkage Politics: Essays on the Convergence of National and International Systems* (New York: Free Press, 1969). 기능통합론에 관해서는, Ernst Haas, *Beyond the Nation-State: Functionalism and International Organization* (Stanford: Stanford University Press, 1964). 힘과 상호의존을 개별적이고 통합적인 면에서 논한 저작으로서는, Robert Keohane and Joseph Nye, *Power and Interdependence* (Boston: Little, Brown, 1977). 근대화 이론을 통해 자유주의파 이론을 보강한 저작으로는, Edward Morse, *Modernization and the Transformation of International Relations* (New York: Free Press, 1976); James Rosenau, *Turbulence in World Politics: A Theory of Change and Continuity* (Princeton, Princeton University Press, 1991)를 각각 참조.

24) 국제제도와 체제를 주제로 하는 자유주의파 이론의 문헌은 상당히 많다. 개략적인 저작으로는, Stephen Krasner(ed.), *International Regimes* (Ithaca: Cornell University Press, 1955); Steph Haggard and Beth Simmons, "Theories of International Regimes," *International Organization*, Vol. 41, No. 3(Summer 1987), pp. 491~517; Volker Rittberger(ed.), *Regime Theory and International Relations* (Oxford: Oxford University Press, 1995); Andreas Hasenclever, Peter Mayer, and Volker Rittberger, *Theories of International Regimes* (Cambridge: Cambridge University Press, 1997)를 참조. 제도와 체제론에 관한 우수한 조사연구로서는, Lisa L. Martin and Beth Simmons, "The Theories and Empirical Studies of International Institutions," in Peter J. Katzenstein, Robert O. Keohane, and Stephen D. Krasner (eds.), *Exploration and Constitution in the Study of World Politics*, pp. 89~117. 신자유주의파 시점에서의 제도론으로서 향후 발전성을 지닌 저작으로는, Keohane, *After Hegemony*.

25) Oran Young, "Political Leadership and Regime Formation: On the Development of Institutions in International Society," *International Organization* Vol. 45, No. 3(Summer 1991) p. 282; Young, *International Cooperation: Building Regimes for Natural Resources and the Environment* (Ithaca: Cornell University Press, 1989). '입헌적 계약'의 개념은 다음의 저작, 특히 제5장에서 논의되고 있다. James M. Buchanan, *The Limits of Liberty* (Chicago: University of Chicago Press, 1975).

26) Keohane, *After Hegemony*를 참조. 신자유주의파 이론의 일반적인 입장에 관해서는 이하의 저작에서 제시되고 있다. Robert O. Keohane, "International Institutions: Two Approaches," *International Studies Quarterly*, Vol. 32(December 1988), pp. 379~396; Keohane and Lisa Martin, "The Promise of Institutionalist Theory,"

*International Security*, Vol. 20, No. 1(Summer 1995), pp. 39~51; Lisa Martin, *Coercive Cooperation: Explaining Multilateral Economic Sanctions* (Princeton: Princeton University Press, 1992)를 참조.

27) Lisa Martin, "An Institutionalist View: International Institutions and State Strategies," in T. V. Paul and John A. Hall(eds.), *International Order and the Future of World Politics* (New York: Cambridge University Press, 1999).

28) 신자유주의파의 접근방법에 따르면, 제도란 합리적인 행위주체가 자신의 이익을 확대하는 형태로 자신의 환경을 조정하려고 노력하는 도중에 문제와 조우하게 되었을 때 본질적으로 기능주의 또는 공리주의에 기초해 목표로 삼는 '해결책'이다. 케네스 셰프슬은 제도를 '협력구조에 관한 합의'로 표현하고 있으며, 이 합의를 통해 거래비용과 기회, 그리고 그 밖의 다양한 형태의 '손실'을 줄일 수 있다고 주장한다. Kenneth A. Shepsle, "Institutional Equilibrium and Equilibrium Institutions," in Herbert F. Weisberg(ed.), *Political Science: The Science of Politics* (New York: Agathon, 1986), p. 74.

29) 알렉스 웬트는 "구성주의파는 아이덴티티와 이익의 구축에 관심을 가지고 있다. 그러한 관점에서 구성주의 이론은 경제학적인 접근방법보다도 사회학적인 접근 방법에 기초해 이론을 구성하고 있다"고 서술하고 있다. Alex Wendt, "Collective Identity Formation and the International State," *American Political Science Review*, Vol. 88, No. 2(June 1994), pp. 384~385. 피터 카첸스타인 역시 동일한 입장을 취하고 있다. 그는 "제도화된 힘은 국가자체의 아이덴티티를 형성하고, 그 결과 무엇이 국익인지를 결정한다고 생각할 수 있다"라고 설명하고 있다. Peter J. Katzenstein, "United Germany in an Integrating Europe," in Katzenstein(ed.), *Tamed Power: Germany in Europe* (Ithaca: Cornell University Press, 1997), p. 5.

30) 존 러기는 영토보전과 주권, 국제제도 간의 관계에 관해 이러한 논의를 펼치고 있다. 그의 주장에 따르면, 다국간주의는 기본적인 조직구성 원칙이 되며, 그에 기초해 구축된 국가 간 제도는 국가주권의 영향과 공생할 수 있게 된다. 다국간주의는 ─ 분할할 수 없는 원칙, 일반적 행동규칙, 광범위한 상호성의 원칙과 더불어 ─ 각국의 국제적 재산권을 규정하고 안정시켰다. 또한 각국 간의 조정과 공동 작업에 관한 다수의 문제를 해결했다. 이하의 저작을 참조. John G. Ruggie, "The Anatomy of the Institution," in Ruggie(ed.), *Multilateralism Matters: The Theory and Praxis of an Institution* (New York: Columbia University Press, 1993), pp. 3~47; Christian Reus-Smit, "The Constitutional Structure of International Society and the Nature of Fundamental Institutions," *International Organization*, Vol. 51, No. 4(Autumn 1997), pp. 555~589.

31) 이 이론은 흔히 '역사적 제도주의'로 불리며, 몇 가지의 주장을 전개하고 있다. 첫째, 국가의 선택과 정책방침은 정부의 제도배치와 같은 정치구조로 인해 결정적인 형태로 중개된다. 정치체제의 구조는 그 정치체제 내에서 행동하는 집단과 개인의 목표, 기회, 행위를 형성하는 반면, 억제를 행한다. 둘째, 이 제도적 억제와 기회의 정도에 관해 명백하게 이해하기 위해서는 역사적 과정(타이밍, 연속성, 우발적 영향, 정책의 피드백)의 관점에서 조명해야 한다. 셋째, 제도는 '경로의존적인' 특징을 지니고 있다. 즉, 일단 설립된 제도는 이후의 충격이나 동란이 발생해 제도변경의 기회가 생성되는 새로운 순간이 오지 않는 한 존속되는 경향을 지니고 있다. 넷째, 제도 구조에는 충격적인 힘이 내재되어 있다. 왜냐하면 제도 구조는 집단이나 개인의 행동을 촉진시키거나 제한하기 때문이다. 이러한 사실은 제도가 어떠한 결과로 끝나게 될지에 관한 완전한 설명이 불가능하다는 것을 의미한다. 따라서 제도가 지니는 충격력은 그 충격력이 사회적 이익과 문화, 이데올로기, 그리고 새로운 정책이념과 같은 다른 요소와 어떠한 관련을 지니는지를 보면서 평가되는 경향이 있다. 이러한 논의의 이론적 주장에 관한 개괄은 이하의 저작을 참조. A. Hall and Rosemary C. R. Taylor, "Political Science and the Three New Insitutitionalisms," *Political Studies*, Vol. 44, No. 5(December 1996), pp. 936~937; Kathleen Thelen, "Historical Institutionalism in Comparative Politics," *Annual Review of Political Science* (Palo Alto: Annual Reviews, Inc., 1999), pp. 369~404; Sven Steinmo, et al., *Structuring Politics: Historical Institutionalism in Comparative Analysis* (New York: Cambridge University Press, 1992).

32) 코헤인은 자신의 획기적인 저작에서 신자유주의파의 접근방법으로서는 대담하게 이론을 일반화시키면서 "국가는 자기이익을 합리적으로 추구하는 과정에서 거래비용을 삭감하는 것뿐만 아니라 협력을 방해하는 다른 장애도 극복할 수 있는 제도를 확립하는 인센티브와 기회를 발견한다"라고 주장하고 있다. 이 책에서 전개되는 논의는 이러한 발전성 높은 통찰과, "제도는 어떠한 상황에서 중요시되는가?", "제도적 억제는 어떻게 명백해지는가?"라는 양방향을 향한 통찰을 발전시키려는 시도하에 이루어지고 있다.

33) 코헤인의 *After Hegemony*를 참조. 신자유주의파의 제도이론이 대등하지 않은 국가 간에 전개되는 분배를 둘러싼 분쟁과 경쟁적 안전보장 관계를 설명하는 데 얼마나 유용한지에 대한 논의를 위해서는 이하의 저작을 참조. Keohane, "Institutionalist Theory and the Realist Challenge After the Cold War," in David A. Baldwin(ed.), *Neorealism and Neoliberalism: The Contemporary Debate* (New York: Columbia University Press, 1993), pp. 269~300; Keohane and Martin, "The Promise of Institutional Theory," in *International Security*.

34) 여기에서의 논의는 1815년 이전 시대의 전후구축에는 규범과 규칙, 그리고 제도의 형성이 존재하지 않았다고 주장하는 것은 아니며, 실제로 존재하고 있었다. 예를 들면, 헤들리 불은 1815년 이전에 유럽 국가 간에서 주권의 강화와 '세력균형'이 존재하고 있었고, 이후 유럽 국가들로 구성된 공동체 내의 제도구축 과정으로 이전보다 확대된 형태의 국제질서가 형성되었다고 지적하고 있다. Hedley Bull, *The Anachical Society: A Study of Order in World Politics* (London: Macmillan Press, 1977). 하지만 이 책에서 논하고 있는 더욱 한정된 의미에서의 제도전략 — 대국 간에서 책무이행과 억제를 확립하는 메커니즘으로서의 기능을 지니고 있으며 안전보장동맹과 같은 구속력을 지닌 국가 간 제도 — 은 확연하게 존재하지는 않았다.

35) 필자가 이 책에서 시도하고 있는 것은, 주권국이 질서구축을 위한 제도전략을 추구하는 정도의 차이와 그 전략의 결과로 형성되는 전후질서에서 보이는 제도적 특징, 그리고 '입헌적' 특징의 정도의 차이를 설명하는 것이다. 하지만 모든 주요 전쟁이 끝나고 난 이후의 전후구축에서의 질서형태(균형형, 패권형, 입헌형)에 관해서 더욱 일반적인 차이를 밝히려는 것은 아니다. 연구목적이 제도적 특징 또는 법치적 특징의 존재여부를 설명하는 데 그치는 것이라면, 필연적으로 1815년을 포함해 그 이전과 이후의 시대를 대조하는 데 그 초점이 맞추어졌을 것이다. 하지만 여기에서는 제도전략을 이용해 '입헌적' 질서의 흔적을 남기는 몇 가지의 전후해결의 차이에 초점을 맞췄다. 따라서 이 책에서의 '종속변수'는 주도국의 질서구축 전략이다. 이 '변수'는 전시 중과 전후에서의 주도국의 정책과 행동, 그리고 전후에 형성된 질서의 특징 속에서 발견될 수 있다. 이러한 이유에서 이 책에서는 필요이상의 많은 전후구축을 채택하지 않고 1815년과 1919년, 그리고 1945년의 전후구축만을 논의의 대상으로 삼아 역사적 관점에서 그 차이를 조명해보기로 했다.

36) 각 시기에 있어서의 주도국의 전략은 '힘의 억제' 메커니즘이라는 관점에서 분류될 수 있다. 제도적 구속과 초국가주의의 전략은 주도국이 입헌적 특징을 전후질서에 도입하는 것을 가능하게 하는 방법이다.


**2장**

1) John Mearsheimer, "The False Promise of International Institutions," *International Security*, Vol. 19, No. 3(Winter 1994/95), p. 9.

2) Kenneth Waltz, *Theory of International Politics* (Reading, Mass.: Addison-Wesley, 1979).

3) Raymond Aron, *Peace and War* (Garden City, N. Y.: Doubleday, 1966); Stanley Hoffmann, *World Disorders: Troubled Peace in the Post-Cold War Era* (New York: Rowman and Littlefield, 1998), Chapter eight.

4) 질서란 세계정치의 한 가지 특징에 지나지 않는다는 것은 명백하다. 질서에 초점을 맞추는 방법에 비판적인 사람들은 "질서에 분석의 중요성을 부여하는 것은 국제정치학 연구에 정지적이고 국가통제적이며 서구적인 편견을 부여한다"라고 주장한다. Steven Smith, "Is the Truth out There? Eight Questions about International Order," in T. V. Paul and John A. Hall(eds.), *International Order and the Future of World Politics* (New York: Cambridge University Press, 1999). 논쟁의 대상이 되고 있는 질서의 의미에 관해서는 이하를 참조. Robert W. Cox with Timothy J. Sinclair, *Approaches to World Order* (Cambridge: Cambridge University Press, 1996).

5) Hedley Bull, *The Anarchical Society: A Study of Order in World Politics* (London: Macmillan, 1977), p. 7.

6) Robert Gilpin, *War and Change in World Politics* (New York: Cambridge University Press, 1981), p. 42.

7) Waltz, *Theory of International Politics*, p. 95.

8) 신현실주의파는 '세력균형'이야말로 질서문제에 대한 유일한 현실적 해결이라고 주장한다. 이 주장의 배후에는 세 가지의 전제가 존재한다. 첫째, 모든 국가는 안전보장을 추구하는데, 자국 이외의 국가는 항상 위협의 대상이기 때문에 완전한 안전보장이란 있을 수 없다는 것이다. 둘째, 타국의 의도는 본래 불명확하다는 것이다. 이 때문에 현재의 동맹국이 장래에도 계속 동맹국으로 존재할 것이라고 절대적으로 확신할 수는 없다. 즉, 적국으로 변할 가능성이 존재하는데, 모든 국가에는 타국을 위협할 수 있는 능력이 있고 동시에 어떠한 국가도 타국의 의도를 사전에 파악할 수는 없기 때문이다. 셋째, 국가의 안전보장에는 절대적인 능력보다도 상대적인 능력이 중요하다는 것이다. 왜냐하면 안전보장은 경쟁국에 대한 상대적인 능력을 통해 보증될 수 있기 때문이다.

9) Waltz, *Theory of International Politics*, p. 127.

10) '세력균형' 정치의 논의를 위해서는 이하를 참조. Martin Wight, "The Balance of Power," in Butterfield and Wight(eds.), *Diplomatic Investigations* (Cambridge: Harvard University Press, 1966), pp. 149~176; Edward V. Gulick, *Europe's Classical Balance of Power* (New York: W. W. Norton, 1967); Inis L. Claude, Jr., *Power and International Relations* (New York: Random House, 1962), pp. 3~93; Claude, "The Balance of Power Revisited," *Review of International Studies*, Vol.

15(April 1989), pp. 77~86; Ernst Haas, "The Balance of Power: Prescription, Concept or Propaganda," *World Politics*, Vol. 15, No. 3(1953), pp. 370~398; Stephen M. Walt, *The Origins of Alliances* (Ithaca: Cornell University Press, 1987); Glenn H. Snyder, *Alliance Politics* (Ithaca: Cornell University Press, 1997); Michael W. Doyle, *Ways of War and Peace* (New York: W. W. Norton, 1997), chapter five.

11) 국제관계에서는 '시류에 영합하는' 경향보다 '균형을 도모하는' 경향이 강하다. 이에 관해서는 다음을 참조. Waltz, *The Origins of Alliances*, pp. 17~33, 263~266.

12) Waltz, *Theory of International Politics*, p. 126.

13) 같은 책, p. 126.

14) 지배적인 입장에 있는 강국의 승리를 막기 위해 세력균형을 유지할 필요성에 관해서는 투키디데스(그리스의 역사가)의 시대에서부터 지금에 이르기까지 현실주의파 이론의 중핵을 구성하고 있다. 제1차 세계대전 이전에 제출된 영국 외무성의 보고서에 있는 다음의 한 구절은 이 이론을 강하게 환기시키고 있다. "경제적 우위성을 지닌 주변국이 자국의 국경을 확장하거나 영향력을 확대하기 위해서는 이에 필요한 군사력과 경제력, 그리고 야심을 동시에 가지게 된다. 적어도 부분적으로는 이러한 상황으로부터 국가의 독립을 위협하는 위험이 생성된다. 일반적으로 말하자면 이것이 바로 역사의 교훈이다. 이와 같은 입장에서 창출된 압도적인 정치적 우위의 범용을 제어할 수 있는 유일한 방법은 시대를 불문하고, 우위국과 동등할 만큼의 강력한 경쟁국에 의한 대항행동 또는 몇 개국이 방위연맹을 형성해 결속하는 대항행동 내에 존재했다. 이와 같이 힘의 집결을 통해 확립된 균형은 전문용어로서 '세력균형'이라는 명칭으로 알려져 있다. 또한 영국의 현실적인 정책이란 시기에 따라 다른 척도를 통해 결정되는 중량을 저울에 올려 균형을 유지하는 것이라고 생각하는 것이 역사적인 진실이 되었다. 하지만 영국은 어느 시점에서의 하나의 최강국 또는 최강국 그룹의 정치독재에는 반대의 태도를 취해왔다." 이 구절은 「영국의 대불, 대독관계의 현 상황에 관한 에어 크로우 경의 각서」(1907년 1월 1일)에서 인용되고 있다. G. P. Gooch and H. Temperley (eds.), *British Documents on the Origin of the War, 1898-1914* (London: H. M. Stationary Office, 1928), Vol. 3, Appendix A, p. 405.

15) Waltz, *Theory of International Politics*, p. 15.

16) Michael Doyle, *Empires* (Ithaca: Cornell University Press, 1986)를 참조.

17) 패권적 힘과 패권적 안정에 관한 이론의 논의는 이하의 저작을 참조. Charles Kindleberger, *The World in Depression, 1929-1939* (Berkley and Los Angeles: University of California Press, 1973); Stephen Krasner, "State Power and the

Structure of International Trade," *World Politics*, Vol. 28, No. 3(April 1976), pp. 317~347; Robert Gilpin, *US Power and the Multinational Corporation: The Political Economy of Direct Foreign Investment* (New York: Basic Books, 1973); Robert Keohane, "The Theory of Hegemonic Stability and Change in International Economic Regimes, 1967-1977," in O. R. Holsti, R. M. Siverson, and Alexander George(eds.), *Change in the International System* (Boulder, Colo.: Westview Press, 1980), pp. 131~162; Susan Strange, "The Persistent Myth of Lost Hegemony," *International Organization*, Vol. 41, No. 4(Autumn 1987), pp. 551~574; David P. Rapkin(ed.), *World Leadership and Hegemony* (Boulder, Colo.: Lynne Rienner, 1990). 비평에 관해서는 이하를 참조. David A. Lake, "Leadership, Hegemony, and the International Economy: Naked Emperor or Tattered Monarch with Potential?" *International Studies Quarterly*, Vol. 37, No. 4(December 1993), pp. 459~489.

18) Gilpin, *War and Change in World Politics*, pp. 42~43.

19) 같은 책.

20) 다른 사고의 이론도 존재한다. 예를 들면, 조지 모델스키는 세계정치 시스템이 강대국에 의한 지배의 명백한 역사적 순환 속에서 기능한다고 주장한다. 그의 주장에 따르면, 기원전 1500년 이후에 지배적 역할이나 패권적 역할을 담당했던 국가는 4개국이 존재했다고 한다. 16세기 말까지의 포르투갈과 17세기의 네덜란드, 나폴레옹 전쟁까지의 18세기 초두와 1815년부터 1945년까지 시기의 두 번에 걸친 영국, 그리고 1945년 이후의 미국이다. 길핀과 마찬가지로 모델스키 역시, 패권형 지배의 주기는 매번 전쟁과 더불어 종료되고 그 이후에 새로운 패권시대를 가져온다고 주장한다. 이하의 저작을 참조. George Modelski, "The Long Cycle of Global Politics and the Nation-State," *Comparative Studies in Society and History*, Vol. 20, No. 2(April 1978), pp. 214~235; Modelski and William R. Thompson, *Leading Sectors and World Powers: The Coevolution of Global Economic and Politics* (Columbia: University of South Carolina Press, 1966). 힘의 순환에 관한 연구에 대해서는 이하를 참조. Torbjorn L. Knoutsen, *The Rise and Fall of World Orders* (Manchester: Manchester University Press, 1999).

21) '호의적 패권'과 '위압적 패권'은 이하의 저작 내에서 구별되고 있다. Duncan Snidal, "The Limits of Hegemonic Stability Theory," *International Organization*, Vol. 35, No. 4(Autumn 1985), pp. 579~614; Bruce Russett, "The Mysterious Case of Vanishing Hegemony: Or Is Mark Twain Really Dead?" *International Organization*, Vol. 39, No. 2(Spring 1985), pp. 207~231; Joseph Lepgold, *The*

*Declining Hegemon: The United States and European Defense, 1960-1990* (New York: Praeger, 1990).

22) 세계 대부분의 국가는 헌법을 보유하고 있다. 하지만 헌법이 존재한다고 해서 법치형 질서가 탄생되는 것은 아니다. 동유럽에서의 법 지배적 체제의 경험에 관한 최근의 연구에 따르면, 동구국가들은 공산주의 시대에 법 지배를 위한 헌장 또는 문서를 지니고 있었지만 그것들은 파워 엘리트의 힘을 억제하고 그들에게 의무를 부여하는 것을 목적으로 하지 않았다. 동구국가들은 입헌주의의 이념을 거의 중시하지 않았다고 말할 수 있다. Jon Elster, Claus Offe, and Ulrich K. Preuss, *Institutional Design in Post-Communist Societies: Rebuilding the Ship at Sea* (New York: Cambridge University Press, 1988), p. 63.

23) Stephen D. Krasner, "Compromising Westphalia," *International Security*, Vol. 20, No. 3(Winter 1995/96), p. 117.

24) 여기에 해당하는 조건에 관해서는 다음 장에서 상술.

25) Giovanni Sartori, *Comparative Constitutional Engineering: An Inquiry into Structures, Incentives and Outcomes* (London: Macmillan, 1994), p. 198. 헌법은 힘의 부인과 부여의 두 가지 역할을 동반한다. 이것에 관해서는 이하를 참조. Samuel H. Beer, *To Make a Nation* (Cambridge: Harvard University Press, 1993), p. 97.

26) Carl J. Friedrich, *Constitutional Government and Democracy: Theory and Practice in Europe and America* (Boston: Ginn, 1950).

27) 체제와 입헌적 합의의 유형화에 관해서는 다음의 저작을 참조. Alec Stone, "What Is a Supranational Constitution? An Essay in International Relations Theory," *Review of Politics*, Vol. 56, No. 3(Summer 1994), pp. 441~474.

28) 입헌적 억제는 입헌적 구속이 가져오는 부정적 특징과 제도 구상 방식으로서의 긍정적이고 활동적인 목적의 양면성을 지니고 있다. 이 문제에 관한 논의는 다음을 참조. Stephen Holmes, "Precommitment and the Paradox of Democracy," in Holmes(ed.), *Passions and Constraint: On the Theory of Liberal Democracy* (Chicago: University of Chicago Press, 1995), pp. 152~177.

29) Samuel Huntington, *Political Order in Changing Societies* (New Haven: Yale University Press, 1968), p. 9.

30) 같은 책, p. 11.

31) Bruce Ackerman, *We the People: Foundations* (Cambridge: Belkap Press of Harvard University Press, 1991), p. 6.

32) Adam Przeworski, *Democracy and the Market* (New York: Cambridge University

Press, 1991), p. 36; Jon Elster and Rune Slagstad(eds.), *Constitutionalism and Democracy* (New York: Cambridge University Press, 1988).

33) 이론형성에 관한 다수의 본격적인 문헌들이, 국가권력의 행사에 확실한 제한을 가한다는 점에서 헌법이 어떠한 방식으로 기능하고 있는지에 관해서 연구하고 있다. 경쟁적 시장과 안정된 민주주의가 작동하기 위해서는 정치체제가 '확실한 책무이행'의 문제를 극복할 수 있는지에 대한 능력 여부에 달려 있다. 이 능력이란, 국가통치자나 다수파 연합이 자신의 힘을 사용해 부를 수탈하거나 소수파를 탄압하지 못하도록 '구속력을 동반하는 약속'을 제시함으로써 경제적·정치적 권리의 보증을 확립하고 유지하는 능력이다. 이러한 능력형성에 있어서 헌법은 '자기강제력을 지닌 합의'로서 기능한다. 이로 인해 시민들이 국가의 치안을 유지하는 조정문제가 해결된다. Barry R. Weingast, "Constitutions as Governance Structures: The Political Foundations of Secure Markets," *Journal of Institutional and Theoretical Economics*, Vol. 149, No. 1(1993), pp. 287~311; Douglas C. North and Weingast, "Constitutions and Commitment: The Evolution of the Institutions Governing Public Choice in Seventeenth-Century England," *Journal of Economic History*, Vol. 49, No. 4(December 1989), pp. 803~832.

34) Arend Lijphart, *The Politics of Accommodation: Pluralism and Democracy in the Netherlands* (Berkeley and Los Angeles: University of California Press, 1968), p. 2; Lijphart, *Democracy in Plural Societies: A Comparative Exploration* (New Haven: Yale University Press, 1975).

35) Lijphart, *The Politics of Accommodation*, p. 136.

36) James D. Fearon, "Commitment Problems and the Spread of Ethnic Conflict," in David A. Lake and Donald Rothchild(eds.), *The International Spread of Ethnic Conflict: Fear, Diffusion, and Escalation* (Princeton: Princeton University Press, 1998); Fearon and David D. Latin, "Explaining Inter-Ethnic Cooperation," *American Political Science Review*, Vol. 90, No. 4(December 1996), pp. 715~735.

37) Fearon, "Commitment Problems and the Spread of Ethnic Conflict," p. 118.

38) Joseph Weiler, "The Transformation of Europe," *Yale Law Journal*, Vol. 100, No. 8(June 1991), p. 2407.

39) 로버트 달은 이러한 사고에 기초해 미국 내에서의 헌법통치에 관해 "미합중국 헌법이 존재한다고 해서 미국이 민주주의 사회라고 생각하는 것은 오히려 정반대라고 생각된다. 즉, 우리 사회가 본질적으로 민주주의 사회이기 때문에 이 헌법이 유지되어왔다는 생각이 더 정확하다"라고 주장하고 있다. Robert Dahl, *A Preface to Democratic Theory* (New Haven: Yale University Press, 1956), p. 143; Dahl,

*On Democracy* (New Haven: Yale University Press, 1998), chapter ten.

40) Huntington, *Political Order in Changing Societies*, p. 21.

41) 현실적으로는 강한 입헌적 성격을 지닌 국제질서와 약한 입헌적 성격을 지닌 국내정치질서가 동일하게 보일지도 모른다. 하지만 여기에서 중요한 것은 입헌주의가—국내와 국제를 불문하고—정치질서의 형태에 변화가 있으며, 따라서 그러한 형태의 변화를 확인해 설명할 수 있다는 점이다.

42) 현실의 질서는 세 가지 기본유형의 특징을 동시에 제시할 수도 있다.

43) Leo Gross, "The Peace of Westphalia, 1648-1948," *American Journal of International Law*, Vol. 42, No. 1(January 1948), pp. 20~41.

44) Kalevi J. Holsti, *Peace and War: Armed Conflicts and International Order, 1648-1989* (New York: Cambridge University Press, 1991), chapter two.

45) 같은 책, p. 25.

46) John Gerard Ruggie, "Territoriality and Beyond: Problematizing Modernity in International Relations," *International Organization*, Vol. 46, No. 1(Autumn 1993), pp. 139~174.

47) Stephen D. Krasner, "Westphalia and All That," in Judith Goldstein and Robert O. Keohane(eds.), *Ideas and Foreign Policy: Beliefs, Institutions, and Political Change* (Ithaca: Cornell University Press, 1993), pp. 235~264.

48) Robert H. Jackson, *Quasi-States: Sovereignty, International Relations, and the Third World* (New York: Cambridge University Press, 1990).

49) 최근의 조사연구로는 다음을 참조. Michael Sheehan, *The Balance of Power: History and Theory* (London: Routledge, 1996).

50) 예를 들면, 오간스키는 국가가 '세력균형'을 유지하려는 수법으로서 무력과 점령, 완충지대의 설치, 동맹의 형성, 타국의 내정에 대한 간섭, 그리고 분할지배를 들고 있다. A. F. K. Organski, *World Politics*, 2nd ed.(New York: Alfred A. Knopf, 1968), p. 267.

51) Mathew S. Anderson, "Eighteenth-Century Theories of Balance of Power," in Ragnhild Hatton and Mathew S. Anderson(eds.), *Studies in Diplomatic History: Essays in Memory of David Bayne Horn* (London: Archon Bonks, 1970), pp. 183~198.

52) Andreas Osiander, *The States System of Europe, 1640-1990: Peacemaking and the Constitutions of International Stability* (London: Oxford University Press, 1994), p. 121.

53) 같은 책, p. 175.

54) 이 용어들은 다음의 저작에서 인용했다. Albert Hirschman, Exit, *Voice, and Loyalty* (Cambridge: Harvard University Press, 1970).

55) Paul W. Schroeder, "Alliances, 1815-1945: Weapons of Power and Tools of Management," in Klaus Knorr(ed.), *Historical Dimensions of National Security Problems* (Lawrence: University Press of Kansas, 1975), pp. 227~262; Snyder, *Alliance Politics*, chapter nine.

56) Schroeder, 같은 글, p. 230.

57) 제도가 가맹국에 대해 독자적인 명령적 영향을 지닐 수 있다는 가설에 대해서는 3장에서 검증한다.

58) 프랑스가 ECSC 구상을 지지했던 배경에는 자국의 철강생산에 대한 투자를 위해서 저렴한 독일산 석탄의 일관적인 확보라는 눈앞의 실제적인 실리목표도 존재했다. 동시에 ECSC 구상이 실제로 어떠한 정치적·경제적 성과를 올렸는지에 대해서도 여러 가지 의문이 남아 있다. John Gillingham, *Coal, Steel, and the Rebirth of Europe, 1945-1955: The Germans and French from the Ruhr Conflict to Economic Community* (Cambridge: Cambridge University Press, 1991); Alan S. Milward, *The Reconstruction of Western Europe, 1945-1951* (Berkley and Los Angeles: University of California Press, 1984); Milward, *The European Rescue of the Nation-State* (London: Routledge, 1993); Andrew Moravcsik, *The Choice for Europe: Social Purpose and State Power from Messina to Maastricht* (Ithaca: Cornell University Press, 1998), chapter two.

59) Frederico G. Mancini, "The Making of a Constitution for Europe," in Robert Keohane and Stanley Hoffmann(eds.), *The New European Community* (Boulder, Colo.,: Westview Press, 1991), pp. 177~194; Eric Stein, "Lawyers, Judges, and the Making of a Transnational Constitution," *American Journal of International Law*, Vol. 75, No. 1(January 1981), pp. 1~27; Joseph Weiler, *The Constitution of Europe* (London: Cambridge University Press, 1999).

60) Mancini, "The Making of a Constitution for Europe," p. 178.

61) 같은 글.

62) Carl J. Friedrich, *Constitutional Government and Democracy*, p. 86.

63) Joseph M. Grieco, "State Interests and Institutional Rule Trajectories: A Neorealist Interpretation of the Maastricht Treaty and European Economic and Monetary Union," *Security Studies*, Vol. 5, No. 3(Spring 1996), pp. 261~306.

64) Robert Jervis, *Systems Effects: Complexity in Political and Social Life* (Princeton: Princeton University Press, 1997), pp. 94~98.

65) John Herz, "The Impact of the Technological-Scientific Process on the International System," in Abdul Said(ed.), *Theory of International Relations* (Eaglewood Cliffs, N. J.: Prentice-Hall, 1968), p. 115.

66) Jervis, *System Effects*, p. 95.

67) 같은 책, p. 97.

68) Waltz, *Theory of International Politics*, chapter ten.

69) Henry Kissinger, *A World Restored: The Politics of Conservation in a Revolutionary Age* (New York: Grosset and Dunlop, 1964), pp. 317~318. 한스 모겐소는 이와 동일한 주장을 더욱 일반적인 표현으로 설명하고 있다. "종래에 있어서의 세력균형은 국가들의 공통적인 틀로서 세력균형 시스템을 받아들이는 기계적 상호작용을 통해 힘을 신장시키려는 국가들의 야심을 억제할 수 있었다. 그러한 합의는 더 이상 존재하지 않거나 희박해졌고 이미 그 존재를 스스로 인식하지 못하게 되었다. 이러한 상황은 폴란드 분할에서부터 나폴레옹 전쟁에 이르기까지의 시기에 발생했으며, 이 경우의 세력균형은 국제적인 안정을 가져다주고 국가독립을 유지할 수 있는 기능을 담당할 수 없게 된다." Hans Morgenthau, *Politics among Nations: The Struggle for Power and Peace* (New York: Alfred A. Knopf, 1948), pp. 163~165.

70) 케네스 월츠는 고전적인 논의를 전개하면서 양극시스템이 다극시스템보다도 안정적이라고 주장한다. 이에 대해 칼 도이츠와 데이비드 싱어는 다극시스템이 더 안정적이라고 주장했는데, 이 쌍방의 입장 모두 다극시스템에는 양극시스템보다 훨씬 복잡한 '변수'와 '힘의 관계'의 조합이 포함되고 있다. 이 때문에 개별적인 균형화 정책이 이 폭넓은 시스템에 어떠한 영향을 주는지에 관해서는 큰 불확정성이 남게 된다. 이러한 견해의 차이는 "이 불확정성이 잘못된 조치와 불안정한 외교정책을 취할 가능성을 증대시키지 않을까?" 또는 "이 불확정성이 오히려 신중함과 주의를 장려하지 않을까?"라는 상이한 견해로부터 생기고 있다. Waltz, "The Stability of Bipolar World," *Deadalus*, Vol. 43, No. 3(1964), pp. 881~901; Carl W. Deutch and J. David Singer, "Multipolar Power Systems and International Stability," *World Politics*, Vol. 16, No. 3(April 1964), pp. 390~406; Richard Resecrance, "Bipolarity, Multipolarity and the Future," *Journal of Conflict Resolution*, Vol. 10, No. 3(1966), pp. 314~327. 이 논쟁의 경위에 관해서는 다음의 저작을 참조. Jack Levy, "The Polarity of the System and International Stability: An Empirical Analysis," in Alan Ned Sabrosky(ed.), *Polarity and War: The Changing*

*Structure of International Conflict* (Boulder, Colo.: Westview, 1985).

71) Gilpin, "The Theory of Hegemonic War," in Robert Rotberg and Theodore Rabb(eds.), *The Origins and Prevention of Major Wars* (New York: Cambridge University Press, 1988), p. 16.

72) Gilpin, *War and Change in World Politics*, p. 50.

73) 이 힘의 과정을 해명하려는 연구문헌은 다수 존재한다. 이하를 참조. Gilpin, *War and Change*; Organski, *World Politics*; Organski and Jack Kugler, *The War Ledger* (Chicago: University of Chicago Press, 1980); Richard Ned Lebow and Barry S. Strauss(eds.), *Hegemonic Rivalry from Thucydides to the Nuclear Age* (Boulder, Colo.: Westview, 1991).

74) Huntington, *Political Order in Changing Societies*, chapter one.

75) 이 예외에 해당되는 것은 아마 EU일 것이다.


## 3장

1) '지배'는 다수의 형태를 취할 수 있다. 이 전략의 극단적인 예로서는 제2차 세계대전 후에 소련이 행했던 동유럽의 지배였다. 소련은 이 전략의 일부로서 독일의 소련 점령지역에서 공장과 차량, 그리고 공업재를 자국으로 가지고 돌아왔다. 스탈린은 티토와 지라스에게 다음과 같이 언급했다. "이 전쟁은 과거의 전쟁과는 다르다. 어느 국가가 영토를 점령하든 승전국은 패전국에게 자신의 사회체제를 강요하고 어떠한 국가도 자국군의 범위 내에서 자국의 사회체제를 강요하는 것이다. 이 이외의 선택은 없다." Milovan Djilas, *Conversations with Stalin* (New York: Harcourt, Brace, & World, 1962), p. 81.

2) 이 주장은 대국이 이 세 가지 중에서 선택하는 것이 통례라는 의미는 아니다. 일반적으로 말하면, 전후에 등장하는 신흥강국은 모두 전후질서를 구축하기 위해 자국이 새롭게 획득한 힘을 행사한다. 하지만 그 힘의 행사를 인센티브로서 확립하려는 질서는 참가하는 약소·추종국에 정통성을 제시할 수 있어야만 한다. 1945년 이후의 소련과 동구의 관계는 당초 위압적인 지배와 단기 분배이익을 취하는 형태였다. 하지만 이러한 소련과 동구국가들의 관계에서조차도 최종적으로는 COMECON(경제상호협력회의)와 바르샤바 조약기구라는 제도의 존재가 보여주는 것처럼, 추종 파트너 국가 측의 충성을 이끌어내기 위해 당초와는 달리 더 많은 노력이 필요하다는 것을 알 수 있다. 1919년, 미국이 베르사유 조약을 비준하지 않았을 때 역시 이와 마찬가지였다. 최종적으로 미국이 전후질서구축의 노력을 포기하는 사태에 이르게 되었는데, 이 사태는 미국의 전략적 결정의 결과였다기보

다는 평화구축 과정이 비준거부와 같은 상황을 예기치 못했다는 것이 진실이었다. 여기에서 필자가 주장하고 싶은 것은, 어떠한 상황에서는 합의된 질서를 구축할 수 있는 능력에 있어 어느 국가가 타국보다 뛰어난 경우가 있다는 것이다. 주도국이 상호적 합의를 가로막고 있는 장애를 극복하기 위해서 사용하는 각각의 인센티브와 능력 역시 각각의 주도국과 역사적 시기에 따라 차이가 발생한다.

3) 이 책에서 제시되는 모델에서는 주요 전쟁이 종결된 이후에 각국이 놓인 환경과 선택이 단순화되고 추상화되어 표현되고 있다. 이 모델은 전후기의 질서가 출현하는 방식을 설명하는 데 있어 필자가 가장 중요하게 주장하는 기본적인 역학을 명확하게 하기 위한 정형화이다. 현실적으로는 전후질서구축이 행해진 역사적 상황은 훨씬 복잡하다. 모델에 가장 적합하다고 생각되는 각각의 역사적 사례에서 조차도 중요한 국면에서 모델로부터 크게 이탈하는 경우가 있다. 하지만 모델의 특징을 상세히 지적함으로써 각각의 사례에 관해 어느 정도 모델과 적합하고 있는지를 비교할 수 있으며, 개별적인 사례에 차이가 발생하는 것을 설명·평가할 수 있다.

4) '정통적 질서'와 '위압적 질서'를 구별하는 것은 정치제도를 정의하는 가장 초보적인 방법이다. 자국의 국익과 관계국가들의 순종을 확보하기 위해서 주도국이 행할 수 있는 기본적인 방법으로는 다음의 두 가지가 존재한다. 하나는 위압적인 방법인데, 주도국은 자국의 물리적인 힘을 직접적으로 행사해 질서에 바람직한 행동을 타국이 취하도록 유도한다. 또 하나는 규칙설정과 제도구축 과정이다. 이 경우 추종국은 질서의 규칙과 요구에 따를 것에 동의한다. 이러한 차이는 다음의 저작에서 밝혀지고 있다. G. John Ikenberry and Charles A. Kupchan, "Socialization and Hegemonic Power," *International Organization*, Vol. 44, No. 3(Summer 1990), pp. 283~315. 종속 — 또는 용인 — 의 몇 가지 형태에 관해 이와 같은 구별을 행하는 것에 대해서 마이클 만은 "실리적인 용인에 있어 개인은 어떠한 현실적 선택도 인식하지 못하기 때문에 종속을 선택한다. 이에 반해 규범적인 용인에서 개인은 지배계급에 대해 품고 있는 도덕적 기대를 내면화하기 때문에 스스로의 열등적인 입장을 정통적이라고 판단한다"라고 서술하고 있다. Michael Mann, "The Social Cohesion of Liberal Democracy," *American Sociological Review*, Vol. 35(June 1970), pp. 423~439.

5) 필자는 '입헌형 질서(또는 입헌형 전후구축)'과 '구속적 제도질서(또는 구속적 전후구축)'의 두 가지 용어를 동의어로 사용하고 있다.

6) 주도국의 '힘의 목표'에 관해 이 모델이 규정하고 있는 것은 전체적으로 현실주의파적인 사고에 기초하고 있다. 국가는 자신의 힘을 가능한 한 효과적으로 행사하려고 하며, 스스로의 '힘의 입장'을 온존시키면서 장래에도 계속 유지하려고 노력한다.

그 때문에 '힘이 초래할 수 있는 단기적인 대가의 일부'를 스스로 포기한다. 국가의 '힘의 목표'에 관한 현실주의파적인 다른 상정의 논의에 대해서는 이하의 문헌을 참조. Jack L. Snyder, *Myths of Empire: Domestic Politics and International Ambition* (Ithaca: Cornell University Press, 1991); Fareed Zakaria, *From Wealth to Power: The Unusual Origins of America's World Role* (Princeton: Princeton University Press, 1998); Randall L. Schweller, "Neorealism's Status Quo Bias: What Security Dilemma?" *Security Studies*, Vol. 17, No. 5(Spring 1996), pp. 90~121; Charles L. Glaser, "Realists as Optimists: Cooperation as Self-Help," *International Security*, Vol. 19, No. 3(Winter 1994/95), pp. 50~90; Joseph M. Grieco, "Realist International Theory and the Study of World Politics," in Michael Doyle and G. John Ikenberry(eds.), *New Thinking in International Relations Theory* (Boulder, Colo.: Westview Press, 1997), pp. 163~201.

7) Ikenberry and Kupchan, "Socialization and Hegemonic Power."

8) 주도국이 기본적인 제 규칙과 제도협정을 얻기 위해서 더 많은 '힘의 자원'을 사용하거나, 그러한 제 규칙과 제 제도의 성격에 관한 합의를 위해서 일정 한도의 타협을 하지 않으면 안 된다 하더라도 여기에서의 주장은 타당하다.

9) Lisa Martin, "The Rational State Choice of Multilateralism," in John Gerald Ruggie (ed.), *Multilateralism Matters: The Theory and Praxis of an Institutional Form* (New York: Columbia University Press, 1993), p. 110. 이 분석방침은 코헤인이 개척한 제도이론을 따르고 있다. Robert Keohane, *After Hegemony: Cooperation and Discord in the World Political Economy* (Princeton: Princeton University Press, 1984).

10) Margaret Levi, *Of Rule and Revenue* (Berkeley and Los Angeles: University of California Press, 1988), p. 32.

11) 테리 모의 주장에 따르면, 선거에서 승리를 거둔 정당이 정권을 담당하게 될 때 이와 같은 논리가 기능하는 경우가 자주 발견된다고 한다. 승리한 정당은 자당에 유리한 기관이나 정책이 장래에 있어 공적 권위를 행사하지 못하도록 거리를 두는 구조를 구축할 수 있다. 이런 경우, 여당의 목표는 정적이 장래에 지배할 가능성을 낮추려는 것뿐만이 아니다. 여당은 자신들의 지배 가능성 역시 낮춰두려고 한다. 그 밖의 선택이 존재한다는 것을 고려한다면 이것은 지불해야 할 대가로서 타당한 것일 수 있다. 이것은 그들이 여당으로서 타당보다 선두에 있기 때문에 사태의 관리를 포기하는 것을 의미하지는 않는다. 그들은 일단 고정화된다면, 정부기관이 당연한 행동을 취하도록 설정되어 있는 격리구조를 통해 사전에 지배의 대부분을 실시하려고 선택하는 것이다. 그들이 회피하려는 것은 ― 위험성을 내포하고 있기 때문에 ― 계층제도적인 관리이다. 왜냐하면 그러한

관리는 시간의 경과와 더불어 나타나는 공적 권위의 자유재량적인 결정을 통해 실시되기 때문이다. Terry Moe, "Political Institutions: The Neglected Side of the Story," *Journal of Law, Economics, and Organization*, Vol. 6(Special Issue 1990), pp. 227~ 228.

12) 국가권력의 제도적 온존에 관한 이러한 가정은 현실적으로는 '변수'에 지나지 않는다. 따라서 이러한 '변수'의 존재나 부재는 입헌형 전후구축의 가능성과 매력에 대해 영향력을 가질 것이다. 반대로 주도국이 자신의 힘의 감소와 분쟁의 도래를 예측하게 될 때 입헌형 전후구축을 제창하려는 인센티브는 증대한다. 약화되어 있는 패권국이 자신의 계산을 변경하는 것에 관해서는 이하를 참조. Duncan Snidal, "The Limits of Hegemonic Stability Theory," *International Organization*, Vol. 39, No. 4(Autumn 1985), pp. 579~614.

13) 이러한 국가의 선택에 관한 고전적 견해는 아널드 울퍼스가 제시한 '소유' 외교목표와 '환경' 외교목표와의 차이이다. Arnold Wolfers, "The Goals of Foreign Policy," *Discord and Collaboration: Essays on International Politics* (Baltimore: John Hopkins University Press, 1962), pp. 73~74.

14) 여기에서의 주장은, 제도는 그것을 구축한 행위주체가 모습을 감추거나 쇠퇴한 경우에서조차 이것을 둘러싼 환경에 대해 어떠한 요인에도 영향을 받지 않는 명령적인 영향을 파급시킬 수 있다는 것이다. James G. March and Johan P. Olsen, *Discovering Institution: The Organizational Basis of Politics* (New York: Free Press, 1989). 국제레짐에 관해서는 이하를 참조. Stephen Krasner, *International Regimes* (Ithaca: Cornell University Press, 1982); Oran Young, *International Cooperation: Building Regimes for Natural and the Environment* (Ithaca: Cornell University Press, 1989), chapter three.

15) 주도국이 제도구축, 더욱이 그 제도에 기초한 자국의 국익유지에 관해서 더욱 강한 확신을 지니게 된다면 장기적인 전략 대신 단기적인 이익의 일부를 포기하려는 심리가 강해질 것이다. 실제로 제도의 '점착성'이 클수록 주도국이 장기적인 국익을 고려할 때의 '할인율'은 그만큼 작아진다.

16) 피드백과 '제도에 대한 대가'의 증가라는 과정은 3장 이후에서 다루게 될 것이다.

17) 앨버트 허쉬만은 1930년대의 독일이 행한 동유럽 무역정책에 관해 이와 동일한 주장을 전개하고 있다. 허쉬만에 따르면, 당시 이 지역의 주도국이었던 독일은 동구의 중소국가들에 관대한 무역조건을 제시했다. 그 이유는 무역형태를 수정하고 동구국가들의 독일의존도를 높이기 위해서였다. 이와 같은 새로운 독일의존 관계가 형성된다면, 동구국가들은 독일에 대해 더 호의적이고 순응적인 태도를 보일 것이라는 기대가 존재했다고 허쉬만은 논하고 있다. Albert Hirschman,

*National Power and the Structure of Foreign Trade* [Berkeley and Los Angeles: University of California Press, 1980(1945)], p. 29. 조나단 커쉬너는 다음과 같이 지적한다. "이러한 상황에서는 대국이 아닌 약소국이 막대한 경제적 이익을 얻는 것이 전형적인 예이다. 대국은 자국의 영향을 증대시키려고 노력하며, 필요 이상 으로 관대한 양보를 보이기 때문이다. 이처럼 비대칭적 경제관계는 상대적 이익 에 대한 관심이라는 점에서 예외적인 사례, 현실적으로는 역전현상을 창출한다. 이로 인해 상호 수용 가능한 정치거래의 중핵부분이 확대되고 양자 간의 협력 실현성은 더욱 높아진다." Jonathan Kirshner, "Great Power Economic Relations in the Pacific: Some Realist Expectations," in G. John Ikenberry and Michael Mastanduno(eds.), *The Emerging International Relations of the Asia-Pacific Region* (forthcoming).

18) Stephen D. Krasner, "Global Communications and National Power: Life on the Pareto Frontier," *World Politics*, Vol. 43(April 1991), pp. 336~366.

19) '실질적 합의'와 '제도형 합의'의 상이성을 논한 유용한 문헌으로는 다음을 참조. Adam Przeworski, "Democracy as a Contingent Outcome of Conflicts," in Jon Elster and Rune Stagstad(eds.), *Constitutionalism and Democracy* (New York: Cambridge University Press, 1988), pp. 64~70.

20) Oran Young, "Political Leadership and Regime Formation: On the Development of Institutions in International Society," *International Organization*, Vol. 45, No. 3(Summer 1991), p. 282.

21) 아담 쉐보르스키는 다음과 같이 지적한다. "당사자인 몇몇의 정치세력이 서로 대립되는 이익과 목표를 지니고 있는 경우에서조차 제도에 관한 합의는 가능하다. 왜냐하면 각 세력은 제도가 개별적인 이익을 실현시키는 기회를 형성할 수 있는 기능을 지니고 있다고 이해하고 있기 때문이다." Adam Przeworski, "Democracy as a Contingent Outcome of Conflicts," p. 70.

22) Kenneth A. Shepsle and Barry R. Weingast, "Structure-Induced Equilibrium and Legislative Choice," *Public Choice*, Vol. 37, No. 3(1981), pp. 503~519.

23) William H. Riker, "Implications from the Disequilibrium of Majority Rule for the Study of Institutions," *American Political Science Review*, Vol. 74, No. 2(June 1980), pp. 444~445.

24) 일례로, 찰머스 존슨은 1996년 4월 2일 펜실베이니아 대학의 강의에서 광범위한 다국 간 제도를 운용하는 능력에서는 미국이 일본보다 조직화되어 있지만 정식적 인 2국 간 관계를 운용하는 능력에서는 일본이 미국을 넘어서고 있다고 지적했다. 그의 주장의 핵심은, 이러한 결과로 다국 간 제도를 구축하고 운용하려는 미일

양국의 인센티브가 양국의 조직설립 방법의 특징과 방침의 상이로 말미암아
서로 다르다는 점이다.

25) Przeworski, "Democracy as a Contingent Outcome of Conflicts."

26) 비민주주의 정치체제에 비해 민주주의 정체는 제도화된 질서를 운용하는 데
적합하며, 1945년 이후의 미국이 추진해온 전후질서는 서구의 민주주의 정체에
특히 적합한 질서라는 주장이 이후 등장하게 된다. 더욱이 민주주의 정체는 '힘에
대한 대가'를 감소시키기 위한 유용한 제도를 확립하는 데 능숙할 뿐만 아니라
민주주의 정체에 속하는 각각의 국가들 역시 이 정체를 운용할 수 있는 경험이
풍요롭고 그 능력 또한 높다고 말할 수 있다.

27) Pete F. Cowhey, "Elect Locally? Order Globally: Domestic Politics and Multilateral
Cooperation," in John Gerald Ruggie(ed.), *Multilateralism Matters: The Theory and
Praxis of an International Form* (New York: Columbia University Press, 1993),
p. 158.

28) Jon Elster, "Introduction," in Jon Elster and Rune Slagstad(eds.), *Constitutionalism
and Democracy* (New York: Cambridge University Press, 1988). p. 15.

29) 기업경영에 비추어 예를 들자면 이는 주주를 기업의 이사회로 영입하는 것에
상당할 것이다.

30) 정식적인 제도를 통해 강대국이 어떠한 방법으로 약소국가들에 신뢰성 높은
억제를 전달할 수 있을지에 관한 논의는 이하를 참조. Kenneth W. Abbott and
Duncan Snidal, "Why States Act Through Formal International Organizations,"
*Journal of Conflict Resolution*, Vol. 42, No. 1(February 1998), pp. 3~32.

31) Joseph M. Grieco, "State Interests and Institutional Rule Trajectories: A Neorealist
Interpretation of the Maastricht Treaty and European Economic and Monetary
Union," *Securities Studies*, Vol. 5, No. 3(Spring 1996), p. 288; Grieco, "Under-
standing the Problem of International Cooperation: The Limits of Neorealism
and the Future of Realist Theory," in David. A. Baldwin(ed.), *Neorealism and
Neoliberalism: The Contemporary Debate* (New York: Columbia University Press,
1933), pp. 331~334; Grieco, "The Maastricht Treaty, Economic and Monetary
Union and the Neo-Realist Research Programme," *Review of International Studies*,
Vol. 21(1995), pp. 21~40. 이 논리의 고전적인 저작은 다음과 같다. Albert
Hirschman, *Exit, Voice and Loyalty: Responses to Decline in Firms, Organizations,
and States* (Cambridge: Harvard University Press, 1970).

32) Daniel Deudney, "The Philadelphian System: Sovereignty, Arms Control, and
Balance of Power in the American States-Union," *International Organization*, Vol.

442  승리 이후

49(Spring 1995), pp. 191~228; "Binding Sovereigns: Authorities, Structures, and Geopolitics in Philadelphian Systems," in Thomas Biersteker and Cynthia Weber (eds.), *State Sovereignty as Social Construct* (Cambridge: Cambridge University Press, 1996), esp., pp. 213~216.

33) Paul W. Schroeder, "Alliances, 1815-1945: Weapons of Power and Tools of Management," in Klaus Knorr(ed.), *Historical Dimensions of National Security Problems* (Lawrence: University Press of Kansas, 1975), pp. 227~262. 슈뢰더의 지적에 따르면, 동맹이 지닌 내부적 억제요인에 관해서는 일찍이 다음의 저서에 서 주장되고 있었다. George Liska, *Nations in Alliance: The Limits of Interdependence* (Baltimore: John Hopkins University Press, 1967), pp. 9~11, 20~21; Liska, *Alliances and the Third World* (Baltimore: Johns Hopkins University Press, 1968), pp. 24~35. 동맹이론 전체에 관해서는 다음을 참조. Stephen M. Walt, "Why Alliances Endure or Collapse," *Survival*, Vol. 39, No. 1(Spring 1997), pp. 156~179.

34) Schroeder, "Alliances, 1815-1945," p. 230.

35) 이 역학의 논의에 관해서는 다음을 참조. Patricia A. Weitsman, "Intimate Enemies: The Politics of Peacetime Alliances," *Security Studies*, Vol. 7, No. 1(Autumn 1997), pp. 156~192. 불평등한 조건하에서의 동맹 내 역학의 본격적 인 분석으로서는 다음을 참조. James Morrow, "Alliances and Asymmetry: An Alternative to the Capability Aggregation Model of Alliances," *American Journal of Political Science*, Vol. 35, No. 4(November 1991), pp. 904~933. 미일 간의 안전 보장 구속관계에 관해서는 다음의 저작이 검증하고 있다. Peter J. Katzenstein and Yutaka Tsujinaka, "'Bullying,' 'Buying,' and 'Binding': US-Japanese Transnational Relations and Domestic Structures," in Thomas Risse-Kappen(ed.), *Bringing Transnational Relations Back in: Non-State Actors, Domestic Structures and International Institutions* (New York: Cambridge University Press, 1995), pp. 79~111.

36) 여기에서의 논의의 쟁점은, 이처럼 관계국을 구속하고 고정화시키는 억제의 힘이 절대적인 것이 아니라 설령 이 억제의 힘이 적어도 어느 정도 기능하고 있다 하더라도 이전에 논한 입헌적 거래는 어느 정도의 가능성을 가지는 것에 지나지 않는가 하는 것이다.

37) '적절성의 논리'와 '영향의 논리'에 관해서는 이하를 참조. March and Olsen, *Discovering Institutions* and March and Olsen, "The Institutional Dynamics of International Political Orders," in Peter J. Katzenstein, Robert O. Keohane, and

Stephen D. Krasner(eds.), *Exploration and Contestation in the Study of World Politics* (Cambridge: MIT Press, 1999), pp. 303~329.

38) Gerhard von Glahn, *Law among Nations*, 4th edition(New York: Macmillan, 1981), p. 3.

39) Fredrick Sherwood Dunn, "International Legislation," *Political Science Quarterly*, Vol. 42, No. 4(December 1927), p. 585. 국제적인 법적 권위의 원천에 관한 일반적인 논의는 다음을 참조. Anthony Clark Arend, "Do Legal Rules Matter? International Law and International Politics," *Virginia Journal of International Law*, Vol. 38, No. 2(Winter 1998), pp. 107~153.

40) 조약과 국제협정에는 보조적인 실시항목을 제정해야 할 경우가 자주 있다. 이 제정으로 인해 제도적 합의에 확대되고 통합되어 그 결과 국내적 정치 시스템으로 발전한다.

41) 이것은 코헤인과 나이가 '국제조직' 모델로서 보충하려고 하는 역학이다. 이 두 사람은 "네트워크와 규범, 제도라는 넓은 의미에서의 국제조직은 특정한 국제 레짐과 관련된 규범을 포함하고 있지만 그것은 레짐보다 폭넓은 카테고리이다. 왜냐하면 그것은 엘리트 네트워크, 나아가서는 ─ 관련이 있는 경우에는 ─ 정식 제도의 양식을 포함하고 있기 때문이다"라고 언급한 뒤 다음과 같이 주장했다. "국제조직 모델은 일련의 네트워크와 규범제도가 일단 확립되면 폐지되거나 큰 폭으로 개편되는 것이 어렵다는 것을 전제로 하고 있다. 우수한 능력을 지닌 정부조차도 ─ 전체적 또는 특정 부문에 있어서 ─ 기존의 네트워크와 제도 속에서 이미 확립되어 있는 행동양식과 이해관계를 인식하는 경우에는 자신의 의지를 관철시키기 어렵다." Robert Keohane and Joseph Nye, *Power and Interdependence* (Boston: Little Brown, 1977), p. 55.

42) Grieco, "State Interests and Institutional Rule Trajectories."

43) Peter Haas(ed.), *Knowledge, Power, and International Policy Coordination*, special issue of International Organization, Vol. 46, No. 1(Winter, 1992).

44) 막스 베버가 지적한 관료권력의 법적 합리성의 근거 역시 정부 간 조직 내의 자율성과 권위의 원천이다. H. H. Gerth and C. Wright Mills(eds.), *From Max Weber: Essays in Sociology* (New York: Oxford University Press, 1978).

45) Kathryn Sikkink, "Human Right, Principled Issue-Networks and Sovereignty in Latin America," *International Organization*, Vol. 47(Summer 1993), pp. 411~441; Audie Klotz, *Norms in International Relations: The Struggle against Apartheid* (Ithaca: Cornell University Press, 1995); Andrew Moravcsik, "Explaining International Human Rights Regimes: Liberal Theory and Western Europe,"

*European Journal of International Relations*, Vol. 1(June 1995), pp. 157~189; Thomas Risse, Stephen C. Ropp, and Kathryn Sikkink(eds.), *The Power of Human Rights: International Norms and Domestic Change* (New York: Cambridge University Press, 1999).

46) Hans Muller, "The Internationalization of Principles, Norms, and Rules by Governments: The Case of Security Regimes," in Volker Rittberger with the assistance of Peter Mayer(eds.), *Regime Theory and International Relations* (Oxford: Clarendon Press, 1993), pp. 361~388; John Duffield, "International Regimes an Alliance Behavior: Explaining NATO Conventional Force Levels," International Organization, Vol. 46(Autumn 1992), pp. 819~855.

47) 국가구조와 정치제도가 어떻게 이러한 종류의 영향력을 지니는지를 연구하는 국내구조론에 관한 문헌은 다수 존재한다. Peter Evans, et al.(eds.), *Bringing the State Back In* (New York: Cambridge University Press, 1985); Peter J. Katzenstein (ed.), *Between Power and Plenty* (Madison: University of Wisconsin Press, 1978); Peter Hall, *Governing the Economy: The Politics of State Intervention in Britain and France* (New York: Oxford University Press, 1986); Peter Gourevitch, *Politics in Hard Times* (Ithaca: Cornell University Press, 1986); Peter Evans, *Embedded Autonomy: States and Industrial Transformation* (Princeton: Princeton University Press, 1995). 총론에 관해서는 이하를 참조. Kathleen Thelen and Sven Steinmo, "Historical Institutionalism in Comparative Politics," in Steinmo, Thelen, and Frank Longstreth(eds.), *Structuring Politics: Historical Institutionalism in Comparative Perspective* (New York: Cambridge University Press, 1992), pp. 1~32.

48) 예를 들면, 7장에서 필자가 논하고 있는 것처럼 미국은 '북미자유무역협정 (NAFTA)'을 멕시코와 체결했는데, 여기에는 멕시코의 자유주의적 경제개혁을 고정화시키려는 의도도 부분적으로 있었다. 발전성 있는 제도에 관한 협정은 조인 이전부터 영향력을 가진다. 멕시코는 NAFTA 가맹국으로서의 조건을 만족시키기 이전에 특정한 정책과 제도개혁의 실현이 필요했다. 멕시코가 조인한 이후 NAFTA는 또한 미국과의 계속적인 경제통합을 향해 개혁을 위한 연대를 강화하고 새로운 투자로부터의 경제적 이익형성을 통한 자유주의적 경제개혁을 보강했다. 제도협정의 성립은 특정한 정책방침과 그 이행이 장기적으로 지속되도록 만들기 위한 국내제도를 발족시키고 그러한 제도를 강화시킨다.

49) 로버트 파월의 주장에 따르면, "전쟁의 위협이 존재하지 않는 상황에서 각국은 자국의 국익을 절대적 이익이라는 관점에서 판단할 가능성이 높다. 입헌적 책무 이행은 전쟁의 위협을 느끼지 않거나, 또는 전쟁이라는 수단을 빌리지 않고 타국

과의 관계를 형성하는 공동책무인 것이다". Robert Powell, "Absolute and Relative Gains in International Relations Theory," *American Political Science Review*, Vol. 85, No. 4(December 1991), pp. 1303~1320.

50) 이러한 의미에서 제도적 구속은 '결혼'으로 비유할 수 있다. 한 쌍의 남녀가 자신들의 관계가 언젠가 대립과 불일치를 낳을 수도 있다고 인식할 때 두 사람은 법적인 틀 속에서 서로를 구속한다. 이렇게 해두면 어쩔 수 없는 순간이 찾아와도 관계를 해소하는 것은 구속이 없는 경우보다 어려워진다. 존 엘스터는 다음과 같이 주장한다. "혼인해소비용을 높게 해두고 법적 유예기간을 정해둠으로써 결혼한 배우자와의 이혼충동이 생기더라도 그것을 관철시킬 가능성을 높지 않도록 만든다." Jon Elster, "Introduction," in Elster and Slagstad, eds., *Constitutionalism and Democracy*, p. 8. 법적으로 혼인에 합의하면 혼인관계가 영속적으로 지속될 수 있다는 기대가 높아진다. 그 결과, 목표설정에 변화가 생겨 육아나 자택구입과 같은 장래에 대한 투자의 의욕이 증대된다. 이러한 단계를 밟음으로써 두 사람의 관계는 강화되고 결혼은 안정된다.

51) 제도에 관한 두 가지의 이론, 즉 합리적 선택이론과 사회학적 이론은 모두 제도적 '경로의존성' 이론을 제시하고 있으며, '대가 증대' 현상을 강조한다. Brian Arthur, "Competing Technologies, Increasing Returns, and Lock-in by Historical Events," *Economic Journal*, Vol. 99(March 1989), pp. 116~131.

52) '매몰원가'에 관해서는 이하를 참조. Arthur L. Stinchcombe, *Constructing Social Theories* (New York: Harcourt, Brace and World, 1968), pp. 108~118. '매몰원가' 현상은 "기존의 국제제도를 유지하는 것은 가정상의 신제도가 국익에 더 합치될 지도 모르는 경우에 있어서도 신제도를 구축하는 것보다 용이하다"는 것을 의미한다. 어느 연구에서는 레짐 형성에 동반되는 높은 비용이 현존하는 레짐의 연장을 돕는다는 사실을 시사하고 있다. Sean Lynn-Jones, "The Incidents at Sea Agreement," in Alexander L. George, Philip J. Dallin, and Alexander Dallin(eds.), *US-Soviet Security Cooperation: Achievement, Failures, Lessons* (Oxford: Oxford University Press, 1988), pp. 498~499.

53) *North, Institutions, Institutional Change and Economic Performance* (New York: Cambridge University Press, 1990), p. 95. '경로의존성'의 주장과 그 의미에 관한 논의는 이하를 참조. Stephen Krasner, "Approaches to the State: Conceptions and Historical Dynamics," *Comparative Politics*, Vol. 16(January 1984); Paul Pierson, "When Effect Becomes Cause: Policy Feedback and Political Change," *World Politics*, Vol. 45, No. 4(July 1993), pp. 595~628. '경로의존성'에 관한 연구에 대해서는 이하를 참조. Stephen K. Sanderson, *Social Evolutionism: A Critical*

*History* (London: Basil Blackwell, 1990).

54) Brian Arthur, "Positive Feedbacks in the Economy," Scientific American Vol. 262, No. 2(February 1990), pp. 92~99; Reprinted in Arthur, *Increasing Returns and Path Dependence in the Economy* (Ann Arbor: University of Michigan Press, 1995), pp. 1~12.

55) Arthur, "Competing Technologies, Increasing Returns, and Lock-in by Historical Small Events."

56) 전환점 또는 결정적 분기점이라는 개념은 '대가 증대'에 관한 연구실적 속에서는 발전되어 있지 않다. 하지만 그 주장 속에서 명확하게 제시되고 있으며 각각의 국제질서 형태의 '경로의존성'을 이해하기 위해서는 매우 중요하다. 정치 시스템과 관련되는 것으로서 '경로의존성'과 '대가 증대'의 개괄을 위해서는 이하를 참조. Paul Pierson, "Pass Dependency, Increasing Returns, and the Study of Politics," unpublished paper(Harvard University, 1996).

57) 다수의 전후제도 내에는 실제로 적응성이 높은, 즉 국내적인 변화와 개혁의 능력을 가진 제도가 있다고 할 수 있다. 이것은 잠재적인 경쟁제도와 직면하는 경우 현존하는 제도의 비용적 우위는 증대된다는 것을 의미한다. 예를 들면, 1945년 이후기의 브레턴우즈 제도는 전후기가 상당히 지난 시기까지 발전을 거듭했다. 그 이유는 이 제도가 기능적인 변화에 적응했을 뿐만 아니라 이 제도를 자국의 국익과 합치시키려 했던 각국의 압력에도 적응했기 때문이다. 현존 제도의 적응능력은 이 제도의 전면적인 갱신을 더 긴급성이 낮은 것으로 만든다. 이 때문에 유력한 전후 제도질서의 안정성과 계속성이 강화된다.

58) '힘의 불균형'을 변화시키는 것 역시 중요하다. 주도국이 언젠가 자신의 힘이 쇠퇴할 것이라고 예측하는 정도가 강하면 강할수록, 또한 이러한 사태의 발생을 주도국이 확신하는 속도가 빠르면 빠를수록 단순한 '지배'를 통한 국익을 구축하는 수법의 매력보다도 입헌적 질서의 수법이 지닌 매력이 강해질 것이다. 전후 '힘의 불균형'의 현실적 성격을 인식하고 장래의 힘의 추세에 관해 판단할 수 있는 능력을 국가 지도자들 — 현대적인 분석능력을 지닌 엘리트들조차 — 이 지니고 있는지에 대한 여부는 이전부터 논의의 쟁점이 되어왔다. '세력균형'의 실시간적 인식은 당연히 회고적 서술과는 다르다. 이 때문에 힘의 특성의 상대적 인식에 기초해 국가행동을 예측하는 것은 어렵다. 이러한 이유에서 특정한 역사적 상황에 놓인 국가 지도자가 어떻게 그 시점에서의 '힘의 관계'를 인식하고 그 '힘의 관계'의 변화에 기초해 행동하는가에 주목하는 것이 더욱 중요해진다. William C. Wohlforth, *Elusive Balanc: Power and Perceptions during the Cold War* (Ithaca: Cornell University Press, 1993); Aaron L. Friedberg, *The Weary Titan:*

*Britain and the Experience of Relative Decline, 1895-1905* (Princeton: Princeton University Press, 1988); Charles A. Kupchan, *The Vulnerability of Empire* (Ithaca: Cornell University Press, 1994). 시대의 추이와 더불어 각국은 모두 데이터를 정비하고 각국의 '힘의 궤도'를 이전보다 훨씬 정확하게 평가할 수 있게 되었다. 또한 전쟁이 종결된 후 국가는 '힘의 불균형'을 평가하는 데 있어 전전이나 전중보다 우위의 입장에 서게 된다. 제프리 블레이니는 전쟁이야말로 가장 명확하게 '힘의 관계'를 제시해준다고 주장한다. Geoffrey Blainey, *The Causes of War* (New York: Free Press, 1973).

59) 관련되는 군사·경제 부문의 상세한 자료에 관해서는 <부표 2>를 참조.

60) Paul Kennedy, *The Rise and Fall of the Great Power: Economic Change and Military Conflicts from 1500 to 2000* (New York, Random House, 1987), chapter four.

61) 이미 주장한 바와 같이 제도적 구속전략에 동반되는 문제는 이들 전략을 실시하는 국가가 타국의 편의주의적 행동에 잠재적으로 위협을 받는다는 것이다. 주도국은 자국의 '힘의 행사'에 제약을 가할 때 추종국으로부터 반대로 이용당하지 않을 것에 대해 확신할 수 있어야 한다. 한편 추종국 역시 주도국에 의한 '지배'나 '포기'의 사태가 발생하지 않을 것이라고 확신할 수 있어야 한다. 이기주의적인 국가들이 구속적 제도 속에서 자신의 이익을 추구하기 위해서는 확실한 책무이행에 대한 상호인식이 필요하며, 구속적 제도가 실제로 구속의 기능을 담당할 것에 대한 확신을 가지지 않으면 안 된다. 말할 필요도 없이 신현실주의파 연구자들은 그러한 보증만으로는 장기적인 제도적 협력관계를 구축하고 발전시키는 데 불충분하다고 주장한다. 신현실주의파는 무질서라는 조건하에서 국가는 무질서로 인해 자국이 타국으로부터 기만을 당하거나 타국이 상대적으로 이익을 얻게 되는 사태가 발생한다면 각국은 합의가 서로에게 유리하다고 판단되는 경우에서도 이를 적극적으로 추구하지 않게 된다고 주장한다. 무질서와 같은 '자조 시스템 (self-help system)'에서 국가는 제도화 협력관계에서의 거대한 장해와 직면하게 된다. 왜냐하면 그러한 협력관계에 동반되는 상호의존과 차별화는 무질서 상황에 있어서 매우 허약한 것이기 때문이다. Joseph M. Grieco, "Anarchy and the Limits of Cooperation: A Realist Critique of the Newest Liberal Institutionalism," *International Organization*, Vol. 42, No. 3(Summer 1988), pp. 485~507.

62) 이 분야에서의 주장에 관한 개괄은 이하를 참조. Kurt Taylor Gaubatz, "Democratic States and Commitment in International Relations," *International Organization*, Vol. 50, No. 1(Winter 1996), pp. 109~139; Charles Lipton, "Reliable Partners: The 'Promising Advantage' of Democracies as an Explanation of Peace," Unpublished paper(University of Chicago, 1998).

63) 대외책무와 국내정치비용의 관계에 관한 본격적인 검증연구로서는 제임스 피어론의 저작을 참조. 그는 지도자가 다른 행위주체에게 보내는 신호가 국내적 수신자 비용을 동반하게 되는 경우 다른 경우에서보다도 높은 신뢰성을 가지게 된다고 주장한다. James Fearon, "Domestic Political Audiences and the Escalation of International Disputes," *American Political Science Review*, Vol. 88(September 1994), pp. 577~592.

64) 관계국은 장기적으로 준수될 수 있는 합의에 관한 협정에 대해서는 적극적으로 참가한다. 마이클 마스탄두노는 미국 민주주의의 공개성을 지적하면서 미국정치제도의 투명성은 장기적인 국제협력의 전망을 넓히는 데 도움이 되고 있다고 주장한다. Machael Mastanduno, "The United States Political System and International Leadership: A 'Deadly Inferior' Form of Government," in G. John Ikenberry, *American Foreign Policy: Theoretical Essays*, 2nd ed.(New York: HarperCollins, 1996), p. 343; Peter Cowhey, "Domestic Institutions and the Credibility of International Commitments: Japan and the United States," *International Organization*, Vol. 47, No. 2(Spring 1993), pp. 299~326.

65) 이러한 의미에서 의도와 책무에 관한 정보의 흐름은 쌍방향적이다. 민주주의국가는 비민주주의국가에 비해 타국에 대해 자신의 의향을 전면적으로 제시한다. 또한 민주주의국가에서는 외부로부터의 접근을 용인하는 기관수가 비민주주의 국가보다 많고 타국의 정책이나 동기에 관한 정보의 흡수가 가능하다.

66) Daniel Deudney and G. John Ikenberry, "The Nature and Sources of Liberal International Order," *Review of International Studies*, Vol. 25(April 1999), pp. 179~196.

67) 민주주의국가로 구성된 그룹이 서로 연계관계를 가질 때 이러한 민주주의 그룹의 공개성과 비중앙집권성, 그리고 침투성이라는 특성은 비민주주의 그룹이 연계관계를 가질 때와 비교해 더 대규모적인 상호침투를 촉진시킨다. 조직 간 관계를 연구한 닐 스멜서는 이러한 상황을 '구조적 전도성'이라고 표현했고, 이것은 조직이 관계형성을 용인 또는 장려하는 사회구조라는 의미를 지닌다. Neal J. Smelser, *Theory of Collective Behavior* (New York: Free Press, 1962).

68) '정책의 점착성'이라는 이 용어는 이하의 저작에서 처음으로 사용되었다. Daniel Deudney and G. John Ikenberry, "Liberal Competence: The Performance of Democracies in Great Power Balancing," unpublished paper(1994).

69) Cowhey, "Elect Locally-Order Globally."

70) 역사적 사례들은 제도형태에 관한 가설이 설명능력을 가지고 있는지에 대해 평가하는 방법으로 세 가지 방법이 이용된다. 첫 번째 방법은 과정의 해석을

통해 각각의 사례를 조사하고 주요한 '변수'가 주도국의 제도전략과 그 후에
성립된 질서의 성격에 부여하는 영향력을 측정하는 것이다. 두 번째 방법은 세
가지 주요 전쟁의 비교를 통해 주요한 '변수'와 결과의 차이를 조사하는 것이다.
세 번째 방법은 미국의 정책과 냉전 후의 주요 서구국가 간의 제도적 관계를
검증하는 것이다. 1991년 이후에 발생한 국제적인 '힘의 분포'에서의 급격한
변화는— 소련의 위협에 종지부를 찍고 미국의 우위를 증강시켰다— 1945년
전후구축의 제도 기반에 관한 주장이 어느 정도 정당한지 평가하는 기회를 부여
한다.


**4장**

1) 이 '수시협의' 시스템의 '유효기간'에 관해서는 연구자들 사이에서 의견이 갈리고
   있다. 일부 연구자들은 이 시스템이 1920년대 초기 또는 중기에 퇴조 또는 종언했
   다고 주장한다. Inis Claude, Jr., *Swords into Plowshares* (New York: Random House,
   1956); F. H. Hinsley, *Power and the Pursuit of Peace* (Cambridge: Cambridge
   University Press, 1963); Harold Nicolson, *The Congress of Vienna: A Study in Allied
   Unity: 1812-1822* (New York: Viking, 1961 edition). 또 다른 연구자들은 이 시스
   템이 크림전쟁(1854~1856) 또는 제1차 세계대전까지 지속되었다고 주장한다.
   Paul W. Schroeder, Austria, *Great Britain and the Crimean War: The Destruction
   of the European Concert* (Ithaca: Cornell University Press, 1972); Gordon A. Craig
   and Alexander L. George, *Force and Statecraft* (New York: Oxford University Press,
   1983); Karl J. Holsti, "Governance without Government: Polyarchy in
   Nineteenth-Century European International Politics," in James N. Rosenau and
   Ernst Otto Czempiel(eds)., *Governance without Government: Order and Change in World
   Politics* (New York: Cambridge University Press, 1992), pp. 30~57.

2) 연구자들은 비엔나 전후구축의 논리와 중요성에 관해서 특히 이 '수시협의' 시스템
   이 '세력균형'의 수정 또는 세련화에 지나지 않은지, 또는 균형으로부터의 근본적
   인 이탈인지에 대해서 오랜 논의를 거치고 있다. Paul W. Schroeder, "Did the
   Vienna Settlement Rest on a Balance of Power?," *American History Review*, Vol.
   97, No. 3(June 1992), pp. 683~706를 중심으로 논의가 전개된 '아메리칸 히스토
   리 리뷰 포럼'에서의 토의를 참조. 비엔나 전후구축에 관한 대표적인 견해는 기본적
   으로 '세력균형'의 재건이다. 에드워드 그럭은 다음과 같이 주장한다. "준비단계로
   서 전후구축 구상을 논의했던 시점에서 각국의 지도자들은 마치 세력균형이라는
   벌집으로 몰려든 벌떼와 같았다. 즉, 국가 시스템을 회복하고 북유럽과 중유럽을
   안정화시키기 위해 프러시아의 지위를 높이며 타국의 확실한 독립을 보증할 만큼

프랑스의 규모를 축소시키는 것을 목표로 삼았다." Edward Gulick, *Europe's Classical Balance of Power* (Ithaca: Cornell University Press, 1955), p. 121. 1815년 이후의 '세력균형' 시스템은 18세기의 그것과는 달리 간결한 시스템이 아니었다. 또 다른 연구자들은 '세력균형'이 비엔나에서 다듬어져 사회화되었고, 균형의 운용은 더 자기의식적이었으며, 유럽열강 간에 '평형'의 필요성과 가치를 상호인식하면서 뿌리내려졌다고 주장했다. Henry Kissinger, *A World Restored: Metternich, Castlereagh and the Problems of Peace, 1812-1822* (Boston: Houghton Mifflin, 1973). 논의를 더욱 진행시켜 비엔나 전후구축이 유럽의 세력균형 정치라는 구식의 형태로부터 근본적으로 이탈한 것이라고 주장하는 연구자들도 있다. 이 견해는 비엔나 전후구축이 열강의 협력에 기초한 유사제도적 '수시협의' 시스템을 지지하는 고전적 균형을 부정하는 것이었다고 주장한다. Charles A. Kupchan and Clifford A. Kupchan, "Concerts, Collective Security, and the Future of Europe," *International Security*, Vol. 16, No. 1(Summer 1991), pp. 173~174; Robert Jervis, "Security Regimes," *International Organization*, Vol. 36, No. 2(Spring 1982), pp. 173~194; Jervis, "From Balance to Concert: A Study of International Security Cooperation," *World Politics*, Vol. 38, No. 1(October 1985), pp. 58~79; Richard Elrod, "The Concert of Europe: A Fresh Look at an International System," *World Politics*, Vol. 28, No. 2(January 1976), pp. 159~174; Paul Gordon Lauren, "Crisis Prevention in Nineteenth-Century Diplomacy," in Alexander George(ed.), *Managing U.S.-Soviet Rivalry: Problems of Crisis Prevention* (Boulder, Colo.: Westview, 1983), pp. 31~64. 이 견해에 기초해 역사가인 폴 슈뢰더는 유럽안전보장의 제도와 관행에서의 전환을 강조하는 후기 나폴레옹기 유럽의 질서의 원천을 재고하려는 주장의 선두에 섰다. 이 견해에 따르면, 전후구축의 힘이 되었던 것은 세력균형뿐만 아니라―또는 기본적으로 세력균형을 기반으로 하지도 않았다―'힘의 합성'과 제도적 억제결정의 기반 위에서 성립되었다고 지적되고 있다. Paul W. Schroeder, *The Transformation of European Politics, 1763-1848* (Oxford: Oxford University Press, 1994).

3) 어느 연구자는 비엔나 전후구축의 가장 중요한 의의가 이 전후구축의 영토적 지향의 적확한 성격에 있는 것이 아니라 처음으로 세밀한 사고에서 국제 시스템이 형성되었다는 것이라고 주장한다. Richard Langhorne, "Reflections on the Significance of the Congress of Vienna," *Review of International Studies*, Vol. 12, No. 4(October 1986), p. 314.

4) 영국이 유럽 국가들의 제도적 협력을 얻는 대신 자국의 많은 단기적 이익을 포기한 것처럼 보이지는 않는다. 제도를 둘러싼 교섭은 영국과 다른 유럽 주요 국가들 사이의 영토분쟁에 있어 자의적인 '힘의 행사'를 억제한다는 합의였으며, 이것은

동맹과 협의 메커니즘을 통해 신뢰성을 갖게 되었다.

5) Charles Webster, *The Congress of Vienna, 1814-1815* (reprint, New York: Barnes and Noble, 1963), p. 45. First published by the British Foreign Office, 1919.

6) Quoted in Andreas Osiander, *The States System of Europe, 1640-1990* (Oxford: Clarendon Press, 1994), pp. 176~177.

7) Langhorne, "Reflections on the Significance of the Congress of Vienna," p. 315.

8) 슈뢰더는 나폴레옹 제국의 절정기가 1809년이었다고 주장하고 있다. 그 이유는 그해 이후의 모든 병합과 전역이 제국붕괴로 이어졌기 때문이라고 설명하고 있다. Schroeder, *The Transformation of European Politics*, p. 371.

9) 같은 책, p. 501.

10) F. R. Bridge and Rodger Bullen, *The Great Powers and the European State System, 1815-1914* (London: Longman, 1980), p. 7.

11) Charles Webster, *Foreign Policy of Castlereagh, 1812-1815* (London: G. Bell and Sons, 1950), p. 3.

12) Paul Kennedy, *The Rise and Fall of the Great Powers: Economic Change and Military Conflict from 1500 to 2000* (New York: Random House, 1987), pp. 151~158.

13) <부표 2>를 참조.

14) P. Bairoch, "International Industrialization Levels from 1750 to 1980," *Journal of European Economic History*, Vol. 11, No. 2(Fall 1982), p. 291.

15) Quoted in Nicolson, *The Congress of Vienna*, p. 128.

16) Osiander, *The States System of Europe*, pp. 178~179.

17) Schroeder, *The Political Transformation of Europe*, p. 309.

18) 이 비교는 폴 슈뢰더의 저작 속에서 강조되고 있다. "Did the Vienna Settlement Rest on a Balance of Power?", pp. 686~690. 슈뢰더는 이 역사적 문헌에서 '세력 균형'이라는 수사법으로 인해 당혹스러운 경우도 자주 있지만 실제로 후기 나폴레옹기를 지배하고 있었던 것은 영국과 러시아의 '패권의 추구'였다고 강조하고 있다.

19) 같은 글, p. 687.

20) "Official Communication made to the Russian Ambassador at London," 19 January 1805. Text in Charles Webster(ed.), *British Diplomacy, 1813-1815: Select Documents Dealing with the Reconstruction of Europe* (London: G. Bell and Sons, 1921), Appendix 1, p. 390.

21) 같은 글.

22) Schroeder, *The Transformation of European Politics*, p. 309.

23) Nicolson, *The Congress of Europe*, p. 155.

24) 웰링턴에게 보내는 캐슬레이의 서간(1814년 10월 25일). Charles Webster(eds.), *British Diplomacy, 1813-1815*, p. 217.

25) Osiander, *The States Systems of Europe*, p. 175.

26) Letter No. 1, Secret and Confidential, from Castlereagh(Paris) to Clancarty (Frankfurt), 5 November 1815. 이 서간은 다음의 저작에서 인용되고 있다. Lauren, "Crisis Prevention in Nineteenth-Century Diplomacy," p. 32.

27) Schroeder, *The Transformation of European Politics*, p. 475.

28) Memorandum of Cabinet, 26 December 1813. Reprinted in Webster(ed.), *British Diplomacy, 1813-1815*, pp. 123~128.

29) Webster, *The Congress of Vienna*, p. 33.

30) 같은 책., p. 36.

31) 같은 책.

32) Webster, *The Foreign Policy of Castlereagh, 1812-1815*, p. 160.

33) 같은 책.

34) Webster, *The Congress of Vienna*, pp. 21~22.

35) 웹스터는 다음과 같이 주장한다. "동맹에는 군사적으로나 외교적으로 통일이 결여되어 있었으며, 나폴레옹을 패배로 몰아넣는 것도 강화의 실현이나 전쟁의 속행이라는 선택방법 역시 창출해내지 못했다. 동맹국가들의 의견 차이를 조정하고 각국의 행동을 더 협조적으로 통일시키며, 나폴레옹을 상대로 통일된 대항행동을 취할 수 있는 기구를 만드는 것, 그리고 장기적으로 전쟁기 이후의 안정기를 실현시키기 위해 유럽을 재편할 수 있는 구상을 제시하는 것 등의 사명은 주로 영국의 업적이었으며, 특히 영국 총리인 캐슬레이 경의 업적이었다." 같은 책, p. 29.

36) 폴 슈뢰더는 이러한 기부나 재정원조의 총액이 그때까지의 모든 전쟁에서 영국이 부여한 대외원조의 금액을 넘고 있었으며, 나폴레옹 전쟁을 수행하기 위해 영국이 지불해야만 했던 금전과 인명의 비용은 제1차 세계대전에서의 비용보다도 많았다고 지적하고 있다. Schroeder, *The Transformation of European Politics*, pp. 485~486.

37) Webster, *The Foreign Policy of Castlereagh, 1812-1815*, pp. 162~163.

38) Nicolson, *The Congress of Viena*, pp. 58~59. 나폴레옹 전쟁하의 영국의 보조금 정책에 관해 가장 뛰어난 논의를 전개하고 있는 저작은, John M. Sherwig, *Guineas*

*and Gunpowder: British Foreign Aid in the wars with France, 1793-1815* (Cambridge: Harvard University Press, 1969).

39) Webster, *The Foreign Policy of Castlereagh, 1812-1815*, p. 162.

40) 이 책에서 이후 검증할 것이지만, 제2차 세계대전 중의 미국 역시 이와 같은 입장에 섰다.

41) Webster, *The Congress of Vienna*, p. 43.

42) 같은 책, p. 49.

43) 조인일은 1814년 3월 9일이었다.

44) Webster, *British Diplomacy, 1813-1815*, pp. 138~161.

45) 1814년 3월 10일 리버풀로 보낸 캐슬레이의 서간. Quoted in Webster, *The Congress of Vienna*, p. 51.

46) Schroeder, *The Transformation of European Politics*, p. 501.

47) Sherwig, *Guineas and Gunpowder*, chapter fourteen.

48) Webster, *The Congress of Vienna*, pp. 50~51.

49) 1814년 10월 12일. Quoted in Osiander, *The States System of Europe*, pp. 176~177.

50) 온건함을 갖추고 있다는 평가를 얻기 위해 영국은 네덜란드 식민지의 획득을 포기하는 태도를 보였는데, 이 역시 영국의 전략적 억제를 반영하는 것이었다. 캐슬레이는 비엔나에서 네덜란드 식민지의 획득에는 여전히 의문을 느끼고 있다며 다음과 같이 언급했다. "영국이 강대함과 실력, 그리고 자신감이라는 특징을 갖추고 있다는 대륙에서의 평가는 영국이 지금까지 획득해왔던 그 어떠한 획득물보다 진정한 가치가 높다고 나는 확신한다." Quoted in Nicolson, *The Congress of Vienna*, p. 99.

51) Schroeder, *The Transformation of European Politics*, p. 489.

52) 같은 책, p. 490.

53) 알렉산드르 황제는 1804년, "전쟁종결 시 각국 신민들의 이익이 최대가 되는 경우를 제외하고는 정부가 기능하지 못하도록 하는 형태로 국가를 각국 정부에 반환한다. 동시에 유럽의 각국 정부는 상호 국가관계를 이전보다 훨씬 명확한 규칙하에 고정화시키지 않으면 안 되며, 그들 규칙은 각국의 이익과 관련되는 것으로 한다"라고 제안했다(1804년 9월 11일 러시아 황제 각서). Quoted in F. H. Hinsley, *Power and the Pursuit of Peace*, p. 193.

54) "Official Communication made to the Russian Ambassador to London," 19 January 1805, in Webster(ed.), *British Diplomacy, 1813-1815*, p. 390.

55) 같은 책, p. 393. 이 1805년 각서와 그 결과 탄생된 '유럽협약' 체제의 논의에

관해서는 이하를 참조. Nicolson, *The Congress of Vienna*, pp. 54~57; Rene Albrecht-Carrie, *The Concert of Europe, 1815-1914* (New York: Harper & Row, 1968), p. 28.

56) 캐슬레이 경의 '회의 시스템' 구상을 창출한 문서로 유명한 '1805년 각서'의 초고를 작성한 인물에 관해서는 역사학자들 사이에서 논쟁이 있었다. 에드워드 잉그램은 이 구상의 지적·전략적 발안자는 머스그레이브 외상이라고 주장했다. 잉그램에 따르면, 피트 총리의 영입을 통해 취임한지 얼마 되지 않은 외상이 1804년 12월 4일, 신동맹의 목표에 관한 제안을 각료회의에서 보고한 내용 속에 이 구상의 원안이 존재했으며, 영토문제 해결과 유럽 국가들에 의한 신동맹 결성에 관한 머스그레이브 외상의 아이디어가 '1805년 각서'에 포함되었다고 한다. Edward Ingram, *In Defense of British India: Great Britain in the Middle East, 1775-1842* (London: Frank Cass, 1984), pp. 103~114. 장래의 침략에 대항할 수 있는 안전보장 시스템을 어떻게 구축할 것인가에 대한 문제에 관해서는 다른 각료인 그렌빌 경의 영향이 컸던 것 같다. 그는 유럽 전체의 평화를 확립시키는 메커니즘으로서 1798년에 '열강연합(a union of the Great Powers)'의 결성을 주장했다. John M. Sherwig, "Lord Grenville's Plan for a Concert of Europe, 1797-1799," *Journal of Modern History*, Vol. 34, No. 3(September 1962), pp. 284~293. 피트 총리 자신은 실무적인 정치가로서 전략적·정치적인 구상을 가지고 있지 않았다. 당시 피트는 국내에서의 강경한 압력에 대응하면서 한편으로는 잠재적인 동맹자인 러시아와의 교섭을 진행시키고 있었다. 이 부분에 관해서는 필자와 폴 슈뢰더와의 개인적 서간에 기초한 것이다(1999년 4월 30일).

57) Webster, *British Diplomacy, 1813-1815*, pp. 19~29.

58) Robert E. Osgood, *Alliances and American Foreign Policy* (Baltimore: Johns Hopkins Press, 1968), p. 230.

59) Schroeder, "Alliances, 1815-1945: Weapons of Power and Tools of Management," in Klaus Knorr(ed.), *Historical Dimensions of National Security Problems* (Lawrence: Regents Press of Kansas, 1976), p. 230.

60) 같은 글, p. 231.

61) Osiander, *The States System of Europe*, p. 234. 인용문의 강조는 원문을 따랐다.

62) Gulick, *Europe's Classical Balance of Power, and Webster, The Foreign Policy of Castlereagh, 1815-1822.*

63) Schroeder, "Alliances, 1815-1945: Weapons of Power and Tools of Management," p. 232.

64) Webster, *The Foreign Policy of Castlereagh, 1812-1815*, p. 207.

65) 같은 책, p. 206.

66) 최선의 형태로 질서를 유지하기에는 열강들이 자국의 권리와 책무를 주장한다는 사고가 나폴레옹 전쟁 시대에는 존재하지 않았다. 이러한 사고방식은 이 시기가 되어 비로소 이전보다 훨씬 명확하게 형성되고 더 충분히 통합되어 전후구축의 제 협정으로 창출되었다.

67) Osiander, *The States System of Europe*, pp. 232~239.

68) Langhorne, "Reflections on the Significance of the Congress of Vienna," p. 313.

69) 회의가 개최되었던 샤티용에서 슈타디옹은 메테르니히에게 "캐슬레이 경은 4국 외상회담에만 돌아올 수 있도록 논의 대상을 축소하기로 결정한 것처럼 보인다" 라고 보고했다(강조는 원문을 따랐다). Webster, *The Foreign Policy of Castlereagh, 1812-1815*, pp. 212~233.

70) Richard Langhorne, "The Development of International Conferences, 1648-1830," *Studies in History and Politics*, Vol. 2, No. 2(1981/82), p. 77.

71) Webster, *The Foreign Policy of Castlereagh, 1812-1815*, p. 99.

72) 같은 책, p. 209.

73) 이것은 '쇼몽 조약'(1814년 3월 1일 조인)의 제5장에 있다. Edward Hertslet, *The Map of Europe by Treaty* (London, 1875), Vol. 3, pp. 2043, 2048.

74) 제1회 '파리 조약'(1814년 3월 30일 조인)의 제32조를 참조. 같은 책, Vol. 1, pp. 1~17.

75) 이것은 '제2차 파리강화조약'이 조인되었던 같은 날에 4대국이 조인한 '방위동맹 조약'이다. 조약문서는 같은 책, Vol. 1, pp. 372~375.

76) 제6조는 다음과 같다. "본 조약의 집행을 촉진하고 그것을 확고하게 하며 세계의 안녕을 위해, 그리고 4개국 원수를 긴밀하게 결합시키고 있는 현재의 관계를 확고하게 하기 위해, 조약자는 일정 기간마다 원수 자신의 또는 각 원수의 대리로서의 각료의 참가를 얻어 공통의 이익에 관해 협의하는 목적으로, 그리고 그 밖의 각종 조치를 고려하는 목적으로 회의를 거듭할 것에 동의했다. 이들 각종 조치들은 회의가 열릴 때마다 국가의 평온과 번영, 그리고 유럽의 평화유지를 위해 가장 유익하다고 인식될 것임이 틀림없다". 같은 책, p. 375.

77) Langhorne, "The Development of International Conferences, 1648-1830," p. 85.

78) Fredrick Sherwood Dunn, "International Legislation," *Political Science Quarterly*, Vol. 42, No. 4(December 1927), p. 578.

79) Viscount Castlereagh, *Correspondence, Dispatches and Other Papers*, 12 vols., edited by his brother, *the Marquess Londonberry* (London: John Murray, 1848-1853), Vol.

12, p. 54.

80) 이러한 억제적 제도가 갖추고 있는 종래에는 없던 새로운 성격을 1818년 프레드리히 폰 겐츠가 처음으로 지적했다. 비엔나에서 확립된 이 시스템은 겐츠에 따르면, "세계 역사상 유례를 찾아볼 수 없는 것으로, 균형의 원칙 또는 특정한 동맹국가들에 의해 형성된 대항력의 원칙 — 이것은 그때까지 3세기에 걸쳐 유럽을 지배하고 빈번한 재난을 가져왔으며 유럽을 삼켰던 원칙이다 — 은 전체적인 통일의 원칙에 의해 계승되었다. 이 원칙은 5대 주요국의 지배하에서 연합관계가 갖는 결속력을 통해 모든 국가의 결속을 유지시켰다"라고 한다. 또한 겐츠는 "유럽은 자신이 만든 통치기구하에서 재결집되었으며, 열강국은 각국의 권리를 보호하기 위해 집단적으로 행동해 평화를 지켰다"라고 주장했다. Quoted in F. H. Hinsley, *Power and the Pursuit of Peace*, p. 197.

81) Elrod, "The Concert of Europe: A Fresh Look at an International System," p. 168.

82) 캐슬레이는 러시아의 대폴란드 구상에 반대했다. 캐슬레이는 "러시아가 영토를 확장한다면 프러시아와 오스트리아 양국의 신민들에게는 자국의 군주의 지위가 저하되었다고 비춰질 것이며, 군주가 다른 형태로 어떠한 보상을 받는다 하더라도 양국은 러시아의 군사력이 원하는 대로 움직이게 되는 것이다"라고 주장했다. 그뿐만 아니라 캐슬레이는 이대로 방치해둔다면 러시아는 과거 나폴레옹에 필적할 만한 유럽에 대한 영향력을 지니게 될 것이라고 암시했다. Webster, *The Foreign Policy of Castlereagh, 1812-1815*, p. 343.

83) Webster, *The Congress of Vienna*, pp. 132~133.

84) 같은 책, p. 134.

85) "Official Communication made to Russian Ambassador to London," 19 January 1805, in Webster(ed.), *British Diplomacy, 1813-1815*, pp. 389~394.

86) 안전보장에 관한 특별보장 조치에 관해 영국에 제안한 것은 러시아가 먼저였다. 이 제안은 1805년 4월 11일, 러시아와 영국 양국 간의 조약에 포함되었다. 하지만 그 표현은 애매했으며 구체성이 결여되었다.

87) Webster, *British Diplomacy, 1813-1815*, pp. 306~307.

88) Schroeder, *The Transformation of European Politics*, pp. 573~574.

89) Langhorne, "Reflections of the Significance of the Congress of Vienna," p. 317.

90) Douglas Dakin, "The Congress of Vienna, 1814-15, and Its Antecedents," in Alan Sked(ed.), *Europe's Balance of Power, 1815-1848* (New York: Barns and Noble, 1979), pp. 30~31.

91) '신성동맹'의 문서는 알렉산드르 황제가 기초해 1815년 9월 26일, 이에 동조하는 황제 프란시스 1세와 황제 프레드릭 윌리엄 3세가 서명했다. 최종적으로는 영국 왕을 제외한 유럽의 모든 통치자와 로마법왕, 그리고 터키의 술탄이 서명했다.

92) Langhorne, "The Development of International Conferences, 1648-1830," p. 85.

93) Langhorne, "Reflections on the Significance of the Congress of Vienna," p. 317.

94) Quoted in Nicolson, *The Congress of Vienna*, p. 53.

95) 이 문제에 관해서는 3장에서 논의되고 있다.

96) Castlereagh to Thornton, 10, 20 October 1812. Quoted in Webster, *The Foreign Policy of Castlereagh, 1812-1815*, p. 101.

97) Schroeder, *The Transformation of European Politics*, p. 503.

98) 같은 책, p. 533.

99) Friedrich von Gentz, "Considerations on the Political System in Europe"(1818), in Mack Walker(ed.), *Matternich's Europe* (New York: Walker, 1968), p. 80.

100) Webster, *The Foreign Policy of Castlereagh, 1812-1815*, pp. 480~481, 497~499.

101) 역설적이지만 전체적 보증이 실현되지 않음으로써 중동에 미치는 러시아의 영향력이라는 다루기 힘든 문제를 비엔나 전후구축으로부터 제외시키는 효과가 있었다.

102) Schroeder, *The Transformation of European Politics*, p. 575.

103) Langhorne, "The Development of International Conferences, 1648-1830," p. 84; Schroeder, *The Transformation of European Politics*, p. 573.

104) Webster, *The Congress of Vienna*, p. 101.

105) 같은 책, p. 73.

106) 거의 자동적으로 기능하는 전후질서를 기대하는 영국의 사고방식은 제2차 세계 대전 후의 질서에 관한 미국의 사고방식과 매우 닮아 있다.

107) 1813~1814년의 영국과 1942~1945년의 미국은 놀라울 정도로 유사하다. 양국 모두 전쟁에서 승리하려 동맹을 이끄는 데 충분한 자산을 지니고 있었으며, 전쟁 종료 훨씬 이전의 시점에서 전후의 규칙과 제도에 관한 합의를 이끌어내기 위해 원조를 이용했다. 제1차 세계대전 중에 미국은 유럽동맹국에 대한 지원을 위해 최종적으로는 참가했지만 당초부터 결정적인 역할을 담당했던 것은 아니 다. 이 때문에 종전 이전에 합의를 고정화시킬 수 있는 입장에 있지는 못했다.

**5장**

1) <부표 2>를 참조.

2) Paul Kennedy, *The Rise and Fall of the Great Powers: Economic Change and Military Conflict from 1500 to 2000* (New York: Random House, 1987), p. 243.

3) Arthur Walworth, *America's Moment, 1918: American Diplomacy at the End of World War I* (New York: Norton, 1977), p. 4.

4) 영국군의 전사자 수는 90만 명, 프랑스군의 전사자 수는 140만 명이다. 양국군의 전사자 수를 합하면 미국군 전사자 수의 47배에 상당한다.

5) David Kennedy, *Over Here: The First World War and American Society* (New York: Oxford University Press, 1980), p. 173.

6) Walworth, *America's Moment, 1918*, p. 17.

7) Arthur S. Link, *Woodrow Wilson: Revolution, War, and Peace* (Arlington Heights, Ill.: Harlan Davidson, 1979), p. 80. 미국이 금융 면에서 전후 유럽에 어느 정도 영향력을 지니고 있었는지를 둘러싼 논의에 관해서는 이하의 저서를 참조. William R. Keylor, "Versailles and International Diplomacy," in Manfred F. Boemeke, Gerald D. Feldman, and Elisabeth Glaser(eds.), *The Treaty of Versailles: A Reassessment after 75 Years* (Cambridge: Cambridge University Press, 1998), pp. 477~478.

8) H. G. Nicholas in Arthur S. Link et al., *Wilson's Diplomacy: An International Symposium* (Cambridge, Mass.: Schenkman, 1973), pp. 80~81.

9) Lloyd E. Ambrosius, *Woodrow Wilson and the American Diplomatic Tradition: The Treaty Fight in Perspective* (Cambridge: Cambridge University Press, 1987), p. 34.

10) Arthur Walworth, *America's Moment, 1918*, p. 15.

11) Quoted in Kennedy, *Over Here*, pp. 194~195.

12) 링크는 다음과 같이 지적하고 있다. "1916년의 봄과 여름에 독일군은 벨기에와 프랑스 북부, 나아가 동유럽의 대부분과 발칸국가들을 점령하면서 강화회의에서의 거의 모든 카드를 수중에 넣은 것처럼 보였다. 이 때문에 독일군이 점령지역으로부터의 철수를 거부하는 경우, 연합국 측은 윌슨이 미국의 참전이라는 명확한 약속을 하지 않는 한 휴전에 응하고 싶지 않았다. 하지만 윌슨에게는 이러한 책무를 실행할 의지도 없었을 뿐만 아니라 헌법상의 제약으로 인해 그렇게 할 수도 없었다." Link, *Woodrow Wilson: Revolution*, p. 50.

13) Woodrow Wilson, address to the Senate, 22 January 1917, in Arthur S. Link(ed.), *The Papers of Woodrow Wilson* (Princeton: Princeton University Press, 1966~),

Vol. 40, p. 539.

14) David Fromkin, *In the Time of the Americans: The Generation that Changed America's Role in the World* (New York: Knopf, 1995), p. 106.

15) Wilson, address to the Senate, 22 January 1917, in Link(ed.), *The Papers of Woodrow Wilson*, Vol. 40, pp. 533~539.

16) Wilson, address to a joint Session of Congress, 2 April 1917, in Link(ed.), *The Papers of Woodrow Wilson*, Vol. 41, p. 525.

17) 윌슨이 민주주의 개혁이 신세계 질서의 기반이 되는 주요한 추진력이라고 강조한 것과 독일을 특별히 비난했던 사실은, 독일이 '수시협의' 외교 — 구체적으로 어떠한 형태가 될지는 불분명했다 — 내에서 대국의 역할을 담당하기 위해 구제되어야만 한다는 하우스 대령의 강한 실리적 사고에 영향을 받은 것이었다. 이 실리적 사고는 전쟁의 초기단계에서 가장 강하게 주장되었는데, 대령이 독일의 지배자와 독일의 국민들을 구별해야 한다고 대통령에게 조언한 것 역시 이러한 사고를 기반으로 하고 있었다. 하우스는 루스타니아(독일 잠수함에 격침된 영국 객선. 미 국민 128명이 희생되었다) 위기가 최고조에 달했을 때 대통령에게 다음과 같은 메모를 보냈다. "독일과 개전하는 데 있어 대통령은 이 두려운 전쟁이 독일황제와 그 군부의 책임이라는 사실에 관해 의회에서 강조할 것을 제안합니다. 독일국민은 구제되어야만 합니다. 우리가 참전하는 것은 유럽을 구하는 것과 동시에 독일국민들을 구하기 위해서이기도 합니다."(1915년 6얼 3일, 윌슨 대통령에게 보내는 하우스 대령의 메모) Lloyd Gardner, "The United States, The German Peril and a Revolutionary World: The Inconsistencies of World Order and National Self-Determination," in Hans-Jrgen Schroder(ed.), *Confrontation and Cooperation: Germany and the United States in the Era of World War I, 1900-1924* (Oxford: Berg, 1993), pp. 272.

18) 현실적으로 윌슨이 주장한 것은, 독일이 군부수뇌를 처분하고 정복을 부인하며 점령지역으로부터 철수하는 경우에만 독일은 온건한 강화조건으로 평화를 획득할 수 있다는 사실이었다. 독일이 관대한 강화를 얻을 수 있는지 여부는 독일의 선택, 특히 독일의 정치제도 개혁의 범위나 입헌적 민주주의의 현실적 정착에 관한 미국 또는 연합국가들의 인식에 달려 있었다.

19) Wilson, reply to the peace appeal of the pope, 27 August 1917, in Link(ed.), *Papers of Woodrow Wilson*, Vol. 44, p. 57. 이 연설과 더불어 민주주의국가만이 평화의 파트너로서 적합하다는 윌슨의 주장에는 월터 리프만의 영향이 있었다. 이에 관해서는 다음의 저서를 참조. Fromkin, *In The Time of the Americans*, pp. 133~134.

20) H. W. V. Temperley, *A History of the Peace Conference of Paris* (London: Oxford University Press, 1920), Vol. 1, p. 187.

21) Thomas J. Knock, *To End All Wars: Woodrow Wilson and the Quest for a New World Order* (New York: Oxford University Press, 1992), p. 142.

22) 이 연설은 윌슨이 전쟁목적에 관해 언급한 많은 발언 중에서 가장 중요한 것이 되었다. Woodrow Wilson, address to a joint Session of Congress, 8 January 1918, in Link(ed.), *The Papers of Woodrow Wilson*, Vol. 45, p. 538.

23) Wilson, address at Mount Vernon, 4 July 1918, in Link(ed.), *Papers of Woodrow Wilson*, Vol. 48, p. 517.

24) Temperley, *A History of the Peace Conference of Paris*, Vol. 1, p. 196.

25) 예를 들면, 윌슨은 1918년 6월 미국인 교사와의 회합에서 다음과 같이 언급했다. "미국은 인류의 새로운 교의의 실행자이며, 독일은 옛 교의를 지속시켜온 실천자 이다. 이 전쟁은 앞으로 세계를 통치하는 것이 새로운 민주주의인지, 아니면 옛 전제주의인지를 결정하는 싸움과 다르지 않다." Wilson, message to teachers, 28 June 1918, in Link(ed.), *Papers of Woodrow Wilson*, Vol. 48, pp. 455~456.

26) Temperley, *A History of the Peace Conference of Paris*, Vol. 1, p. 197.

27) 유럽에 이러한 민주주의 혁명이 실현된다면 구세계로부터 고립되어 있던 미국의 상황을 해소하고 전후기의 집단적 안전보장 시스템의 형성이라는 구상을 실현할 수 있다고 윌슨은 생각했다. 유럽방문 시 그는 맨체스터에서 연설을 하면서 다음 과 같이 언급했다. "알고 있는 바와 같이 미국은 역사적으로 처음부터 일관되게 유럽정치와는 거리를 두려고 했다. 솔직히 말하자면 미국은 현재도 유럽정치에는 관심을 가지고 있지 않지만 미국과 유럽 간의 공정한 파트너십에는 관심이 있다. 만일 장래에도 '세력균형'을 통해 세계의 균형을 도모하는 것 이외의 새로운 시도가 행해지지 않는다면 미국은 전혀 흥미를 가지지 못할 것이다. 왜냐하면 미국은 세력연합에 참가할 의도가 없기 때문이다. 세력연합은 모든 국가들의 연합이 아니며, 따라서 전후구축에 있어서는 지금까지 시도해왔던 것 이상으로 민감하고 곤란한 무엇인가를 실현하지 않으면 안 된다고 생각한다. 정신과 목적 의 양면에서 진정한 합의가 필요하다." Quoted in Ambrosius, *Woodrow Wilson and The American Diplomatic Tradition*, p. 54.

28) Lawrence W. Martin, *Peace without Victory: Woodrow Wilson and the British Liberals* (New Haven: Yale University Press, 1958), p. 22; Thomas Jones, *Lloyd George* (Cambridge: Harvard University Press, 1951).

29) 영국의 전쟁목적과 강화에 관한 국내의 입장을 조사한 저서로는 다음을 참조. Erik Goldstein, *Winning the Peace: British Diplomatic Strategy, Peace Planning, and*

*the Paris Peace Conference, 1916-1920* (Oxford: Oxford University Press, 1991).

30) Martin, *Peace without Victory*, p. 23.

31) George Curry, "Woodrow Wilson, Jan Smuts, and the Versailles Settlement," *American Historical Review*, Vol. 66(July 1961), p. 972.

32) Martin, *Peace without Victory*, p. 41. 이 각서는 1917년 1월 13일에 송부되었다.

33) 같은 책, p. 42.

34) 템퍼리는 협상 각국의 전쟁목적도 영국과 마찬가지로 애매했으며, 가장 중요한 문제에 관해서도 각국의 정치가들은 늘 의견이 일치되지 않았다고 지적하고 있다. Temperley, *A History of the Peace Conference of Paris*, Vol. 1, p. 189.

35) Martin, *Peace without Victory*, pp. 44~45.

36) Lloyd George, 같은 책, p. 43.

37) Lloyd George speech, 5 January 1918, reprinted in David Lloyd George, *War Memoirs of David Lloyd George* (Boston: Little, Brown, 1936), Vol. 5, Appendix B, pp. 63~73.

38) 같은 연설.

39) Temperley, *A History of the Peace Conference of Paris*, Vol. 1, p. 192.

40) Martin, *Peace without Victory*, p. 21; Curry, "Woodrow Wilson, Jan Smuts, and the Versailles Settlement."

41) Lloyd George speech, 5 January 1918.

42) 프랑스와 미국의 상이한 입장에 관한 개관은 다음의 논문을 참조. David Stevenson, "French War Aims and the American Challenge," *Historical Journal*, Vol. 22, No. 4(1979), pp. 877~894.

43) 클레망소 등의 프랑스 수뇌들은 열강에 의한 연합결성을 결의했다. 아놀드 월퍼의 표현에 따르면, 영국은 실리적인 이유에서, 그리고 윌슨은 철학적인 이유에서 반란의 원인을 제거하기 위한 전략을 지지했으며 사태악화의 가능성을 제거하려고 했다. 하지만 프랑스는 이 전략에 의거하지 않고 열강의 연합결성을 목표로 불온함과 불만이 가득한 유럽이라는 뜨거운 주전자를 내려놓으려고 했다. Arnold Wolfers, *Britain and France between the Two Wars* (Hamden, Conn.: Archon Books, 1963), p. 5.

44) Paul Birdsal, *Versailles Twenty Years After* (London: George Allen & Unwin, 1941), p. 196.

45) W. M. Jordan, *Great Britain, France and the German Problem: 1918-1939* (London: Oxford University Press, 1943), pp. 6~7.

46) 프랑스 전략의 복합성에 관해서는 다음의 논문에서 유용한 논의가 전개되고 있다. Marc Trachtenberg, "Versailles after Sixty Years," *Journal of Contemporary History*, Vol. 17, No. 3(July 1982), pp. 498~499.

47) Lloyd George, quoted in Birdsall, *Versailles Twenty Years After*, p. 29.

48) Knock, *To End All Wars*, p. 198.

49) Clemenceau, speech in the Chamber of Deputies, 29 December 1918, quoted in Jordan, *Great Britain, France and the German Problem*, p. 37.

50) 프랑스의 전후 목표의 유연성과, 안전보장상의 보증을 영미 양국으로부터 얻을 수 있다면 그 대신에 자국의 많은 요구에 타협해도 좋다는 클레망소의 태도에 관해서는 이하의 저작을 참조. David Stevenson, "French War Aims and Peace Planning," in Boemeke, Feldman, and Glaser(eds.), *The Treaty of Versailles*, pp. 87~109.

51) Knock, *To End All Wars*, pp. 221~222; Ambrosius, *Woodrow Wilson and the American Diplomatic Tradition*, pp. 72~77.

52) Thomas A. Bailey, *Woodrow Wilson and the Lost Peace* (New York: Macmillan, 1944), pp. 179~184.

53) 말할 필요도 없이 이것은 1815년과 1945년의 경우와 현저한 대조를 보였다. 1815년에는 영국이, 그리고 1945년에는 미국이 각각 각국 간의 전쟁목적과 전후 구축의 최종목표에 관한 공통의 합의를 조기에 실현하기 위해 전시하에 이미 자국이 획득한 유력한 입장을 이용해 활동을 개시하고 있었다.

54) Bailey, *Woodrow Wilson and the Lost Peace*, pp. 67~70.

55) Quoted in Knock, *To End All Wars*, p. 175.

56) 같은 책, pp. 181~183.

57) 윌슨은 '14개조'를 연합국가들로 하여금 받아들이게 하는 데 성공했지만 이를 실현시키기 위한 기본적 조건에서 양보를 보였다. 그 결과 그의 정책목표는 실현되지 못했고 최종적으로 윌슨을 괴롭히게 되었다고 주장하는 역사가도 있다. Klaus Schwabe, *Woodrow Wilson, Revolutionary Germany, and Peacemaking, 1918-1919* (Chapel Hill: University of North Carolina Press, 1985); Inga Floto, *Colonel House in Paris: A Study in American Policy at Paris, 1919* (Copenhagen: Universitesforlaget I Aurhus, 1973, reprinted by Princeton: Princeton University Press, 1980); essays in Boemeke, Feldman, and Glaser(eds.), *The Treaty of Versailles*.

58) 윌슨의 연두교서 연설. The State of the Union, 2 December 1918, in Link(ed.), *Papers of Woodrow Wilson*, Vol. 53, p. 285.

59) Bailey, *Woodrow Wilson and the lost Peace*, pp. 137~138.

60) 같은 책, pp. 163~178, 276~285; Ambrosius, *Woodrow Wilson and the American Diplomatic Tradition*, p. 121.

61) Bailey, *Woodrow Wilson and the lost Peace*, pp. 229~231. 영국, 미국, 프랑스 3개국 간의 이 합의에 관한 영국 측의 관점은 다음의 저서를 참조. Michael L. Dockrill and J. Douglas Gould, *Peace without Promise: Britain and the Peace Conferences, 1919-1923* (London: Batsford, 1981), p. 38.

62) 이 합의는 두 가지의 대프랑스 조약으로 정리되었으며, 거기에는 "일국이 이 조약을 비준하지 않는 경우에는 상대국 역시 이 조약을 준수하지 않아도 된다"라 는 중요한 면책조항이 있었다. 미국의 상원 외교관계위원회는 이 조약에 심의를 거쳤지만 본회의에는 상정조차 하지 않았다. 미국과 영국이 행하려고 했던 보증 조치의 상세한 내용에 관해서는 이하의 저작을 참조. Ambrosius, *Woodrow Wilson and the American Diplomatic Tradition*, esp. pp. 108~113; Melvyn P. Leffler, *The Elusive Quest: America's Pursuit of European Stability and French Security, 1919-1933* (Chapel Hill: University of North Carolina Press, 1979), pp. 3~18; Anthony Lentin, "Severl Types of Ambiguity: Lloyd George and the Paris Peace Conference," *Diplomacy and Statecraft*, Vol. 6(March 1995), pp. 223~251; Anthony Lentin, "The Treaty That Never Was: Lloyd George and the Abortive Anglo-French Alliance of 1919," in Judith Loades(ed.), *The Life and Times of David Lloyd George* (Bangor, Gwynedd: Headstart History, 1991); William R. Keylor, "The Rise and Demise of the Franco-American Guarantee Pact, 1919-1921," *Proceedings of the Annual Meeting of the Western Society of French History*, Vol. 15(1988), pp. 367~377.

63) Link, *Woodrow Wilson: Revolution, War, and Peace*, pp. 89~91.

64) Ambrosius, *Woodrow Wilson and the American Diplomatic Tradition*, p. 133.

65) Quoted in Knock, *To End All Wars*, p. 172. 이보다 먼저 미국이 참전하기 이전의 시점에서도 윌슨은 이와 같은 발언을 하고 있다. 1916년, 이다 타벨과의 회담에서 윌슨은 다음과 같이 언급했다. "나는 이 전쟁의 10년 후를 내다보면서 연기자인 동시에 역사가가 되려고 노력해왔다. 100년 후 세계는 이 전쟁에 대해서 피비린내 났던 상세한 내용이 아니라 전쟁이 일어났던 원인과 전후의 재출발 방식에 관해서 회상하게 될 것이다." Quoted in Link, *Woodrow Wilson: Revolution, War, and Peace*, p. 2.

66) 미국에는 '국제연맹' 구상을 지지하는 세력과 이에 반대하는 세력이 모두 존재했다. 미국에 의한 새 기구의 지배에 대한 평가를 둘러싸고 양 세력은 입장을

달리했다. 아이오와 주의 앨버트 B. 커민즈 상원의원은 다음과 같이 언급했다. "미 대통령은 이 협정을 체결해야 한다고 확신하고 있다. 왜냐하면 미국은 국제연맹의 관리가 가능하며 실제로 그럴 것이라고 생각하고 있기 때문이다. 또한 대통령은 세계 전체의 통치와 그 국민들의 안녕을 위해 이 기구를 활용할 수 있다고 확신하고 있다." Quoted in Ambrosius, *Woodrow Wilson and the American Diplomatic Tradition*, p. 93.

67) 파리평화회의의 이러한 분위기를 파악한 클레망소는 AP통신과의 인터뷰에서 미 국민들에게 미국의 전통적 고립주의를 버릴 것을 호소했다. Quoted in Ambrosius, *Woodrow Wilson and the American Diplomatic Tradition*, p. 75.

68) 로버트 세실 경은 파리평화회의에서 영국의 '국제연맹' 추진정책의 중심적인 입안자였다. 그는 파리평화회의에 관한 일지를 기록하고 있었는데, 그 기록에서 '국제연맹' 구상의 입안자에 관해 다음과 같이 적고 있다. "이 구상의 입안자는 거의 스머츠와 필모어라고 할 수 있다. 윌슨 자신의 아이디어는 실제로 전무하며, (국제연맹에 대한 윌슨의) 계획은 거의 그 밖의 관계자들이 만든 것에 불과하다."(1919년 1월 22일) Quoted in Andrew Williams, *Failed Imagination? New World Orders of the Twentieth Century* (Manchester: Manchester University Press, 1998), p. 54.

69) 윌슨의 국제연맹 구상에 대한 출처를 둘러싼 논의에 관해서는 이하의 저작을 참조. Ambrosius, *Woodrow Wilson and the American Diplomatic Tradition*, pp. 15~50; Edward H. Buehrig, *Woodrow Wilson and the Balance of Power* (Bloomington: Indiana University Press, 1955), chapter six; Herbert G. Nicholas, "Woodrow Wilson and Collective Security," in Link(ed.), *Woodrow Wilson and a Revolutionary World, 1913-1921*, pp. 174~189.

70) Quoted in Leon E. Boothe, "Anglo-American Pro-League Groups and Wilson 1915-18," *Mid-America*, Vol. 51(April 1969), p. 93.

71) Grey to House, 10 August 1915, quoted in Peter Raffo, "The Anglo-American Preliminary Negotiations for a League of Nations," *Journal of Contemporary History*, Vol. 9(October 1974), p. 155.

72) Link, *Woodrow Wilson: Revolution, War and Peace*, p. 36.

73) Ambrosius, *Woodrow Wilson and the American Diplomatic Tradition*, pp. 40~41; Williams, *Failed Imagination?* pp. 20~26.

74) Quoted in Boothe, "Anglo-American Pro-League Groups and Wilson," p. 101.

75) 이러한 보고는 다음의 저작 속에 재기록되어 있다. Ray Stannard Baker, *Woodrow Wilson and World Settlement* (Garden City, N. Y.: Doubleday Page, 1922), Vol.

3, pp. 67~73.

76) Quoted in Williams, *Failed Imagination?*, p. 30.

77) Ambrosius, *Woodrow Wilson and the American Diplomatic Tradition*, pp. 43~44.

78) 스머츠의 소책자 「국제연맹: 실무적 제언」은 1918년 11월 말에 집필되어 공표되었다. 이 문서는 윌슨이 '국제연맹'에 관한 조약문서의 최종안을 정리할 때 큰 영향을 주었다. Ambrosius, *Woodrow Wilson and the American Diplomatic Tradition*, pp. 56~57; George Curry, "Woodrow Wilson, Jan Smuts, and the Versailles Settlement."

79) 남아프리카로부터 영국의 전시내각에 참여한 루이스 보더는 이것을 뒷받침하는 발언을 했다. "우리의 목적은 영국과 미국을 결속시키는 것이어야만 한다. 이로 인해 세계평화가 실현될 수 있다." Comments to Lord Riddell, *Lord Riddell's Intimate Diary of the Peace Conference and After* (London: Victor Gollancz, 1933), entry for 22 December 1918, p. 15.

80) Knock, *To End All Wars*, p. 198.

81) 같은 책, p. 199.

82) 제국전시내각의 각료회의는 1918년 12월 30일과 31일에 걸쳐 열렸다. 로이드 조지의 발언은 같은 책으로부터 인용. p. 201.

83) 같은 책, pp. 221~222; Link, *Woodrow Wilson: Revolution, War and Peace*, pp. 98~99.

84) Ambrosius, *Woodrow Wilson and the American Diplomatic Tradition*, pp. 75~77.

85) Article 10, Covenant of the League of Nations.

86) Quoted in Link, *Woodrow Wilson: Revolution, War and Peace*, p. 99.

87) 이러한 사실은 윌슨을 대신해 '국제연맹' 준비회의에 출석한 레이먼드 B. 포스딕이 《뉴욕타임스》(1920년 2월 8일)에서 언급한 설명 중에 명쾌하게 설명되어 있다. "연맹규약으로 인해 미국은 이사회의 상임회원국이 된다. 평화와 전쟁, 또는 세계의 판단이 이사회 결정에 좌우되는 정치행동과 관련되는 모든 문제에 관해 이사회 결정은 만장일치여야만 한다고 규약은 규정하고 있다. 미국은 자국이 원하는 행동, 또는 동의에 대해서 완전한 거부권을 가진다. 즉, 어떠한 경우에서도 미국은 자국이 동의하지 않은 안건에 대해서 거부권을 행사할 수 있다." Fosdick, *Letter on the League of Nations* (Princeton: Princeton University Press, 1966), p. 117.

88) Ambrosius, *Woodrow Wilson and the American Diplomatic Tradition*, p. 45.

89) Knock, *To End All Wars*, p. 205; Ambrosius, *Woodrow Wilson and the American*

*Diplomatic Tradition*, pp. 59~63.

90) Ambrosius, *Woodrow Wilson and the American Diplomatic Tradition*, pp. 45~47.

91) 전후 안전보장 체제에 유럽을 참가시키기 위해서 미국은 자국의 힘에 관한 어떠한 제도적 억제와 책무이행을 받아들여야 할 필요성을 윌슨은 이해하고 있었다. 1919년 11월, 파리 회의에서 미국대표인 레이먼드 포스딕은 '국제연맹'에 관한 해설서를 작성했는데, 그 안에서 그는 윌슨 대통령의 당시의 생각에 대해서 언급하고 있다. "미국이 행사할 의도도 없는 유보를 추구하려 한다면 세계가 스스로의 구속에 관해서 약속할 것을 가벼운 마음으로 기대할 권리가 미국에는 없다. …… 영국과 프랑스의 정세를 상세히 추적해온 사람이라면, 각국 정부가 영프 양국에 의한 구속을 받아들이는 것에 동의할 것이라고는 생각할 수 없다. 자신들이 가지고 있는 불리한 카드와 미국이 에이스 카드를 감추고 있다는 사실을 알고 있으면서 각국이 카드게임에 일부러 참가하는 일은 없을 것이기 때문이다. 스스로 선택할 수 있는 책무 이외에는 어떠한 책무에도 응하지 않겠다는 내용을 포함한 협정에 참가하도록 요구받는 경우에 이에 동의하는 당사국은 없다."(1919년 11월 1일, 포스딕과 아서 스위처, 그리고 맨리 허드슨이 집필한 각서) Fosdick, *Letter on the League of Nations*, pp. 48~51.

92) 이러한 생각에는 전후구상의 입안에 관여한 대통령 보좌관들도 동의했다. Lawrence E. Gelfand, *The Inquiry: American Preparations for Peace, 1917-1919* (New Haven: Yale University Press, 1963), p. 308. 이러한 생각은 국제관계를 법률적으로 사고하는 유력한 연구자 그룹의 사고와도 일치한다. Francis Anthony Boyle, *Foundations of World Order: The Legalist Approach to International Relations, 1898-1922* (Durham: Duke University Press, 1999).

93) Quoted in Link, *Woodrow Wilson: Revolution, War, and Peace*, p. 5.

94) 장 주레스 쥬스랑 프랑스 대사와의 회담은 1917년 3월 7일에 열렸다. Link, *Woodrow Wilson: Revolution, War, and Peace*, pp. 75~76.

95) 윌슨에 의한 국제법의 발전적 견해에 관해서는 이하의 저서를 참조. Thomas J. Knock, "Kennan versus Wilson," in John Milton Cooper, Jr. and Charles E. Neu(eds.), *The Wilson Era: Essays in Honor of Arthur S. Link* (Arlington Heights, Ill.: Hanlan Davidson, 1991), pp. 313~314.

96) Wilson to Edward M. House, March 22, 1918, in Link(ed.), *The Papers of Woodrow Wilson*, Vol. 47, p. 105.

97) 이 조약을 둘러싸고 어떠한 논의가 전개되었는지에 대한 개괄은 이하의 저서를 참조. Ambrosius, *Woodrow Wilson and the American Diplomatic Tradition*.

98) 베이리는 윌슨이 초당파주의의 움직임을 보인 이후의 상황을 이렇게 지적하고

있다. "이 시점에서 공화당은 성실히 전쟁을 지지해왔다고 주장할 수 있었으며 실제로 그렇게 행동해왔다. 또한 미국의 젊은이들을 프랑스에 파병해왔으며 이 전쟁을 미국의 전쟁이라고 주장할 수도 있었다. 하지만 지금은 민주당에 의한 평화가 실현되려고 하고 있다." Bailey, *Woodrow Wilson and the Lost Peace*, pp. 60~61; Kennedy, *Over Here*, pp. 231~245; Seward W. Livermore, *Woodrow Wilson and the War Congress, 1916-1918* (Seattle: University of Washington Press, 1966), pp. 105~247.

99) Arno J. Mayer, *Politic and Diplomacy of Peacemaking: Containment and Counterrevolution at Versailles, 1918-1919* (New York: Alfred Knopf, 1967), pp. 105~247.

100) Quoted in Samuel Flagg Bemis, *A Diplomatic History of the United States*, revised edition(New York: Henry Holt, 1942), p. 631.

101) 윌슨에 대한 비판세력에 관해서는 다음의 저작에서 잘 정리되어 있다. Fromkin, *In the Time of the Americans*, pp. 107~108.

102) 같은 책, p. 108.

103) 1919년 3월, 계약에 대한 상원 내의 반대 기운이 고조된 이후 윌슨은 뉴욕의 메트로폴리탄 오페라 하우스에서 연맹구상을 옹호하는 정열적인 연설을 행했다. 같은 날 저녁, 태프트 역시 연설을 통해 앞으로도 강화조약 내에 '국제연맹'을 포함시킬 것을 지지한다고 언급했다. Knock, *To End All Wars*, pp. 241~244.

104) Bailey, *Woodrow Wilson and the Lost Peace*, pp. 205~206, 214~218.

105) 1919년의 시점에서 연맹구상에 대한 미국 전역의 지지에 관해서는 다음의 저작을 참조. 같은 책, pp. 203~205.

106) Wilson, address in Reno, 22 September 1919, Link(ed.), *Papers of Woodrow Wilson*, Vol. 63, p. 428.

107) 윌슨은 상원이 '제10조'에 대해 유보를 표시한 것에 대항해 유보를 인정하는 것은 집단 안전보장의 기반을 파괴하는 것이라고 주장했다. 샤이안에서의 연설에서 윌슨은 다음과 같이 언급했다. "공화당이 제창하고 있는 유보란, 동맹국들에게 미국은 포괄적인 약속은 하지 않은 채 어떤 사태가 발생할 때마다 구속에 대한 염려를 중심으로 판단한다는 생각을 심어주는 것임에 다름없다. 이것은 마치 '우리는 연맹에 확실한 형태로 가맹하는 것이 아니라 단지 임시적인 가맹일 뿐이며, 어떠한 약속도 할 수 없지만 경우에 따라서는 협력할 수도 있다. 그리고 미국은 어떠한 책무도 받아들일 생각이 없다'라고 말하는 것과 같다. 이러한 유보는 미국이 이 문제에서의 도덕적 책무를 일체 지지 않는다는 것을 의미한다. 미국은 멀리서 관망하면서 '우리는 가끔 사태의 진전을 바라볼 것인데, 당신들이 어려운 상황에 닥치게 되면 우리에게 상담을 해도 좋다. 그러면 우리는 논의를

시작할 것이고, 2~3개월의 시일이 지나면 당신들에게 우리가 어떻게 행동할 것인지 전하겠다'라는 태도를 의미하고 있는 것이다. 그야말로 아무 가치도 없는 어리석은 주장이다. 이 유보책을 읽어가면서 나는 이렇게 외치고 싶었다. '이것으로는 조약의 의의가 근저로부터 바뀌어 버리는 것이며, 평화유지에 대한 모든 책임을 포기하는 것이다. 여러분, 이 유보는 조약의 거부 이외의 그 무엇도 아닙니다'." Quoted in Link, *Woodrow Wilson: Revolution, War, and Peace*, pp. 119~120.

108) 태프트 전 대통령은 1920년 초, 레이먼드 포스딕에게 보내는 서간에서 "각종의 유보가 상황을 크게 바꾸는 일은 없을 것이다"라는 자신의 생각을 전했다. 그리고 서간의 마지막에 자필로 이와 같이 덧붙였다. "하지만 그렇다고 해서 각종의 유보를 될 수 있는 한 온건한 것으로 하지 않아도 되는 이유가 되지는 않는다." Fosdick, Letters on the League of Nations, p. 93.

109) Knock, "Kennan versus Wilson," p. 314.

110) 평화조약의 취급을 둘러싸고 상원에서 제기된 '잃어버린 기회'를 중심으로 포스딕은 '국제연맹' 설립에 관여한 유럽 관계자들에게 보내는 서간에서 이렇게 지적하고 있다. "연맹문제의 취급 전체를 통해 우리는 두 가지의 비극을 맞이하게 되었다. 하나는 로지 상원의원과 그 진영의 태도인데, 그들은 연맹구상이 대통령을 공격하기 위해 신이 부여해준 천재일우의 기회라고밖에 생각하지 않았다. 또 하나의 비극은 윌슨의 병으로 인해 우리는 리더십이 가장 필요한 순간에 리더십을 박탈당하게 되었다는 것이다. 이 중 어느 한 가지의 비극만 존재했더라면 미국에서의 국제연맹은 살아남을 수 있었을지도 모른다. 하지만 동시에 이 두 가지의 비극과 직면했기에 이것을 극복할 수 있을지는 의심스럽다." Letter to Sir Eric Drummond, 10 January 1920, in Fosdick, *Letters on the League of Nations*, p. 95.

111) Link, *Woodrow Wilson: Revolution, War, and Peace*, p. 13.

112) Mayer, *Politic and Diplomacy of Peacemaking*, 368.

113) Lloyd Ambrosius, *Woodrow Wilson and the American Diplomatic Tradition*, p. 2.

114) 1917년 4월의 임시정부는 다음과 같이 발표했다. "자유 러시아의 목적은 인민에 대한 지배도 아닐 뿐더러 인민이 소유하고 있는 국가재산의 몰수, 무력을 통한 타국 영토의 탈취도 아니다. 그 목적은 바로 모든 국민들의 자결을 기초로 하는 항구적인 평화의 확립이다. 러시아 인민들은 타국 인민들의 희생을 통해 자신의 힘을 증강시키는 것을 원치 않으며, 타국 인민들을 노예화하거나 압제 하에 두는 것도 바라지 않는다." Quoted in Arno J. Mayer, *Political Origins of the New Diplomacy, 1917-1918* (New Haven: Yale University Press, 1959),

p. 75.

115) Martin, *Peace without Victory*, chapter three.

116) Quoted in Inga Floto, "Woodrow Wilson: War Aims, Peace Strategy, and the European Left," in Link(ed.), *Woodrow Wilson and a Revolutionary World*, p. 132.

117) 1918년 5월 28일부의 서간에서 베이커는 미 국무성의 관료인 프랑크 L. 포크에게 다음과 같이 전했다. "군사적인 면을 제외한다면 우리는 로이드 조지와 클레망소의 양 정부, 그리고 그들의 배후에 존재하는 세력에 의존하지 않도록 주의해야 한다. 왜냐하면 양 정부 모두 미국과는 아무 상관없는 비밀협약과 특수권익을 통해 어느 정도 구속되어 있기 때문이다. 이러한 비밀협약과 특수권익은 전쟁종결시의 민주주의적 해결을 목표로 입안하고 있는 우리의 건설적인 구상 전체에 대해서 위협을 주거나 당혹스럽게 만들 수도 있다. …… 영국과 프랑스 양 정부는 국민감정의 분출로 인해 언제라도 전복될 수 있는 가능성이 있다. 실제로 나는 로이드 조지를 전혀 신뢰하고 있지 않음에도 불구하고 전쟁수행 기관으로서의 로이드 조지 정부를 어쩔 수 없이 지지하고 있는 많은 자유주의파 사람들과 만났는데, 그들은 평화가 도래하는 순간 현재보다 더욱 민주주의적인 정부의 탄생을 요구할 준비가 되어 있었다." Papers of Ray Stannard Baker, Library of Congress.

118) 이러한 견해는 1918년 8월 10일 베이커가 포크에게 보내는 서간에서 언급되고 있다. "윌슨의 힘의 원천은 이 지역에서의 지배그룹이 지휘하에 두고 있는 것이 각국 국민의 일부에 지나지 않는다는 점과 윌슨의 정책이 공평하고 민주주의적인 한 윌슨은 유럽 모든 국가에서 강력한 대집단을 지휘하에 둘 수 있다는 점이다. 유럽 국가들이 진정한 통일을 이루는 것은 전혀 불가능하다. 왜냐하면 각국은 서로 다른 개별적인 정책을 지니고 있기 때문이다. 이에 대해 윌슨은 유럽통일을 실현시킬 수 있다고 언급했다. 따라서 우리는 영프 양국에 존재하는 이들 민주주의 세력이 우리로부터 벗어나는 것을 결코 허용해서는 안 된다." Papers of Ray Stannard Baker, Library of Congress.

119) London, *Times*, quoted in Mayer, *Politics and Diplomacy of Peacemaking*, p. 188.

120) Knock, *To End All Wars*, p. 195.

121) Wilson speech, 6 September 1919, quoted in Temperley, *A History of the Peace Conference of Paris*, Vol. 1, p. 197.

122) Mayer, *Political Origins of the New Diplomacy*, p. 311.

123) Knock, *To End All Wars*, p. 197.

124) Mayer, *Political Origins of the New Diplomacy*, p. 14.

125) Martin, *Peace without Victory*, pp. 132~134, 148~154.

126) 같은 책, p. 192.

127) Michael Howard, *The Continental Commitment* (London: Temple Smith, 1972), pp. 110.

## 6장

1) John W. Wheeler-Bennett and Anthony Nicholls, *The Semblance of Peace: The Political Settlement after the Second World War* (London: St. Martin's, 1972).

2) 데이비드 프롬킨은 이 주제에 관해 일관되게 추적했다. David Fromkin, *In the Time of the Americans: The Generation That Changed America's Role in the World* (New York: Alfred A. Knopf, 1995).

3) 냉전의 출현과 서구세계로의 공산주의 확산에 대한 불안이 고조되면서 미국의 유럽 대륙에서의 정치적인 입장에 대한 우려도 높아졌다. 그 때문에 미국에 의한 구속적 안전보장 책무이행의 실시가 이전보다 더욱 필요 또는 용이해졌다. 하지만 유럽과 그 밖의 세계를 국제협조주의에 기초하는 개방적 질서로 고정화시키려는 미국의 정책목표와 미국의 힘에 대해 억제와 책무의 틀을 고정화시키려는 유럽의 정책목표는 냉전이 시작되기 이전에 이미 입안되어 있었다. 현실적으로는 냉전이 시작된 시점에서 이미 유럽 국가들은 미국에 의한 '포기'의 문제를 해결했다고 말해도 좋다. 하지만 동시에 미국에 의한 '지배'라는 잠재적인 문제를 감지하기 시작했다. 즉, 미국이 미소대립의 결착을 위한 전장으로서 유럽을 이용하지는 않을까 하는 새로운 불안이 확대되었던 것이다. 냉전 이전과 이후의 모든 시기에 있어서 '힘의 비대칭'과 관련된 국가 간에서의 억제와 책무에 관한 문제가 미국과 유럽관계에 영향을 끼쳤다. 그럼에도 전후기에 행해진 일련의 제도적 결정을 통해 어떠한 인센티브가 중심적 역할을 점했는지를 완전하게 해명하기는 매우 곤란하다. 냉전이 서방세계 국가 간의 제도적 협력에 어느 정도 중요한 영향을 미쳤는지를 측정하기 위해서는 시계열적인 관찰과 그 과정을 추적하는 것보다 냉전 후의 서방국가 간의 관계를 검토하는 것이 유용하다. 이것이 바로 7장의 목적이다.

4) 예를 들면, 전쟁을 통해 영국은 국부의 약 4분의 1을 잃었으며 세계 최대의 채무국이 되었다. 이에 반해 미국은 전쟁으로 인해 국내불황을 벗어날 수 있었으며 국민총생산은 거의 2배로 증가했다.

5) 제2차 세계대전이 얼마나 미국을 강력하게 만들었고 미국사회와 경제를 진보시켰는지에 관해서는 이하를 참조. Michael S. Sherry, *In the Shadow of War: The United States since the 1930s* (New Haven: Yale University Press, 1995).

6) 이와 같은 패권능력을 개괄하는 저작으로서는 이하를 참조. Stephen Krasner, "American Policy and Global Economic Stability," in William P. Avery and David P. Rapkin(eds.), *America in a Changing World Political Economy* (New York: Longman, 1982).

7) <부표 2>를 참조.

8) "The Charge in the United Kingdon [Gallman] to the Secretary of State," 16 June 1947, *Foreign Relations of the United States*, 1947, Vol. 3, pp. 254~255. 『미국의 대외관계』는 전권 미국정부인쇄국(워싱턴 D.C.)에서 발행되어 있다.

9) Harold J. Laski, "America: 1947," *Nation*, Vol. 165(December 13, 1947), p. 641.

10) "Memorandum by the Director of the Policy Planning Staff [Kennan] to the Secretary of State and Under Secretary of State [Lovett]," 24 February 1948, *Foreign Relations of the United States*, 1948, Vol. 1, p. 524.

11) 제2차 세계대전을 수행 또는 종결시키는 데 있어 제1차 세계대전으로부터 얻은 교훈이 미국의 사고에 어떠한 영향을 주었는지에 관해서는 다음의 저작을 참조. Fromkin, *In the Time of the Americans*.

12) Quoted in Wheeler-Bennett and Nicholls, *The Semblance of Peace*, p. 56.

13) Herbert Fies, *Churchill, Roosevelt, Stalin* (Princeton: Princeton University Press, 1957), pp. 108~113.

14) 제2차 세계대전에서 미국의 병사 40만 명이 전사한 것에 비해 소련은 2,000만 명의 병사가 전사했다.

15) 두 가지의 서로 다른 전후질서가 구축되었다는 주장은 다음의 저작 속에서 논의되고 있다. G. John Ikenberry, "The Myth of Post-Cold War Chaos," *Foreign Affairs*, Vol. 75, No. 3(May/June 1996), pp. 79~91.

16) Truman, "Address to Joint Session of Congress on Aid to Greece and Turkey," 12 March 1947. *Public Papers of the Presidents of the United State: Harry S. Truman, January 1 to December 31, 1947* (Washington, D.C.: United States Government Printing Office, 1963), pp. 176~180. 외교정책의 전환점을 역사적으로 설명한 저작으로서는 이하를 참조. Dean G. Acheson, *Present at the Creation: My Years at the State Department* (New York: W. W. Norton, 1969); Howard Jones, *"A New Kind of War": America's Global Strategy and the Truman Doctrine in Greece* (New York: Oxford University Press, 1989). 트루먼 독트린이 냉전의 분수령이 되었는지에 관해서는 다음을 참조. John Lewis Gaddis, "Was the Truman Doctrine a Real Turning Point?" *Foreign Affairs*, Vol. 52(January 1974), pp. 386~392.

17) Truman, "Address on Foreign Economic Policy," Baylor University, Waco, Texas, 6 March 1947, *Public Papers of the Presidents: Truman*, 1947, pp. 167~172.

18) '봉쇄' 질서의 입안자가 누구인지에 관해서 일반적인 설명을 서술하고 저작으로 서는 이하를 참조. Walter Issacson and Evan Thomas, *The Wise Men: Six Friends and the World They Made* (New York: Simon and Schuster, 1986).

19) '봉쇄' 정책의 구축자로서의 조지 케넌의 창시적 역할에 관해서는 다음을 참조. John Lewis Gaddis, *Strategies of Containment: A Critical Appraisal of Postwar American National Security Policy* (New York: Oxford University Press, 1984). 최근의 저작 중에서 멜빈 레플러는 미국의 외교와 국방조직에 관계하는 다수의 관료나 전문가 들은 자신들만으로 '봉쇄'의 사고를 발전시켰다고 주장하고 있다. 다음을 참조. Melvyn P. Leffler, *A Preponderance of Power: National Security, The Truman Administration, and the Cold War* (Stanford: Stanford University Press, 1992). '봉쇄' 에 관한 케넌의 견해에 변화가 생긴 것에 관해서는 이하를 참조. George Kennan, *American Diplomacy, 1925-50* (Chicago: University of Chicago Press, 1951); Kennan, *Memoirs, 1925-50* (Boston: Little, Brown, 1967); the Interview with Kennan in "X-Plus 25," *Foreign Policy*, Vol. 7(Summer 1972), pp. 3~53. 국무성 내부의 관료들이 '봉쇄' 정책을 어떻게 취급했는지에 관해서는 다음을 참조. Robert L. Messer, "Paths Not Taken: The United States Department of State and Alternatives to Containment, 1945-46," *Diplomatic History*, Vol. 1, No. 4(Fall 1977), pp. 297~319.

20) '봉쇄' 질서의 기원에 관해서 다음의 저작은 훌륭한 역사적 설명을 전개하고 있다. Marc Trachtenberg, *A Constructed Peace: The Making of the European Settlement, 1945-1963* (Princeton: Princeton University Press, 1999); Leffler, *A Preponderance of Power*.

21) 20세기 중반의 경제투쟁은 개방적인 자본주의 질서와 이에 도전하는 몇몇의 지역적 아우타르키 질서와의 투쟁이라는 주장에 관해서는 이하의 저작을 참조. Bruce Cumings, "The Seventy Year's Crisis: Trilateralism and the New World Order," *World Policy Journal*, Vol. 3, No. 2(Spring 1991); Charles Maier, "The Two Postwar Eras and the Conditions for Stability in Twentieth-Century Western Europe," in Maier, *In Search of Stability: Explorations in Historical Political Economy* (New York: Cambridge University Press, 1987), pp. 153~184. 이 주장과 흡사한 포괄적인 주장으로서 20세기 중반의 투쟁이 '자유주의'와 '집단주의'를 놓고 선택하는 투쟁이었다는 주장이 다음의 저작 속에서 제시되고 있다. Robert Skidelsky, *The World after Communism* (London: Macmillan, 1995).

22) 처칠은 대서양 헌장이 영제국과 영국의 무역특혜제도의 해체를 명하는 것이
되어서는 안 된다고 강하게 주장했다. 그 때문에 이 문제는 큰 논의를 불러
일으켰으며, 결국 이 문제를 회피함으로써 겨우 합의에 도달하게 되었다. Lloyd
C. Gardner, "The Atlantic Charter: Idea and Reality, 1942-1945," in Douglas
Brinkley and David R. Facey-Crowther(eds.), *The Atlantic Charter* (London:
Macmillan, 1994), pp. 45~81.

23) '대서양 헌장'을 둘러싼 회의에 관해서는 이하의 저작을 참조. Winston Churchill,
*The Grand Alliance* (Boston: Houghton Miffin, 1950), pp. 385~400; Sumner
Welles, *Where Are We Heading?* (London: Harper an Brothers, 1947); Robert
Sherwood, *Roosevelt and Hopkins: An Intimate History* (New York: Harper, 1948);
Theodore A. Wilson, *The First Summit: Roosevelt and Churchill at Placentia Bay,
1941* (Boston: Houghton Mifflin, 1969).

24) Wheeler-Bennett and Nicholls, *The Semblance of Peace*, p. 37.

25) 루스벨트의 생각은 1943년 3월의 모리스 에른스트에게 보내는 메모 속에 요약되
어 있다. "1920년 당시 우리는 실패를 경험했다. 현재 우리는 국제협력과 대서양
헌장의 제 원칙, 그리고 네 가지의 자유를 신봉하고 있으며, 이것들을 실행하는
것에 최대의 노력과 관심을 보이는 사람들을 지지해야 한다." Roosevelt to Morris
L. Ernst, 8 March 1943, in F. D. R.: *His Personal Letters, 1928-1945* (New York:
Duell, Sloan and Pearce, 1950), P. 1407.

26) John Foster Dulles, "Peace without Platitudes," *Fortune*, Vol. 25, No. 1(January
1942) pp. 42~43.

27) Andrew Williams, *Failed Imagination? New World Orders of the Twentieth Century*
(Manchester: Manchester University Press, 1998), pp. 98~100.

28) F. 루스벨트가 이미 전후기에 있어서의 러시아와의 단절을 예측하고 있었다는
견해에 관해서는 다음의 저작을 참조. Robert Dalleck, *Franklin D. Roosevelt and
American Foreign Policy, 1923-1945* (New York: Oxford University Press), p. 476.

29) Wheeler-Bennett and Nicholls, *The Semblance of Peace*, p. 296.

30) John Lamberton Harper, *American Visions of Europe: Franklin D. Roosevelt, George
F. Kennan and Dean G. Acheson* (New York: Cambridge University Press, 1994),
chapter three.

31) Alice K. Smith, *A Peril and a Hope: The Scientist's Movement in America, 1945-47*
(Chicago: University of Chicago Press, 1965).

32) 국민국가의 결점을 지적하고 새로운 '글로벌 거버넌스' 구상을 제안하는 다수의
일반서적들이 1940년대 중반에 출판되기 시작했는데, 이하의 저작들이 그 예이

다. Wendell L. Willkie, *One World* (New York: Simon and Schuster, 1947); Emery Reeves, *The Anatomy of Peace* (New York: Harper and Row, 1945); Cord Meyer, Jr., *Peace or Anarchy* (Boston: Little, Brown, 1947); Harris Wofford, Jr., *It's Up to Us: Federal World Government in Our Time* (New York: Harcourt, Brace, 1946).

33) 이러한 구상과 제창자에 관한 개괄에 관해서는 이하의 저작을 참조. Welsey T. Wooley, *Alternatives to Anarchy: American Supranationism since World War II* (Bloomington: University of Indiana Press, 1988).

34) 헐 국무장관은 자유무역이 평화의 동반자라면 고관세와 무역장벽, 그리고 불공평한 경제경쟁은 전쟁의 동반자라고 주장했다. Hull, *The Memoirs of Cordell Hull* (New York: Macmillan, 1948), Vol. 1, p. 81.

35) 국무성 경제고문이었던 허버트 파이스는 전시 중 '문호개방' 정책의 계속적인 실시가 미국의 건전한 목표라고 주장했으며, 국무성의 입장의 일관성을 지적했다. Herbert Feis, "Economics and Peace," Foreign Policy Reports, Vol. 30, No. 2(April 1944), pp. 14~19. 전후기 개방무역 시스템에 대한 국무성의 공약에 관해서는 이하를 참조. Lloyd Gardner, *Economic Aspects of New Deal Diplomacy* (Madison: University of Wisconsin Press, 1964); Richard Gardner, *Sterling-Dollar Diplomacy: The Origins and the Prospects of Our International Economic Order* (New York: McGraw Hill, 1969); Alfred E. Eckes, Jr., *Opening America's Market: U.S. Foreign Policy since 1776* (Chapel Hill: University of North Carolina Press, 1955), chapter five.

36) James Robert Huntley, *Uniting the Democracies: Institutions of the Emerging Atlantic-Pacific System* (New York: New York University Press, 1980), p. 4. 대서양 시스템이 역사적·학술적으로 어떻게 논의되었고, 그 기반이 형성되었는가에 관해서는 이하의 저작을 참조. Forrest Davis, *The Atlantic System: The Story of Anglo-American Control of the Seas* (New York: Reynal and Hitchcock, 1941); Robert Strausz-Hupe, James E. Dougherty, and William R. Kintner, *Building the Atlantic World* (New York: Harper and Row, 1963); Harold van B. Cleveland, *The Atlantic Idea and Its European Rivals* (New York: MacGraw-Hill, 1966).

37) Walter Lippmann, *U.S. Foreign Policy: Shield of the Republic* (Boston: Little, Brown, 1943), p. 83. 이 저작은 '대서양 공동체(Atlantic Community)'라는 용어를 사용한 최초의 문헌이라고 생각된다. 이 점에 관해서는 다음의 저작을 참조. Ronald Steel, *Walter Lippmann and the American Century* (Boston: Little, Brown, 1980), pp. 404~408.

38) 5장에서 언급한 바와 같이, 이 프랑스의 제안은 '국제연맹'을 북대서양조약 조직 ― 국제군과 통합참모조직을 지니는 동맹 ― 으로 전환시키려는 것이었다.

Thomas J. Knock, *To End All Wars: Woodrow Wilson and the Quest for a New World Order* (New York: Oxford University Press, 1992), pp. 221~222.

39) Clarence Streit, *Union Now: The Proposal for Inter-Democracy Federal Union* (New York: Harper and Brothers, 1939).

40) 같은 책에 따르면, "몇 개국의 국민들로 인해 위대한 연방공화국을 설립한다. 이 연방공화국은 이들 국민들의 공유물이나 개인의 자유를 존중하는 민주주의적 통치원칙 위에서 성립되며, 이들 가치나 원칙을 추구한다". 같은 책, p. 4.

41) 매우 야심적인 '대서양 동맹' 구상이 몇 가지 제창되었다. 이러한 구상은 세계연방주의자들의 관심을 모았고 전중과 전후에 광범한 논의를 불러일으켰지만, 이후 그 세력을 잃게 되었다. 하지만 '대서양동맹위원회'만은 계속 유지되어 1962년 저명인사들을 모아 파리 회의를 개최하면서 최전성기를 맞이했다. 이 회의는 '파리 선언'을 발표하고 본격적인 '대서양 공동체'를 구축하기 위한 청사진을 만들 것을 요구했다. 하지만 미국과 유럽 각국은 이 요청에 반응을 보이지 않았다. Huntley, *Uniting the Democracies*, pp. 9~10; Wooley, *Alternatives to Anarchy*, chapters five and six.

42) '대서양 동맹'에 초국가적 기구를 설치하는 구상은 대부분 무시되었지만, '유럽동맹' 구상을 고조시키는 역할을 수행했다. 1940년, 영국주재 프랑스 대사관에서 재무관을 담당했던 에마뉘엘 모니크는 스트레이트의 '대서양 동맹' 구상에 강한 충격을 받아 장 모네에게 이해 불가능한 영프동맹의 체결을 제안했다. 이 동맹구상은 이후 프랑스 각료회의에서 정식으로 제안되었다. Huntley, *Uniting the Democracies*, p. 11; Jean Monnet, Memoirs, English translation(Garden City, N.Y.: Doubleday, 1978), pp. 17~35.

43) Nicholas John Spykman, *America's Strategy in World Politics: The United States and the Balance of Power* (New York: Harcourt, Brace, 1942). 스파이크만 사후에 발표된 다음의 저작을 참조. *The Geography of the Peace* (New York: Harcourt, Brace, 1944). 이와 같은 논의를 전개하고 있는 저작으로는 다음의 저서를 참조. William T. R. Fox, *The Super-Powers: The United States, Britain and the Soviet Union-Their Responsibility for Peace* (New York: Harcourt, Brace, 1944); Robert Strausz-Hupe, *The Balance of Tomorrow: Power and Foreign Policy in the United States* (Philadelphia: University of Pennsylvania, 1945).

44) Spykman, *America's Strategy in World Politics*, p. 195.

45) Council on Foreign Relations, "Methods of Economic Collaboration: The Role of the Grand Area in American Foreign Economic Policy," in *Studies of American Interests in the War and Peace*, 24 July 1941, E-B34(New York: Council on Foreign

Relations). '외교평의회'의 전후계획 구상의 경위에 관해서는 이하를 참조. Carlo Maria Santoro, *Diffidence and Ambition: The Intellectual Sources of U.S. Foreign Policy* (Boulder, Colo.: Westview, 1992); Williams, *Failed Imagination?*, pp. 92~95.

46) Melvyn P. Leffler, "The American Conception of National Security and the Beginning of the Cold War, 1945-48," *American Historical Review*, Vol. 89, No. 2(April 1984), pp. 349~356. 같은 저자의 다음의 저서도 참조. *A Preponderance of Power*, chapter two.

47) Leffler, "The American Conception of National Security," p. 358.

48) CIA, "Review of the World Situation as It Relates to the Security of the United States," 26 September 1947. Quoted in Leffler, "The American Conception of National Security," p. 364.

49) 영국의 외교관인 버튼 베리는 1947년, "세계가 하나라는 가정을 철회할 때가 왔다"라고 지적했다. Quoted in John Lewis Gaddis, "Spheres of Influence: The United States and Europe, 1945-1949," in Gaddis, *The Long Peace: Inquiries into the History of the Cold War* (New York: Oxford University Press, 1987), p. 57.

50) Kennan to Cecil B. Lyon, 13 October 1947, Policy Planning Staff Records. Quoted in Gaddis, "Spheres of Influence," p. 58. 케넌은 양극질서보다 다극질서가 더 뛰어나다는 논의 내에는 몇 가지의 관점이 있다고 주장한다. 다극적인 힘의 중심은 양극 시스템에서의 힘의 중심보다 장기적인 지속성을 가질 가능성이 크다는 관점, '봉쇄'는 장기적인 정책실행의 필요성이라는 이유에서 이 주장은 중요하다는 관점, 양극 시스템을 통솔하는 미국의 리더십을 지속시키려는 미 국민의 강한 의지가 불분명하다는 관점, 다극적인 질서가 서구세계의 가치와 제도를 수호하는 데 더 적합하다는 관점, 그리고 다극질서는 서구세계의 힘의 증강에 유익하다는 관점들로 열거될 수 있다. John Lewis Gaddis, *Strategies of Containment*, esp. p. 42; Steve Weber, "Shaping the Postwar Balance of Power: Multilateralism in NATO," in John G. Ruggie(ed.), *Multilateralism Matters: The Theory and Praxis of an Institutional Form* (New York: Columbia University Press, 1993), pp. 240~242.

51) "The Director of the Policy Planning Staff [Kennan] to the Under Secretary of State [Acheson]," 23 May 1947, *Foreign Relations of the United States*, 1947, Vol. 3, p. 225. 케넌은 자신의 회상록에서 이 메모를 인용하고 있다. George Kennan, *Memoirs: 1925-1950* (Boston: Little, Brown, 1967), p. 336.

52) Ernst H. Van Der Beugel, *From Marshall Plan to Atlantic Partnership* (Amsterdam: Elsevier, 1966), p. 43.

53) George Kennan, *Memoirs: 1925-1950*, p. 337. 당시 케넌의 견해가 이 책에서는 다음과 같이 정리되고 있다. "미국에 모든 부담과 실패의 책임을 안겨줌으로써 이 구상과 미국에 대해 비난하는 몇몇 유력분자들에 의한 책모를 막기 위해서는 이 구상이 유럽 또한 그 제안에 관여했으며 책임을 질 것임을 유럽으로 하여금 인정하도록 만들어야 한다고 케넌은 지적했다." "Summary of Discussion on Problems of Relief, Rehabilitation and Reconstruction of Europe," 29 May 1947, *Foreign Relations of the United States*, 1947, Vol. 3, p. 235.

54) "Question of European Union," Policy Planning staff paper quoted in Klaus Schwabe, "The United States and European Integration: 1947-1957," in Clemens Wurm(ed.), *Western Europe and Germany, 1945-1960* (New York: Oxford University Press, 1995), p. 133.

55) Ronald W. Pruessen, *John Foster Dulles: The Road to Power* (New York: Free Press, 1982), chapter 12.

56) Thomas A. Schwartz, *America's Germany: John J. McCloy and the Federal Republic of Germany* (Cambridge: Harvard University Press, 1991), p. 95. "A Summary Record of a Meeting of Ambassadors at Rome," 22~24 March 1950, *Foreign Relations of the United States*, 1950, Vol. 3, p. 817.

57) Quoted in Beugel, *From Marshall Plan to Atlantic Partnership*, p. 45.

58) "The European Situation," Memorandum by the Under Secretary of State for Economic Affairs, *Foreign Relations of the United States*, 1947, Vol. 3, pp. 230~232. 이 문제의 논의를 위해서는 다음의 저작을 참조. *The Reluctant Superpower: A History of America's Global Economic Reach* (New York: Kodansha International, 1995), pp. 126~131.

59) 유럽 각국의 협력과 통일 — 유럽의 '경제연합'조차도 — 은 '유럽부흥계획'의 중핵적인 부분이라는 주장에 관해서는 이하의 저작을 참조. "Summary of Discussion on Problems on Relief, Rehabilitation and Reconstruction of Europe," 29 May 1947, *Foreign Relations of the United States*, 1947, Vol. 3, p. 235; Michael Hogan, "Europe Integration and the Marshall Plan," in Stanley Hoffman and Charles Maier(eds.), *The Marshall Plan: A Retrospective* (Boulder, Colo.: Westview, 1984); Hogan, *The Marshall Plan: America, Britain, and the Reconstruction of Western Europe, 1947-1952* (New York: Cambridge University Press, 1987); Armin Rappaport, "The United States and European Integration: The First Phase," *Diplomatic History*, Vol. 5(Spring 1981), pp. 121~149.

60) 이러한 상황을 반영해 국무성의 고관인 찰스 보렌은 1947년 8월 다음과 같이

주장했다. "미국이 현재 직면하고 있는 상황은 전시 중, 그리고 전후 얼마 지나지 않은 시기의 미국의 주요한 정책 속에서 예측되고 있었던 전제와는 전혀 다른 것이었다. 열강 간의 통일(정치적·경제적 양면에서) 대신 소련과 그 위성국가 진영과 그 이외의 진영과의 사이에서 완전한 대립이 발생한 것이다. 간단하게 말하자면, 하나의 세계가 아니라 두 개의 세계가 형성된 것이다. 우리는 이 불유쾌한 현실에 직면해 크게 실망했지만, 미국으로서는 미국 자신의 안녕과 안전보장, 그리고 소련 이외의 세계의 행복과 안전보장을 위해서 주요한 정책목표를 재검토하지 않으면 안 된다." "Memorandum by the Consular of the Department of State [Bohlen]," 30 August 1947, *Foreign Relations of the United States*, 1947, Vol. 1, pp. 763~764.

61) 유럽문제실의 존 히커슨 실장으로 대표되는 트루먼 정권의 일부 관계자는 서구와의 군사협력을 추진하려고 했다. "Memorandum by the Director of the Office of European Affairs [Hickerson] to the Secretary of State," 19 January 1948, *Foreign Relations of the United States*, 1948, Vol. 3, p. 6~7. 이에 대해 조지 케넌으로 대표되는 관계자는 그러한 군사협력은 통일유럽이라는 미 정권의 목표를 붕괴시킨다고 주장하면서 군사연합 구상에 반대했다. "Memorandum by the Director of Policy Planning Staff [Kennan] to the Secretary of State," 20 January 1948, *Foreign Relations of the United States*, 1948, Vol. 3, pp. 7~8; Kennan, *Memoirs: 1925-1950*, pp. 397~406.

62) "The Director of the Policy Planning Staff [Kennan] to the Secretary [Acheson]," 23 May 1947, *Foreign Relations of the United States*, 1947. Vol. 3, pp. 224~245.

63) 케넌은 1948년 10월, 해군대학에서 이 문제에 관해 강의를 행했다. Gaddis, *Strategies of Containment*, pp. 43~44; Weber, "Shaping the Postwar Balance of Power," p. 241.

64) "유럽과 영속적인 군사동맹을 맺으면 그 결과 미국은 유럽을 지배하는 제국주의 세력이 되고, 유럽 국가들과 미국의 양 국민들로부터의 저항을 초래하게 된다"라는 것이 케넌의 우려였다. David Calleo, *Beyond American Hegemony: The Future of the American Alliance* (New York: Basic Books, 1987), pp. 28~39; John Lewis Gaddis, *We Now Know: Rethinking Cold War History* (New York: Oxford University Press, 1997), p. 200.

65) Eckes, *A Search for Solvency*, p. 52.

66) Potsdam Briefing Paper, "British Plans for a Western European Bloc," 4 July 1945, *Foreign Relations of the United States: The Conference of Berlin* (The Potsdam Conference), 1945, Vol. 1, pp. 262~263. 영향권 형성을 통한 전후구축에 미국이

반대한 것에 관한 논의는 이하의 저작을 참조. John Lewis Gaddis, "Spheres of Influence: The United States and Europe, 1945-1949" and Trachtenberg, *A Constructed Peace*, chapter one.

67) "The American Representative to the French Committee of National Liberation at Paris(Caffery) to the Secretary of State," 20 October 1944, *Foreign Relations of the United States*, 1944, Vol. 3, p. 743; John Lewis Gaddis, "The Insecurities of Victory: The United States and the Perception of the Soviet Threat after World War II," in Michael J. Lacey, ed., *The Truman Presidency* (New York: Cambridge University Press, 1989), pp. 240~241.

68) Bruce Cumings, "Japan's Position in the World System," in Andrew Gordon(ed.), *Postwar Japan as History* (Berkeley and Los Angeles: University of California Press, 1993), pp. 34~63.

69) 이 주장이 전개되고 있는 것은 다음의 저작에서이다. Robert A. Pollard, *Economic Security and the Origins of the Cold War, 1945-1950* (New York: Columbia University Press, 1985).

70) David Watt, "Perceptions of the United States in Europe, 1945-83," in Lawrence Freedman(ed.), *The Troubled Alliance: Atlantic Relations in the 1980s* (New York: St. Martin's, 1983), pp. 29~30.

71) 어떠한 성격의 전후질서를 구축해야 하는지에 관해 영미 간에서 생긴 의견 차이에 관해서는 이하의 저작을 참조. *A Changing of the Guard: Anglo-American Relations, 1941-1946* (Chapel Hill: University of North Carolina Press, 1990). 전후의 정치경제학적인 관점에서 미국과 유럽 사이에서 생긴 의견 차이가 가장 명확하게 지적되고 있는 것은 다음의 저작에서이다. Fred Block, *The Origins of International Economic Disorder* (Berkeley and Los Angels: University of California Press, 1977), pp. 70~122.

72) 영국의 외교를 담당했던 엘리트들이 전체적으로 어떻게 생각하고 있었는지는 이하의 저작을 참조. D. Cameron Watt, *Succeeding John Bull: America in Britain's Peace, 1900-1975* (Cambridge: Cambridge University Press, 1984), pp. 16~17.

73) E. F. Penrose, *Economic Planning for the Peace* (Princeton: Princeton University Press, 1953), p. 19.

74) 이것은 영국의 외무성과 재무성에 근무하는 당국자 대부분의 입장이었다. Foreign Office report "Note on Post-War Anglo-American Economic Relations," 15 October 1941(Kew, Great Britain: Public Records Office, Foreign Office Files, Political Correspondence), FO371/28907.

75) "Memorandum of Understanding, by the Assistant Secretary of State [Acheson]," 28 July 1941, *Foreign Relations of the United States*, 1941, Vol. 3, pp. 11~12.

76) R. F. Harrod, *The Life of John Maynard Keynes* (London: Macmillan, 1951), p. 512.

77) 이 주장에 관해서는 이하의 저작을 참조. G. John Ikenberry, "Creating Yesterday's New World Order: Keynesian 'New Thinking' and the Anglo-American Postwar Settlement," in Judith Goldstein and Robert O. Keohane(eds.), *Ideas and Foreign Policy: Beliefs, Institutions, and Political Change* (Ithaca: Cornell University Press, 1993), pp. 57~86.

78) Eckes, *Search for Solvency*, p. 65.

79) 화이트의 구상안에 관해서는 다음의 문서를 참조. "Memorandum by the Secretary of the Treasury [Morgenthau] to President Roosevelt," 15 May 1942, *Foreign Relations o the United States*, 1942, Vol. 1, pp. 171~190.

80) '파묻힌 자유주의'에 관한 논의는 다음의 저작을 참조. John G. Ruggie, "International Regimes, Transactions, and Change: Embedded Liberalism in the Postwar Economic Order," in Stephen D. Krasner(ed.), *International Regimes* (Ithaca: Cornell University Press, 1983); John G. Ruggie, "Embedded Liberalism Revisited: Institutions and Progress in International Economic Relations," in Emanuel Adler and Beverly Crawford(eds.), *Progress in Postwar International Relations* (New York: Columbia University Press, 1991).

81) Dispatch from Ambassador Halifax to the Foreign Office, 21(?) October 1942, FO371/31513.

82) Roosevelt, "Opening Message to the Bretton Woods Conference," 1 July 1944. Quoted in the *New York Times*, 2 July 1944, p. 14.

83) 전후기에 안정된 경제를 구축하는 데 각국의 국내적 압력이 어떻게 영향을 끼쳤는지에 관한 논의에는 다음의 저작을 참조. Robert Griffith, "Forging America's Postwar Order: Domestic Politics and Political Economic in the Age of Truman," in Michael J. Lacey(ed.), *The Truman Presidency*, pp. 57~88. 성장중시형의 정책과 제도가 광범한 영향력을 지니고 있다는 것, 또는 서구국가 간에서 신속한 합의를 초래했을 때 그러한 정책과 제도가 커다란 역할을 담당했던 것에 관해서는 다음의 저작을 참조. Charles Maier, "The Politics of Productivity," in Peter J. Katzenstein (ed.), *Between Power and Plenty: The Foreign Economic Policies of Advanced Industrial States* (Madison: University of Wisconsin Press, 1978). 전후 유럽의 경제 면에서의 안전보장과 안정을 확립하는 것에 대해 미 국방 당국자들이 안고 있었던 우려에

관해서는 다음의 저작을 참조. Melvyn P. Leffler, "The American Conception of National Security and the Beginnings of the Cold War, 1945-48."

84) 통상관계에 관한 최종적 합의에도 이러한 특징들이 포함되었다. 영국 당국자 중 한 사람은 교섭 중에 통상문제에 관한 결정에 관해 다음과 같이 발언했다. "우리는 이 회의 석상에서 면책조항이나 회피(let-outs), 특별결정 등 명칭이 어떠하든 충분히 배려하고 있다. 이러한 배려로 인해 자위를 위한 완전고용을 달성하는 데 필요한 국내적 조치를 강구하고 있는 관계국을 도울 수 있다. 이와 같은 것이 국제적인 결정 속에서도 실시될 것임이 틀림없다." Quoted in Richard Gardner, *Sterling-Dollar Diplomacy*, p. 277.

85) "Dollars for Europe?" *Economist*, 31 May 1947, p. 833.

86) Quoted in Gaddis, "Spheres of Influence," p. 66.

87) "Summary Record of a Meeting of United States Ambassadors at Paris," 21~22 October 1949, *Foreign Relations of the United States*, 1949, Vol. 4, p. 492; Leffler, *Preponderance of Power*, p. 320.

88) Calleo, *Beyond American Hegemony*, p. 35.

89) Beloff, *The United States and the Unity of Europe*, p. 69.

90) Gaddis, "The Emerging Post-Revisionist Synthesis on the Origins of the Cold War," *Diplomatic History*, Vol. 7, No. 3(Summer 1983), pp. 171~190.

91) Wheeler-Bennett and Nicholls, *The Semblance of Peace*, p. 89.

92) "Summary of a Memorandum Representing Mr. Bevin's Views on the Formation of a Western Union," enclosed in Inverchapel to Marshall, 13 January 1948, *Foreign Relations of the United States*, 1948, Vol. 3, pp. 4~6.

93) Charles Maier, "Supranational Concepts and National Continuity in the Framework of the Marshall Plan," in Stanley Hoffman and Charles Maier, eds., *The Marshall Plan: A Retrospective* (Boulder, Colo.: Westview, 1984), pp. 29~37.

94) Calleo, Beyond American Hegemony, p. 35; Maicheal M. Harrison, *The Reluctant Ally: France and Atlantic Security* (Baltimore: Johns Hopkins University Press, 1981).

95) 독일을 둘러싼 4대국 회담의 부조와 독일의 서부지구를 서구로 통합한다는 미 정책의 결정적 전환의 경위에 관해서는 다음의 저작을 참조. Tractenberg, *A Constructed Peace*, chapter two.

96) 유럽의 정치적 안정에 있어 경제부흥이 중심적 과제라는 점과 유럽의 경제적 부흥에 있어 독일의 경제적 부흥이 중요하다는 점에 관해서는 다음의 저작을

참조. Memorandom by the Under Secretary of State for Economic Affairs [Clayton]," 27 May 1947, and "Summary of Discussion on Problems of Relief, Rehabilitation and Reconstruction of Europe," 29 May 1947, *Foreign Relations of the United States*, 1947, Vol. 3, pp. 230~232, 234~236.

97) "프랑스를 비롯해 유럽 각국은 독일정세가 무엇을 필요로 하는지에 관해 계몽적 이해를 심화시키지 않으면 안 된다. 더욱이 유럽 각국은 서독을 서구로 통합하기 위한 책임을 지고 있다는 것을 인식하고 이 문제를 어떻게 해결해야 하는가에 관해 우리와 세세한 합의를 달성하지 않으면 안 된다. 그 노력의 일환으로 우리는 양보를 보이는 반면, 양보를 얻는 것을 기대하지 않으면 안 된다"라는 것이 케넌의 주장이었다. "Resume of World Situation," 6 November 1997, *Foreign Relations of the United States*, 1947, Vol. 1, pp. 774~775.

98) "Memorandum of Conversation by the British Foreign Office," undated, *Foreign Relations of the United States*, 1947, Vol. 3, pp. 818~819; Geir Lundestad, *American, Scandinavia, and the Cold War: Expansion and its limitations in US Foreign Policy, 1945-1959* (New York: Columbia University Press, 1980), pp. 171~172.

99) "British Memorandum of Conversation," *Foreign Relations of the United States*, 1947, Vol. 2, pp. 815~822.

100) Quoted in John Baylis, "Britain and the Formation of NATO," in Joseph Smith, ed., *The Origins of NATO* (Exeter: University of Exeter Press, 1990), p. 11.

101) 아틀리 영국 총리는 회상록 내에서 브뤼셀 조약과 북대서양조약의 체결을 '베빈의 작품'으로 평가하고 있다. 이하를 참조. C. R. Atlee, *As It Happened* (London: Heinemann, 1954), p. 171; Escott Reid, *Time of Fear and Hope: The Making of the North Atlantic Treaty, 1947-1949* (Toronto: McCleland and Stewart, 1977).

102) Quoted in Lundestad, "Empire by Invitation? The United States and Western Europe, 1945-1952," *Journal of Peace Research*, Vol. 23(September 1986), p. 270.

103) "Memorandum by the Director of the Office of European Affairs [Hickerson] to the Secretary of State," 19 January 1948, *Foreign Relations of the United States*, 1948, Vol. 3, pp. 6~7.

104) "Memorandum by the Director of the Policy Planning Staff [Kennan] to the Secretary of State," 20 January 1948, *Foreign Relations of the United States*, 1948, Vol. 3, pp. 7~8; Kennan, *Memoirs, 1925-1950*, pp. 397~406.

105) "The Under Secretary of State [Lovett] to the British Ambassador [Inverchapel], 2 February 1948, *Foreign Relations of the United States*, 1948, Vol. 3, pp. 17~18.

106) Ireland, *Creating the Entangling Alliance*, pp. 100~112.

107) 1949년 4월에 조인된 NATO 조약은 새로운 파트너가 된 국가 간에서 정치적·경제적 협력을 밀접하게 행하고 더욱이 '무력공격에 대항하기 위한 유럽 각국의 개별적·집단적 능력을 발전시킬 것'을 약속했다. 이 조약의 가장 중요한 부분은 '제5조'로, "하나 또는 복수의 가맹국에 대한 무력공격은 모든 가맹국에 대한 공격으로 간주한다"라고 서술되어 있다. 그리고 각 가맹국은 "독자적 또는 가맹국과의 공동으로 무력행사를 포함해 필요한 행동을 실시한다"라는 조항이 규정되어 있다. 미 상원은 NATO 조약을 찬성 82, 반대 13으로 비준하고, "헌법관계 특히 상원의 선전포고권한은 이 조약으로 인해 변경되지 않는다"라고 성명함으로써 상원의 행동의 자유를 지켰다. 이하의 저작을 참조. Timothy p. Ireland, *Creating the Entangling Alliance* (Westport, Conn.: Greenwood, 1981).

108) "Statement on the North Atlantic Pact, Department of State," 20 March 1949, *Foreign Relations of the United States*, 1949, Vol. 4, pp. 240~241.

109) 이 점에 관해서 다음의 저작이 지적하고 있다. Peter Foot, "America and the Origins of the Atlantic Alliance: A Reappraisal," in Smith(ed.), *The Origins of NATO*, pp. 82~94.

110) Trachenberg, *A Constructed Peace*, chapter four.

111) 신독일 국가와 영프미 3국 사이의 관계를 규정하는 조약이 1952년에 조인되었다. 이 조약에는 이들 3개국에 독일에 관해 장기적인 '모든 권리와 책임'이 부여될 것이 명기되었다. 이하를 참조. "Convention on Relations between the Three Powers and the Federal Republic of Germany, May 26, 1952, as modified by the Paris Accords of October 1954," reprinted in Department of State, *Documents on Germany, 1944-1985* (Washington, D.C.: Department of State, 1986), pp. 425~430. 다음의 저작도 참조. Paul B. Stares, *Allied Rights and Legal Constraints on German Military Power* (Washington, D.C.: Brookings Institution, 1990).

112) Quoted in Schwartz, America's Germany, p. 228. 이와 동일한 견해는 애치슨 국무장관도 지니고 있었다. "The Secretary of State [Acheson] to the Embassy in France," 29 November 1950, *Foreign Relations of the United States*, 1950. Vol. 3, p. 497.

113) EDC 조약이 얼마나 복잡한 내용을 지니고 있는지를 잘 보여주듯, 1952년 5월에 조인된 이 조약은 132조와 그 밖의 많은 부속문서로 구성되어 있었다. 북대서양 조약이 14개조로 구성되어 있는 것에 비해 매우 대조적이다. 이하의 저작을 참조. Ronald W. Pruessen, "Cold War Threats and America's Commitment to the European Defence Community: One Corner of a Triangle," *Journal of*

*European Integration History*, Vol. 2, No. 1(1996), pp. 60~61; Dockrill, "Cooperation and Suspicion: The United States'Alliance Diplomacy for the Security of Western Europe, 1953-54," *Diplomacy and Statecraft*, Vol. 5, No. 1(March 1994), pp. 138~182; Ernest R. May, "The American Commitment to Germany, 1949-55," *Diplomatic History*, Vol. 13(Fall 1989), pp. 431~460.

114) Trachtenberg, *A Constructed Peace*, chapter four.

115) Mary N. Hampton, "NATO at the Creation: U.S. Foreign Policy, West Germany and the Wilsonian Impulse," Security Studies, Vol. 4, No. 3(Spring 1995), pp. 610~656; Hampton, *The Wilsonian Impulse: U.S. Foreign Policy, The Alliance and German Unification* (Westport, Conn.: Praeger, 1996).

116) 미국은 영국이나 그 밖의 공업민주국가가 2국 간 또는 지역적인 특혜협정을 폐지하고 차별 없는 무역과 지불 제도를 중심으로 하는 전후 경제 제 원칙을 수용하도록 압력을 행사해 유도하기 위해 자신의 물적 자산을 이용하려고 시도했다. 1946년, 트루먼 정권은 영국에 대한 차관협정을 정하려고 했지만 이것은 미국이 특정한 정책에 관한 동맹국 정부의 양보를 얻기 위해 행한 가장 현저한 노력이었다고 말해도 좋다. 이것은 미국이 행한 지원과 교환으로 영국 통화인 펀드를 태환통화로 할 것을 의무 지우려고 했던 '영미금융협정' 구상이었는데, 결국 실패로 끝났다. Richard Gardner, *Sterling-Dollar Diplomacy* and Alfred E. Eckes, Jr., *A Search for Solvency*. 미국은 자국이 지도적 입장에 있는 것을 인식하고 있었으며, 그 때문에 전후질서를 명확한 형태로 구축하기 위해서 자국의 힘을 행사하려고 했다. 하지만 전쟁종결 시점에서 미국의 힘과 유럽의 힘 사이에 거대한 격차가 있었던 사실은 워싱턴이나 유럽 각국의 수도에서도 아직 충분히 인식되지 못했다. 통화태환화의 지연과 미국의 직접적 원조의 증가 등에서 보이는 미 정책의 중요한 조정역할은 영국이나 유럽 대륙의 근본적인 경제와 안전보장 면에서의 허약함을 인식함으로써 실시된 것이었다. Leffler, *A Preponderance of Power*, chapter one.

117) Quoted in Peter Foot, "America and the Origins of the Atlantic Alliance," p. 83.

118) Holt, *The Reluctant Superpower*.

119) 이 주장을 가장 계통적으로 전개하고 있는 것은 역사가인 가이르 룬데스타트였다. 그의 저작을 참조. Geir Lundestad, "Empire by Invitation?" pp. 263~277; Lundestad, *The American "Empire" and Other Studies of US Foreign Policy in Contemporary Perspective* (New York: Oxford University Press, 1990); Lundestad, "Empire by Invitation' in the American Century," *Diplomatic History*, Vol. 23,

No. 2(Spring 1999), pp. 189~217. 이하의 저작도 참조. David Reynolds, "America's Europe, Europe's America: Image, Influence, and Interaction, 1933-1958," *Diplomatic History*, Vol. 20(Fall 1996); Gaddis, *We Now Know*, chapter two, pp. 651~666.

120) "Summary of Discussion on Problems of Relief, Rehabilitation and Reconstruction of Europe," 29 May 1947, *Foreign Relations of the United States*, 1947, Vol. 3, p. 235.

121) Quoted in Gaddis, "Dividing Adversaries," in Gaddis, *The Long Peace*, p. 150.

122) 이러한 논의를 전개한 것은 찰스 메이어이다. Charles Maier, "Alliance and Autonomy: European Identity and U.S. Foreign Policy Objectives in the Truman Years," in Lacey(ed.), *The Truman Presidency*, pp. 273~298.

123) 이 지적은 이하의 저작에서 다루어지고 있다. Daniel Deudney and G. John Ikenberry, "The Nature and Sources of Liberal International Order," *Review of International Studies*, Vol. 25(Spring 1999), pp. 179~196.

124) Gaddis, *We Now Know*, p. 43.

125) 다음의 저작을 참조. David Reynolds, "Great Britain," in Reynolds(ed.), *The Origins of the Cold War in Europe: International Perspectives* (New Haven: Yale University Press, 1994), pp. 80~83.

126) 대서양 안전보장에 관계된 각종 제도를 통해 실시된 초국가적 정치과정에 관해서는 다음의 저작을 참조. Thomas Risse-Kappen, *Cooperation among Democracies: The European Influence on U.S. Foreign Policy* (Princeton: Princeton University Press, 1955). NATO의 틀 속에서의 미국과 유럽의 관계에서 합의와 호혜성을 중시하는 스타일에 관해서는 다음의 저작을 참조. Lawrence S. Kaplan, *The United States and NATO: The Formative Years* (Lexington: University Press of Kentuchy, 1984). 미일관계에 대해서는 다음의 저작을 참조. Peter J. Katzenstein and Yutaka Tsujinaka, "'Bullying,' 'Buying' and 'Binding': US-Japanese Trans-national Relations and Domestic Structures" in Risse-Kappen(ed.), *Bringing Transnational Relations Back in: Non-State Actors, Domestic Structures, and International Institutions* (Cambridge: Cambridge University Press, 1997), pp. 79~111.

127) 브레턴우즈 합의를 달성하는 데 있어서 초국가적 입장에 선 전문가들과 초국가적 연합이 담당한 역할에 관해서는 다음의 저작에 기술되어 있다. "A World Economy Restored: Expert Consensus and the Anglo-American Post-War Settlement," *International Organization*, Vol. 46(Winter 1991/92), pp. 289~321.

128) 미국의 정치제제도가 지니는 개방성과 비중앙집권성은 동맹국가들이나 그 밖의 국가들이 적어도 어느 정도까지 정책결정의 형성이나 방향에 영향을 끼칠 수 있는 기회를 가져왔다. 가이르 룬데스타트는 "이러한 특징이 성공을 가져온 일은 가끔 존재했었다. 미국이 행하는 기본적 결정에는 미국의 국익이 반영되어 있었다는 것은 물론이지만 모든 외국은 최소한이라도 정책결정의 범위나 타이밍에 영향을 끼칠 수 있었다"라고 지적하고 있다. Lundestad, *The American "Empire,"* p. 56.

129) Maier, "Supernational Concepts and National Continuity in the Framework of the Marshall Plan," p. 34. 다음의 저작도 참조. Gaddis, *We Now Know*, chapter two.

130) '이중봉쇄'에 관한 논의는 이하의 저작을 참조. Schwartz, *America's Germany*. 월프람 한리더 역시 이 시기의 미 정책을 "이중봉쇄, 즉 소련에 대해서는 '경원하는 형태로의' 봉쇄, 독일에 대해서는 '포용하는 형태의' 봉쇄를 실행했다"라고 형용하고 있다. Wolfram P. Hanrieder, *Germany, America, Europe: Forty Years of German Foreign Policy* (New Haven: Yale University Press, 1989), p. 6.

131) Harper, *American Visions of Europe*, p. 96.

132) Weber, "Shaping the Postwar Balance of Power: Multilateralism in NATO."

133) "Report of the Policy Planning Staff," 24 February 1950, *Foreign Relations of the United States*, 1948, Vol. 1, Part 2, p. 515. 케넌의 생각에 대한 논의는 다음을 참조. Harper, *American Visions of Europe*, chapter five.

134) "Minutes of the Seventh Meeting of the Policy Planning Staff," 24 January 1950, *Foreign Relations of the United States*, 1950, Vol. 3, p. 620.

135) "Minutes of the Sixth Meeting of the United States-United Kingdom-Canada Security Conversations, Held at Washington," 1 April 1948, *Foreign Relations of the United States*, 1948, Vol. 3, p. 71.

136) Quoted in Lloyd C. Gardner, *A Covenant with Power: American and World Order from Wilson to Reagan* (New York: Oxford University Press, 1984), p. 100.

137) 통합화된 NATO 군사조직을 통해 동맹국가를 구속한다는 목적은 1953년에 개최된 '북대서양평의회'를 향한 존 덜레스 국무장관의 성명 속에서 명확하게 표명되었고 축의를 지닌 채 환영받았다. 성명은 다음과 같다. "14개국은 이 조직을 통해 협력하는 관습을 몸에 익혔다. 'NATO 연차리뷰'는 동맹관계의 역사 속에서 독특한 존재이다. 지금까지 평시에 친밀한 동맹관계를 유지했음에도 불구하고 주권국가가 자국의 국방당국의 최고 기밀문서를 타국의 정사를 위해 공개한 적은 한 번도 없었다. 더욱이 각국이 자국의 병역기간과 군사력이나

그 밖의 예민한 제 문제의 균형에 관해서 국제조직으로부터 제안을 받아들이는
것 역시 지금까지 그 전례를 볼 수 없는 것이었다. 그 이상으로 혁명적인 것은
각국이 국내에서는 그 제안과 정반대의 정치협의가 빈번히 이루어지고 있음에
도 불구하고, 그것을 수용하는 것이다. …… 우리는 새로운 형태의 공무원 그룹
을 탄생시켜 재차 신천지를 열고 있다. 이 공무원 그룹은 가맹 14개국의 어떠한
1개국에도 충성을 보이지 않으며, 우리 전체에 대해 충성을 맹세하고 있다."
*Foreign Relations of the United States, 1952-1954*, Vol. 5, pp. 464~465.

138) 이하의 저작을 참조. Harper, *American Visions of Europe*: and Hogan, *The Marshall Plan*.

139) "Minutes of the Fourth Meeting of the Washington Exploratory Talks on Security," 8 July 1948, *Foreign Relations of the United States*, 1948, Vol. 3, pp. 163~169.

140) "The Secretary of State to the Embassy in France," 19 October 1949, *Foreign Relations of the United States*, 1949, Vol. 4, p. 471.

141) 이하의 저작을 참조. Beugel, *From Marshall Plan to Atlantic Partnership and Geir Lundestad, "Empire" by Integration: The United States and European Integration, 1945-1997* (New York: Oxford University Press, 1998).

142) OEEC는 1948년 6월 5일에 발족했다. 다음의 저작을 참조. Michael Hogan, *The Marshall Plan: America, Britain, and the Reconstruction of Western Europe, 1947-52* (New York: Cambridge University Press, 1987).

143) 이것은 링컨 고든 대사의 발언이다. David Ellwood(ed.), *The Marshall Plan Forty Years After: Lessons for the International System Today* (Bologna: Bologna Center of the John Hopkins University, School of Advanced International Studies, 1988), pp. 48~49.

144) Gardner, *A Covenant with Power*, p. 81.

145) Hampton, "NATO at the Creation," p. 611; Hampton, *The Wilsonian Impulse*.

146) Quoted in Hampton, "NATO at the Creation," p. 625.

147) 이것은 레플러 저작의 주제였다. Leffler, "The American Conception of National Security and the Beginning of the Cold War, 1945-48," and Leffler, *A Preponderance of Power*.

148) "Summary of Record of a Meeting of the United States Ambassadors at Paris," 21~22 October 1949, *Foreign Relations of the United States*, 1949. Vol. 4, p. 485.

149) UN을 구상한 관계자들은 힘의 현상인식을, 강대국을 안전보장이사회의 상임이
   사국으로 임명하는 방식 내에 반영했다. 루스벨트가 윌슨의 '국제주의' 노선을
   버리고 '현실주의' 노선으로 전환한 문제에 관한 논의는 이하의 저작을 참조.
   Dallek, *Franklin D. Roosevelt and American Foreign Policy, 1932-1945*; Robert
   A. Divine, *Second Chance: The Triumph of Internationalism in America during World
   War II* (New York: Atheneum, 1967).

150) Quoted in Trachtenberg, *A Constructed Peace*, p. 106.

151) 같은 책, p. 144.

152) "Statement of the Secretary of State to the North Atlantic Council," *Foreign
   Relations of the United States, 1952-54*, Vol. 5, p. 461.


## 7장

1) "냉전도 하나의 역사적 분기점으로 간주할 수 있는가?"에 관한 논의는 이하의
   저작을 참조. K. J. Holsti, "The Post-Cold War 'Settlement' in Comparative
   Perspective," in Douglas T. Stuat and Stephen F. Szabo(eds.), *Discord and
   Collaboration in a New Europe: Essays in Honor of Arnold Wolfers* (Washington, D.C.:
   Foreign Policy Institute, Johns Hopkins University, 1994), pp. 37~69; John Gerald
   Ruggie, "Third Try at World Order? America and Multilatralism after the Cold
   War," *Political Science Quarterly*, Vol. 109, No. 4(1994), pp. 553~570; Ronald Steel,
   "Prologue: 1919-1945," in Manfred F. Boemeke, Gerald D. Feldman, and Elisabeth
   Glaser(eds.), *The Treaty of Versailles: A Reassessment after 75 Years* (New York:
   Cambridge University Press, 1998), pp. 21~34; John Lewis Gaddis, "History,
   Grand Strategy and NATO Enlargement," *Survival*, Vol. 40, No. 1(Spring 1998),
   pp. 145~151.

2) Rebert Hutchings, *American Diplomacy and the End of the Cold War: An Insider's
   Account of U.S. Policy in Europe, 1989-1992* (Baltimore: John Hopkins University
   Press, 1997), p. 343.

3) 냉전 이후기의 질서형태는 이 책의 중심적 가설을 평가하는 데 있어서 중요하다.
   필자는 이 책 6장에서 "냉전은 미국이 구속적인 대유럽 안전보장 책무를 이행하는
   데 있어서 지배적인 촉매제였다"라고 주장했으며, 한편 "미국과 유럽 사이에서
   행해진 제도적 교섭거래는 적어도 부분적으로는 냉전의 긴장 격화와는 개별적으로
   행해졌다"라고 언급했다. 제도모델과 세력균형 이론은 모두 1947년 이후기에 서구
   공업민주주의국가 간에 협조적인 같은 결과를 가져올 것이라고 예측하고 있었다는

점에서 외부위협이 소멸된 이후의 관계형태가 기본적인 논리의 본질을 확정한다는 점을 시사하고 있다. 냉전 후 압도적인 힘으로 재등장한 미국이 1945년 이후에 자신이 추구했던 것과 동일한 제도적 전략을 추구한다면 이 모델이 갖는 정당함을 증명하는 근거가 된다. 만일 냉전종결 시에 소련이 NATO를 비롯한 서구세계의 제 제도가 갖추고 있는 힘의 억제기능을 인식하고 있었다면 이 역시 전후질서의 논리에 관한 유용한 증거를 제공해준다.

4) 이 부분에 관한 논의에는 이하의 저작을 참조. Daniel Deudney and G. John Ikenberry, "The International Sources of Soviet Change," *International Security*, Vol. 16, No. 3(Winter 1991/92), pp. 74~118; Deudney and Ikenberry, "Soviet Reform and the End of the Cold War: Explaining Large-Scale Historical Change," *Review of International Studies*, Vol. 17(Summer 1991), pp. 225~250; Deudney and Ikenberry, "Who Won the Cold War?" *Foreign Policy*, No. 87(Summer 1992), pp. 123~138.

5) Mikhail Gorbachev, *Perestroika: New Thinking for Our Country and the World* (New York: Harper & Row, 1987).

6) Helmut Sonnenfeldt and William G. Hyland, "Soviet Perspectives on Security," *Adelphi Paper*, No. 150(Spring 1979), pp. 1~24.

7) 이 연설이 행해지기 전년, 고르바초프는 일련의 협조적인 주도권을 실시했다. 1987년 12월, 그는 레이건 미 대통령과의 수뇌회담을 위해 처음으로 미국을 방문해 중거리 핵전력의 전면폐지 조약에 조인했다. 1988년 2월, 고르바초프는 소련군의 아프가니스탄 철수를 발표했고, 같은 해 6월에는 소련의 국내법이 개정되어 소련시민의 해외여행이 완화되었다. 그리고 1998년 7월, 셰바르드나제 외상은 소련 외무성회의를 주재해 보편적인 인간적 가치를 규범으로 하는 정책실시를 공표했다.

8) Don Oberdorfer, *The Turn: From the Cold War to the New Era* (New York: Simon and Schuster, 1991).

9) Andrei Kozyrev, "Partnership of Cold Peace?" *Foreign Policy*, No. 99(Summer 1995), pp. 3~14.

10) 이러한 사고를 채택하고 있는 연구 중에서 일반적인 저작으로는 다음의 것들이 있다. Peter Schweizer, *Victory: The Reagan Administration's Secret Strategy That Hastened the Collapse of the Soviet Union* (New York: Atlantic Monthly Press, 1994); Jay Winik, *On the Brink: The Dramatic, Behind-the-Scenes Saga of the Reagan Era and the Men and Women Who Won the Cold War* (New York: Simon and Schrster, 1996).

11) 오버도퍼는 자신의 저작 『대전환(The Turn)』에서 "레이건 시대의 군비관리 정책
은 조지 슐츠 국무장관과 그 밖의 관계자들이 레이건을 둘러싼 강경론자들을
정책결정으로부터 제외시켰기 때문에 성공했다"라고 주장하고 있다. 한편 레이
먼드 가도프는 "1985년의 주네브 서미트가 외교적으로 소련에 대한 재관여 전략
에 레이건을 전면적으로 끌어들일 수 있었던 중요한 역할을 했다"라고 주장하고
있다. Raymond L. Garthoff, *The Great Transition: American-Soviet Relations and
the End of the Cold War* (Washington, D.C.: Brookings Institution, 1994), p. 247.

12) Garthoff, *The Great Transition*, chapter four.

13) "United Nations: Address before the 39th Session of the General Assembly,"
24 September 1984, *Weekly Compilation of Presidential Documents* (Washington,
D.C.: Office of the Federal Register), Vol. 20, No. 38(1 October 1984), p. 1359.

14) 매튜 에반겔리스타는, 서방의 초국가적인 과학학술그룹은 소련 당국이 외교와
군사면의 정책에서 개혁과제를 추구하는 경우에 있어서 그들의 정책구상 및
정치적 지지의 중요한 원천이 되었다고 논하고 있다. Matthew Evangelista,
*Unarmed Forces: The Transnational Movement to End the Cold War* (Ithaca: Cornell
University Press, 1999).

15) Quoted in Hutchings, *American Diplomacy and the End of the Cold War*, p. 33.

16) "Treaty on the Final Settlement with Respect to Germany, Signed in Moscow
on September 12, 1990," reprinted in Paul B. Stares, *Allied Rights and Legal
Constraints on Germany Military Power* (Washington, D.C.: Brookings Institution,
1990), pp. 155~160.

17) Philip Zelikow and Condoleezza Rice, *Germany Unified and Europe Transformed:
A Study in Statecraft* (Cambridge: Harvard University Press, 1995), pp. 1~2. 독일
통일의 그 밖의 문제점에 관해서는 이하의 저작을 참조. Alexander Moens,
"American Diplomacy and German Unification," *Survival*, Vol. 33, No. 6
(November/December 1991), pp. 531~545; Robert D. Blackwill, "German
Unification and American Diplomacy," *Aussenpolitik*, Vol. 45, No. 3(1994), pp.
211~225; Stephen F. Szabo, *The Diplomacy of German Unification* (New York:
St. Martin's, 1992); Elizabeth Pond, *Beyond the Wall: Germany's Road to Unification*
(Washington, D.C.: Brookings Institution, 1993); Michael R. Beschloss and Strobe
Talbott, *At the Highest Levels: The Inside Story of the End of the Cold War* (Boston:
Little, Brown, 1993); George Bush and Brent Scowcroft, *A World Transformed*
(New York: Knopf, 1998); James A. Baker, *The Politics of Diplomacy: Revolution,
War and Peace, 1989-1992* (New York: G. P. Putnam's Sons, 1995); Hans-

Dietrich Genscher, *Rebuilding a House Divided: A Memoir by th Architect of Germany's Reunification* (New York: Broadway Books, 1998).

18) Mikhail Gorbachev, *Memoirs* (New York: Doubleday, 1995), pp. 523~527; Zelikow and Rice, *Germany Unified and Europe Transformed*, p. 92.

19) Quoted in Zelikow and Rice, *Germany Unified and Europe Transformed*, p. 120.

20) 같은 책, p. 122.

21) 독일을 유럽과 대서양 동맹에 결합시킴으로써 주변 국가들을 안심시키려고 했던 콜 총리의 의도에 관해서는 다음의 저작을 참조. Elizabeth Pond, *The Rebirth of Europe* (Washington, D. C.: Brookings Institution, 1999), pp. 39~40.

22) "German Unity within the European Framework," speech by Foreign Minister Hans-Dietrich Genscher at a conference at the Tutzing Protestant Academy, 31 January 1990. Quoted in Hutchins, *American Diplomacy and the End of the Cold War*, p. 120; Genscher, *Rebuilding a House Divided*, pp. 335~338.

23) Hutchins, *American Diplomacy and the End of the Cold War*, p. 100.

24) Zelikow and Rice, *Germany Unified and Europe Transformed*, p. 73.

25) 같은 책, p. 127.

26) Bush, President's News Conference in Brussels, 4 December 1989, in *Public Papers of President George Bush, 1989* (Washington, D.C: Government Printing Office, 1990), Vol. 2, p. 1648.

27) 베이커 미 국무장관은 1989년 12월에 베를린에서 행한 연설에서 "통일독일을 지원하기 위해서는 거대한 틀의 제도를 발전시키는 것이 중요하다. NATO는 이 대륙에서 광범위하게 미치는 정치적 역할을 담당하고 동방과의 관계를 발전시키지 않으면 안 된다. 유럽공동체는 정치적·경제적 통합을 더욱 심화시킴으로써 전진해야 한다. 동과 서를 잇는 제도로서의 유럽안전보장협력회의(OSCE)는 인권에 관한 공통의 기준과 협의과정을 발전시키는 데 있어서 다른 제도보다도 큰 역할을 담당해야 한다"라고 강조했다. Address of Secretary of State Baker, "A New Europe, a New Atlanticism: Architecture for a New Era," Berlin Press Club, 11 December 1989, State Department transcript.

28) Quoted in Zelikow and Rice, *Germany Unified and Europe Transformed*, p. 115.

29) Margaret Thatcher, *The Downing Street Years* (New York: Harper Collins, 1993), p. 794; Bush and Scowcroft, *A World Transformed*, pp. 192~193.

30) 미테랑은 당초 독일통일의 시기를 늦추기 원했다. 이에 관해서는 다음의 저작을 참조. Pond, *Beyond the Wall*.

31) Quoted in Zelikow and Rice, *Germany Unified and Europe Transformed*, p. 116.

32) 같은 책, p. 137.

33) Bush and Scowcroft, *A World Transformed*, p. 201.

34) Zelikow and Rice, *Germany Unified and Europe Transformed*, p. 138.

35) Hutchins, *American Diplomacy and the End of the Cold War*, p. 118; Pond, The Rebirth of Europe, pp. 42~47; Peter J. Katzenstein, "United Germany in an Integrated Europe," in Katzenstein(ed.), *Tamed Power: Germany in Europe* (Ithaca: Cornell University Press, 1997), pp. 1~2.

36) Baker, *The Politics of Diplomacy*, p. 196~197.

37) Gorbachev, Remarks of the President and Soviet Chairman Mikhail Gorbachev and a Question-and-Answer Session with Reporters in Malta, 3 December 1989, in *Public Papers of President George Bush, 1989*, Vol. 2, p. 1633. 고르바초프가 이 구상에 도달하게 된 경위에 관해서는 다음의 저작을 참조. Oberdorfer, *The Turn*, pp. 383~386.

38) Hutchins, *American Diplomacy and the End of the Cold War*, pp. 107~178.

39) Baker, *The Politics of Diplomacy*, p. 208~216.

40) 같은 책, p. 205; Gorbachev, *Memoirs*, pp. 528~529.

41) Zelikow and Rice, *Germany Unified and Europe Transformed*, pp. 161~164; Gorbachev, *Memoirs*, p. 528.

42) Quoted in Gorbachev, *Memoirs*, p. 529.

43) 같은 책. 베이커가 전하는 회담의 분위기에 관해서는 다음의 저작을 참조. Baker, *The Politics of Diplomacy*, pp. 234~235.

44) Hutchins, *American Diplomacy and the End of the Cold War*, pp. 111~112; Zelikow and Rice, *Germany Unified and Europe Transformed*, pp. 253, 180~181.

45) Baker, *The Politics of Diplomacy*, p. 233.

46) 같은 책, pp. 250~251. 미 국무성의 로버트 제릭 참사관이 기초했던 '9항목 보증' 패키지는 다음의 저작 속에 재수록되어 있다. Zelikow and Rice, *Germany Unified and Europe Transformed*, pp. 263~264.

47) Interview, Robert B. Zoellick, 28 May 1999.

48) 이 회담의 2주 전, 모스크바를 방문 중이었던 베이커는 고르바초프와 동일한 형식의 행동을 취했다. Baker, *The Politics of Diplomacy*, pp. 251~252.

49) 이 과정에 관여하고 있던 미 당국자들은 고르바초프 자신이 이 정책변경을 '전환

점'으로 인정했다고 지적하고 있다. 같은 책, pp. 253~254; Zelikow and Rice, *Germany Unified and Europe Transformed*, pp. 277~280; Hutchins, *American Diplomacy and the End of the Cold War*, pp. 131~135.

50) Quoted in Gorbachev, *Memoirs*, p. 533.

51) Baker, *The Politics of Diplomacy*, pp. 258~259; Bush and Scowcroft, *A World Transformed*, pp. 292~295.

52) Quoted in Bush and Scowcroft, *A World Transformed*, p. 295.

53) Shevarnadze, *The Future Belongs to Freedom*, p. 141.

54) Zelikow and Rice, *Germany Unified and Europe Transformed*, p. 332.

55) Hutchins, *American Diplomacy and the End of the Cold War*, pp. 103~104; Oberdorfer, *The Turn*, p. 381.

56) Baker, *The Politics of Diplomacy*, p. 238. 부시와 고르바초프는 1990년 5월 워싱턴에서 열린 미소수뇌회담에서 서로 매우 유사한 발언을 행했다. 이때 고르바초프는 "미국이 유럽으로부터 철수하는 것이 소련의 국익이 되지는 않는다"라고 언급했으며, 이에 대해 부시는 "NATO에 독일이 가맹하지 않으면 동맹의 기능은 침체되고 미국의 유럽에서의 존재감에 영향을 끼칠 것이다"라고 주장했다. 이러한 발언들에 관해서는 다음의 저작에서 소개되고 있다. Gorbachev, *Memoirs*, p. 533.

57) 여기까지 구체적이지는 않지만 더 일반적인 형태로 일부의 당국자들은 거대한 틀 속에서 독일과 일본을 구속할 수 있는 서구질서의 안전보장상의 이점을 이해하고 있었다. Jerry Hough, *Russia and the West: Gorbachev and the Politics of Reform* (New York: Simon and Schuster, 1990), pp. 219~220; Michael J. Sodaro, *Moscow, Germany, and the West from Khrushchev to Gorbachev* (Ithaca: Cornell University Press, 1990), pp. 341~342. 최근의 역사학적 업적으로서 "소련은 냉전하의 미국의 힘보다 독일의 군국주의의 부활을 더욱 두려워했다"라고 강조하는 저작이 발표되었다. 이 문제에 관해서는 다음의 저작을 참고. Melvyn P. Leffler, "The Cold War: What Do 'We Now Know'?" *American Historical Review*, Vol. 104, No. 2(April 1999), pp. 515~516.

58) 교섭의 다면적 과정 역시 소련 지도부가 자신의 이해를 상대측에게 강하게 제시하기에 충분한 기회를 부여하는 데 도움을 주었다. 1990년, 베이커와 셰바르드나제는 10번에 걸쳐, 그리고 베이커와 겐샤는 11번에 걸쳐 각각 회담을 가졌다. 겐샤와 셰바르드나제는 5월과 6월 2개월에 걸쳐 8번의 회담을 가졌다. 서구 동맹국가 간의 견해와 논의과제의 상이점 역시 소련이 보증조치와 확약에 관한 양보를 조작하고 그것을 획득할 수 있는 돌파구를 준비했다. 이러한 '의사표명의 기회'는 독일통일에 관한 서구국가들의 정책 — 특히 독일통일과 동반되는 거대한 틀

속에서 패키지화된 모든 확약―에 영향을 주었던 동시에, 독일의 NATO 가맹에 관한 소련의 사고를 변경시킬 수 있는 기회를 가져왔다. Moens, "American Diplomacy and German Unification," p. 538; Hutchins, *American Diplomacy and the End of the Cold War*, p. 92. 일련의 회담이 집중적으로 열렸다는 사실의 중요성 은 다음의 저작에서 강조되고 있다. Shevardnadze, *The Future Belongs to Freedom*, p. 83.

59) 미국과 그 밖의 주요 국가 간의 '힘의 비대칭'이 1990년대를 통해 확대된 것은 경제와 군사 면의 다양한 지표에도 반영되어 있다. 1990년에서 1998년 사이에 미국의 경제성장(27%)은 EU(15%)의 거의 두 배, 일본의 거의 세 배에 달했다. 이 수치는 OECD 통계로부터 산출했다(November 1999 web edition: www.oecd. org/std/gdp.htm). GDP의 수치는 1990년의 가격과 환율을 기초로 계산했다. 또한 포스트 냉전기가 되면서 미국의 국방비 삭감률은 다른 주요 국가보다 낮았기 때문에 결과적으로 다른 주요 국가에 비한 미국의 군사능력은 종래에 비해 높아졌 다. International Institute for Strategic Studies, *The Military Balance 1999/2000* (London: Oxford University Press, 1999). 미국의 힘의 집중을 보여주는 그 밖의 척도에 관해서는 다음의 논문을 참조. William C. Wohlforth, "The Stability of a Unipolar World," *International Security*, Vol. 24, No. 1(Summer 1999), pp. 5~41. 또한 <부표 2>도 참조.

60) 1990년대를 통해 미 외교정책은 매우 일관성이 결여되어 있었고 애매했기 때문에 포스트 냉전기의 기본적 패턴―또는 전략―을 명확하게 제시하는 것이 불가능 할 정도로 매우 어려웠다. 미국은 세계적·지역적인 장에서 다양한 제도 구상을 제창했지만, 동시에 많은 제도 구상에 관한 지지를 보이는 데 소극적이었다. 그 예로 지구온난화 방지 교토의정서나 국제형사재판소의 경우를 들 수 있다. 게다가 미국은 다수의 국가를 상대로 단독제재를 실시했으며, NAFTA, APEC 등의 지역적 경제제도를 지지했던 사실도 다원적인 제도에 대한 책무가 축소되었 다는 증거로 간주될 수 있다.

61) Baker, *The Politics of Diplomacy*, pp. 172~173.

62) Interview, Robert B. Zoellick, 28 May 1999.

63) Baker, *The Politics of Diplomacy*, pp. 605~606. 강조는 원문을 따랐다.

64) 이러한 지역적 주도권을 담당하고 있던 미 당국자들은 경제학과 안전보장 이론 사이에 강한 관련성이 있음을 이해하고 있었다. 그들은 냉전종결 후의 세계 각지 에서 제시하는 미국의 현력과 관여가 경제적인 국익에 의존할 것이라고 생각했 다. 지역적 구조가 기능하고 그 결과 종래에 비해 거대한 경제적 자주성이 그 지역에 창출됨으로써 그 지역에서의 미국의 이익은 증대되고 안전보장에서의

미국의 역할이 더욱 중요해진다는 것이 바로 그들의 생각이었다. Interview, Robert B. Zoellick, 28 May 1999.

65) Anthony Lake, "Form Containment to Enlargement," *Vital Speeches of the Day*, Vol. 60, No. 1(15 October 1993), pp. 13~19; Douglas Brinkley, "Democratic Enlargement: The Clinton Doctrine," *Foreign Policy*, No. 106(Spring 1997), p. 116.

66) 1994년, 클린턴 백악관은 '관여와 확대' 전략에 관해 정식적으로 발표했다. 이 전략은 클린턴 정권이 내세운 주요한 외교과제에 대해 각국이 다국적인 접근을 취하도록 요구했다. "우리가 직면하고 있는 문제들이 핵확산, 지역적 불안정, 구소련제국에서의 개혁의 역진행, 불공정한 무역관행 중 어떠한 것일지라도 그 위협과 도전은 협력적이고 다국 간적인 해결이 필요하다. 따라서 미국이 취할 책임 있는 전략은 단 하나, 현재 성장도상에 있는 광범위한 상황의 집단적 정책결정에 미국이 참가하는 동시에 그러한 정책에 대한 영향력을 확보하는 것이다." White House, *A National Security Strategy of Engagement and Enlargemen* (Washington, D.C.: White House, July 1994), p. 6.

67) 미국의 외교정책 조직은 이 NATO의 확대문제에 관해서 열의 있는 논의를 거쳤다. 이 구상의 반대파는, 이 구상에 동구의 민주주의와 시장의 개혁을 고정화시킨다는 유용성은 인정하지만 이 구상이 실시된다면 러시아와의 사이에서 심각한 장기적인 문제를 유발할 것이라고 주장했다. NATO 확대추진파는 NATO의 동방확대가 가져다주는 제도적 고정화의 기회에는 그다지 관심을 보이지 않은 채 이 전략이 러시아에 대항하는 예방적 균형조치로서 기능할 것이라는 면에 관심을 보였다. 이 책에서 전개되는 검토에서는 이러한 상이한 입장의 장단점을 평가하는 것보다 이 전략을 지지한 클린턴 정권의 당국자들의 생각을 소개하는 것에 그친다.

68) 미국이 NATO 확대를 결정하는 데 이르게 된 경위에 관한 연구로서는 다음의 저작을 참조. James M. Goldgeier, *Not Whether but When: The U.S. Decision to Enlarge NATO* (Washington, D.C.: Brookings Institution, 1999).

69) Secretary of State Madeline K. Albright, Statement on NATO Enlargement before the Senate Foreign Relations Committee, 24 February 1998, as released by th Office of the Spokeman, U.S. Department of State, pp. 2~3.

70) Madeline K. Albright, "Why Bigger Is Better," *Economist*, Vol. 342(15 February 1997), pp. 21~23.

71) Strobe Talbott, "Why NATO Should Grow," *New York Review of Books*, Vol. 42, No. 13(August 10 1995), pp. 27~30.

72) Albright, Statement on NATO Enlargement, 24 February 1998, p. 3.

73) 앤서니 레이크에 따르면, 이 목표는 클린턴 정권 내부의 NATO 확대추진파의 사고에 있어 '절대적 중요성을 가지는' 것이었다고 한다. Interview, 20 September 1999.

74) Goldgeier, *Not Whether but When*, p. 23.

75) Albright, Statement on NATO Enlargement, 24 February 1998, p. 3

76) Talbott, "Why NATO Should Grow," p. 27.

77) 이러한 조치들 중에는 민주주의적 제 제도의 정비, 시장경제로의 진전, 군대의 문민통제, 국경선의 확정, NATO군과의 공동작전에 대한 대응 등 NATO 가맹 전에 실시해야 한다는 조건으로서 명기된 것들도 있었다. Fact Sheet prepared by the Bureau of European and Canadian Affairs, 15 August 1997.

78) Talbott, "Why NATO Should Grow," pp. 27~28.

79) Albright, Statement on NATO Enlargement, 24 February 1998, p. 6.

80) Stanislaw Dobranski, "Toward a Pan-European Security System," address to the committees of National Defense and Foreign Affairs of the Belgian parliament, 29 April 1997.

81) 동유럽과 중유럽의 지도자들은 NATO 가맹을 러시아 부활에 대비한 것이라고 주장한 적은 거의 없다. 오히려 그들은 통상적으로 "더욱 큰 틀의 유럽 패키지의 일부로서 행하는 것이며, 최종적으로는 EU 가맹에 불가결한 것이기 때문이다. EU 가맹은 민주주의화와 시장개혁의 성공을 위해 불가결한 것이다"라고 주장한 다. 왜냐하면 이들 동유럽과 중유럽 국가들에 있어서 안전보장상의 위협의 원천 은 러시아가 아니라 유럽으로부터의 배제에 있기 때문이다. 이하의 저작을 참조. Christopher Jones, "NATO Enlargement: Brussels as the Heir of Moscow," *Problems of Post-Communism*, No. 6, Vol. 45, No. 4(July/August 1998), p. 52; and Jan Arveds Trapans, "National Security Concepts in Central and Eastern Europe," NATO Review, No. 6(November/December 1997), pp. 23~26.

82) Pat Towell, "Aspiring NATO Newcomers Face Long Road to Integration," *Congressional Quarterly*, Vol. 56, No. 6(7 February 1998), p. 275.

83) 같은 글.

84) Ronald D. Asmus, Richard K. Kugler, and F. Stephen Larrabee, "NATO Expansion: The Next Steps," *Survival*, Vol. 37, No. 1(Spring 1995).

85) Albright, Statement before the Senate Foreign Relations Committee, U.S. Senate, Hearings on NATO Enlargement, 7 October 1997(http:// frwebgate.access.gpo.

gov/cgibin/getdoc.cgi?dbname=105_senate_hearings&docid=f.46832.wais), p. 2.

86) Anthony Lake, "Laying the Foundation for a New American Century," remarks to the Fletcher School of Law and Diplomacy, 25 April 1996.

87) 이하의 저작을 참조. Manuel Pastor and Carol Wise, "The Origins and Sustainability of Mexico's Free Trade Policy," *International Organization*, Vol. 48, No. 3(Summer 1994), pp. 459~489; Michael Lusztig, *Risking Free Trade: The Politics of Trade in Britain, Canada, Mexico, and the United States* (Pittsburgh: University of Pittsburgh Press, 1996), chapter five; M. Delal Baer, "Mexico's Second Revolution: Pathways to Liberalization," in Riordan Roett(ed.), *Political and Economic Liberalization in Mexico: At a Critical Juncture?* (Boulder, Colo.: Lynne Rienner, 1993), pp. 51~68.

88) Nora Lustig, "NAFTA: A Mexican Perspective," SAIS Review, Vol. 12, No. 1(Winter/Spring 1992), p. 59; Jorge G. Castaneda, "Can NAFTA Change Mexico?" *Foreign Affairs*, Vol. 72, No. 4(September/October 1993), pp. 73~74.

89) Peter H. Smith, *Talons of the Eagle: Dynamics of U.S-Latin American Relations* (New York: Oxford University Press, 1996), p. 248.

90) NAFTA는 멕시코 정부에 의한 '관여장치'라는 사고에 관한 검토는 다음의 저작을 참조. Aaron Tornell and Gerardo Esquivel, "The Political Economy of Mexico's Entry into NAFTA," in Takatoshi Ito and Anne O. Krueger, eds., *Regionalism versus Multilateral Trade Arrangements* (Chicago: University of Chicago Press, 1997), p. 27, 54.

91) Guy Poitras and Raymond Robinson, "The Politics of NAFTA in Mexico," *Journal of International Studies and World Affairs*, Vol. 36, No. 1(Spring 1994), p. 7.

92) Morton Kondracke, "Mexico and the Politics of Free Trade," *National Interest*, No. 25(Fall 1991), pp. 36~43.

93) Interview, Robert B. Zoellick, 28 May 1999.

94) Quoted in Smith, *Talons of the Eagle*, p. 247.

95) APEC 구상이 어떻게 시작되었는지에 관해서는 이하의 저작을 참조. Yoichi Funabashi, *Asia Pacific Fusion: Japan's Role in APEC* (Washington, D.C.: Institute for International Economics, 1995), chapter three; Peter Drysdale and Andrew 띠다, "APEC: Community Building in East Asia and the Pacific," in Donald C. Hellmann and Kenneth B. Pyle(eds.), *From APEC to Xanadu: Creating a Viable Community in the Post-Cole War Pacific* (Armonk, N.Y.: M.E. Sharpe, 1997), pp. 37~69.

96) 제1차 회의에 참가한 것은 ASEAN 6개국과 일본, 한국, 오스트레일리아, 뉴질랜드, 캐나다, 미국의 12개국이었다. 이후, 타이완과 홍콩, 그리고 중국이 가맹했다.

97) Quoted in Funabashi, *Asian Pacific Fusion*, p. 58.

98) 같은 책, pp. 67~68.

99) 1988년 여름, 부시의 외교정책팀은 동아시아 국가들의 금융담당 각료로 구상되는 그룹을 결성해 정기적인 회합을 열고 지역경제문제에 관해 정책협력을 실시할 것을 제안했다. Walter S. Mossberg and Alan Murray, "Departure of Treasury Secretary Baker Would Bring Halt to Initiative in Asia," *Wall Street Journal*, 3 August 1988, Section One, p. 22.

100) 이 시기에 유럽과 아시아, 남미, 북미에서 경제적 지역주의가 세력을 얻게 되었다. 그 때문에 부시 정권은 가능한 한 많은 경제적 지역주의 체제에 참가하기를 원했다. 경제적 접근성과 정치적 접근성이 연계하고 있었던 것이다. 더욱이 미국은 많은 지역적 체제 중에서의 유일한 주요국으로 존재함으로써 지역적 경제발전과 광범위한 다국 간 경제개방성을 양립시키는 독특한 구심점을 획득할 수 있다고 생각했다. Interview, Robert B. Zoellick, 28 May 1999.

101) Baker, *The Politics of Diplomacy*, pp. 44~45; Andrew Mack and John Ravenhill (eds.), *Pacific Cooperation: Building Economic and Security Regimes in the Asia-Pacific Region* (Boulder, Colo.: Westview, 1995).

102) 레이크 국가안전보장담당 대통령보좌관은 다음과 같이 주장한다. "부분적이지만 APEC은 모든 당사국의 이익에 될 수 있는 형태의 경제관계로 동아시아 국가들을 유도하기 위한 장치이다." Interview, Anthony Lake, 20 September 1999.

103) WTO 협정의 구체적인 내용에 관해서는 이하의 저작을 참조. Raymond Vernon, "The World Trade Organization: A New Stage in International Trade and Development," *Harvard International Law Journal*, Vol. 36, No. 2(Spring 1995), pp. 329~340; Ernst H. Pregg, *Traders in a Brave New World: The Uruguay Round and the Future of the International Trading System* (Chicago: University of Chicago Press, 1955); John H. Jackson, "Managing the Trading System: The World Trade Organization and the Post-Uruguay Round GATT Agenda," in Peter B. Kenen(ed.), *Managing the World Economy* (Washington, D.C.: Institute for International Economics, 1994), pp. 131~151; Jackson, "The World Trade Organization, Dispute Settlement, and Codes of Conduct," in Susan M. Collins and Barry P. Bosworth(eds.), *The New GATT: Implications for the United State* (Washington, D.C.: Brookings Institution, 1994), pp. 63~75; Gilbert R.

Winham, "The World Trade Organization: Institution-Building in the Multilateral Trade System," *World Economy*, Vol. 21, No. 3(May, 1998), pp. 349~68.

104) Preeg, *Traders in a Brave New World*, pp. 207~210.

105) Winham, "The World Trade Organization," p. 363.

106) Testimony of U.S. Trade Representative Michael Kantor, Hearings, "Overview of the Results of the Uruguay Round," before the Committee on Commerce, Science, and Transportation, United States Senate, 16 June 1994(Washington, D.C.: U.S. Government Printing Office, 1995), pp. 9~19.

107) Winham, "The World Trade Organization," pp. 352~353.

108) Baker, *The Politics of Diplomacy*, p. 45.

109) Quoted in Brinkley, "Democratic Enlargement," p. 121.

110) 부시와 클린턴 양 정권 모두 '확대' 지향의 제도구축 전략을 추진했지만 그 스타일은 서로 달랐다. 부시 정권은 주로 지역경제 제도의 형성에 초점을 맞춰 종합적인 포스트 냉전기 전략의 추진은 이루어지지 않았다. 이에 대해 클린턴 정권은 부시 정권보다 훨씬 대담한 지역제도 형성정책(NATO 확대와 APEC 창설)을 실시했지만, 지역적인 특화라는 점에서는 두드러지는 것이 없었다. Michael Cox, *U.S. Foreign Policy after the Cold War: Superpower without a Mission?* (London: Royal Institute of International Affairs, 1995).

111) Interview, Robert B. Zoellick, 28 May 1999.

112) 이 주장은 이하의 저작 속에서 발견할 수 있다. John Mearsheimer, "Back to the Future: Instability of Europe after the Cold War," *International Security*, Vol. 15(Summer 1990), pp. 5~57; Kenneth Waltz, "The Emerging Structure of International Politics," *International Security*, Vol. 18(Fall 1993), pp. 44~79; Pierre Hassner, "Europe beyond Partition and Unity: Disintegration or Reconstruction?" *International Affairs*, Vol. 66(July 1990), pp. 461~475: Hugh DeSantis, "The Graying of NATO," *Washington Quarterly*, Vol. 14(Autumn 1991), pp. 51~65; Ronald Steel, "NATO's Last Mission," *Foreign Policy*, No. 74(Fall 1989), pp. 83~95; Christopher Layne, "Superpower Disengagement," *Foreign Policy*, No. 78(Spring 1990), pp. 3~25; Stephen Walt, "The Ties That Fray: Why Europe and America Are Drifting Apart," *National Interest*, No. 54(Winter 1998/99), pp. 3~11.

113) Robert Gilpin, "American Policy in the Post-Reagan Era," *Daedelus*, Vol. 116, No. 3(Summer 1987), pp. 33~67; Paul Kennedy, *The Rise and Fall of the Great*

*Powers: Economic Change and Military Conflict from 1500-2000* (New York: Random House, 1987).

114) 이 견해의 전체상을 파악하기 위해서는 다음의 저작을 참조. Michael Mastanduno, "Preserving the Unipolar Moment: Realist Theories and U.S. Grand Strategy after the Cold War," *International Security*, Vol. 21, No. 4(Spring 1997), pp. 49~88.

115) Christopher Layne, "The Unipolar Illusion," *International Security*, Vol. 17, No. 4(Spring 1993), pp. 5~51.

116) 이 지속성을 현실주의파의 입장에서 설명하려고 하는 저작으로서는 다음을 참조. William Wohlforth, "The Stability of a Unipolar World."

117) John Dufiled, "NATO's Functions after the Cold War," *Political Science Quarterly*, Vol. 119, No. 5(1994/95), pp. 763~787.

118) Roger Cohen, "France to Rejoin Military Command of NATO Alliance," *New York Times*, 6 December 1995, p. A1. 프랑스가 NATO로의 참가를 재고하게 된 배경에는 다양한 고려가 작용했는데, 유럽방위의 일체성은 외부로부터 주어지는 것보다 내부로부터 창출되는 편이 훨씬 실효적이라는 견해, 이라크 전쟁 및 보스니아 분쟁에서의 프랑스의 경험, 그리고 국방지출을 삭감할 수 있는 기회라는 이유가 그것이다.

119) Geir Lundestad, "Empire by Invitation in the American Century," Diplomatic History, Vol. 23, No. 2(Spring 1999), p. 204.

120) Roger Cohen, "Uncomfortable with Dependence on U.S., Europe Aims for New Parity," *New York Times*, 15 June 1999, p. A1, A14.

121) NATO 확대의 이론적 근거는 앞장에서 제시했던 주장, 즉 "NATO는 발족 당초부터 동맹 국가를 하나의 공동체로서 구속하고 국가 간의 전략적 적대관계를 저하시키는 제도적 구조일 것을 목표의 하나로 삼았으며, 가맹국들은 이에 찬성했다"라는 주장의 정당성을 뒷받침하고 있다. 유럽 국가들 중에서도 특히 독일에 관해 동일한 주장을 전개하고 있는 저작으로는 다음을 참조. Josef Joffe, "Where Germany Has Been Before," *National Interest*, No. 56(Summer 1999), pp. 45~53.

122) 아시아·태평양지역에서 중국의 흥성이 두드러지고 있는 사실을 생각할 때 신현실주의파의 이론에서 보자면 미일동맹에서 보이는 지속성은 NATO의 지속성보다도 그 의문의 여지가 적다. 냉전의 종결은 미일 양국이 느끼고 있었던 안전보장상의 우려를 해소하는 데 현실적으로 공헌했다고 말해도 좋다. 왜냐하면 소련의 붕괴와 함께 미국이 중국과의 사이에서 맺고 있던 안전보장동맹 관계는

불필요해졌기 때문이다.

123) 빌 클린턴 대통령과 하시모토 류타로의 미일 양 수뇌는 1996년 4월 17일, '미일안보 공동선언'에 조인했다. 이 문서는 1978년의 '미일방위 협력을 위한 지침'을 재검토한 것이었다. 공동선언은, 1960년 미일안보조약이 양국 정책의 '출발점'이라는 것과 재일미군과 자위대의 합동병력이 지역적 위기에 대응할 수 있는 정책조정을 실시할 것, 그리고 상호적 기반에 서서 장비와 물자를 제공할 것의 내용을 선언했다. 일본은 미국과의 더 긴밀한 안전보장 관계의 수립을 위한 책무조차 행했다. 실제로 1995년 5월, 일본의 국회는 일본이 미국과의 군사동맹관계를 확대하기 위한 법률인 '주변사태안전확보법'을 가결했다. Mary Jordan, "Japan Approves Expanded Military Alliance with U.S.," *Washington Post*, 25 May 1999, p. A10.

124) 피터 카첸스타인과 츠지나카 유타카는 다음과 같이 주장하고 있다. '미일 양국의 동맹관계에 관해서는 미국이 주로 '조언하는 것'을 받아들이고 일본이 주로 '수용할 것'을 받아들이는 형태로 '상호구속'하는 것이 최선의 서명이다. 1970년대 중반 이후 양국의 방위협력은 순조롭게 증진했으며 미일 양 군사관계자들은 매우 만족하고 있는 것처럼 보였다. 이 군사협력에 중심적인 역할을 담당하고 있는 것은 양국 정부와 정책실시를 담당하고 있는 정부기관이기 때문에 '구속'의 성과는 주로 양국 정부관계로부터 생겨나고 있다.' Peter J. Katzenstein and Yutaka Tsujinaka, "'Bullying,' 'Buying,' 'Binding,': U.S.-Japanese Transnational Relations and Domestic Structures," in Thomas Risse-Kappen(ed.), *Bringing Transnational Relations Back In: Non-State Actors, Domestic Structures, and International Institutions* (Cambridge: Cambridge University Press, 1995), p. 80.

125) '반주권'이라는 개념에 관해서는 다음의 저작을 참조. Peter J. Katzenstein, *Policy and Politics in West Germany: The Growth of a Semi-Sovereign State* (Philadelphia: Temple University Press, 1987). 독일의 정치적 아이덴티티와 안정에 있어서 유럽의 제도 중요성에 관해서는 다음의 저작을 참조. Peter J. Katzenstein(ed.), *Tamed Power: Germany in Europe* (Ithaca: Cornell University Press, 1997). 일본의 '반주권'과 전후 평화헌법에 관한 논의는 다음의 저작을 참조. Masaru Tamamoto, "Reflection on Japan's Postwar State," *Daedalus*, Vol. 124, No. 2(Spring 1995), pp. 1~22.

126) Quoted in Thomas A. Schwartz, "The United States and Germany after 1945: Alliances, Transnational Relations, and the Legacy of the Cold War," *Diplomatic History*, Vol. 19(Fall 1995), p. 555.

127) Quoted in Jan Perlez, "Larger NATO Seen as Lid on Germany," *International*

*Herald Tribune*, 8 December 1997.

128) Jeffrey J. Anderson and John B. Goodman, "Mars or Minerva? A United Germany in a Post-Cold War Europe,"in Robert O. Keohane, Joseph S. Nye, and Stanley Hoffmann(eds.), *After the Cold War: International Institutions and State Strategies in Europe, 1989-1991* (Cambridge: Harvard University Press, 1993), p. 34.

129) 클린턴 대통령과 오부치 총리의 미일 양 수뇌가 1999년 5월의 공동 기자회견에서 언급한 발언을 참조. The White House, Office of the Press Secretary, "Press Conference of the President and Prime Minister Obuchi," 3 May 1999.

130) ≪워싱턴포스트≫의 한 기자는 다음과 같이 적고 있다. "미국의 압도적인 힘에 대한 우려의 합창은 점점 더 확대되어왔으며, 미국이 세계 전체를 괴롭히고 있다는 비난을 받고 있다. 이러한 비난의 현실에 미국은 우호 국가들이 미국의 행동을 철저하게 주목하고 있다는 사실을 인식하기 시작했다. 이 우호국들은 냉전시대에는 미국에 대한 충성심으로부터 워싱턴의 의견에 반대하지 않았지만 지금은 그러한 충성심은 완전히 사라졌다." William Drozdiak, "Even Allies Resent U.S. Dominance," *Washington Post*, 4 November 1997, pp. A1, A13.

131) 마이클 마스탄두노는 이 패턴을 다음과 같이 정리하고 있다. "미국으로부터 서서히 벗어나고 있지도 않고, 미국에 대항조치를 취하지도 않고, 독일과 일본은 냉전을 특징 지었던 '관여' 패턴을 유지하는 결의를 굳혔다. …… 중국과 러시아도 미국과는 일정한 상이점이 존재함에도 불구하고 미국에 대항하기 위한 균형 연합을 조직하려고 하지는 않았다. 실제로 유럽과 아시아의 많은 국가에 있어 안전보장상의 주요한 개념은 '너무 강대해진 미국과 어떻게 거리를 두어야 하는가?'가 아니라 '미국이 떠나는 것을 어떻게 막을 수 있는가?'라는 것이었다." Mastanduno, "Preserving the Unipolar Moment," p. 58.

132) '제도에 대한 대가 증대'의 현상에 관해서는 3장에서 논의되고 있다.

133) '이익증대'에 관한 문헌 중에는 이 책에서 언급하고 있는 것과 같은 '한계점' 또는 '결정적 분기점'이라는 개념이 전개되고 있지는 않다. 하지만 이 개념은 논의 중에서 암묵적으로 고려되고 있으며 서방세계에서 1945년 전후구축에서 보인 '경로의존성'을 이해하기 위해 매우 중요하다.

134) 대전쟁 또는 대국 간의 전쟁은 세계정치에 있어서 유일할 정도로 강력한 변화요인이다. 왜냐하면 이러한 전쟁은 구제도를 파괴하고 그 제도에 대한 신뢰를 상실시키며 새로운 주도국 또는 패권국의 등장을 강제적으로 촉발시키기 때문이다. 로버트 길핀은 핵무기의 등장으로 인해 이러한 종류의 지구적 변화 형태는 끝나고 기존의 패권질서가 그대로 유지될 가능성을 논하고 있다. Robert Gilpin, *War and Change in World Politics*, Epilogue, pp. 231~244.

135) Cheryl Shanks, Harold K. Jacobson and Jeffrey H. Kaplan, "Inertia ad Change in the Constellation of International Government Organization, 1981-1992," *International Organization*, Vol. 50, No. 4(Autumn 1996), pp. 593~628.

136) Peter I. Hajnal, *The G7/G8 System: Evolution, Role and Documentation* (Brookfield, Vt.: Ashgate, 1999).

## 8장

1) 1914년 6월 28일, 세르비아의 자유주의 운동가인 가브릴로 프린치프가 사라예보를 방문 중이었던 오스트리아의 프란츠 페르디난트 황태자를 저격해 사살했다.

2) '자기구속력'에 관한 토마스 셸링의 주장을 참조. Thomas Schelling, *The Strategy of Conflict* (Cambridge: Harvard University Press, 1960), pp. 22~28.

3) Lloyd E. Ambrosius, *Woodrow Wilson and the American Diplomatic Tradition: The Treaty Fight in Perspective* (New York: Cambridge University Press, 1987), p. 133.

4) Sir Oliver Franks, in Listener, 14 June 1956. Quoted in John W. Wheeler-Bennett and Anthony Nicholls, *The Semblance of Peace: The Political Settlement after the Second World War* (London: Macmillan, 1972), p. 573.

5) 1948년 4월 16일, 마셜플랜의 실시를 위한 기관으로서 '유럽경제협력기관'이 파리에서 발족했다.

6) George Kennan, "Review of Current Trends? U.S. Foreign Policy," Report by the Policy Planning Staff, 24 February, 1948. *Foreign Relations of the United States* (Washington, D.C.: U.S. Government Printing Office, 1948), Vol. 1, Part 2, p. 515, 517.

7) Adam Przeworski, "Democracy as a Contingent Outcome of Conflict," in Jon Elster and Rune Slagstad(eds.), *Constitutionalism and Democracy* (New York: Cambridge University Press, 1988).

8) 진보하는 과정에 있는 사회에서 활동하는 유력한 사회세력의 중재와 조화를 담당하는 정치적 제 제도의 중요성 — 특히 정치적 제 제도의 입헌적 구조가 가장 기본적인 것이다 — 에 관해 강조한 저작은 이하와 같다. Samuel Huntington, *Political Order in Changing Societies* (New Haven: Yale University Press, 1968).

9) 이러한 과정을 논의하는 데 있어서는 이하를 참조. Charles Tilly, *Durable Inequality* (Berkeley and Los Angeles: University of California Press, 1998); Jack knight, *Institutions and Social Conflict* (New York: Cambridge University Press, 1992).

10) 이 논리의 정당함이 가벼운 농담 속에서 제시된 장면이 최근 '3극위원회'의 회의에서 있었다. 미국 대표가 프랑스 대표에게 "중국시장에 대한 대형 비행기의 수출로 유럽이 미국을 압도했다는 사실을 알고 크게 우려를 느끼고 있다"라고 발언하자 프랑스 대표는 "걱정할 필요는 없다. 다음에는 당신에게 순번이 돌아갈 테니까"라고 대답했다.

11) Huntington, *Political Order in Changing Societies*, pp. 12~14.

12) Stephen D. Krasner, *Sovereignty: Organized hypocrisy* (Princeton: Princeton University Press, 1999), chapter two.

13) Quoted in Craig R. Whitney, "NATO at 50: With Nations at Odds, Is It a Misalliance?" *New York Times*, 15 February 1999, p. A7.

14) Robert B. Zoellick, "The United States," in Zoellick, Peter D. Sutherland and Hisashi Owada, *21st Century Strategies of the Trilateral Countries: In Concert or Conflict?* (New York: Trilateral Commission, 1999), p. 5. '3극 시스템'이란 유럽과 일본, 그리고 미국의 3자 간의 전후관계를 의미하고 있다.

15) '슈퍼 301조'는 1995년의 일본차 수입문제로 마찰이 생겼을 때 발동되었다. 하지만 미국 측이 실제로 관세를 부여하기 전의 시점에서 양국은 합의에 도달했다. David E. Sanger, "A Deal on Auto Trade: The Agreement," *New York Times*, 29 June 1995, p. 1.

16) 미국의 일방적인 통상정책유형에 관해 폭넓게 논하고 있는 저작으로서는 다음을 참조. Benjamin J. Cohen, "Return to Normalcy? Global Economic Policy at the End of the Century," in Robert J. Lieber(ed.), *Eagle Adrift: American Foreign Policy at the End of the Century* (New York: Longman, 1997), pp. 73~99; Robert Gilpin, *The Challenge of Global Capitalism: The World Economy in the 21st Century* (Princeton: Princeton University Press, 2000), chapter 3.

17) Michael Wines, "Senate Approves Compromise Bill Tightening Curbs on Cuba," *New York Times*, 6 March 1996, p. 7.

18) David E. Sanger, "Play the Trade Card," *New York Times*, 17 February 1997, p. 1.

19) Laura Sillber, "Divisions Are Deep over New War Crimes Court," *Financial Times*, 6 April 1998, p. 6.

20) Whitney, "NATO at 50."

21) Anthony Faiola, "Bombing of Yugoslavia Awakens Anti-U.S. Feeling around the World," *Washington Post*, 18 May 1999, p. A1; Carla Anne Robbins, "Fears

of U.S. Dominance Overshadow Kosovo Victory," *Asian Wall Street Journal*, 7 July 1999, p. A1; Robert F. Ellsworth and Michael M. May, "An Overreaching U.S. Spurs Fears Worldwide," *Korea Herald*, 20 July 1999, p. A2. Also Heisbourg, "US Hegemony? Perceptions of the US Abroad," paper presented at International Institute for Strategic Studies Conference, San Diego, Cal., 8-11 September 1999.

# 후기 자유주의적 관점에서 본 미국의 전후구축논리

이 책은 G. 존 아이켄베리(G. John Ikenberry) 교수의 명저 *After Victory: Institutions, Strategic Restraint, and the Rebuilding of Order after Major War* (Princeton and Oxford: Princeton University Press, 2001)를 번역한 것이다. 조지타운 대학에서 국제관계론과 국제정치경제론의 강의를 담당하면서 다수의 저작과 논문을 발표하여 주목을 받기 시작한 아이켄베리 교수는 시카고 대학에서 박사학위를 취득했고, 1984년 프린스턴 대학의 정치학·국제정세학 조교수로 선임된 이후, 국제평화 카네기 기금(Carnegie Endowment for International Peace, 1992~1993) 시니어 어소시에이터와 펜실베이니아 대학 정치학부 교수(1994~2000), 조지타운 대학 교수(2000~2004)를 역임했으며, 브루킹스 연구소 시니어 펠로우와 우드로 윌슨 국제센터 펠로우, 히타치 국제문제 펠로우를 겸임했다. 또한, 1991년부터 1992년까지 미 국무성 정책기획국에서 근무하면서 냉전종결 직후의 세계외교를 스스로

체험한 바 있다. 2004년 7월부터는 프린스턴 대학에서 공공정책과 국제관계론 강의를 담당하고 있다.

2001년 9·11 테러 발생 이후, 미국이 보여준 일극주의적인 권력정치(Power Politics)의 독주와 더불어 세계정치에서의 미국의 역할과 국제질서에는 중대한 변화가 발생하고 있다. 지금까지 미국의 주도 하에 지속되어온 다국간주의와 안전보장 파트너십을 중심으로 구축된 전후질서는 일극주의적인 미국의 힘의 증대와 테러세력의 새로운 위협, 유럽의 통일, 그리고 중국의 대두라는 요인을 통해 근본적인 국제질서 재편으로의 움직임을 강요당하고 있는 것처럼 보인다. 하지만 1919년과 1945년의 전후 시기, 그리고 1991년 냉전종결 이후의 지정학적·전략적 상황과 마찬가지로, 현재의 미국은 국제질서 구축과정에서 자국의 힘(power)의 행사와 국제 시스템의 구축에 관한 전략적 선택의 기회를 부여받고 있다. 실제로, 미국은 이라크 전쟁의 주도로 도덕적 권위와 신뢰성이 크게 저하되었으며, 리더십의 축소를 경험하고 있을 뿐만 아니라 동맹국가들을 포함한 세계 각국의 저항과 부딪히고 있는 것이 현실이다. 따라서 향후 미국의 힘의 행사방식과 외교정책, 그리고 각국의 정치와 연동하는 국제질서와의 조화는 현재의 국제정치적 상황을 이해하는 데 중요한 과제임에 틀림없다.

아이켄베리는 "부시 정권의 대테러전쟁의 배경에는 미국의 전략을 확립시키고, 오늘날의 일극주의적 세계를 변혁시키려는 구상이 급속하게 고조되고 있으며, 이 구상은 선제적이고 예방적인 미국에 의한 무력행사를 추구하고 있다"라고 지적하면서, "역사적인 교훈을 통해 바라본다면 이러한 구상은 대립과 저항을 초래할 뿐으로, 그 결과 미국은 지금보다 훨씬 적대적이고 분열적인 세계에 남겨질 것이다"라고 경고하고 있다("America's Imperial Ambition," *Foreign Affairs*, September/October, 2002).

이러한 국제정치적 현실 내에서 저자가 제시하고 있는 정책적 제안은 다국간주의적인 제도구축이다. 즉, 1815년, 1919년, 1945년의 각 '전후 분기점'을 중심으로 한 전후질서구축과정에 관한 분석을 통해, 제도와 정치적 파트너십을 통한 힘의 행사로 구축된 미국의 전후질서 구축과정의 성공도와 안정도를 보여주고 있다. 다시 말하면, 미국이 스스로의 힘을 억제하고(전략적 억제), 타국에 대한 확고한 책무이행을 수행할 때 타국은 좀 더 적극적으로 미국과 협력하는 동시에 미국은 국제 시스템에 규칙과 제도를 정착시킬 수 있었으며, 이 제도를 통해 미국은 자국의 힘을 좀 더 정통적이고 장기적으로 유지할 수 있었던 것이다(제4, 5, 6장).

본문에서도 지적되고 있듯이, 저자의 이론적 입장(제1, 2, 3장)인 후기 자유주의적 제도주의(Neoliberalism)는 데탕트(Détente: 긴장완화)의 붕괴와 제2차 냉전(1980년대)의 전개를 통한 국제 시스템의 무정부적 현실의 부각과 더불어 미국의 상대적 패권의 저하라는 국제적 상황에도 불구하고 국제사회에서는 심화되고 중층화된 제도화가 진전되고 있었다는 시대적 배경을 지니고 있다. GATT 우루과이 라운드나 해양법, 국제인도법 등의 경제사회적 영역에서뿐만 아니라, NPT체제를 비롯한 전략병기제한교섭(SALT), 전략병기삭감교섭(START) 등의 군사전략적 영역에까지 미친 이러한 국제적 제도화의 진전 속에서, 후기 자유주의론은 패권쇠퇴 이후의 무정부적 국제사회의 무질서적 성격을 억제하고 질서를 유지·지속시킬 수 있는 메커니즘을 발견하려고 했다. 그러한 의미에서 후기 자유주의적 제도주의는 이론상으로는 기능주의

<표> 후기 자유주의적 제도주의론의 위치

| | 자유주의적 제도주의(상호의존론) | 후기 자유주의적 제도주의 | 현실주의 |
|---|---|---|---|
| 1. 국가는 국제관계에서 유일한 주요 행위자이다. | 아니다. (국제기구, 이익집단, 비정부적 정책네트와 같은) 다른 행위자도 존재한다. | 그렇다(하지만 국제적 제 제도가 오히려 중심적 역할을 담당한다). | 그렇다. |
| 2. 국가는 합리적이며 단일한 행위자이다. | 아니다(국가는 분산적이다). | 그렇다. | 그렇다. |
| 3. 국제관계의 무질서성 때문에 국가활동이 중심성을 지닌다. | 아니다(과학기술이나 지식, 복지경제 관련의 정책집단 역시 협력촉진의 주요 요인으로 기능한다). | 그렇다(외견상). | 그렇다. |
| 4. 국제제도가 국제협력을 촉진하는 중심 행위자이다. | 그렇다. | 그렇다. | 아니다. |
| 5. 협력의 가능성 | 낙관적 | 낙관적 | 비관적 |

자료: J. M. Grieco, "Anarchy and the Limits of Corperation," in D. A. Baldwin(ed.), *Neorealism and Neoliberalism* (Columbia U. P., 1993), p. 123 참조.

적 제도주의론 또는 그 귀결로서의 상호의존론을 그 계보로 하고 있으며(Robert O. Keohane, *After Hegemony: Cooperation And Discord In The World Political Economy*, 1983), 사상적인 면에서는 J. S. 밀류(類)의 통상적 자유주의와 민주적 공화체제가 평화를 창출한다는 칸트·윌슨류의 정치적 자유주의, 그리고 탈국가적인 상호교류의 증대가 국제적 통합과 평화를 강화시킨다는 사회적 자유주의라는 자유주의 계보의 통합적 시도라고 말할 수 있다(<표>참조).

이러한 이중의 계보적 전통을 기초로 국제적 입헌주의의 실천을 강조하는 저자의 전후질서구축과정에 관한 역사적 분석에서 또 하나

주목해야 할 것은 '냉전종결'이 주요 전쟁의 전후구축의 하나라는 가설이다. 저자는 이 가설의 신빙성을 증명하는 동시에 향후 국제사회의 평화유지가 지속될지에 대한 여부는 냉전의 승리를 통해 정치적·경제적·이데올로기적인 이익을 획득하게 된 미국에 의한 '국제제도'와 '전략적 억제'를 통한 서구의 선진 국가들과 일본을 포함한 아시아·태평양 국가들과의 협력노선의 진전과 그 심도에 달려 있다고 결론짓고 있다(제7장).

미국은 전후기의 세계질서를 구축하고 리더십을 행사하는 데 균형, 봉쇄, 억지, 정초라는 현실주의적 전략과 더불어 국제적 질서의 기반으로서의 시장개방, 민주주의, 제도적 협력, 다국 간 연계추진이라는 국제협조적 포괄전략을 동시에 전개해왔다.

이 두 전략은 상승적으로 기능하면서 미국의 안전보장 책무이행을 수행하기 위한 근거와 리더십에 필요한 긍정적인 정책의제를 제공해왔는데, 1947년을 기점으로 NATO와 미일/한미동맹과 같은 지역적 안전보장 시스템을 비롯하여 미국의 지정학적 목표이기도 했던 브레턴우즈에 관한 제 합의와 GATT, WTO, APEC, NAFTA, OECD, 그리고 동유럽과 중남미, 동아시아 각 지역에서의 민주주의 추진 등과 같은 수많은 제도와 파트너십 관계를 창출해왔다.

이러한 역사적 고찰과 더불어 저자의 입장과 관점에서 본다면, 설령 현재의 일극주의적인 부시 정권 내에서 다국간주의에 대한 저항과 이데올로기적 도전이 존재한다고 해도, 이러한 과거의 전후 분기점에서의 미국의 행동유형과 마찬가지로, 향후 미국의 다국간주의적 전후질서 내에서의 행동유형의 인센티브로 작용하게 될 것은 상호의존에 대한 수요와 힘의 관리에 필요한 힘의 장기적 전망, 그리고 미국의 정치적 전통과 아이덴티티를 통해 창출·유지될 수 있을 것이라고 전망할 수 있다. 특히, 저자는 향후의 세계질서에 관한 대안적 모델에 대해 다국간주의적 전후질서를 대신하는 질서형태로서 현실적으로 동아시아 지역에서 두드러지는 'hub and spoke'형 질서모델의 확장된 형태로서의 글로벌한 'hub and spoke'적 양국관계에 관한 가능성을 모색하고 있다(G. John Ikenberry, "American Hegemony and East Asian Order," *Australian Journal of International Affairs*, Vol. 58, No. 3, September 2004, pp. 353~367 참조).

끝으로, 이 책의 기획과 순조로운 번역과정에 도움을 주신 도서출판 한울 기획실의 윤순현 님과 원서와의 불협화음을 고르게 다듬어주신 편집부의 김현대 님께 고마움을 전한다.

2008년 1월
강승훈

# 찾아보기

■ 지은이

## G. 존 아이켄베리 (G. John Ikenberry)

1954년 출생. 맨체스터 대학 졸업(BA), 시카고 대학에서 박사학위(PhD) 취득. 국무성정책기획국 근무, 브루킹스 연구소 주임연구원, 우드로 윌슨 국제센터 펠로우, 조지타운 대학 교수를 거친 후, 현재 프린스턴 대학에서 정치학과 국제관계론을 담당하고 있다.

주요 저서로는 *Reasons of State: Oil Politics and the Capacities of American Government* (1988), *Liberal Order and Imperial Ambition: American Power and International Order* (2005). 공저로는 *American Democracy Promotion: Impulses, Strategies, and Impacts* (2000), *International Relations Theory and the Asia-Pacific* (2003), *The Uses of Institutions: The U. S., Japan, And Governance in East Asia* (2007) 등 다수가 있다.


■ 옮긴이


### 강승훈 (姜勝薰)

연세대학교 졸업, 와세다 대학 대학원 국제관계학(MA), 현재 같은 대학원 박사과정에서 한·미·일 관계의 안전보장정책에 관한 연구 및 전후 한국 근대화 정책과 국제정치학적 정체성 문제에 관하여 연구 중이며, AACF재단 비상근 강사, 번역가로 활동하고 있다.

논문으로는 「일북관계에서 나타난 북한의 표상분석(日朝關係における北朝鮮の表象分析)」(2005), 「냉전 초기의 한국에 있어서의 아이덴티티 정치(冷戰初期における韓國のアイデンティティ政治)」(2006). 번역서로는 『세계경제의 현재, 그리고 3년, 5년, 10년 후』(미야자키 마사히로, 예문, 2005), 『남겨진 시간』(조르조 아감벤, 코나투스, 근간) 등이 있다.

한울아카데미 1006

# 승리 이후
제도와 전략적 억제 그리고 전후의 질서구축

ⓒ 강승훈, 2008

지은이 | G. 존 아이켄베리
옮긴이 | 강승훈
펴낸이 | 김종수
펴낸곳 | 도서출판 한울

편집책임 | 김현대

초판 1쇄 인쇄 | 2008년 2월 20일
초판 1쇄 발행 | 2008년 3월 5일

주소 | 413-832 파주시 교하읍 문발리 507-2(본사)
       121-801 서울시 마포구 공덕동 105-90 서울빌딩 3층(서울 사무소)
전화 | 영업 02-326-0095, 편집 02-336-6183
팩스 | 02-333-7543
홈페이지 | www.hanulbooks.co.kr
등록 | 1980년 3월 13일, 제406-2003-051호

Printed in Korea.
ISBN 978-89-460-5006-8  93340 (양장)
ISBN 978-89-460-3868-4  93340 (학생판)

* 가격은 겉표지에 표시되어 있습니다.
* 이 도서는 강의를 위한 학생판 교재를 따로 준비하였습니다.
  강의 교재로 사용하실 때에는 본사로 연락해주십시오.